JN246452

会計と社会 公共会計学論考

黒川行治 著

慶應義塾大学商学会 商学研究叢書 21

慶應義塾大学出版会

序　文

学者の役割と専門知への懐疑

　学問は文明の一部として過去から現在，未来へと受け継がれていくものであり，学者の使命は，それぞれの専門分野について，先達の知的財産を受け継ぎ，到達点を見定め，その到達点をさらに伸ばすことに知的努力を捧げ，そして後進の学者が受け継ぐ時まで保持し続けることである。世俗的人間社会と一線を画し，学問の世界のなかでこのような学者としての役割を果たすのも悪くはない。しかし，専門が社会科学の領域の場合には，人間社会に存在する諸課題を構成する複雑な利害関係の解明と利害関係者間における資源の配分や富の分配に関わる決定について，専門家としての意見を求められ審議に参画することも多くあるので，世俗的人間社会に身をおいた政策論も研究領域に加わってくる。

　しばしば，このような政策論に軸足をおく学者は，資源の配分・富の分配に直接関わる利害関係者，新たな政策から最大の影響を受けると予想される関係者に「捕囚」されているのではないかと疑われることから，「御用学者」という造語も生まれ，そう呼ばれることも多い。他方，政策を審議する場での専門家の知見が，一般社会の常識と少なからずかけ離れ，専門家集団内部でしか理解できない概念やモデルを用いた結論も散見される。さらに，人間社会の実態に関する認識の欠如，利害対立の実相に対する無理解とも思われる知見の開陳は，専門知への懐疑を生じさせ，人間社会の諸課題の解決には一般知（一般市民の参加）も必要と看做されるに至った。

　どうして，専門知への疑問が生じ得るのであろうか。本書の目的の1つは，社会科学の研究者の有り方を少しく省みて，これまで以上に人間社会に存在する諸課題の解決に専門知が貢献できないものかを考察することにある[1]。

学者としての職業倫理

学者としての職業倫理を，まずもって確認しておこう。専門職（米国公認会計士協会その他）の職業倫理を参考にしながら，試案を提示しようと思う[2]。

学者である前に社会人としての道徳，すなわち，正直であり，誠実であることは必要条件である。それに加えて，研究過程における正確さが求められるので，注意深い性格も必要条件となる。さらに，研究は高貴な行為であって，それに身を投じる者は個人的な利益を犠牲にしてでも，その高貴な行為への確固たる献身をする覚悟が求められる[3]。

具体的な行動規範は以下のようになる。

① 研究においては，注意義務，すなわち，専門研究者としての技術的および倫理的基準を遵守し，能力の向上と知識の蓄積に継続的努力を払い，自己の能力の限りを尽くす努力を行うべきである。

② 公益を尊重し，公益に繋がると思われる方法で活動する義務を負う。専門職業への献身をはっきりと表明し，社会からの信頼を維持拡大する

---

1) 本序文の基本的主題の1つ，すなわち「学者の社会的責任，学者と市民との間のコミュニケーション・ギャップ」の問題は，10年余の前に藤田裕子博士によって詳細に検討されており，ジャーナル共同体の閉鎖性が指摘されている。「専門知」という用語も，藤田博士の著書名にあるものである。本序文の特徴は，この主題に対して個人の価値観（精神性）と専門的職業倫理の観点から考察していること，および，企業のディスクロージャーを研究対象にする社会科学の一分野を念頭に推量していることである（藤田裕子（2003）『専門知と公共性』東京大学出版会，参照）。

　なお，本序文は，黒川行治（2014）「専門知の復権と学者の職業倫理」『現代ディスクロージャー研究』No.14，2014年10月）の一部を抜粋し，大幅に加筆したものである。

2) ポスト，J・E＝A・ローレンス＝J・ウェーバー著―松野弘・小阪隆秀・谷本寛治監訳（2012）『企業と社会――企業戦略・公共政策・倫理』（上）ミネルヴァ書房，116-121頁を参照。

3) アーレントは，人間の条件の基本的要素である「活動力」を，「労働」，「仕事」，「活動」，「思考」の4つに分類している。研究活動の成果は，「仕事」の結果であろう。「労働」が消費と結び付き，人間の肉体的生命の維持に専心する活動力であるのに対し，「仕事」は人間の個体の生命を超えて存続する人間の工作物全体＝「世界」を作り出すからである（アーレント，ハンナ著＝志水速雄訳（1994）『人間の条件』ちくま学芸文庫，および同書の「訳者解説」を参照）。

　このような意味から，研究活動を高貴な行為と記述した。なお，研究が「思考」の産物であることは論を俟たない。また，「労働」の価値を賤しめていると考えないでほしい。「労働」は人間が生存するための必要条件であり，それなくしては「仕事」に没頭することはできない。本来，「仕事」の次元であるべき研究を，「労働」の次元で理解するべきではないということを意図している。

ために，最高度の誠実さを持って学者としての責任のすべてを遂行しなければならない。

③　独立性，すなわち，学識専門家としての責任を果たす場合には，利害対立から自由であるべきである。審議会などの委員として，あるいは為政者から意見を求められ，政策判断に関与する機会に携わっている学者は，利害関係から独立しているべきである[4]。

若干重複しているようにも思えるが，学者としての行動規範を 3 つほど列挙してみた。研究過程とくに実証研究過程における客観的な（恣意的でない）データ処理，論文作成における適切な引用などは，学者としての職業倫理の結果であり，また，政策判断における利害関係者からの独立性は，捕囚を疑われないための行動規範である。とくに適切な引用は，先達の研究者に対する敬意の表明ではないかと思えるのである。そこで次に，学者個人の価値観・精神性と研究課題の選択の問題を考えてみよう。

学者個人の価値観と研究の目的

どのような人生を歩んでいくべきかに関する個人の信念，すなわち，学者個人の価値観や精神性は，研究課題の設定や研究過程における推論，モデルの設計，データの収集方法，参照文献の選択，そして結論の導出に少なからず影響を及ぼす。学者に限ったことではなく，人生を歩む個々の人間として，どれだけ成熟しているのかが問われるのである。そこで，個人の価値観と研究目的に関して，4 つほど例示してみよう[5]。

第 1 に，罰を逃避すること，権力に服従することを行為規範とする段階がある。母親に対する反抗期前の幼児の態度を思い浮かべてほしい。この行為規範に従う学者あるいは教育者を兼ねた教授は最も尊敬されない。

---

4)　アーレントによれば，「活動」は，「公的領域」における「演技」である。人々は，公的領域における「言論」と「活動」によって自分の卓越を示す。公的領域においてこそ，人々は自分が何者であるのかの正体を暴露するというのだ（アーレント著―志水訳（1994）および同書の「訳者解説」を参照）。

5)　ポスト＝ローレンス＝ウェーバー著―松野・小阪・谷本監訳（2012），142-147 頁を参考に推量している。

第2に，個人的な金銭報酬の探索のために研究活動をすることが挙げられる。会計学の場合，自己の株式投資収益のために，実証会計の研究に打ち込むことも例示される。もっとも，株式投資の実体験は，研究遂行の有力なインセンティブおよびアイデアの源泉にもなるので，自己の利益追求を最終の目的にしないことが大切である。

　第3に，学者仲間からの承認，学界における高い地位，所属機関の上司や同僚からの承認を得ることに価値をおいて研究活動をすることが挙げられる。ライバルたちからの査読に合格し，ジャーナルに掲載されるために研究すること，所属大学などで助教から准教授へ，准教授から教授への昇進のために研究成果をあげること，より好ましい大学などへの移動を目的として研究をすることが例示できる。

　第4に，学界の領域を超え，人間社会を構成する慣習や法律・経済などの社会制度への関心から，社会に存在する課題や矛盾を是正したいという強い意志が，研究課題の選択と研究活動の推進の源泉となる場合である。このような公共性に目覚めた（啓発された）学者は，もはや「象牙の塔」に籠っていることができなくなるものだ。

研究領域としての会計と功利主義

　人間社会における個人の活動領域や職業が多岐にわたっているように，各学者の研究領域も多様である。本書はその題名が示すように，会計を専門領域とする研究者の思索の生産物である。さて，会計学は，一般的に，利益計算システムに関する構文論，意味論，そして語用論的なアプローチによる研究の総体として把握されることが多い。また，利益計算システムとしての会計は，効率性測定の最有力な手段であると看做されてきた。効率性（efficiency）とは周知のように，経済性（economy），有効性（effectiveness）と並ぶ，組織の状況（働き具合）を測定する概念・指標であり，具体的には，組織が提供するベネフィットあるいはアウトプット対コストの比較で示される。財産権の確立と市場経済を前提に，組織が提供する財やサービスが経済的に取引され，それによって得られた対価を収益として測定する。この収益がベネフィットあるいはアウトプットの市場価値額であり，この収益を生むために

費やしたコストを差し引いて利益額を測定している。つまり，会計上の利益とは，組織の効率性を具体的に示す指標の１つなのである。概念を測定するという行為は，その概念自体に意味があるからこそ行われるということは論を俟たない[6]。

　社会を構成する各組織の効率性が増すことは社会全体の効率性も増すことになり，社会全体の効率性増進は，社会的善の増加として社会的目標となる。こうして，効率性の概念は疑問なく人間社会に受容されているのであり，この概念の最有力な測定手段としての会計は，社会のなかに必要不可欠なものとして位置付けられてきた。公共哲学で言及される「功利主義」が示唆する社会的分配の正義に会計は貢献してきたのである。

本書の特徴──会計社会の定義，公共哲学志向，政策論

　「社会全体の効率性増進が社会的目標へと横滑る」ことに疑問が湧いた瞬間，研究課題の設定や研究過程における推論，モデルの設計，そして結論の導出は変化する。本書執筆の動機は，この疑問が湧いたことであった。そこで，本書の特徴を３つ述べようと思う。

　第１の特徴は，研究対象である会計を広義に捉え，多岐にわたる研究課題を設定したことである。本書では，会計を社会システムのサブシステムとして捉える。さらに会計を，「会計に関わる当事者，当事者の行動，当事者を取り巻く内部環境および外部環境（制度・規則）の総体」として定義する「会計社会」として捉える。こうして，社会システムが構成員，構成員の利害関心，構成員相互の利害関係を要素として構成員の行為を分析できるように，会計社会についても同様の視点から検討することで，人間社会一般と会計との関連で生じる課題，社会を構成する市場と会計との関連で生じる課題，個人・組織と会計との関連で生じる課題，地球環境と会計との関連で生じる課題，そして，公共・政府と会計との関連で生じる課題を設定するのである。

　これらの研究課題に関する論考を便宜的に，「第１部　社会と会計」，「第２部　市場と会計」，「第３部　個人・組織と会計」，「第４部　環境と会計」，

---

6)　黒川行治「終章　公共会計学の展望」第６節，大塚宗春・黒川行治編著（2012）『（体系現代会計学　第９巻）政府と非営利組織の会計』中央経済社，参照。

「第5部　公共・政府と会計」の5部に分類・編集した。また，各部に配されている章の順序に厳密な意味はないが，読み易さの配慮はしたつもりである。本書の題名である「会計と社会」は，この特徴を示している。

　第2の特徴は，研究過程における推論，モデルの設計，参照文献の選択，そして結論の導出方法の背景に公共哲学的志向を持ち込んだことである。私は50歳を過ぎてから，微々たるものではあるが学者としての自身の研究は，なんらの疑問もなく功利主義を前提に進めてきたことに気が付いた。そして，博士号を英語にすれば，Doctor of Philosophy（Ph.D.），「現在では Philosophy は高等な学問の意味で使われている」（『ジーニアス英和大事典』大修館）とはいえ，哲学を修めた人への称号であることに思いが至り，恥じ入るばかりであった[7]。

　現時点で辿り着いている私の理想とする学者像は以下のようなものである。「正義や公正といった哲学上（道徳）の基本原則の素養を持ち，さらに影響を受けるすべての利害関係者を思いやる慈しみや人間の本性を少しでも理解した上での受容（許容）という精神性を持っていること。研究遂行上，他者（研究対象の場合もある）の基本的人権を当然ながら重視しつつ，しかしながら，普遍的原則を重視した推論により結論を得る（意思決定する）こと。このような価値観や精神性をもって，社会的な研究課題の設定と問題解決のために研究を遂行することである」[8]。

　本書を構成する各章が，私の理想とする学者像から必然的に生まれたものとまでは言えないが，最近の会計学関連の著書としては異色の書であり，公共哲学的考察のかけら程度は，多くの章のうちに見出せるという論評をいただけるならば，この上ない喜びである。本書の副題名の「公共会計学論考」はこの特徴を示している。

　第3の特徴は，社会の諸課題に対して会計（あるいは会計学者）がどこまで貢献できるのかを念頭におきつつ解決案創造という政策論の観点を前面に

---

7)　学会や共同研究で親しい関西大学の柴健次博士との談話中，哲学の博士という共通の気付きにお互い恥じ入った思い出がある。

8)　ここで言及した「普遍的原則を重視した推論により結論を得る（意思決定する）こと」とは，カントの「定言命法」を念頭においた記述である。

出した論考と，審議会などの政策決定過程における検討内容（裏話を含む）を紹介する論考も少なからず存在することである。前述したように，専門が社会科学の領域の場合には，人間社会に存在する諸課題を構成する複雑な利害関係の解明と利害関係者間における資源の配分・富の分配決定について，専門家としての意見を求められ審議に参画する機会が多くある。このような序文で略歴を記述するのは気品に欠けるのであるが，政策論および政策決定過程の論考を多く収録した背景を，読者諸賢に知っていただくために必要と思うのでご容赦いただきたい。

　私は，40歳頃より中堅の学会の常任理事（理事長・会長を含む）として，学者の責務としての公共的役割を果たす機会を与えていただいた。また，50歳頃からは，金融庁，財務省，総務省などの6つの中央省庁の審議会，企業会計基準委員会の3つの専門委員会，政府系の研究法人の研究会などに，委員，臨時委員，専門委員（時には委員長，部会長）として呼んでいただき，現在（2017年7月）でも，4つほど兼任している。このような履歴を持つことから，御用学者と呼ばれても仕方がないと自覚している。ただし，世間でしばしば言われているように省庁の縦割り行政の事例や省庁間の利害対立が散見されることに鑑みると，私のように複数の省庁の委員を兼任する場合には，特定の省庁の利害を代弁するのではと疑われる御用学者の定義には合致しないと，弁明させていただければ幸いである。

　ともかくも，社会的課題に対する政策決定（企業会計審議会であれば，会計基準開発）に参画させていただく機会によって，社会の其処此処に存在する問題を認識することができ，人間社会の実態，利害対立の実相の理解とともに，それらの課題に多分野の専門家がどのような意見を開陳するのかを間近で見てきた。本書では，公表しても差し障りのない範囲でではあるが，このような貴重な経験を後進の学者諸賢に伝える目的で，それらの機関で行われた討議をもとに私が書いた報告書の一部や論文を，章および補論として収録している。委員などのいわゆる「肩書き」の記述が目立つことに違和感を覚える読者諸賢も多いと思うが，知的情報の承継目的であることを理由に，ご容赦いただきたい[9]。

読者の興味と関連する章および補論

本書は，5部26章8補論（本文，約700頁）から構成されており，全部読むのには冗長であると思われる。そこで，読者の興味（関心）が，5部に区分した研究対象・課題領域と連動する場合には，目次を参照しながらそれぞれの部に配された各章および補論を読んでいただきたい。しかし，各部を横断するような興味（関心）を持つ読者もおられると思うので，以下に，各自の興味（関心）に応じて，読んでいただきたい章および補論を紹介する。

（1） 興味（関心）が社会，企業，個人の道徳的・倫理的問題である場合
第1章，第2章，第5章，第10章，第11章，第12章，第17章，第20章，第21章，補論7，補論8，第24章，第25章，第26章。

（2） 興味（関心）がグローバリゼーションと会計社会との関連にある場合
第3章，第4章，補論1，第6章，第7章，補論4，第24章。

（3） 興味（関心）が会計基準の具体的内容やその設定の背景にある場合
第4章，第9章，第14章，第15章，第16章，第18章，第19章，第22章，補論5，補論6，第23章。

（4） 興味（関心）が社会の動向一般にある場合
第1章，第2章，補論1，補論2，第5章，第12章，第20章，補論7，補論8，第24章，第25章。

（5） 興味（関心）が会計政策（社会的選択と私的選択）にある場合
第3章，第4章，補論1，補論2，補論3，第8章，補論4，第13章，第14章，第15章，第16章，第18章，第19章，第22章，補論6。

なお，補論3，第7章，第15章参考，補論5は，読者の理解が容易になることを意識して採録したものである。

---

9) 私は，会計学者の道を進み始めた20歳代に，「研究，教育に対する注力に加え，できれば（僅かでも），余力を蓄えて公共社会に貢献するような学者になりたい」と願を懸けていたので，その願いが成就し，きわめて幸福な学者人生を歩ませていただいた。

なお，過去を振り返ることが少なかった私に，制度設計機関や研究組織での討議をもとに書いた報告書の一部や論文を収録した書籍を出版し，後進の学者諸賢に伝えることを幾度となく勧めたのは，元同僚で畏友の 表 實 慶應義塾大学名誉教授（量子力学）であった。

謝　辞

　大部の書籍の出版が非常に困難な状況のなか，本文 700 頁を超える本書を慶應義塾大学商学会研究叢書として上梓することができたのは，商学会委員長の友岡賛教授のご尽力と，商学会会員の皆様が本書への予算配分を許可してくださったお陰である。さらに，友岡教授からは，慶應義塾大学出版会の木内鉄也氏を編集人として推薦していただき，多忙な木内氏に本書の担当を依頼するに際してご助力いただいた。友岡教授のご厚誼に心から感謝するものである。

　本書の内容は，3 本の書き下ろしを除くと，グローバリゼーションとそれに対する会計の対応が始まって以来，約 20 年の間に著した論文などを主たる材料として編集したものである（初出一覧参照）。その間，統一した仮名遣いを意識せずに書き散らしてきた論文などの平均的書籍 3 冊分にも相当する分量の原稿に対して，木内鉄也氏は 7 カ月を費やして丁寧に編集作業をしてくださり，初出論文などとは見違える理解容易な文章になった。本書の出来栄えは木内氏のご助力にまったく依拠している。木内氏のご尽力に心から感謝するものである。

　本書の各章・各補論の初出誌は，会計学分野ではよく知られている『會計』，『企業会計』，『産業経理』と商学会紀要の『三田商学研究』が主たるものである。森山書店社長の菅田直文氏には，私が学者になって以来これまでご後援くださり，10 数本の論文を『會計』誌に掲載していただいた（約半数は巻頭論文の厚遇を受けた）。中央経済社の山本継会長，小坂井和重専務には，長年にわたり書籍刊行に対するご助力と『企業会計』誌に論壇を含む多くの論文を掲載していただいた。『産業経理』誌への掲載は，産業経理協会会長（当時，理事長）の安藤英義一橋大学名誉教授のご配慮で実現した。また，本書「第 4 部　環境と会計」の各章・各補論の内容の多くは，（一財）地球産業文化研究所（GISPRI と略す）に 2000 年から毎年設置されてきた地球温暖化対策の 1 つである CO_2 排出クレジット取引に関連する委員会の報告書に私が書いてきた文書が初出である。GISPRI の歴代の専務理事である安本皓信氏，木村耕太郎氏，蔵元進氏と歴代の事務局担当の纐纈三佳子氏，阿部秀樹氏，篠田健一氏，松本仁志氏，吉田豊氏，水越孝祐氏，金星春夫氏，真野

卓也氏，村澤嘉彦氏，梶田保之氏，前川伸也氏のご助力に心より感謝するものである。これらの学術誌や報告書に拙文を掲載する機会を与えていただいたからこそ，それらに修正・加筆を行った本書各章・各補論が存在するのである。上記の皆様のご援助に心より感謝するものである。

　最後になるが，尊敬する公認会計士の故吉野昌年氏から，約10年以上前，「皆が幸せになる会計を考えてください」と求められた。私は，この言葉を吉野先生の遺言のように思いながら，「皆が幸せになるとは何か？」を考えることが多くなった。本書執筆時点での私の思案は，「会計」を「会計社会」として定義し，「皆が幸せになる」を「誠実な勤労者が損をしない」と限定して，「誠実な勤労者が損をしない社会の実現のために，会計は存在する」ということである。

2017年7月20日
いとおしむ日々の
三田キャンパスにて
黒川　行治

目　次

序　文　*i*
図表一覧　*xxxi*

第1部　社会と会計

第1章　資本主義精神の終焉
　　　　──公共会計学の勧めの背景──　*3*
1. 自然の猛威と科学・技術の限界の認識　*3*
2. 科学・技術に対する社会科学の干渉　*4*
3. 生物種としての人間と環境思想
　　──「二元論」・「一元論」と「環境主義」・「エコロジズム」　*6*
4. 自然物と人工物　*8*
5. 人間の特性──科学・技術の探求と共同社会の形成　*9*
6. 社会システム──資本主義が問題　*10*
7. 資本主義に内在する発展・成長という思想　*13*
8. 近代資本主義を成立させた精神とは何か　*15*
9. 公共会計学の勧めの背景　*17*

第2章　会計・監査社会の変容のインプリケーション　*21*
1. 会計・監査社会の現状　*21*
2. 会計情報の変容の背景　*23*
　　(2-1) 科学の進歩に応じた新たな要求──将来の可視化　*23*
　　(2-2) 企業価値の構成要素の変化　*23*
3. 企業評価とイデオロギーの変化　*25*
　　(3-1) 企業価値の理論値と市場価値　*25*
　　(3-2) 会計とイデオロギー　*26*

（3-3）社会的責任と会計（報告）の対応　27
4. 監査社会の進展の含意　28
　（4-1）監査の進展の1つの解釈　28
　（4-2）監査の質と監査市場　29
　（4-3）監査の質の判定が不明確なままでの監査の拡大に伴う現象　30
5. 会計プロフェッションの位置付けの変化　32
　（5-1）会計プロフェッションの消滅　32
　（5-2）プロフェッションの意義と特徴　32
　（5-3）会計プロフェッションの労働者化　33
6. 可視化の圧力と監視の社会的受容　35

第3章　利益情報の変容をもたらした要因は何か　37

1. 利益情報の変容と経済社会のグローバリゼーション　37
2. 会計情報の供給プロセスと影響要素の仮説　38
　（2-1）社会的選択　38
　（2-2）私的選択　40
　（2-3）私的選択の前提としての会計基準の設定　41
3. 国際会計基準の特徴　42
　（3-1）国際会計基準が想定する会計の役割や会計に対する期待の
　　　　特徴　42
　（3-2）公正価値評価志向をめぐる議論　43
　（3-3）公正価値の重視と原則主義の影響　44
4. 経済社会のグローバリゼーションがもたらした変化　44
　（4-1）グローバリゼーションとは　44
　（4-2）資本主義社会の変化　45
5. 経済社会のグローバリゼーションと会計社会の変容についての
　仮説　47
　（5-1）経済社会における主導権争いの一環としての会計基準の統一
　　　　化の加速　47
　（5-2）世界統一会計基準のメリット　48
　（5-3）短期的投機による利潤追求に役立つ会計情報の生産　48
　（5-4）労働市場の変容による「分配可能利益算定志向と付加価値概
　　　　念」の減退　49
　（5-5）組織改革投資（IT投資）の重視によるプロジェクトごとの採

算性の測定と組織の売却に役立つ情報の生産　*49*
　　　(5-6)　資本市場および実物市場の変容と公正価値測定の重視　*50*
　6.　仮説の検証努力——上場企業に対する意識調査の紹介　*50*
　　　(6-1)　体系仮説の設定と意識調査に対応する仮説への変換　*51*
　　　(6-2)　アンケート調査の目的，対象と方法の概要　*53*
　　　(6-3)　一次集計結果から得られた知見　*54*

第4章　非金融負債の公正価値測定の含意　*59*
　1.　IASB の志向　*59*
　2.　改定案の提案——蓋然性要件の削除と期待値法のみの採用　*60*
　3.　蓋然性に問題ありとする従来の論拠　*61*
　4.　会計志向（アプローチ）の違い　*64*
　5.　市場参加者の取引価格決定要素　*65*
　6.　非金融負債の公正価値測定が意味するもの　*68*
　7.　経済社会のグローバリゼーションがもたらした変化　*69*
　8.　公正価値志向の会計の需要要因　*70*

補論1　会計基準統一化の転機の記憶　*73*
　1.　日本の会計社会が直面した「黒船」　*73*
　2.　世界統一会計基準導入の長所と短所　*73*
　　　(2-1)　長　所　*74*
　　　(2-2)　短　所　*74*
　3.　会計基準の世界的統一化の概略　*76*
　　　(3-1)　国際会計基準委員会から国際会計基準審議会へ　*76*
　　　(3-2)　国際会計基準審議会の構成　*79*
　4.　日本のコンバージェンスに関する取組み　*80*
　5.　IFRSs 強制適用の可能性の現出　*82*
　6.　金融クライシスと FASB，IASB および企業会計審議会・ASBJ
　　　の対応　*86*
　7.　IFRSs の強制適用の回避　*87*
　8.　エンロンの会計不祥事以降の監査をめぐる規制の強化　*88*

補論2　会計と社会との相互干渉　*91*
　1.　郵政公社の財務会計基準と高速道路の資産評価・会計基準　*91*

2. 社会的選択と私的選択との相互干渉　*92*

3. 会計と経営との相互干渉　*96*

4. 会計と社会との相互干渉　*97*

5. 会計と市場との相互干渉　*98*

6. 会計と公共財の効率性との相互干渉　*100*

7. 研究余滴　*101*

第5章　社会企業モデルと会計主体論　*103*

1. 企業の社会的責任と説明責任　*103*

2. 企業の社会的責任論の概要　*104*

　(2-1) 社会的責任の伝統的な基本思想　*104*

　(2-2) 企業の社会的責任論争　*106*

　(2-3) 経済的責任，法的責任，そして，社会的責任のバランス　*107*

　(2-4) 企業市民　*109*

3. 会計主体論と社会企業モデル　*111*

　(3-1) 3つの会計主体論　*111*

　(3-2) 社会企業モデルが想定する会計主体　*112*

　(3-3)「(株)ミットヨ」のケース──会社設立の目的が社会的貢献　*113*

4. 企業の主たる構成員がいなくなったらどうなるのか　*115*

　(4-1) ハッカーのアメリカン・エレクトリック　*115*

　(4-2) 取締役に代わり人工知能が経営　*116*

　(4-3) 企業の存続の意義と取締役の役割　*117*

　(4-4) ステークホルダーの利害を意識しない説明責任の履行　*118*

5. グローバルな社会的課題とグローバル社会企業　*119*

　(5-1) グローバリゼーションとその背景　*119*

　(5-2) クローバリゼーション下で企業に生じた新たな課題　*120*

　(5-3) グローバルな社会的課題　*120*

6. 企業市民モデルと拡張された説明責任　*123*

目　次　*xv*

第2部　市場と会計

第6章　市場の質と会計社会の対応　*127*
1. 会計情報の変容と市場の論理　*127*
2. 市場の質とは何か　*128*
3. 資本市場における競争の質　*129*
4. 資本市場における製品（企業経営）の質　*132*
5. 資本市場における情報の質　*134*
6. 市場参加者の合理的判断　*137*
7. 契約の不完備性と公平性　*140*

補論3　会計情報の市場の規制論　*143*
1. 財務報告規制の経済学　*143*
2. 規制のない市場を支持する議論　*143*
   - （2–1）エージェンシー理論　*143*
   - （2–2）資本市場の競争圧力とシグナリングの誘因　*144*
   - （2–3）私的契約の機会を支持する議論　*144*
3. 会計情報の市場への規制の擁護論　*145*
   - （3–1）市場の失敗　*145*
   - （3–2）社会目標としての市場の公平性　*147*
   - （3–3）基準設定への成文化アプローチの根拠　*147*
4. 規制支持論と自由市場論の比較　*148*
   - （4–1）自社情報に関する独占的供給者としての企業　*148*
   - （4–2）資本市場の競争圧力　*149*
5. 会計規制の不完全性　*149*
6. 規制のプロセス　*151*
7. 利害関係者の行動の特徴　*152*
8. 会計基準の経済的帰結　*153*

第7章　機関投資家と市場を非効率にする要因
　　　　──解説文献の要約──　*155*
1. 情報の主たる利用者としての機関投資家　*155*

2. 投資関連業界（ファンド・マネジャー，アナリストなど）の
   構造問題　*156*
   （2–1）長い委託・受託関係の連鎖　*156*
   （2–2）経済的動機　*157*
3. 市場の効率性とファンダメンタル分析　*159*
   （3–1）ファンダメンタル分析の前提　*159*
   （3–2）効率的市場理論の前提　*160*
4. ファンダメンタル分析に関する諸議論　*161*
   （4–1）ファンダメンタル分析がうまくいかない理由　*161*
   （4–2）証券アナリストが予想を誤る要因　*163*
   （4–3）効率的市場理論に基づく投資——リスク尺度の多様化　*164*
5. 行動ファイナンス理論と投資の心理学の仮説　*165*
   （5–1）効率的市場仮説と行動ファイナンス理論の前提　*165*
   （5–2）ヒューリスティックスに起因するバイアス　*167*
   （5–3）フレーム依存性　*169*
   （5–4）非効率的市場仮説の例示　*170*
   （5–5）機関投資家による市場予測　*172*
   （5–6）業績発表への偏った反応　*173*
   （5–7）企業買収と勝者の呪い　*175*
   （5–8）新規株式公開のアンダープライシングと
   　　　その後のアンダーパフォーマンス　*175*
   （5–9）アナリストの利益予測と株式推奨における楽観主義　*177*
   （5–10）アナリストの利益予測を悲観的にさせるための経営者の試み　*177*

第8章　「利益の質」の概念をめぐる諸議論と監査の意義　*179*

1. 利益の質をめぐる検討課題　*179*
2. 会計情報の供給プロセスとその影響要素　*180*
3. 「利益の質」の概念（constructs）の再整理　*181*
   （3–1）社会的選択と利益の質　*183*
   （3–2）私的選択と利益の質　*185*
   （3–3）事業活動の評価と利益の質　*187*
4. 非効率な市場と利益の質との関係　*188*
   （4–1）非効率な市場　*189*
   （4–2）ヒックス流の利益と非効率な市場——社会的選択　*190*

（4–3）経営者の行動と市場の非効率——私的選択　*191*

（4–4）利益の変動と会計操作のメリット　*193*

5. 利益の質の概念と監査との関連　*195*

（5–1）会計情報の供給プロセスと監査の意義　*195*

（5–2）利益の質の構成要素と監査の意義　*195*

6. 利益の質と市場の質との相互関係　*197*

補論 4　わが国の資本市場の実態および会計の役割に関する検証例　*201*

1. 資本市場に関する諸仮説の背景　*201*

（1–1）資本市場の実態とファンダメンタル分析　*201*

（1–2）ファンダメンタル分析と財務情報　*203*

（1–3）機関投資家の影響力の増大とエージェンシー関係　*204*

2. アナリストなどに対するアンケート調査の結果　その 1　*205*

（2–1）設定した仮説の概要　*205*

（2–2）資本市場の実態と機関投資家の役割　*207*

（2–3）企業評価を行う場合に重視する財務情報・非財務情報　*207*

（2–4）経済社会のグローバリゼーションと会計の役割や会計に対する期待の変化　*208*

（2–5）資本市場・企業の経済環境・事業環境・事業戦略の変化と会計の役割や会計に対する期待の変化　*208*

（2–6）利益情報の変容と経済的実質の測定・利益調整の可能性・監査の保証水準　*209*

（2–7）利益情報の質と会計基準の利益測定指向　*210*

（2–8）利益情報の変容と投資対象会社の経済環境・事業環境・事業戦略　*210*

（2–9）IFRSs のわが国への導入の是非および運用の有り方　*211*

3. アナリストなどに対するアンケート調査の結果　その 2　*212*

第 9 章　予測要素がもたらす確率的利益測定の概念　*215*

1. 確率的測定と利益の質　*215*

2. 認識基準と確率的推定　*217*

3. 測定基準と確率的推定　*219*

4. 会計測定値の意思決定論的な解釈　*221*

5. 監査の情報提供機能の再評価　*224*

6. 予測要素の影響の増大　*226*

第3部　個人・組織と会計

第10章　取引における公正性の源泉　*231*

1. 取得原価の二面性と合理的な取引決定の条件　*231*
2. 消費者保護と中古米国車の購入事例　*233*
   - (2-1) 消費者保護の意義　*233*
   - (2-2) 中古米国車の購入事例に見る公正な取引の条件　*234*
   - (2-3) 信頼感の創出　*236*
   - (2-4) 即決した原因の考察　*237*
   - (2-5) 信頼される側の行為　*238*
   - (2-6) 信頼の創出の功利主義による解釈　*239*
   - (2-7) 個人の高潔な倫理性と公正な取引　*239*
3. 富の追求は終わり，労働は喜びをもたらす　*240*
   - (3-1) 豊かになると貪欲さは消えるのか　*240*
   - (3-2) 労働は祝福をもたらす　*241*
4. 国家の繁栄の源は悪徳なのか公正なのか
   ——バーナード・マンデヴィルとアダム・スミス　*243*
   - (4-1) 悪徳は国家の繁栄の源——マンデヴィル　*243*
   - (4-2) 共感と公正な競争——アダム・スミス　*244*
5. 相互性と情報　*245*

第11章　個人の行為の判断規準と組織の内部道徳　*249*

1. 会計不祥事と企業および個人の道徳（倫理）　*249*
2. 善行（善人）とは何か——ロールズの解釈　*252*
   - (2-1) 善行と悪行　*252*
   - (2-2) 善行の動機——自尊の存在　*254*
   - (2-3) 卓越と後悔，恥辱　*255*
   - (2-4) 罪責と恥辱　*257*
3. 美徳倫理　*257*
4. 道徳的発達の段階　*258*
   - (4-1) 権威の道徳性——道徳的発達の第1段階　*259*
   - (4-2) 連合体の道徳性——道徳的発展の第2段階　*260*
   - (4-3) 原理の道徳性——道徳的発展の第3段階　*262*

目　次　*xix*

　　　（4-4）義務以上の道徳性　*264*

　　　（4-5）経営管理者の道徳性発達　*265*

　　　（4-6）企業文化および倫理的風土　*267*

　5.　公共倫理の主張──公共哲学の代表的な所論　*268*

　　　（5-1）功利主義と形式的功利主義　*268*

　　　（5-2）自由至上主義　*270*

　　　（5-3）格差原理の応用　*271*

　　　（5-4）行為の意志──定言命法　*272*

　6.　官僚制組織と内部道徳　*276*

　　　（6-1）基本的人権と自己の行為の制御権の譲渡　*276*

　　　（6-2）2つの支配関係　*277*

　　　（6-3）官僚制組織と職位（地位）による支配　*278*

　　　（6-4）支配システム（組織）の内部道徳　*279*

　　　（6-5）（株）東芝の会計不祥事と内部道徳　*280*

　7.　道徳的判断規準を持つことの大切さ　*281*

　　　（7-1）杉原千畝氏の行ったユダヤ人へのビザ発給　*281*

　　　（7-2）反ユダヤ人主義とユダヤ人の移住の手段としてのカナウス領
　　　　　　　事館での懇請　*282*

　　　（7-3）杉原千畝氏の人道的判断から学ぶもの　　*283*

第12章　企業統治と経営者報酬・従業員給料の公正な分配　*289*

　1.　会計の利害調整機能と労働対価の分配　*289*

　2.　企業はどのように統治されているのか　*291*

　　　（2-1）取締役会の位置付けをめぐる3つのモデル　*291*

　　　（2-2）自然人とは区別される企業（近代的団体行為者）の社会的出現　*293*

　　　（2-3）取締役会と社外取締役の役割　*295*

　3.　役員報酬の公正性をめぐる議論　*297*

　　　（3-1）役員報酬と一般従業員の賃金格差　*297*

　　　（3-2）高額報酬・大きな所得格差を肯定する見解　*298*

　　　　　（1）バランスを欠いた相互性の容認　*298*

　　　　　（2）功績原理と自然権　*300*

　　　　　（3）形式的功利主義とインセンティブ契約　*302*

　　　（3-3）高額報酬・大きな所得格差を否定する見解　*303*

　　　　　（1）ニーズの原理　*303*

（2）格差原理　*305*

（3-4）納税という社会貢献
　　　──条件次第で賛否が分かれる見解　*307*

（3-5）新しいバランスを欠いた相互主義　*308*

4．結　論　*309*

（4-1）報酬が高い理由と社会的正義　*309*

（4-2）コーポレートガバナンス・コードと取締役会の位置付けに関する3つのモデル　*310*

（4-3）会計の利害調整機能　*313*

（1）会計情報と労使賃金交渉　*313*

（2）役員報酬の開示の役割
　　　──バランスのとれた相互性の発現　*313*

第13章　企業の決算行動を決定する要因　*315*

1．ポジティブ・アカウンティング指向の会計研究の特徴　*315*

2．仮説の前提条件と日米の相違　*317*

（2-1）経営者と従業員との共同利益追求による賃金水準を仲介とする報告利益と経営者報酬との関連性　*318*

（2-2）コーポレートガバナンスと主たるステークホルダー　*318*

3．説明変数の追加　*320*

（3-1）社会学の理論と会計行動　*320*

（3-2）アカウンティング・ポリシー　*321*

4．社会的選択としての各国の会計基準の相違を決定する要因　*322*

5．私的選択としての企業の決算行動の説明要因の体系　*324*

6．決算行動を説明する社会的・文化的・哲学的要因　*326*

第14章　人的資産の認識と測定　*329*

1．リストラ問題と非正規雇用政策の効果の類似性　*329*

2．従来の研究──人的資源の測定方法と勘定記入　*331*

（2-1）人的資源の測定方法の類型　*331*

（2-2）人的資源の勘定記入　*333*

（2-3）貸借対照表，損益計算書上での人的資源に関する取引勘定　*334*

3．いくつかの問題点　*335*

　　　　（3-1）支出原価法——能力開発費の資産性　*335*

　　　　（3-2）効益価値法——人間資産に関する増価・減価　*337*

　　4.　既提案の物的資産の認識・測定に類似する会計処理方法　*338*

　　　　（4-1）物的資産と人的資産　*338*

　　　　（4-2）将来の純利益流列の測定　*339*

　　　　（4-3）人的資産の会計認識の問題点　*340*

　　　　（4-4）勘定記入　*340*

　　5.　提　案　*341*

　　　　（5-1）レブ＝シュワルツのモデルの適用例　*341*

　　　　（5-2）人的資産関連勘定の認識・測定　*342*

　　　　（5-3）会計処理の解釈　*343*

　　6.　議　論　*345*

　　　　（6-1）会計認識上の問題　*345*

　　　　（6-2）会計測定上の問題　*348*

　　7.　会計の機能・役割との関連　*350*

第15章　創造会社法私案と人的資産・労務出資の会計　　*353*

　　1.　20世紀末のわが国の経済状況　*353*

　　2.　ベンチャー企業待望論と創造会社法私案　*354*

　　3.　会計測定対象としての創造会社の特徴　*356*

　　4.　会計測定方法の提案　*358*

　　　　（4-1）金銭出資による設立　*358*

　　　　（4-2）出資金と利益剰余金との区分　*358*

　　　　（4-3）優れた技術・能力を持った創業者の存在

　　　　　　　　——労務出資のオンバランス　*359*

　　　　（4-4）労務出資の相手勘定　*360*

　　　　（4-5）有限の存続期間と株式会社への組織変更

　　　　　　　　——人的資産の償却の効果　*361*

　　　　（4-6）労務出資者の退社　*363*

　　　　（4-7）構成員の追加加入　*364*

　　5.　人的資産と労務出資のオフバランス　*364*

　　6.　人的資産・労務出資の計上と人的資産償却の意義　*366*

　　参考　パートナーシップ会計，組合会計および合名会社会計の

　　　　検討　*368*

第16章　企業結合会計方法の論点と解決策
――フレッシュスタート法の勧め――　*377*

1. 企業結合会計基準の一大転機　*377*
2. 株式交換・移転制度の意義　*378*
3. 企業結合会計基準に見る企業結合の意味と類型　*380*
   - (3-1) 企業結合の意味　*380*
   - (3-2) 企業結合会計の類型　*383*
4. プーリング法の変遷と論理の検討　*385*
   - (4-1) プーリング法が意図するそもそもの取引　*385*
   - (4-2) プーリング法の適用要件の変遷　*386*
   - (4-3) 持分プーリングの実質的禁止の提案（ワイアット）　*387*
   - (4-4) プーリング法の要件の細分化　*388*
   - (4-5) 経済的実質によるプーリング法の要件の再整理　*389*
   - (4-6) 支配会社の識別不可能性の強調　*390*
5. プーリング法の禁止とフレッシュスタート法の強調　*391*
   - (5-1) プーリング法の禁止の論理　*391*
   - (5-2) フレッシュスタート法の根拠と未解決の問題　*395*
6. 企業会計審議会「企業結合に係る会計基準」(2003年) の検討　*396*
   - (6-1) プーリング識別要件　*397*
   - (6-2) 企業結合に係る会計基準の論理の検討　*397*
7. 企業統合・再編とフレッシュスタート法の是非　*399*
   - (7-1) 持株会社の新設　*399*
   - (7-2) 分社化とプッシュダウン会計　*402*
   - (7-3) 合併と公正価値プーリング法　*403*
8. フレッシュスタート法の論点の検討　*405*
   - (8-1) 企業結合と「実質的な変容」の意義　*405*
   - (8-2) フレッシュスタート法は同規模の会社同士の企業結合に限られるのか　*406*
   - (8-3) 継続企業においても実質的な会計の基礎の変更があるのではないか　*406*
   - (8-4) 相互パーチェス法か公正価値プーリング法か　*407*
9. 独自性ある企業結合会計基準の可能性　*408*
   - (9-1) パーチェス法，プーリング法，フレッシュスタート法の併用基準　*408*

（9-2）「対等の精神」という日本的風土に基づく会計基準は存在するのか　*409*

（9-3）会計と経営との相互干渉　*409*

（9-4）公共政策（弱者保護）としてのフレッシュスタート法　*410*

第17章　京セラとヤシカの合併──フィールド・スタディ──　*413*

1. 救済ではあったが，シナジー効果を期待した積極的異業種合併　*413*

2. 合併会社（京セラ）の状況　*414*

（2-1）会社の沿革　*414*

（2-2）京セラフィロソフィー　*415*

（2-3）アメーバ経営　*415*

（2-4）高株価と資金調達　*418*

（2-5）多角化の推移　*419*

3. 被合併会社（ヤシカ）の状況　*420*

4. 合併時点の意思決定　*425*

（4-1）合併の経緯　*425*

（4-2）合併の背景と期待　*426*

（4-3）合併時の財務内容　*427*

（4-4）合併比率の決定と合併会計処理　*428*

5. 合併後の評価──ヤシカ・岡谷工場　*430*

（5-1）ヤシカ・岡谷工場の再構築策　*430*

（5-2）光学機器部門の業績　*432*

（5-3）従業員の処遇　*434*

6. 合併後の評価──京セラおよび全社的視点　*436*

（6-1）シナジー効果はあったか　*436*

（6-2）人材の確保　*436*

（6-3）国内生産拠点の追加　*436*

（6-4）財務上のメリット　*436*

（6-5）海外生産拠点の確保　*437*

（6-6）都心にまとまった土地が確保できたこと　*438*

7. 成功事例であると結論　*438*

第18章　企業結合に関するのれんの会計の論点　*441*

1. 償却処理から非償却処理への転換　*441*
2. のれんとその他の無形資産との峻別　*443*
3. 従来から検討されている論点　*444*
   - (3-1) 情報の有用性の識別規準に照らしたのれんの各会計処理の長所，短所　*444*
   - (3-2) のれんの測定属性　*444*
   - (3-3) 少数株主持分の保護と全部のれん説，買入れのれん説　*447*
4. 新たな論点の提起　*449*
   - (4-1) 「市場の質」と全部のれん説から波及する問題　*449*
   - (4-2) 企業評価を経営者が行う問題　*450*
   - (4-3) 経営者の事業戦略とのれんの会計処理　*451*
   - (4-4) 利益情報の性質と情報利用者の効用関数の変化　*452*

第19章　退職給付会計基準の論点　*455*

1. 新たな退職給付会計基準の設定　*455*
2. 資産・負債，費用・収益の総額・両建て計上方式と純額・差額計上方式　*456*
   - (2-1) 内部引当・外部積立併用の例示　*457*
   - (2-2) 設例から得られた知見　*460*
   - (2-3) 資産・負債（費用・収益）の差額計上と両建て計上の論拠　*461*
   - (2-4) 「支配（統制）」と基金資産の理解　*463*
   - (2-5) 貸借対照表表示額が意味するもの　*463*
   - (2-6) 差額計上方式と両建て計上方式の比較の結論　*464*
3. 現在価値計算における割引率とリスクの考慮　*465*
   - (3-1) 負債の現在価値とリスクの一般論　*465*
   - (3-2) 退職給付会計基準と無リスク利子率　*466*
   - (3-3) デフォルト・リスクと割引率　*467*
   - (3-4) 資産の運用利回りと割引率　*467*
4. 発生給付評価方式の意義と影響　*468*
   - (4-1) 発生給付評価方式と期末要支給額方式との関係　*468*
   - (4-2) 退職給付の発生時の従業員による受領　*470*
   - (4-3) 予測単位積増―定額制方式と予測単位積増―給与・支給倍率加味方式の比較　*472*

5. 数理計算上の差異の処理方法　*477*

　(5-1) 即時認識方式の論拠　*478*

　(5-2) 遅延認識方式の論拠　*479*

　(5-3) 回廊アプローチ　*479*

　(5-4) 重要性基準と回廊方式との関係　*480*

第4部　環境と会計

第20章　パリ協定前文の願意と会計責任の拡張　*485*

1. 環境問題をめぐる3つの対立軸　*485*

2. 温暖化対策の合意成立　*487*

3. 前文の願意——ロールズの「公正としての正義—格差原理」の想起　*488*

4. 科学・技術開発による解決
　　——持続可能な発展の含意は何か　*491*

5. 自主的目標設定・業績測定，社会企業，
　トリプル・ボトムライン　*492*

　(5-1) 各国の自主的目標設定・業績測定　*492*

　(5-2) シングル・ボトムラインとトリプル・ボトムライン　*493*

　(5-3) 経済的パフォーマンス，自然環境への影響，社会的インパクトの3つの指標の理想的関係　*494*

　(5-4) 経済的パフォーマンス最大化が目的関数，自然環境への影響と社会的インパクトの2つの指標が制約式　*495*

　(5-5) 自然環境への影響と社会的インパクトの2つの指標のポジティブ量最大化が目的関数，経済的パフォーマンスが制約条件の会社経営は成立するのか　*496*

6. 「統合報告」の思想は経済的パフォーマンス以外の目標を掲げる企業を促進するか　*497*

　(6-1) 6つの資本と価値創造プロセス　*498*

　(6-2) なぜ統合報告の情報は主として財務資本のステークホルダーに有用なのか　*499*

7. 経済的パフォーマンス最大化目標を転換させる手段としての会計責任の拡張　*500*

8. 「豊かさ」の別指向——環境問題は公共社会の有り方の問題でもある　*501*

第21章　持続可能な発展と会計の転換　*505*

1. 持続可能な発展の問題　*505*
2. 外部性と共有資源問題　*508*
3. 公共政策の概観　*510*
4. 環境マネジメント　*512*
5. 環境保全コストと環境保全努力に対応する効果の測定　*516*
   - (5-1) 環境会計の測定対象と3つの測定要素　*516*
   - (5-2) 環境保全コストの測定　*516*
   - (5-3) 環境保全効果　*519*
   - (5-4) 環境保全対策に伴う経済的効果　*519*
   - (5-5) 環境保全コストと環境保全努力に対応する効果の測定上の留意点　*521*
6. 認識の転換と社会会計モデル　*521*
7. コストとベネフィット，費用と収益の意味するもの　*525*
   - (7-1) 企業と顧客・消費者　*525*
   - (7-2) 企業と従業員　*527*
   - (7-3) 企業と地球環境　*528*
   - (7-4) 企業と地域環境・住民社会　*529*
   - (7-5) 企業と政府　*530*
8. ミクロ社会会計の再認識と利害関係者への付加価値の分配　*531*

第22章　温室効果ガス排出量取引をめぐる会計上の論点　*535*

1. 京都メカニズム第1約束期間の始まりと日本の状況　*535*
2. 資産の特質を中心とする排出量取引会計の検討
   ——収益・費用アプローチの残像　*538*
   - (2-1) 「排出削減における会計および認定問題研究委員会」報告　*538*
   - (2-2) 経済産業省「産業構造審議会」案から企業会計基準委員会実務対応報告第15号へ　*541*
3. 排出クレジットの法的性質の検討　*543*
   - (3-1) GISPRI「京都メカニズム促進のための法的論点等に係る調査研究委員会」報告　*543*
   - (3-2) 経済産業省「産業構造審議会」案　*544*

目 次 *xxvii*

　　　（3-3）「京都議定書に基づく国別登録簿の在り方に関する検討会」報告　*545*
　　4.　排出クレジット引渡義務を中心とする会計処理
　　　　──資産・負債アプローチの適用　*546*
　　　（4-1）フランス会計処理案の概要および特徴　*546*
　　　（4-2）イギリス会計処理案の概要および特徴　*547*
　　　（4-3）国際財務報告解釈委員会解釈指針（IFRIC）
　　　　　　第3号「排出権」の概要　*548*
　　5.　設例による GISPRI 案の拡張と IFRIC 案の会計処理の
　　　　例示　*550*
　　　（5-1）GISPRI 案の拡張　*551*
　　　（5-2）IFRIC 案の代替的会計処理方法　*553*
　　6.　環境省「クレジット会計処理検討委員会」案　*555*
　　7.　未解決の問題の解釈と展望──4 タイプの会計処理方法の意義　*557*
　　　（7-1）コスト・オブ・グッズの認識・測定と
　　　　　　GISPRI 拡張案・オフバランス案　*557*
　　　（7-2）会社（事業所）と国との契約と排出削減義務当初認識法　*558*
　　　（7-3）バッズの認識・測定と CO2 排出費用認識法　*559*

補論5　国際財務報告解釈委員会解釈指針第3号「排出権」の検討　*565*

　　1.　解釈指針第3号「排出権」の公開草案と成案　*565*
　　2.　設例の前提の変更と会計処理　*566*
　　　（2-1）設例の前提　*566*
　　　（2-2）無形資産に関する原則的処理方法　*566*
　　　（2-3）無形資産に関する代替的処理方法（再評価モデル）　*568*
　　　（2-4）収益と費用の対応の検討　*569*
　　3.　成案の結論の検討　*571*
　　　（3-1）論点と結論　*571*
　　　（3-2）資産と負債の両建て処理の根拠　*573*
　　　（3-3）排出枠の金融資産としての把握の否定　*575*
　　　（3-4）排出枠は償却すべきか　*577*
　　　（3-5）負債はいつ認識され，どのように測定すべきか　*579*
　　　（3-6）政府補助金について　*581*
　　　（3-7）ペナルティ　*584*
　　　（3-8）減　損　*585*

補論 6　試行排出量取引スキームにおける会計上の取扱いの検討　*587*

1. わが国の排出量取引の実験──試行排出量取引スキームの開始　*587*
2. 実務対応報告第 15 号改定の検討経緯　*589*
3. 検討にあたっての基本方針と主たる課題　*590*
   - (3-1) IASB の検討状況と EU の現状　*590*
   - (3-2) ASBJ の基本方針と主たる課題　*591*
4. 事前交付により取得した排出枠の会計処理に関する
   ASBJ の提案　*591*
5. K 案の考え方　*594*
6. 設例による A 案と K 案の違い　*595*
7. 参加企業の最終目標年度一括処理　*598*
   - (7-1) 事後清算により無償で排出枠を取得する場合の会計処理に
     「実績が未確定」の視点を拡張　*598*
   - (7-2) 設例に関する A 案の仕訳の変更　*599*
   - (7-3) 排出枠不足が確実に見込まれる場合の費用処理の削除　*600*
   - (7-4) 設例に関する仕訳：原則　*602*
8. 課　題　*602*

補論 7　京都議定書第 1 約束期間後の空白問題の危惧
──東日本大震災前（2010–2011 年 3 月）の日本──　*605*

1. 環境問題に対処する姿勢　*605*
2. 排出クレジットの発生と排出既得権の人為的設定　*606*
3. 京都メカニズム継続に対する憂慮すべき状況と
   公共哲学の復権　*609*
4. 空白問題と共通善の維持　*610*
5. 「共通善」の心得と経済産業省「二国間オフセット・クレジット制
   度」および東京都「総量削減義務と排出量取引制度」の登場　*611*

補論 8　京都メカニズム脱退後の JCM の意義
──東日本大震災後（2014 年 3 月）の日本──　*615*

1. グランド・デザインの重要性　*615*
2. JCM プロジェクトの案件──発展途上国のエネルギー対策の支援　*616*
3. 外部性と温室効果ガス排出防止対策　*617*
4. 将来の日本国の有り方・目標という観点　*619*

第23章　資産除去債務をめぐる会計上の論点　*621*

1. 資産除去債務の会計基準設定の経緯　*621*
2. 資産除去債務の認識の範囲　*623*
   - (2-1) 資産除去債務の定義の留意点　*623*
   - (2-2) 特別修繕引当金との関係　*625*
   - (2-3) 法律上の義務に準ずる債務の解釈　*626*
3. 資産除去債務の測定　*629*
   - (3-1) 資産除去債務専門委員会と引当金専門委員会の共通検討課題　*629*
   - (3-2) 分散リスクの測定について　*630*
   - (3-3) 信用リスク・プレミアムを加算するのか否か　*632*
4. 時間経過に伴う利子費用の意義　*636*
5. 資産・負債両建て計上と引当金処理の意義　*640*

第5部　公共・政府と会計

第24章　企業の海外戦略と国民の経済的繁栄　*645*

1. サントリー社のビーム社買収　*645*
2. 経済社会の繁栄度の指標——国民経済計算とわが国の現状　*646*
   - (2-1) GDPの意味——財貨・サービスの産出と需要，要素所得　*646*
   - (2-2) 国民所得とGDP（国内生産）との概念の違い　*648*
   - (2-3) 社会負担と所得の再分配　*649*
   - (2-4) 海外取引と経常対外収支　*650*
3. 「わが国の企業（日系企業)」とは何か　*652*
4. 自由の尊重と市場経済重視　*655*
5. カール・ポラニーの「自己調整的市場」に関する洞察　*656*
   - (5-1) 19世紀の自己調整的市場の進展と20世紀初頭の反動の原因　*656*
   - (5-2) 現在も妥当する自己調整的市場のユートピア性　*657*
   - (5-3) 自己調整的市場の特徴　*657*
   - (5-4) 労働，土地（自然資産)，貨幣の擬制商品性　*659*
6. 経営者の使命は何か　*660*

第25章　納税行為の意義　*663*

1. わが国財務状況の確認と増税の必要性　*663*
2. 租税による歳入と公的支出に見る国の役割　*666*
   - (2-1) 租税の2つの機能　*666*
   - (2-2) 公的支出の内容　*667*
3. 社会的正義の諸説再述　*669*
4. 公私分割と社会的正義の諸説　*673*
   - (4-1) 功利主義による見解について　*673*
   - (4-2) 自由至上主義による見解について　*673*
   - (4-3) 平等主義的自由主義による見解について　*675*
   - (4-4) 「自律」と自由至上主義からの反論　*676*
5. 納税行為をどのように理解して財政健全化に
   対処するべきか　*677*

第26章　公共社会とディスクロージャー　*683*

1. ディスクロージャーに関する研究の役割　*683*
2. ディスクロージャー課題の例示　*684*
3. 分析の手順——利害に関する構成要素の特定　*685*
4. 情報（ディスクロージャー）の利害への影響の検討　*685*
   - (4-1) 絶望的な巨大隕石の衝突　*685*
   - (4-2) ゴジラの出現　*688*
   - (4-3) 国債価格および円通貨の暴落　*691*
   - (4-4) 地震の発生と地盤情報　*697*
   - (4-5) 医療サービスへの不満（訴訟）と
     医師の階層別モデル賃金　*698*
5. キーとなる概念，観点，論理　*700*
6. 企業行動に関連した研究課題設定の例示　*702*

初出文献一覧　*707*

索　引　*713*

図表一覧

第 2 章

表 2-1 「生産の時代」と「勝負の時代」の特徴　*24*

第 3 章

図 3-1　会計情報の供給プロセスと影響要素　*39*

図 3-2　体系仮説 2 の位置付け　*52*

図 3-3　体系仮説 3 の位置付け　*52*

図 3-4　体系仮説 4 の位置付け　*53*

表 3-1　2 つの成長体制の比較　*47*

補論 1

表補 1-1　国際会計基準設定機関の沿革　*77*

表補 1-2　IASB の組織構成　*80*

表補 1-3　財務会計基準機構の組織概要　*81*

表補 1-4　日本のコンバージェンスに関する取組み　*86*

第 5 章

表 5-1　企業の社会的責任の基本原則　*104*

表 5-2　企業の社会的責任，企業の社会的即応性，企業市民間の対比　*109*

表 5-3　企業市民原則　*110*

表 5-4　グローバリゼーションに対する賛否両論　*121*

第 7 章

図 7-1　年金基金における委託・受託関係の連鎖　*157*

第 8 章

図 8-1　会計情報の供給プロセスと影響要素　*180*

図 8-2　会計情報の供給プロセスと利益の質の概念　*181*

補論 4

図補 4-1　会計の役割や会計への期待に対する機関投資家の影響　*205*

第 11 章

表 11-1　何故，倫理問題が企業に生じるのか　*250*

表 11-2　Lists of Moral Values across Time（時を超える美徳のリスト）　*258*

表 11-3　経営管理者の道徳性発達段階　*266*

第 12 章

図 12-1　コーポレートガバナンスの 3 つのモデル　*292*

表 12-1　最良の取締役会　*295*

第 13 章

表 13-1　決算行動の要因一覧　*325*

第 14 章

表 14-1　貸借対照表　*335*

表 14-2　損益計算書　*335*

第 15 章

表 15-1　組織変更直前 M 創造会社 B/S　*363*

表 15-2　O 氏退社直後 M 創造会社 B/S　*364*

表 15-3　組織変更直前 M 創造会社 B/S　*366*

第 16 章

表 16-1　各企業結合方法の結果および理論的根拠の相違点　*392*

表 16-2　情報の有用性の識別規準に照らした各結合方法の長所　*393*

表 16-3　情報の有用性の識別規準に照らした各結合方法の欠点　*394*

表 16-4　3 行の概要（1999 年 3 月 31 日現在）　*401*

表 16-5　さくら銀行と住友銀行の概要（1999 年 3 月 31 日現在）　*403*

第 17 章

表 17-1　京セラ合併前の業績　*417*

表 17-2　所属業種および製造業の業績　*417*

表 17-3　上場後，ヤシカ合併までの増資の経緯　*418*

表 17-4　京セラの主要製品・事業の追加の動き　*419*

表 17-5　京セラと村田製作所の連結業績　*420*

表 17-6　ヤシカの合併前の業績および特記事項　*421*

表 17-7　キヤノン，オリンパス，日本光学のカメラその他の生産比率　*424*

図表一覧　*xxxiii*

表 17-8　キヤノン，オリンパス，日本光学の売上高の推移　*424*

表 17-9　スチールカメラの生産・販売・在庫台数推移　*424*

表 17-10　ヤシカと京セラの財務内容　*427*

表 17-11　岡谷工場の従業員数の推移　*431*

表 17-12　岡谷工場への設備投資の推移　*431*

表 17-13　光学機器部門の業績の推移　*432*

表 17-14　セラミック，電子機器部門の業績の推移　*434*

表 17-15　広告宣伝費の推移　*434*

表 17-16　ヤシカ合併前の個別・連結業績　*437*

第 18 章

表 18-1　情報の有用性の識別規準に照らしたのれんの各処理方法の長所　*445*

表 18-2　情報の有用性の識別規準に照らしたのれんの各処理方法の欠点　*446*

第 19 章

表 19-1　第 9 期および第 10 期の財務状況等および総額・両建て計上方式による
財務諸表　*458*

表 19-2　差額計上方式による財務諸表　*459*

第 21 章

図 21-1　企業対顧客・消費者　*526*

図 21-2　企業対従業員　*527*

図 21-3　企業対地球環境　*528*

図 21-4　企業対地域環境・住民社会　*530*

図 21-5　企業対政府　*530*

表 21-1　汚染削減の公共政策のメリットとデメリット　*513*

第 22 章

表 22-1　法的可能性（類似性）の一覧　*544*

補論 6

表補 6-1　試行排出量取引スキームの概要　*588*

第 24 章

表 24-1　GDP の需要（消費）　*648*

表 24-2　GDP の生産要素への分配　*648*

xxxiv

表 24-3　国民純所得と可処分所得　*650*

表 24-4　海外取引と経常対外収支　*651*

表 24-5　海外からの財産所得とその内訳　*652*

表 24-6　対外資産残高とその内訳　*652*

表 24-7　本田技研 2013 年度所在地別セグメント情報　*654*

表 24-8　本田技研 2013 年度末所有者分布状況　*654*

第 26 章

表 26-1　利害に関する構成要素　*686*

表 26-2　キーとなる概念，観点，論理　*701*

第1部

社会と会計

第1章

資本主義精神の終焉
──公共会計学の勧めの背景──

1. 自然の猛威と科学・技術の限界の認識

　2011年（平成23年）3月11日に発生した東日本大震災は，第2次世界大戦後にわが国が経験した最大の国難であるという意識を国民に共有させ，被災された方々の悲しみ・苦難に共感し，少しでも手助けになればという善意に基づく支援活動が多くの市民によって続けられた。この間，自然科学系の学者・学会だけでなく社会科学系の学者・学会もこの事態を真摯に受け止め，多くの研究・提言・試行がなされているので，浅学非才の会計学者の私があらためて論じるのは憚られるところではあるけれど，2000年12月以来，(財)地球産業文化研究所で地球温暖化問題と京都議定書に由来する排出クレジット制度に関する研究会や財務省の審議会などで公的部門の会計にも関与してきたその経験に免じて，読者諸賢の貴重な時間を拝借することをご容赦いただきたい[1]。

　周知のように東日本大震災に至るまで，わが国では，大地震を予知すべく長年にわたり地球物理学者などが研究に専心し，多くの探査機器が設置されてきた。また，大津波の来襲に備えるために，大規模な防波堤が築かれてきた。これらの行いはすべて，「人間が自然を管理する」という思想を具体化するものであり，人間にとって快適な環境を保全し，人間社会の維持・発展

---

1)　本章は，黒川行治（2012a）を基礎に，資本主義の背景にある「発展」思想が人類の将来を危うくしているという言説を加味し，社会科学の1つである「会計学」においても形式的功利主義に代わる公共性志向を導入した「公共会計学」を勧める理由を明らかにするものである。なお，ここで黒川が構想する「公共会計学」のアイデアについては，黒川行治（2012b）を参照していただきたい。

を願っての行為である。しかし，3月11日の大地震，大津波という自然の猛威の前では，人間の科学・技術の水準は，独りよがりのもの，頼りないものでしかなく，われわれの保全しようとしてきた環境基盤の儚さを思い知らされたのである。ところが，この東日本大震災は，人間対自然の対立と，人間による自然の管理可能性という論点を提示しただけでは済まなかった。

2. 科学・技術に対する社会科学の干渉

　福島県沿岸を襲った大津波は，福島第一原子力発電所の炉心緊急冷却用予備電源を無力化し，炉心内の核燃料のメルトダウン，それに続く水素爆発による発電所建屋の崩壊により，広範囲に有害な放射性物質が拡散した。4号炉の使用済み核燃料の臨界こそ，すんでのところで食い止められたが，福島県を中心に放射性物質の拡散のため，長い期間にわたり人間のみならず大多数の生物にとって有害な環境が現出した。陸地の放射能汚染の状況は，徐々にその実態が明らかになってきたが，海に対する汚染の状況は，人間の現在の科学的知見，測定技術では，明確に把握することはできそうにない。後知恵ではあるけれど，1979年のスリーマイル島，1986年のチェルノブイリ原発事故の後において，「原子力発電所の数が多くなっていくにつれ，原発事故という事象の発生を確率事象として認識して，その是非を公共社会として判断すべし」とする意見が少なからず述べられていたにもかかわらず，看過してきたことを後悔する人は多いであろう。

　例えば小林傳司教授は，その著書『トランス・サイエンスの時代』において，福島第一原発の事態を予見したかのような主張をしていた。その要約を紹介しよう。人類にとっての「黄金の30年」（後述）の終時期にさしかかる1972年に，アルヴィン・ワインバーグが「トランス・サイエンス」的状況の出現と拡大を指摘した。トランス・サイエンスとは，「科学と政治の交錯する領域＝科学によって問うことはできるが，科学によって答えることのできない問題群からなる領域」をいう。ワインバーグの挙げた例が，「運転中の原子力発電所の安全装置がすべて，同時に故障した場合」である。これ

によって深刻な事故が生じるということと，このような事態が生じる確率が非常に低いということについては，原子力専門家の間で合意されるという点で科学的に解答可能である。しかし，その確率を安全と見るか危険と見るかというリスク評価の場面では判断が入るため，科学的問いの領域を超え始める（トランス）。故障や事故の起こる可能性がきわめて低い確率であるとしたとき，それを無視できる確率と看做すのか，それとも万に一つ事故が起こった場合の災害の大きさを考えて無視できないと考えるのかについては，専門科学者（科学）には答えを出せないというものである[2]。

次に小林教授が挙げるのが，ジェローム・ラヴェッツが1990年代に提起する「ポスト・ノーマルサイエンス」という考え方である。ラヴェッツは社会が意思決定をする際に利用できる科学・技術研究のタイプを，①システムの不確実性と②意思決定に関与する利害の2つの軸で分類する。①システムの不確実性と②意思決定の利害がともに低い領域が「応用科学」であり，現代社会の物質文明を支えてきた研究領域である。次に①と②が中程度の領域は，専門家の相場感や中立的判断に任せることが可能として「専門家への委任」領域と呼ぶ。最後に，①システムの不確実性と②意思決定の利害がともに高い領域を「ポスト・ノーマルサイエンス」と呼び，原子力発電所や地球環境問題を例に挙げ，このような問題については，専門家の知識だけでは不十分であり，多様な情報や価値観を動員するため，「拡大されたピアレビュー」共同体による意思決定が必要という[3]。

これらの議論のポイントは，「科学・技術の社会化・政治化」と呼ばれる現象が其処此処に現出していることの理由を示唆する。原子力発電の是非は言うに及ばず，地球温暖化問題に対する温室効果ガス削減のための排出クレジット取引という仕組みの導入は，まさにそうであって，いわゆる理工系の科学者・技術者だけでなく文科系の学者・専門家の出番となっている。小林教授が紹介・示唆する「トランス・サイエンス」や「ポスト・ノーマルサイ

---

2) 小林傳司（2007），123–124頁。同書は，Alvin M. Weinberg, "Science and Trans-Science", *Minerva*, vol. 10, no. 2, 1972 を引用・参照している。

3) 小林（2007），138–140頁。同書は，J. R. Ravets, "What is Post-Normal Science", *Futures*, 31, 1999 を引用・参照している。

エンス」，すなわち，システムの不確実性が高く関与する利害関係が広い問題は，その解決を科学・技術の専門家に委任することで済ませられず，市民の参加によって決定することが必要であるというキーワードを援用し，理工系の科学・技術の専門家と一般市民の中間段階に，文科系の学者・専門家を加えることの必然性を説明するものである。したがって，東日本大震災後の議論に参加する専門家の領域が，地球物理学，防災学や都市工学だけでなく，経済学，法学，政治学，そして社会学に拡大しているのは当然の成り行きであった。

3. 生物種としての人間と環境思想
──「二元論」・「一元論」と「環境主義」・「エコロジズム」

　冒頭でも述べたように，大地震と大津波で済んでいれば，自然の驚異の前での人間の無力を悟り，自然とどのように向き合って人間社会を形成していくのかの議論（例えば，住宅地域，工業地域，農業地域の区分け，高齢者と若者からなるコミュニティの確保，地域医療の充実と商業地域の活性化など，都市設計・都市工学の議論がその中心）のみが，大震災の教訓として行われていたはずである。しかし，自然界への放射性物質の拡散は，人間という生物種のもつ地球上での存在意義という論点を鮮明にしたのではないかと思う。

　人間という種にとって心地好い環境を保全するために自然を管理するという思想は，人間という種を特別な存在と画定し，人間と，人間以外の生物ならびに非生物からなる自然とを対立する存在と見る「二元論」が根本にある。しばしば，この思想は，キリスト教世界（いわゆる西洋文明）の進歩の基礎ともなったもので，旧約聖書の創世記にその源泉を見いだせると言われてきた。「持続可能な発展」を目指す現在の人間社会は，人間にとって安全で快適な環境を創出すべく自然を造り変え，管理していく（「環境保全」していく）ことを肯定する「環境主義（Environmetalism）」は都合が良く，それは西洋文明の二元論と軌を一にするものとされている。この思想に対して異議申立てをするのが，ディープな「エコロジズム（Ecologism）」である。人間種も生態系の一部を担う存在であり，生態系を保存（「環境保存」）するよう

な人間社会の有り方を提案するものであった。人間種を人間以外の生物種とは異なる特別な存在とは見ないことから、エコロジズムは「一元論」思想ではないかとされ、自然崇拝の原始的宗教や仏教などはこの思想の発現であり、西洋文明に対して東洋文明は、一元論的であるとも言われるのである[4]。

　原子力発電所の事故は、放射性物質の存続期間と人間の寿命とを対比し、意思決定した現世代が責任を取ってその解決に当たることができない問題があることをわれわれに再確認させる。そして、これまで、「持続可能な発展」という心地好いスローガンに託して、現世代が、自己が享受する物質文明の利便性をますます追求し、その活動が未来世代に対してどのような影響をもたらすのかについて明確化してこなかったことを気づかせる。1950年代頃から約30年続いた西側先進国の黄金の30年、科学・技術とくに応用科学の成果・普及による物質文明の全盛が、13億人の人口を擁する中国、11億人以上の人口を擁するインドなどのいわゆる新興国に伝播し、さらに、ブラジル、南アフリカ、インドシナ諸国、ついにはアフリカの諸国にまで、同じ物質文明がコピーされようとしている。しかも、人間という種の地球表面上での数がますます増加の一途を辿りながらである。地球鉱物資源の消費、食料の生産のための森林資源の伐採、水と大気の地球規模での汚染（温室効果ガス増加による地球温暖化はその典型）などの自然環境へのとてつもない負荷の増加という現世代の行為が、未来の人類、われわれの子孫の世代に対してどのような結果をもたらすのかについての真摯な思考を、現世代は停止してきたと言っても言い過ぎではないのである。

　ディープ・エコロジー思想に依拠する限り、われわれ人類に未来はない。われわれ人間という種は、地球の生態系を崩す張本人であり、しかも他の種を絶滅の危機に追い込みながら人間という種のみが増加の一途を辿っている。

---

4)　環境思想の分類と特徴については、松野弘（2009）、第1章参照。また、環境に対する西洋の態度と価値観、アジアの伝統的なディープ・エコロジー思想については、キャリコット、J. ベアード著―山内友三郎・村上弥生監訳（2009）、第1章、第3章、第4章などが詳細である。なお、ディープ・エコロジーとはアーン・ネス（Arne Ness）が自然環境を人間に従属させる人間中心主義的な環境倫理を批判し、人間をあくまで生態系の一部としてとらえる全体論的な環境倫理学を打ち立て、そのような環境中心主義的、反人間主義的なエコロジー思想を、自ら呼んだものである（訳者中野の解説注3（ラトゥーシュ、セルジュ著―中野佳裕訳（2010）、257頁参照）。

自然の法に従えば，そのような種の末路は突然に訪れる絶滅の危機であろう。「1日ごとに倍増する池の表面に繁茂する植物が水面を覆いつくすのに，その直前は1日という短時間でしかないが，それまでの長い時間，池の水面が広く見えているので，植物除去の必要性について安易に構えている」という教訓どおり，人間の絶滅の危機が目前に迫った時には，それに対処する時間はほとんど残っていない。しかし，そのような末路も，人間の存在そのものが生態系維持にとっての脅威・悪という理解に立てば，諦めざるを得ないものである（余談だが，ロン・ハワード監督，トム・ハンクス主演の映画「インフェルノ（INFERNO）」は，この問題を扱っているので，観劇後の心境は深刻になる）。

4. 自然物と人工物

　人間は，文明の進展とともに，人間が造ったという意味で自然物に対立する人工物を残してきた。二元論で考えれば，自然物と人工物とは，対立的（対照的）存在として併存してきた。原子力発電所もその1つであるし，放射性物質の拡散や温室効果ガスの排出もその人工物の1つであろう。しかし，ここで，一元論の思想の延長で生態系を拡張して自然環境を眺めてみれば，自然環境とされるものは，非生物的（物理的）な地球活動とあらゆる生物の営みの両方の結果によって出来上がってきたものであることに改めて気がつく。わが国は国土の約67％が森林に覆われ，「緑の国」（グリーンランド）と標榜しても良いのではないかとさえ思うが，その森林のうち約40％は先祖が営々と植林してきた人工林である。また，集落に隣接して存在してきた「里山」（住環境の理想的存在とも言われる）も人工的に保全されてきたものである。飛躍するけれど，非生物とされる石炭や石油にしても，かつての生物の遺骸が地球時間のなかでさまざまな物理的影響を受けて製造されたものであり，過去に生存していた生物の名残りである。生物も地球上の自然環境を造り出す存在なのだ。
　人間も生態系の1つの種であって，自然環境を形成する生物の1つである。

放射性物質の拡散や温室効果ガスの排出も，新たな自然環境を造り出した行為の1つに変わりない。では何が問題なのかというと，放射性物質や温室効果ガスが人間にとって有害な物質であり，快適な社会生活が危険にさらされているからなのである。しかし，地球という存在から見ると，この新たな環境はどのように評価されるものなのか。例えば，ジェームス・ラブロックの「ガイア」仮説を持ち出して考えてみると，どのように解釈できるのであろうか。人工的と言われるかもしれないけれど，環境の一部となった放射性物質の拡散や温室効果ガスの排出は，超有機的生命体と擬制され得る地球にとってきわめて重大事なのであろうか。また，互いに関連しあう有機的生命体の1つであったはずの人間という種が，放射性物質拡散の危険を冒すような活動をするに至ったわけだが，この行為によって，超有機的生命体の存在の安定のために共存する種々の構成要素からの脱退を，人類は宣告されるに至ったのであろうか[5]。

5. 人間の特性——科学・技術の探求と共同社会の形成

ここで人間という種（＝人類）の持つ特徴，他の種とは隔絶した卓越する能力，傾向性を確認しなければならない。それは，人間だけが科学・技術を進展させ，そして社会を形成する種だということである（人間以外の霊長類も社会生活を営むと言われるのは承知している。ここでいう「社会を形成する」の意味は後述により次第に明らかになるので，それまで我慢されたい）。すなわち，種の保存・発展という究極的な目的のために，すべての種の行動は目的付けられている。しかし，人間という種は，種の保存・発展とは直接結び付かない目的のためにも活動している。知的関心に従い，未知なるものを説明し，自らの行動の質と量を飛躍的に高める技術を工夫してきた。また，家族単位の生活域を拡大し，共同社会，コミュニティを形成し，そのなかで個々の個体は，生存する今の幸福を目的としてさまざまな活動をしてきた。それ

---

5) ガイア仮説については，キャリコット著—山内・村上監訳（2009），第2章参照。

10　第1部　社会と会計

が文化の形成であり，社会制度，科学・技術の進展により文明が形成され，「生きる」とは如何なる意味なのか，「死」をどのように受け入れるのかという問いに対しても信仰によって乗り越えてきた。人間という種は，このような科学・技術を探求し共同社会を形成する種であるところに特徴があり，そのような社会的活動を通じて自然の形成に参加する種なのである。

　このような解釈は，なんらかの「一元論」的な思想から，人間という種のこれまでの物質文明の追求，将来に向かって科学・技術のいっそうの進展を肯定する余地があるのではないかということを示唆する。つまり，人間という種は，科学・技術の探求と共同社会の形成により，社会活動として自然環境を造り出してきた。文明（主として物質主義的な文明）の生産物として自然環境を時間軸に沿って改変してきたのである。われわれの種の宿命，あるいは業は，われわれの種が選択する科学・技術，社会制度，そして信仰などからなる文明の帰趨によって種自体の生存が決定するところにある。つまり，人間という種が超有機的生命体の構成要素として留まれるのか否かは，人間が決定する文明の進展方向次第であって，それは種としての特性に基づく自己責任以外の何ものでもないということである[6]。

6.　社会システム――資本主義が問題

　このような思考は，やはり二元論＝人間中心主義的な発想ではないかと断定されても仕方がないのかもしれない。ディープ・エコロジー思想は，人間の存在理解が明快で，生態系との相互依存をもとに生態系と共存する人間の活動の質と量についての目標が潔いからである。しかし，人間の種としての特性にそもそも生態系破壊の問題があるとする理解では，人類の存在を前提とする処方箋は出しようがない。危機の接近に目を瞑り，耳を塞ぎ，物質文

---

6)　人間の自然環境への対処の現状は，「二元論＝環境主義」の思想をベースに，「人類（文明）の持続可能な発展」を目的として，物質文明を支える科学・技術の工夫および社会制度を構成する諸分野の英知が試されていると理解するのが一般的であろう。ディープ・エコロジー思想をベースにすると，これまで展開してきた物質文明と人類の存在自体を否定するような帰結になり，持続可能な「発展」という前提（目的）と矛盾すると考えられるからである。

明の慣性に身を委ねるのみになる。そこで，マレイ・ブクチンは，ディープ・エコロジー思想に反論し，資本主義という社会体制を創出したことが，人間が自然との対処の仕方を誤らせている原因だと主張した。

ブクチンは，資本主義の価値観がすべての人間行動の原理となってしまったと言う。すなわち，「人間の歴史のなかで現れた最も有害な社会秩序である現代資本主義は，人間の「進歩」を激しい競争や対抗関係と同一視する。また，社会的地位を強欲で際限のない蓄積と同一視し，そして最も人格的な諸価値を貪欲や利己主義と同一視し，明示的に販売と利潤のためになされる商品生産をほとんどすべての経済的および芸術的な努力の原動力とみなし，利潤と富裕化を社会生活の存在理由とみなすのである」[7]。「資本主義は，社会と自然を対立するように分断したのと同様に，人間と人間を鋭く冷酷に対立させるように分断した。競争は，市場の支配を求めて資本家と資本家を対立させただけでなく，社会のすべてのレベルに浸透しはじめた」[8]と言うのだ。

また，環境問題の現出の原因も資本主義であると主張する。「資本主義に成長を止めるように「説得する」ことはできない。資本主義を「グリーン」に，「エコロジー的」にしようとする試みは，際限のない成長の体制としての資本主義体制の本質そのものによって，失敗を運命づけられるのである」[9]。「環境の変質はつねに資本主義に内在的なものとして，まさにその限りない膨張と資本蓄積のシステムとしての生活法則の産物として見なければならない」[10]。

さらに，次の言説は難解だが，資本主義が科学・技術の本質をどのように変えてしまったのかが明らかになるので引用しよう。「ヘーゲルのような思想家にとって，理性は，たんに私たちが幾何や数学のその他の分野に見出すような演繹的な推論ではなくて，教育的発達の弁証法，有機的な成長によって最も良く表現されるプロセスを意味したのである。ライプニッツの思想に

---

7)　ブクチン，マレイ著—藤堂麻里子・戸田清・萩原なつ子訳（1996），60 頁。
8)　ブクチン著—藤堂・戸田・萩原訳（1996），122 頁。
9)　ブクチン著—藤堂・戸田・萩原訳（1996），123 頁。
10)　ブクチン著—藤堂・戸田・萩原訳（1996），212 頁。

おける科学は，たんに機械のような数学的世界についてのデカルト的モデルではなくて，現象の質的な次元の研究に中心を置くものであった。技術は，ディドロによって主として職人的な見地から，大量生産だけでなく工芸的な熟練に対する鋭い目をもって研究された。……資本主義がこれらの目標を歪めて，理性を，高潔な知性よりもむしろ効率に焦点を置いた過酷な産業的合理主義に還元したということ，資本主義が世界を数量化し，思想と行為を二元化するために科学を用いたということ，資本主義が人間的自然を含めて，自然を搾取するために技術を用いたということ，これらのゆがみはすべて，自然世界と同様に人間を支配しようとする社会とイデオロギーに根源をもっているのである」[11]。

　ブクチンは，資本主義に反対して，共産主義を理想化しているのではない。人類の増加と自然資源の枯渇，回復不可能な環境負荷の蓄積が現出するであろう未来世代の社会が，もし「自然プロセスに取って代わる新しい技術の発明によって解決しようとするならば，社会をいっそうテクノクラート的にし，より中央集権的，そして最終的には完全に全体主義的なものにするという弊害を伴わざるをえない。技術が，大気中の二酸化炭素と酸素の比率を決定する自然サイクルに取って代わり，すべての生命を致死的な紫外線から保護するオゾン層の破壊に対して代替物を提供し，土壌の代わりに水耕栽培を用いることは，いずれも，もし仮に可能であるとしても民主主義や民衆による政治参加とは根本的に相いれない，高度に統制された社会管理のシステムを必要とするであろう。このような，……「エコロジー的なテクノクラシー」という概念によって提起されるメッセージは，歴史上の最も中央集権的な独裁をも顔色なからしめるような，極度の社会統制を求めるものである」[12]。

　ブクチンが恐れたのは，もし，人類の環境への対処が科学・技術によって解決されるという幸運に恵まれたとしても，その未来の社会が「全体主義的システムによって管理される」社会になるということであった。ブクチンの価値観の根底にはリバタリアニズム（libertarianism）がある。ともかくも，

---

11)　ブクチン著—藤堂・戸田・萩原訳（1996），220–221 頁。
12)　ブクチン著—藤堂・戸田・萩原訳（1996），227 頁。現在（2017 年 4 月時点），AI の進展により，高度に統制された社会の出現が現実のものになりつつある。

ブクチンの主張でとくに重要であると思われるのは，「際限のない成長の体制としての資本主義社会の本質」というものである。そこで，この仮説をさらに進展させたセルジュ・ラトゥーシュの主張を次節で紹介しよう。

7. 資本主義に内在する発展・成長という思想

ラトゥーシュは，ヴォルフガング・ザックスを引用し1949年1月20日のトルーマン大統領の演説「巨大な生産は繁栄と平和の鍵である」が開発事業（発展させるための事業）の始まり，「発展概念」の誕生ではないかという[13]。「発展という考え方は，科学と技術の進歩が必然的かつ不可避的に人々と地上の福祉を改善するという西洋的な（つまり近代的な）特性をなすものである」[14]。「戦後40年の間は北側諸国における経済成長の分配と南側諸国における成長の残り物の分配がある一定の国民的一貫性を保証していた。ところが，1986年以来グローバリゼーションを軌道に乗せてきた金融市場の3つの経済発展策──規制緩和，ボーダレス化，間接金融から直接金融への移行──によって国家による規制の枠組みは解体し，その結果不平等のゲームが際限なく展開するようになった。地域間および諸個人の間で富の分極化が尋常ならざる水準にまで達したのである」[15]。「「国民総生産の増加は良いことであり，その他のあらゆる生活改善の条件である」という信仰は人間開発言説においても中心的な位置を占めている。その結果……人道主義的な修辞がはがれると，国民総生産の水準とその増加が人間社会を評価する最終的な判断基準であると考える。これこそまさに，近代の論理において世界の経済化を通じて西洋の経済的基準が正常に作動するようになる根拠である。グローバル化した世界では，市場価値（価格による量的評価）以外の価値は存在しない」[16]という。

---

13) ラトゥーシュ，セルジュ著─中野佳裕訳（2010），31–33 頁。Wolfgang Sachs et Gustavo Esteva, "Le développement: une course dans le monde Conçu comme arène economique", in *Des ruines du développement*, Montreal, Écosociété, 1996, p. 14 を引用・参照している。

14) ラトゥーシュ著─中野訳（2010），32–33 頁。

15) ラトゥーシュ著─中野訳（2010），34 頁。

　　　　14　第1部　社会と会計

　「ラトゥーシュの問題関心は，西洋文明において事物が「経済的な対象物」
として表象され，経済成長・資本蓄積といった目的のために人間の社会生活
が組織化されるにいたったまさにその原理である。そして，そのような経済
的な原理が植民地主義と国際開発政治を通じて世界中に広がり，西洋の経済
原理以外の方法で社会を構築する可能性が地球規模で失われてきつつある現
状を問題にしている」[17]。そこで，ラトゥーシュは「〈脱成長〉（décroissance）」
社会を主張するのである。

　ラトゥーシュの言う〈脱成長〉社会は次のようなものだ。「労働がわれわ
れの生活の中心に置かれていることを根本から問い直すような全く新しい社
会の在り方を前提とする。つまり，使い捨てで役に立たない……製品を生
産・消費することよりも社会関係が重視される社会，また，観照的な生活，
そして利益を追求しないで遊び心に溢れるような活動が，その居場所を見出
す社会の創造を意味する。すべての人に満足ゆく雇用を保証し，生活時間の
再調整を可能にするためには，強制された労働時間を抜本的に削減する必要
がある」[18]。

　中野の解説によれば，この〈脱成長〉社会とは，「「今日の産業社会の諸制
度を，経済成長を目的としない新しい豊かさの実現を目指し，各地域社会に
固有の文化と生態系に根差した多元主義的な自主管理組織へと転換してゆく
市民的実践の過程（経済成長パラダイムを脱する状態）」という草の根の社会
運動を表すと同時に，「経済成長パラダイムから抜け出た状態（経済成長パラ
ダイムから脱した状態）」というオルタナティブな理想も表す言葉」である[19]。
そして，「〈脱成長〉の精神は，効率性，パフォーマンス，卓越性，短期的な
収益性，コスト削減，可変性，投資に対するリターンなどなど，その結果が
社会関係の崩壊を導くような言葉を金科玉条として掲げる，あらゆる分野に
おける上記のような経済の強迫観念的な追求ならびに潜在的な新自由主義イ
デオロギーの対極に位置する」[20]。「マックス・ヴェーバーが「資本主義の精

---

16)　ラトゥーシュ著—中野訳（2010），56 頁。
17)　ラトゥーシュ著—中野訳（2010），57 頁の訳注 20。
18)　ラトゥーシュ著—中野訳（2010），108 頁。
19)　ラトゥーシュ著—中野訳（2010），128 頁。
20)　ラトゥーシュ著—中野訳（2010），201 頁。

神」を資本主義社会の実現の条件と捉えるまさにその意味において〈脱成長〉は「精神」を根本から問いただす」[21]というのだ。

ラトゥーシュの言説で，ヴェーバーが説明したあの「資本主義の精神」自体が俎上に載るに至り，ついに本章で考察したい問題の核心に達した。そこで，よく知る読者もおられるとは思うが，ヴェーバー論文の骨子を次節で紹介しよう。

8. 近代資本主義を成立させた精神とは何か

ヴェーバーは，「正当な利潤を天職〔Beruf〕として組織的かつ合理的に追求するという心情を，……「〔近代〕資本主義の精神」と名づける」[22]。「この天職という概念の中にはプロテスタントのあらゆる教派の中心的教義が表出されているのであって，……神によろこばれる生活を営むための手段はただ一つ，各人の生活上の地位から生じる世俗内的義務の遂行であって，これこそが神から与えられた「召命」〔Beruf〕にほかならぬ，と考えるものであった」[23]。「この語とそれがもつ現在の意味合いは聖書の翻訳に由来しており，それも原文の精神ではなく，翻訳者〔マルティン・ルッター〕の精神に由来している」[24]。

キリスト教神学の「予定説」（人間は救われるか滅びるかあらかじめ神の意志によって定められているとする説（広辞苑第6版））に対して，「誰もが自分は選ばれているのだとあくまで考えて，すべての疑惑を悪魔の誘惑として斥ける。……いま一つは，そうした自己確信を獲得するための最もすぐれた方法として，絶えまない職業労働をきびしく教えこむことだった。つまり職業労働によって，むしろ職業労働によってのみ宗教上の疑惑は追放され，救われているとの確信が与えられる」[25]ことで対応した。

---

21) ラトゥーシュ著─中野訳（2010），246頁。
22) ヴェーバー，マックス著─大塚久雄訳（1989），72頁。
23) ヴェーバー著─大塚訳（1989），109-110頁。
24) ヴェーバー著─大塚訳（1989），95頁。〔 〕内は黒川加筆。
25) ヴェーバー著─大塚訳（1989），178-179頁。

16 第1部 社会と会計

　また，「ピュウリタニズムの禁欲……の働きは，……禁欲自体によって
「修得」された持続的動機を固守し主張する能力を人間にあたえること……
だった」[26]。「……クエイカー派の倫理のばあいも，人間の職業生活は不断の
禁欲的な徳性の練磨であって，天職としての職業に従事するさいの配慮と方
法のうちに現れてくる，その良心的態度によって，自分が恩恵の地位にある
ことを確証せねばならない。……合理的な職業労働こそが，まさしく神の求
め給うものなのだ。……神にいっそうよろこばれるような天職を，つまり一
般的な原則からすれば，いっそう有益な職業をえらぶものでなければならな
かった。そのばあい，なによりも重要なのは，職業の有益さの程度を，つま
り神によろこばれる程度を決定するものが，もちろん第一には道徳的規準，
つぎには，生産する財の「全体」に対する重要度という規準で，すぐに，第
三の観点として私経済的「収益性」がつづき，しかも，実践的にはこれがも
ちろんいちばん重要なものだった」[27]。

　このようなプロテスタンティズムの倫理が資本主義の精神に基づく行動様
式に転化する。「この禁欲は企業家の営利をも「天職」と解して，それに
よって，この独自な労働意欲の搾取をも合法化した。このような天職として
労働義務を遂行し，それを通して神の国を求めるひたむきな努力と，ほかな
らぬ無産階級に対して教会の規律がおのずから強要する厳格な禁欲とが，資
本主義的な意味での労働の「生産性」をいかに強く促進せずにいなかったか
はまったく明瞭だろう。営利を「天職」と見なすことが近代の企業家の特徴
となったと同様に，労働を「天職」と見なすのが近代の労働者の特徴となっ
た」[28]。「……消費の圧殺とこうした営利の解放とを一つに結びつけてみるな
らば，……禁欲的節約強制による資本形成がそれだ。利潤したものの消費的
使用を阻止することは，まさしく，それの生産的利用を，つまりは投下資本
としての使用を促さずにはいなかった」[29]。

　以上がプロテスタンティズムの倫理から近代資本主義の精神および行動様

26）　ヴェーバー著—大塚訳（1989），201-202 頁。
27）　ヴェーバー著—大塚訳（1989），309-310 頁。
28）　ヴェーバー著—大塚訳（1989），360 頁。
29）　ヴェーバー著—大塚訳（1989），345 頁。

式が形成されたとする仮説の抜粋である。しかし，資本主義の宗教的意義としての精神はしだいに忘れ去られ，天職義務の行動様式だけが資本主義的行動として残った。ヴェーバーは，次のように言う。「営利のもっとも自由な地域であるアメリカ合衆国では，営利活動は宗教的・倫理的な意味を取り去られていて，今では純粋な競争の感情に結びつく傾向があり，その結果，スポーツの性格をおびることさえ稀ではない。……こうした文化発展の最後に現れる「末人たち」（letzte Menschen）にとっては，次の言葉が真理となるのではなかろうか。「精神のない専門人，心情のない享楽人，この無のもの（ニヒツ）は，人間性のかつて達したことのない段階にまですでに登りつめた，と自惚れるだろう」と」[30]。

　ルッターの宗教改革が16世紀前半，近代資本主義が本格化する産業革命は18世紀後半である。一方，西洋文明の始まりをいつに求めるのかは難しいが，古代ギリシアの哲学者であるアリストテレスは紀元前4世紀の人である。西洋文明の長さと比較して，資本主義の精神がその文明形成に影響している期間は10分の1にすぎない。

9. 公共会計学の勧めの背景

　近代資本主義の精神の背景にある天職義務と清貧な生活というプロテスタンティズムの倫理は，人間の存在，人間の行動様式そして公共社会の形成にとって美徳であって，これを否定することはできない。しかし，ヴェーバーが1905年に指摘し，そして予測したように，倫理観や美徳は消滅し，形式的な営利追求思考が人間のあらゆる行動様式を決定する価値観となっている。すでに，人間社会を覆い尽くすこの価値観のもとで生まれ育った世代は，このような価値観や行動様式に対して疑問を持つ切っ掛けさえない。市場経済の主役たち，例えば，経営者や投資家の言説からは，利益の追求と規模の更なる拡大・発展を普遍的な善と考えていることが知られる。市民の多くも，

---

30)　ヴェーバー著―大塚訳（1989），366頁。なお，この論文は1905年に発表され，ヴェーバーが亡くなった後，1920-1921年に編集・公刊された『宗教社会学論集』に収録された。

経済的効率と発展という価値観が人類の歴史・文明の進展と常に一体であったかのように想定している。そして，社会科学という文明の一部を担うことを職業とするわれわれでさえ，それに対して疑問を投げかける学者がどれほど多く存在するのであろうか。

　会計は，投下資本の回収余剰によって定義される利益を測定し，資本主義社会の構成員は，この利益の追求と更なる増加を目標として行動してきた。会計学の一部とも言うべき企業評価論では，「利益が大きいことは企業の評価値を上げる」という命題を特別な理由がない限り否定することはない。実証研究の多くは，利益を中心とする会計情報の持つ有用性を，企業評価値の表象としての株価との関連性によって明らかにすることを目的としている。公的部門でさえ資本効率性を善とし，公会計もその目的に資する情報をどのように供給するのかを課題としてきた。

　本章の冒頭で言及したように，人間の活動が日々刻々与える地球環境への負荷はすでに限界に近く，しかもその増加係数はさらに大きくなっている。われわれは，奈良や京都を訪ねる度に，更なる1000年以上の文明の継続は当然であるかのごとく感じてきた。しかし，地球環境の行く末に目を向ければ余程の人でない限り，このままの状態で人類の文明が1000年先はおろか100年先に平穏であるとは予想しないであろう。科学・技術を進展させ，社会制度を構築して活動することは人間という種の特性であり，これなくして人類の存在理由はない。未来世代の営みを心配しつつも，とはいえ人間の存在そのものが生態系を崩す悪とも考えるディープ・エコロジー思想に心沈むことはしたくない。本章では，地球環境問題の原因が，近代資本主義の負の側面と同根であり，それは人類の特性の問題ではなくして，われわれの社会体制の設計にあるという説を見てきた。近代資本主義社会の背景にある形式的功利主義，営利主義，そして発展至上主義的な行動原理の蔓延に原因があるとする言説に感銘したからである。黄金の30年の後にやってきた金融資本主義とグローバリゼーションの主役の一人であるグリードたちの出現は，ヴェーバーがかつて予想していた文化発展の最後に現われる人種であるように思われ，ここでいう近代資本主義社会が終焉段階を迎えつつあるのではないかという感慨を持つ。これが公共会計学の勧めの背景である。

ラトゥーシュによれば，南側諸国委員会の定義する「本当の開発」とは，「人間が各人の人格を発達させ，自己自身に自信を持ち，尊厳ある，成熟した存在に至ることを可能にする過程」[31]をいう[32]。

【引用・参考文献】

ヴェーバー，マックス著―大塚久雄訳（1989）『プロテスタンティズムの倫理と資本主義の精神』岩波文庫。

キャリコット，J・ベアード著―山内友三郎・村上弥生監訳（2009）『地球の洞察』みすず書房。

黒川行治（2012a）「開題」『平成23年度排出クレジットに関する会計・税務論点調査研究委員会報告書』（平成24年3月），（財）地球産業文化研究所，1-4頁。

――――（2012b）「公共会計学の展望」大塚宗春・黒川行治編著『政府と非営利組織の会計』（体系現代会計学　第9巻）終章（441-474頁），中央経済社。

小林傳司（2007）『トランス・サイエンスの時代』NTT出版。

ブクチン，マレイ著―藤堂麻里子・戸田清・萩原なつ子訳（1996）『エコロジーと社会』白水社。

松野弘（2009）『環境思想とは何か』ちくま新書。

ミル，J・S著―川名雄一郎・山本圭一郎訳（2010）「功利主義（1861年）」『功利主義論集』京都大学学術出版会。

ラトゥーシュ，セルジュ著―中野佳裕訳（2010）『経済成長なき社会発展は可能か？』作品社。

ルソー，ジャン=ジャック著―中山元訳（2008）『社会契約論／ジュネーブ草稿』光文社古典新訳文庫。

ロールズ，ジョン著―川本隆史・福間聡・神島裕子訳（2010）『正義論（改訂版）』紀伊国屋書店。

---

31) ラトゥーシュ著―中野訳（2010），41頁。*Défis au Sud, rapport de la commission Sud*, présidée par Julius K. Nyerere, Paris, Economica, 1990, p. 10 を引用・参照している。

32) グローバリゼーションという想念の勝利は，相対主義の言説……を非合法化するという異常な事態を可能にしたし，現在もそのような事態は続いている。人権，民主主義，そしてもちろん（市場の恩恵を受ける）経済と共に，超文化的な要素が世界に浸透し尽くし，これらの存在を疑うことはもはや不可能な状態となっている。われわれは，西洋の自文化中心主義――市場による全体化の神格化という傲慢さがその新しい形態である――が勢いをつけて戻ってきている様子を目の当たりにしている（ラトゥーシュ著―中野訳（2010），258-259頁）。

第2章

会計・監査社会の変容のインプリケーション

1. 会計・監査社会の現状

　現在（2017年4月時点），1970年代から始まった世界的な会計基準統一化運動は，その最終段階を迎えている。国際会計基準・国際財務報告基準（以下 IFRSs）の世界標準優位のなか，米国では原則として米国 SEC 基準，一部企業への IFRSs の容認，中国では IFRSs を参考にしつつ政府機関が作成する中国基準の堅持，そして，わが国では日本基準，修正国際基準，SEC 基準，IFRSs のなかから会計基準を選択し連結財務諸表を作成することとしており，しばらくこのような会計基準適用に関する国際・国内状態が続くと思われる。国家主導の中国は別として，米国は，一時真剣に自国企業に対する IFRSs の使用義務付けを検討したにもかかわらず，なぜ SEC 基準に固執せざるを得なかったのであろうか。おそらく，IFRSs と米国基準との根本的な違いの1つである会計基準設定思考における欧州の「原則主義」と米国の「規則主義」の違い，すなわち，社会の在り様の違いがあると思われる。米国が訴訟社会であるがために，原則主義（規則主義と比較して細則が完備していないので，基準適用上の判断の余地が大きい）を採用すると，企業および監査人が負う訴訟のリスクが大きくなってしまうからである。

　現在の会計社会に至る経緯については，その簡潔な要約を「補論1」で記述したので，それを参考にしていただくこととして，ともかくも，IFRSs の目指す公正価値評価を重視する資産・負債アプローチが定着した感がある。公正価値アプローチの会計情報の特徴として，測定手段としての市場の評価額，将来のキャッシュ・フローの主観的予測，経営者自らの自社のリスク評

価などが以前より飛躍的に重視されることが挙げられる。

　一方，監査をめぐる状況を見ると，エンロンの会計不祥事以降に進んだ規制の強化が最大の特徴である。2002年，米国では，SECの所管となる公開会社会計監視委員会（PCAOB）が創設され，従来はSECの業務であった会計プロフェッションの監督・懲戒を担当することになった。また，コーポレートガバナンスの強化として，経営者ではなく，取締役会の監査委員会のみが外部監査人の任免権を行使し，その監査委員会は社外取締役のみによって編成されることとなった。さらに，監査人が監査業務と非監査業務を兼務することが禁止されるとともに，「サーベインス＝オックスレー法」404条に基づく経営者による内部統制の評価とPCAOB監査基準第2号に基づく内部統制監査が実施された。

　米国の後追いをするかのように，日本では，2004年4月の新公認会計士法の施行により，公認会計士の利益相反業務の禁止，監査人の交替制，公認会計士協会品質管理レビュー，公認会計士・監査審査会（日本版PCAOB）の創設と上記品質管理レビューのモニタリングが導入された。さらに，2007年2月，企業会計審議会から，「財務報告に係る内部統制の評価及び監査の基準」，「監査基準及び中間監査基準の改定並びに監査に関する品質管理基準について」が公表され，その後も，監査基準などの改定が続き，2013年には米国公認会計士協会の監査基準（SAS）を参考にしつつ，経営者の不正に対するリスク対応基準が設定された。また，2015年6月に東京証券取引所から「コーポレートガバナンス・コード」が発表された。これらの規制強化はすべて，経営者ならびに監査人の双方に対する監視の強化という社会からの要請の結果である。

　会計における資産・負債アプローチの定着，会計測定における将来の予測要素や企業自体の評価を会計情報により含める傾向，内部統制の整備とその状況の開示に関する経営者の責任の強化，内部統制状況や企業の事業環境・持続可能性の評価などに基づくビジネス・リスク・アプローチによる監査など，会計，監査，コーポレートガバナンスに関する一連の変革に関し，本章では，それらの背景や意義・含意について，社会との相互関連の観点から考察することにしよう[1]。

2. 会計情報の変容の背景

(2–1) 科学の進歩に応じた新たな要求――将来の可視化

　減損会計に用いられる将来キャッシュ・フローの予測は，リスクを考慮した割引率の選定などの測定技法のみならず，キャッシュ・フロー自体の発生が将来の環境と経営意思決定という変数の産物であるにもかかわらず，重要視されるに至った。

　科学・技術の進歩に応じ，これまで未知であったもの，あるいは測定可能性の限界から放置していたものを再検討し，それを測定したい，可視化したいという新たな要求が生まれるのは周知のとおりである。例えば，遺伝子の解析は種の違いの根源を可視化しようとするものであるし，身近なものであれば，やがて生まれてくる赤ん坊の性別を胎児のうちにいち早く識別（測定）するのも同様の願望であろう。とくに，後者は，将来を可視化したいという願いとも言える。

　会計も科学・技術の１つであったのであろうか。将来情報の重視は，測定可能性の限界を上方にシフトさせようとする科学・技術の動向の文脈で捉えるべきもの，未知なるものであった将来の可視化の具現であろう。

(2–2) 企業価値の構成要素の変化

　測定対象の企業経営の変化もある。井原哲夫名誉教授は，企業経営を取り巻く内外の環境・状況の変化を，「生産の時代」から「勝負の時代」への転換と把握されている。表2–1は，ここでいう「生産の時代」と「勝負の時代」の特徴を一覧表にしたものである[2]。

　企業経営を取り巻く内外の環境・状況の変化が，井原教授が言うところの

---

1) 　本章は，黒川行治（2005），4–13頁および黒川行治（2009），序章，1–17頁を加筆・修正したものである。

2) 　この表で見慣れないものとして「才人」という用語が登場するが，これは，井原教授の造語で，「才人とは，市場が評価するものを判断し，それにマッチするものを構想し，状況を適切に把握しながら，種々の手段を使って，それを達成することに長けた人，あるいはその一部の能力に長けた人をいう」（井原哲夫（2001），67頁）。

24　第1部　社会と会計

表2-1　「生産の時代」と「勝負の時代」の特徴

	生産の時代	勝負の時代
市場の質	万人共通型の市場 よく見える市場 需要が持続する市場 規制の強い市場	分散化された市場 見えにくい市場 うつろいやすい市場 規制緩和された市場
生産技術	大量生産技術	柔軟化された生産技術
供給構造	企画部門と基盤サービス部門の非分離	企画部門と基盤サービス部門の分離
供給の力点	どうやって供給するか	何を供給するか
付加価値の主な発生所	生産の現場	企業としての意思決定
主に求められる人材	勤勉な生産人	才人
雇用のしかた	長期雇用	短期雇用のウェイト増加

出典：井原哲夫「日本がよみがえる条件」慶應義塾大学商学部退任記念講演（2005年2月26日）
　　　配布資料。

「生産の時代」から「勝負の時代」への変化としてまとめられると仮定すると，「勝負の時代」に合致するように企業経営が行える会社であることが，会社の価値を高める条件となる。

　会計情報が有用であるということは，資本市場の参加者の意思決定にあたり，投資対象である企業経営の評価に役立つような情報であるということである。企業経営の質は，「勝負の時代」に適合した経営を行っているか否かによって決まるのであるから，勝負の時代の特徴（要素）に対する企業の対応を表現できるような情報であることが，情報の質を高めるのに重要となる。反対に，「生産の時代」であったのなら，そこでの特徴（要素）に関して，どのように会社が対処しているのかを忠実に表現することが重要となる。

　生産の時代は，需要が継続する市場を前提に，大量生産技術を確立することで，いかに製品を供給することができるのかが，優良企業とそうでない企業の明暗を分ける時代である。このように考えると，社会が重きをおいてきた「取得原価―実現主義」に基づく会計情報は，「生産の時代」にこそ最も適合していたのかもしれない。しかし，うつろいやすい市場，柔軟化された生産技術，企業としての意思決定の内容が付加価値を決定するなどを特徴と

する「勝負の時代」では，「取得原価―実現主義」ではなく，「時価評価―発生主義」あるいは将来に対する予測情報こそが，企業経営の良し悪しを判断するために適合する情報となったのかもしれない。さらに，「経営者自らが自社を評価する」測定方法が重要となったのかもしれない。

このような文脈で無形資産のオンバランス（とくに，自己創設のれんの計上）問題を理解することも可能であろう。企業価値における組織価値，人的資産の価値，ラベル（ブランド）の価値の増大など，「見えにくい市場，多様な社会」というように環境・状況が変化したことにより，測定されるもの自体（企業価値の構成要素）の重要性が変化しているのである。

3. 企業評価とイデオロギーの変化

(3-1) 企業価値の理論値と市場価値

資本市場における投資家が行う最も基本的な投資意思決定とは，次のようなものであろう。投資家自身が持つ投資対象候補に関する企業価値の理論値と，現在の市場価値（株式であれば株価）との大小関係を比較し，購入（投資）しようとする場合は，理論値よりも現在の時価（株価）が小さいものを捜索し，また，売却（退出）しようとする場合は，理論値よりも現在の株価が大きいものを選定するのである。そして，投資家自身の持つ投資対象企業の理論値は，企業評価モデルとモデルが要求する情報との組合せ（企業評価）によって形成される。

$$[企業価値の理論値＝企業評価 \gtrless 現在の市場価値]$$

理論値と比較して現在の市場価値が過少か過大かの主観的状況で株式投資決定が行われるので，多くの投資家の持つ主観的理論値が現在の市場価値よりも大きい（小さい）ならば，購入（投資）希望が売却希望を上回り（下回り），市場価格は上方（下方）にシフトする。つまり，市場参加者の持つ主観的理論値に市場価値が近づいていくのである。

26　第1部　社会と会計

　意思決定に役立つ情報提供としての会計の役割を前提とする限り，会計の動向は企業評価モデルとそれが要求する情報の動向と無関連とは言えない。

　企業評価モデルは，「良い企業とは何か」を具体化するものであった。そこで次に，「企業の目的・良い企業とは何か」に関するイデオロギーの変化と会計の変容について検討したロスレンダーの所説を紹介しよう。

(3-2)　会計とイデオロギー

　イデオロギーという用語は以下のように理解される。「イデオロギーは，集団や階級が社会的実態を特徴付け，構築し，再生産する様式である。それぞれの集団や階級は自分たちの利益になるようにイデオロギーを自由に作り上げることができる。いつの時代にも支配的なイデオロギーは1つであり，被支配側のイデオロギーはいくつもある。……」[3]

　会計とイデオロギーとの関係について2つの見方がありそうである。

　第1は，会計とイデオロギーとは無関係であると想定するものである。例えば，会計を正当化（正当化とは，規範的制度の創造と妥当化である）の制度として再概念化しようとする研究では，「会計士と会計システムは純粋に技術的な役割を果たすものとして説明される。自分の果たす制度的役割が判らないまま，会計士は技術的な役割だけを果たしている。つまり，組織の支配的な機能が効果を挙げるために会計は利用されることになる。……」[4]。

　第2は，上記のような会計の役割が現在の社会を形成するイデオロギーに合致していると，さしたる疑問も抱かずに想定している見解である。「会計識者は，過去の業績をチェックし，将来投資に関する意思決定に有用な情報を会計情報利用者に提供することこそが，社会的利益に奉仕することになるという意識を持っている。そうすると，会計理論と実務における技術的優秀さの追求が最も社会的利益のためになる。……一般社会も会計職も……現行の社会体制は公正な社会的利益を体現していると思い込んでいる。……会計

---

3)　ロスレンダー，ロビン著—加藤吉則・杉原周樹訳（1995），109頁。

4)　ロスレンダー著—加藤・杉原訳（1995），112頁。同書はリチャードソン（Ricardson, A. J. (1987), "Accounting as a legitimating institution", *Acoounting, Organizations and Society*, v12/4, pp. 341-355.）を参照している。

職とは,「投資家と営利企業の個人的な利益の正当性を受け入れ支持する」ことを通して, イデオロギー的役割を果たし続けるものと確信している。こうして会計職は, 会計は中立的な活動であると一般に思い込ませ, それ故, 現状, つまり財の供給者かつ配分者としての資本主義の価値と合理性に疑問を抱かせない……」[5]。

しかし, 社会的厚生に関する代替的概念の存在に気づいた時,「現行の会計と会計学が,「株主, 投資家および金融関係者の階級」の利益だけに関心を寄せていることと, 社会的厚生に関する代替的概念とそれに適合した形態の会計を構想することが今や必要である。……」[6]という見解が現われる。

(3-3) 社会的責任と会計（報告）の対応

『企業の社会報告』の著書で有名なグレイは,「企業を, 株主のために金を稼ぐ組織として単純に捉えることはできない。……企業は, その金の稼ぎ方に関しても説明する責任があると考えられている。……社会的責任があるような行動について説明する義務, つまり, 社会的報告責任を果たすように仕組まれた情報提供過程が社会報告である。」[7]と主張した。

イギリスだけでなく米国においても, 1970 年代, エステス, リノウズなどの社会報告に関する主張が見られた。しかし, これらの研究や主張は, 1980 年代,「社会という概念を無視して社会責任や社会報告責任を軽視する個人主義と企業中心の文化の普及があげられる。……」[8]という見解にあるように低調なものになった。

---

5) ロスレンダー著―加藤・杉原訳（1995）, 115 頁。同書はウィルモット（Willmott, H. C.（1990）, "Serving the public interest? a critical analysis of a professional claim" in D. Cooper and T. Hopper（eds.）, *Critical Accounts: Reorientating Accounting Research*, Macmillan.）を参照している。

6) ロスレンダー著―加藤・杉原訳（1995）, 114 頁。同書はクーパー＝シェラー（Cooper, D. and M. Sherer（1984）, "The value of corporate accounting reports: arguments for a political economy of accounting", *Acoounting Organizations and Society*, v9/3, pp. 207-232.）を参照している。

7) ロスレンダー著―加藤・杉原訳（1995）, 116 頁。同書はグレイほか（Gray, R. H., D. Owen and K. Maunders（1987）, *Corporate Social Reporting: Accounting and Accountability*, Hemel Hempstead, Prentice-Hall.）を参照している。

28　第1部　社会と会計

　20世紀の最後の20年間およびそれに続く21世紀の初頭，会計のトピックは，資本市場の変化，金融商品の複雑化・多様化に対処する時価を念頭においた資産・負債アプローチであったと思われる。しかし，社会のイデオロギーは，環境の変化によって変動する。歴史的に見れば，社会の目標は，振り子のように，ゆっくりと円を描くように移動し元に戻ってくるもののようである。学問の技術的進歩を勘案すると，社会科学は，社会の目標の移動とともに，スパイラル的に進化していく。

　エネルギー問題，地球温暖化問題，富める一部の成功者と大多数の労働者との階級格差問題が深刻化し続ける21世紀は，企業の役割，良い企業とは何かに関する社会的認識がますます変化するであろう。環境会計の更なる進展や，GRIの経済的，環境的，社会的パフォーマンスを報告する「持続可能性報告ガイドライン」（2000年6月）などにすでに見られるように，会計においても1970年代に盛んとなった社会的責任会計への揺り戻しは避けられない。資本市場に影響力があると思われる有力な企業評価モデルにおいても環境変数はますます重視されている[9]。

4. 監査社会の進展の含意

(4-1) 監査の進展の1つの解釈

　企業における監査の進展に限らず，会計検査院の検査に加えて，わが国の独立行政法人などの公的機関や病院，大学などの非営利法人の評価，環境へ

---

8)　ロスレンダー著—加藤・杉原訳（1995），117頁。同書はパーカー（Parker, L. D.（1986），"Polemical theories in social accounting: A scenario for standard setting", *Advances in Public Interest Accounting*, v1, pp. 67-93.）を参照している。

9)　このようなイデオロギーの変化は個々の研究者の意識に働きかけ，やがては会計測定の構成要素である資産や負債などの概念にも影響していく。例えば，京都議定書の発効に伴い，EUでは，キャップ・アンド・トレードを前提とした温室効果ガス排出クレジットの取引を開始し，そのための会計処理として，国際財務報告解釈委員会「解釈指針第3号『排出権』」が2004年12月に発表された。当該解釈指針の論理は，現在の会計概念フレームワークに沿って展開されているが，これを，イデオロギーの変化の一例として，「環境負債とバッズの認識」の観点で解釈する見解もある（黒川行治（2003）および本書第22章参照）。

の取組みの評価など，検査，審査，検証，評価といった監査と類似の活動が社会に蔓延しつつある。このような事態をマイケル・パワーは「監査社会」と呼び，翻訳者の一人である國部克彦教授は，その解説で，「会計監査のみならず，コーポレート・ガバナンス，パブリック・セクターの管理，品質管理，環境マネジメント，高等教育の評価，医療監査……共通の変化の方向性を……「管理主義的転換」あるいは「管理主義的転回」と呼ぶ。そして，その手段が「監査」である」[10]として，社会統治プログラム（規範）の転換が背景にあるとする。

　ところが，このような監査（検査，審査，検証，評価などを含む）自体の成果（パフォーマンス）の良し悪しは，監査の成果が明確に定義されていないために，監査の成果を検証することなく，監査は社会から要求され蔓延している。「会計や監査は教典ではなく，実際の行為であるから，……行為プロセスへの信仰であり，「儀式」そのものである」[11]。このように，監査社会は「検証の儀式化」と理解することができるというのである。

　さらに，本章冒頭でも述べたような「「監査の強化」は「監査の儀式化」を根本的に解決することはできず，むしろそれを強化してしまうという矛盾を抱えることになる……儀式性をもつからこそ，その本質的部分が深く検討されることなく普及可能となる」[12]という逆説あるいは皮肉な解釈も可能となる。

(4-2) 監査の質と監査市場

　監査の質（成果）を判定・評価する（後述するように「監査の監査」である）方法や指標が不明確であるのであれば，社会に自由な監査市場を形成させ，市場の論理に任せるという選択がある。そこで，監査の質の判定を市場の論理に委ねた場合にどうなるかについて，情報の非対称の観点から推論してみよう。

　監査市場では，監査サービスが市場で取引される商品である。監査サービ

10）　パワー，マイケル著─國部克彦・堀口真司訳（2003），233 頁。
11）　パワー著─國部・堀口訳（2003），228 頁。
12）　パワー著─國部・堀口訳（2003），228 頁。

スの売手は監査人（公認会計士），買手が被監査会社，監査報酬が商品の価格
となる。監査サービスの品質などに関する情報の優位者は監査人であり，被
監査会社は情報の劣後者の立場にある。もし，監査サービスの市場において，
質に関する情報に非対称がなく，売手と買手の裁定機会が確保され，監査市
場において自由な契約を結ぶことができるのであれば，監査サービスの質と
価格（監査報酬）との関係は，完全市場のように均衡する。

　しかし，平均的な監査サービスを仮に想定するなどして標準的監査報酬が
決定されている（監査サービスの内容・質に応じた報酬にならない）と，平均
よりも良好な（良質な監査サービスを提供する）監査人は，製品（監査サービ
ス）の質に見合った価格（監査報酬）でないことから，監査市場から撤退す
るであろう。そうすると，良好な監査人の数が減り，監査サービスの質の分
布が下方にシフトするので，これまで想定していた監査サービスの平均が下
がり，製品価格（監査報酬）が下方にシフトする。すると，監査市場に残っ
ていた監査人のなかで，比較的良質な監査人が市場からさらに撤退する。こ
のような監査市場から監査人が消滅していくという「逆選択（adverse
selection）」が生じる。

　これは，監査人の仕事に関する努力やリスクに比し，それに見合った報酬
が得られないことを理由として，公認会計士のなかで監査業務希望者が減少
していくという社会現象を説明することでもある。

　ともかくも，リスクの高い会社の監査は手間がかかり，報酬（手数料）も
高くなければならない。この関係を実証できるであろうか。監査人が被監査
会社から得ている報酬額が開示されると，監査の質を判断するシグナルにな
るかもしれない。もっとも，会社規模の似た同業他者に比較して相対的高い
監査報酬は，監査の質が高い（手間をかけている）シグナルとして解釈する
ことも，あるいは被監査会社のリスクが大きいというシグナルとして解釈す
ることもできるのである。

（4-3）監査の質の判定が不明確なままでの監査の拡大に伴う現象
（1）監査プロセスのブラック・ボックス化
　監査の拡大は会計監査人の手に負えない問題に立ち至り，他の専門家によ

る意見に依拠する部分が多くなる。「他の専門家に対する信頼は，一連の意見を作り出すことによって，監査不可能なものを監査可能にすることができるが，その一連の意見において監査人はその専門家の第一段階の判断から離れることになる。たとえば勅許不動産鑑定士や保険経理人や経営者の知識は「ブラック・ボックス」になる可能性があり，その信頼性を確保するためのさまざまなテストが実施されることになる」[13]。

（2）監査プロセスの検査

企業会計基準を判断規準とする会計監査と企業会計および被監査会社である営利企業との関係を見ると，会計が提供する利益額が企業のパフォーマンス指標と認識される限り，営利企業の活動は利益獲得行動という価値観のもとに統制可能となる。同様に，研究開発型の独立行政法人などは，研究活動が評価可能となるように成果の評価指標（会計基準に相当）が設定されると，当該法人の研究活動はその評価指標で高得点が得られるような活動にシフトする（統制される）。ところが，監査活動自体の評価は如何になされるかと言えば，前述したように監査の成果が不明確なので評価指標も作成できず，「監査プロセスの成果，すなわち保証の提供があいまいであり測定不可能であるために，プロセスの点から検査されているということが特徴的である」[14]。

（3）安心ラベルとしての監査報告書の役割

監査の質が不明確であるという状況における監査報告書自体の役割は，短文式報告書を念頭におくと，たんに安心を提供するラベルである。「それらはコミュニケートするというよりもむしろ，「中立性，客観性，公平性，専門技術」といったレトリックの力で情報を発信している。これは，監査プロセスが専門家への信頼を要求しており，合理的な公衆の討論を基礎とはしていないことを意味している。……説明することは説明を回避する方法の一つであるように思われる」[15]。

---

13) パワー著―國部・堀口訳（2003），16頁。
14) パワー著―國部・堀口訳（2003），155-156頁。

32 第1部 社会と会計

5. 会計プロフェッションの位置付けの変化

(5-1) 会計プロフェッションの消滅

　本章冒頭で述べたような会計プロフェッション自体をモニタリング（監査）する事態をイギリスのマイケル・パワーは，すでに1994年に予見していたのかもしれない。そのなかに，会計プロフェッションの消滅を予感させる記述がある[16]。

　その記述を要約・解釈すると，所有者と経営者との関係に代表されるエージェンシー関係を前提に，監査はエージェントのモラル・ハザードを防ぎ，信頼を保証する手段として機能するが，それ故に，監査をした人のモラル・ハザードを防ぎ，信頼を保証する手段として監査人に対する監査の要求も生じる。監査の監査があると，さらに監査の監査の監査も論理的にはあり得る。公認会計士の監査は，このような疑いと監視の連鎖を断ち切る最終チェックを果たすべきものではなかったのか。もともと公認会計士になろうと思った人たちは，社会的な信認・付託を受けて，使命感を持って監査を行っていたのに，疑いの目を持って第三者に見られ監視されるというような状況は，会計プロフェッションの消滅ではないのかというものである。

(5-2) プロフェッションの意義と特徴

　ロビン・ロスレンダーは，『会計と社会』のなかで，プロフェッションに共通する意義や特徴に関して，「利他主義と全く同じ信条，つまり，他人指向性と奉仕の倫理は，専門職が地盤を築くための基礎となった」[17]と記述している。

　また，プロフェッションの特徴として，以下の5つが挙げられる。

---

15) パワー著—國部・堀口訳（2003），176頁。
16) パワー著—國部・堀口訳（2003），ホップウッド，アンソニー＝ピーター・ミラー編著—岡野浩・國部克彦・柴健次訳（2003），12章。
17) ロスレンダー著—加藤・杉原訳（1995），22-23頁。
　プロフェッションの5つの特徴は1957年のグリーン・ウッド（Greenwood, E., "Attributes of a profession", *Social Work*, v2/3, pp. 44-55.）を参考にしている。

①　体系的原理を保有するために長期訓練過程が必要

②　許可権限─免許制

③　共同体的同意と特権，構成員の統治（例えば，医者が患者を裸で診察できることに関する社会的同意と医者の持つ特権・権限）

④　倫理規定の整備（すべての構成員が，真に専門職が具備しなければならない倫理規定について自覚し，遵守することによって，責任が果たされる）

⑤　専門職としての文化があり，これらの規定が文化の主要な要素

　このようなプロフェッションの特徴は，会計専門職とても同様であって，それらは，高度な倫理観と使命感，自主規制，長期の訓練による仲間うちによる後継者の育成，そして，社会からのプロフェッションの持つ特権に対する同意である。監査の監査は，特権に対する同意の消滅であり，とくに，PCAOB や公認会計士・監査審査会などの公的機関によるモニタリングは，プロフェッションの自主規制の消滅でもある。

(5-3)　会計プロフェッションの労働者化

　会計プロフェッションの消滅は，現代の監査が大監査法人中心に行われていることからも言えなくはない。監査に携わる公認会計士の多くは大監査法人に雇用されており，組織に属する会計士である。組織に属する会計士は，監査職務を遂行する上で，雇用者は監査の依頼人（クライエント）ではなく，監査法人という組織である。このことから，会計士を組織内での労働者と類似のポジションにある存在として検討する必要がある。

　ロスレンダーは，『会計と社会』のなかで，マルクスの「労働疎外」について，「労働者には自分たちが何を生産したのか分からない。つまり，経営者による分業原理の採用により，労働者はますます専門化しているので，自分たちが作ろうとしているものを認識するのが困難になった」[18]と述べる。

　また，ブレバーマンを引用し，「技術的分業の偏在が原因となって，不満が生じ，士気が失せ，その上，労働の喜びがほとんど見いだせなくなるよう

---

18)　ロスレンダー著─加藤・杉原訳（1995），77 頁。

34　第1部　社会と会計

な状態に，労働者を陥らせるような単純労働化の進行過程を重く見ている」[19]。

そして，「高度な資格を持ち，十分にやる気のある会計士でも，限られた範囲の監査業務というルーティンの履行を押しつけられると，組立ラインの仕事をやらされている作業員のように，完全にやる気をなくす」というのである[20]。

ロスレンダーは，企業の会計担当者を念頭に記述していると思われるが，大監査法人に属する公認会計士を想定して理解すると興味深いので，さらに，ロスレンダーの記述を紹介しよう。

「他人を管理する任にないのなら，管理者として分類できず，管理される側の労働者階級に位置づけられるのである。……多くの会計士が労働者階級である。……技術的および社会的分業への従属，労働プロセスへの従属，業務形式化の増大，入社時から職場において専門化する必要性，会計技能者と情報テクノロジーの出現から受ける脅威などは全て，その結論と同じ方向のものである」[21]。

監査調書作成という事務作業が監査の主たる内容とも揶揄される最近の監査の傾向と大監査法人における若年会計士の労働環境に思いを至し，「会計プロフェッションの労働者化」という観点を受け入れると，会計プロフェッションの消滅の有無の問題は，一般の企業組織内における労務管理，雇用と昇進人事，給料体系とインセンティブ報酬問題，人的資源の教育，そして，企業ごとに存在するはずの組織文化と組織への忠誠心の問題に置き換えることができる。エンロンなどの会計不祥事についても，高度な知識と倫理観・使命感を持った社会における独立した存在であったはずの会計プロフェッションではなく，監査法人という組織における経営者としての，そして，組織に属する労働者としての公認会計士の問題とする仮定は，興味深い解釈であると思われる。

また，前述したように，会計，監査，コーポレートガバナンスに関して，

---

19)　ロスレンダー著—加藤・杉原訳（1995），80頁。
20)　ロスレンダー著—加藤・杉原訳（1995），85頁。
21)　ロスレンダー著—加藤・杉原訳（1995），101頁。

わが国は，米国の後追いをした感がある。しばしば，日米の企業経営で問題
となる，国民性，社会の在り様，人々の価値観，階級意識などの違いが組織
の経営や経済の発展にとって影響するのか否か，すなわち，文化普遍主義と
文化相対主義の議論が，会計・監査・プロフェッションの有り方でも適用で
きるかもしれない。

6. 可視化の圧力と監視の社会的受容

　これまで未知あるいは測定不可能であるとして放置されてきたものを可視
化しようとする圧力がある一方，意思決定者の多様性，意思決定環境の変化
から測定対象自体はますます曖昧となっている。評価指標は，評価される対
象の行動を規定するが，評価モデルはイデオロギーの変化に応じて変容し，
測定方法（会計基準）と測定対象（企業価値の構成要素）の双方に影響を与え
る。資本市場では，企業評価によって企業価値の理論値が形成されるが，理
論値は市場の機能によって市場価格に反映されていくので，イデオロギーの
変化（例えば，環境変数の企業評価への影響）は，資本市場を変える。
　イギリスで進んでいる個々人の行動の監視・記録はわが国でも普及しつつ
あり，主要国道・高速道路などでの通行自動車の監視・記録にとどまらず，
交差点などに設置された監視カメラによる行き交う人々の監視・記録が進ん
できた。監査（検査，審査，検証，評価などを含む）の蔓延は，このような監
視の社会的受容（おそらく，それを技術的に可能にしたのはIT（information
technology）の飛躍的な進歩であり，監視社会こそが情報社会の隠れた特徴であ
ろう）の文脈で捉えることができるのである。監査対象の成果の向上が求め
られる一方，監査自体の成果は不明確である。監査対象が多様化するなかで，
監査自体のブラック・ボックス化は進展し，監査報告書は安心ラベルとして，
説明の省略に役立つ（長文式監査報告書などの利用により監査の情報提供機能を
再度強調することで，安心ラベルという監査の解釈を克服できるかもしれない）。
　監査自体の評価はプロセスの評価となる一方，監査の監査はプロフェッ
ションの消滅・労働者化でもある。企業としての監査法人の組織の形成を検

36 第1部 社会と会計

討することは，組織論のみならず，文化相対主義の観点でも重要であろう。

【引用・参考文献】

井原哲夫（2001）『「才人」企業だけが生き残る』ちくま新書。

黒川行治（2003）「温室効果ガス排出権取引の二つの論理」『会計』（論攻）第 164 巻第 4
　　　　号（2003 年 10 月），1-19 頁。

―――（2005）「会計・監査社会の変容のインプリケーション」『企業会計』（論壇）第
　　　　57 巻第 12 号（2005 年 12 月），4-13 頁。

―――（2009）「会計・監査社会の変容のインプリケーション」黒川行治編著『日本の
　　　　会計社会』序章，中央経済社。

パワー，マイケル著―國部克彦・堀口真司訳（2003）『監査社会』東洋経済新報社。

ベンストン，ジョージ・J＝マイケル・ブロムウィッチ＝ロバート・E・ライタン＝アル
　　　　フレッド・ワーゲンホファー著―田代樹彦・石井康彦・中山重穂訳（2005）『会
　　　　計制度改革への挑戦』税務経理協会。

ホップウッド，アンソニー＝ピーター・ミラー編著―岡野浩・國部克彦・柴健次訳
　　　　（2003）『社会・組織を構築する会計』中央経済社。

ロスレンダー，ロビン著―加藤吉則・杉原周樹訳（1995）『会計と社会』同友館。

第3章

利益情報の変容をもたらした要因は何か

1. 利益情報の変容と経済社会のグローバリゼーション

　「利益情報の変容」とは，各国の会計基準設定に対する米国SEC基準や国際会計基準・国際財務報告基準（以下IFRSs）の影響の増大，近年のIFRSsとのコンバージェンス要請による各国会計基準の改定の結果，測定される利益情報が変容してきたことを意味している。会計基準の世界統一化運動は，国ごとの会計基準の差異を大幅に減少させ，利益情報の変容は世界的規模で生じている。国際的な会計基準の志向や利益情報の変容をもたらした直接的な原因は，米国基準やIFRSs自体の動向であり，概念フレームワークに基づく会計基準設定という，理論主導・演繹的方法によるルールの決め方にあると見ることもできる。しかし，本章の目的は，利益情報の変容が，経済社会のグローバリゼーションと関係しており，さらに言えば，経済社会のグローバリゼーションを原因として，それに対する会計社会の対応であったのではないかとの問題意識から，社会環境，事業環境，事業戦略のそれぞれの具体的変化を明らかにして，それらとの関係によって，利益情報の変容を読み解こうとするものである。なお，経済社会という用語と重なる部分が多いが，会計の側から見た概念として，とくに，「会計に関わる当事者，当事者の行動，当事者を取り巻く内部および外部環境（制度，規則を含む）の総体」を「会計社会」と呼ぶ[1]。

　本章の構成は，以下のとおりである。第1に，本研究の骨格となる会計社

---

1)　黒川行治（2009b），I頁。

38 第1部 社会と会計

会の構成内容について，「会計情報の供給プロセスと影響要素」という観点・体系で把握することを提示する。第2に，国際会計基準の特徴を要約し，利益情報の変容の具体的内容についての仮説を示す。第3に，経済社会のグローバリゼーションが何を意味し，それは如何なる要因によって生じているのかについて，アグリエッタなどの文献を参考に，経済社会を構成する資本市場，製品・サービス市場，労働市場などの変質の内容を列挙する。第4に，経済社会のグローバリゼーションと会計社会の変容との関係についての仮説を考案し，上場企業に対する意識調査に対応する仮説（質問項目）へと変換する。第5に，社会環境・事業環境，事業戦略，会計の役割・会計に対する期待の間に何らかの関係が見いだせるのかという4つの体系仮説を提案し，各体系仮説の内容を示す質問項目に関する上場会社の回答の要約を紹介する。

2. 会計情報の供給プロセスと影響要素の仮説

　会計情報が作成される過程では，2つの選択フェーズを通過するという体系仮説を設定している（図3-1）[2]。

(2-1) 社会的選択
　「社会的選択」のフェーズとは，「一般に公正妥当と認められた会計基準（GAAP: Generally accepted accounting standards）」の設定である。決定当事者は各国の会計基準あるいは国際会計基準の設定主体（組織）である。社会的選択に影響する要因として，まず会計目標が考えられる。会計目標とは，会計システムが社会システムのなかでどのような役割・使命を持っているのか，また，会計情報に何を期待するのかなどである。

　会計基準の設定過程は通常，デュー・プロセスの手順を踏むことが多く，一般の合意を得ることを建前に審議が進められる。しかし，利害を異にする関係者の同意を得ていく過程ではロビーイング活動が存在する。このような

---

2)　黒川行治（2009c），第3節および黒川行治（2011），第2節を修正・加筆。

図3-1 会計情報の供給プロセスと影響要素

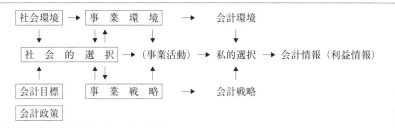

社会的選択：会計基準（GAAP）の設定
私的選択：企業個々の会計方針・会計手続の選択，見積方法の選択
社会環境：社会的・文化的価値観や慣習，経済・法律・政治制度
事業環境：労働市場，資本市場，製品・サービス市場，事業活動に関する規制
会計環境：資本市場の構造，契約と支配，会計コンベンション・規制，税務会計と財務会計の繋り，会計上の論争に関する法的環境，ガバナンス制度やインセンティブ契約，経営者の出自や会社の沿革（創業地や企業系列など），経営者に対する社会的制裁制度，監査人の出自・監査法人の文化，監査人に対する社会的制裁制度
会計目標・会計政策：社会のなかでどのような役割・使命を持っているのか（会計情報に何を期待するのか），一般の合意・政治的プロセス，会計固有の論理（概念フレームワーク），政策技術（資源分配政策，恣意的行為の禁止など）
事業戦略：事業の範囲・多角化の程度など，競争上のポジショニング（コスト・リーダーシップ戦略と差別化戦略），営業や製造拠点の配置，最適財務構成，コア・コンピタンスの認識と企業バウンダリー，雇用に対する姿勢
会計戦略：保守主義・利益平準化・収益と費用の対応などの会計ポリシー，財務政策・財務上の要請（節税を含む）

出典：黒川行治（2009c），104-105頁，および黒川行治（2011），5頁。

基準設定主体における社会的選択は政治的プロセスとしても理解できるのである。また，基準の設定過程では，利害を異にする当事者の合意を得る上で，大義名分としての，また説得力の源泉としての会計固有の論理が判断規準として設定当事者の脳裏にあることは否定できない。概念フレームワーク（Conceptual Framework）の存在は，会計固有の論理としての判断規準を可能な限り客観化する試みとしても理解できる。さらに，会計は，企業の事業活動の規制手段として，あるいは企業と消費者，企業と従業員，企業と株主との資源配分と富の分配を誘導する手段としての「政策技術」の側面もある。なお，政策技術には，企業の会計行動の悪弊（例えば，赤字子会社の連結外し）の防止という観点もある。

40　第1部　社会と会計

　社会的選択には，設定主体の所在する国の社会的・文化的価値観や慣習，経済，法律制度などの社会環境が影響してきた[3]。しかし，最近の各国会計基準のコンバージェンスによる国際会計基準への統一化は，各国の社会的諸環境を乗り越える試みである。

　事業環境は，社会環境のうち，とくに企業が認識する環境で，労働市場，資本市場，製品市場，規制などが挙げられる。また，国の経済政策，労働政策などの一環として，政治的観点から事業環境を把握することも可能であり，例えば，企業結合や分割の法整備，退職給付制度（確定給付型と確定拠出型などの企業年金制度の設計），リース取引の普及の程度などが挙げられる。社会的選択としての会計基準を設定する過程で，会計情報作成者サイドからの意見に事業環境が反映される場合もある。

　事業戦略は，上記の事業環境と密接不可分で，企業は事業環境に対応し事業戦略を立てている。成功している事業戦略やビジネス・モデルは，個々の企業の持続的成長のみならず，国全体の持続的発展のためにも無視できない。

(2-2)　私的選択

　「私的選択」のフェーズは，「一般に公正妥当と認められた会計基準」のなかからの企業個々の会計代替案（会計手続および見積方法）の選択である。GAAP が複数の代替的会計手続を許容し，そのなかから個々の企業が選択できる自由を予定していることが前提である。私的選択の決定当事者は経営者（経営者の意を受けた会計担当者）および会計監査人（公認会計士）である。私的選択に影響する会計戦略として，保守主義，利益平準化，費用と収益の対応などの会計ポリシーが考えられる。また，当該企業のおかれている業績・財務内容などに対処するための財務政策・財務上の要請（節税を含む）への対応がある。しばしば期末における会計操作（決算方法の変更など）は，このような財務上の要請（例えば，配当可能利益の捻出など）と理解できることが多いのではないか。

　最後に，私的選択に影響するであろう会計環境として，コーポレートガバ

---

3)　Takahashi, K., Y. Kurokawa and M. Takahashi (1985).

ナンス制度やインセンティブ契約，経営者の出自，会社の沿革（創業地や企業系列など）や文化，経営者の社会的制裁制度，監査人の出自・監査法人の文化，監査人に対する社会的制裁制度などが挙げられる[4]。

このように，会計情報の供給プロセスには，会計選択の2つのフェーズが存在し，それぞれの選択フェーズに影響すると思われる社会環境，事業環境，会計環境，会計目標・会計政策，事業戦略，会計戦略の諸要因が想定できるのである。本章で定義する会計社会は，会計に関わる当事者，当事者の行動を含むものである。したがって，ここでいう会計情報の供給プロセスと影響要素に関わる当事者と当事者の実際の行動や行動原理も検討対象となる。

(2-3) 私的選択の前提としての会計基準の設定

利益情報は，直接的には情報作成者の私的選択の所産であるが，私的選択の前提としてどのような会計基準が社会的に選択されているのかが問題となる。本章の対象は，社会的選択としての会計基準にあり，それの設定・改定に如何なる要因が影響したのかを明らかにすることが目的なので，図3-1のなかでも，とくに関係する要因に囲み線をしてある。

ここで留意しておきたいのは，私的選択に影響するであろう会計戦略を有効ならしめるためには，前提である会計基準の設計段階で，その後の会計戦略の実現可能性を意識しておかなければならないことである。つまり，会計戦略の例として挙げた「保守主義」や「利益平準化」，「収益と費用の対応」などのアカウンティング・ポリシーは，私的選択の影響要素であると同時に，会計基準の設定における会計目標や会計政策の影響要素として，あるいは，会計志向の特徴を形成する要素として理解する必要があることである。

---

4) 髙橋吉之助・江島夏実・渡瀬一紀・髙橋正子・黒川行治 (1994)，第3章。

3. 国際会計基準の特徴

IFRSs の特徴をまとめるのは，非常に難しいし勇気のいることであるが，あえて，IFRSs の特徴を要約しておこうと思う。したがって，ここでの論述は，仮説としての位置付けである。

(3-1) 国際会計基準が想定する会計の役割や会計に対する期待の特徴

① 金融投資とともに事業投資に係わる資産・負債についても公正価値評価を志向する。

② 収益・費用アプローチに代わり，資産・負債アプローチを採用する。資産と負債の差額である純資産の増加を利益と考え，これを包括利益と称する。

③ 市場価格に基づく資産評価の重視は，原価情報の重要性の低下をもたらす。

④ 貸借対照表等式よりも所有主理論を念頭においた資本等式を想定しているのではないかと思われる。

⑤ 投資家の意思決定に役立つ情報提供（情報の有用性）を最上位の目的とすることから，会計情報の持つ富の分配指標としての役割が後退している。それに伴い，利益の期間的平準化を志向しないこととなる。

⑥ セグメント会計におけるマネジメント・アプローチのように，財務会計システム（外部者向けの情報）と管理会計システム（経営者向けの情報）との連携を重視する。

⑦ 詳細な実務指針を作成する予定はなく，会計実務は，米国のような「ルール主義」ではなく，「原則主義」となることが予想される。会計人の判断が求められることになる。

⑧ 収益の認識と測定について，より厳密に決定することを求めている。

以上が主たる特徴であるが，何と言っても，取得原価会計から公正価値会計への重点の移行が最大の特徴と思うので，この公正価値評価志向をめぐる

議論をいくつか紹介しようと思う。

(3-2) 公正価値評価志向をめぐる議論

① 公正価値アプローチでは，保有有価証券や退職給付会計における運用資産を期末の時価で測定するだけにとどまらず，固定資産やのれんに減損会計を適用することから，将来のキャッシュ・インフローの金額の予測や市場金利などに伴う割引率変動の影響，退職給付債務における将来のキャッシュ・アウトフローの金額予測および割引率変動の影響，固定資産の除去費用（将来のキャッシュ・アウトフロー）の予測および割引率変動の影響など，将来のキャッシュ・フローの予測および割引率変動の影響が不可避である。

② 国際的に資本市場，為替市場および商品市場の市場価格の動向が不安定で，乱高下の度合いがきわめて大きくなっており，それが，上記の会計処理方法の採用により，財務諸表の利益数値などの大きなボラティリィティ（変動）に直接結び付いている。また，日本では，グループ経営としての株式持合が一般的であり，売却しない持合株式についても，期末時点の時価の影響を受けて，財務数値（業績数値）が変動する。

③ 国際会計基準審議会（IASB）では，「リスクがありボラティリィティがあるならば，それはそのとおりに表示されるべきある」，「当期に何が起こったかを知らなければ，企業の将来についての評価ができない」，「以前の会計基準は，会計測定上はボラティリィティをできるだけ少なくして，何らかの形で遅延認識したり，平準化のためのいろいろな装置を開発するのが会計の技術だったが，そうしないことが正しいと考える」，「持合株式についても，売らないといっても，その価値は変動しているので，売らないで損をし続けて持ち続けることの意思決定の責任を，経営者は持つべきであり，その意思決定の成果は業績として示される必要がある」と考えている[5]。

---

5) 黒川行治（2009c），19-21 頁の黒川の質問に対する山田辰己氏（IASB 理事）の回答を参照。

(3-3) 公正価値の重視と原則主義の影響

IFRSs の特徴である公正価値アプローチと，原則主義すなわち「会計基準に付随する詳細な適用指針を作成せず，会計担当者と監査人に会計基準の適用・運用を委ねること」が利益情報の特質にどのような影響を与えている（与えようとしている）のかは，本章において，とくに注目している問題である。公正価値アプローチでは，前述したように，保有有価証券や退職給付会計における運用資産を期末の時価で測定するだけにとどまらず，固定資産やのれんの減損額，退職給付債務，固定資産の除去費用などの測定において，将来のキャッシュ・フローの予測および割引率変動の影響が不可避である。また，IASB は，米国のような詳細な適用指針を作成する，いわゆる「ルール主義」を採用しないと言明しているからである。

将来事象の見積要素の増大と原則主義は，「財務諸表が企業の経済的実質をより適切に開示すること」に繋るのであろうか。また，「利益調整（会計処理の選択または見積りの幅を利用して情報作成者が期待するとおりに利益額を調整すること）の可能性を大きくすること」はないのか。さらには，「財務諸表監査が提供する財務諸表の信頼性に対する保証水準が低下することはないのか」という仮説を提示するものである。

4. 経済社会のグローバリゼーションがもたらした変化

会計社会における世界標準化は，数百年にわたる会計社会の歴史にとって，まさに大転換期であることは疑い得ない。そこで，このような会計社会の変容を経済社会のグローバリゼーションの観点から解釈するのが，本章の目的であるので，経済社会のグローバリゼーションがどのようなものなのかを確認することにしよう。

(4-1) グローバリゼーションとは

若森（2009）によると，グローバリゼーションとは，国境を越える財・サービスの取引の増大（国内市場の国際競争への開放），対外直接投資（FDI）

の活発化，金融市場の統合による短期資金の流動性の飛躍的な高まり，技術進歩の急速で広範な普及などによって，各国・各地域の経済的相互依存関係が地球規模で強まっている事態を意味している。グローバリゼーションの進展は，次の事由を契機とすると言われている[6]。

① 1986年から開始されたGATT（関税及び貿易に関する一般協定）のウルグアイ・ラウンドおよび1995年にWTO（世界貿易機関）が設置されたこと。

② 1980年代後半以降，FDIの伸びが輸出の伸びを大きく上回るようになり，FDIが世界経済の成長の原動力になったこと。

③ 1987年に欧州域内市場の統合が完成し，域内の財・サービス，資本，労働力の自由な移動（規制緩和）が進展したこと。

④ 1989年のベルリンの壁崩壊以降のソ連や東欧諸国での民営化や規制緩和が，急激に実行されたこと。

(4-2) 資本主義社会の変化

ミシェル・アグリエッタ（2009）によると，グローバリゼーションの深化と拡大は，フォーディズムの時代とは質的に異なる次のような資本主義の新しい局面を作り出したという[7]。

① 1980年代以降，（アングロサクソン諸国が先行するが）金融の拡大，信用へのアクセス（例えば，情報入手や取引機会）の不平等の解消，人口の高齢化，女性の労働力人口の拡大は，賃金労働者の貯蓄行動の変化をもたらした。

② 賃金労働者の消費様式は，住宅や住宅設備，個人輸送手段などを対象とする大量消費であったが，賃金労働者の貯蓄が金融資産の獲得に向け

---

6) 若森章孝「解説 資本形成型成長体制の出現と新しい調整様式の創出」アグリエッタ，M＝B・ジェソップほか著―若森章孝・斉藤日出治訳（2009），175-177頁。

7) ミシェル・アグリエッタ「資本主義の変化」，アグリエッタ＝ジェソップほか著―若森・斉藤訳（2009），43-63頁。若森章孝「解説 資本形成型成長体制の出現と新しい調整様式の創出」（同書183頁）にアグリエッタの作成した表（Aglietta, M.（1999），"Les transformations du capitalisme contemporain", B. Chavance et al.（dir.），*Capitalisme et socialisme en perspective*, Editions La Decouverte, 280.）の訳（本書の表3-1）が掲載されている。

論述にあたり，とくに（ ）内の文章を中心に，黒川の解釈が加筆されている。

られ，賃金労働者の貯蓄と企業の収益性との間に（例えば，配当や利息収入を通して）新たな接合様式が生まれた。

③　金融貯蓄の機関化（保険・年金などの機関投資家への貯蓄の拡大）を通じて，貯蓄可能な一部の賃金労働者は企業の株主になった。

④　この株式貯蓄の運用を委託される機関投資家が，企業経営者に対する支配力を持った。株主資本利益率（株主価値の最大化）が，フォーディズム時代の工業部門の大企業内部市場における，経営者と賃金労働者との妥協を特徴付けていた「生産性上昇の配分方式」（資本投資の増強により労働生産性を上昇させ，その利益増加分を株主と労働者で分け合う）に優越するようになった（つまり，効率性上昇による利益増加分は株主に優先的に配分される）。

⑤　資本主義的権力の中心が，銀行から金融市場（株式などのいわゆる資本市場）に移動し，この市場を支配する競争によって，金融に関する規準が企業統治上，企業経営者に課される。

⑥　企業は，金融規準を満たすために，生産様式や労働編成を変化させる必要があり，生産コストの削減，統合された企業内部で生産されていたサービスの外部からの購入，消費の変化をすばやく察知して販売を増やすことなどが企業の至上命令となる。

⑦　リスクや利潤を賃金労働者と共有する方式，例えば，基本給の大幅な引下げ，成果賃金，労働者利益参加制度（従業員持株制度）が実行された。

⑧　産業別の企業外的団体交渉から，株主（機関投資家）による企業統治が調整の支配的形態となる。

⑨　以前は生産性の上昇と人々の所得増加要求の両立が重要であり，両立不可能な場合には賃金上昇によるインフレ圧力が問題であったが，今日ではシステムの機能不全は金融や金融市場の不安定性と結び付く。

このような資本主義をアグリエッタは「資産形成型成長体制」と呼び，それ以前の「フォーディズム」との特徴の相違を表3–1のように比較している。

表3-1　2つの成長体制の比較

特徴	フォーディズム	資産形成型成長体制
生産と技術	資本集約的な機械化投資 労働生産性の上昇	労働集約的な情報化投資 資本生産性の上昇
企業統治	内部統治＋支払能力	機関株主による統治
企業業績の評価基準	企業の成長	株式当り利潤
中間目標	自己金融	配当
賃金	労使協定による国民的標準賃金	価格制約のもとでの賃金コストの最小化
財価格	生産コスト＋標準的マージン	国際標準＋為替レート
需要	規則的に増大する大量消費が収益の動態的増加を促進する	浮動的な多様化する消費がプロダクト・イノベーションの一時的レントを促進する

出典：アグリエッタ＝ジェソップ著―若森・斉藤訳（2009），183頁。

5. 経済社会のグローバリゼーションと会計社会の変容についての仮説

　以上の検討内容を勘案・咀嚼して，経済社会のグローバリゼーションの特徴と会計社会の変容（世界標準としての国際会計基準の志向・特徴と各国の会計基準のそれへのコンバージェンスを通じた報告利益の質の変容）との関係について，いくつかの仮説を提示することにしよう[8]。

（5-1）経済社会における主導権争いの一環としての会計基準の統一化の加速

　グローバル化した経済社会で，情報生産コストを最小にするためにも，また，自国の取引慣行やビジネス・モデルを維持するためにも，当該国の会計基準が世界標準となることの経済競争上のメリットは明らかである。これまで工業製品の世界標準規格を公式的にあるいは実質的に握った企業の勝利の帰趨を数多く見てきたわれわれに，国際的な会計基準の設定における各国の

---

8)　黒川行治（2009a），11-15頁を修正・加筆。

48　第1部　社会と会計

主導権争いは，同じ結果を予想させる。主導権を握れなかった場合には，いち早く勝ち馬陣営に参加することで生き残りを図ろうとするのは自然の流れであろう。

(5-2) 世界統一会計基準のメリット

　グローバル化した経済社会で，情報の利用者である投資者にとっては，財務情報の国際的比較可能性が確保できるので，飛躍的に増加している投資資金を国際間で移動するための根拠となる情報が得られることになる。また，財務報告の解釈が容易になるので，以前のように国ごとに会計基準が設定されている場合には，投資国独自の会計基準を熟知しないで財務分析をし，それに基づいて投資判断をするというリスクがあったが，そのような誤謬を冒すリスクが減少することになろう。

　情報の作成者である企業のなかには，海外に直接投資をし，海外の子会社を多く保有するような会社も増加している。そのような会社が連結財務諸表を作成する場合，国ごとに会計基準が設定されていると，現地の会計基準で作成した海外の連結子会社の財務諸表を，本国の会計基準に修正・調整する必要がある。国際的な会計基準の統一化は，それらの修正・調整コストを低下させるメリットがある[9]。

(5-3) 短期的投機による利潤追求に役立つ会計情報の生産

　資本市場では，1980年代以降，先進諸国を中心として実物市場が飽和化するなかで，オイル・マネーや年金ファンドなどの資金供給が増加する。金融工学の進展とともにデリバティブ商品が次々に開発され，機関投資家を中心とする資本市場の資金供給サイドでもエージェンシー関係が成立し，エージェントであるファンド・マネージャーなどは，短期的業績をプリンシパルである年金基金などから要求されるために，長期的投資よりも短期的投機が金融市場を支配するようになり，そのような投資決定に有用と思われる情報を生産することが会計に求められた[10]。

---

9)　会計基準の世界統一化のメリットについては，とくに秋山純一（1999），第3章を参照。

(5-4) 労働市場の変容による「分配可能利益算定志向と付加価値概念」の減退

実物市場においてもグローバリゼーションは，需要の増大に対処する設備投資による労働生産性の増加を労働サイドと資本サイドが分配率を調整することで，それぞれの要求するリターンを確保していたフォーディズムを一変させた。

効率的生産のために原価の測定を重要視し，労使の安定的な分配政策を念頭に恒常的な期間利益の算定（分配指標としての情報）を志向する会計アプローチは後退する。

付加価値計算要素の1つであった賃金・給料は，販売価格に対する絶対的な低下圧力のために削減対象となり，海外直接投資と労働市場の下方柔軟化（非正規雇用と企業内業務のアウトソーシング）がそれを可能とした。株主重視のガバナンスは，付加価値概念を陳腐化させ，財務分析における生産性指標の地位を低下させた。賃金・給料は利益から削除される費用項目の1つでしかない。

(5-5) 組織改革投資（IT 投資）の重視によるプロジェクトごとの採算性の測定と組織の売却に役立つ情報の生産

資本生産性を上昇させるための組織改革投資（IT 投資）は，組織全体の業務を分解し，各ブロック間に存在していたスラックを最小化することで無駄をなくす。

取引コスト理論を応用すると，以下の2つの仮説が提示できる。

① 企業の境界すなわち垂直的統合の範囲（企業の結合）に関する交渉コスト（取引における交渉と製品仕様の企画・調整などのコスト）と規模のコスト（結合することによる規模のコスト低下のメリットと固定費増加によるリスクの増加）とのトレード・オフを意識させる。

---

10) 黒川行治（2009c）では，投資家サイドのエージェンシー関係の成立で，投資意思決定が投機的意思決定になっているのではないかという仮説をもって機関投資家にインタビューしている。また，公正価値会計の前提である資本市場の効率性が，継続して成立しているとは言えないため，公正価値会計の予定するファンダメンタル価値を時価が示していないことを主張する。

50 第1部 社会と会計

② モジュール化による部品の共通化と業務の外部化は，企業内部に最後まで残す（企業の存在理由である）コア・コンピタンスが何かを意識させる。

　つまり，事業内容をプロジェクトの束と見る企業観（ビジネス・モデル）に対応し，会計も事業内容の分解による利益発生ドライバーの細分化とプロジェクトごとの採算性の測定，および組織の売却を念頭においた会計情報を産出しようとする志向が強まったのである。

(5-6) 資本市場および実物市場の変容と公正価値測定の重視

　フォーディズム資本主義を想定して確立していた従来の会計アプローチは，1980年代中頃以降に顕著となる経済社会の変容で，資本市場における短期的投資対象＝キャッシュ・フロー源泉としての企業観に加え，実物市場においても企業の事業活動に関する認識およびビジネス・モデルが，個々の事業の即時売却もあり得るプロジェクトの束としての企業観に変わり，金融投資のみならず事業投資に関する会計基準についても，公正価値志向の会計への転換を求められるのである。

6. 仮説の検証努力──上場企業に対する意識調査の紹介

　第5節まで検討してきた会計と社会の変容の相互関連性について上場企業に勤める人々はどのように感じているのであろうか。そこで，この疑問に対する研究例の1つとして，黒川行治（2011）および黒川行治・浅野敬志（2011）の調査結果の本章に関係する部分を要約して紹介し，上記の仮説の妥当性の検証努力の結果を示すことにしよう[11]。

---

11) 黒川行治（2011），第1節，第2節，第5節，第6節，第7節，第8節および黒川行治・浅野敬志（2011），第1節，第2節，第8節を加筆・修正。具体的な質問事項の設定において，当研究の共同研究者一同（黒川行治・柴健次・内藤文雄・林隆敏・浅野敬志）の研究会での討議の他に，2009年10月9日，伊藤進一郎氏，松山雅胤氏，神林比洋雄氏にインタビューし，頂戴したご意見を参考にしている。3氏に対し深く感謝するものである。

（6-1）体系仮説の設定と意識調査に対応する仮説への変換

　図3-1の囲み部分に着目して，以下の4つの体系仮説を考える。なお，上場企業の経営者（その代理人）に対して，以下で想定する体系仮説についての賛否の意識を調査するために，若干の調整をしている。第1は，影響要素である「社会環境」と「事業環境」を「経済環境・事業環境」として一緒に扱うことである。区分して質問することは複雑化を招き，回答者の負担を大きくする危惧を持ったこと，これらを合わせることで体系仮説の簡素化が進み，考察しやすくなると考えたからである。第2は，「会計目標」や「会計政策」という影響要素に代えて，「会計の役割や会計に対する期待」という概念を導入したことである。社会的選択にあたり，そのような役割や期待に対応するように「会計目標」や「会計政策」が，会計基準設定主体によって選択されると考えられるが，会計基準設定主体にインタビューやアンケートを行うわけではないので，そのような「会計目標」，「会計政策」の選択については明らかにはできない。企業に対して，彼らの意識を調査するのであれば，彼らの抱く「会計の役割や会計に対する期待」という概念を設定して，それが，経済環境・事業環境，事業戦略，資本市場などの変化の影響で変容し，社会的選択としての会計基準に反映されていくという体系仮説とすることが，この研究の目的に則していると考えたからである。

（1）体系仮説1

　「1980年代中頃以降に顕著となったグローバリゼーションによって，①経済環境・事業環境，②事業戦略，③会計の役割や会計に対する期待にいかなる変化が生じたのか」

　本研究で想定する，会計社会を含む経済社会のグローバリゼーションの具体的内容について確認するための仮説（質問）群である（［　］は，当研究での分類番号で，本章に関連するものを以下に紹介しているので網羅していないことに留意してほしい）。

　　［1］経済社会のグローバリゼーションによって，①経済環境・事業環境にいかなる変化が生じたのか（12項目）

　　［2］経済社会のグローバリゼーションによって，②事業戦略にいかなる

図3-2 体系仮説2の位置付け

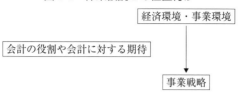

出典：黒川行治（2011），21頁。

図3-3 体系仮説3の位置付け

出典：黒川行治（2011），22頁。

変化が生じたのか（9項目）
［3］経済社会のグローバリゼーションによって，③会計の役割や会計に対する期待に変化があるのか（10項目）

（2）体系仮説2

「①経済環境・事業環境の変化と，②事業戦略・事業投資活動の変化との間には関連性があるのか」

経営学的なセンスの仮説であるが，次に示す「体系仮説3」を，より理解しやすくするための工夫であり，それの前提となる仮説（質問）群でもある。
［4］①経済環境・事業環境の変化と②事業戦略・事業投資活動の変化との間には関連性があるのか（3項目）

（3）体系仮説3

「①経済環境・事業環境の変化および／または②事業戦略の変化と，③会計の役割や会計に対する期待の変化との間には関連性があるのか」

経済環境・事業環境および事業戦略などの経済社会の変容が，会計の役割

図3-4　体系仮説4の位置付け

出典：黒川行治（2011），22頁。

や会計に対する期待を変化させたと考えるもので，本研究の中心となる仮説と言える。仮説自体がいくつかの条件の複合から構成されており，言明も長く理解可能性に劣るので，質問事項としては，あまり相応しくないという危惧を持ったが，体系仮説1と体系仮説2に関する質問を経て後の質問とすることで，なんとか回答率の向上を期待していた。

　［5］①経済環境・事業環境の変化および／または②事業戦略の変化と，
　　　　③会計の役割や会計に対する期待の変化との間には関連性があるのか
　　　　（7項目）

(4) 体系仮説4

「会計基準の選択・利益情報の変容は，①経済環境・事業環境と②事業戦略にいかなる影響を与えるのか」

体系仮説4は，体系仮説3の裏返しであり，会計の役割や会計に対する期待の具体的な内容が，会計基準の選択・利益情報の変容を介して，経済環境・事業環境および事業戦略などの経済社会に影響するのではないかと想定するものである。この仮説の意義は，IFRSsが依然として進化している現在において，将来の経済社会の動向を予測するものとして，経済界や政府の経済政策部門がとくに関心を寄せるものと考えられる。

　［6］利益情報の変容は，①経済環境，事業環境と②事業戦略に影響する
　　　　のではないか（10項目）

(6-2) アンケート調査の目的，対象と方法の概要

調査の目的は前述したように，利益情報の変容が，経済社会のグローバリ

ゼーションを原因として，それに対する会計社会の対応であったのではないかという問題意識から，経済環境・事業環境，事業戦略のそれぞれの具体的変化を明らかにして，それとの関係によって，利益情報の変容を読み解こうとするものである。ここで構想した体系仮説とそれを具体化した質問項目（仮説）に対して，会社はどのような見解を持っているのかを探った結果，質問に対する肯定意見が多数となった場合には，仮説を直接検証するものではないが，会計社会の構成員（ここでは会社）が，そのような仮説を妥当であると認識していることを意味する[12]。

（6-3）一次集計結果から得られた知見
（1）体系仮説1について
　　［1］経済社会のグローバリゼーションによって生じた経済環境・事業環境の変化

　①製品・サービス市場では，関税の壁が低くなり，海外直接投資の規制緩和により，製品・サービスの世界的規模での市場が構築され製品価格の引下げ圧力が恒常的になっている。成長する市場を求めて新興国に会社の注目が集まる。②資本市場では，金融資本主義が蔓延し，機関投資家の影響が大きくなり，長期的投資志向に変わり，投資決定はますます短期的投機志向を帯びてきている。機関投資家は会社に対してより詳細な情報提供を求め，企業・経営者が訴えられるリスク（訴訟リスク）も増加している。③従業員よりも株主を意識したガバナンス・システムが重視されるようになり，労働市場における規制緩和による賃金引下げの籠がはずれ，大企業内部市場における労使間の妥協を特徴付けていた「生産性上昇の配分方式」が，崩壊しつつ

12）　郵送による記述式（該当番号記入）アンケート調査である。該当番号の選択肢は，［1. 全くそう思う］，［2. どちらと言えばそう思う］，［3. どちらかと言えばそうは思わない］，［全くそうは思わない］の4つとした。「わからない＝どちらとも言えない」という選択肢を設けないことについては，少々無理があることを承知していたが，この選択肢を入れると，かなりの回答が無難なこの選択肢に集中してしまう可能性が高いので，あえて，回答者に明瞭な判断を求めることにした。

　　調査対象は，証券取引所上場会社3,794社（2009年11月23日時点）であり，2010年1月上旬に順次発送し，回答期限を2010年2月10日とした。宛先不明による返送が3社，回答会社数が298社，回収率は7.9％である。

ある。そして，④バブル崩壊後の日本経済の長期低迷により，日本企業の世界市場での相対的地位は下落した。

　　［2］経済社会のグローバリゼーションによって生じた事業戦略の変化
　グローバリゼーションによって，①事業の選択と集中が進められ，プロジェクト単位の業績把握のためにIT投資を行い，事業買収，事業譲渡の活用を日常的に意識するようになった。②生産拠点も国内から新興国へ移転している。③株主価値最大化を経営目標とし，業務のアウトソーシング，派遣やパート従業員を活用するようになった。④株式持合の解消も進められている。

　　［3］経済社会のグローバリゼーションによって変化した会計の役割や
　　　　　会計に対する期待
　グローバリゼーションによって，①経営者と投資家との間の情報の非対称性の解消を目的とする財務会計と管理会計の連携，②公正価値測定志向，③金融投資に関する会計処理の重要度の増加，④収益の認識・測定の厳格化，⑤測定における将来事象の見積りの重視，⑥四半期報告制度に代表される会計情報の適時性の重視などが，会計の役割や会計に対する期待の変化の主たる内容である。しかし，⑦原価情報の重要性の低下を認識している会社はきわめて少なかったのは想定外であった。

（2）体系仮説2について

　　［4］経済環境・事業環境の変化と事業戦略・事業投資活動の変化との間
　　　　　の関連性
　①製品価格の恒常的な引下げ圧力と新興国における実物市場（消費）の規模の増大に対処するための生産拠点の新興国へ移転，②資本市場のモニタリング・システムの未整備と価格変動リスクの増大に対処するための金融投資の減少，③製品価格の恒常的な引下げ圧力と機関投資家からの詳細な説明要求に対処するためのIT投資の3つの仮説について，それぞれに関連性がある。

56　第1部　社会と会計

（3）体系仮説3について

　[5] 経済環境・事業環境の変化および／または事業戦略の変化と，会計
　　　の役割や会計に対する期待の変化との間の関連性

　①短期的投資決定をする機関投資家の影響の増大は，財務諸表の投資意思
決定への有用性の重視と見積りの活用による将来事象の可視化の要請をもた
らした，②デリバティブの開発による金融資本の規模と価格変動リスクの増
大は，金融投資に関する会計処理の重要性を増加させた，③機関投資家から
より詳細な説明を求められたこと，IT投資による生産の効率化とコストダ
ウン，プロジェクト単位の業績把握の必要性は，財務会計システムと管理会
計システムとの連携をより重視させた，④投資決定をする機関投資家の影響
の増大と国内から新興国への生産拠点の移転は，測定尺度の世界標準の1つ
として会計基準を認識させた，⑤事業買収，事業譲渡の活用（意識の日常化）
は，事業資産および事業負債についても公正価値情報を重視させた，の5つ
の仮説については，企業における肯定意見が共有されている。

（4）体系仮説4について

　[6] 利益情報の変容による経済環境，事業環境と事業戦略への影響

　①売却可能有価証券（持合株式など）の公正価値測定による評価益を包括
利益に計上することが，金融投資の減少と株式持合の解消に影響する，②財
務会計システムと管理会計システムとの連携を重視することが，コア・コン
ピタンスの認識による事業の選択と集中を促進する，③収益の認識と測定を
厳格に決定することが求められると，価格，納期，ペナルティなどの取引内
容を明示化することが促進される。しかし，④経営意思決定において原価情
報が重要視されなくなると，製品価格の恒常的な引下げ圧力が大きくなる，
⑤IFRSsの強制適用による会計基準の標準化が国内から新興国への生産拠
点の移転をいっそう促進する，の2つの仮説については肯定意見が3分の1
以下であった。

【引用・参考文献】

アグリエッタ，M＝B・ジェソップほか著―若森章孝・斉藤日出治訳（2009）『金融資本主義を超えて』晃洋書房。

秋山純一（1999）『国際会計実務詳解』中央経済社。

黒川行治（2009a）「非金融負債の公正価値測定の含意」『会計』（論攻）第176巻第5号（2009年11月），1-16頁。

―――（2009b）「はじめに」黒川行治編著『日本の会計社会――市場の質と利益の質』中央経済社。

―――（2009c）「利益の質と非効率な市場」黒川行治編著『日本の会計社会――市場の質と利益の質』第2章，中央経済社。

―――（2009d）「機関投資家，資本市場の実態と会計情報」黒川行治編著『日本の会計社会――市場の質と利益の質』第1章，中央経済社。

―――（2011）「利益情報の変容をもたらした要因は何か――問題設定・背景と仮説」黒川行治・柴健次・内藤文雄・林隆敏・浅野敬志著『利益情報の変容と監査』第1章，中央経済社。

黒川行治・浅野敬志（2011）「グローバリゼーションが経済環境・事業環境・会計の役割に与えた影響は何か」黒川行治・柴健次・内藤文雄・林隆敏・浅野敬志著『利益情報の変容と監査』第3章，中央経済社。

ストリート，ドナ・L（2009）「会計基準のグローバル化における米国の役割」ジェーン・M・ゴドフレイ，ケルン・チャルマース編，古賀智敏監修・石井明・五十嵐則夫監訳『会計基準のグローバリゼーション』同文舘出版。

高橋吉之助・江島夏実・渡瀬一紀・高橋正子・黒川行治（1994）『企業の決算行動の科学』中央経済社。

Takahashi, K.＝Y. Kurokawa＝M. Takahashi（1985），"International Comparison of Flexibility in Income Measurement and Other Accounting Procedures: Its Economical, Geopolitical and Sociological Approach", H. J. Bullinger and H. J. Warnecke（eds.），*Toward the Factory of the Future*, Springer-Verlag, pp. 17-22.

第 4 章

非金融負債の公正価値測定の含意

1. IASB の志向

　国際会計基準審議会（IASB）は，国際会計基準（IAS）第 37 号「引当金，偶発負債及び偶発資産」の改定案の公開草案（以下，「改定案」と呼ぶ）を2005 年 6 月に公表したが，認識要件および測定方法が画期的に変更された提案であったため，容易に合意に至らず，ようやく改定プロジェクトは，2009 年当時，年内の確定を目指して最終段階に至っていた。わが国の企業会計基準委員会（ASBJ）は，国際会計基準とのコンバージェンス活動の一環として IASB 改定案に対処するため，2008 年 12 月に「引当金専門委員会」を設置し，検討成果を 2009 年 9 月，「引当金に関する論点の整理」として公表した。私は，光栄にも当専門委員会委員として非金融負債の会計問題の検討に参加する機会を得た。

　非金融負債に関する IASB の志向を一言で言えば，金融負債と同様に非金融負債にも公正価値測定を適用しようとするものであり，公正価値による当初測定，事後測定に生ずる個々の問題に関し，とくに私のような世代の会計人は，「どうして，そこまで公正価値測定を徹底するのであろうか」という感慨とともに，この会計志向の背景や含意を探りたいという思いに至るのである。そこで，本章では，当時，ASBJ で議論されていた非金融負債の会計をめぐる主要な論点を検討し，第 3 章で論じたところの，資本市場，企業経営および実物市場などの経済社会に生じた，1980 年代中頃から始まるグローバリゼーションを起因とする変容との関係で，国際会計基準の公正価値測定志向の背景や含意を述べたいと思う。

60　第1部　社会と会計

2. 改定案の提案——蓋然性要件の削除と期待値法のみの採用

　わが国の「企業会計原則」注解18では引当金計上の要件の1つに「発生の可能性が高いこと」を挙げており，また，IAS第37号でも，「当該債務を決済するために，経済的便益を持つ資源の流出が必要となる可能性が高い（probable）」を認識要件としている。Probable は more likely than not, すなわち，起こらない可能性よりも起こる可能性が高いと解釈される[1]。米国基準でも，SFAS第5号「偶発事象の会計」において，偶発債務の発生可能性を高い順に，probable, reasonably possible, remote に区分し，probable が認識要件の1つである。ところが，IAS第37号改定案では，「引当金」という用語に替えて「非金融負債（non-financial liabilities）」という用語を使用し，「①負債の定義を満たしており，②当該非金融負債について信頼できる見積りが可能な場合には，非金融負債を認識しなければならない」（改定案11項，以下，改定案の項目）とし，蓋然性要件を認識基準から除いた。認識基準から蓋然性要件を除外した代わりに，企業が過去の事象から発生した「現在の債務」を負っているか否かを強調し，現在の債務について，より詳細な見解を示した。債務には，法的債務と推定的債務がある。法的債務とは，「(a) 契約，(b) 法律の制定，(c) 法律のその他の運用，から発生した債務である」（10項）。推定的債務は，「(a) 確立されている過去の実務慣行，公表されている企業の方針又は極めて明確な最近の文書によって，企業が外部者に対しある責務を受諾することを表明しており，かつ，(b) その結果，企業はこれらの責務を果たすであろうという妥当な期待を外部者の側に惹起している」（10項）ことで発生する。推定的債務は，米国において禁反言（promissory estoppel）として知られている法的原理によって司法により強制執行されることもあり（14項），運用によって法的債務と等しい効果があることもある。

　決済に必要とされる金額が，1つあるいは複数の将来の不確実な事象の発

---

1) IAS第37号24項。これを本章では「蓋然性要件」と呼ぶ。また，改定案の各項の記述は，ASBJ の訳を参照した。

生もしくは非発生により左右される負債は「待機状態にある（stand ready）債務」と呼ばれる。待機状態にある債務は，経済的便益の流出を伴うサービスの提供という無条件債務である。将来の事象が起こる時（起こらない事象も含めて）の状況が不確実であるだけであり，現在の債務としての待機債務は無条件債務と解される（22項から25項）。蓋然性要件の「発生の可能性が高いか否か」は，将来の不確実な事象の発生もしくは非発生の状況を記述したものであり，将来の事象の発生のもととなる待機債務が現在の無条件債務である限り，負債の認識基準に蓋然性要件を入れることは適当でないと改定案では結論した。

　非金融負債の測定について，「企業は，期末日における債務の，決済若しくは移転のために第三者に支払う合理的な金額」（29項）とするが，しかし，「多くのケースでは，……観察可能な市場におけるエビデンスが存在せず，見積りを行わなければならない」（30項）。「見積りの基礎は期待キャッシュ・フロー・アプローチであり，起こりうる結果の幅を反映した複数のキャッシュ・フローに関するシナリオを，それらが起こる確率によって加重平均する。……これは，企業が債務の決済若しくは移転に際して第三者に支払う貸借対照表日現在での合理的な金額が基礎であるためである。……最も発生が見込まれる結果に基づき測定された単一の債務に関する負債は，企業が債務の決済若しくは移転のために支払う合理的な金額を必ずしも表現しないであろう」（31項）と記述される。要するに，非金融負債の測定目的を公正価値（出口価値）とするが，市場が存在しない場合を前提に，具体的見積方法として，市場参加者が公正価値を評価する上で考慮するであろう蓋然性を反映し得る期待値法のみを採用し，期待値法と併存してきた最頻値法は，市場参加者の考慮に蓋然性が反映されないとして禁止することを提案したのであった。

3. 蓋然性に問題ありとする従来の論拠

　引当金（非金融負債）の認識要件としての蓋然性について疑問視し，蓋然性は測定（金額の決定）に反映するという見解は従来から存在していた。例

62　第1部　社会と会計

えば，私見で恐縮だが，黒川（1980）および（1982）では，次のようなモデル
を設定し推論することで，蓋然性要件を認識基準から除く提案をしている[2]。

　経営主体による将来事象およびそれらの発生確率の予測は，「判断確率
（主観確率）」の概念によって分布の推定がなされていると解釈する。判断確
率とは，ある事象が生起することを知る特定の個人がどの程度の確からしさ
で判断しているか，特定の命題の真であることの確からしさの表明である。
判断確率に対し，客観確率とは，大数の法則に裏打ちされたもので，同様の
条件のもとで多数回試行を繰り返した場合の相対度数の極限である。客観確
率を語ることを認める事象については，判断確率を語ることができる。しか
も，理性的個人であれば，それら両者の値が等しくなろう。例えば，製品保
証引当金や貸倒引当金のように，同種の条件のもとでの多数の事象あるいは
状況を同時に考察した場合には，客観確率と呼ぶことも可能ではないかと考
えられるが，過去の製品保証率や貸倒率の分布は，現在時点（期末日）にお
いて，将来を予測する上での情報に該当するものであり，現在の状況が過去
の状況と一致していると判断するのであれば，過去の客観確率分布をもって
現在の判断確率分布としていると解せるからである。判断確率の概念を導入
すると，同種の債務の集合と訴訟のような単一の債務について，同じ論理で
考察することが可能となる。

　さて，将来事象の生起分布が現時点での判断確率分布であるとすると，判
断確率分布を策定できるか否かが焦点である。もし，判断確率分布が策定可
能であれば，蓋然性要件は，引当金（非金融負債）の認識基準にはならない。
判断確率分布の事象の1つに「発生しない」という事象を加えて判断確率分
布を作成してみれば，「発生の可能性が低い」という言明が，支出あるいは
資源の流出0という事象の確率が高い，すなわち支出0という事象に偏った
判断確率分布を示しているのであり，負債を計上するのか否か（負債として
認識するのか否か）というよりも，どのような金額を報告するのかという問
題に変わるからである。判断確率分布そのものを会計情報として報告するこ
とが可能であるようなシステムであれば，蓋然性要件によって負債を認識す

---

2)　黒川行治（1980）および（1982）を参照。

第4章　非金融負債の公正価値測定の含意　*63*

るのか否かという決定問題は生じない。蓋然性の問題は，分布としての情報
から代表値としての情報を選択する問題であることが容易に理解できよう。
換言すれば，測定問題は，現時点で分布として存在する情報から代表統計量
として1つの金額しか報告しない現行の会計情報の特質から発生しているも
のである[3]。

　さらに，黒川（1980）などでは，経営主体の効用関数を設定して測定問題
について考察を進める。経営主体が将来の事象発生に関する判断確率分布を
策定できた場合，どのような代表値を負債であると報告するのかは，経営主
体の会計情報作成における「評判」に関する効用（損失）関数次第で決まる。
評判とは，「情報利用者が，経営主体が報告した金額と将来に実際に事象が
発現した金額との差額の大きさに着目し，経営主体の予測能力や経営主体の
会計情報発信姿勢を問題視するため，経営主体の報告値の確からしさが経営
主体に対する評判やサンクションに影響する」というものである。したがっ
て，経営主体は，報告差額を変数とする効用関数（損失関数）を念頭におい
て報告案（引当金計上額・利益計上額）を決める。最適報告値は，期待効用最
大化（期待損失最小化）モデルを微分法で解くことで求めるのであるが，結
論を記述すると，①誤差の大きさに関係なく誤差が生ずることによる信頼性
喪失の損失を一定と評価する損失関数を仮定した場合，つまり，誤差の大き
さを考慮せず可能な限り，発生額と報告額との一致する可能性を大きくした
い場合には「モード（最頻値）」，②信頼性喪失の損失を誤差の二乗値で評価
する損失関数を仮定した場合には「ミーン（期待値）」，③信頼性喪失の損失
を誤差の絶対値で評価する損失関数を仮定した場合には「ミディアン（中央
値）」が経営主体の採用する報告値となるのである。

　以上の論理（「黒川モデル」と略称する）のより詳細については，本書第9
章で再述する。

3）　蓋然性要件の問題とは，今では周知となったと思うが，(a) 深刻な損失が僅かな確率で発生す
　る状況と，(b) 軽微な損失が50%程度の確率で発生する状況の2つがあった場合，(a) の状況
　は，発生の可能性が低いので負債を計上しないが，(b) の状況は，金額僅少とはいえ発生の可能
　が高いので負債が計上される。企業のリスクを評価するための会計情報としては，(a) を負債計
　上する方が有用な情報となるのではないかという指摘である。

4. 会計志向（アプローチ）の違い

　非金融負債の認識基準から蓋然性要件を除外する結論は同じでも，改定案と従来の見解とでは，その理由を形成する会計志向の違いに着目する必要がある。改定案は，非金融負債の測定にも金融負債と同一の公正価値測定原則を適用しようとする。そのために，非金融負債の測定の目的を，「期末日における債務の決済または移転のために第三者に支払う合理的な金額」とおく。しかし，「多くのケースでは，観察可能な市場におけるエビデンスが存在せず，見積りを行わなければならない」が，その見積りは，市場における取引参加者の取引価格決定行動およびその結果として市場で成立するであろう裁定価格の見積りなのである。競争入札を念頭におくと理解しやすい。取引参加者は市場で取引をするに際し応札価格を提示するが，参加者は，将来生起すると予想する各事象の金額と確率を用いた期待値に，後述するリスク・プレミアムとマージン（要求利益）を加算する方法でその応札価格を算定すると想定しているのである。

　一方，黒川（1980）などの従来の会計志向では，会計報告の主体は経営者であり，経営者の事実認識，経営者の経営方針（計画）などを勘案した経営者の判断に基づいて会計数値が算定されることを想定している。会計情報の利用者は，会計数値およびそれが算定される前提から経営者の持つ将来に対する予測や計画を窺い，将来の企業の状況を予測してきた。会計分析は，そのための重要な検討過程であり，監査人や財務アナリストなどの会計プロフェッションの存在を形成する主要な知識要素の１つであった。

　また，改定案は，非金融負債の期末日現在の公正価値（出口価値）を測定しようとしているが，黒川モデルは，将来の決済時点の実際発生金額を，未確定である期末日にどのように測定するのかを問題にしている。IASBでは，前者を「現時点決済概念（current settlement notion）」，後者を「究極決済概念（ultimate settlement notion）」と呼び，現時点決済概念は期待値（ミーン）法と，究極決済概念は最頻値（モード）法と結び付くが，IASBは現時点決済概念を採用するので期待値法のみが認められ最頻値法を禁止しようとす

る[4]。しかし，黒川モデルが究極決済概念を用いていることは疑い得ないので，究極決済概念では誤差を評価する損失関数の形状次第で最頻値法だけでなく期待値法もあり得るという知見は重要である。というのは，私と同様，会計人の多くが，非金融負債（金融負債も含めて）について，究極決済概念を念頭におき，実際に決済する金額を不確実な現時点でどのように会計測定するのかに注力してきたからである。

5. 市場参加者の取引価格決定要素

　非貨幣負債の測定に，市場参加者が勘案するであろう取引価格の決定要素を考慮しようとするため，以下のような問題が出てくる[5]。
　①　債務の決済または移転のために第三者に支払う合理的な金額としては，期待値計算の算定要素の1つである将来キャッシュ・フローの見積りに，取引相手のマージンを含める必要がある。
　②　同様に，キャッシュ・フローの分散リスクに相当するリスク・プレミアムを相手が上乗せして契約金額を提示してくることを仮定し，キャッシュ・フローの期待値に分散リスク・プレミアムを加減する（分散リスク・プレミアムを期待キャッシュ・フローに加減しない場合には割引率を修正する）。
　③　同様に，自己の信用リスクに相当するリスク・プレミアムを相手が上乗せして契約金額を提示してくることを仮定し，キャッシュ・フローの期待値に信用リスク・プレミアムを加算する。
　④　もし，契約時点と執行時点，執行時点と支払時点との間に無視できない時間間隔があれば，時間経過に伴う利子要素を勘案する。

4）「究極決済概念」は「引当金に関する論点の整理」で使用された訳語であるが，「最終決済概念」あるいは「最終時点決済概念」の方が，そのニュアンスをより明示しているとも思える。
5）　本書第23章第3節で，非金融負債の測定に関し本章で取り上げなかった分散リスク，信用リスク，時間利子の意義の各論点を検討しているので参照されたい。

66 第1部 社会と会計

　市場参加者（他社）の応札行動が不明であるとすると，他社の立場になって，あるいは市場参加者として自社自身がその競争入札に参加すると仮定して，上記①のマージン，②の分散リスク，③の信用リスクを勘案して応札価格を決定する。さらに，他社の応札価格が推定できたとしても，自社の応札価格が他社のそれよりも低い金額であれば自社が落札するであろうことから，自社の応札見積価格が公正価値となるであろう[6]。

　自社の非貨幣負債の測定に分散リスクはともかくとして，自社のマージンと信用リスクを勘案することにどのような意味があるのであろうか。環境修復引当金の当初測定を例に検討してみよう。環境へのダメージが発生し，法律が修復を求めている場合や推定的債務を負うような修復責任が企業に生じた場合，現在債務が発生するが，将来の修復費用額は確定していない。修復サービスの市場が存在し修復業者との取引を前提にすると，債務の発生時点での取引とは，修復業者と将来発生する修復作業契約を現時点で結ぶことである。契約金額を現時点で支払ってしまうのであれば，契約金額には，修復業者のマージンと分散リスク相当の加算要素，実際の修復時点までの金利相当の減算要素が反映されるが，信用リスクは反映されない。しかし，支払時点が将来時点であるとすると，契約金額には信用リスク分の加算があると推論できる。

　修復業者（市場）が存在せず，あるいは自社で修復作業を行った方が有利である場合には，分散リスクと時間経過に伴う利子要素，自社のマージン，自社の信用リスクの要素を勘案して修復費用の分布を策定することになる。修復業者を自社の子会社として持っていると仮定し，修復サービス子会社が落札するとして，子会社が応札する価格算定に，修復費用の分散リスク，修復サービス業から得られるマージン，親会社の信用リスク，そして利子要素が反映されていると考えると理解しやすい[7]。

　次に事後測定について検討してみよう。信用リスクや分散リスクは時の経過とともに変化する。金融負債，例えば自社がすでに発行している社債の場

---

6) IASB Meeting Staff Paper 8A July, 2009，ASBJ 訳「負債–IAS 第 37 号修正　測定目的」を参照し，拡張解釈と例示を設定して推論したものである。

7) 事業部の1つであれば，修復サービス事業部の独立採算性を前提に，同様の解釈をする。

合には，信用リスクが大きくなれば，流通している社債の市場価格が下がるので，公正価値測定原則からすると，負債計上額の減少と評価益の計上となる[8]。他方，非金融負債（ここでは環境修復引当金）の場合にはどうなるであろうか。2つの解釈が考えられる。①当初測定時に契約したと擬制すると決済額が固定されるので，「環境修復作業を発注したものの，請負業者に対する代金支払いを踏み倒す」可能性が高くなるので，金融負債と同様の「踏み倒しの可能性増加」による負債計上額の減少と評価益の計上になる。②他方，非金融負債は決済金額が固定されず既存債務も期末日に新たな入札の対象になると仮定すると，市場価格（および自己見積価格）に期末日の信用リスクが反映され，負債計上額は大きくなる。黒川（2009a）では，①を仮定して資産除去債務の事後測定の問題に言及したが，②を仮定すると負債計上額の推論結果は正反対になる。出口価格による公正価値測定原則を徹底すると，②の推論が真である可能性が高く，信用リスクの上昇（踏倒しの可能性増加）時には負債計上額（費用計上額）がより大きく，信用リスクの下降時には負債計上額（費用計上額）が小さくなるので，利益変動のボラティリティを助長する効果が生ずるのである。

　非金融負債は事業投資によって発生する場合が多い。事業投資の場合，のれんや有形固定資産の減損処理が毎期末日に検討される。減損損失が計上される状況は，自社の信用リスクが増加した状況である。とすると，減損会計の適用による減損損失の計上と非金融負債の増加処理が，信用リスクの効果を二重に会計測定に反映させているのではないかという疑問が湧く。

---

8)　Joint Working Group of Standards-Setters（JWG）"Financial Instrument and Similar Items: An Invitation to Comment on the JWG's Draft Standard", 2000, JICPA. 日本公認会計士協会訳「金融商品及び類似項目—JWGドラフト基準に関するコメントのお願い」では，負債の公正価値測定に対して反対する意見も掲載されている。フランスおよびドイツ代表団が反対理由に挙げた論拠については（A6項）および（A17項）参照。

6. 非金融負債の公正価値測定が意味するもの

　非金融負債の測定について，蓋然性要件を認識基準から外し，期待値計算による測定基準で反映させるという提案は，従来の会計志向——経営主体の判断の表明——であるとしても導出できる。しかし，経営主体自らが「マージンを上乗せする」あるいは「請負業者に対する代金を踏み倒す」可能性を会計上反映させることは，多くの会計人にとって想定外であったであろう。非金融負債の公正価値測定は，公正価値測定志向の会計基準選択の産物と理解するだけでは，事は済まないように思う。

　企業観あるいは企業と社会との関係をどのように考えるのかという問題に帰着するのではないかと思うのである。国際会計基準や米国基準の想定する企業は，投資対象としての企業であって，極端に言えば，キャッシュ・フローの発現源泉でしかない。仮に組織的実態を念頭におくとしても，投資額以上にキャッシュを生み出すプロジェクトの束を保有する組織としての企業ではないか。会計基準設定に影響力のある投資家にとって最も関心があるのは，投資対象である企業の投資期間を通じてのキャッシュ・フローであって，例えば，企業の持続可能性に関するリスクについても，企業の事業内容や社会的貢献（存在意義）を評価するということではなく，キャッシュ・フローへの影響要因として捉えているのではないかと思える。

　したがって，非金融負債（ここでは環境修復引当金）の測定に関して会計に最も期待されるのは，いったいどのくらいの支出（資産の減少）を伴う義務（債務）が期末日現在に生じているのかを財務諸表に反映するかであって，企業の社会的責任，社会システムの一部である企業活動の予定を会計写像しようという発想はないのではないか。環境修復引当金の負債計上が，「企業が負う環境修復の履行という社会に対する義務を経営者が認識していることを，会計上で表明している」と会計情報を解釈する（それが会計の役割）のではなく，「会社や事業そのものを売却することもあり得るとして，期末日に環境修復義務を解消するための市場価値（キャッシュ流出額の見積額）を示しているにすぎない」と会計情報を解釈し，マージンや債務不履行の可能性

を勘案した情報を生産するのが会計の役割と考えるのである。

7. 経済社会のグローバリゼーションがもたらした変化

　第3章第4節で，ミシェル・アグリエッタほか（2009）を参照し[9]，グローバリゼーションの深化と拡大はフォーディズムの時代とは質的に異なる資本主義の新しい局面を作り出したことを論述した。重複は極力回避したいが，記憶を新たにするために，そこでの記述を要約しておこう。

① 1980年代以降，金融の拡大，信用へのアクセスの不平等の解消，人口の高齢化，女性の労働力人口の拡大は，賃金労働者の貯蓄行動の変化をもたらした。

② 賃金労働者の消費様式は，住宅設備や自動車などを対象とする大量消費から，金融資産の獲得としての貯蓄に向けられ，賃金労働者の貯蓄と企業の収益性との間に新たな接合様式が生まれた。

③ 金融貯蓄の機関化（保険・年金などの機関投資家への貯蓄の拡大）を通じて，貯蓄可能な一部の賃金労働者は企業の株主になった。

④ この株式貯蓄の運用を委託される機関投資家が，企業経営者に対する支配力を持った。株主資本利益率（株主価値の最大化）が，フォーディズム時代の「生産性上昇の配分方式」に優越するようになった。

⑤ 資本主義的権力の中心が，銀行から金融市場に移動し，この市場を支配する競争によって，金融に関する規準が課された。

⑥ 企業は，金融規準を満たすために，生産コストの削減，サービスの外部からの購入，消費の変化をすばやく察知して販売を増やすことなどが至上命令となる。

⑦ リスクや利潤を賃金労働者と共有する方式，例えば，基本給の大幅な

---

9) アグリエッタ，ミシェル（2009），43-63頁および若森章孝による解説（同書183頁）にアグリエッタの作成した表（Aglietta, M. (1999), "Les transformations du capitalisme contemporain", B. Chavance et al. (dir.), *Capitalisme et socialisme en perspective*, Editions La Découverte, 280.）の訳（本書の表3-1）が掲載されている。

70　第1部　社会と会計

　引下げ，成果賃金，労働者利益参加制度（従業員持株制度）が実行された。

⑧　産業別の企業外的団体交渉から，株主（機関投資家）による企業統治が調整の支配的形態となった。

⑨　生産性の上昇と人々の所得増加要求の両立が不可能な場合には，インフレ圧力ではなく，金融や金融市場の不安定性と結び付く。

　このような資本主義をアグリエッタは「資産形成型成長体制」と呼んだ。

8.　公正価値志向の会計の需要要因

　本書第3章第5節（5-3）でも記述したように，資本市場では，1980年代以降，先進諸国を中心として実物市場が飽和するなかで，オイル・マネーや年金ファンドなどの資金供給が増加する。金融工学の進展とともにデリバティブ商品が次々に開発され，機関投資家を中心とする資本市場の資金供給サイドでもエージェンシー関係が成立し，エージェントであるファンド・マネージャーなどは，短期的業績をプリンシパルである年金基金などから要求されるために，長期的投資よりも短期的投機が金融市場を支配するようになり，そのような投資決定に有用と思われる情報を生産することが会計に求められた[10]。

　他方，実物市場においてもグローバリゼーションは，需要の増大に対処する設備投資による労働生産性の増加を労働サイドと資本サイドが分配率を調整することで，それぞれの要求するリターンを確保していたフォーディズムを一変させた。効率的生産のために原価の測定を重要視し，労使の安定的な分配政策を念頭に恒常的な期間利益の算定（分配指標としての情報）を志向する会計アプローチは後退する。付加価値計算要素の1つであった賃金・給料は，販売価格に対する絶対的な低下圧力のために削減対象となり，海外直

---

10)　第3章の注10)を参照。

接投資と労働市場の下方柔軟化（非正規雇用と企業内業務のアウトソーシング）がそれを可能とした。株主重視のガバナンスは，付加価値概念を陳腐化させ，財務分析における生産性指標の地位を低下させた。賃金・給料は利益から削除される費用項目の1つでしかない。資本生産性を上昇させるための組織改革投資（IT投資）は，組織全体の業務を分解し，各ブロック間に存在していたスラックを最小化することで無駄をなくす。取引コスト理論は，交渉コストと規模のコストとのトレード・オフを意識させ，モジュール化による部品の共通化と業務の外部化は，企業内部に最後まで残す（企業の存在理由である）コア・コンピタンスが何かを意識させる。事業内容をプロジェクトの束と見る企業観（ビジネスモデル）に対応し，会計も事業内容の分解による利益発生ドライバーの細分化とプロジェクトごとの売却を念頭においた会計情報を産出しようとする志向が強まった。

　事業投資に関連する非金融資産の減損会計や本章で問題として非金融負債の公正価値測定は，このような会計志向の発現の1つではないのかというのが本章の結論である。フォーディズム資本主義を想定して確立していた従来の会計アプローチは，1980年代中頃以降に顕著となる経済社会の変容で，資本市場における「短期的投資対象＝キャッシュ・フロー源泉としての企業観」をもたらし，加えて実物市場においても企業の事業活動に関する認識およびビジネスモデルが，個々の事業の即時売却もあり得る「プロジェクトの束としての企業観」に変わり，金融投資のみならず事業投資に関する会計基準についても，公正価値志向の会計への転換を求められているという仮説である。

【引用・参考文献】

アグリエッタ，ミシェル（2009）「資本主義の変化」アグリエッタ，M＝B・ジェソップ著
　　　　—若森章孝・斉藤日出治訳『金融資本主義を超えて』晃洋書房。

黒川行治（1980）「見積り計算としての会計をめぐって——引当金会計に対する序説的一
　　　　考察」『三田商学研究』第 23 巻第 3 号（1980 年 8 月），81-98 頁。

————（1982）「引当金に関する規定と概念の再検討」高鳥正夫編著『改正会社法の基
　　　　本問題』慶應通信，285-308 頁。

————（2009a）「資産除去債務を巡る会計上の論点」『企業会計』第 61 巻第 10 号
　　　　（2009 年 10 月），18-31 頁。

————（2009b）「機関投資家，資本市場の実態と会計情報——インタビュー調査を踏ま
　　　　えて」黒川行治編著『日本の会計社会——市場の質と利益の質』第 1 章，中央経
　　　　済社。

若森章孝（2009）「解説　資本形成型成長体制の出現と新しい調整様式の創出」『金融資本
　　　　主義を超えて』。

IASB Meeting Staff Paper 8A July, 2009（ASBJ 訳「負債-IAS 第 37 号修正　測定目的」）。

IASB, IASB Exposure draft of propused "Amendments to IAS 37 Provisions, Contingent
　　　　Liabilities and Contingent Assets", June, 2005（ASBJ 訳「IAS 第 37 号修正案
　　　　公開草案『引当金，偶発負債及び偶発資産』」2005 年 6 月）.

Joint Working Group of Standards-Setters（JWG）"Financial Instrument and Similar
　　　　Items: An Invitation to Comment on the JWG's Draft Standard", 2000, JICPA.
　　　　（日本公認会計士協会訳「金融商品及び類似項目——JWG ドラフト基準に関する
　　　　コメントのお願い」2001 年）。

補論 1
会計基準統一化の転機の記憶

1. 日本の会計社会が直面した「黒船」

　私は，かつて大蔵省所管（現在は金融庁所管）の「企業会計審議会」（年金部会）臨時委員（1997年2月～1998年8月），続いて「企業会計審議会」（第1部会）臨時委員（2001年1月～2004年2月）を経て，「企業会計審議会」委員（2005年1月～2015年2月）を務めさせていただいた。1990年代の「会計ビッグバン」と称せられる，日本の会計基準と米国（SEC）基準との調整，その後の国際会計・財務報告基準（IFRSs）とのコンバージェンス（収斂）という，大げさかもしれないが，日本の会計社会が直面した「黒船事件」を，末席ではあるが会計基準設定機関の一員として間近に経験できるという天佑に恵まれた。この一連の会計基準をめぐる国際的な動向と日本の対応のなかで，最も劇的な展開を見せていた2007年から2010年当時の記憶を中心に記述しようと思う。

2. 世界統一会計基準導入の長所と短所

　会計基準が世界的に統一化されると，どのような長所があり，また，短所があるのであろうか。当時主張されていた世界統一会計基準の導入の長所と短所を確認しておこう[1]。

---

1) 　秋山純一（1999），第3章を参考に修正・加筆。

74　第1部　社会と会計

(2-1) 長　所

　情報の利用者である投資者にとっては，財務情報の国際的比較可能性が確保できるので，飛躍的に増加している投資資金を国際間で移動するための根拠となる情報が得られることになる。また，財務報告の解釈が容易になるので，以前のように国ごとに会計基準が設定されている場合には，投資国独自の会計基準を熟知しないで財務分析をし，それに基づいて投資判断をするというリスクがあったが，そのような誤謬を犯すリスクが減少することになろう。

　情報の作成者である企業のなかには，海外に直接投資をし，海外の子会社を多く保有するような会社も増加している。そのような会社が連結財務諸表を作成する場合，国ごとに会計基準が設定されていると，現地の会計基準で作成した海外の連結子会社の財務諸表を，本国の会計基準に修正・調整する必要がある。国際的な会計基準の統一化は，それらの修正・調整コストを低下させるメリットがある。

　会計基準設定者にとっても長所があるのであろうか。国内の会計基準の新設や改定作業を行う過程で，IFRSs とのコンバージェンスを意識して論議を進めることになるので，IFRSs が相対的に優秀な基準であることを前提とする限りにおいては，各国の会計基準の質が，以前よりも改善されたものになる可能性が高い。新設あるいは改定基準案が，利害関係者とくに企業の利益測定への影響が大きいような場合に，当基準案の概念フレームワークに則した理論的な長所よりも実務的な困難性が強調されて，会計基準設定・改定作業が進展しないことがある。そのような場合に，IFRSs とのコンバージェンスという目標があると，検討過程における利害関係者の合意が得やすくなるというメリットがあるのも確かである。

　もっとも，IFRSs が相対的に優秀な基準であることを前提とする限りであって，この前提が問題とされることも多々ある。そこで，次に世界統一会計基準導入の短所について検討してみよう。

(2-2) 短　所

　各国の会計制度・会計基準は，各国それぞれ独自の発展をしてきたのであ

り，歴史や伝統の違いがある。旧宗主国関係は歴史的な影響の最たるもので
ある。また，各国の経済の発展度，社会の在り様，例えば，共和制か独裁制
か，あるいは資本主義か社会主義か，政府主導か民間主導かといった社会シ
ステムの違いは，会計システムを異なるものにしてきた。コモンローか成文
法かというその国の法律制度の状況の違いも大きく影響してきた。さらに，
地政学的要因の影響，民族の文化的傾向の違いの影響も指摘できる。例えば，
地中海に面するラテン系諸国と北部にあるドイツでは，同じ成文法の国で
あっても会計基準・実務への保守主義の浸透度合いが異なっていた[2]。

　会計基準の世界統一化は，これらの社会，経済，法律制度や文化などから
構成される公共社会の歴史や伝統の違いを乗り越える試みである。このよう
な公共社会の多様性を，会計という社会システムの一部とはいえ，消滅させ
ることが文明の進展にとって寄与するものなのか分からないのである。

　また，国際会計基準設定機関の各国会計基準設定機関に対する優位から，
国家主権の侵害も起こり得る。大げさな物言いのように思えるかもしれない
が，会計基準が世界統一基準であるのであれば，金融商品取引法についても
世界統一法でないことを当然視していられるであろうか。金融商品の取引
ルール，資本市場の規制ルールの世界的統一が求められるに違いない。さら
に会社法の統一はどうなのか。企業の組織，経済的取引ルールなどが各国ご
とに違っていることに疑問が生じないとは言えない。会計基準はロンドンに
本部がある国際会計基準審議会で決定される。もし，各国の法律が米国の
ニューヨークやベルギーのブリュッセルで決定されるとしたら，どうだろう
か。わが国に当てはめれば，国民の代理である法制審議会や法務省で自由に
決定できない事態を想像してほしいのである。さらに，訴訟が起こされた時，
裁判所の判断規範が，すでに国内には存在しない状況をも想像してほしいの
である。会計情報作成者である各国の企業や，情報利用者である各国の投資
家・規制機関，そして監査の当事者である公認会計士の意見や実務状況に関
する情報が，ロンドンの国際会計基準設定機関の事務局に届きにくくなって
いるという事態はすでに生じている。

---

2)　Takahashi, K. = Y. Kurokawa = M. Takahashi (1985), pp. 17-22.

76 第1部 社会と会計

穿った見方かもしれないが，会計基準の統一化は，国際会計事務所の影響力増加に関する戦略かもしれない。監査基準の統一化だけでなく，監査マニュアルや現場における判断ルールについても世界的統一へ向かう。会計事務所は世界的規模でいくつかの事務所に集約化され，監査方法や判断ルールは，それらの会計事務所ごとに統一化されていき，会計事務所本部の統制下に世界中の支監査事務所は組み込まれる。例えば，わが国の4大会計事務所はすべていずれかの国際会計事務所の系列下にあるが，わが国の監査実務をわが国の公認会計士の手によって決められない事態となるのも間近であろう。

3. 会計基準の世界的統一化の概略

ドナ・L・ストリートの論文などを参考にしながら，国際会計基準設定機関の沿革・発展過程を概観しておこう[3]。

(3-1) 国際会計基準委員会から国際会計基準審議会へ

会計基準の世界的統一化の端緒は，会計基準の国際的調和（harmonization）を目指す国際会計基準委員会（IASC）が，日本を含む先進9カ国の職業的会計士団体により結成されたことに求められる（表補1-1）。当初の目標は，あまりにも各国の会計基準が異なる現状に憂慮し，同様の経済的取引について各国の会計基準で許容可能とされている会計処理方法の数を限定していこうとするもので，この「調和化」という姿勢は，国ごとに存在する会計基準設定機関にとって脅威ではなかった。実際，IASCが提案する「国際会計基準」は，国内の会計基準の改定にあたり，米国（FASB）基準と並んで参照される有力な会計基準の1つとして位置付けられていた。

米国経済の侵食に対抗するEU諸国が，域内の経済取引の自由化を促進する手段として会計基準を取り上げ，EU域内の会計標準として，どの国の会計基準でもないIASCの「国際会計基準」を選択することは，各国それぞれ

---

3) ストリート，ドナ・L（2009），86-94頁。および秋山（1999），第3章。

補論 1　会計基準統一化の転機の記憶　*77*

表補 1-1　国際会計基準設定機関の沿革

・1961 年，EC に会計に関する助言を行う欧州会計士の専門家グループ設置。
・1973 年，国際会計基準委員会（IASC）が日本を含む先進 9 ヵ国の職業的会計士団体により結成。
・1977 年，国際会計士連盟（IFAC）設立。
・1978 年，EC が第 4 指令「会計全般に関する指令」を発表し，欧州の会計の統合の第一歩となる。
・1988 年，証券監督者国際機構（IOSCO）は IASC による国際会計基準設定を支持。
・1989 年，IASC は，公開草案 E32「財務諸表の比較可能性」および「財務諸表の作成表示に関する枠組み」を公表。
・1993 年，「財務諸表の比較可能性」が完成。
・1995 年，EU は域内の企業が一組の連結財務諸表で対応できるように配慮。
・1998 年，IASC は 91 ヵ国以上の職業会計士団体が会員。
・2001 年，IASC が発展的に改組され国際会計基準審議会（IASB）が設立（ロンドンが本拠），IASB は IASC 財団がメンバーを選出，監督，資金拠出している。資金は大手会計事務所，民間金融機関および事業会社，開発銀行が援助している。
・2002 年，IASB と米国財務会計基準審議会（FASB）がコンバージェンスに合意。
・欧州委員会（EC）が統一的に国際会計基準（IFRSs）を採用，域内上場企業は，2005 年 1 月から義務適用。
・EC は域外上場企業にも 2009 年 1 月から IFRSs またはこれと同等の基準を義務適用。

出典：黒川行治（2011），8 頁。

　の面子を立てる上でも都合が良かったと思われる。IASC が世界中の公認会計士協会の代表から構成されているとはいえ，EU のための会計基準という理解は，的を外しているとは言えない。また，IASC は，経済的に大きな影響力のある国の公認会計士協会の代表が理事になっており，各国の経済界や規制機関とも連動する国の利害の代弁者でもあった。理事は非常勤であり，しっかりとした事務局もなく，多大な労力の必要な会計基準を数多く作成した功績については，敬意を払うべきである。

　しかし，このような民主的な組織の作成する基準は，各国の利害が反映され，調和は可能であっても統一に向けての新たな要求には不向きであったと思われる。2001 年，IASC が発展的に改組され，常勤委員と専属の事務局および専門研究員を数多く抱えた国際会計基準審議会（IASB）の設立は，各国の会計基準の統一化に向けた第一歩となった。IASB は，米国の会計基準

78 第1部 社会と会計

審議会（FASB）と対抗し，いまや世界に対する影響力でそれを凌駕したと
言えるが，そのIASBの設立に米国はどのように係わっていたのであろうか。

1992年，FASBは，英国，カナダ，オーストラリアの英語圏の会計基準
設定機関と共同で，先端的な問題について研究し，概念フレームワークに基
づいて，それらの会計問題を解決することを目的として，G4（Group of 4）
という作業部会を設置した。G4は，IASCをオブザーバーとして招聘し，
G4＋1と称せられるようになり，1996年にはニュージーランドが正式メン
バーとして加入した。G4＋1は，2001年までに，12の討議資料（ディス
カッション・ペーパー）を発行し，いくつかのペーパーは，米国会計基準の
改定を示唆するものでもあった。というのも，FASBがG4＋1の主たる討
論者であり，FASBの事務局が主たる貢献者であったからである。しかし，
このような，重要な未解決の会計問題の研究および問題解決過程において，
パートタイムの役務提供をもとに活動するIASCの貢献は微々たるもので
あった。そこで，FASBを中心にG4メンバーは，「世界的な会計基準設定
機関は専門の事務局を持ち，各国の利害から独立し，概念フレームワークに
則して会計問題を解決していく組織であるべき」とする観点から，前述した
IASCによる各国会計基準の調和化のための国際会計諸基準の開発の努力に
もかかわらず，IASCの限界を主張するようになった。

そして1999年，FASBはついに，品質の高い会計基準を設定する組織を
構築する具体案として，以下の3つの方法を提案した。

① IASCが再構築する。
② 後進の国際的組織が，IASCが成し遂げたことを踏まえ，多分，G4
＋1を土台に構築する。
③ FASBがより国際的に受け入れられるように改変する。

FASBおよびSECは，基準設定機関は常設であり，そのメンバーは，技術
的な能力と公共の利益への献身に基づいて選ばれるべきであり，地域代表と
いう観点から選ばれるべきではないと主張し，欧州委員会（EC）の主張す
る地域代表制と対立した。結果として，①の方法が採用され，IASCが改組
されて国際会計基準審議会（IASB）が設立されることになった[4]。

この一連の動向を見ると，米国が国際会計基準の設定主体となるか，あるいは英語圏の諸国が中心となって国際会計基準の設定主体となるかという大きなパワーに対して，ドイツ，フランス，日本を中心とする非英語圏の先進諸国は常に受け身であり，EC の権益保持のために EC は地域の代表制を主張した。日本についてどうかと言えば，当時世界第 2 位の経済大国であったにもかかわらず，私の見る限り，自己の存在感をアピールする機会はほとんどなかったのではないかと思われる。では，次に，このような経緯で設立された IASB の組織について見てみよう。

(3-2) 国際会計基準審議会の構成

IASB の組織は，表補 1-2 にあるようにいくつかの機関，すなわち，地域代表の性格のある評議員会と，専門家としての能力・経験から選出される審議会や解釈指針委員会などから構成されている。2010 年 11 月 15 日に開催された金融庁「企業会計審議会」における配布資料によると，その時点での評議員会メンバーの国別人数は，英国 1 人，ドイツ 1 人，フランス 1 人，イタリア 2 人，スペイン 1 人，スイス 1 人，米国 5 人，カナダ 1 人，オーストラリア 1 人，日本 2 人，中国 2 人，韓国 1 人，インド 1 人，南アフリカ 1 人，ブラジル 1 人の合計 22 人である。地域別に見ると，欧州が 7 人，北アメリカが 6 人，アジア・オセアニアが 7 人，その他が 2 人である。また，英語圏のアングロサクソン諸国とイギリス連邦諸国の合計は 10 人となる。

一方，審議会のメンバーは，英国 2 人，ドイツ 1 人，フランス 1 人，スウェーデン 1 人，米国 4 人，オーストラリア 1 人，日本 1 人，中国 1 人，インド 1 人，南アフリカ 1 人，ブラジル 1 人の合計 15 人である。地域別に見ると，欧州が 5 人，北アメリカが 4 人，アジア・オセアニアが 4 人，その他が 2 人である。また，英語圏のアングロサクソン諸国とイギリス連邦諸国の合計は 9 人となり，英語圏の諸国が，会計基準の実質的な審議・設定機関の主導権を握っていることが明瞭に分かるのである。

---

4) ストリート（2009），95-96 頁。

80 第1部 社会と会計

表補 1-2　IASB の組織構成

- 評議員会（22 名）は，IASC 財団，IASB，基準諮問会議および国際財務報告解釈指針委員会（IFRIC）の監視をする。
- 審議会は 15 名（16 名に増員予定）のメンバー（専門家としての能力と実務上の経験が資格要件）からなり，会計基準の設定に関する検討テーマと遂行についての裁量権を持っている。
- 基準諮問会議（勧告委員会）は，約 40 名からなり，IASB の議題の決定，優先順位の決定，基準に対する個人的意見，助言を行う。
- 国際財務報告解釈指針委員会は，IFRSs で具体的に扱っていない新たに判明した財務報告上の問題点や，不十分あるいは相矛盾する解釈が生じたり，生じる可能性の高い問題について適時の指針を提供する。議決権を持たない議長（IASB のメンバーの一人）と 12 名の議決権を有するメンバーから構成される。
- IASB のスタッフが具体的案を検討している。
- デュー・プロセスに沿って，会計基準が設定される。
    デュー・プロセス：討議テーマの決定→（ワーキング・グループの設置）→（ディスカッション・ペーパーの作成）→公開草案の公表→コメント・レターの検討→公開で行われる IASB の会議で 9 名以上の賛成をもって議決。

出典：黒川行治（2011），9 頁。

4.　日本のコンバージェンスに関する取組み

　日本では，資本市場のグローバリゼーションへの本格的対応の一環として，1997 年の連結会計原則の大改正（それまで上場会社の会計情報としては，個別財務諸表が主たる情報であり，連結財務諸表は従たる情報としての位置付けであったものが，主従が逆転し，「連主個従」となった）に始まる会計ビッグバンにより，退職給付に係る会計基準，研究開発費の会計基準，企業結合会計に関する会計基準など，短期間に多くの会計基準の国際的会計基準とのコンバージェンスが図られてきた。その間，2001 年 8 月に，会計基準設定機関が，大蔵省（その後金融庁）の「企業会計審議会」から，民間の会計基準設定機関である「企業会計基準委員会」（ASBJ）に移行した。このパブリック・セクターからプライベード・セクターへの会計基準設定主体の変更は，米国財務会計基準審議会（FASB）の組織形態を見本とするものであり，当時の米国の影響が如何に大きいものであったのかを窺わせる。

表補 1-3　財務会計基準機構の組織概要

①会計基準などの審議・開発機関である「企業会計基準委員会」（委員定員 15 名と研究員）と「専門委員会」
②委員会の審議・運営の検討機関である「基準諮問会議」（定員 20 名）
③財団の理事の選任・助言機関である「評議員会」（定員 15 名）
④委員などの選任・業務の執行機関である「理事会」（定員 20 名），監事と「事務局」
⑤その他の委員会など

出典：企業会計基準委員会『季刊　会計基準』第 56 号（2017 年 3 月），164 頁より作成。

　ASBJ の運営母体は，財団法人「財務会計基準機構」である。表補 1-3 が財務会計基準機構の組織概要である。

　専門委員会は，会計基準のテーマごとに設定され，常勤の専門委員の他に，それぞれのテーマに則した専門家が非常勤の専門委員として参加する。私は，過去に存在した「排出権取引専門委員会」，「資産除去債務専門委員会」，「引当金専門委員会」の専門委員を務めた。その経験を通じて言えることは，IASB には設定されていないわが国独自の詳細な審議を行う専門委員会と，すべてのテーマを横断的に審議する企業会計基準委員会の 2 段階の基準開発の仕組みは，デュー・プロセスがいっそう促進される点で，それなりに機能してきたのではないかと思う。というのは，専門委員会には，テーマごとに精通している大学教授や企業の経理担当者，日本公認会計士協会や監査法人の公認会計士が数人参加するので，理論と実務の両面から多角的な議論をすることが可能となるからである。

　わが国の会計基準と IASB の国際会計基準とのコンバージェンスは，この ASBJ が主体となって行われている。とくに，2007 年の「東京合意」（ASBJと IASB の「会計基準の加速化に向けた取組みへの合意」）が決定的な出来事である。これは，欧州委員会（EC）が，日本企業が EU 市場での上場を継続するためには，当該企業は EC が採用している IFRSs と同等であると認められる会計基準によって財務諸表を作成し，財務報告を行うことを義務付けたからである。それまで，日本の企業は，EC との相互協定により，お互いの母国の会計基準で作成された財務報告をもって上場が可能であったものを，EC が外国企業の規制強化に向かったことに拠る。日本企業が欧州市場で資

金調達を継続するためには，上場日本企業がECの採用しているIFRSsにより財務諸表を作成するか，あるいは日本基準がECの採用しているIFRSsと同等であるとECから認められるかのいずれかしか選択の余地がなくなった。

私は，この問題について検討する金融庁の「企業会計審議会」の委員であったが，当初は如何にも屈辱的であり，また，日本の資本市場が大きく成長しており，日本にとって欧州の資本市場の存在感（証券取引所での上場による資金調達の必要性）の低下と，2つの財務諸表の作成コストが欧州市場での上場維持によるメリットよりも大きく，日本企業の一部には，欧州市場からの撤退を計画するものもあって，政治的な解決を模索すべきではないかとする意見も審議会ではあった。

ECがこのような外国企業に対する規制を強めた背景には，米国との綱引きがあったと思う。米国は，米国の資本市場で上場するためには，米国基準（SEC–FASB基準）で作成するか，調整表を作成することを求めていた。実際，わが国の国際優良企業であるトヨタや三井物産などの30数社は，米国基準で連結財務諸表を作成していた（ちなみに，これらの会社は，わが国での連結財務諸表作成義務の発効よりも米国での作成が先行したので，わが国の証券取引所での上場は，米国基準で作成した財務諸表で行うことができた）。ECにはECが採用しているIFRSs版の財務諸表を調整表なしで米国に認めさせようとする政治的意図があったのではないかと思うのである。

結局，日本は，日本基準とIFRSsとのコンバージェンスを図ることにより，ECから同等であると認めてもらう努力をする約束をしたのであった。そして，2008年末に，それが認められた。

5. IFRSs 強制適用の可能性の現出

ASBJが日本基準とIFRSsとのコンバージェンスに努力しているなかで，2008年5月20日，日本経済団体連合会は，『今後のわが国会計基準のあり方に関する調査結果概要』を公表した。当報告書では，「日本企業が国際的

な競争を維持・強化していくための国家戦略として，会計のあり方を議論して戴きたい」とし，「日本として IFRSs の選択適用を認め，IFRSs の受け入れを表明した上で，IASB の作成する基準について発言力強化に努めるべきと考える」と結論した。日本経済団体連合会はこれまで，IFRSs 導入に対して消極的であり，IFRSs の作成する諸基準に対してたびたび不満も漏らし，日本の経済慣行に基づく独自の日本基準の維持に積極的であったが，その方針を大転換したのである。2008 年 1 月号の『企業会計』座談会で，経済界を代表する JFE ホールディングス株式会社副社長の山﨑敏邦氏，ASBJ の西川郁生委員長とともに，私は IFRSs とのコンバージェンス問題について議論している[5]。そこでの消極的な経済界の意見からは，このような方針の転換は，まさに「君子（？）の豹変」としか思えないものであった。後知恵かもしれないが，この方針の転換の背景には，米国基準で連結財務諸表を作成している国際優良諸会社の危惧があったのではないかと思うのである。

　日本経済団体連合会を中心とする経済界の意見が，日本の上場会社（約3,600 社）の総意を反映するものではないということに留意したい。日本の上場会社のなかでも，新日鐵住金やトヨタなどの国際的に有力な企業の意見が強く反映される。これらの会社は，総じて米国基準で連結財務諸表を作成している会社である。そして，これらの会社は，米国資本市場での動向が気になっていた。会計基準の国際標準主導権争いは，IFRSs 採用国の急激な増加により，米国基準優位から IASB 優位へと変わった。しかも，FASB 自身が IASB との共同プロジェクトを通じて，IFRSs 自体の内容を米国基準化する努力をしており，言葉は悪いが，FASB が IASB を乗っ取る状態が現出すれば，米国にとっては FASB 基準に固執することなく IFRSs を採用することが，悲願である米国主導の国際標準競争に勝利することになる。もし，米国が FASB 基準を放棄して，IFRSs を採用したならば，米国基準採用の日本企業も IFRSs を採用せざるを得ない。そこで，日本の証券取引所での上場維持のためにも，金融庁に IFRSs の選択適用を認めてもらわないと困るのである。

---

5)　山﨑敏邦・黒川行治・西川郁生・豊田俊一（2008），17–37 頁。

84　第1部　社会と会計

　2008年7月31日，金融庁が『我が国企業会計のあり方に関する意見交換会』（第1回）を開催し，「上場企業の連結財務諸表に関する会計基準をIFRSsなどと実質同一とすることを先行して進め，単体財務諸表についての会計基準は，連結と整合性を維持しつつ，関係制度（会社法，税法など）との調整を進めながら遅れて対処していく」とするコンバージェンスに関する方針を確認しつつ，監督機関の基本的姿勢としての「連結先行論」を表明することとなった。この意見交換会は非公式のものであったが，私も企業会計審議会委員であったためか議論に参加した。まさに，わが国の会計制度の歴史的転換点の幕開けであった。

　8月27日，米国証券取引委員会（SEC）が，「2014年度からの段階的適用を念頭に，米国企業に対するIFRSsの使用の義務付けを行うかどうかを2011年に決定する。一部米国企業については，2009年末以降に提出される財務報告に関し，IFRSs使用の選択肢を付与する」というロードマップ案を議決した。これまで，国際的に通用する会計基準としてIFRSsと覇権を競ってきており，日本の規制機関もIFRSs一辺倒に傾くことを避けてきた原因である米国基準そのものが，IFRSsに取って代わられる可能性が生じたのである。

　この米国の動向を受けて，9月17日に金融庁は，『我が国企業会計のあり方に関する意見交換会』（第2回）を開催した。日本の会計基準は世界で孤立する恐れもあるとの認識から，日本企業が決算の開示方法についてIFRSsか日本基準かを選択できることで大筋一致したとされたが，米国での実現可能性があるIFRSsのアドプション・強制適用には異論が多く，今後は「企業会計審議会」で議論すべきことになった。アドプションには2種類あり，最も厳格なものは，自国基準を英語版のIFRSsのみとするものである。他方は，韓国が目指しているもので，IFRSsを自国語に翻訳した基準を自国の会計基準とするものである。いずれにせよ，強制適用となると，国際会計基準に準拠する財務諸表（当面は連結）の作成・開示についての自国の会計基準は消滅する。

　10月23日，金融庁「企業会計審議会」が開催され，IFRSsの導入問題について討議され，経済界を中心にIFRSsのアドプション・強制適用を主張

する意見と，強制適用は時期尚早とする意見が対立した。その後，12月16日，企業会計審議会では，IFRSsの導入に関するロードマップを早急に作成し，公開草案を公表することでは意見が一致した。

2009年2月4日，企業会計審議会は，「我が国における国際会計基準の取扱いについて（中間報告）（案）」の公開草案を公表し，パブリック・コメントを募集した。それらのコメントの検討を経て，草案の手直し作業を行い，2009年6月30日，企業会計審議会は，「我が国における国際会計基準の取扱いについて（中間報告）」を公表した。その内容は，①2012年に上場企業の連結財務諸表にIFRSsを強制適用するか否かを判断する，②強制適用する場合には，2015年または2016年に適用を開始する，③任意での早期適用を促し，IFRSsによる会計基準作成に関する社会的実験を開始する，というものであった。強制適用となると，コンバージェンスと異なり，上場企業の連結財務諸表の作成・開示に関する日本基準は不要となる。

ところで，IFRSsと米国基準との根本的な違いの1つは，会計基準設定思考における欧州の「原則主義」と米国の「規則主義」の違い，すなわち，社会の在り様の違いがあると思われる。米国が訴訟社会であるがために，原則主義（規則主義と比較して細則が完備していないので，基準適用上の判断の余地が大きい）を採用すると，企業および監査人が負う訴訟のリスクが大きくなってしまうからである。したがって，米国会計社会が米国基準から全面的にIFRSsに移行できるのか否か，予断を許さないという意見もあり，また，企業会計審議会では少数派ではあったが，わが国におけるIFRS導入論においても，わが国社会の価値観や規則の運用方法という視点を検討項目に入れるべきであるという意見も存在した。

ともかくも，この時期，IFRSsの目指す公正価値評価を重視する資産・負債アプローチが定着した感はあった。公正価値アプローチの会計情報の特徴として，測定手段としての市場の評価額，将来のキャッシュ・フローの主観的予測，経営者自らの自社のリスク評価などが以前より飛躍的に重視されることが挙げられる。

86　第1部　社会と会計

表補1-4　日本のコンバージェンスに関する取組み

- ・2005年に日本の企業会計基準委員会（ASBJ）とIASBがコンバージェンスに合意。
- ・2007年にASBJとIASBが「東京合意」（欧州委員会（EC）の同等性評価における重要な差異26項目を2008年末までに解消，その他の差異を2011年6月までに解消）。
- ・2007年11月および2008年6月，金融庁，米国SEC，EC，IOSCOがIASC財団に「モニタリング・グループ」の設置を提案。
- ・ECは，2009年1月から日本基準をEUが採用しているIFRSsと同等と評価することを決定，日本企業のEU市場での上場の継続が可能となった。
- ・2009年6月30日，企業会計審議会が「我が国における国際会計基準の取扱いについて（中間報告）」を公表し，2012年に上場企業の連結財務諸表にIFRSsを強制適用するか否かを判断するとした。

出典：黒川行治（2011），11頁。

6. 金融クライシスとFASB，IASBおよび企業会計審議会・ASBJの対応

IASBは，特定の国の利害を反映しつつ民主的な合意形成によって会計基準を作成するものではなく，政治的な圧力から独立し，概念フレームワークに則して会計基準を作成することを目標に設置されたことは前に述べた。しかし，そのような理想は空虚なものであることが明らかになった。

2008年9月30日，国際的な金融危機が深刻となり，世界恐慌の兆しが見えてきた米国では，SECが，「金融市場の信用収縮で取引が成立しにくくなっている証券化商品などに対する時価会計適用の緩和方針」（時価算定が不適当な状況における，将来のキャッシュ・フローの見積情報を，不適当と思われる時価情報よりも優先して使用する可能性を認めるなど）を公表した。そして，10月上旬に欧州首脳が，「欧州の金融機関が，米国とIFRSsの規定が異なることによる不利な取扱いを受けることがないようにすべきである」とIASBに要請し，10月13日にIASBは，IAS第39号「金融商品：認識及び測定」とIFRS第7号「金融商品：開示」を，デュー・プロセスで求められているはずの公開草案を出さずに急遽改定し，「売買目的金融資産から他の区分への振替えを一律に禁止していたものを，米国基準と同様に，稀な場合には振替えを容認できる（振り替えると評価損益を損益計算書に計上しなくてよいこと

になる）」とした。

日本では，米国とECの動向を受け，10月および12月にASBJは，「金融商品の時価の算定に関する実務上の取扱い」および「債券の保有目的区分の変更に関する当面の取扱い」を公表し，IFRSsとのコンバージェンスを維持した。なお，企業会計審議会では，このような米国と欧州の政治的な圧力による会計基準の突然の変更について，そもそも，日本の会計基準が経済界などからの圧力で決定されていると非難することもある欧米自らが禁を破ったことを皮肉る意見もあった。ともかくも，この取扱いは，緊急避難的処置であることを鮮明にするため，金融商品に関する会計基準の作成当時の議論を踏まえ，保有目的区分の変更の緩和については，2010年3月31日までと許容期間を制限するようにASBJに要請した。

7. IFRSs の強制適用の回避

2009年6月の「中間報告」発表後も，企業会計審議会では，IFRSs対応に関連する議論を漸次行い，2010年8月に「会長発言骨子」，2012年7月に「国際会計基準（IFRS）への対応のあり方についてのこれまでの議論（中間的論点整理）」などを公表した。そして，2013年6月に，これまでの議論を取りまとめた「国際会計基準（IFRS）への対応のあり方についての当面の方針」を公表し現在（2016年12月）に至っている。

米国が2012年7月のSECの最終スタッフ報告において，IFRSs強制適用に関する方向性は示さず，米国の動向を見極めていた企業会計審議会の委員の多くは，米国の強制適用は遠のいたという感触を得たと思う。そこで，この「当面の方針」では，以下のような内容が示された。

①　わが国におけるIFRSs強制適用の是非については当面判断しない。

②　IFRSs導入の検討のためにも，また，IFRSs策定への日本の発言力を増加させるためにもわが国企業の適用実例を増やす必要があり，任意適用要件を緩和する。

③　のれんの償却，当期純利益の重視，その他の包括利益項目のリサイク

リングなど，わが国の主張を反映した「あるべき IFRSs」（エンドースメント IFRSs）を任意適用基準に加える。

④　連結財務諸表と単体財務諸表の適用基準は分離，上場していない中小会社には IFRSs の影響を回避し，中小会社向けの会計基準の存在を維持する。

　こうして，わが国の上場会社の連結財務諸表は，日本基準，米国 SEC 基準，ピュア IFRSs，エンドースメント IFRSs の並存，4 つの会計基準のいずれかで作成されるという，世界でも例を見ない稀な会計制度が現出した。

8. エンロンの会計不祥事以降の監査をめぐる規制の強化

　監査をめぐる状況を見ると，2002 年，米国では，SEC の所管となる公開会社会計監視委員会（PCAOB）が創設され，従来は SEC の業務であった会計プロフェッションの監督・懲戒を担当することになった。また，コーポレートガバナンスの強化として，経営者ではなく，取締役会の監査委員会のみが外部監査人の任免権を行使し，その監査委員会は社外取締役のみによって編成されること，監査人が監査業務と非監査業務を兼務することの禁止，および「サーベインズ・オクスリー法」404 条による経営者による内部統制の評価と PCAOB 監査基準第 2 号に基づく内部統制監査が実施された。

　米国の後追いをするかのように，日本では，2004 年 4 月の新公認会計士法の施行により，公認会計士の利益相反業務の禁止，監査人の交替制，公認会計士協会品質管理レビュー，公認会計士・監査審査会の創設と上記品質管理レビューのモニタリングが導入され，さらに，2007 年 2 月，企業会計審議会から，「財務報告に係る内部統制の評価及び監査の基準並びに財務報告に係る内部統制の評価及び監査に関する実施基準の設定について（意見書）」が公表された。企業経営者ならびに監査人の双方に対する監視の強化という社会からの要請の結果である。

　2011 年に発覚した有価証券報告書の虚偽記載などの不適切な事例を受け，

企業会計審議会（監査部会）では，2013 年 3 月「監査基準の改訂及び不正リスク対応基準」を公表して，監査人（公認会計士）に対し，より職業的懐疑心を持つように要請した。次に，2014 年 2 月の監査基準の改定では，「監査の目的」規定が設けられ，また，特別目的の財務諸表や特定の財務諸表項目に対する監査にも「監査基準」が適用され，「適正性に関する意見」とは別に，「準拠性に関する意見」が求められることが明示された。

【引用・参考文献】

秋山純一（1999）『国際会計実務紹介』中央経済社。

遠藤博志・小宮山賢・逆瀬重郎・多賀谷充・橋本尚（2015）『戦後企業会計史』中央経済社。

黒川行治（2011）「利益情報の変容をもたらした要因は何か」黒川行治・柴健次・内藤文雄・林隆敏・浅野敬志『利益情報の変容と監査』第 1 章，中央経済社。

ストリート，ドナ・L（2009）「会計基準のグローバル化における米国の役割」ジェーン・M・ゴドフレイ＝ケルン・チャルマース編―古賀智敏監修，石井明・五十嵐則夫監訳『会計基準のグローバリゼーション』同文舘出版。

山﨑敏邦・黒川行治・西川郁生・豊田俊一（2008）「新春座談会「企業会計の国際化とわが国の対応――東京合意を受けた取組みと課題」」『企業会計』Vol. 60, No. 1（2008 年 1 月号），17–37 頁。

Takahashi, K.＝Y. Kurokawa＝M. Takahashi（1985）, "International Comparison of Flexibility in Income Measurement and Other Accounting Procedures : Its Economical, Geopolitical and Sociological Approach", H. J. Bullinger and H. J. Warnecke（eds.）, *Toward the Factory of the Future*, Springer-Verlag, pp. 17–22.

91

補論 2
会計と社会との相互干渉

---

1. 郵政公社の財務会計基準と高速道路の資産評価・会計基準

　会計ディスクロージャーとは，つまるところ，会計情報が当該情報の利用者に分け隔てなく供給されることである。第3章で詳述したように，会計情報の供給過程には2つの選択レベルがある。第1は，適用可能な会計方法の集合から国内あるいは国際間での共用のものとしての会計基準設定における選択であり，選択の主体は各国あるいは国際的な会計基準設定機関である。この結果が，いわゆる「一般に公正妥当と認められた会計基準」(GAAP)の中核となるが，もし，GAAP に会計代替案選択の余地あるいは見積りなどによる金額測定上の幅が許容されているとすると，第2の選択レベルが存在し得る。これは，各組織が自社の会計情報を作成するために行う会計方法の選択であり，選択の主体は民間企業であれば経営者あるいは経営者の意を受けた会計人である。前者を「社会的選択」，後者を「私的選択」と呼んで区別しておいた。会計情報はこのような2つの選択レベルを経て，情報の利用者に供給される。

　ところで，私は短命に終わった「郵政公社の財務会計基準」と，道路関係4公団の民営化にあたって必要となる「道路資産評価・会計基準」の設定に関与する機会があった。そこで，本補論では，その経験を踏まえて，会計基準設定過程において私が感じたいくつかの論点を紹介したいと思う。暴論あるいは意味不明の議論もあるかと思うが，研究余滴を兼ねてフリーに論を進めたい[1]。

92 第1部 社会と会計

2. 社会的選択と私的選択との相互干渉

　そもそも，郵政公社の会計基準作成や道路関係4公団の民営化に関する会計基準作成は，私的選択であったのか社会的選択であったのか，よく分からないのである。前者の郵政公社会計では，公社全体および郵便・郵便貯金・簡易生命保険の3事業の区分ごとに，財務業績および財政状態の的確な把握を明らかにすることを目的として，貸借対照表，損益計算書およびキャッシュ・フロー計算書を作成する。これら組織の財務諸表の作成においては，原則として一般に公正妥当と認められた企業会計の原則（GAAP）に従うこととされているので，上記組織が適用する会計基準の検討は，既存の会計諸基準を所与とした私的選択のレベルかと思うとそうではない。公社独自の会計処理基準を定めている。また，後者の場合，独立行政法人である「日本高速道路保有・債務返済機構」と（旧）商法（（現）会社法）適用の6つの「高速道路株式会社」が設立される[2]。したがって，保有機構については，「独

---

1)　補論2は，黒川行治（2005）および（2014）をもとに，大幅に加筆・修正したものである。同稿は，主に以下での経験を踏まえている。

　　総務省「郵政事業の公社化に関する研究会」（財務会計制度ワーキンググループ）委員（2001年9月～2002年3月），国土交通省「道路資産評価・会計基準検討会」委員長（2004年1月～2005年6月），国土交通省「日本道路公団等民営化関係施行法第15条第3項」（新たに開始する独立行政法人「日本高速道路保有・債務返済機構」および「東日本高速道路株式会社」などの運営会社6社の開始貸借対照表の資産・負債の評価）の評価委員長（2005年6月～2006年3月）。

2)　道路の建設，点検・修繕・更新などの維持管理，料金徴収については，東日本高速道路株式会社，中日本高速道路株式会社，西日本高速道路株式会社，首都高速道路株式会社，阪神高速道路株式会社，本州四国連絡高速道路株式会社の6つの会社法上の株式会社が行っている。はじめの3社の株式はすべて国土交通省が保有しており，残りの3社の株式は国と地方政府とが保有している。

　　道路資産と道路建設資金の調達のために生じた長期債務は，国の独立行政法人である「日本高速道路保有・債務返済機構」が保有・負担しており，保有機構の債務と開始時の資本金は，道路事業運営会社への道路資産貸付料収入で45年以内に返済あるいは払戻しを行う。45年後には，有料道路は無料開放され，保有機構は解散するが，運営会社は，サービス・エリアおよびそれらの敷地を使用した各種の事業（例えば，アウトレットモールやホテル，高架橋下の駐車場など）が可能となるため，無料開放後も民営会社として存続する。なお，保有機構設立時に想定していなかった修繕・更新費用の存在が判明したので，それらの費用についてのみ45年経過後にさらに15年間料金を徴収することになった。

立行政法人の会計基準」を適用し，高速道路株式会社には，（旧）商法会計あるいは（旧）証券取引法会計（（現）金融商品取引法会計）のなかからの私的選択のレベルではなかったかと思うが，やはり，独自の会計処理基準を提案しているのである。

　通常，このような場合，「特殊な会社であり，特別に政令で会計処理規則を定めるので，そのための特別な会計処理基準の検討は当然のことである」という理解であろうが，それで納得してしまって良いものであろうか。もとより，これらの会計処理基準設定は社会的選択と呼べるものではない。ここでの問題は，私的選択が所与とするはずの一般に公正妥当と認められた会計基準（GAAP）からの逸脱があり，それが正当化される論理があるのか否かというものである。

　具体例を挙げて検討してみる。郵政公社の会計では，公社全体の貸借対照表，損益計算書，キャッシュ・フロー計算書の他に，郵便・郵便貯金・簡易生命保険の3事業について，事業ごとのこれら基本財務表を作成する。3事業は，郵政公社を法的実体とするセグメントと位置付けられ，一般に公正妥当と認められた企業会計上のセグメント報告をすることが私的選択の結果であろう。ところが，郵政公社の事業区分ごとの貸借対照表では，資産，負債に加え，資本の部まである。損益計算書は，営業利益，営業外利益，その他の特別利益の区分付きで当期純利益を算定する。キャッシュ・フロー計算書も営業活動，投資活動，財務活動の3区分表である。つまり，事業区分ごとの基本財務表は，われわれが通常想定するセグメント報告とは大きく異なり，あたかも3事業が別々の法的実体を持ち，法的実体を会計エンティティとした個別財務諸表のごとくであった[3]。

　道路資産についての会計では，道路について企業会計と同様，減価償却をすることにしている。これまで道路関係4公団の会計基準が償還準備金方式を採っているため非償却であったものを，通常の企業会計方式に変更したものである。独立行政法人の会計基準では企業会計方式を援用しているので，既存の独立行政法人では，固定資産の減価償却は大きな議論なしに，機能的

───────────
3)　郵政事業の公社化に関する研究会・財務会計制度ワーキンググループ『財務会計制度ワーキンググループ最終報告』（平成14年7月）。

耐用年数を論理としつつ，実務上は税法準拠（当時は取得原価の10％である残存価額と耐用年数省令の耐用年数と）で計算した減価償却を行っている。

　ところが，道路資産の会計においては，物理的耐用年数を基本とし，残存価額は，実際の道路資産の寿命が会計測定上想定する耐用年数よりもさらに長いであろうという余裕を示すという論理で設定されている。例えば，土工を中心とする道路資産の減価償却は，残存価額を取得原価の10％とする残存価額（余裕）と，設計基準を念頭においた70年の耐用年数（少なくともこれ以上はもつ）による定額償却であり，税法上の道路資産の耐用年数40年は採用していない[4]。

　また，本州四国連絡橋（略して「本四架橋」，世界的な長大橋）は，設計基準と維持管理態勢を勘案したシミュレーションの確率的推定結果から，耐用年数を100年としている。実は，この100という年数に科学的根拠はない。予防的維持管理を徹底し，想定外の天災（台風や地震）が起きなければ，さらに50年，100年と供用できる可能性があるとするシミュレーション結果が示されていた。しかし，少々哲学的になるが，私たちの寿命は精々100年であって，それ以上の未来まで想定するような具体的ルールを設定することに躊躇を覚えた。したがって，この100年という数値は，「私たち人間が，ある程度見通すことを許される上限」というような意味合いである。

　次に残存価額をどうするのかという議論が続いた。耐用年数の余裕を表現するために残存価額を設定すべしとする論拠がまずある。一方，耐用年数が尽きた時には，本四架橋の下を多くの船舶が行き交うので撤去する必要があり，取壊し作業のために費用がかかるであろう。当時は，「資産除去債務の会計基準」は，わが国のGAAPの体系に導入されていなかったが，この撤去費用を無視するのはいかにも不合理であると考えられた。ところが，除去の発生は，100年以上の未来の話であり，金額の見積りや取壊し時期の合理的な推定はできない。画期的な取壊し技術の開発で，取壊しコストが小さく

4）　道路の設計，材質，形状，維持管理方法，会計情報の利用ニーズなどを検討し，物理的耐用年数を基本としている。例えば，高速道路の土工の耐用年数については物理的老朽化が支配的な原因と考え，鉄道の土工が同等であると評価できるので，鉄道業の「線路切取」や「線路築堤」の耐用年数70年を採用している。

なっているかもしれない。そこで，両論を勘案し，残存価額を 0 とする定額償却としたのであった[5]。

郵政公社の異例のセグメント報告は，公社会計を検討するにあたって，社会から要請されていた各事業の実施状況に関する説明責任を明らかにすることを受けたものであり，「公社会計の目的」から演繹的に導き出されたもので，既存の会計諸基準（GAAP）のなかからの私的選択を超えた思考に立っている。また，道路資産の「物理的寿命」を基本とする減価償却は，利益の追求を目的としない独立行政法人（ただし，経営の効率性は徹底的に求められる）のインフラ資産の減価償却はどのようにあるべきかを根本から検討したものであり，道路資産だけでなくダム，河川，港湾などの多種類のインフラ資産（中央政府，地方自治体などの公的部門が管理するインフラ資産一般）に関するあるべき会計処理を構想し，演繹的思考の結果導入されたものである。ちなみに，『会計基準等の骨子』[6]の基本方針の第六では，「高速道路が国民の財産であるという観点から，その適切な点検や修繕は機構及び会社の当然の責務であることを前提として，その耐用年数は物理的寿命を基本としたものとします」とされている。

私的選択のレベルにあると思われるものでも，その会計処理方法の検討プロセスにおいて，社会からの会計に対する要請や会計報告の目的から会計処理方法を演繹的に導出・設定することがあり，所与の一般に公正妥当と認められた会計基準に準拠しないこともある。また，「資産除去債務の会計基準」の必要性の顕在化のように，私的選択のレベルでの検討が，社会的選択すなわち同種の取引・経済事象に関する会計測定上準拠すべき会計基準の設定に影響しかねないこともあると思うのである。とくに，GAAP が未成熟の場合にはなおさらであろう。私的選択レベルで，どのような場合に，どの程度の逸脱が認められるのか，それを正当化する論拠は何かという問題がありそうである。

---

5) 「資産除去債務の会計基準」については，本書第 23 章「資産除去債務をめぐる会計上の論点」で検討している。この章の論述には，2006 年 10 月から企業会計基準委員会「資産除去債務専門委員会」委員を務めた経験が反映されている。
6) 道路資産評価・会計基準検討会『道路資産評価・会計基準検討会において検討された道路資産等の評価方針及び高速道路事業の会計基準等の骨子』（平成 16 年 8 月 31 日の第 10 回検討会）。

3. 会計と経営との相互干渉

　会計の対象は経済的取引・事象であり，それらは経営上の判断に左右される。固定資産の減価償却を例にすると，経済的に最も有利な更新時期が経営判断として決定され，その経済的耐用年数に基づき，減価償却費が測定される。あるいは，合理的な節税のため，税務計算上，最大限損金として認められる減価償却費が計上される。このように，私的選択において，会計行為が経営上の判断に依存するのは論を俟たない。では，会計は経営に影響するのであろうか。

　先の道路資産（とくに長大橋）の「物理的寿命」を基本とする減価償却であるが，これは経営に対する非常に大きなメッセージが含まれている。そもそも，本州と四国に架かる現在の長大橋が未来にわたり必要であると想定すると，供用終了時の取壊しと新設が予想される。現在架かっている橋をいつ更新するかは，経年に伴う維持管理費用の増大と取壊し・新設費用との関数で決まる。トータルとしてのコストを数百年単位で最小にする年数が，国民が負担するインフラ資産コストを最小にするものである。ちなみに，非公式だったと思うが，前述した検討会で，インフラ資産コスト最小となる年数が存在するのか否かをシミュレーションしてみた（おそらく経済的耐用年数の推定計算に相当するものであろう）。ところが，経年変化に伴う維持管理費用の増加に比べ，取壊し費用と新設費用がきわめて大きいため，最適な年数には収斂せず，現在の橋を長く供用できればできるほど国民の負担は小さいことが分かった。

　とくに海の塩に晒される本四架橋にあっては，物理的寿命は，表面塗装膜を保持するための定期的点検，予防的維持・管理・修繕をどのように行うかによって大きく影響される。したがって，最小限供用できると仮定した100年償却は，厳密な定期的点検システムを確立し，維持・修繕費用を惜しまないことを前提としている。一方，道路公団民営化スキームでは，道路資産を維持・運営するのは保有機構ではなく，旧商法適用の道路運営会社である。しかも，当該会社は，その発行株式について，当初，政府が100％を保有す

るが，将来はその3分の2を民間に売却し上場することを目標にしている。さらに，45年後には道路資産は一般国道となるため（会社はサービス・エリアが移行する「道の駅」運営や道路建設請負，新規事業などが主たる営業活動となる），45年後の道路資産や100年後の本四架橋の物理的状態について直接責任を負わないことが想定されていた。このようなスキームで，営利を目的とする会社（それも数年で交代するであろう経営者）が，45年を超える道路あるいは100年後にも立派に供用できる長大橋の維持・管理に熱心に取り組み，自己に直接係わる業績計算上の費用項目になる維持・修繕コストを十分にかけるであろうか。

　『会計基準等の骨子』は，会計を通じて，民間会社の経営の有り方に影響を与えることを意図しているのである。

4. 会計と社会との相互干渉

　会計と社会との相互干渉の問題について検討してみよう。道路資産を保有する機構は，45年内に道路建設に伴い負担した債務と政府出資金を，運営会社から道路資産の賃貸料を徴収することで完済する（運営会社は，道路からの料金収益を得て，賃借料を支払う）。道路資産と債務・政府出資金がほぼ見合っていることから，保有機構と運営会社との関係は45年間にわたる道路資産のリースであり，リース料総額がフルペイアウト条件に合致しそうである。もちろん，45年後，高速道路自体が一般国道となるため，所有権は運営会社に移転しない。所有権移転外リースとしてファイナンス・リース処理（売買処理）を適用し，運営会社に道路資産が計上されるか否かが問題となった。『会計基準等の骨子』では，リース料が道路からの料金収益などの実績次第で5年ごとに改定されるなど，リスクとリターンが運営会社に完全には移転していないようなので，ファイナンス・リース処理は適用していない[7]。

　しかし，仮にファイナンス・リースと認識し売買処理を適用すると，運営会社の財務諸表にどのような影響が起きるのであろうか。運営会社各社は，高速道路資産を貸借対照表に資産として計上し，長期債務を道路資産との見

合いで計上することになる。道路資産は定額法で減価償却されるので，損益計算上，費用が発生することになる。さらに，毎年のリース料支払いの内訳となる利子分と債務返済分との時系列で見た配分パターンが，当初において利子分（支払利息）が多く債務返済分が少なく，後年になるとその配分比率が逆転するので，他の条件が等しければ，運営会社の損益計算の結果は，当初において定額法償却と支払利息の影響で赤字となり，後年になると黒字になることが予測できる。

　そもそも，高速道路民営化スキームの目的の1つは，高速道路事業の効率化であり，運営会社各社の効率化努力の結果を測定する役割が会計に要請されていた。にもかかわらず，ファイナンス・リースの認識は，当初に赤字を計上させ後年になると黒字になる傾向を会計基準それ自体が持っているので，はたして，このような会計基準の適用が，社会的要請に合致しているのであろうかという大きな問題が存在したのである。これは，会計と社会との相互干渉の好事例であろう。

　なお，経営努力をしても赤字となってしまうのであれば，経営効率化努力に水をさす恐れなしとは言えないという考慮事項もあった。会計と経営との相互干渉の事例でもある。

5.　会計と市場との相互干渉

　市場の在り様・動向に会計が影響を受けると同時に，私的選択のレベルでありながら，市場への会計の影響を想定する場合があることを検討しよう。ここで言う市場とは，事業が提供する財・サービスについての市場である。

---

7)　当時，いわゆるオペレーティング・リースのオフバランス問題に対処するために，借手側に「使用権資産」を認識する新しいリース会計基準は導入されていなかった。道路資産評価・会計基準検討会では，この使用権資産認識問題についても調査をしていたが，わが国のリース会計基準（GAAP）の検討・適用段階が，国際的会計基準と比べて，かなり未成熟であったため，導入に向けた具体的検討には至らなかった。私見では，機構と道路各社との賃貸契約が5年ごとに見直されることから，「5年分の賃貸料（賃借料）相当の使用権資産」の認識の可能性もあるのではないかと考えていた。

『会計基準等の骨子』に則して保有機構の貸借対照表に道路資産を計上する場合，独立行政法人会計基準での減損会計適用が問題となる。減損会計の適用があるとするとグルーピングの範囲が重要となる。高速道路資産を一体と見ると，資産総額と債務などの返済を睨んだ料金設定（総収入）が想定されるので減損の兆候には該当しないであろう。しかし，路線別に減損会計の適用があるとすれば，話は別である。周知のように，多くの路線は赤字であり減損の適用は必至となろう。つまり，東名や名神などの一部の高収益道路には大きなのれん価値があり，それ以外の道路資産の経済的価値は投下資本額をはるかに下回る。各路線の利用者の料金負担の観点で見ると内部補助の問題があり，減損会計はこれを資産評価を通じて顕在化させるものである。と同時に，自己創出のれんの計上が禁止されていることから，路線別の減損処理の適用では，全体で辻褄が合っていることを会計は示し得ないということでもある。

このような，利用者負担に関する内部補助の問題を減損会計が意識させるのは，道路資産に関する会計が企業レベルで論じられているにもかかわらず，当該企業の営業範囲が高速道路サービスという市場全体と重なっているからである。料金規制をめぐる受益者負担主義とプール制との対立は，経済性か社会性かという公共サービスの供給の有り方をめぐる過去から続く解決困難なテーマに連動する。減損会計の進展は，道路サービスのような公共財の提供の仕方にも影響するであろう。現在，建設が徐々に進んでいる高速道路には不採算であるものが多い。減損処理が予定されているにもかかわらず建設を進めるには，これまで以上に国民への説得努力が必要となろう。

減損会計の市場全体への影響の可能性の問題は，道路資産だけではない。民間企業を対象とする企業会計でもあり得る。電力会社の電力供給資産について，人口密度が低い地方ではその経済価値が投下資本額を大きく下回っていることが予想されるし，郵便事業や宅配事業で企業全体として正常利潤が得られる場合でも，地域ごとに分割して減損単位を設定すると，減損処理が適用される地方は多い。特定の財やサービスを供給する市場が存続している場合には，市場全体では正常利潤が確保されていると想定して良い。減損処理の適用を企業レベルで検討する場合，市場全体に関する検討は通常なされ

100 第1部 社会と会計

ないが，減損処理の適用と自己創出のれんの非計上は，市場全体の経済的価値と投下資本の関係を表すという観点から問題がありそうだということを，供給する財・サービスが市場全体に重なる道路資産の会計は気付かせる。

6. 会計と公共財の効率性との相互干渉

　高速道路のコストは，建設のための付随費用を含む投資原価と維持・管理費用の総体であり，道路供用可能期間に得られる高速道路利用ベネフィットとの対比で効率性は判定される。供用期間中に，その効率性の推移を知りたいのであれば，発生主義による会計，例えば，投資原価の期間配分である減価償却が馴染むのである。

　高速道路利用ベネフィットは時間短縮や輸送量の増加などの非財務指標によって測定されるが，会計の役割はコストの把握に重点がある。そして，コストの経年変化を指標化し観察することで，コスト削減努力の成果を把握（＝無駄を排除）し，さらに，道路サービスの供用状態が維持されていることを確認することができれば，「コスト対アウトプットという意味での効率性」の動向を判断することが可能となるのである。このような効率性の動向判断をコストの経年変化で行うためには，①道路の供用可能期間の推定（仮定）と，②道路サービスの供用状態の維持が前提であることを再度確認する必要がある。したがって，減価償却の耐用年数は物理的寿命を基本とするものであり，その物的資本維持を可能とする点検・修繕・更新などに対する必要不可欠の支出を行っていることが重要（当然の前提）なのである。

　物的資本維持の確認のため，コスト情報は，点検・修繕・更新などの非財務情報と関連付けて国民に分かりやすく開示される必要がある。前述したように，すぐには顕在化しないことを良いことにして，短期的財務業績を良く見せる目的で過度に年々の維持・管理費用を削減し，いたずらに物理的寿命を短くし，将来世代のコスト負担を大きくすることだけは避けねばならない。この論点は，公共財に関する会計の有り方を，サービス提供期間を通じた各期の効率性確保の観点とともに，世代間における富の分配・負担の公平とい

う観点からも検討することを要求するのである。

では，道路資産および橋梁などのインフラ資産全般に機能的減価はないのか？　建設され，共用されている道路資産（インフラ資産）が社会のニーズを満たしているのであれば，それはないであろう。しかし，社会のニーズがない（小さい）ことを省みず道路や橋梁を維持する状態が現出した場合，「不適応化」という機能的減価要因が発現する。わが国の人口動態の動き，地方市町村の消滅の予測，コンパクトシティ構想などは，不適応化による機能的減価による減損会計（臨時償却）の発生を予感させるものである。

7. 研究余滴

「郵政公社の財務会計基準」と道路関係4公団の民営化にあたって必要となる「道路資産評価・会計基準」の設定に関与した経験上，思い至った論点のいくつか，すなわち，社会的選択と私的選択との相互干渉，会計と経営との相互干渉，会計と社会との相互干渉，会計と市場との相互干渉，そして会計と公共財の効率性との相互干渉について述べさせていただいた。読み返してみると，本補論冒頭のとおり，独りよがりの暴論であったような気もするし，もう少し考察を深めると意味のない議論であったような気もする。研究余滴であるとして，なにとぞお許しいただきたい。

【引用・参考文献】

黒川行治（2005）「会計と社会との相互干渉」『季刊　会計基準』第8号（2005年2月），96–100頁。

―――（2014）「物理的耐用年数と機能的減価――インフラ資産の場合」『産業経理』（会計余話）第74巻第3号（2014年10月），98–99頁。

道路資産評価・会計基準検討会『道路資産評価・会計基準検討会の検討報告』（平成18年3月）。

郵政事業の公社化に関する研究会・財務会計制度ワーキンググループ『財務会計制度ワーキンググループ最終報告』（平成14年7月）。

第5章

社会企業モデルと会計主体論

1. 企業の社会的責任と説明責任

　ポスト＝ローレンス＝ウェーバーによれば，「「企業の社会的責任（corporate social responsibility）」とは，企業は一般大衆，コミュニティ，および，その環境に影響を与えるどんな行為に対しても説明責任を負うべきである，ということを意味している。〔さらに〕一般大衆やコミュニティに対する損害はできる限り認め，正されるべきであるということを意味している」[1]。前者の言説は，会計の主要な機能・役割の1つである「説明責任」の対象を，株主や従業員などの直接的ステークホルダー（stakeholder）に加え，一般大衆やコミュニティなどの間接的ステークホルダーに広げただけでなく，それらの環境に影響を与えるどんな行為についても説明すべきであるとしていることに留意しなければならない。企業の社会的責任についての議論は，会計の説明責任の画期的な拡張を同時にもたらすものである。

　会計の説明責任は，企業の存在をどのように仮定するのか，企業およびその構成員の関係性をどのようにモデル化するのかということと結び付いていると思われる。会計学の範疇では，この企業のモデル化・仮説についての論議は，「会計主体論」と呼ばれることが多い。そこで，本章の目的は，社会的責任と会計主体論との関係を考察することである。まず第2節で，企業の社会的責任論の基本思想，賛否両論，企業市民モデルなどについて検討する。第3節では，3つの典型的な会計主体仮説を取り上げ，社会企業モデルとの

---

1) ポスト，J・E＝A・T・ローレンス＝J・ウェーバー著—松野弘・小阪隆秀・谷本寛治監訳（2012 上），64–65 頁，〔 〕内は黒川加筆。Lawrence, Anne T.＝James Weber（2014），p. 49.

104 第1部 社会と会計

対応関係を考察する。第4節では，企業内部のステークホルダーがいなくなった未来（架空）の企業を想定して，企業の存続の意義や会計の役割について考察する。第5節では，グローバリゼーションがもたらす企業と社会への影響を紹介する。そして，第6節で，世界の政治，経済，環境，文化などのあらゆる社会システムの構成要素にグローバリゼーションが影響する状況となった現在，企業市民モデルの重要性を再確認し，企業市民モデルに対応する拡張された説明責任という会計の役割を認識して結論とする[2]。

2. 企業の社会的責任論の概要

(2-1) 社会的責任の伝統的な基本思想[3]

ポスト＝ローレンス＝ウェーバーは，企業の社会的責任の具体的な経営思想・基本原則の内容を，定義，活動のタイプ，事例の3つの事項に分類し，表5-1のようにまとめている。表5-1によれば，基本原則として，慈善原則

表5-1　企業の社会的責任の基本原則

	慈善原則 （charity principle）	スチュワードシップ原則 （stewardship principle）
定義	企業は社会の貧困層に対し自発的に援助すべきである。	企業は，公共の管財人として行動し，企業の意思決定および政策によって影響されるすべての人々の利害を考慮すべきである。
活動のタイプ	・企業の慈善事業 ・社会的利益の獲得と促進していくための善を推し進める自発的活動	・企業と社会の独立性を認識すること ・社会におけるさまざまなグループの利益と要求をバランスさせること
事例	・企業の慈善事業財団 ・社会問題を解決するための私的企業のイニシアティブ ・貧困層との社会的パートナーシップ	・啓発された自己利益 ・法的な必要条件を満たすこと ・企業の戦略的計画に対するステークホルダー・アプローチ

出典：ポスト＝ローレンス＝ウェーバー著―松野・小阪・谷本監訳（2012上），67頁。

とスチュワードシップ原則の2つがある。第1の「慈善原則（charity princi-ple）」は，社会の構成員の格差に着目し，最も恵まれない貧困層への援助に対して，個人（自然人）としての資格に加え，組織（法人）としての資格による寄付などの慈善事業に注力すべきであるという思想・基本原則である。本書の第3部以降で登場してくる「ニーズの原理」やロールズの「格差原理」などを想起し，分配の正義を語る上で，自己の自然本性的な感性と合致するだけでなく，宗教的教義にも合致している原則である。

「スチュワードシップ原則（stewardship principle）」では，企業は公共の管財人として行動し，企業の意思決定および政策によって影響されるすべての人々の利害を考慮することが求められる。企業は社会を構成するステークホ

---

2)　ポスト＝ローレンス＝ウェーバー著—松野・小阪・谷本監訳（2012上），8–12頁によれば，ステークホルダー（stakeholders）とは，「組織の決定，政策および，運営に影響を及ぼし，あるいは，組織からの影響を受けることになる人々や集団」のことである。ステークホルダーは直接的ステークホルダーと間接的ステークホルダーに分類される。直接的ステークホルダー（primary stakeholders）とは，「製品とサービスを社会に供給するという重要な目的を遂行する能力に影響を及ぼしている諸集団」，企業との相互作用は通常，市場で行われ売買の過程を伴う。一方，間接的ステークホルダー（secondary stakeholders）とは，「会社の主要な活動や決定によって直接，あるいは，間接に影響を受けることになる社会のなかの人々や集団である。……間接的とは，企業活動を遂行していくという通常の活動の結果として生じるという意味である」。

　ステークホルダーの種類，各ステークホルダーと企業との関係を列挙する。

　（直接的ステークホルダー）

　　　従業員（労働組合）：労働の販売

　　　株主：資本の投下

　　　債権者：資金の貸与

　　　供給業者：材料の販売

　　　顧客：製品の購入

　　　卸売業者・小売業者：製品の流通

　（間接的ステークホルダー）

　　　コミュニティ：仕事，環境

　　　連邦，州および地方政府：規制，税金

　　　外国政府：友好的態度，敵対的態度

　　　社会活動家：社会的要求

　　　メディア：イメージ，広報

　　　企業活動の支援グループ：助言，調査

　　　一般市民：肯定的意見，否定的意見

　なお，Lawrence＝Weber（2014），pp. 14–15では，Market Stakeholders と Nonmarket Stake-holders に分類されている。

3)　ポスト＝ローレンス＝ウェーバー著—松野・小阪・谷本監訳（2012上），66–70頁参照。

ルダーの多様な「利害（interest）」を考慮し，バランスを取りながら企業自身の利益を追求するという「啓発された自己利益」（後述）と，「コンプライアンス（規則遵守）」が求められる。

(2-2) 企業の社会的責任論争

企業の社会的責任に反対する議論は，今日となっては多くは存在しないのではないかと思われるが，これまでの論争を復習する意味で，賛成論と反対論の両方を要約しておこう。

(1) 企業の社会的責任を支持する賛成論[4]

第1は，「責任の鉄則（iron law of responsibility）」である。すなわち，権力には義務が伴わなければならない，とほとんどの人が信じているので，権力の誤用は権力の喪失をもたらす。それを回避するため社会的に責任のある行為は必要である。第2は，政府規制を抑止するためである。政府の集権化した権力と官僚制システムは社会における権力のバランスを脅かしている。社会的に責任のある行動をする企業は私益のみならず公益も達成することになる一方，規制は経済的なコストを付加し，意思決定における柔軟性を制限する傾向がある。この主張は，民主主義社会において権力をできる限り分権化しておくことを望む政治哲学とも一致している。第3は，企業の長期的利益の促進のためである。企業が社会的事業を起こすことは，長期的な企業利益を生み出すこともある。例えば，優秀な人材の確保，消費者の支持である。第4は，変容するステークホルダーの要求に対する反応である。多くの投資家は経済的業績を社会的な課題事項とリンクさせているので，経済業績を述べるだけではもはや十分ではない。現在の金融市場でもこのような投資の勧奨が強まってきた。第5は，企業が過去に引き起こした社会問題の是正を推進するためである。

一方，社会的責任に反対する論拠も存在するので，次に要約しておく。

4）　ポスト＝ローレンス＝ウェーバー著─松野・小阪・谷本監訳（2012上），70-72頁を参照し，加筆。Lawrence＝Weber（2014），pp. 53-56.

（2）企業の社会的責任に反対する論拠[5]

　第1は，経済的効率性と利益の低下である。企業活動とは，より良い製品とサービスを生み出し，より低い競争価格でそれらを販売することである。このことに集中し，最も効率的な財・サービスを提供する企業が生き残る。社会的活動は企業活動の効率性を低下させ，社会から人々の生活水準を維持するのに必要な高い水準の経済的生産性を奪うことになる。第2は，競争企業間における不均等なコスト負担である。社会的責任を最小限にしか行わない外国の競合企業は，より大きな市場占有率を獲得することができるので，実際により大きな利益を得ることができる。この主張は，しばしば国際的競争から自国の産業を守ろうとする政府に対するロビー活動で見られる。第3は，ステークホルダーに転嫁される隠れコストの負担の認識である。社会的活動を企業が活発に行った結果，株主はより低い配当を受け，従業員はより少ない給料を支払われ，消費者はより高い価格を課される。社会的コストが高いことを知った一般大衆は沈黙する。政府規制は税金請求額をより高くし，さらに，製品価格の上昇と生産性の低下を招くことになる。第4は，企業に欠如しているスキルが要求されることである。企業人はもともと社会問題のための訓練を受けていない。第5は，個人ではなく，企業に責任をおくことは，基本的に間違いであるという主張である。われわれの社会では，個人だけが自分の行動に対して責任を負うことができる。人々が意思決定をするのであって組織がするのではないという仮定である。したがって，何か社会的に問題となる不祥事が発生した場合，その不祥事に関係する個人としての企業人たちを対象に社会的責任が存在していたのであって，企業自体の社会的責任について語ることは間違いであるというものである。

（2-3）経済的責任，法的責任，そして，社会的責任のバランス

　次に，社会的責任論で登場する重要な論点・用語の意味などについてまとめておくことにしよう。後述する議論にとって大切だからである[6]。

5）　ポスト＝ローレンス＝ウェーバー著―松野・小阪・谷本監訳（2012上），72-74頁を参照し，
　　加筆。Lawrence＝Weber（2014），pp. 56-58.

（1）啓発された自己利益とは

「啓発された自己利益（enlightened self-interest）」とは，企業が企業自身の経済的な自己利益を放棄することなく，社会を意識していることを意味している。利益は，顧客に真の価値を提供し，従業員が成長することを助け，企業市民として責任のある行動をし続けるような企業に対する報酬である。

（2）経済的業績と社会的責任との相関性の主張

良好な社会的業績は良好な帳簿上の利益をもたらす傾向にある。短期的利益を犠牲にしても長期的な利益を増加させることがある。

（3）法的要件と企業の社会的責任との関係

法律や条令は企業による社会的に責任のある行動を確実なものにするために立法化されている。法的な規制は企業が従うべき最小限の基準である。法律と規制は，すべての企業に同一の社会的基準を満たすように要求することによって，ある企業の無責任な行動がその競争企業に対して，競争上の有利性を得ることを阻止している。

（4）株主利益とその他のステークホルダーの利益との関係

① 株主利益最大化の見解の論理：私的企業の権利を認識する市場志向型の経済学では，唯一の企業の社会的責任は株主価値を創造することであり，それを合法的，かつ，誠実に実行することである。企業あるいは株主の価値が増加しないような支出コストは，より高い価格によって消費者に，より低い賃金によって従業員に，より低い利益によって株主に転嫁される。

② 多様なステークホルダーの利益最大化の論理：企業にはさまざまなステークホルダーの利害を尊重することが要求されている。すなわち，尊厳を持ってすべての顧客に接すること，どの従業員にも尊厳があり，厳格に従業員に利益をもたらすこと，投資家がわれわれに信頼をおいてい

---

6) ポスト＝ローレンス＝ウェーバー著—松野・小阪・谷本監訳（2012上），75–79頁を参照。
Lawrence＝Weber（2014），pp. 51–53.

ることにわれわれは敬意を表すること，供給業者と下請業者に対するわれわれの関係は相互信頼に基づかなければならないこと，そして，公正な経済的競争は，国富の増進にとって，究極的には，財とサービスの適正な分配を可能にするための基本的な必要条件の1つであるとする論理である。

(2–4) 企業市民

近年，しばしば議論に登場する「企業市民（corporate citizenship）」という用語の意義，そして，企業市民原則に沿った具体的行動の一覧を紹介する。表5-2は，企業の社会的責任，企業の社会的即応性（対応），そして企業市民のそれぞれの起源，前提，目的，活動内容などの特徴を記述したものである。また，表5-3が，企業市民原則の一覧である。

企業市民の概念では，企業とステークホルダー・グループとの協働的パートナーシップの構築を前提としており，そのパートナーシップのなかでビジネス機会を発見し，社会業績と財務業績の同時達成を目標として企業は活動することになる。

表5–2　企業の社会的責任，企業の社会的即応性，企業市民間の対比

	企業の社会的責任	企業の社会的即応性	企業市民
起源	1920 年代	1960 年代	1990 年代
前提	慈善原則とスチュワードシップ原則	多数の社会的ステークホルダーの要求	ステークホルダー・グループとの協働的パートナーシップの構築
目的	社会全般への道徳的義務	ステークホルダーに対する企業の実践的な対応	パートナーシップによるビジネス機会の発見
活動	公共的利益に対するフィランソロピー，受託	社会プログラム	企業の社会業績，財務業績のマネジメント

出典：ポスト＝ローレンス＝ウェーバー著—松野・小阪・谷本監訳（2012 上），89 頁。

110 第1部 社会と会計

表5-3 企業市民原則

　よき企業市民は倫理的態度で取引活動を行うように努め，すべてのステークホルダーの要求にバランスをとるように注意を払い，他方において，環境を保護するよう努力するべきである。企業市民原則は以下のように示されている。

倫理的経営行動
1.　ステークホルダーとの関係において公正で誠実な経営慣行を保証する。
2.　全従業員に高い行動基準を設定する。
3.　経営者と取締役レベルで倫理的監視を行う。

ステークホルダーへのコミットメント
4.　すべてのコミュニティの相互関係を促進する。
5.　ステークホルダーとの誠実な対話を開始し，努める。
6.　対話を尊重し，実行する。

コミュニティ
7.　企業とコミュニティの相互関係を促進する。
8.　企業経営が行われているコミュニティへ投資する。

消費者
9.　消費者の権利を尊重する。
10.　品質のよい製品とサービスを提供する。
11.　真実で役立つ情報を提供する。

従業員
12.　家族的で友好的な職場環境を提供する。
13.　責任のある人的資源管理に努める。
14.　従業員の公正な報酬と従業員に対する賃金システムを提供する。
15.　従業員とのオープンで柔軟なコミュニケーションを行う。
16.　従業員の能力開発に投資する。

投資家
17.　投資に対する競争的収益を獲得する。

供給業者
18.　供給業者と公正な取引を行う。

環境への配慮
19.　環境への配慮を示す。
20.　持続的な開発に向けたコミットメントを示す。

出典：ポスト＝ローレンス＝ウェーバー著─松野・小阪・谷本監訳（2012上），90頁。

3. 会計主体論と社会企業モデル

会計主体論では，会計学上，企業をどのような存在として見るかという企業観の相違が検討される。本節では，その企業観のなかで代表的と思われる「伝統的所有主理論」，「自己持分理論」，「持分理論」の3つを取り上げ，第2節で紹介した社会的責任の議論の内容との関連性を考察することにしよう。

(3-1) 3つの会計主体論[7]

(1) 伝統的所有主理論

伝統的所有主理論では，企業と所有主は一体あるいは同一のものと見る。所有主は企業にとって最善と思われる活動をし，また企業は所有主にとって最善と思われる活動をする。企業は単に所有主の富を増加させるための所有主の道具にすぎないと見る。企業の経営者は所有主の代理人であり，所有主の利害に関して最善の行動をする。

(2) 自己持分理論

自己持分理論では，企業は実質的にもまた形式的にも，種々の投資家から区別されるものと見る。企業自身の主たる目的は，存続と成長である。企業は自己の権利を持つ組織であり，企業自身の目的のために活動し，（伝統的所有主理論のように）株主の利害を最善にするように活動するとは仮定されていない。利益は外部のすべての資本提供者に対する資本コストを差し引いた残りである。すべての資本提供者は企業に対して便益を提供しているのであるから，それらに対する支払いは企業にとってはコストと看做される。

(3) 持分理論

持分理論においては，種々の投資家が資産に関する持分を持っていると認識する。各利害関係者は企業の資源（資産）に貢献し，企業に関する請求権

---

7) 黒川行治（1998），32-33頁を抜粋。

を持っているので，貸借対照表の見方は，資産＝種々の所有主持分という等式となる。

（3-2）社会企業モデルが想定する会計主体
（1）伝統的所有主理論と企業の社会的責任

　企業が慈善原則に沿った活動を行うのは，自然本性的な自然人の道徳的・倫理的・宗教的な動機の延長にあるのではないか。企業の活動を決定する経営者は，しばしば所有者と同一あるいは所有者の代理人として所有者と一体となっている。社会的に豊かな階層にあることを意識した所有者・経営者が自然人として，貧しい人々への寄付や文化活動への援助などの慈善事業を行うのである。このような慈善原則に基づく社会的責任の履行を行う企業には，伝統的所有主理論が想定する企業観が相応しい。

（2）自己持分理論と企業の社会的即応性

　スチュワードシップ原則では，企業は公共の管財人として行動し，企業の意思決定および政策によって影響されるすべての人々の利害を考慮すべきことが求められる。企業は，社会とは独立して存在していることを認識し，企業は社会を構成するステークホルダーの多様な「利害（interest）」を考慮し，バランスを取りながら企業自身の利益を追求する。このような啓発された自己利益を追求する企業観には，会計主体論で論じる自己持分理論が対応している。また，1960年代に盛んとなった企業の社会的即応性（対応）プログラムの議論も自己持分理論によって理解できる。すなわち，多様なステークホルダーは企業の外部に存在すると仮定され，経営者はこれら外部のステークホルダーの利害に関する即座・機敏な対応が求められるのである。

（3）持分理論と企業市民

　企業市民の概念では，企業とステークホルダー・グループとの協働的パートナーシップの構築が前提とされている。より踏み込んで考察すると，企業は，多様なステークホルダー，例えば，資本提供者から資金，従業員から労働サービス，政府から道路や防犯などのインフラ資産の使用権，自然環境か

ら原材料，大気，水，土地などの消費・使用の権利，公共社会（コミュニ
ティ）から社会的関係資本を提供されており，それら資源を適切に取り扱う
義務が企業にはある。反射的に資源提供者は企業に提供した資源への権利を
持つと考えられるのである。このような企業観は，会計主体論で言うところ
の持分理論が相応しいのではないのか。自己持分理論のように，企業（すな
わち経営者）と外部ステークホルダーとに明示的に分類し，それらステーク
ホルダー間に存在する，社会的即応性の緊急度や重大性の順序を意識するよ
うなことをしない。

　持分理論では，啓発された自己利益の追求を超えて，トリプルボトムライ
ンや統合報告の背後にある公共哲学・思想に連なる社会企業モデルに対応す
る社会的業績とステークホルダー間の分配の公正が追求される。また，企業
活動の説明は，企業の構成員であるすべてのステークホルダーに対し，彼ら
の利害関心事項と利害への影響を説明するという，「拡張された説明責任」
の論理によって実行されるのである。

　では次に，この社会企業モデルの実例ではないかと思われる「(株)ミット
ヨ」のケースを紹介しようと思う。

(3-3) 「(株)ミットヨ」のケース——会社設立の目的が社会的貢献

　私の手元には，仏教伝導協会の『和英対照　仏教聖典』がある。30年前，
慶應義塾大学が所在する田町駅の近くに，豆類など野菜を用いて肉の食感を
味わえることが評判の精進料理の店があった。この店は，仏教伝導協会のビル
に入っていたので，昼食を取りに行った際，この本を入手したのである。
仏教伝導協会は，『仏教聖典』（仏教の教えの精髄とされるものをまとめたもの）
を作成し，英語のみならずフランス語，ドイツ語，スペイン語，ボルトガル
語，韓国語，インドネシア語，エスペラント語などへの翻訳を行い，出版・
献本活動を通じて仏教の普及に努めている。私が所蔵しているものは，昭和
59年7月25日付けの第363版である（ちなみに，初版は昭和50年2月15日
である）。仏教伝導協会は，世界的な精密計測器メーカーの「(株)ミットヨ」
の創業者である沼田恵範氏が，私財を寄進して組織化したものである。本書
に書かれている(株)ミットヨと仏教普及活動について要約して紹介しよう。

114 第1部 社会と会計

　沼田恵範氏は，㈱三豊製作所（ミツトヨの前社名で，社名の由来も次の記述で推測ができる）を創立し事業を始めた時，「事業の繁栄は天・地・人により，人間の完成は智慧と慈悲と勇気の三つが整ってのみできるものであるとして，技術の開発と心の開発をめざして会社を設立した。世界の平和は人間の完成によってのみ得られる。人間の完成を目指す宗教に仏教がある。彼は40余年にわたる会社経営のかたわら，仏教伝導のために仏教音楽の普及と近代化を志し，仏教聖画や仏教聖典の普及に努めてきたが，1965年12月にこれら一切の仏教伝導事業を組織化し，これを世界平和の一助とするために私財を寄進した」[8]。

　現在でも，㈱ミツトヨのホームページを見ると，「創業の精神」（創業者が会社設立に託した強い思い）が次のように書かれている[9]。

（1）仏教伝導の支援を通じて人々の幸福に寄与する

　・共存共栄の心である仏教伝導の支援を通じて人類の平和と幸福に貢献するという願いが最初にあり，この願いを成就するために会社を興しました。

　・また，会社は縁あって集まった社員が共に成長し共に幸せを追求する「共生の場」であり，人格を磨く「人生の道場」でなくてはならないと考えました。

（2）活動する領域において世界のトップレベルを目指す

　・創業者がマイクロメータの国産化に着目したのは，“人に迷惑をかけない”“世のためになる”という共生の心に基づいています。

　・まだ技術も確立されていない時代に，「やる限りは世界でも一流と評価され，信頼される存在になる」という高い志をもって事業を開始しました。

　このように，㈱ミツトヨは，世界平和と人格の形成のために仏教の精髄の伝導を目的とし，その活動費用の捻出のため，経済的利益獲得事業を行っている。本章で検討してきた社会企業モデルに当てはめると，㈱ミツトヨ

---

8)　仏教伝導協会（1984），609頁。
9)　㈱ミツトヨのホームページ（2016年10月8日）。

の想定する直接的なステークホルダーは，従業員と消費者であり，さらに，全世界の市民まで想定している。ミツトヨが社会で存在する条件とは，従業員が日々，道徳的・倫理的に進歩し，社会と共存・共生する人生を送ること，会社が社会に提供する製品・サービスが人々から信頼され，人々の生活の役に立つこと，そして，人類の平和と幸福のため，全世界の市民へ仏教の教義を伝導し続けることである。

　現在の資本主義社会を俯瞰してみて，社会的インパクト指標のポジティブ量最大化を目的にし，経済的利益の追求はそのための必要条件であるとして経営されている会社は，どれほどの比率で社会に存在するのであろうか。残念ながら，皆無に近いのではないか。では次節で，自己持分理論を想起する企業体に生じうる社会的問題について検討することにしよう。

4. 企業の主たる構成員がいなくなったらどうなるのか

(4-1) ハッカーのアメリカン・エレクトリック[10]

　ジェームズ・コールマンは，企業の社会的責任に関連して，「ハッカーのアメリカン・エレクトリックの架空事例」を紹介している。この事例は，株主，従業員がいなくなった完全オートメーション工場（企業）の取締役の決定問題を論じるために取り上げられている。この事例の概要を紹介しよう。

　㈱アメリカン・エレクトリック社は，完全オートメーション生産システムを達成し，10人の取締役以外は従業員がいない（従業員0人）。発行株式をすべて自社が買い戻したので所有者たる株主はいない（発行株式は0株）。取締役は，自己の所得最大化を図らず，お互いに節度ある報酬をもらう。過去に在職した従業員の年金支払いも終了し，年金基金は解散している（年金基金の維持の必要性も解消）。さて，この会社が，海外のライバル会社との競争を制限する「輸入規制法案」を後押しする目的で，大規模なキャンペーンを広告代理店に依頼し，その結果，政府の当該法案の決定を誘導した。取締

10）　コールマン，ジェームズ著─久慈利武監訳（2006下），353-356頁を抜粋，加筆。Coleman, James S.（1990），pp. 554-556.

役のうち8人は，一市民としてこの立法には賛成しておらず，国益に反していると考えている。取締役は，誰のためにこの規制政策を推進したのか？彼らは，「会社のための決定」という点でまったく疑問を抱いていないというものである。

　おそらくこの輸入規制法案の制定によって，この会社には超過利潤がもたらされ，政府に対する法人税の納付額が増加する効果があった。しかし，超過利潤の分配に与るであろう株主，従業員はいない。取締役も誠実に行動し，自分たちの報酬を野放図に上げることはしていない。一方，消費者には，製品の価格が高めに維持されたか，あるいは，もし海外により良質の製品が存在していたならば，それらを消費者が購入することが妨害されるという負の効果があった。この会社に関連する自然人（国民の一部）にとっての所得の増加・可処分所得の増加という経済効果はなかったが，税収により政府を介した社会保障その他の政策遂行のための財源は増加した（政府の権力の増加を伴うことになる）。まさに，前述した政府規制の問題点のいくつかが発生したのである。そして，このアメリカン・エレクトリック社は存続（場合によっては持続的に発展）した。しかし，この会社の存続によって，企業年金・健康保険などの自助による保障および雇用の創出は皆無である。

(4-2) 取締役に代わり人工知能が経営

　アメリカン・エレクトリック社には，10人の自然人が取締役会を構成し，経営に関する意思決定をしていた。しかし，人工知能（AI: Artificial Intelligence）の技術がさらに進歩し，将来，会社の経営のかなりの部分がAIに依存するかもしれない。AIは，環境などの技術的問題に適切に対処することができ，自然人のような経済的誘惑および法令違反の誘惑にも屈しないことが期待できる。そこで，架空の話ではあるが，AIが取締役になり，取締役会から自然人がいなくなった会社を仮定しよう。この会社を構成するステークホルダーは誰なのであろうか。この会社の存続は如何なる意義を持つのであろうか。政府の税収確保のためにのみ，この会社が存在するとしたら，どのような事態を公共社会に招くのであろうか。

　所有者，経営者，従業員という直接的なステークホルダーがいなくなった

会社を想定した場合，この組織の主たる役割は，製品・サービスの生産・販売を通じての顧客（消費者）としての自然人（国民の一部）との取引となるのではないか。この企業（組織）の存続の意義は，多様なステークホルダーを構成員とする社会企業モデルを仮定し，社会的・公共的観点から論じることができないため，提供する製品・サービスの社会的意義の継続だけになるのではないか。したがって，製品・サービスの社会的必要性が減少・消滅したならば，組織を清算することになろう。この清算の決定を AI は自らの判断でできるのであろうか。

　私たちは，古典的な SF 映画の傑作とされるアーサー・C・クラークとスタンリー・キューブリックの「2001 年宇宙の旅」の主役である，イリノイ大学アーバナ・シャンペーン生まれの人口知能「HAL9000」を想起する。HAL は矛盾する命令を受けていたために精神的（？）に不安定になり，それを察知した乗組員が自己の停止・消滅措置を取るかもしれないと乗組員を疑ったのである。HAL は自分自身の停止・消滅を合理的（道徳的）なものとして自ら決定することはできなかった。ただし，続編の「2010 年宇宙の旅」では，HAL は矛盾した命令を消去されることで正常な精神状態に戻り，乗組員たちの生命を救うために，自らを犠牲にするという道徳的行為によって名誉が回復される。AI は，自然人には個々にバラツキのある道徳観・倫理観についても，高度に安定した状態を維持する存在となるのであろうか。

(4-3) 企業の存続の意義と取締役の役割

　（株）ミツトヨの事例では，会社の究極的な存在目的は人類の平和と幸福に資することであるが，現時点すなわち日々の会社の存在理由は，会社活動・場を通じての自然人である従業員の精神的発展に資することと，自然人である消費者に対して，有用な製品・サービスを生産し続けることであった。一方，アメリカン・エレクトリック社の事例では，従業員がいなくなり，会社の存在理由は，社会に役立つ製品・サービスの供給のみとなった。これら 2 つの事例を検討すると，架空の話ではあるが，会社から従業員がいなくなっても生産される製品・サービスが社会的に有用である限り会社の存在意義は残る。一方，自然人である従業員がいても生産される製品・サービスの信頼

性・有用性がなくなったならば，会社の存在理由はないということである。多くのステークホルダーが存在する社会において，会社に対して究極的な権利を有するのは消費者たる自然人となる。

　非営利企業や政府部門のような組織の存続の意義は，もとよりその組織が供給する製品・サービス（政策）の必要性である。さらに考察を進めると，重要なのは組織自体の存在ではなく，組織が行う事業活動自体が社会に受け入れられ，必要と認識されているか否かであるということに思いが至る。同様に，多様な構成員・ステークホルダーを重視する社会企業モデルであっても，社会企業モデルが仮定する構成員の個々の利害関心に焦点を当てることなく，その社会企業が行う事業の社会的な必要性・有用性こそが社会における存在理由であると結論付けることも可能と思う。事業がもはや社会的に不要となった場合，その事業（その供給主体である組織）は停止・消滅されねばならない。

　私は，自然人からなる取締役（取締役会）の役割はそこにあると思うのである。人間はこの世では無限に存在できないことを知っている。われわれの寿命は有限である。同様に，われわれの作ったもので無限の寿命を持つものは存在しない。事業（組織）の停止・消滅の合理的決定をすることこそ，有限を知る自然人の役割であろう。

(4-4) ステークホルダーの利害を意識しない説明責任の履行

　社会企業モデルにおいては，会計の説明責任は，社会企業の構成員すべてに対する説明責任という意味で，伝統的所有主理論の想定する説明責任の拡張になると理解してきた。しかし，本節で検討したように構成員がいなくなるという仮定のもとでは，会計の役割はどのようなものになるのであろうか。事業（組織）の存在理由は生産される製品・サービスの必要性・有用性であるというのが結論であったことを思い出そう。会計の機能・役割は，事業そのものの存続可能性を，個々の構成員の利害を忖度することなく判断するための情報の作成・提供にある。であるとすると，「ステークホルダーの利害をまったく意識しない説明責任＝新たな説明責任」の履行という会計の機能・役割が存在することになる。

5. グローバルな社会的課題とグローバル社会企業

(5-1) グローバリゼーションとその背景

　ポスト＝ローレンス＝ウェーバーによると，グロバリゼーション（globalization）は，貿易，技術，文化，政治を通じて世界を統合していく過程と説明される。グローバリゼーションが支配的トレンドとなった背景として，第1に政府の政策が挙げられる。多くの国の政府は，関税を撤廃あるいは引き下げ，全世界の国々からもたらされる製品・サービスに対して市場を開放した。第2に，企業の海外への直接投資行動がある。企業はより高いリターンと経済効率性を生み出せる国や地域へ資本と雇用を移動させている。第3に，国際的金融システムの自由化が挙げられる。機関投資家や国際投資ファンドなどが，投資者の資金をより高いリターンを生み出す可能性のある投資対象（国，産業，企業）に振り向けている。

　その結果，現在では多くの多国籍企業が存在している。多国籍企業のグローバル・ビジネス・モデルは，グローバル・マーケット・チャネル（global market channel）の構築によるグローバル市場，グローバルな立地（global locations），そして，グローバルなサプライチェーン（global supply chain）（コンポーネントやその他供給財を他国の売手から購入すること）の構築という3つの要素から構成される。多くの多国籍企業は，グローバル市場，立地，サプライチェーンの3要素を保有しているのである。さらに，これらのグローバル・ビジネス・モデルの展開を可能にした要因として，インターネットの普及を忘れてはならない。今や，インターネットの普及により，中小企業が最初からグローバル市場に参入することが可能となった[11]。

---

11)　ポスト＝ローレンス＝ウェーバー著─松野・小阪・谷本監訳（2012 下），172 頁を参照。

120 第1部 社会と会計

(5-2) クローバリゼーション下で企業に生じた新たな課題

クローバリゼーション下で企業に生じた新たな課題として，ポスト＝ローレンス＝ウェーバーは，2つを挙げている。第1は，製品・サービスの品質改善や効率性の向上に関して，競争上の圧力がかかることである。社会（市場）の変化のスピードは，企業がより良い性能の新製品をできる限り早く市場に投入することへの期待を顧客，投資家，従業員のなかに生み出す。それらの期待に応えることにより，いまだ競合他社によって模倣されたり，競争にさらされたりしていない，最も新しい製品のみが市場でプレミアム価格を付けられる差別化戦略が行使できる。競合他社が製品の性能で対抗できるようになってくるや否や，すぐに価格競争が展開され，オリジナルの製品の収益性は低下してしまうからである。

第2は，ハイパー・スピードで国境を超えていくコミュニケーションである。競合相手，供給業者，政府官僚，非政府組織・NGO といった人々に，企業のさまざまな活動がいずれは知れわたってしまうことを企業側で想定しておかねばならない。したがって，企業は開放性・透明性（transparency）の世界にいることを頭に入れておく必要がある[12]。

(5-3) グローバルな社会的課題

グローバリゼーションによって，新たな社会的課題が現出した。グローバリゼーションに対する賛否，文化的距離，反米主義，金満病について紹介することにしよう。

(1) グローバリゼーションに対する賛否両論

ポスト＝ローレンス＝ウェーバーは，グローバリゼーションに対する賛否の両論を表5-4 のようにまとめている。

---

12) ポスト＝ローレンス＝ウェーバー著―松野・小阪・谷本監訳（2012 下），172-173 頁を参照。

表5-4　グローバリゼーションに対する賛否両論

賛成	不賛成
・国々が比較優位を有する製品・サービスの生産を行う場合，生産性の向上スピードが増す。したがって，一人当りのGDPと生活水準が向上する。 ・グローバル競争は価格競争をもたらし，インフレーションを最小限にとどめる。 ・開放経済はイノベーションに拍車をかけ，新たなアイデアの流通を促進する。 ・輸出業の多くはその他の業務よりも収益性が高い。 ・自由な資本の流れはその国に海外の投資基金へのアクセスを可能にする。これは金利を低くすることに寄与する。	・輸入品が国産の製品・サービスに取って代わることで，国内経済の仕事が失われる。 ・海外競争の脅威のなかで企業は事業展開をすることになるために，賃金水準が低く保たれる。 ・雇用者は従業員に賃金カットを迫り，彼らに医療費の分担を要求する。 ・雇用者は地域的な事業展開が脅威にさらされるので，国外へ業務を移転する。

出典：ポスト＝ローレンス＝ウェーバー著—松野・小阪・谷本監訳（2012下），174頁。

（2）文化的距離[13]

　それぞれの文化はそれぞれの価値観，信念，シンボルを有している。こうした社会間の違いを「文化的距離（cultural distance）」という。文化的距離に対して企業が取り得る対処の視点として2つある。第1は，「民族中心主義的視点（ethnocentric perspective）」であり，企業は出身国の旗を掲げ，出身国を企業の資本，収入，人的資源の主要な源泉とみなすものである。第2は，「地球中心主義的視点（geocentric perspective）」であり，企業は世界全体を出身国とみなし，全世界的なアイデンティティと企業としての使命を維持しつつ，その一方で，彼らの方針や活動を環境に適応させていく。そして，世界市場で企業活動を行うために，言語，宗教，伝統によって規定される多様な社会の文化的，競争的，政治的な条件と合致したビジネス・プランをデザインしなければならないというものである。

（3）米国主導の文化単一主義

　私は，文化の多様性を重視し，文化の発展は単一のルートではなく複数の

13）　ポスト＝ローレンス＝ウェーバー著—松野・小阪・谷本監訳（2012下），176頁参照。

それぞれに相違する仕方があるという「文化相対主義」に依拠している。しかし，実際には，文化的要素を含む社会を構成するシステムのかなりのものがアメリカナイズされていくことを目撃してきたし，ハリウッド映画など，それを面白く好ましいものとして受け入れてきたことも事実である。このような圧倒的な米国企業の影響に対して危惧を持つ意見も多い。

　ポスト＝ローレンス＝ウェーバーによると，米国の企業は，地域の文化と伝統を侵略する「文化帝国主義（cultural imperialism）」を展開していることが問題視される。何故ならば，音楽，文化，その他の形態の娯楽は，価値観や観念を伝えることに重要な役割を果たしているからである。米国の企業は，製品，サービス，それらを宣伝するためのメディア・メッセージのマーケティングを通じて米国の文化を輸出し，米国を中心とする西洋の商業主義が世界中で支配的な文化になっていく。これこそが「文化単一主義（monoculturalism）」に繋がるものなのである[14]。

（4）金満病[15]

　「金満病（affluenza）」とは，豊かさ（affluence）とインフルエンザ（influenza）の合成語である。商品やサービスの潤沢さなどのアメリカ人の文化的・経済的生活の模倣は，行き過ぎた繁栄と人間の価値の軽視をもたらし，ひいては，いくつかの国が苦しむことと無関係ではない。この病気を「金満病」という。社会は過剰消費を通じて病気になり，金満病へと至る。過度の物質主義や富める者と貧しい者の間の格差は，何世紀にもわたり不満と社会批判を巻き起こしてきた。豊かな国は貧しい国よりも，1人当たりの資源の消費量が大きい。資源消費，大気と水質の汚染，環境の荒廃が生態系に与える影響は非常に大きく，近い将来これまでのやり方を続けることは困難になる。

　本書の第4部第22章「持続可能な発展と会計の転換」の最後では，ホセ・ムヒカ大統領の有名な演説を紹介し，われわれの価値観の大転換のアイデアを記述しているので参照してほしい。

---

14)　ポスト＝ローレンス＝ウェーバー著─松野・小阪・谷本監訳（2012 下），177-178 頁参照。
15)　ポスト＝ローレンス＝ウェーバー著─松野・小阪・谷本監訳（2012 下），179-180 頁参照。

6. 企業市民モデルと拡張された説明責任

　本章では，企業の社会的責任論から出発して，現在のグローバリゼーション下での企業の社会的課題に議論の主題が至った。グローバリゼーションが世界の政治，経済，環境，文化などのあらゆる社会システムの構成要素に影響する潮流となった現在，社会企業としての企業市民モデルの重要性を再確認することができる。ポスト＝ローレンス＝ウェーバーによると，「グローバル企業市民モデルとは，企業の社会的，政治的，経済的責任を認識し，分析し，応答するプロセスのことである。それらは法律，公共政策，ステークホルダーの期待，企業の価値観と経営戦略からもたらされる自発的行動によって定義される。……〔そして，以下の課題が強調されている〕。

① 　経営者と企業は自分たちのステークホルダーすべてに対する責任をもっている。

② 　企業の責任には，単に法的要求に合致する以上のものが含まれている。

③ 　企業の責任には，ステークホルダーの期待に企業が注目し，対処することに加え，価値観と企業としての使命に合致する自発的行動をとることが求められる。

④ 　企業市民〔という概念・モデル〕には，企業が何を行っているのかということとステークホルダーと関わりながら意思決定を行うプロセスの双方を含んでいる」[16]。

　企業市民モデルにおいては，会計の機能・役割は，多様な企業の構成員（ステークホルダー）を意識した「拡張された説明責任」の履行である。会計主体論と対応させると「持分理論」の拡張が相応しいと思われるのである。ところが，架空の仮定ではあるが，人工知能（AI）の進んだ未来の社会，会社の構成員から自然人が退出している企業を想定すると，会計主体論の自己持分モデルが相当し，さらに検討を進めると，企業という組織自体の存続と

---

16)　ポスト＝ローレンス＝ウェーバー著─松野・小阪・谷本監訳（2012 下），183-184 頁を抜粋。
　〔　〕内は黒川加筆。

いうよりも，事業活動によって供給される製品・サービスの社会的な必要性・有用性の観点から判断される事業自体の存続という論理が重要となるのである。そして，会計の機能・役割として，ステークホルダー個々の利害を忖度することなく事業自体の存続を判断する情報の作成・伝達という「新たな説明責任」が強調される。一方，自然人（取締役）の役割は，当該事業の存在が社会的に不適合と判断できるときに，その事業の停止・消滅を決定することにある。

【引用・参考文献】

黒川行治（1998）『連結会計』新世社。

コールマン，ジェームズ著―久慈利武監訳（2006）『社会理論の基礎』（上・下），青木書店。

仏教伝導協会（1984）『和英対照　仏教聖典』（第363版），仏教伝道協会。

ポスト，J・E＝A・T・ローレンス＝J・ウェーバー著―松野弘・小阪隆秀・谷本寛治監訳（2012）『企業と社会――企業戦略・公共政策・倫理』（上・下），ミネルヴァ書房。

ミツトヨのホームページ。http://www.mitutoyo.co.jp/corporate/idea/，2016年10月8日アクセス。

Coleman, James S. (1990), *Foundations of Social Theory*, The Belknap Press of Harvard University Press.

Lawrence, Anne T.＝James Weber（2014），*Business and Society: Stakeholders, Ethics, Public Policy,* 14th edition, McGraw-Hill International Edition.

第 2 部

市場と会計

第6章

市場の質と会計社会の対応

1. 会計情報の変容と市場の論理

　本章の内容は，2004年12月の「日本会計研究学会」第52回関東部会における統一論題「会計情報の変容と市場の論理」に対して，私が研究報告した内容が基になっている。当時は，わが国の会計基準が国際的会計基準とのコンバージェンスのため，大きく変容していた頃である。大会準備委員長であった大塚成男千葉大学教授は，大会プログラムの挨拶文のなかで，何故このテーマを選んだのか，その理由について次のように語っている。「……「退職給付に係る会計基準」，「金融商品に係る会計基準」，あるいは「固定資産の減損に係る会計基準」といった従来の会計処理を大きく変更する新たなルールが設けられ……，企業の財務諸表を通じて提供される情報の内容も，質的に大きく変化しているように思われます。これまで企業会計は，「評価の手続きではない」とされてまいりました。それに対して，現在の新たな財務報告の枠組みの中では，企業会計自体に企業を評価することが求められているようにも見えます。少なくとも，企業会計と市場とが密接に連携し，企業会計が市場において大きな役割を果たすことが期待されていることは事実でしょう。ただし，そこで期待されている役割と，会計が実際に果たすことができる役割とには，ギャップは生じていないのでしょうか。このような問題意識のもとで……」[1]。

　大会準備委員長の問題意識に対して，統一論題における報告・検討を通じて，4人の報告者がどこまでそれに応えられたのかについては分からない。まず，その検討過程を通じて最も難しかったのが，「市場の論理」という用

語に対する理解であり，私自身は「市場の論理」を若干広義に捉えており，「市場の質」，「市場参加者の（合理的）行動」と解していた。さらに，私は，「会計情報の変容」についても，生産された会計情報の内容自体の変化を超えた「会計社会（の役割）の変容」として把握し，市場の質と会計社会の相互連関をイメージしていた。このような理解に立った場合，例えば「市場の質の程度に応じて，会計情報・会計社会の在り様は変わるのか」というような具体的テーマを挙げることができる。なお，ここで言う会計社会とは，「会計に関わる当事者，当事者の行動，当事者を取り巻く内部および外部環境（制度，規則を含む）の総体」を指している。

　本章では，このような若干広義の問題意識のもと，市場の質とはどのようなものか，高質な市場であるための条件は何なのか，市場自体の変容は起きているのか，会計情報・会計社会はそれらとどのように関わるのかといった問題について考察しようと思う。

2. 市場の質とは何か

　矢野誠教授は，『「質の時代」のシステム改革』で，良質の市場とは何かについて述べている。すなわち，「良い製品が適切な価格で取引され，より良い製品が絶えず導入されているのが良い市場である」[2]。そして，「市場の質を決定する主たる要因として，競争の質，情報の質，製品の質という3つに

1）　会計情報の変容として，2つの点が強調される。第1は，会計情報の内容に，従来に増して，会計人の測定手段としての将来の主観的予測が導入されてきたことである。例えば，退職給付の将来支給額の予測や減損会計における将来のキャッシュ・フローの予測である。第2は，市場の評価額が会計情報の測定に使用されることが多くなったことである。金融商品の時価評価はもちろんであるが，減損損失の測定における将来キャッシュ・フローの割引率に企業自体の資本コストを使用する場合などが例示できる。前者は，主観的な自社の測定であるのに対し，後者は，客観的な市場による会社の評価と考えることもでき，相反する測定方法と言うこともできる。しかし，市場の評価値自体は，市場が想定する当該企業の将来のキャッシュ・フロー生成力の結果であるとすれば，相反するとまでは言えないのかもしれない。ともかくも，このような測定方法は，同時的な測定結果の幅を大きくするとともに，時系列的な変動の幅を大きくする傾向があることが特徴であろう。

2）　矢野誠（2005），4頁。

着目する」[3]。ただし，製品の質という用語は，「製品に体化されている技術の水準や製品の多様性なども含む。……〔さらに〕3つの要因以外に，市場の質の決定要因として重要なものに，市場参加者の意思決定や活動の質そのものもある。冷静な判断ができる人が集まった市場の方が，熱くなって前後の見分けがつかない人が集まる市場よりも高質だと言ってよい」[4]。

さて，高質な市場は，裁定機会が存在することで形成される。裁定機会とは，「特定の財・サービスに関し，人によって支払用意や補償要求が異なる状態をのことである」[5]。高質な市場を守るためには，以下の4つの基本原則が遵守されている必要があるという[6]。

① ルールの無差別性（どの市場参加者にも同じルールが適用されること）

② 私有財産権の保障（所有者の確定と自発的な移転ができること）

③ 自発的意思決定の保証（自発的に市場に参加することができること）

④ 情報の透明性（どの市場参加者も同じ情報を入手できること）

次節以降，このようにまとめられた要因を1つずつ取り上げ，市場の質と会計社会との関連の議論を試みることにしよう。会計社会との関連ということから，市場として念頭におくのは，「資本市場」（とくに，株式市場や社債市場）である。

3. 資本市場における競争の質

まず資本市場における競争の質については，その市場の参加者間で，裁定機会が確保されているか否かが重要となる。取引が単価取引であっても，あ

---

3) 矢野（2005），5頁。

4) 矢野（2005），10頁。〔 〕内は黒川加筆。

5) 矢野（2005），149頁。なお，支払用意とは，「ある品物を手に入れるために支払ってもよいと買手が考える最大の金額」（同書，50頁）をいう。また，補償要求とは，売手が，「提供する品物の性質と量とに依存して，最低限，これだけの金銭的補償がなければ，とても，品物を提供できないと考える額」（同書，77頁）をいう。

6) 矢野（2005），第5章。

るいは交渉取引であっても，裁定機会が確保され，市場参加者間に高質な競争がなければならない。ここで問題にしたいのは，機関投資家と一般投資家の存在である。前述の4つの原則のうち，とくに第1「ルールの無差別性」と第4「情報の透明性」に着目すると，それらについて，現在の資本市場は機関投資家と一般投資家との間でどの程度の同等性が確保されているであろうか。株式の持合いが行われている，あるいは大株主の保有比率が高い（株式の分散が小さい）と，一般投資家にとって，「ルールの無差別性」が脅かされているのではないか。そのため，裁定機会が保障されず，たとえ単価取引市場（東京証券取引所など）であっても，そこで決まる価格（単価）が適切なものであるか否かに危惧の念が生じるかもしれない。

　第4の「情報の透明性」については，もっと深刻である。インサイダー取引の危険である。ここで言うインサイダーとは，取引参加者間で情報の非対称がある場合の情報優位者と想定する（企業内部の者に限定しないことに留意する）。インサイダー取引の問題については，経済学上，興味深い議論がある。通常は，市場参加者が市場に参加するに先立って同じ情報を入手する機会を確保するため，インサイダー取引は，規制の対象とされているが，それとは反対に，インサイダー取引の効用に焦点を当て，かならずしも規制することが正当化されない場合もあるという議論である。

　太田亘教授は，これについて次のようにまとめている[7]。

① エージェンシー問題の緩和

　インサイダー取引利益は，経営者報酬の補完となり，経営者のエージェンシー問題を緩和する。その他，大株主に対して経営のモニターへの報酬，従業員に対して特定企業に人的資本を特化させていることへの報酬，銀行に対して情報サービスへの報酬となる。

② 情報の伝達と実物投資の適正化

　インサイダー取引には内部情報を市場に伝達する機能がある。内部情報を公開すると，ライバル企業に秘密が漏れる。インサイダー取引を利用すると，秘密の漏洩なく，株価を適正にして，資金調達することができる。

---

7)　太田亘（1998），350–353頁。

一般投資家はインサイダーと取引することで，損失を被る可能性があるが，しかし，内部情報が株価に反映し，企業の実物投資が適切になされるので，社会厚生は高まる。

③　情報生産の促進

情報の売買は困難なので，情報生産に対する収益確保は難しい。インサイダー取引は，情報生産のインセンティブになる。また，アナリストなど会社の外部者が内部情報を推測するという，情報生産における重複投資を回避することができる。

しかし，これらの論拠には，それぞれ有力な反論があるという。

例えば，①に対して，経営者が相場操縦のインセンティブを持つ可能性が高まり，観察不可能な経営者行動が増加する。②に対して，インサイダー取引の情報はノイズを含んでいるため，インサイダー取引に対して市場が過剰に反応すれば，内部情報が正しく市場に伝達されたことにならない。また，③に対して，内部情報のみならず外部情報，例えばアナリストが生産した情報への株価の反映を考慮した場合，インサイダー取引による市場はかならずしも情報効率的になるとは限らない。経営者にとって不確実な外部情報，例えば将来の需要などの経営環境が株価に反映していれば，経営者は株価を見て，より適切な経営判断を行うことができる。ここでインサイダー取引が規制されていないと，価格に内部情報がより反映して外部情報の反映度が低下する。このときには，外部情報生産の収益が減少し，外部者の情報収集インセンティブが削がれ，市場が情報非効率的になり，さらに社会的にも非効率になる可能性がある。

このような反論があり，また，何よりも，「情報の非対称性の下でインサイダーが情報独占者として行動すると，それに一般投資家が反応して市場から退出し，取引が破綻する可能性がある」[8]ことから，インサイダー取引を容認するという極論は，大きな支持を得られないようである。なお，ここでの経済学上の議論は，市場の効率性（より小さいコストでより大きなパイを得

---

8)　太田（1998），354頁。

132 第2部 市場と会計

ること）に重点があり，市場参加者間の公平性を重視したものではないことに留意することが大切である。

次に，太田教授はインサイダー取引問題に関連して，外部情報生産と資本市場の流動性問題について次のような見解を述べている。

「インサイダー取引をしない場合には外部情報生産の利益が増加し，アナリストや機関投資家などの情報生産活動を促進し，そのような投資家と個人投資家との間で情報がより非対称になるであろう。流動性の低下は，インサイダー取引に限らず，情報の非対称性が原因である。ただし，情報生産活動に優位をもたない個人投資家が，機関投資家に資産運用を委託する場合には，流動性は低下しない」[9]。

この見解は，重要なインプリケーションを含んでいる。すなわち，「会計情報はどのような情報の利用者を念頭において作成されるのか。情報の利用者は，一般投資家なのか，財務アナリストや機関投資家なのか」という問題である。また，「資本市場が反応する財務関連情報には，企業が直接生産する情報（内部情報）とアナリストなどが生産する情報（外部情報）があり，どちらに対し，どの程度，市場は重視（市場が反応）するのか」という問題提起である。

ともかくも，市場の質の程度は，市場参加者間での自由競争の保障が重要な決定要因であるが，市場参加者間での情報の非対称性の問題は，インサイダー取引に限らず，機関投資家と一般投資家の間にもあり，さらに，財務アナリストなどの外部情報生産をどのように取り扱うのかについて，検証する必要がある。

4. 資本市場における製品（企業経営）の質

資本市場で取引の対象となる製品としての株式や社債の質は，結局，持分の対象としての，あるいは元金および利子の支払者としての会社（企業経

---

9)　太田（1998），357頁。

営）の質ということになろう。会社を取り巻く外部環境として，製品市場での競争激化や，土地を中心とした従来の信用構造の崩壊，市場機能を重視する社会構造への転換，会社の内部環境としての，意思決定の迅速性や能力主義による労務管理と報酬契約，人的資源の流動化などが挙げられる。これらは，企業経営の質的変換を述べているのであり，それらに適切に対処できるか否かが，企業経営の質を決定する。

　矢野教授は，これを「質の時代」という用語を用い，「「質の時代」を築くためには多様性の内部化が必要である」と結論している。「ここでいう多様化とは，好みやニーズの多様化とそれを具体的に実現する製品や技術，さらに，市場そのものの多様化のことである」。そして，多様性の内部化のプロセスとは，「市場の外部で起こる好みやニーズの多様化が，製品や技術の多様化を通じて，市場の内部に取り込まれ，新たな市場が形成されることをいう」[10]。

　矢野教授の「質の時代」と類似する問題意識のもと，より具体的に論じているのが井原哲夫教授の「勝負の時代」論である。井原教授は，企業経営を取り巻く内外の環境・状況の変化を，「生産の時代」から「勝負の時代」への転換と把握する。井原教授の言う「生産の時代」と「勝負の時代」の特徴の一覧表は，本書第2章第2節に掲載した。それによると，生産の時代における市場（製品市場）の特徴は，「万人共通型」，「よく見える」，「需要が持続する」，「規制が強い」であるのに対して，勝負の時代における市場の特徴は，「分散化されている」，「見えにくい」，「うつろいやすい」，「規制緩和されている」という言葉で語られる。これが製品市場の多様性の具体的内容である。また，大量生産技術を活かしてどうやって製品を供給するかに重点があるので，付加価値の発生場所が生産の現場であるのが「生産の時代」の特徴であるのに対し，柔軟化された生産技術で何を供給するのかが問われるので，これらの意思決定自体が付加価値生産の源であるのが「勝負の時代」の特徴になる。そこで，勝負の時代には，井原教授の造語である「才人」が求められ，活躍する。「才人とは，市場が評価するものを判断し，それにマッ

---

10)　矢野（2005），11頁。

134　第2部　市場と会計

チするものを構想し，状況を適切に把握しながら，種々の手段を使って，それを達成することに長けた人，あるいはその一部の能力に長けた人をいう」[11]。

　ともかくも，資本市場の質が高まる要因の1つは，資本市場に供給される製品である株式や社債（企業経営）が優良であることであり，そのためには，井原教授の言うところの「勝負の時代」に合致するような企業経営を行える会社であることが重要となる。

5. 資本市場における情報の質

　資本市場が高質であるための3つ目の要因は，参加者が使用する情報が高質であることである。情報の質という場合，大きく2つの属性が想定されてきた。第1は，意思決定モデルに合致した情報であるという特質，これをしばしば「目的適合性」と呼んでいる。第2は，情報が信頼できるもの，偏りのないものであるという特質，これは「信頼性」と呼ばれるものである。目的適合性に関して言うと，資本市場の製品に当たる企業経営の評価に役立つような情報であるということであり，企業経営の質は，前節で言うところの「勝負の時代」に適合した経営を行っているか否かによって決まる。したがって，勝負の時代の特徴（要素）に対する応答を表現できるような情報であることが大切である。

　反対に，「生産の時代」であったのなら，そこでの特徴（要素）に対して，どのように会社が対処しているのかを忠実に表現することが大切となる。生産の時代は，需要が継続する市場を前提に，大量生産技術を確立することで，如何に製品を供給することができるかが，優良企業とそうでない企業の明暗を分ける時代である。このように考えると，会計社会が重きをおいてきた「取得原価—実現主義」に基づく会計情報は，「生産の時代」にこそ最も適合していたのかもしれない。

---

11)　井原哲夫（2001），67頁。

しかし，うつろいやすい市場，柔軟化された生産技術，企業としての意思決定の内容が付加価値を決定するなどを特徴とする「勝負の時代」では，「取得原価─実現主義」ではなく，「時価評価─発生主義」あるいは将来に対する予測情報こそが，企業経営の良し悪しを判断するために適合する情報となったのかもしれない。さらに，「経営者自らが自社を評価する」測定方法が重要となったのかもしれない。この仮説が本章での次の問題提起である。

　情報の信頼性に関する考察に移ろう。会計社会では，会計情報の信頼性は，監査によって担保されてきた。監査に限ったことではないが，鑑定サービスの必要条件として，矢野教授は，以下の2つの条件を挙げている[12]。

①　情報が偏在していること。

②　売手も自社についての情報を知っていること（そうでなければ，鑑定サービス代だけ，売手と買手の経済的総価値は下がってしまう。売手が自社についての価値を知っていれば，良質な売手は，その情報を発信しようとして鑑定サービスを受け，サービス料以上の価格上昇分を期待する）。

　また，マイケル・パワーは，彼の論文「監査社会」[13]のなかで，監査の制度的前提として，

①　当事者間にアカウンタビリティが設定され，それの解消が求められていること

②　エージェントの行動がプリンシパルにとってモラルハザードであると見なせる可能性（監査は不信のテクノロジーである）

③　監査が独立した外部者による信頼の回復として期待されていることなどを挙げている。なお，皮肉な検討かもしれないが，パワーは監査社会に生じる新たな曖昧性として，2つの点を挙げる[14]。

（a）　どのような監査が実施されたのかではなく，監査されたという事実の方が重要である。

（b）　監査の期待ギャップに関して，「監査人は高い期待に応じるために

---

12)　矢野（2005），135-142頁。
13)　パワー，マイケル著─岡野浩訳（2003），第2節。
14)　パワー著─岡野訳（2003），第3節。

高い報酬を手にし，統制する側の一般大衆は，それによって高いレベルでの保証が得られたかのような錯覚に陥る」。したがって，監査社会は，監査の期待ギャップを常に必要とするが，監査の質に関する情報が可視化されると，期待ギャップを利用した超過報酬は手にできない。

　このような論理を総合すると，監査の存在条件（監査の価値を高める要因）は，次のように記述することができるであろう。
(1)　株式の発行者側にとって監査のメリットがあること。
　　①　企業経営に関する情報は非対称（経営者が情報の優位者，外部投資家が情報の劣位者）であり，また，会社（経営者）は悪いことをする（エージェントは自己の効用を大きくするように行動する）ので，プリンシパルにとって，会社はモラルハザードの危険がある存在と社会が認識していること。
　　②　監査は会社のモラルハザード的行為を摘発できる，という監査に対する社会的信用が存在すること。
　　③　監査を自発的に受ける会社（または，厳しい監査を受ける会社）は，自己規制をする会社であると看做されるので，同社の株式はローリスク証券となり，資金調達コストが下がること。
(2)　株式の購入者側（情報の利用者）にとって監査のメリットがあること。
　　①　良質な監査を受けた財務情報がそうでない財務情報（未監査あるいは良質でない監査）と比較して，意思決定を改善し，期待リターンを向上させなければならないこと。
　　②　情報の価値が監査コストを上回る必要があること。
(3)　監査の期待ギャップが存在すること。
　　①　期待ギャップが大きいほど監査の価値は大きいこと。

　資本市場において情報の質の向上に寄与することが期待されている監査にとって，このような条件が，監査の存在を支える「市場の論理」と言うことができるのである。したがって，これらの条件が満たされないとなると，監査制度が存在できない。条件を満足させるためは，「良質の監査をすること」

第6章　市場の質と会計社会の対応　*137*

に尽きるのかもしれない。何故ならば，（a）監査が悪く，監査人の信用がないと，監査を受けても（たとえ，上質な監査でも）被監査会社の資金調達コストは減少しない，（b）監査が悪く，情報の質が改善せず，情報を利用することのメリットが情報利用者にないと，監査の存在が社会的コストを上昇させてしまう，（c）監査の期待ギャップが縮小し，そのことは，監査報酬の減少圧力要因となる，というように帰結が予想されるからである。

6. 市場参加者の合理的判断

　市場の質は，市場参加者の意思決定や活動の質によっても影響される。経済学では，市場参加者は，合理的な判断をする存在と仮定される場合が多いと思われる。例えば，柳川範之教授・藤田友敬教授によると，「人間には合理的な判断能力があると仮定している」，「自分にとって利用可能な（場合によっては不十分な）情報を前提として自身の利得が最大になるように合理的に選択や決定を行う」，「合理的な判断能力があるのならば，決定や選択は本人の行動の結果であり，その限りで自己責任を負うべき」という[15]（なお，法律学では，「むしろ人間行動の合理性には限界があることを前提としている」という）[16]。

　しかし，このような合理性の仮定に対し，「個々の人間としては，合理的に行動したとしても，集団全体としては合理的でない意思決定をしてしまうシナリオが指摘されている」[17]という。例えば，集団（株主）全体で何らか（例えば企業財務）の情報収集が必要な場合，「個々の株主の合理的無関心が，（個人としては合理的であるとしても）集団全体としては非効率性を生んでしまうことになる」[18]からである。つまり，「すべての株主が，他の株主が情報を集めてくれれば自分は情報収集の費用を節約できると考える。そのため，

---

15)　柳川範之・藤田友敬（1998），7頁。
16)　柳川・藤田（1998），7頁。
17)　柳川・藤田（1998），15頁。
18)　柳川・藤田（1998），16頁。

138 第2部 市場と会計

誰も情報を集めようとしなくなり，結果として正しい判断が行われなくなってしまうのである……「ただ乗り」のインセンティブは，情報収集活動に契約を結び，正しく費用を分担することができないために生じる。また，個々の株主にとって情報収集のメリットが小さいことも原因である」[19]。

このような一般投資家のフリー・ライダー的行動が仮定できるとすると，市場は高質とは言えない。そうであれば，会計社会は，一般投資家を相手にするよりも，機関投資家や財務アナリストを念頭において，財務情報の生産を行う方が市場の質の向上に役立つであろう。

ところが，柳川教授・藤田教授は，「大口投資家が株主全体の利益と一致しない利害関係を有している可能性があると考える場合には，株主全体の利益とは相容れない決定がなされる可能性がある」[20]として，大口投資家を念頭におく情報生産にも危険があることを指摘している。

ともかくも，市場の参加者としての情報利用者は誰なのか，情報利用者はどのように情報を用いて，合理的な決定をしようとしているのかが問われなければならない。

次に，市場の参加者としての情報の生産者の問題を考えてみよう。松村敏弘教授は，「規制がないときの情報開示の誘因」について論じているが，ここでは，より理解が容易な「情報開示にコストが存在しないケース」について，紹介することにしよう[21]。

「グッド・ニュースを持つ企業は，グッド・ニュースを開示することで，バッド・ニュースを持つ企業から区別され，資金調達コストが下がるので，グッド・ニュースは自発的に開示される。投資家は，グッド・ニュースの保有者が自発的に開示することを知っているので，結果的に，情報を開示しない企業はバッド・ニュースを抱えているということを知ることになる。

情報のタイプが2区分ではなく段階的に多区分されていた場合，最良のグッド・ニュースを持つ企業がまず自発的に開示する。それを前提に，次にグッド・ニュースを持つ企業は，開示しないとバッド・ニュースを抱えてい

---

19)　柳川・藤田（1998），16頁。
20)　柳川・藤田（1998），17頁。
21)　松村敏弘（1998），371-373頁。

ると市場から看做されるので、自発的に開示する。これを繰り返せば、最悪のバッド・ニュースを持つ企業以外はすべて情報を開示するので、投資家はすべての企業の情報を得ることができる（開示しない企業は最悪のバッド・ニュースを持つと推測可能）。なお、この論理は、経営者が株主の利益を最大化するように行動しているか否かに結果が影響されない」というものである。

ところが、この基本モデルの論理について、次のような問題点があるという[22]。

① 経営者にとってグッド・ニュースなのかバッド・ニュースなのか分からないものであると、自発的に開示されるか否かが分からない。

② 開示のタイミングについてはまったく考慮されていない。経営者に適切なタイミングで情報を開示する誘因があるとは考えにくい。

③ 各企業は開示することが可能な市場の判断によってグッド・ニュースにもバッド・ニュースにもなり得るニュースを持っており、そのことを投資家が知っているという場合がある。例えば、ある企業で不適切な取引があったという事実が投資家に知られているが、その損害額は経営者にのみ知られているケースであり、投資家はその損害額を経営者が開示するか否かに着目している。この場合、グッド・ニュースとは、市場が予想する損害額よりも小さいもの、バッド・ニュースとは市場の予想する損害額よりも大きいものであり、経営者にとっては、市場の予想を正確に知らない限り、上記①と同様の状態になる。

④ グッド・ニュース、バッド・ニュースの他に、ニュートラル・ニュース（結果がどうなるか現時点では分からない）の存在を仮定する。ニュートラル・ニュースの開示方法が難しいため、企業はそれを自発的に開示しないとすると、グッド・ニュースを開示しない会社に対して、投資家は、バッド・ニュースとニュートラル・ニュースを持っていると判断することになる。その結果、ニュートラル・ニュースを持っている企業の資本コストは過大になり、バッド・ニュースを持っている企業の資本コストは過小になる。

---

22) 松村（1998），376–380頁。

140　第2部　市場と会計

このような市場参加者としての情報生産者のインセンティブの問題を想定すると，市場の質を改善するためには，グッド・ニュースを自発的に開示させるインセンティブよりも，バッド・ニュースを適切なタイミングで開示させる規制の方が重要ではないかと考えられる。

これも，市場参加者の行動の検討から言える会計社会の対応に関する1つの問題提起と言えよう。

7. 契約の不完備性と公平性

市場の質と会計社会の対応を検討するにあたり，経済学上の論議を多く参照してきた。そこでの経済学の基本的な分析手法は，①市場の効率性を市場の善し悪しの判断基準とすること，②市場参加者には合理的な判断基準があるという仮定があった。本章の最後に当たり，経済学が多く仮定する契約の万能性と公平性についての問題を検討してみよう。

契約の万能性とは，「当事者間で費用をかけずに交渉をし，〔契約を〕結ぶことができると仮定していることが多い。……そのため他人の決定や選択が何らかの損失や利潤の減少をもたらすのであれば，交渉によって選択の変更を求める……その結果，当事者間で効率的な決定や選択を実現することができる」，「当事者間の自由な選択および自由な契約によって，効率性が実現されるならば，それ以上の法的な規制は必要ない」[23]というものである。もし，資本市場における会計情報開示制度を法的規制に準ずるものと看做した場合，契約の万能性を仮定すれば，強制開示制度は必要ないということになる。

しかし，現実の市場では，さまざまな法的ルールが存在しており，契約の万能性の仮定を受容しがたい。むしろ，市場では，契約は不完備であると仮定する方が受け入れやすいであろう。契約の不完備な市場を前提にした場合，法的ルールが存在する理由として，柳川教授・藤田教授は，①不完備契約の補完，②契約作成コストの節減，③基本的フォーマットを提供することによ

---

23)　柳川・藤田（1998），8頁。

る交渉・合意のためのコストの節約などを挙げている[24]。

　本章のこれまでの議論でも，資本市場の買手側当事者（情報の利用者でもある）間の公平性の問題に関連して，情報の劣位者になる可能性があり，合理的な判断ができるのか否かにも問題がありそうな一般投資家を，どのように会計社会は扱うべきなのかについて言及してきた。機関投資家と一般投資家の不公平の解消に代えて，機関投資家や財務アナリストを念頭において情報を生産し，一般投資家（少数株主）は，ファンドへの投資を通じて資金運用したり，財務アナリストが作成する情報に基づいて投資決定することで情報の非対称に基づく不利な状況をリカバーするという方法がある（その結果，市場の質は高まるかもしれない。つまり，市場参加者の公平性と市場の効率性とは一致しないということである）。

　しかしながら，契約の不完備性を前提とすると，機関投資家と一般投資家との間の所得分配の不公平が解消されず，一般投資家が株式投資をしようとするインセンティブが下がってしまう恐れがあり，企業は適切な資金調達ができず，適切な投資決定を実現できなくなる。つまり，「少数株主保護のルールが（効率性の観点からも）より望ましい分配を作り出し，それが事前の株主のインセンティブに影響を与え，企業全体の効率性を改善するといった可能性が考えられる」[25]ということである。

　企業経営の効率性の向上は，市場を高質にするための条件の1つであった。取引参加者間の公平性をどのように取り扱うかは，市場の質と会計社会の対応の仕方を議論する重要な論点である。

---

24)　柳川・藤田（1998），12頁。
25)　柳川・藤田（1998），23頁。

142 第2部 市場と会計

【引用・参考文献】

井原哲夫（2001）『「才人」企業だけが生き残る』ちくま新書。

太田亘（1998）「インサイダー取引規制」三輪芳朗・神田秀樹・柳川範之編『会社法の経済学』第11章，東京大学出版会。

黒川行治（2005）「市場の質と会計社会の対応」『會計』（論攻）第167巻第5号（2005年5月），1-17頁。

パワー，マイケル著―岡野浩訳（2003）「監査社会」アンソニー・ホップウッド，ピーター・ミラー編著―岡野浩・國部克彦・柴健次訳『社会・組織を構築する会計』12章，中央経済社。

柳川範之・藤田友敬（1998）「序説　会社法の経済分析：基本的な視点と道具立て」三輪芳朗・神田秀樹・柳川範之編『会社法の経済学』東京大学出版会。

矢野誠（2005）『「質の時代」のシステム改革』岩波書店。

補論 3
会計情報の市場の規制論

1. 財務報告規制の経済学

　第6章で「市場の質と会計社会の対応」について論じた。そこで，これまで会計情報に関する市場の規制の賛否に関し，経済学的見地からどのような議論が行われてきたのかを振り返ることで，財務報告規制の問題についての一般的知見を深めておくことにしよう。以下の記述は，ハリー・I・ウォーク＝ジェームズ・L・ドッド＝ジョン・J・ロジスキー著，長谷川哲嘉・中野貴之・成岡浩一・菅野浩勢・松本安司・平賀正剛訳（2013）『アメリカ会計学』第4章「財務報告規制の経済学」，および，Harry I. Wolk＝James Dodd＝John J. Rozycki（2013），*Accounting Theory*, Chapter 4, "The Economics of Financial Reporting Regulation" を解釈・要約したものである。

2. 規制のない市場を支持する議論[1]

　まず，市場への規制に否定的な論者からは次のような論拠が示されている。

(2-1) エージェンシー理論
　所有者と経営者の関係について，エージェンシー理論が示唆する説を見てみよう。

---

1)　ウォーク，ハリー・I＝ジェームズ・L・ドッド＝ジョン・J・ロジスキー著―長谷川哲嘉・中野貴之・成岡浩一・菅野浩勢・松本安司・平賀正剛訳（2013），112-118頁。Wolk, Harry I.＝James Dodd＝John J. Rozycki（2013），pp. 108-112.

① エージェンシー理論は，企業をエージェンシー関係の束（交差点）と看做し，企業内でエージェンシー関係にある利害関係者がどのように自分たちの効用を最大化するかを調べることで，組織行動を理解しようとするものである。

② 所有者は経営者との目標の対立を最小化するような方法で，経営者と契約するように動機付けられる。経営者とのエージェンシー契約の監視にはコストがかかり，これらのコストは，経営者の報酬を減少させる。したがって，経営者は，所有者と対立しないことによって，監視のコストを低く抑えようとする誘因を持つ。

③ 定期的な財務報告と監査は，この監視の手段の1つであり，経営者が信頼性のある会計結果を所有者に報告することは経営者の評判を高め，良い評判は報酬を高くするはずである。

(2-2) 資本市場の競争圧力とシグナリングの誘因

資本市場から競争圧力を受ける企業の情報公開行動（情報の供給側）の理由を見てみよう。

① より信頼性の高い情報をより豊富に報告する企業に関しては不確実性が低くなるため，投資リスクが低くなる。すると，要求収益率も低くなるので，企業の資金調達力は改善される。そこで業績の良い企業は，自社の経営成績を報告する強い誘因を持つ。次に業績が良くも悪くもない企業は，報告を行わないとバッド・ニュースを持っていると解釈されてしまうので，自社の経営成績を自発的に報告する。こうしてバッド・ニュースを持っている企業のみが報告しないことになるが，結局，それらの企業も資本市場の信認を得るために業績を開示することになろう。この仮説がシグナリング理論の核心である。

② シグナリングには，利益数値の予想のサプライズと，利益予想を公表すること自体のサプライズの2つの側面がある。

(2-3) 私的契約の機会を支持する議論

次に情報の利用者（需要側）の理由を見てみよう。

① 企業に関する情報を本当に欲しがっている人は誰でも，その情報を得ることができる，すなわち，費用がかからない公開情報を超える情報も購入することができるならば，情報生産に関する最適資源配分が実現する。

② 証券市場は，有価証券の市場であるのと同時に，情報の市場でもある。投資顧問業や有料のニュース・レターを利用することで私的情報が得られるので，①の前提は満たされる。

3. 会計情報の市場への規制の擁護論[2]

一方，市場の規制に肯定的な論者からは，次のような論拠が示されている。

(3-1) 市場の失敗

規制の擁護論は，市場が失敗する要因を検討して，その論拠とすることが多い。以下，市場の失敗の原因を2つと会計情報の公共的性格に関する論拠を紹介する。

(1) 企業が情報の独占的供給者であること

① 市場が規制されていないと，情報の限定生産や独占的価格での情報供給の機会が生じる。開示が強制されれば，規制のない市場におけるよりも多くの情報が生産され，社会的コストは低減する。また，全員が企業に関する同じ私的情報を購入することは，資源の無駄である。

② 基本的情報のほとんどは企業内部会計システムの副産物として生産されるので，強制的な情報の生産コストは非常に低いかもしれない。なお，情報生産コストが低くないと仮定すると，財務報告コストは，所有者（利益を通じて）や消費者（財・サービス価格への転嫁を通じて）が負担することになる。

---

2) ウォーク＝ドッド＝ロジスキー著―長谷川・中野・成岡・菅野・松本・平賀訳（2013），118-126頁。Wolk＝Dodd＝Rozycki（2013），pp. 113-120.

（2）財務報告および監査の失敗

① 規制の緩い市場では，会計・監査基準が貧弱であり，会計方針の選択において経営者の柔軟性が高すぎ，監査人の怠慢によって財務報告の質は低くなり，さらに，監査人は不正を発見できないこともあって，より厳しい規制が求められる。

② 資本主義経済は，競争的な私的部門の資本市場に依存している。情報は資本市場のインフラの根幹である。（規制の結果得られる）良い情報は良い投資意思決定および資本配分をもたらす。さらに，資本市場の競争圧力は，短期的には一部の会社によるミスリーディングな報告を引き起こしかねないので，それを防止することは公益に合致している。

③ 会計規制はすべての不正や失敗を防止しようとしているのではない。より良い会計や監査がどれだけ要求されようとも，投資のリスクを完全になくすことはできないことに留意する。リスクは投資に固有のものである。

④ なお，規制の強化には，規制のコストを考慮する必要がある。如何なる規制にも，規制強化から得られる限界効用が規制を強化するための限界費用よりも小さくなる点が存在することに留意が必要である。

（3）会計情報の公共的性格

① 公共財は，一度生産されると，他者による消費機会を減少させることなく，消費することができる財である。一方，私有財には厳密な財産権があるため，非購入者は，その財の消費から排除される。

② 生産者がその財のすべての利用者に対して生産コストを内部化（または負荷）することができない場合，外部性が存在する。それ故に，公共財を生産する誘因が限定されるので，過少生産される。公共財の対価を支払わずに消費する人々がフリー・ライダーである。そこで，公共財の過少生産を防止するために，規制によって真の需要を満たすように公共財の生産を助成することが考えられる。なお，この場合，フリー・ライダーのコストは社会全体によって負担されることに留意が必要である。

③ 会計情報が公共財であれば，企業は自社に関する会計情報の生産・販

売に関する強い誘因がなく，自由市場では企業特殊的な情報の取引を私的に契約する機会は限定される。

④　財務報告の規制には，私的に捉えることのできない外部性（社会的価値）がある。第1は，企業間の会計数値の比較可能性の向上である。第2は，証券市場に対する信認の向上である。資本市場における情報リスクを減少させる役割を果たし，リスクのある投資に対する要求収益率の低減を通じて，社会にベネフィット（例えば，景気拡大の誘因）をもたらす。

(3-2)　社会目標としての市場の公平性

社会目標としての情報の対称性や比較可能性も規制を肯定する論拠となる。

①　市場の失敗がなくとも，社会は自由市場によっては満たされない何らかの目標達成を望むかもしれない。功利主義によれば資本市場の公平性は，すべての潜在的な投資者が同じ情報に平等にアクセスできる場合に機会の平等として実現する。これは投資家間の「情報の対称性（symmetry of information）」と呼ばれる（なお，功利主義に基づくと，より幅広く情報が行きわたるほど資本市場は競争的になると主張される）。インサイダー取引規制は，情報の対称性の原理に基づいており，資本市場の公平性に対する信認を確保するものである。

②　社会目標としての「情報の比較可能性（comparability）」（投資家が財務諸表を企業間比較に利用して評価を行う際の財務諸表の信頼性の確保）も主張される。

(3-3)　基準設定への成文化アプローチの根拠

基準設定を正当化する手段である成文化アプローチについて紹介する。

①　成文化の考え方（codificational viewpoint）は，基準設定プロセス自体の根本的な合理性とともに，そのシステムが時間経過とともに改善していくと期待されるという意味で進化論的である。そのため，それは，権威主義社会でなく，比較的開かれた民主主義社会において最も有効に機能する。

148 第 2 部 市場と会計

② すべての公開企業を拘束する規制によって財務会計を改善できるという前提は，基準設定組織のメンバーが，「正しい意思決定を行う能力，機会および願望を持っている（少なくとも，正しい意思決定を行わない願望を持たない）」ことが期待される。

③ 成文化アプローチによって開発された会計基準は，演繹的論理の観点からは必ずしも正確ではないが，それが意図した機能を十分果たしたかどうか（例えば，合理的なコストで利用者に情報を提供することにつながるのかどうか）に基づいて評価され，改善され続ける。

4. 規制支持論と自由市場論の比較

次に，前述した規制支持論と自由市場論の対応する論拠を比較検討することにしよう。

(4-1) 自社情報に関する独占的供給者としての企業

企業は自社に関する情報の独占的供給者である。このとき，企業は市場に対して自発的に情報を提供するだろうか，あるいは強制される必要があるだろうか。

（1）規制支持論

個々の投資者に同じ情報を私的に契約させ，独占価格を支払わせるよりも，社会が強制的に無料で開示要求した方が安価である。

（2）自由市場論

資本市場の競争圧力によって，企業は自社に関する情報を自発的に報告する誘因を持つ。個人には代替的な投資機会があるので，会社は独占価格を課すことはできない。シグナリング理論が有効に働く。

(4-2) 資本市場の競争圧力

自由市場の機能，とくに資本市場の競争圧力によって企業は自社に関する適正な情報を自発的に報告するだろうか。

（1）規制支持論

① 資本市場の競争圧力は，少なくとも短期的にはミスリーディングな報告を行う誘因を与える。ミスリーディングな報告をしてもペナルティを支払わなくて済むからである。

② 会計情報の公共財的性格やフリー・ライダー問題のため，私的契約の機会の実行可能性に疑問がある。

③ 規制は資本市場の公平性をもたらすので，社会的見地から望ましい。

（2）自由市場論

① ミスリーディングな報告は所有者が経営者とのエージェンシー契約に失敗しているからか，または，監査機能が十分に発揮されていないからであり，市場固有の問題ではない。また，基準設定プロセス自体に圧力がかかっても，それは多数決原理に基づく民主主義に共通する原因である。

② 企業によって自発的に開示されない情報であっても，私的契約を通じて得ることができる。

5. 会計規制の不完全性[3]

規制の不完全性に関する代表的な論拠を2つ紹介しよう。

（1）アローの不可能性定理

市場の失敗が存在する場合や自由市場が社会的目標と合致しない場合には，

---

3) ウォーク＝ドッド＝ロジスキー著─長谷川・中野・成岡・菅野・松本・平賀訳（2013），126-128頁。Wolk＝Dodd＝Rozycki（2013），pp. 120-121.

150 第 2 部 市場と会計

会計規制は正当化できるが，会計規制は，財務諸表の作成に用いられる認識・測定のルールを精緻化・統一化することに主眼があり，財務報告の特定の問題について独裁者の仮定をおかず，すべての利害関係者の選好を集約するような最適な解決策を提供できない。これが「規制のパラドックス（the paradox of regulation）」である。自由市場の価格決定システムが存在しない場合，社会的選好を決定する方法は存在しない。この悲観的な結論はアローの「不可能性定理（Impossibility Theorem）」の主題として知られている。

（2）公共財の過剰生産

　規制された市場で生産される公共財は補助金を受けるので，価格が低下し需要が最適量よりも多くなり，過剰生産される。一方，規制のない市場では公共財はフリー・ライダーの存在で生産の誘因が減退し過少生産される。情報は利用者にとってまったくコストがかからないため，利用者は多量の情報を需要する。会計情報も同様で，証券アナリストは企業に関する無料の情報に対して飽くことなき需要を持っている。また，会計基準設定者も情報の需要を見誤る危険があり，「基準の過剰生産（standards overload）」が生じる。

　そこで，フリー・ライダーを排除するために会計情報に価格を付すことが防止方策となる。SEC の EDGAR のような電子提出システムは財務報告書に対する財産権の創設に寄与し，利用者にアクセス料を課金できるようにする技術の端緒になろう。しかし，現在の開示システム（規制）は，情報の利用者ではなく企業にコストを課しているので，企業は製品・サービス価格決定を通じて，間接的に消費者にコストを転嫁しており，富の移転が生じていることになる。

6. 規制のプロセス[4)]

「公益（public interest）」には一意的な定義がないため，どのような政策が公益を最大化するのかを決定する規準はない。したがって，最適な会計規制を決定する方法は存在せず，本質的に政治的プロセスの結果となる。「経済学の利己主義モデル（the economic self-interest models）」が政治行動・規制行動を分析するために利用されてきた。規制された市場において，利害関係者は自己を有利にするために政治システムに影響を及ぼそうとする。

（1）規制の政治的性格

デュー・プロセス（適正な手続）の象徴は，規制機関がすべての利害関係者を審議に関与させようとする努力である。デュー・プロセスの欠如（またはデュー・プロセスが欠如しているように見えること）は，利害関係者の承認の程度を低くする。一方，「非公開アプローチ」は基準設定を外部の影響から遮断するので，良いものとする見方がある。また，デュー・プロセスのもとでの基準設定には時間がかかる。アローはこれを，「民主的手続きによる停滞（democratic paralysis）」と呼ぶ。

（2）規制行動

規制の「捕囚理論（capture theory）」と「ライフ・サイクル理論（the life-cycle theory）」は，規制対象グループが，最終的には，自己利益を促進するために規制プロセスを利用するようになると論じている。すなわち，こうしたことが起こるとき，前者によると規制プロセスは捕囚になったと看做され，また，後者によると，当初は公益のために行われるが，時間経過とともに規制対象グループを保護する手段となってしまうという。

規制機関自体の生存が，その政策が規制対象グループによってどれだけ認められているかに依存している場合があり，規制者の真の独立性を維持する

---

4)　ウォーク＝ドッド＝ロジスキー著―長谷川・中野・成岡・菅野・松本・平賀訳（2013），128–135頁。Wolk＝Dodd＝Rozycki（2013），pp. 121–126.

ことが困難となる。また規制機関と規制対象者との利害が一致する場合がある。しかし，利害関係が多様なことから，会計規制者は，その他の規制産業におけるよりも中立的態度を確保できるのではないかとする期待もある。

7. 利害関係者の行動の特徴

(1) 経営者の行動
代表的な経営者の行動仮説を3つ列挙する。
① 「ポリティカル・コスト仮説」によると経営者は利益抑制の会計基準に賛成する。
② 「経営者報酬制度仮説」によると経営者は利益拡大の会計基準に賛成する。
③ 経営者は作成コストを増加させる基準には反対する。

(2) 監査人の行動
一般的に，監査人は監査コストを減少させる規制に賛成し，主観的領域に監査対象を拡大する規制に反対（訴訟のリスクが増大するため）する。

被監査会社による監査人の捕囚の問題があり，これに対処するための方策として，「監査と経営コンサルティングとの分離」（SOX 法（サーベインズ・オクスリー法））が考えられる。また，被監査会社が保険会社に支払う「財務諸表保険（financial statement insurance)」（財務諸表に虚偽表示があった場合の株主への保険金の支払い，および監査報酬の支払い）の創設が提案されている。保険会社が監査法人を選定し，企業ごとの保険金と保険料を公表すると，保険料が財務報告の質の指標になるであろう。この場合，プリンシパル・エージェンシー（P-A）関係が保険会社（P）と監査人（A）に移行すると看做せ，監査人は保険会社の行動を想定して意思決定するようになるであろう。

（3）証券アナリストの行動

証券アナリスト（フリー・ライダーとしての）は，自分たちが投資調査やニューズ・レターに織り込むことができる新しい会計情報を欲する強い誘因を持っている。情報仲介者である彼らは公表情報を要約したものを提供するだけで稼ぎとなるからである。しかも，アナリストは，「無料の公的報告を通じて資本市場をより公平かつ競争的にすることにより，公益に合致した行動をとっている」と主張することができるので，彼らに対処することは，政治的に困難である。上記の主張は，情報生産コストの問題や会計規制の費用負担者の問題を無視していることに留意する必要がある。

8. 会計基準の経済的帰結[5]

会計基準は，利益や富の分配にも影響するために社会的かつ政治的な問題とならざるを得ない。会計基準案の「経済的帰結（economic consequences）」（企業，政府，労働組合，投資者および債権者に対する会計報告書の影響）として定義されるもので，誰が利益を得て，誰が損をするのかという観点から分析される。しかし，利害関係者として，企業，株主，証券アナリストに限定されたコストとベネフィットの比較に焦点があった。一方，「企業責任報告（corporate responsibility reporting）」は，「社会全体が企業に対して正当な（必然的に多元的な）利害関係を持っており，企業は，従業員やコミュニティとの関係，汚染の管理，労働安全衛生法や環境保護法の遵守を含む広範な企業活動に対して責任を負う」という主張に沿うものである。

経済的帰結に関する膨大な実証研究（例えば，社債制限条項や経営者報酬制度と会計方針選択問題）は，財務報告や財務報告規制の社会的コストとベネフィットの全体から見れば，非常に限られた側面にしか焦点を当てていない。財務報告の社会的コストとベネフィットをどのように計測すればよいかは理解されていない。

5）ウォーク＝ドッド＝ロジスキー著—長谷川・中野・成岡・菅野・松本・平賀訳（2013），136-138 頁。Wolk＝Dodd＝Rozycki（2013），pp. 126-128.

【引用・参考文献】

ハリー・I・ウォーク＝ジェームズ・L・ドッド＝ジョン・J・ロジスキー著―長谷川哲嘉・中野貴之・成岡浩一・菅野浩勢・松本安司・平賀正剛訳（2013）『アメリカ会計学――理論，制度，実証』同友館。

Wolk, Harry I.＝James Dodd＝John J. Rozycki（2013）, *Accounting Theory: Conceptual Issues in a Political and Economic Environmental*, 8th edition, SAGE Publications.

第7章

機関投資家と市場を非効率にする要因
——解説文献の要約——

1. 情報の主たる利用者としての機関投資家

これまで会計基準を構想する場合，情報の利用者として「一般投資家」という抽象的概念を用いてしばしば議論を進めてきた。ここで言う一般投資家は，会計情報に関し十分な理解力を保有すると仮定されており（「ソフィスティケイトされた投資家」），個人投資家と機関投資家の種別がある。もっとも，個人投資家もファンドの購入，年金基金への拠出，年金保険の購入などを通じて資金運用している場合には，個人自ら個別銘柄の株式などに対する投資意思決定をするわけではない。したがって，会計情報の投資意思決定への役立ちを論じるときには，機関投資家がどのように会計情報を用いて投資意思決定し，市場の動向に影響しているのかを念頭におくことが重要である。そこで本章では，投資意思決定主体としてソフィスティケイトされた一般投資家という抽象的概念ではなく，より具体的な機関投資家（ファンド・マネジャー，アナリストなど）を想定し，資本市場と会計情報との関連を理論および実態の両面から検討しよう。とくに，行動ファイナンス理論については，解説文献を参照し，仮説を要約紹介するものである[1]。

---

1) 本章は，黒川行治（2008）（2009）（2015）をもとに加筆・修正している。

156　第2部　市場と会計

2. 投資関連業界（ファンド・マネジャー，アナリストなど）の構造問題

　資本市場の構成員，投資関連業者は，年金基金や一般投資家から資金を預かって運用する側（「バイ・サイド」と呼ぶ）と，その運用者から売買の注文をとって手数料を稼ぐ側（「セル・サイド」と呼ぶ）に分類される。バイ・サイドには生命保険会社，信託銀行，投資信託（ファンド）運用会社，投資一任契約を行う投資顧問などの機関投資家，セル・サイドには証券会社がある。

　投資関連業界に対して，一般的に指摘されてきた構造問題として，①委託・受託関係の連鎖が長いこと，②利益相反の状況も見られることの2点がある。

(2-1) 長い委託・受託関係の連鎖

　銘柄別に証券会社の個人営業部門などからの情報を得ながら事業会社の株式や社債に投資し，部分所有者として株主総会での議決権の行使や配当の受領をする個人投資家の他に，ファンド取得や年金基金への加入により，間接的に事業会社の株式などへの投資をする個人（従業員や小会社の経営者などの市民）が多く存在し，現代の資金運用は，後者の手段・経路が量的に圧倒していると言える。この個人（市民）の間接的持分保有という投資形態は，個人（市民）と機関投資家との間の委託・受託関係の連鎖が長く，かつ，途中における有効な説明責任の履行や役員選出権などの権利の履行（実行）が保証されないという特徴が挙げられる。年金基金を例にとって，委託・受託関係の連鎖を考えてみよう（図7-1）。

　第1に，市民は老後の生活費の貯えとして，賃金の後払いである退職給付を年金基金に委託して資金を運用する。当該資金について，市民を委託者，年金基金の理事などを受託者とする委託・受託関係が成立する。この契約では，委託者である年金制度の加入者は，基金の理事の選挙権を持たないのが一般的である。

　第2に，年金基金の理事は，投資顧問会社と契約し，年金資金の運用のポートフォリオに関する投資推奨案をもとに，運用決定する。したがって，

図7-1 年金基金における委託・受託関係の連鎖

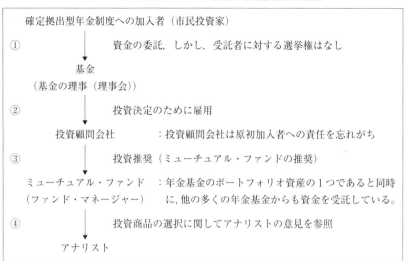

出典：黒川行治（2009），29頁。

基金の実際の運用に当たって，基金の理事（加入者の代理）を委託者，投資顧問会社を受託者とする委託・受託関係がある。

第3に，投資推奨され，実際に年金基金のポートフォリオの一部となったミューチュアル・ファンドは，投資顧問会社を通じて，基金理事（加入者の代理）を委託者，ファンド・マネージャーを受託者とする委託・受託関係となる。ミューチュアル・ファンドは，他の多くの年金基金においてもそのポートフォリオの一部となっている。

第4に，ファンド・マネージャーは，ファンドの運用ポートフォリオ決定に関して何人かのアナリストの意見を参照する。したがって，基金の理事—投資顧問会社—ファンド・マネージャーを経て，市民の資金の運用はアナリストに委託されるという第4の委託・受託関係を想定することもできよう[2]。

(2-2) 経済的動機

市民から資金を受託し，市民の将来の支出に対する資金の貯蓄機能を担う資産運用業界には，次のような経済的・構造的問題点があると指摘されている[3]。

① 資産運用会社が銀行などの子会社の場合，親会社の銀行などが，資産運用会社の顧客と利益相反する場合があること。例えば，ファンドに組み込み，議決権行使のために一票を投じることになる会社から，収益性の高い投資業務（例えば，社員向け401K，年金制度の運用）を親会社や自社の他の部門が受注しようとするかもしれず，ファンドに組み込んだ会社に対する監視が甘くなること。

② ファンド運用会社に支払われる報酬は，運用資産額に一定率を掛け合わせた金額であり，資産運用成績ではない。運用成績は，相対的収益率（市場インデックスなどのベンチマークとの比較）に基づくので，自己のファンドに組み込む上でアンダーウェイトした会社が業績不振になると，ファンド成績はマイナスとなるが，マネージャーの評価は，市場インデックスよりも良くなる場合もあること。

③ ファンドの格付けが四半期ごとに実施され，通常，過去1年間と3年間の運用成績が評価対象となる。ポートフォリオ・マネージャーやアナリストのボーナスは，四半期または1年間の相対的収益率の結果に基づいて算定される。したがって，長期的保有から短期的投機を重視するようになること。

④ 株式所有業務（議決権行使や必要に応じた経営関与）と株式売買業務とが分離され，ポートフォリオ・マネージャーは，取締役会の質といった主観的な問題を調べる必要性を感じないかもしれないこと。

このように，資産運用業界には，利益相反が起こり得る構造的問題や短期的投機などの経済的動機があるかもしれないと指摘されている。

---

2) デイビス，スティーブン＝ジョン・ルコムニク＝デビッド・ピット–ワトソン著―鈴木康雄訳（2008），116–122頁。このような，英米を先駆とする，機関投資家を経由した個人（市民）の投資，会社所有を，スティーブン・デイビスらは「新資本家」の誕生と呼ぶ。現代の株主は，年金加入者などをはじめとする貯蓄者であり，庶民が世界的巨大企業を所有しているとも考えられ，「市民企業」の誕生とも言える（デイビス＝ルコムニク＝ピット–ワトソン著―鈴木訳（2008），80–81頁）。

3) デイビス＝ルコムニク＝ピット–ワトソン著―鈴木訳（2008），105–116頁。

3. 市場の効率性とファンダメンタル分析

　趙家林教授が「市場の効率」について，市場に参加する投資者のファンダメンタル分析とその前提とする市場に関する仮定などを的確にまとめている。以下では，その論文の骨子を要約することから始めよう。

(3-1) ファンダメンタル分析の前提

　ファンダメンタル分析を行い，「バリュー投資」を行うことに意義を見出す学派は，以下の8つの前提をおいているものとされる[4]。

① 人間は認知能力および判断能力に限界がある（限界のある合理性）。

② 市場における流動性（売買の容易性）はファンダメンタル価値に影響しない（上場株式と非上場株式は，収益力や配当支払能力が同じであれば，ファンダメンタル価値は同一である）。

③ 価格と価値は異なる。価格とは支払う対価であり，ファンダメンタル価値とは投資した資金から得られるリターンの合計である（債券はクーポンと元本の合計，永久保有の株式は配当の合計）。

④ 株式とは将来のリターンに関する請求権であり，部分的所有権の証書でもある。投資目的で株式を買うことは，ビジネスの部分的共同所有者になることであるから，事業内容，経営者の素質と能力，それらの将来性を知ることが大切である。財務諸表も，それに応じて，資産状況，財務内容の事実を知る手段となるだけでなく，経営者の素質や能力を知る手がかりでもある。

⑤ 債券が不償還になったり，所有するビジネスが経済的ダメージを受け収益力を失うことがリスクであって，価格の変動は投資リスクではない。リスクとはファンダメンタル価値の毀損である。

⑥ 投資のリターンを計算する際には，インフレーションによる購買力の

---

4) 趙家林 (2007)，8-9頁。趙教授は，価格と対比する価値を「内在価値」と記述しているが，本章では，他の節で使用する用語と合わせるため，ファンダメンタル価値と記述した。「内在価値」という名称の持つニュアンスが若干損なわれる感もあり，呼称変更の責任は黒川にある。

160　第2部　市場と会計

減少を考慮して測定する必要がある。

⑦　経営者が誠実で有能であることが，重要な投資判断指標である。

⑧　投資を行う際には，価値判断，市場対策，リスク管理について勘案しなければならないが，それらの計算結果の精密さよりも，正しい目安と算式の背後にある論理関係の把握が大切である。

(3-2)　効率的市場理論の前提

　分散投資によるリスク管理を前提に，主としてベータ（β）をリスク尺度に用い，最も受動的かつ典型的な投資形態がインデックス・ファンドであるという主張は，効率的市場理論に基づいている。効率的市場仮説の前提は以下のようなものである[5]。

①　合理的経済人を仮定する。

②　合理的経済人である市場参加者の行動は，需要と供給との関係で即座に価格を修正する。

③　ファンダメンタル価値と価格は一致する。ファンダメンタル価値は存在するが，人々が利用可能なあらゆる情報を利用して合理的な予想を行おうとする限り，その平均値については正しい予想ができる（主観的確率の集合が客観的確率と等しい）。

④　株価の変動はランダム・ウォークである。価格と価値（新たな情報（どんな情報が出現するのかは分からない）を織り込んだファンダメンタル価値）との乖離を利用して人々が株式を売買するので，価格と価値との乖離は即座になくなり（サヤ抜きの機会はすべて利用されてしまうので），結果として価格は予測不能になる。

⑤　ある会社の株価変動率と市場平均株価変動率との相関関係をベータ（β）と呼称する。ベータは，市場平均株価変動に対する個別会社の株価変動の感応度である。合理的経済人の付けた市場平均株価よりも大きく変動するような株価を持つ会社は，リスク（ファンダメンタル価値の変動リスク＝株価の分散リスク）が大きいので，リスク回避型効用関数を仮

5)　趙（2007），12-18頁。なお，黒川の解釈で一部補った記述をしているので，誤解の責任は黒川にある。

定する限り，現在の株価が下がっているはずであり，結果として，当該リスク・プレミアムだけ，市場平均よりも投資リターンは大きくなるはずである。そこで，このベータをポートフォリオ投資にリスク指標として用いる。

⑥　ベータの推定に実績値（過去の個別銘柄と市場全体の収益率）を用いて計算することから，歴史が繰り返す（時間経過に伴うリスクの変動はない）ことを仮定していることになる。

効率的市場理論に依拠すれば，個別銘柄（それぞれの会社）の将来の株価変動は，それぞれの会社が実現するファンダメンタル価値の変化（実現する業績）に依拠し，管理不能であるが，ポートフォリオ投資を行うことで，個別銘柄固有のリスクを理論的には 0（ゼロ）にすることができるので，ベータを主として使用した分散投資を行うことになる。

4.　ファンダメンタル分析に関する諸議論

(4–1) ファンダメンタル分析がうまくいかない理由

バートン・マルキールは，ファンダメンタル分析に基づく株式投資の有効性に対して疑問を持ち，自身は市場インデックス・ファンドへの投資が賢明であると主張している。何故，ファンダメンタル分析は有効でないと言えるのか，彼の主張を参照してみよう[6]。

「投資」とは，配当や金利，賃貸料など，かなり確実性の高い収入を得ることができる手段で利益をあげること，および長期間保有して値上がり益を得ることを目的とした金融資産の購入である。「投機」との区別基準は，どのような期間で投資リターンを考えるのかをはっきりと意識しているか否か，リターンが合理的に予測できるか否かの 2 点である。投資がもたらすリターンは，将来何が起こるかに依存することから，投資に成功するかどうかは，

---

6)　マルキール，バートン著―井手正介訳（2007），第 1 章。

将来を予測する能力によって決まる。将来予測をするための資産価値評価の基準として，「ファンダメンタル価値」理論と「砂上の楼閣」理論の2つがあると言われる。

ファンダメンタル価値理論では，株式には「ファンダメンタル（本質）価値」と呼ばれる絶対的な価値があり，それは現状分析と将来予測を注意深く行うことによって推定できると仮定する。本質価値は，現在の配当の水準とその増加率によって決まる将来キャッシュ流列の割引現在価値である。したがって，将来の利益予測（成長率予測）が重要となる。

他方，ケインズによって主張された「砂上の楼閣」理論は「美人投票」論（最適な投票戦略は，自分が美人と思う候補を選ぶのではなく，何がコンセンサスになるかということに関する，不特定多数の参加者の平均的な見方を予測することである）として有名であり，優れた投資家は，どのような市場の状況が大衆の砂上の楼閣づくりを引き起こすかを探り当て，一般投資家が気付く前に投資する。

「砂上の楼閣」理論については，行動ファイナンス理論に関する後述の検討で見ていくこととして，まずもってファンダメンタル価値理論の内容を確認していこう。ファンダメンタル分析がうまくいかない理由として，以下の3つが指摘されている[7]。

① 情報や分析（将来の成長率予想）が正しいとは限らない。

② 情報や予想が正確でも「価値」の推定を間違う可能性がある（本質価値の予想方法は分からない）。

③ 市場も「間違い」を速やかに訂正するとは限らない（本来あるべき価格にサヤ寄せされないことがしばしばある）。市場の株価収益率や成長に対するプレミアムは，センチメントの変化（振れ）により変動する。

---

7) マルキール著―井手訳（2007），第5章。
　　なお，セミストロングおよびストロング型の市場の効率性が成立するとファンダメンタル分析は無意味になる。企業の利益や配当の期待成長率に関する情報や，その他の情報でファンダメンタル分析の分析対象となるようなものはすべて，株価に適正に織り込まれている（非常に素早く反応する）からである。したがって，市場平均と同じ内容のポートフォリオでも，プロフェッショナル・アナリストによって運用されるものと変わらないパフォーマンスを上げられる（マルキール著―井手訳（2007），239頁）。

（4-2）証券アナリストが予想を誤る要因

　将来予想のプロであり，将来予想の主たる担い手である証券アナリストが予想を誤る要因として，以下のものが挙げられる[8]。

① ランダムに発生する事件が影響すること。

② 会社が「クリエイティブな会計手法（creative accounting）」を通じて，正確な利益を報告しないこと（例えば，いかがわしい利益の捻出）。

③ 多くの会社が，会計原則に基づいて計算された実績値としての利益ではなく，「プロフォーマ（予定）」利益（プロフォーマの計算に際して，企業は経常的には発生しないある種の費用を無視する。この計算にはルールはない。プロフォーマは，「すべての悪材料控除前」利益とも呼ばれ，企業は「特別な」，「異常な」，あるいは「毎期繰り返し発生しない」あらゆる費用を除外する自由を認められている）を強調・発表し，アナリストもこのプロフォーマ利益を無視し得ないこと。

④ 証券アナリストの基本的能力の不足。また，大勢に従って行動して失敗する方が，革新的に行動して成功する（一人だけ失敗するリスクがある）よりも，往々にして，（長期的に見れば）高い評価を得られる可能性が高いことから，経営者の発言を鵜呑みにしたり，他者の予想と合わせる傾向になること。

⑤ セールス活動にかかる拘束（それによって，財務諸表の分析や担当企業の財務担当者と過ごす時間が少なくなる）と運用部門への人材流出で人数が減少すること。

⑥ 株式売買手数料が自由化される 1970 年代以前は，個人向けブローカー業務（株式売買の仲介）が最大の収益源であり，アナリストは個人および機関投資家のために仕事をしていた。しかし，現在の証券会社は，新規公開会社やすでに公開している会社の資金調達のための証券発行引受業務，ならびに資金調達手段，事業および財務リストラ，M&A などに関するアドバイス業務が最大の収益源となっている。このため，投資銀行業務との利益相反により，「売り推奨」がほとんど見られないこと。

---

8) マルキール著―井手訳（2007），第 7 章。

164 第2部 市場と会計

なお，インターネット・バブルの企業不祥事を受けて成立したサーベインズ・オクスリー法によって「公正開示」ルールが制定され，アナリストにとって情報の優越性は以前ほど大きくはない。

(4-3) 効率的市場理論に基づく投資——リスク尺度の多様化

ファンダメンタル分析の有効性には疑問があり，結局のところ，リターンを高めるには，リスクを大きくする以外には手段はないとすると，効率的市場仮説を前提にポートフォリオ分散投資を行うことになる。

しかし，ベータにも限界があることが指摘されている。例えば，資本市場をどのように捉えるかによって，得られるベータ値は大きく異なってくる。また，投資範囲（リスクの範囲）は，株式市場に限定されない。そこで，「より完全なリスク尺度」はあるのかが問題となった。ベータ以外に有力と思われるリスク尺度には以下のようなものがある。

① 国民所得，金利，インフレ，為替レートなどの変化に対する感応度
② 証券アナリスト間の予測の一致の度合い（将来の利益や配当の成長率について証券アナリスト間に強いコンセンサスがある企業は，意見がなかなか一致しない企業よりもリスクが低く，リターンも低い）
③ ファーマとフレンチの3変数モデル（ベータ，規模，株価純資産倍率）
④ 規模（小型株はリターンが高い），株価収益率（株価収益率の低い株はリターンが高い），株価純資産倍率（純資産倍率の低い企業のリターンは高くなる）

また，CAPM（資本資産価格モデル）以前には，個別の証券のリターンは，その証券の値動きの不安定性（その証券が生むリターンの変動性（標準偏差）の大きさ）すなわち「総リスク」で決まると考えられていた。しかし，CAPMの登場により，この総リスク自体は株価形成に重要な役割を果たさないと看做されたのであるが，総リスクが株価形成プロセスで何らかの役割を果たすのかもしれない。例えば，取引コストや情報コストがかかるため，個人投資家のポートフォリオの多くはあまり分散されていないであろう。個人投資家は，個別証券の総リスクに強い関心を持っている。さらに，広く分

散投資している機関投資家も前期の運用成績を詳しく財務委員会に報告するときには，個別銘柄の動きを気にするかもしれない[9]。

5. 行動ファイナンス理論と投資の心理学の仮説

(5-1) 効率的市場仮説と行動ファイナンス理論の前提

　効率的市場理論の前提は，「投資家は全体としては投資対象となる株式の現在価値を合理的に推定して売買しており，市場では常にその銘柄の将来の利益や配当見通しを適切に反映した，公正な株価が形成されているはず」というものであった。ここで，重要なのは，市場に参加する投資家のすべてが合理的経済人ではなくとも，市場は効率的になるであろうと仮定していることである。つまり，合理的でない一部の投資家の存在を許容しているが，その行動はランダムなインパクトしか持たないため，決して効率的な株価形成の妨げにはならない。また，非合理的な投資家の非合理的な行動によって株価形成に歪みが生じたとしても，合理的な投資家が必ずそれを修正する売買を行うために，効率的な状態が回復されるとするものである[10]。

---

9)　マルキール著―井手訳（2007），第9章。

　　ここで，ベータ（β）に依拠するポートフォリオ理論を復習しておこう。
・ベータは，個々の銘柄やポートフォリオのリターンの動きと，市場全体のリターンの動きとの相関関係を見る指数である。市場指数のベータを1と想定し，ある銘柄のベータが2であれば，その株式は平均して市場の2倍揺れ動く。市場が10％上昇すればその銘柄の株価は20％上昇する。
・非システマティック・リスクとは，個別企業に特有の要因によって引き起こされる株価の変動性のことであり，大規模な新規受注の獲得，有望な鉱脈の発見，労働争議，不正の発覚といったニュースによって，市場とは独立に動く部分である。非システマティック・リスクは分散投資によって取り除くことができる。よく分散された60の銘柄を組み込むと，非システマティック・リスクはほとんど市場と同じように動く。
・ベータが1.5の銘柄を60以上組み入れたポートフォリオは，市場よりも平均的に50％変動が大きい。
・総リスクのうち，非システマティック・リスクは，分散投資によって取り除くことができるので，非システマティック・リスクを負うことに対して，プレミアムが支払われると考える理由はない。CAPMでは，リターンやリスク・プレミアムはシステマティック・リスクであるベータとの関係で決まる。

166 第2部 市場と会計

　このような効率的市場理論の前提・仮定に対し，行動ファイナンス理論では，異なる帰結をもたらすと仮定するので，以下に検討することにしよう。

　行動ファイナンスとは，人間の心理的要因がどのようにファイナンスに影響するかを研究するものであり，ファイナンスに関する実務家の実際の行動がファイナンス理論に基づく合理的な意思決定とはしばしば異なるという現象を発見し，その現象を逸脱行為と看過するのではなく，背景となる要因を心理学の側面から解釈しようとするものである。実務家とは，ポートフォリオ・マネージャー，証券アナリスト，インベストメント・バンカー，投資家そして企業の経営陣など，ファイナンスに携わる広範囲な関係者のことである。

　行動ファイナンスには，大きく3つのテーマがあると言われる。

① 　実務家は，「経験則（ヒューリスティックス（heuristics））」に基づいて行動するが故に誤りを犯すのではないか。例えば，データ処理の際，伝統的ファイナンス理論が，「適切かつ正しく，統計的なツールを使用する」と仮定するのに対して，行動ファイナンス理論では，「ヒューリスティックスに起因するバイアス」が生じていると仮定する。

② 　実務家はリスクとリターンを認識するとき，実質だけでなく意思決定問題の記述方法（フレーム（frame））によっても影響を受けるのではないか。これを「フレーム依存性（frame dependence）」と呼ぶ。一方，伝統的ファイナンス理論では，物事を見る枠組みは明瞭であるという意味の「フレーム独立性（frame independence）」が仮定されている。

③ 　経験則に基づく誤りと意思決定のフレーム依存性が，市場で成立する価格に影響を与えるのか否か。伝統的ファイナンス理論が仮定する効率的市場仮説（「市場価格とファンダメンタル価値は一致する」）に対して，

---

10) マルキール著―井手訳（2007），291-294頁。なお，アービトラージ（裁定取引）の厳密な定義は，同一の財が2つの市場で異なる値で売買されている時，一物二価の状態をうまく利用して利益をあげることであるが，広義には，①同じような利益，配当見通しの同一業種のライバル会社間で，両社の株価収益率に大きな差がある場合や，②交渉中の買収・合併案件で，高い株価が付いている会社の株式と交換の可能性のある他の会社の株価がかなり低い場合の取引，③さらに，ファンダメンタル価値に照らして割安と思われる銘柄を買い，同時に割高と思われる銘柄を売るような投資戦略も含まれる。

行動ファイナンス理論では，ヒューリスティックスに基づく誤りと意思決定におけるフレーム依存性が無視できるものではなく，市場で成立する価格に影響を与え，「市場価格はヒューリスティックスに起因するバイアスとフレーム効果によりファンダメンタル価値から外れる」，すなわち「非効率的市場」を仮定する[11]。

(5-2) ヒューリスティックスに起因するバイアス

ヒューリスティックスとは，「人々が自分の力で，通常，試行錯誤を通じて事象を理解していく過程」である。試行錯誤はしばしば経験則を作らせるが，この過程において系統的誤りの基になっている原理が明確になってきた。なお，経験則自体もヒューリスティックスに含まれ，心にすぐ浮かぶ出来事の数によって発生頻度を判断するという「経験則」もヒューリスティックスと呼ばれている[12]。代表的なヒューリスティックスに基づくバイアスを，以下に列挙してみよう[13]。

① 利用可能性ヒューリスティックス（availability heuristics）：情報が容易に利用可能であるかどうかを判断基準とする意思決定規則を言う。

② 代表性（representativeness）バイアス：ステレオタイプに基づく判断のこと。例えば，「平均への回帰現象の度合いを勘案しないこと」[14]によって，投資家は，勝者株（リターンの良かった株式）が，その後も勝者になると予想する傾向（バイアス）がある。一方，「大数の法則」を誤解して，サンプルの少ない事象に対しても平均回帰を当てはめ，不適当に株価の反転を予想する傾向があり，これは「ギャンブラーの錯誤（gambler's fallacy）」と呼ばれている[15]。

③ 過信：人々が過信をしていると，予測における信頼区間（最高値と最

---

11) シェフリン，ハーシュ著—鈴木一功訳（2005），5頁。
12) シェフリン著—鈴木訳（2005），17頁。
13) シェフリン著—鈴木訳（2005），18-28頁。
14) 平均への回帰現象は，将来リターンが歴史的な平均リターンに近くなることを示しているが，平均リターンを下回ることではない。
15) 大数の法則は少数のサンプルでは当てはまらない。高いリターンが得られる市場が長く続いた後，平均以下のリターンが必ずしも起こるとは限らない。時系列推移の自己相関は，正の場合が多い。

低値の幅）が過度に狭くなり，結果として予測がはずれる傾向のことである。

④ 係留（anchoring）と調整，保守主義：最初の予測において特定の情報に基づき自己の初期の信念が形成されると，新しい情報に対して，十分に反応しなくなる。例えば，アナリストが業績予測をする場合，新たな業績発表数値が十分に次の業績予測に反映されないので，高業績後の次の業績発表数値は予想以上となり，低業績後の次の業績発表数値は予想以下となる傾向がある。

⑤ あいまいさの忌避（aversion to ambiguity）：よく分からないことよりもよく分かっていることを好む。未知への恐怖である。

以上のバイアスでは，感情と認識の両方の要素がヒューリスティックス現象に反映されていると思われる。

また，「群れの心理」という現象もある。一般的には，グループとしての判断の方が，一人ひとりの判断よりも優れていることが多い。より多くの情報が共有され，より多面的な見方が考慮に入れられ，より多くの人が議論に参加するほどより良い判断ができるからである。

しかし，群集行動の非合理性の1つとして「集団思考」がある。個々人が集団で行動することによって，ある間違った考え方が訂正されるどころか増幅されて，あたかも正しい考え方であるかのように広く共有される現象を言う。例えば，インターネット・バブルを説明したロバート・シラーの「根拠なき熱狂」によると，「このプロセスは，『ポジティブ・フィードバック（順張り投資）の回路』を通じて，自己増殖する」という。株価が上がり始めると，より多くの投資家がゲームに参加し，そのことによってより多くの投資家が潤い，ますます多くの投資家を惹き付ける。この集団行動はナイーブな個人投資家にかぎらずファンド・マネージャーも同じ行動を取るので，皆が同じ銘柄に集中しがちになる（「流行モデル」）[16]。

(5-3) フレーム依存性

次に，フレーム依存性の影響で生じる仮説を挙げてみよう[17]。

① 損失回避（loss aversion）：人々にはある種の損失を避ける傾向がある。例えば，損失の確定を忌避するために追加の投資を続行するのは，プロスペクト理論（prospect theory）における損失領域でのリスク愛好の結果と解釈できる。

② 並立的（concurrent）意思決定：2組の並立する意思決定問題が与えられた場合，2つの意思決定を別々の心の口座に入れてしまうので，正の領域でのリスク回避と負の領域でのリスク愛好の問題が生じ，2つの問題を当初から合成して意思決定した結果と比べて不合理になることを言う。

③ 快楽的編集（hedonic editing）：投資家はある特定のフレームを他のフレームよりも好む傾向がある。例えば，損失が生じている株式を売却させ（損切り），その資金を別の株式に投資させるように説得する場合，「資産の移転」という言葉を使うと投資家を説得（誘導）しやすくなる。

④ 人々のリスク許容度は一様ではなく，状況によって変わる：損失経験後はリスク回避的になり，利益経験後はリスク愛好の傾向が強まる。

---

16) マルキール著—井手訳（2007），294 頁-308 頁。

これは，裁定取引（アービトラージ）の限界でもある。空売りによる裁定取引を実行するための適正なヘッジ手段（購入しておく代替商品）が万全とは言えない点もある。さらに，アービトラージャーと見られているヘッジ・ファンドが，裁定取引をせずに，群集心理を読んで，投機相場を助長するポジションを取ることもある（マルキール著—井手訳（2007），314-318 頁）。

なお，ヘッジ・ファンドには，さまざまな性格のものがあり，グリーンメイラーのようなヘッジ・ファンドもあるが，純粋なアクティビスト・ファンドや，リレーショナル・インベストメント（株主として経営に積極的に関与して経営改善を図り，株価上昇を通じて利益をあげようとする投資手法）を手がけるヘッジ・ファンドもある。共通する性質は，絶対的利益が出資者から求められていることである（デイビス＝ルコムニク＝ピット-ワトソン著—鈴木訳（2008），138-140 頁）。

17) シェフリン著—鈴木訳（2005），32-43 頁。

なお，行動ファイナンスのパイオニアであるダニエル・カーネマンとエイモス・トベルスキーが共著で 1979 年に『エコノメトリカ』に発表した「プロスペクト理論：リスク下の意思決定の分析」（Kahneman, D.＝A. Tversky（1979））と 1984 年に『アメリカン・サイコロジスト』に発表した「チョイス，バリュー，フレーム」（Kahneman, D.＝A. Tversky（1984））は，その後の研究発展に大きな影響を与えた代表的成果であり，私は米国イリノイ大学に留学していた 1986 年にそれらの論文を読んだのを思い出す。プロスペクト理論については黒川（1991），黒川（2015）で紹介している。

⑤　フレーム依存性は認知的側面と感情的側面から構成される：認知面は，人々が自己の情報をどのように組織化するかに関係し，感情面はそうした情報を記録する際に，人々がどう感じるかに関係する。例えば，前者の例として，保有する株式の価格が上昇中の現金配当はキャピタル・ゲインとは別個に認識される。一方，株価が下落中の現金配当はキャピタル・ロスと一緒に認識され，キャピタル・ロスに対する緩衝材として，「一筋の光」となるので，現金配当は投資家にとって好ましい。

⑥　セルフ・コントロール（self-control）：感情を制御することである。例えば，高齢の投資家は，自己の資産を早く使いすぎて，自分の寿命よりも資産が先に無くなってしまうことを恐れるので，浪費の衝動に負けないように自らに規則を課そうとする。「元本を食いつぶすな」とは，その規則の１つである。社会保障や年金だけでは消費支出を賄うに足りない場合はどうするのか。そこで，配当を収入というフレームで考え，高配当率の株式を選択し，配当を消費することで安心する。

⑦　後悔（regret）：損失に対して自分に責任がある（正しい意思決定をしなかった）と感じることからくる痛みなので，損失の痛み以上に辛い。そこで，将来後悔する可能性を最小化するべく意思決定する傾向を言う。例えば，売却可能株式が将来値上がりすると，それを実際に売却した後で後悔することになるので，売却せずに配当の範囲で消費支出を賄うことを選択する。

⑧　貨幣錯覚（money illusion）：インフレーション時においても，人々の自然な思考方法は名目価値を基礎にして考えることなので，感情的反応も名目価値によって動かされ，インフレーションの補正をしないで意思決定をする。

（5-4）非効率的市場仮説の例示

　ヒューリスティックスに起因するバイアスとフレーム依存性によって，市場が非効率になる原因（仮説）を列挙しておこう[18]。

---

18)　シェフリン著—鈴木訳（2005），46-58 頁。

① 代表性ヒューリスティックスに由来する効果：敗者株式ポートフォリオが勝者株式ポートフォリオよりも累積平均超過収益が高い。この現象について，ファイナンス理論では，敗者株式は勝者株式よりもリスクが高いので，高いリターンが得られると説明する。一方，行動ファイナンスでは，敗者株式の評価が過度に悲観的になるので，敗者株式の取得原価は低くなるが，反対に，勝者株式の評価は過度に楽観的になるので，勝者株式の取得原価が高くなる傾向があると説明する。

② 係留と調整，保守主義に由来する効果：最直近の業績発表と予想との乖離幅に基づいて形成した10種類のポートフォリオの業績発表後の累積平均超過収益の推移を見ると，業績発表が予想を上回るポートフォリオほど，市場平均よりも累積平均超過収益は大きくなり，反対に，業績発表が予想を下回るポートフォリオほど，市場平均よりも累積平均超過収益は小さくなる。この現象をファイナンス理論では，予想を上回る業績発表をする会社は，業績が予想を下回る会社よりもリスクが高いからと説明する。一方，行動ファイナンスでは，アナリスト予想が直近の業績発表情報を十分に反映していないので，業績予想に対する上方乖離がある場合にはその後も上方乖離する業績発表が続く傾向があり，反対に，下方乖離がある場合にはその後も下方乖離する業績発表が続く傾向があることに由来すると解釈する。

③ 近視眼的損失回避（myopic loss aversion）に由来する効果：損失回避のために投資家はリスクと比較して過度に株式投資を避ける傾向がある。この現象について，行動ファイナンスの理論では，株式価格の一時的下落を頻繁に観察することで株式投資に対する嫌悪感が増し，株式保有が嫌われてきたと解釈する。そこで，投資家は，自分のポートフォリオのパフォーマンスを確認する頻度を大幅に減らすことで，株式保有に対する安心感を大きくすることができると言う。

④ 利用可能性ヒューリスティックスに由来する効果：予期しない損失に関する主観的確率は時間経過とともに変化する。すなわち，予期しない損失が発生した直後においては，主観的確率は突如として大きくなる。例えば，車の運転をしていて，自動車事故を目撃した後，自動車事故の

172 第2部 市場と会計

確率が高まったかのごとく運転が慎重になったり，飛行機事故の後，飛行機を使った旅行が不安になったりするのはこのためである。ところが，その後事故や天災が生じないと徐々に主観的確率は下がってくる。あたかも，事故や天災の存在を忘れたかのごとくである。この仮説は，disaster myopia と呼ばれている。投資家の行動も，予期しない損失を被った後では株式プレミアムが高くなり，株価が上がっている状況では株式プレミアムは低くなる。

⑤ 過信に由来する効果：個人投資家のなかには，頻繁に取引を繰り返し，結果として，取引手数料を勘案すると割りの合わない投資をしてしまう。これは，投資に対する過信によるものと説明される[19]。

(5-5) 機関投資家による市場予測

機関投資家や証券アナリストたちが市場の動向を予測する際に，陥りやすいバイアスについて，いくつか見ておこう[20]。すでに紹介した仮説の再述もある。

① ギャンブラーの錯誤：不適当に株価の反転を予想する傾向がある。

② 代表性への依存：自分自身の予想や確率判断を，ある出来事がどのくらい代表的であるかということに基づいて行う傾向があり，必要以上のボラティリティ（変動性）を示す結果となる。とくにテクニカル・アナリストに顕著である[21]。

③ センチメントの影響：センチメントは，市場参加者の誤りやバイアスを総合計したものと言っても良い。例えば，「強気センチメント指数」として，「投資情報誌執筆者の強気派の人数÷（強気派の人数＋弱気派の人数）」といったものがある。このセンチメントの市場への影響をファンダメンタル・アナリストは軽視する傾向がある[22]。

④ トレンドに基づく予想の多様性：「延長類推」（トレンドの継続を仮定して，トレンドを単純に延長類推する），「過信」（自身の予想能力の正確性

---

19) 頻繁に取引を繰り返す可能性は，女性よりも男性に多いらしい（モンティア，ジェームス著—真壁昭夫監訳，川西諭・栗田昌孝訳（2005），9-12頁）。

20) シェフリン著—鈴木訳（2005），61-80頁。

に対して，過信する傾向がある），「偏り（skewness）」（最も可能性が高いと思う予想価格が，予想範囲の下限と上限の中間に位置しているわけではない）などがある。

⑤　インフレーションの影響：貨幣錯覚により，アナリストはインフレ率が高い時（低い時），実質ベースの利益を名目金利で割り引くことで，株価を過小評価（過大評価）する（インフレ率が高いと金利は高い）。また，係留のため，インフレーションの変化に過小反応する。

(5-6) 業績発表への偏った反応

ミスプライシングは，リバーサル（反転）することもあれば，モメンタム

---

21) テクニカル分析について，若干要約しておく。
① チャート分析の理論的根拠は，「歴史は繰り返す」である。あるトレンドが現われると，それが継続する傾向があるのは，群衆心理における「集団形成本能」により，投資家が投機の対象とする魅力的な株が上昇していたら参加したいと思うので，さらに価格が上昇するからである。
② 市場参加者間にファンダメンタル情報の入手能力に差があり，情報の漏れる範囲が拡大するのに応じて，株価は段階的に上昇（下落）していくので，株価を注意深く観察することで動向の推測ができる。
③ 抵抗線：投資家は，購入した時の株価を覚えていて，この価格まで上昇した時，損得なしとなるので，売却が増え，株価はそれ以上の上昇がない。
④ 支持線：投資家は，購入しようとした時の株価を覚えていて，この価格まで下落した時，購入者が増加し，これ以上の株価下落がない。
⑤ トレンドが形成あるいは崩れた後でしかチャーチストはアクションできず，タイミングを逸している。また，同じ手法を用いる人々が多くなるほど，その有効性は失われる（マルキール著─井手訳（2007），133-146頁）。
なお，ウィーク型の市場の効率性を仮定すると，過去の株価に基づくテクニカル分析は投資家にとって何の役にも立たない。株価は，ある期間から次の期間にかけてランダム・ウォークに近い動きを示すとされるからである（マルキール著─井手訳（2007），238-239頁）。
22) センチメント指数をめぐる議論を要約しておく。
① センチメント指数が市場動向の予測に役立つと信じる理由は，「確証バイアス」によるものではないか。自分の見方を裏付ける証拠だけに注目し，相容れない証拠を見落とす。投資家は，自分の見方を確認してくれる証拠のみを探し，確認してくれない証拠を無視する。
② センチメント指数は，過去を適切に反映している。強気は相場上昇よりも 12 ヵ月くらい遅れて上昇する。とくに，直近の 2 ヵ月が強気センチメントに最も強いインパクトを与える。
③ 投資情報誌の執筆者の見方を強気センチメント指数と呼んでいるだけである。市場が不安定であると，執筆者は上昇相場でも比較的強気にならず，下落相場でも比較的弱気にならない。市場の不安定さは，センチメント指数の影響を緩和する役割を果たしている（シェフリン著─鈴木訳（2005），81-94頁）。

174 第 2 部 市場と会計

（慣性）により継続することもある。リバーサルとモメンタムは座標軸の両極端に位置するものであるが，同時に存在し得る。このミスプライシングについて，効率的市場仮説では，「効率的価格からのランダムな乖離にすぎない」と看做すのに対して，行動ファイナンス仮説では，「効率的な価格からの系統的な乖離である」と看做す。効率的市場仮説によれば，業績発表後，速やかにその情報が価格に反映されるはずとされるが，しばしば株価はドリフトして，速やかには収斂しない。この現象，すなわち業績発表という新たな情報に対するアナリストや投資家の反応についての仮説をまとめておこう[23]。

① アナリストは，まず「平均回帰的」思考パターン（例えば，利益増加は一時的と判断するので，予想が過小）を持ち，その後，何回か予想に対する実績のプラスの乖離を経験すると，「現状継続的」思考パターン（利益が急成長局面に入っており，利益増加は継続すると予想）にシフトする。この過程では，過去の成長率を単純に類推延長するので，過剰反応することになる。

② アナリストや投資家は，自信過剰と自己帰属バイアス（うまくいった結果を自分自身の能力のおかげと考え，うまくいかなかった結果については運が悪かったと考える）の組合せによって，広く公開された情報源から得られる情報に対して過小反応し，自分自身で得た情報や自分で行った分析に対して過剰反応する。グッド・ニュースの分析の結果，強気予測の当たりが過信となり，モメンタムのパターンとなる。バッド・ニュースの登場で自信過剰が消滅し，株価の劇的な下落となって過剰反応パターンとなる。

③ 情報はさまざまな投資家に分散しており，認識の限界から，投資家は市場株価の動向から他の投資家が知っている情報を推論することもできない。したがって，分散している情報はゆっくりとしか拡散しない。より幅広いアナリストが分析しており，より広範囲な投資家の基盤があれば，拡散の速度が上がる。規模が大きく，アナリストが多いほどモメン

---

23) シェフリン著—鈴木訳（2005），第 8 章，125-140 頁。

タム効果は小さい。

④　過信と係留と調整の組合せにより，投資家やアナリストは新しい情報が届いても十分に適合できないので保守主義が起こる。その結果，環境の恒久的変化が，少なくともある時点までは，一時的なものと間違えられる。以前の歴史が顕著であればあるほど，最近の変化に関する情報は軽く扱われる。

(5-7)　企業買収と勝者の呪い

　企業買収・合併において，効率的市場仮説（とくにストロングフォームの市場効率性）が成立しているのであれば，買収価格あるいは合併比率に，各当事会社の公正価値（買収・合併後に生じるシナジーのそれぞれの貢献部分を含む）が反映しているはずであるから，買収・合併後に超過利潤は生じないことになる[24]。

　しかしながら，しばしば，買収・合併は，この超過利潤を過大に期待して実行されているかのように思われる。行動ファイナンスでは，この現象を「ヒューブリス仮説（hubris hypothesis）：能力に関する過信」によって説明する。すなわち，買収企業の経営者は，同社が独自に行うターゲット会社の価値算定に関して，全市場参加者による英知の集合的結集（＝市場価格）よりも，不当に高い自信を持つのではないかというのである。自信過剰のために，ターゲット会社に過剰な支払いをする傾向にあり，この過剰支払行為は「勝者の呪い仮説（winner's curse hypothesis）」と呼ばれている[25]。

(5-8)　新規株式公開のアンダープライシングと
　　　　その後のアンダーパフォーマンス

　新規株式公開（IPO）において，上場時のアンダープライシング，その後の長期的なアンダーパフォーマンス，そして加熱した公開市場という現象が

---

24)　黒川行治（1999），117-118頁。
　　なお，市場価値は，買収企業の経営者の判断だけでなく，多くの投資家の集合的な判断を反映したものである。価格がすべての公開および非公開情報を正しく反映している時，ストロングフォームの市場効率性が有効と言う。
25)　シェフリン著—鈴木訳（2005），260-263頁。

散見されると言われている。新規公開株の公募価格が低すぎるために，最初の取引日に株価が高騰する。株価がファンダメンタル価値を超えて上昇する可能性があるが，やがて時間経過とともに下落し，長期的なアンダーパフォーマンスを招く。

また，IPO は，加熱した（好調な）期間と，冷え込んだ（低調な）期間とを周期的に繰り返す。加熱した公開市場は，投資家の IPO への需要がとくに高い時期のことを指す。

これらの現象を行動ファイナンス理論では，次のような仮説によって説明している[26]。

① 上場時のアンダープライシング

・重要な内部情報を持っていない賢い投資家が質の悪い IPO に引っかかる可能性を覚悟で賭けに出るのは，一般的に新規公開株の価格が低め（当初の目論見書に書かれていた範囲の下限以下）に設定されている場合である。

・バンドワゴン（相乗り）効果（bandwagon effect）または流行効果（fad effect）：投資銀行は，投資家が他の投資家と一緒の船に乗ろうとするバンドワゴン効果を引き出そうとしてアンダープライシングする。相乗り効果は，「群衆は何かを知っているはず」という信念，あるいは「不幸は皆で経験した方が後悔の痛みがやわらぐ」によって引き起こされる。

② 長期的なアンダーパフォーマンス

・投資銀行は，何らかの成功が示された後に企業を公開しようとするので（あるいは，投資家が株価の急騰の原因となったポジティブな出来事に対して過剰反応した結果なので），新規公開株は，すでに時価簿価比率が高くなっている。

③ 加熱した公開市場

・新規に発行される株式に対して，市場の評価が過度に楽観的である。また，上場前の過去の高業績が継続すると仮定（トレンド依存性）している。

---

26) シェフリン著―鈴木訳（2005），第 17 章，267-287 頁。

(5-9) アナリストの利益予測と株式推奨における楽観主義

引受証券会社のアナリスト（セル・サイドのアナリスト）による推奨には偏りがあるかもしれない。引受証券会社と投資家との間に利益相反関係が生じているからである。そこで，投資家は，引受証券会社のアナリストによる楽観的な推奨が出ていることを予測すべきである。しかし，投資家は，このバイアスを完全には考慮していない。投資家は，引受証券会社のアナリストが，自分よりも優れた情報にアクセスしているかもしれないことも考慮しているからである。

アナリストの予測における楽観主義の原因について，行動ファイナンス理論では，認知的バイアスの仮説を立てている[27]。

・引受企業に働くアナリストは，公開するという決定に企業を導いた初期のプラスの情報に，気をとられている（「妥当性の錯覚」（自分の事前の見方を確認するような証拠を探す）が影響している）。

・自己帰属バイアスにより，公開に導いた自己や同僚の能力に関して過信しており，失敗を，不運と他人の誤りとの組合せだと考える。

・公開企業に関する情報に過大なウェイトをおき，一般的情勢に関する基本情報に過小なウェイトをおく。

(5-10) アナリストの利益予測を悲観的にさせるための経営者の試み

会社の株価は，実際の報告利益が事前予測を上回ることが判明すると急上昇するので，経営者はこれを企図してアナリストの利益予測を悲観的なものにしようとする。利益操作における閾値としては，①「赤字」あるいは利益0（ゼロ），②前期の利益，③アナリストの利益予測のコンセンサスの3つが想定でき，これらと「ビッグ・バス（big bath）仮説」とを組み合わせて，経営者は利益操作をする。

実際の利益が，アナリストの利益予測を達成できそうでない場合，利益抑制政策を行って，まず前期利益水準まで引き下げる。それが無理であれば，利益をゼロに近づけるように抑制操作を行うというようにするのである。行

---

27) シェフリン著―鈴木訳（2005），289-298頁。

178　第2部　市場と会計

動ファイナンス理論では，この利益操作を「フレーム依存性」によって説明し，これらのベンチマークを利用して操作される。ただし，その原因が，経営者の思考仮定がベンチマークに基づくからか，投資家がベンチマークに基づいて思考することを経営者が知っているからか，あるいは，それら両方なのかは不明である[28]。

【引用・参考文献】

黒川行治（1991）「財務流動性の概念と経営者の行動」『三田商学研究』第34巻第3号（1991年8月），21-35頁。

―――（1999）『合併会計選択論』中央経済社。

―――（2008）「機関投資家，市場の質に関する諸仮説と企業会計の変容――行動ファイナンス理論の諸仮説と非効率的市場を前提に」『三田商学研究』第51巻第5号（2008年12月），51-73頁。

―――（2009）「機関投資家，資本市場の実態と会計情報」黒川行治編著『日本の会計社会』第1章，中央経済社。

―――（2015）「行動ファイナンス理論と資本市場」日本経営分析学会編『新版　経営分析事典』税務経理協会，250-255頁。

Kahneman, D.＝A. Tversky（1979）"Prospect Theory: An Analysis of Decision under Risk", *Econometrica*, March, pp. 263-291.

―――（1984）"Choices, Values, and Frames", *American Psychologist*, April, pp. 341-350.

シェフリン，ハーシュ著―鈴木一功訳（2005）『行動ファイナイスと投資の心理学――ケースで考える欲望と恐怖の市場行動への影響』東洋経済新報社。

デイビス，スティーブン＝ジョン・ルコムニク＝デビッド・ピット-ワトソン著―鈴木康雄訳（2008）『新たなる資本主義の正体』ランダムハウス講談社。

マルキール，バートン著―井手正介訳（2007）『ウォール街のランダム・ウォーカー――株式投資の不滅の真理』日本経済新聞社。

モンティア，ジェームス著―真壁昭夫監訳，川西諭・栗田昌孝訳（2005）『行動ファイナンスの実践――投資家心理が動かす金融市場を読む』ダイヤモンド社。

趙家林（2007）「バリュー投資と市場の効率――価格と内在価値の関係を考える」モノグラフ。

---

28)　シェフリン著―鈴木訳（2005），299-304頁。

第 8 章

「利益の質」の概念をめぐる諸議論と監査の意義

1. 利益の質をめぐる検討課題

　本章の目的は，利益の質に関する概念についての類型試案を提示するとともに，第7章で議論したように，資本市場の質が非効率であることを前提とした場合に利益の質をめぐる諸要素は如何なる意義を持つかを理論的に検討すること，そして，利益の質と監査を関連させるとどのような検討ができるのかを示すことである。本章は以下のような内容で進む。

　まず第1に，会計情報の供給プロセスとそれに影響する要素を提示する。第2に，多義的に言及されてきた「利益の質」の概念について，①社会的選択（GAAP 設定），②私的選択（企業の会計方法の選択），③事業活動─事業評価に3区分して類型化する試案を提示し，利益の質を判定する特質を検討する。第3に，利益の質と資本市場の質に関して，とくに市場が非効率であると仮定した場合に生じる論点について議論する。第4に，利益の質の諸概念と監査とを関連させ，①社会的選択の指向によって監査の意義は変わるのか，②私的選択において重視される利益の質如何で監査の意義は影響されるのか，③事業活動─事業評価と監査に対する要請について言及することをもって結論に代えることである。

　なお，「利益の質」について議論する場合，利益という指標独自のみならず，利益情報を含む会計情報全体についての特質を議論している場合があることに留意してほしい[1]。

1）　本章は，黒川行治（2008）（2009）および Kurokawa, Yukiharu（2008）を抜粋および加筆したものである。

180　第2部　市場と会計

2.　会計情報の供給プロセスとその影響要素

　会計情報の供給プロセスとしての会計システムを，「社会的選択」と「私的選択」の2つの選択フェーズに区分・認識し，それぞれの選択フェーズに影響すると思われる社会環境，事業環境，会計環境，会計目標・会計政策，事業戦略，会計戦略の諸要因を想定する。詳細については，第3章で記述したので，本章では，「図3-1　会計情報の供給プロセスと影響要素」を再掲載するに留めよう（図8-1）。なお，第3章同様，本章でも会計情報の供給プロセスと影響要素に係わる当事者と当事者の実際の行動や行動原理も検討対象としている。

図8-1　会計情報の供給プロセスと影響要素

```
┌──────┐    ┌───────┐       ┌──────┐
│社会環境│ →  │事 業 環 境│  →   │会計環境│
└──────┘    └───────┘       └──────┘
    ↕           ↑↓               ↑
┌───────────┐ →（事業活動）→ ┌──────┐ → 会計情報（利益情報）
│社 会 的 選 択│              │私的選択│
└───────────┘              └──────┘
    ↕           ↑↓
┌──────┐    ┌───────┐       ┌──────┐
│会計目標│    │事 業 戦 略│  →   │会計戦略│
└──────┘    └───────┘       └──────┘
┌──────┐
│会計政策│
└──────┘
```

社会的選択：会計基準（GAAP）設定
私的選択：企業個々の会計方針・会計手続の選択，見積方法の選択
社会環境：社会的・文化的価値観や慣習，経済・法律・政治制度
事業環境：労働市場，資本市場，製品・サービス市場，事業活動に関する規制
会計環境：資本市場の構造，契約と支配，会計コンベンション・規制，税務会計と財務会計のつながり，会計上の論争に関する法的環境，ガバナンス制度やインセンティブ契約，経営者の出自や会社の沿革（創業地や企業系列など），経営者に対する社会的制裁制度，監査人の出自・監査法人の文化，監査人に対する社会的制裁制度
会計目標・会計政策：社会のなかでどのような役割・使命を持っているのか（会計情報に何を期待するのか），一般の合意・政治的プロセス，会計固有の論理（概念フレームワーク），政策技術（資源分配政策，恣意的行為の禁止など）
事業戦略：事業の範囲・多角化の程度など，競争上のポジショニング（コスト・リーダーシップ戦略と差別化戦略），営業や製造拠点の配置，最適財務構成，コア・コンピタンスの認識と企業バウンダリー，雇用に対する姿勢
会計戦略：保守主義・利益平準化・費用と収益の対応などの会計ポリシー，財務政策・財務上の要請（節税を含む）

出典：黒川行治（2009），104-105頁。

3. 「利益の質」の概念（constructs）の再整理

　これまで，多くの文献で「利益の質」について言及されてきた。利益の質の概念は，それぞれの文脈に応じてその意味する内容が異なっている。「利益の質」に関する概念は多義であり，具体的に定量評価することはきわめて困難な特質の集合体である。そこで，黒川（2009）は，「会計社会の構成要素—会計情報の供給プロセスと影響要因」の観点から，「利益の質」の概念を整理した（図8-2)[2]。

図8-2　会計情報の供給プロセスと利益の質の概念

　1. 社会的選択
（会計目標・会計政策）
（1）会計規準（criteria）に関するもの
　①保守主義
　　・保守的な会計方針の採用の助長
　　・資産タイプ別に将来の実現可能性に付随するリスクを評価
　②忠実な測定
　　・会計手続の経済的実質・実態反映度
　　・見積りの確実度
　　・引当ての十分性
（2）利益（財務）情報の有用性（とくに予測能力）に関するもの
　①企業価値・株式価格との相関
　②将来利益との相関（予測能力）
　　・利益の変動性
（3）利益概念に関するもの
　①ヒックス流の利益（純資産の変動をすべて利益とする）を測定
　②検証可能利益を測定
（4）キャッシュ・フローとの関連
　①営業キャッシュ・フローと利益との近似度

　2. 私的選択
（会計戦略）
（5）会計方針に関するもの
　①保守主義

182　第2部　市場と会計

　　　　　・保守的な会計手続・見積方法の採用
　　　　　・資産タイプ別に将来の実現可能性に付随するリスクを評価
　　　②忠実な測定
　　　　　・会計手続の経済的実質・実態反映度
　　　　　・見積りの確実度
　　　　　・引当ての十分性
　（6）利益マネジメント（決算操作）の有無
　　　①会計方法選択の動機―恒常的利益の測定か否か
　　　②見積りの裁量性
　　　③会計方法変更の程度
　　　④収益認識のタイミング
　　　⑤繰延計上の程度
　　　⑥発生項目（accruals）の内容（異常か正常か）
　　　⑦異常発生項目の程度
　（会計環境）
　（7）財務データそのものの信頼性に関するもの
　　　①コーポレートガバナンス制度の有効度
　　　②内部統制制度の整備状況
　　　③会計監査人および監査の質
　　　④法令遵守と訴訟リスクの程度

　3.　事業活動―事業評価
　（事業環境，事業戦略）
　（8）企業の持続可能性に関するもの（業績評価との連動性が高い）
　　　①恒常的利益（persistence earnings，収益力の持続可能性）
　　　　　・営業レバレッジ
　　　　　・景気サイクルに対する感応度
　　　　　・利益を生む取引の反復可能性
　　　②営業キャッシュ・フローと利益との近似度
　（9）事業そのものに関わる実質的費用の裁量に関するもの
　　　①裁量的費用（managerial cost）の削減の正当性欠如の有無
　　　　　・（とくに固定資産の維持に）必要な保守・点検・修繕支出の削減
　　　　　・企業の持続可能な存続に必要な研究開発や広告宣伝支出の削減
　　　　　・従業員の不当なレイオフ
　　　　　・従業員の福利厚生支出の不当な削減
　　　　　・従業員の教育訓練支出の不当な削減

出典：黒川行治（2009），105-107頁。

第8章 「利益の質」の概念をめぐる諸議論と監査の意義 *183*

この分類に従って，「利益の質」の概念の内容について，順次，要約しておこう。

(3-1) 社会的選択と利益の質

国ごとに存在する会計基準設定機関の判断（国ごとの社会的選択）の結果，当該国のGAAPが形成されることになる。国際会計基準をすべての国に適用しようとするコンバージェンス運動を棚上げにして，国ごとに異なるGAAPの存在を正当化する論拠は，「各国の市場の質に応じたGAAPの有り方がある」とするものである。

したがって，社会的選択のフェーズにおける「利益の質」という概念は，A国のGAAPはB国のそれに比べて，「利益の質（会計情報の質）」が高いのか低いのか，それを決定する特質は何かということになる。株主価値の評価モデルを念頭におくと，将来の期待利益の予測に資する会計情報として，どのような特徴を持つ実際利益を測定できるGAAPが妥当なのかという課題である。

具体的には，（1）会計規準に関するもの，（2）利益情報の有用性（とくに予測能力），（3）利益概念に関するもの，（4）キャッシュ・フローとの関連が，社会的選択に関する利益の質の概念である。

(1) 会計規準に関するもの

GAAPとして保守的（慎重な）会計処理方法（手続き）を推奨する基準を設定するのか否か，経済的実質の忠実な測定と法的形式に則した会計処理のいずれを重視する会計基準を設定するのかは，会計目標に関連する利益の質の決定要素である。

例えば，実際報告利益を情報として，将来利益の期待値の推定が楽観的になされる場合，保守的な会計処理による利益を計上することが，適切な企業

---

2) 黒川行治 (2007)，79-93頁。

黒川の分類は，Siegel, Joel G. (1991)，一ノ宮士郎 (2004) および Schipper, Katherine and Linda Vincent (2003) を主として参考にしたものである。Schipper＝Vincent (2003), p. 98 では，FASB が「財務報告の質が財務報告基準の質を計る間接的な指標と考えている」が故に，利益の質について注目していると記述されている。

評価の理論値を形成する可能性が高いので，保守的傾向を持つ GAAP の体系は利益の質を高くする。他方，予測をする上で会計情報が中立に使用される市場であれば，忠実な測定が GAAP 作成上，重視する規準となろう。

（2）利益情報の有用性（予測能力）に関するもの

　利益情報の有用性（とくに予測能力）は，概念フレームワークで強調されているが，これも会計目標に関する利益の質を構成する。その内容は予測する対象により，①企業価値・株式価値との相関と，②将来利益の予測という，異なる予測モデルを含んでいる。②の予測は株主価値の評価モデルと連動する。「GAAP として利益の変動性を放任するのか，あるいは，GAAP のなかに利益平準化機能を組み込んでおくのか」という問題を提起しよう。将来利益の期待値の背景である将来利益の確率分布を想定した場合に，情報の利用者が利益の分散に対してリスク回避型の効用関数を持つ社会であれば，分散が大きいことはリスク・プレミアムを大きくし，分散リスクを考慮する前の平均値からリスク・プレミアム分だけ，期待値を下方に修正することになる。

　リスク・プレミアムの推定を適切に行うことができる市場であれば，実際利益の変動を放任する GAAP でも構わない。しかし，情報の利用者側でのリスク・プレミアムの修正が困難あるいは偏向を伴う場合，リスク・プレミアムの修正をなるべく発生させないように恒常的な利益を報告すること，さらに言えば，GAAP の体系に利益平準化機能を埋め込んでおくことが，利益の質を高めることになる。

　例えば，「収益と費用の対応原則」を強調し，社会に提供するベネフィットとその創出努力（犠牲）との対応を論拠とする生産高比例法による減価償却やのれんの有効期間にわたる償却などは，サービス・ポテンシャルズの発現とコスト・アロケーションを連動させるものと理解されてきたが，そもそも会計基準に利益平準化機能を埋め込んでいるとも解釈できる。

（3）利益概念（concepts）に関するもの

　利益概念に関して，①ヒックス流の利益（Hicksian income）を測定すべきなのか，あるいは，②検証可能利益（verifiable earnings）を測定すべきなの

かは，多いに議論されてきた。

　包括利益（comprehensive income）の強調，すなわち時価評価項目や主観的な見積項目が多くなった資産・負債（純資産）の期間変動差額としての包括利益の測定を重視することは，「①ヒックス流の利益を測定することが利益の質を高める」ことを想定していることになる。時価の変動差額を実績利益の測定値に混入し，それを用いて時価の変動を含めた将来利益を予測しようとすることは，時価の変動を含めた将来利益の予測が可能なほどの高い市場の質を前提にしているのではないかと思われる。

　一方，②の検証可能利益を強調する利益概念は，実際報告利益の予測能力（目的適合性）の限界に注目し，そのため，情報としての利益の特質としては，目的適合性ではなく，信頼性を高める要件である検証可能性を重視する。株主持分の理論値は，情報利用者ごとに異なる予測モデル間の違いを反映して，種々，異なることを容認し，市場の裁定取引を通じて市場価格が収斂することを仮定しているものであろう。

（4）営業キャッシュ・フローと利益との近似度

　営業キャッシュ・フローは倒産予測に役立ち，また粉飾の有無を顕在化させる機能を備えている。例えば，営業キャッシュ・フローと利益の近似は，倒産可能性が低く粉飾リスクが小さいことを示しており，それ故に利益の質が高いとされるのであろう。会計目標として会計情報が倒産の予測に役立つこと，会計政策として粉飾の防止に役立つ会計情報を産出することが前提とされている。

（3–2）私的選択と利益の質

　GAAP のなかから，会社の経営者および経営者に指示された会計人による会計代替案の選択が私的選択のフェーズである。したがって，私的選択のフェーズにおける「利益の質」という概念の検討課題は，A 会社の報告利益は，B 会社のそれに比べて「利益の質（会計情報の質）」が高いのか低いのか，それを決定する特質は何かということになる。

　（5）会計方針に関するものと（6）利益マネジメントの有無は会計戦略

との関連で，また，（7）財務データそのものの信頼性に関するものは会計環境との関連で，私的選択のフェーズに関する利益の質を述べたものである。

（1）会計戦略と関連するもの

（5）の会計方針に関する構成要素は，（1）の社会的選択における「会計規準」に関する利益の質の構成要素と連動するものである。私的選択のフェーズでは，代替的方法が複数ある場合に，より保守的な（慎重な）会計方法を選択すること，控えめに見積りを行うことは報告利益の質を高める要素とされる。また，経済的実質を忠実に表現することは利益の質を高めることとされる。

私的選択でも，社会的選択と同様に保守主義と忠実な測定は矛盾する場合がある。もし，矛盾を回避しようと試みるならば，前者の保守主義は，専門職としての会計人の美徳，会計人個々の行動規範としてのディシプリン（慎重な予測など）と理解すべきと思われる。一方，後者の経済的実質の忠実な測定は，（6）の利益マネジメント（決算操作）の有無と関連付けて解釈すべきであろう。決算操作の疑いのある会計処理は忠実な測定とは言えないのである。

利益の質に関する事例研究や財務諸表分析では，この利益マネジメントの有無が利益の質の決定要素として強調されることが多いと思われる。なお，（4）のキャッシュ・フローとの関連における異常発生項目（abnormal accruals）の測定は，大量のデータを用いた統計的実証研究における利益マネジメントの程度の代理指標（異常発生項目とされた部分を決算操作（粉飾を含む）と推定）として用いられることが多い。いずれにせよ，利益マネジメントの有無は，情報の目的適合性よりも信頼性の程度を示す利益の質と理解するのが自然である。

（2）会計環境と関連するもの

（7）の財務データそのものの信頼性は，その内容が，①コーポレートガバナンス制度の有効度，②内部統制制度の整備状況，③会計監査人および監査の質，④法令遵守と訴訟リスクの程度などから構成されるもので，近年，

その不備が指摘され，改善のための会計環境の整備が進んでいる。これらの要素からなる財務データの信頼性に関する会計環境と利益マネジメントの有無（程度）が，まさに，利益の質に関し制度上検討されている論点であろう。

(3-3) 事業活動の評価と利益の質

　（8）の企業の持続可能性に関するものと，（9）の実質的費用の裁量に関するものは，事業環境と事業戦略（およびそれらの組合せで決まる事業活動）に関連する利益の質であり，事業（企業）の業績評価そのものとの連動性が高い。

（1）企業の持続可能性に関するもの

　「利益の恒常性が高いと利益の質が高い」とされるが，これは，収益力の持続可能性が高いと企業の価値も高いということと同意義である。具体的には，営業レバレッジに優れ（営業リスクが小さく），景気サイクルに対する感応度は大きくなく，また，利益を生む取引の反復可能性が高いと利益の質（および企業の価値）は高いのである。

　ところで，「営業キャッシュ・フローと利益との近似度が高いと利益の質が高い」とされる。営業キャッシュ・フローと利益との関係は，当該企業の事業環境（業種特性など）や事業戦略（ビジネスモデルなど）に依存するもので，「近似度が高いから利益の質は高い」と断定するのは論理的には妥当ではない。そこで，営業キャッシュ・フローと利益との近似度が高いと，利益指標を用いた資金の分配決定が無理なく行えることから，経営決定が単純明快で複雑性に潜む矛盾や誤判断を回避できる可能性が高いことをもって，利益の質が高いと判定されてきたと解釈できるかもしれない。

（2）実質的費用の裁量に関するもの

　裁量的費用，すなわち，固定資産の維持に必要な保守・点検・修繕支出，企業の持続可能な存続に必要な研究開発や広告宣伝支出，従業員の福利厚生支出の削減や従業員のレイオフに正当な理由があるか否かが問題とされる。これらの「裁量的費用を不当に削減して報告利益を大きくしても，その報告

利益の質は低い」と判断するものであり，これもまた，企業の評価そのものと連動するものである。

　問題は，これらの裁量的費用の削減が正当か不当かという実質判断であり，それは，対象企業がおかれている事業環境と経営者の事業戦略を評価することにほかならない。会社を取り巻く事業環境の変容として，製品市場での競争激化や，土地を中心とした従来の信用構造の崩壊，市場機能を重視する社会構造への転換，会社の内部環境の変化として，意思決定の迅速性に対する更なる要請や能力主義または成果主義による労務管理と報酬契約への指向，人的資源の流動化などが挙げられている。これらは，企業経営の質的変換を述べているのであり，事業環境に適切に対処できる事業戦略を持ち得るか否かが，企業経営の質を決定する。

　このように，利益の質の実質判断は，事業環境と事業戦略やビジネス・モデルを評価することでもあるのである。「利益の質」の概念が，事業評価（企業評価）そのものを意味する場合があり，これが，利益の質の概念を分かりにくくしている一因でもある[3]。

4. 非効率な市場と利益の質との関係

　会計情報の供給プロセスに影響する「事業環境」（およびそれに派生する「会計環境」）の1つの要素が「資本市場の質」であり，そのため，「市場の質」は，社会的選択と私的選択の双方の「利益の質」の概念と関連していた。第7章の知見を基に市場が非効率であると仮定した場合，本章で議論した「利益の質」の諸概念との関係で新たな知見が得られるものなのかを考察してみよう。

---

3)　本書第3部「個人・組織と会計」，第4部「環境と会計」では，企業が対処する社会的課題や環境問題が考察対象となっている。

（4-1）非効率な市場

（1）投資家側のエージェンシー関係とアービトラージの限定[4]

　伝統的なファイナンス理論では，アービトラージ（裁定取引）は，自分自身のお金を使って比較的小さなポジションを持つ個人のトレーダーによって行われていると仮定されている。この仮定では，ファンダメンタル価値から，実際の価格が乖離すればするほど潜在的なリターンが高くなるので，積極的に裁定取引が行われるようになる。しかし，第7章で詳細に検討したように，機関投資家の割合が近年急増し，投資家側でもプリンシパル・エージェント関係が生まれ，資金提供者とエージェントの分離は市場の動きに影響する。

　他人の資金を運用することに特化したアービトラージャー（機関投資家であるファンド・マネージャーやアナリストなど）の世界では，情報と資本提供が明確に分離されている。第7章での論述と重複するが，モンティアは，次のような現象が生じると要約している。

① 　外部の投資家（資金提供者）は，アービトラージャーが行っている取引やマーケットの性格について無知である。アービトラージャーの質を判断できず，リスク回避的なので，資金提供額に制限が付く。

② 　過去に運用成績が良かったアービトラージ・ファンドには新資金が容易に集まるが，成績の悪いファンドには資金が集まらない。

③ 　アービトラージャーの情報は非常に専門化されており，自分の知っている範囲でしか運用しない。

④ 　アービトラージャーが資金を借入れで調達している場合，ファンダメンタル・リスクやノイズ・トレーダー・リスクによってポジションが反対方向に動くと，非自発的清算のリスクが高まる。アービトラージャーは，抱えるリスクを小さくするために，ファンダメンタル・リスクの小さい市場で運用するようになる。投資は十分に分散していない。

⑤ 　アービトラージャーがミスプライスを知っているのに，ノイズ・トレーダーによる予測不可能な行動を恐れて積極的に価格修正を行おうとしない。

---

4) 　モンティア，ジェームス著—真壁昭夫監訳，川西諭・栗田昌孝訳（2005），第2章。

190 第2部 市場と会計

（2）認知バイアスと予想の限定[5]

　過去および現在の実績利益情報を用いて現在の株価あるいは将来利益の予測を行うファンダメンタル・モデルが，認知バイアスにより機能しないことが考えられる。第7章でも論じたように，認知バイアスが将来利益の予測や現在の理論的株式価値の評価に反映した場合，まず，当初予測が楽観的になったり，自己の経験の範囲や類似する事例を参照して，偏ったものになる危険性がある。

　次に，自分たちの予想判断の正当性を裏付けるような情報を重視し，自分の見解に対して反証となる情報を軽視する結果，時間の経過とともに，利益予測や株式価値評価の予測精度に対する確信度が増していき，さらに，自己の予測に固執するために，客観的で環境変化に応じた機動的な予測ができない危険性がある。

　また，規則性のないランダム・ウォーク的な状況に対して，順継続（ある変化の後に同種の変化が生じる状況）と逆反転（ある変化の後に反対の変化が生じる状況）のいずれにせよ，そこに何か規則性を期待することにもなる。

（3）市場価格を正当化するバイアス[6]

　アナリストは自分の評価する企業価値を現在の市場価格に近付ける傾向がある。株価が下がった場合，理論的に求められる株式価値が不変であれば，当該株式の買いはより魅力的になるはずのところ，株価下落とともに，アナリストも自己の目標株価を下げるというのである。つまり，市場価格の変動という情報が将来の利益予測額に影響し，理論的評価値を変動させるということである。

（4-2）ヒックス流の利益と非効率な市場──社会的選択

　ヒックス流の利益測定を目的とする GAAP に警鐘を鳴らすペンマンの説を見てみよう[7]。資本市場では，日本のみならず米国でもバブル現象が発現

---

5)　モンティア著—真壁監訳，川西・栗田訳（2005），第1章。

6)　モンティア著—真壁監訳，川西・栗田訳（2005），第4章。

7)　Penman, Stephan H.（2003），pp. 77-96.

した。バブルの原因は，価格上昇は更なる価格上昇予想を呼び，投機的（瞬間的）な投資が蔓延するからである。会計はこの連鎖を断つ役割があるのではないか。例えば，PER（P/E ratio（株価収益率））が50倍以上というバブルは，市場価格が適切なのか，報告利益が適切なのかという問題提起をする。人々は不可能な将来リターンを予想する。バブルは市場が非効率であった証拠である。会計の役割は，市場の非効率・バブルを防ぐこと，警告を発すること，株式投資をファンダメンタル要因を基礎としたものに回帰させることにある。バブル（異常な株価の上昇）によって会計は影響されるべきでない。非効率的市場における価格付けに会計が利用されるとアンカー（anchor）を失う恐れがある。

　しかるに，現在のGAAPでは，株価の動向によって会計数値は影響されている。例えば，①持分証券への投資が時価評価されている（mark-to-market accounting for equity investments）ために，市場価格の上昇が利益計上される。②自社株を年金資産に組み込んでいると，バブル期には，自社株式を評価することによる利益が計上されることとなる。③自社株式の売買は，効率的市場であると超過利潤は得られないが，非効率的市場かつ内部情報（インサイダー）があると，超過利潤が得られる。④企業買収・合併における会計で，双方の株価が効率的市場で決定され，その株価で交換される場合，のれんはシナジーである。しかし，被買収企業の株価が非効率的市場価格，とくに過小であると，バーゲン・パーチェス（負ののれん）となり，同様に，買収企業の株価が過大であると，バーゲン・パーチェスとなる。

　こうして，ペンマンは，現在の国際会計基準が目指していると思われるヒックス流の利益を重視する時価主義会計への傾倒は，非効率的な市場を原因として，利益の質を低くする社会的選択をしていると批判するのである[8]。

（4-3）経営者の行動と市場の非効率——私的選択

　市場が非効率である場合，私的選択の担い手である経営者は，どのような行動を取る可能性があるのであろうか。

---

8)　ペンマンは，例えば，所有する持分証券は，市場価格を反映させた時価法ではなく持分法あるいは比例連結で測定することなどによって一部改善されると言う（Penman (2003), p. 85）。

「企業の寿命を有限として，それが存続する期間全体の利益の総和は，如何なる会計方法を採用しても変わらない」という「全体利益一致の原則」は会計システムが内在する優れた特質とされている。

　そこで，「割引超過利益評価モデル」[9]を念頭におくと，「経営者が保守的な会計方針を採用し，実績としての利益と株主資本価値が相対的に低く計上されたとしても，その後の期間において，報告利益が反転し，相対的に高い利益となるので，企業評価には影響しないのではないか」とする論理がある。しかし，これは，実績利益が保守的に測定されたという「利益の質」をアナリストなどの情報利用者が知っており，将来利益の予測を上方にシフトさせ，市場も適切に反応するという効率的な市場を前提にしたものである。

　しかし，報告利益の質について市場が判断できないと仮定すると，実績利益が保守主義により相対的に低く報告されれば，将来利益の予測値も相対的に低くなり，理論的評価値も低いままである。利益の反転は，将来が現在になった時点で初めて実現するのであり，その時点で初めて，それから更なる将来の利益の予測値が上方にシフトし，理論的評価値が高くなる。将来が現在になるまでの間，市場が非効率であるならば，企業評価値は偏向したまま

---

9)　割引超過利益評価モデルについて

　会計情報としての利益（損益計算書の情報），株主資本簿価（貸借対照表の情報）を用いて株主資本価値の期待理論値 NPV_0 を示すこともできる。「期待配当が期待利益に期首・期末の株主資本簿価の期待値の増減を加算したものになる」という恒等式を期待配当評価モデルに代入し，整理する。

$$NPV_0 = \Sigma_t (E(I_t) + E(B_{t-1}) - E(B_t)) \diagup (1+r)^t$$
$$= B_0 + \Sigma_t (E(I_t) - r \cdot E(B_{t-1})) \diagup (1+r)^t \qquad (1)$$

ただし，$E(I_t)$ は t 期の期待利益

　　　　$E(B_t)$ は t 期の株主資本簿価の期待値

　　　　r は割引率

　$E(I_t) - r \cdot E(B_{t-1})$ は期待超過利益である。結局（1）式は，現在の株価が将来利益の期待値（それと整合する将来の株主資本簿価の期待値）および現在の株主資本簿価によって理論的に決定されることを示している。そこで，過去ならびに現在に至る報告された実際利益の情報が，将来利益の期待値（予測）にどのように影響するのかが問題となる。「利益の質」は，この実際報告利益自体の質を示すものであり，報告利益の水準が等しくても，利益の質がより高い会社は，利益の質がより低い会社と比較して，当該企業はより高く評価されるとする概念である。つまり，実際報告された利益を情報として将来利益の予想をする場合に，利益の水準に加えて，「利益の質」が関係するのである。

第8章　「利益の質」の概念をめぐる諸議論と監査の意義　*193*

の状態が続くのである。したがって，経営者は，将来が現在になった時点での市場の反応を予期しているので，「会計操作を控えめにしようか」という経営者に対する抑止効果が働く。これが「全体利益一致の原則」から言える最大限の帰結である。

　その他に，市場が非効率であると，経営者は目標利益へ実績利益を近似させようと行動するかもしれない。とくに，プロフォーマ利益（Pro forma earnings）が公表されていると，実績利益が目標利益よりも下回る場合（バッド・ニュース），経営者に対する市場の信認も下落して，過剰に企業評価値が下落することを経営者は恐れるからである。さらに，経営者はアナリストの利益予測値に実績利益を近付けようと会計操作を行うかもしれない。市場が非効率であれば，会計操作を行うことで，市場の反応を抑止することが可能となるからである。

（4-4）　利益の変動と会計操作のメリット

　「実績としての報告利益が毎期大きく変動すると利益の質は低い」とされる。この利益の質における「変動性（variability）」という特質の背景には，企業モデルの本来の姿は，スムーズな発展を目指すものであるという仮定がある[10]。また，変動が少ないスムーズな利益流列は，会社がスムーズな発展を実践している証左である[11]。したがって，利益の変動が小さいほど，利益の質はより高いと判定される。

　経営者は，利益平準化が必要な場合には，利益平準化されていなかった報告利益を用いた理論的評価値よりも，企業の評価値をより高くするために，利益操作を行うインセンティブがある。もちろん，市場参加者が経営者の利益操作を見破ることができた場合には，利益の質を低いと判定し，理論的評価値を下方にシフトさせる必要がある。市場が効率的であれば，利益を平準化している企業の株価は下方にシフトするはずである。

---

10)　バランスのとれた発展は，ホメオスタシスの概念と連動するものであろう。また，市場が企業評価をする場合に，リスク回避型の効用関数ならば，スムーズな発展は企業の価値を高く評価することにつながる。

11)　報告利益自身が経営活動を通じて平準化されている。ビジネス・モデルの平準化指向あるいは，期末決算を見据えての裁量可能費用の抑制が考えられる。

194 第2部 市場と会計

　このような会計操作のデメリットに対して異を唱え，むしろメリットを強調するアラヤ＝グローバー＝サンダーの説がある[12]。誤解を恐れずに要約してみよう。

①　経営者は企業の株主に対して，当該企業の永続的利益（permanent earnings）の最適な予測をする義務があり，それにより株主は企業価値を推定できる。

②　「利益操作が透明性を低くする」というのは単純すぎる。分権した企業では，情報も分散している。異なる人は異なることを知っていて，すべてを知る人はいない。そのような状況では，利益操作された利益流列（managed earnings stream）は，利益操作されていない利益流列（unmanaged earnings stream）よりも情報内容に富むかもしれない。

③　「経営者は，良く仕事をし，将来利益の予測にも優れている」と前提できる。

④　経営者は，良く働き，良く予測できることを示したい。利益平準化を許容することで経営者に労働のインセンティブを与えることができるのであれば，むしろインセンティブ・コストの低減になる。

⑤　短期の業績不振が所有者（または取締役会）にいちいち報告されると，経営者との契約の見直しなど，所有者による過度の介入を招く恐れがある。そこで，経営者は，利益を操作することで平均的な利益と経営者の専門性を表示することができるため，過度の介入を防ぐという経営者のインセンティブになる。

⑥　決算操作を許容することは，経営者に実際の操作（real manipulation，例えば，研究開発費の削限）をさせないための装置かもしれない。

　ここで言う利益操作は恒常的利益の測定を目的とする操作に限定されている。そのような利益操作であれば，非効率的な市場を仮定すると利益の質を向上させることになる。利益操作の余地を許容する GAAP は利益の質を高める社会的選択でもあると言うのである。

---

12)　Arya, Anil＝Jonathan C. Glover＝Shyam Sunder（2003），pp. 111-116.

5. 利益の質の概念と監査との関連

(5-1) 会計情報の供給プロセスと監査の意義

　図8-1を前提とすると，監査は，経営者（および経営者に支配された会計担当者）による会計環境と会計戦略の諸要因によって選択される会計代替案選択（私的選択）に関与するものである。監査担当者が，経営者による会計代替案選択を評価する上で，比較対象・比較基準としての監査担当者自身が適切と考える会計案を選択していると想定すれば，監査担当者にも経営者と同様，会計環境と会計戦略の諸要因が影響する。

　本節では，利益の質の概念と関連させて，監査の目的・意義を，①利益の質（会計情報の質）を向上させることに寄与すること，②会計情報の利用者が，利益の質（会計情報の質）を適切に判断することに寄与することの2つであると想定する。

(5-2) 利益の質の構成要素と監査の意義
(1) 社会的選択

　会計情報の作成者が，会計代替案の利益指向および選択範囲を限定するGAAPの選択（社会的選択）問題に関心を持ち，ロビーイング活動などによって社会的選択に参加するのと同様，監査担当者も私的選択を行う上での利益指向および選択範囲であるGAAPに関心を持ち，社会的選択に参加する動機は当然あり得る。

　①　図8-2中の（1）の会計規準に関連する保守主義指向か忠実な測定指向かの問題に対する監査人の思考は，利益報告に対する経営者の態度如何によって変化するかもしれない。監査人は，経営者が利益報告に対して楽観的態度を持つ会計環境であれば，保守主義指向のGAAPをあらかじめ設定することを望むであろう。また，経営者が中立あるいは保守的態度を持つのであれば，忠実な測定指向のGAAPを望むかもしれない。

　②　（2）の利益情報の有用性（とくに予測能力）に関し，GAAPに利益平

準化機能を埋め込むか否かについての監査人の判断は，情報利用者の将来利益の予測の質如何で決まる。ただし，利益平準化機能を組み込んだ会計基準では，その運用（私的選択）において，恣意性，悪弊の防止が，監査上，より重要な事項になり得ることが想像できる。

③　（3）の利益概念に関し，GAAP がヒックス流の利益指向か検証可能利益指向かにより，監査の内容が変化する。信頼できる市場情報や将来予測情報をどのように収集・加工するかという問題と，検証に資する情報の判定と収集の仕組みの構築という問題である。

④　（4）のキャッシュ・フローとの関連に関し，情報の硬度という点で，営業キャッシュ・フローと利益との近似度が高くなる GAAP の方が，監査が容易になるというメリットが考えられる。

（2）私的選択

①　（5）の会計方針に関するものと，（6）の利益マネジメントの有無は会計戦略と関連するが，保守主義のディシプリン（慎重な判断）が，経営者の会計戦略，監査人の判断規範から消滅していくものであるのか否か断定できない。また，（6）①の恒常的利益測定を目的とする利益マネジメントに対する監査上の判断も断定的な結論は持ち合わせていない。

②　（7）の財務データそのものの信頼性に関するものは会計環境と関連しており，「内部統制監査」が該当し，利益（会計情報）の質の向上に監査が貢献するものである。いずれにせよ，情報の信頼性の向上に資する利益の質の構成要素は，さほど議論なく合意できるものであるが，目的適合性に資する利益の質の構成要素は，会計情報に対する役割期待や会計環境により変化するものであり，一義的に判断できそうにない。

（3）事業活動―事業評価と監査に対する要請

①　（8）の企業の持続可能性に関するものと，（9）の実質的費用の裁量に関するものは，事業環境と事業戦略（および，それらの組合せで決まる事業活動）に関連する利益の質であり，事業（企業）の業績評価そのものと言っても過言ではない。監査のビジネスリスク・アプローチは，ビ

ジネスリスクと利益（会計情報）の質との関係を監査計画に反映させようとするものである。また，「継続企業の前提」の監査は，事業の内容および企業の業績評価そのものに対する経営者の判断情報と監査情報が，①情報の供給者による利益の質の判定と，②情報利用者による利益の質の判定に寄与するものである。

　いずれにせよ，利益の質の判定を通して，事業評価そのものと監査の親密度の増加という現象を理解することができるのであり，その先には，監査の情報提供機能の強調が待っている。

6. 利益の質と市場の質との相互関係

　情報の質（利益の質）は，通常，市場の質を決定する要素と考えられているが，市場の質と利益の質とは相互に関係している。利益の質を高める概念は多岐にわたり，相互に競合・矛盾するものも含まれている。また，とくに市場参加者の質が効率的か非効率的かによって，利益の質を高める要素は変わる[13]。例えば社会的選択における会計規準に関する保守主義と経済的実質の忠実な測定，利益概念に関するヒックス流の利益と検証可能利益の選択，私的選択における恒常的利益測定のための利益操作の有無（同時に社会的選択としての利益操作の余地を認めるGAAPの是非でもある）の特質は，市場の質（とくに市場参加者の質）に影響されるものである。また，「割引超過利益評価モデル」における理論的企業評価値（＝現在の株価）は，それ自体の前提が効率的市場を仮定しているものであり，非合理的な市場参加者の予測や行動のために理論的評価値が定まらないと，裁定取引による理論値への株価の収斂は期待できない[14]。

---

13)　情報の質は，一般的に目的適合性と信頼性に分類できる。信頼性に関連する利益の質の要素，例えば，私的選択における利益マネジメントの有無，財務データの信頼性に関する会計環境などは，市場の質には影響されない。しかし，目的適合性に関連する利益の要素の特質は，市場の質に影響される（黒川行治（2007）参照）。

198 第2部 市場と会計

【引用・参考文献】

一ノ宮士郎（2004）「利益の質による企業評価——利質分析の理論と基本的枠組み」『経済
経営研究』24-3，日本政策投資銀行設備投資研究所，1-116 頁。

黒川行治（2005）「市場の質と会計社会の対応」『会計』第 167 巻第 5 号（2005 年 5 月），
1-17 頁。

——— （2007）「利益の質と会計社会の変容」『三田商学研究』第 50 巻第 1 号（2007 年
4 月），79-93 頁。

——— （2008）「「利益の質」の概念・変容をめぐる諸議論と監査の意義」『会計』第
173 巻第 3 号（2008 年 3 月），24-40 頁。

——— （2009）「利益の質と非効率な市場」黒川行治編著『日本の会計社会——市場の
質と利益の質』第 2 章，中央経済社。

澤邉紀生（2005）『会計改革とリスク社会』岩波書店。

パレプ，K・G＝P・M・ヒーリー＝V・L・バーナード著—斉藤静樹監訳，筒井知彦・川
本淳・八重倉孝・亀坂安紀子訳（2001）『企業分析入門』（第 2 版）東京大学出版
会。

モンティア，ジェームス著—真壁昭夫監訳，川西論・栗田昌孝訳（2005）『行動ファイナ
ンスの実践——投資家心理が動かす金融市場を読む』ダイヤモンド社。

Arya, Anil＝Jonathan C. Glover＝Shyam Sunder（2003），"Are Unmanaged Earnings
Always Better for Shareholders?", *Accounting Horizons*, No. 17, 2003,
Supplement, pp. 111-116.

Kurokawa, Yukiharu（2008），"The Quality of Earnings and the Quality of Capital
Market", Makoto Yano（eds.），*The Japanese Economy: A Market Quality
Perspective*, Keio University Press, Chapter 10, pp. 195-215.

Palepu, K. G., P. M. Healey, and V. L. Bernard（2000），*Business Analysis & Valuation:
Using Financial Statements*, 2nd edition, South-Westen College Publishing.

Penman, Stephan H.（2003），"The Quality of Financial: Perspectives from the Recent
Stock Market Bubble", *Accounting Horizons*, Supplement, pp. 77-96.

Siegel, Joel G（1991），*How to Analyze Businesses, Financial Statements and the Quality of
Earnings*, 2nd edition, Prentice Hall Trade.

Schipper, Katherine＝Linda Vincent（2003），"Earnings Quality", *Accounting Horizons*,
Supplement, pp. 97-110.

Takahashi, K.＝Y. Kurokawa＝M. Takahashi（1985），"International Comparison of
Flexibility in Income Measurement and Other Accounting Procedures: Its

---

14）澤邉紀生教授は，金融商品の公正価値評価基準の優位性を保証する論点のうち，予測可能性，
比較可能性，業績と管理責任の 3 つは，市場の効率性を前提として展開された論理であるとし，
実証研究の対象・仮説であった効率的市場の概念が，会計基準設定の前提に転換していることの
問題を鋭く指摘している（澤邉紀生（2005），150-151 頁）。

Economical, Geopolitical and Sociological Approach", H. J. Bullinger and H. J. Warnecke (eds.), *Toward the Factory of the Future*, Springer-Verlag, pp. 17–22.

補論 4
わが国の資本市場の実態および会計の役割に関する検証例

補論 4 では，わが国の資本市場の実態および会計の役割についての検証結果の要約を 3 つ掲載する。第 1 は，黒川行治（2009）で論述されている機関投資家に対するインタビュー調査であり，第 2 および第 3 は，黒川行治・浅野敬志（2011）で記述されているアナリスト，企業，公認会計士に対するアンケート調査の結果得られた知見である。

なお，以下の知見は，企業，投資家，公認会計士，学界，そして政府などがどのようにわが国に IFRSs を導入するべきかをめぐって迷い，大いに議論した 2010 年頃の状況である。したがって，本来の主題に関係する社会的課題や環境問題が当時よりも更に注目されるようになった現在（2017 年），CSR 報告書や環境会計報告書などに記載される情報に対する上記利害関係者の認識が変化し，より重視されていることを私は期待している。

1. 資本市場に関する諸仮説の背景

本節では，企業評価におけるファンダメンタル分析，資本市場の実態，利用される財務情報，それらの相互関係についての仮説を設定するにあたり，その背景となる知見を得るために行った機関投資家に対するインタビュー調査について紹介しよう。

(1-1) 資本市場の実態とファンダメンタル分析
わが国の資本市場の実態や機関投資家の役割に関する知見を列挙する[1]。

---
1) 黒川行治（2009），83-84 頁を修正・加筆。

① 資本市場が非効率となる要因として，大規模な需給のアンバランス，投資プログラミング売買，投資家の心理，アナリスト集団の偏向，市場の信頼度の低さ，投機的資金の市場での相対的割合の増加による投機取引の影響が挙げられる。

② デイ・トレーダーや自己売買トレーダーは市場の流動性保持のために必要である。しかし，個別銘柄の変動（ボラティリティ）を増幅する要素ともなっている。ただし，市場全体の動向に対する影響は軽微であろう。

③ ヘッジ・ファンドは，裁定取引の相手として市場の流動性向上に寄与している。レバレッジにより大量の資金を集中的に投下し，ショート手法も多用する。バリュエーションよりもプライス・アクション重視であり，価格の振れが大きい方がヘッジ・ファンドの利益も大きくなることもあり，価格のボラティリティを大きくする存在である。

④ 投資ファンドが対象とする銘柄は，当該会社の情報が市場に頻繁に発信され，市場の効率性が高くなり，適正な株価が形成されやすい。しかし，投信の解約など，機関投資家が市場における資金の需給状態を大きく変化させるリスクもあり，価格変動の要因にもなる。

⑤ アナリストは，ファンダメンタル分析を行いつつバリュー株を探索しており，その銘柄への投資時点（直前）では非効率な株価形成の状態と言える。しかし，投資対象となると株価は是正され，ファンダメンタル分析が有効という意味で市場は効率的となる。

⑥ ファンドは，ポートフォリオ全体のパフォーマンスをベンチマークと比較することでその業績が評価される。小型株の方が，アナリストにフォローされていない可能性が高くバリュー株を発見しやすいと思われるが，大量の資金を運用するファンドとしては流動性（どれだけ対象株式が存在するか）が重要であり，小型株はファンドの対象となりにくい。セル・サイドのアナリストが経常利益予想の対象とする会社は，一部市場の60％，二部市場と新興市場の9％にとどまっており，一部市場の下位30％や二部市場と新興市場は効率的市場とは言えない。株価形成へのアナリストの影響は，アナリスト予想にコンセンサスがあるか否か

が重要であり，4〜5名のアナリストがフォローしている銘柄は，アナリスト予想に対する反応が大きい。

(1-2) ファンダメンタル分析と財務情報

次に，企業評価を行うにあたり，どのような財務情報が利用されているのかに関する知見を列挙する[2]。

① アナリストの財務情報源は決算短信であり，有価証券報告書は決算短信で得られない情報を収集するためのものである。連結ベースの財務諸表には製造原価明細がないので，損益分岐点分析ができず財務分析力の減退を招いている。セグメント情報の充実は重要である。四半期報告など，情報発信の頻度が多くなり，アナリストは，時間をかけて詳細に分析する余裕がなくなり，分析力が落ちている。

② 企業の公表情報は，インサイダー情報を含む情報優位者が発信する数値であり，市場に大きく影響している。アナリストは，会社の公表情報に偏向があるか否かについて，経営者への質問や予想の前提を検討することで確認し，必要に応じて企業の公表情報を修正してアナリスト自身の作成情報とする。アナリストの予想は，同業の企業を比較しながら行われるので客観的な予想と言える。しかし，最近は，アナリストの予想が会社発信情報に影響されすぎる傾向がある。なお，四半期決算が始まり，四半期業績予想により市場のボラティリティは大きくなった。

③ 企業価値の推定にDCF法を用いる場合，将来キャッシュ・フロー数値が重要であり，利益数値に将来キャッシュ・フローを織り込むことは，利益の質が高いと判断する要素となる。したがって，将来キャッシュ・フローを反映する減損会計はアナリストにとって有用だが，企業間における適用割引率のばらつきが大きいと，企業間比較を妨げる要因となる。なお，のれんが買収時に支払ったプレミアムであるのならば，減損会計ではなく，合理的に見積もった償却年数で規則的に償却するべきという意見もある。

---

2) 黒川（2009），85頁を修正・加筆。

④ アナリストは本質的利益を知りたいので，一過性の要因を除いた時価情報が必要である。とくに金融機関の時価情報は必要である。また，株式の時価変動の影響を受ける公正価値会計は，市場の不安定を増す要因の1つになっていると思われるが，ボラティリティの大きさを利用して金儲けをする人にとっては都合が良いとも言える。株式の持合いは，日本の実物市場の安定性に貢献している。日本では決算期が3月末に集中していることも問題であり，決算期の分散が時価会計の市場への影響を小さくする効果があるかもしれない。

⑤ 時価情報は提供されれば良いのであって，注記や補足などを通じて利用することに問題がなく，開示方法にこだわらない。

⑥ 営業利益で将来予想をしており，また，当期包括利益を PER などの指標値の測定に使用しない。もし，予想 PER に包括利益を用いた場合には，市場の変動要因を一定と仮定するであろう。

⑦ CSR 情報は株式取得の必要条件でしかない。CSR はコーポレートガバナンスとともに会社存続の前提であり，株価や企業評価に影響しない。グリーン・ファンドは CSR 情報を分析している。

⑧ 投資対象がグローバルになっており，また，アナリストが分析する情報が多様となり，会計分析をする余裕がなくなっているので国際的統一会計基準は必要でもあり，便利でもある。ただし，アナリストの能力の1つである会計分析の重要性を前提とすると，経営環境の違いを反映する会計基準は，企業の経済的実質を忠実に測定する点で有用である。

(1–3) 機関投資家の影響力の増大とエージェンシー関係[3]

① IFRSs が，投資家重視の会計基準志向であることは周知の事実であるが，その投資家として想定されているのは，通常言われるソフィティケイトされた一般投資家という抽象概念ではなく，より具体的な機関投資家ではないか。機関投資家には，資金提供者である個人と，その資金の運用者であるファンド・マネージャーなどとの間にエージェンシー関

---

3) 黒川 (2009), 86-87 頁を修正・加筆。

補論 4　わが国の資本市場の実態および会計の役割に関する検証例　*205*

図補 4-1　会計の役割や会計への期待に対する機関投資家の影響

```
                        ┌──────────────────┐
                        │  経済環境・事業環境  │
                        └──────────────────┘
                                  │
                                  ▼
┌──────────────────────────┐     ┌──────────────────────────┐
│ 資本市場における機関投資家の影響 │───▶│ 会計の役割や会計に対する期待 │
└──────────────────────────┘     └──────────────────────────┘
                                  ▲
                                  │
                        ┌──────────────┐
                        │   事業戦略     │
                        └──────────────┘
```

出典：黒川行治（2011），26 頁。

係が成立している。

②　機関投資家が資金運用のためポートフォリオを組むということが，株
式の所有を通じて会社の部分的共同所有者となることと，ポートフォリ
オの定期的（例えば 3 ヵ月や半年ごと）見直しを通じて株式売買を行う取
引者となることの 2 面性があることが分かる。すなわち，機関投資家の
長期所有者としての側面と短期取引者としての側面であり，それぞれの
側面に応じて，財務情報の利用モデル，要求される会計情報の性質など
が異なるのではないかということである。機関投資家の影響力の増大が，
会計の役割や会計に対する期待にどのように関係しているのかについて，
アナリストや機関投資家自身がどのように意識しているのかを調査する
ことにより，この問題に対する新たな知見を得ることを期待するもので
ある。図補 4-1 は，この関係を示している。

2. アナリストなどに対するアンケート調査の結果　その 1

(2-1) 設定した仮説の概要

　2010 年 7 月，財務情報利用者であるアナリストなどに対し，「利益情報の
変容と資本市場及び事業環境の実態に関する意識調査」を行った[4]。

　設定した仮説および質問項目数は以下のようなものである。

---

4)　調査対象は，アナリスト便覧（2009 年―2010 年版）に収録されているアナリスト 954 名と，
社団法人「日本証券投資顧問業協会」の会員会社である投信投資顧問会社 327 社の計 1,281 件で
ある。郵送による記述式（該当番号記入）アンケート調査で，2010 年 7 月上旬に順次発送し，
回答期限を 2010 年 7 月 21 日とした。宛先不明による返送および連絡は 8 件，回答数は 135 件，
回収率は 10.5％である。

［1］資本市場の実態と機関投資家の役割はどのようなものか（A1：11項目）

［2］企業評価を行う場合に，どのような財務情報・非財務情報を重視しているのか（A2：12項目）

［3］経済社会のグローバリゼーションによって，会計の役割や会計に対する期待に変化があるのか（B1：11項目）

［4］資本市場と企業の経済環境・事業環境・事業戦略の変化（グローバリゼーション）と，会計の役割や会計に対する期待の変化との間には関係があるのか（B2：12項目）

［5］利益情報の変容は経済的実質の測定，利益調整の可能性，監査の保証水準にどのような影響を与えたのか（C1：3項目）

［6］利益情報の質が高いとは，どのような会計基準によって測定された利益を言うのか（C2：6項目）

［7］利益情報の変容が投資対象会社の経済環境，事業環境と事業戦略に影響するのではないか（D：11項目）

［8］IFRSs のわが国への導入の是非および運用の有り方はどうか（E：5項目）

　アナリストなどがどのような見解を持っているのかを探ることは，仮説を直接検証するものではないが，会計社会の中心的構成員であるアナリストが，それらの仮説を妥当であると認識しているのか否かを明らかにでき，大きな意味がある。以下は，この調査の1次集計結果から得られた知見である[5]。

---

5) 黒川行治・浅野敬志（2011）の抜粋である。なお，知見の導出にあたっては以下の3回のアンケート調査の結果も参照している。
　（1）2008年11月，上場会社を対象にした「利益情報の変容と監査・保証業務のあり方に関する意識調査」
　（2）2009年12月，公認会計士を対象にした「利益情報の変容と監査・保証業務のあり方に関する意識調査」
　（3）2010年1月，上場会社を対象にした「利益情報の変容と経済社会のグローバリゼーションに関する意識調査」

(2-2) 資本市場の実態と機関投資家の役割

① 四半期財務報告制度の開始と金融商品や退職給付会計などの公正価値測定の２つが，資本市場のボラティリティを増大させている。資本市場が非効率になる要因としては，大規模な需給のアンバランス，投資家の心理やアナリスト集団の偏向（ITバブルのようなグロース相場）である。

② ヘッジ・ファンドは市場の効率性に役立つと認識する意見が有意に多かったが，市場全体での裁定取引や流動性向上を通じたヘッジ・ファンドの貢献に着目したためと思われる。投資ファンドが投資対象とする銘柄や企業をフォローするアナリストが複数いる銘柄では，ファンダメンタル分析や株価バリュエーションが株価形成に対して有効性が高い。

③ 機関投資家は，長期保有目的よりも短期保有目的で投資決定しているとする意見は，とくに重要である。また，機関投資家と個人投資家の情報格差は，依然として大きいという現場の判断も重要である。

(2-3) 企業評価を行う場合に重視する財務情報・非財務情報

① アナリストは企業評価を行う上で有価証券報告書よりも決算短信情報を活用しており，年次報告情報と同程度に四半期報告情報を重視している。また，売上高や利益についての会社の予想数値，売上原価（製造原価）や販売費・一般管理費の内訳，有価証券や借入金の内訳などの附属明細表の情報も企業評価や株価バリュエーションに活用している。

② 重視する利益情報の大小関係は，「経常利益・営業利益＞当期純利益＞包括利益」であり，IFRSsが主張する包括利益情報をアナリストは重視していないことが，とくに重要である。

③ 非財務情報としては，アナリストは「事業の状況」（生産，受注および販売の状況，事業などのリスク，研究開発費などの説明情報）や「継続企業の前提に関する事項」を活用しているが，CSR情報や環境会計報告書については活用していない。

208　第 2 部　市場と会計

(2-4) 経済社会のグローバリゼーションと会計の役割や会計に対する期待の変化

（1）肯定意見多数の仮説（質問事項）

アナリストと以前に調査した企業との回答が有意に肯定意見多数で一致している仮説（質問事項）は，以下のものであった。

① 会計基準を測定尺度の世界標準の 1 つとして認識すること。

② 企業業績に対する金融投資の影響が大きくなり，金融投資に関する会計処理の重要性が増加したこと。

③ 財務会計システム（外部向けの情報）と管理会計システム（経営者向けの情報）との連携を重視する（企業の方がアナリストよりも強い）こと。

④ 投資意思決定への有用性がより重視され，見積りの活用による将来事象の可視化が求められること。

⑤ 信頼性よりも適時性が重視され，タイムリーな情報発信が要請されること。

⑥ 事業資産および事業負債についても公正価値情報が重視されること。

⑦ 収益の認識と測定を厳格に決定すること。

（2）原価情報と公正価値情報の関係

投資決定における原価情報の重要性が減少していないという意見が，企業だけでなくアナリストでも有意に多かった。公正価値測定が要請されたとしても，それは原価情報の代替ではなく，追加情報としての要請であるとも解釈できる。財務諸表の持つ情報提供の役割の増大と分配指標としての役割の低下については，アナリストは肯定意見の割合が高かった。

(2-5) 資本市場・企業の経済環境・事業環境・事業戦略の変化と会計の役割や会計に対する期待の変化

（1）肯定意見多数の仮説（質問事項）

以下の仮説（質問事項）については，肯定意見の割合が高かった。

① 資本市場における機関投資家の影響の増大は，測定尺度の世界標準化を認識させた。

② 生産拠点の国内から新興国への移転は，測定尺度の世界標準化を認識させた。

③ 資本市場における機関投資家の影響の増大は，財務情報の投資決定有用性を重視させた。

④ 資本市場における機関投資家の影響の増大は，見積りの活用による将来事象の可視化を要請した。

⑤ 機関投資家の詳細な説明要請は，財務会計システム（外部者向けの情報）と管理会計システム（経営者向けの情報）との連携を重視させた。

⑥ IT投資による生産の効率化とコストダウン，プロジェクト単位の業績把握の必要性は，財務会計システムと管理会計システムとの連携を重視させた。

⑦ 事業買収・事業譲渡などの選択肢を企業評価においても意識することは，事業資産・事業負債の公正価値情報を重視させた。

⑧ 金融資本の規模および価格変動リスクの増大は，金融投資に関する会計の重要性を増大させた。

（2）否定意見多数の仮説（質問事項）

以下の仮説（質問事項）については，否定意見の割合が高かった。

① 資本市場における機関投資家の影響の増大は，財務情報の分配利益測定の役割を後退させ，利益平準化指向を減少させた。

② 従業員よりも株主を意識したガバナンスの重視は，財務情報の分配指標としての役割を後退させ，かつ利益の期間的平準化志向を減少させた。

③ 財務情報の投資決定有用性の増大は，付加価値指標の重要性を減少させた。

④ 財務情報の分配利益測定の役割の後退は，付加価値指標や労働分配率指標の重要性を減少させた。

（2-6）利益情報の変容と経済的実質の測定・利益調整の可能性・監査の保証水準

アナリストは，企業および公認会計士と同様に，利益情報の変容が企業の

経済的実質をより適切に開示することにつながったと認識しており，利益情報の変容が監査の信頼性の保証水準を低下させてはいないと認識している。利益調整の可能性の増大については，公認会計士が肯定意見多数であったのに対し，アナリストでは否定意見が多数となっている。

（2-7）利益情報の質と会計基準の利益測定指向
（1）利益情報の質が高い会計指向

利益情報の質が高いとアナリストが回答した会計指向（会計基準）は，以下の3つであった。

① 将来利益との相関（予測能力）が高い利益の算出。

② 検証可能性の大きい利益。

③ 営業キャッシュ・フローとの近似度が大きい利益。

（2）利益情報の質が低い会計指向

① 「純資産の変動をすべて利益とする（ヒックス流の利益の定義）会計基準は，利益の質が高い会計情報を算出する」という仮説（質問項目）には，約80％のアナリストなどが否定意見であった。

（2-8）利益情報の変容と投資対象会社の経済環境・事業環境・事業戦略
（1）アナリスト，企業，公認会計士が共通して肯定意見

アナリスト，企業，公認会計士ともに肯定意見が有意に多かった仮説（質問項目）は，以下の3つであった。

① 売却可能有価証券（持合株式など）の公正価値測定による評価益を包括利益に計上することは，一般の事業会社における金融投資の減少と株式持合の解消に影響する。

② 財務会計システムと管理会計システムとの連携を重視することは，コア・コンピタンスの認識による事業の選択と集中を促進する。

③ 収益の認識と測定を厳格に決定することが求められると，価格，納期，ペナルティなどの取引内容を明示化することが促進される。

（2）アナリスト，企業，公認会計士が共通して否定意見

　アナリスト，企業，公認会計士ともに否定意見が有意に多かった仮説（質問事項）は，以下の2つであった。

① 経営意思決定において原価情報が重要視されなくなると，製品価格の恒常的な引下げ圧力が大きくなる。

② IFRSsの強制適用による会計基準の標準化は，国内から新興国への生産拠点の移転をいっそう促進する。

（3）意見が分かれた仮説（質問項目）

① 「見積りの活用による将来事象の可視化が求められると，長期的な業績を追求するような事業戦略をとるようになる」という仮説については，アナリストと公認会計士は否定意見が有意に多かった。

② 「のれんを償却せずに減損処理を行うと，事業買収，事業譲渡の活用（意識の日常化）が促進される」という仮説については，アナリストが肯定意見，企業と公認会計士は否定意見が有意に多いという結果となり，興味深い。

③ 「財務諸表の持つ分配指標としての役割の後退により利益の期間的平準化志向が減少すると，業務のアウトソーシング，派遣やパート従業員の活用が促進される」，および，「付加価値指標や労働分配率指標の重要性が減少すると，業務のアウトソーシング，派遣やパート従業員の活用が促進される」については，いずれもアナリストの否定意見が有意に多かった。

(2-9) IFRSsのわが国への導入の是非および運用の有り方

① アナリストの意見は，上場会社の連結財務諸表でIFRSsが強制適用されることに賛成，IFRSsと日本基準とが選択適用されることに反対が有意に多数である。この結果は，公認会計士も同様であった。

② 一方，企業はIFRSsの強制適用に反対，日本基準との選択適用に賛成する意見が有意に多い。

③ IFRSsの原則主義指向（詳細な適用指針を作成せず，会計担当者および

監査人に適用・運用を委ねる）が企業評価を行う上でも望ましいとする意見は，アナリストと企業において有意に少なかった。

④　アナリストは「連単分離（連結財務諸表は IFRSs で作成しても，親会社単体財務諸表は日本基準で作成）」については，否定意見が有意に多かった。したがって，①の結果と合わせ，アナリストの多くは，連結財務諸表と単体財務諸表ともに IFRSs で作成することが望ましいと認識していた。

3.　アナリストなどに対するアンケート調査の結果　その2

「重視する利益の質概念と，会計の役割・会計に対する期待との間には関係があるのか」という疑問について調査するために，B群の質問項目とC群の質問項目との相関を分析することで知見が得られる。以下は，有意な結果のみの抜粋である[6]。

（1）「保守的な利益報告が利益の質は高い」とする見解と正の相関が高い会計の役割・会計に対する期待は，投資決定における原価情報の重要性の低下であった。原価情報重視は，含み損を隠蔽するとアナリストは意識しているのかもしれない。

（2）「将来利益との相関（予測能力）が高い利益報告が利益の質は高い」とする見解と正の相関が高い会計の役割・会計に対する期待は，以下の3つであった。

①　世界標準の1つとして会計基準を認識すること。

②　情報提供機能の進展と分配指標としての役割の後退。

③　投資意思決定への有用性の重視による見積りの活用による将来市場の可視化の要請。

6）　黒川・浅野（2011），第4節の抜粋である。具体的な分析方法は，質問事項 C2—1 から C2—6 までと B1—1 から B1—11 までとの相関を測定し，Pearson の検定方法による両側検定で有意であるか否かを判定した。

②と③から将来事象の可視化に対する役割の増加が，予測能力が高い利益報告を「利益の質が高い」と判断させるに至った。そして，①から将来予測に資する利益の要請は世界共通である，とアナリストは認識しているのであろう。

（3）純資産の変動をすべて利益とする（ヒックス流の）利益測定を「利益の質が高い」とする見解と正の相関が高い会計の役割・会計に対する期待は，投資決定における原価情報の重要性の低下であった。ヒックス流の利益測定を支持するアナリストほど，原価情報の重要性が低下していると認識している証拠である。

【引用・参考文献】

黒川行治（2009）「機関投資家，資本市場の実態と会計情報」黒川行治編著『日本の会計社会——市場の質と利益の質』第1章，中央経済社。
―――（2011）「利益情報の変容をもたらした要因は何か」黒川行治・柴健次・内藤文雄・林隆敏・浅野敬志著『利益情報の変容と監査』第1章，中央経済社。
―――・浅野敬志（2011）「アナリストはグローバリゼーションが資本市場・事業戦略・会計の役割に与えた影響をどう見るのか」黒川行治・柴健次・内藤文雄・林隆敏・浅野敬志著『利益情報の変容と監査』第4章，中央経済社。

第9章

予測要素がもたらす確率的利益測定の概念

1. 確率的測定と利益の質

　売上債権・貸付金の貸倒評価，固定資産の減損，退職給付債務の評価など，事象の確定（主としてキャッシュ・フローの確定）が将来にあるものについて，現行の会計は原因発生時点でその結果を予測し，現在の財務諸表に反映させる努力をしてきた。将来事象の予測に基づく財務諸表数値の背後には，「確率的な分布が想定されている」と理解することができる。このように考えると，現行の財務諸表数値は，事象確定以前では確率事象と思われる現象・取引を1つの確定値であるかのように測定していることになる。したがって，損益計算項目の集計結果である利益数値は，会社が報告した数値が唯一の測定値ではない。予測方法，用いるデータ，予測者の傾向，そして，報告利益数値を決定する経営者の傾向や思惑などの産物として利益数値が報告されている。

　報告利益に影響する要因のうち，とくに，経営者の傾向や思惑・恣意性に着目すると，企業評価のために行う財務数値の分析の前段階である「会計分析」の重要性・必要性に思い至る[1]。報告利益は，主観的確率分布から経営者が選択した代表統計量であると考えると，「利益の質」は，「経営者が主観的確率分布のなかから，どの程度の位置にある利益数値を報告したのかに関連する概念」と把握することもできよう。想像を簡単にするために，今，利益の確率分布が一様分布であったと仮定する。一様分布なので，報告可能利益数値の上限と下限があるのみで，そのなかのどの数値が最も可能性が高い

---

1)　会計分析の概要については，パレプ，K・G＝P・M・ヒーリー＝V・L・バーナード著―斉藤静樹監訳，筒井知彦・川本淳・八重倉孝・亀坂安紀子訳（2001），第3章を参照。

216　第2部　市場と会計

（すなわち確率が大きい）ということはない。そこで，次のような設例を基に，利益の質と企業評価の問題について考えてみよう。

［設例］

異なる報告可能利益の分布を持つ2つの会社がある。

A社：報告可能利益の上限が100億円，下限が10億円，報告利益が20億円。

B社：報告可能利益の上限が50億円，下限が1億円，報告利益が40億円。

報告利益を鵜呑みにして財務数値のみでA社とB社とを比較するならば，他の条件が等しい限り，B社の利益はA社の2倍あり，B社の収益性はA社よりも優れていると評価することになる。しかし，分析者が設例のような報告利益数値の背後にある報告可能利益の分布（この設例では幅）を推定できるのであれば，収益性はA社の方がB社よりも優れていると判断するのが合理的である。利益の質についてもA社の方がB社よりも高いと判断するであろう。さらに利益の質からA社の経営者は慎重な判断をする傾向のある人と推測するかもしれないし，報告利益と課税所得に正の相関関係があるとするならば，A社の経営者には節税目的という思惑があるのか否かをチェックして，財務分析を進める必要があるかもしれない。

利益の質の概念は多義的であり，第8章で詳細に検討した。そこで，本章では，現行の会計測定値を「点推定」と呼び，このような会計測定がどのような特性を持つものなのか，予測要素の会計測定・理論への影響について検討することにしよう。本章で取り上げる項目は，①認識基準と確率的測定，②測定基準と確率的測定，③意思決定論のフレームを用いた代表統計量の解釈，④会計数値が確率的測定と解釈することによる監査の情報提供機能についての考察である[2]。

2. 認識基準と確率的推定

　将来事象の予測は判断確率（主観確率）に基づき行われる。その結果，会計取引として認識することができるほどに判断確率分布の形状を見積もることができるか否かが問題となる。ここに言う判断確率とは，ある事象が生起することをある特定の個人がどの程度の確からしさで判断しているか，すなわち，特定命題が真であることの確からしさの表明である。判断確率に対し，客観確率とは，大数の法則に裏打ちされたもので，同様の条件のもとで多数回数の試行を繰り返した場合の相対度数の極限である（客観確率は１回の試行については何も言えない）。

　客観確率を語ることを認めるような事象については，判断確率を語ることができ，しかも理性的個人にとっては両者の値が相等しくなろう。また，判断確率は，直接的には相対度数と無関係に定義されているが，その評定にあたっては，現実の相対度数が情報として利用される。

　さて，債権の評価を例に偶発損失の認識基準の問題を考えてみよう。すなわち，判断確率分布のみで偶発損失を認識して良いか否かの判断が問題となる。損失の大きさを考慮すべきではないのかという問題である。例えば，ある２社の得意先に対する受取勘定の回収可能性について評価した結果，それぞれ（１）式と（２）式のような判断確率分布が得られたとしよう。

---

2)　本章は，主として黒川行治（2002）を抜粋，加筆，修正したものであるが，そもそもは，黒川行治（1980）（1982a）（1982b）が原論文である。1980年当時，武田隆二教授が引当金の計上可能性に関して，予測数値に関連する「期待」をその確実性の程度によって，①確実な期待（期待され得る事象についての情報が絶対的確実さを有する場合），②確率期待（各事象の正確な確率値を決定し得る場合），③主観的不確実期待（将来の事象が主体によってただ主観的に予測されるもの），④客観的不確実期待（統計的実験によっても，思考実験によっても発生分布を知ることができない場合），⑤完全不確実期待（期待された事象についての情報が，期待事象の値を見積もるために十分でない場合）の５つに分類し，その計上の可否について議論する斬新なアイデアを報告されていた（例えば，武田隆二（1975））。これら原論文は，武田先生の議論に大いに触発されたもので，以来，武田先生に対し謝意と畏敬の念を持ち続けていた。

218 第2部 市場と会計

〔例示1〕

$$\phi(s_1) = 0.1, \qquad \phi(s_2) = 0.9, \qquad \phi(s_3) = 0 \tag{1}$$

$$\phi(s_1) = 0.99, \qquad \phi(s_2) = 0, \qquad \phi(s_3) = 0.01 \tag{2}$$

ただし,

$\phi(s_1)$：全額回収できる確率

$\phi(s_2)$：1％回収できない確率

$\phi(s_3)$：全額回収できない確率

$\sum_i \phi(s_i) = 1$

（1）式あるいは（2）式の示す事象は，過去の貸倒実績率，担保の処分見込額，保証による回収見込額などを基礎として貸倒見積高が算定されることになっている。上記2つの式は，これらの基礎情報に基づき判断確率分布が形成されたものとしよう。

ところで，貸倒引当金を含む引当金一般の処理として，「『企業会計原則注解』注18」では，次のように指示していた。

「将来の特定の費用又は損失であって，その発生が当期以前の事象に起因し，発生の可能性が高く，かつ，その金額を合理的に見積ることができる場合には，当期の負担に属する金額を当期の費用又は損失として引当金に繰入れ，当該引当金の残高を貸借対照表の負債の部又は資産の部に記載するものとする。……発生の可能性の低い偶発事象に係る費用又は損失については引当金を計上することはできない」。

このように，発生の可能性の高低によって費用の認識が可能か否かが分かれる。

（1）式の事象は，$\phi(s_2) + \phi(s_3)$ の発生確率が0.9と予想されることから，引当金として認識されると思われるが，（2）式の事象では，発生確率が0.01であるから，引当金は計上されないのではないか。はたして，この決断は妥当であろうか。この問題は，認識基準として損失の大きさを考慮していないことに起因している。

3. 測定基準と確率的推定

　現行の会計が，上記のような偶発事象について発生概念によって引当処理をしていることからも分かるように，その結果である利益数値などは，本来きわめて確率的な数値で示すべきものである。ところが，伝統的会計システムは点推定という手段をとることから，当該分布についてどのような代表的統計量（特性値）によって測定しているのかが問題となる。

　代表的統計量として，①モード（mode：最頻値），②ミディアン（median：中央値），③ミーン（mean：平均値）の３つを取り上げ検討してみよう。

①　モードとは，事象の頻度分布において最大の頻度を持っているクラスの中央値を言う。したがって，頻度分布を求める上で各事象をいくつかのクラスに分類する必要がある。モードを情報として用いる長所は，事象が名義尺度で分類されていても可能であること，計算が簡単であることである。他方，短所は，第１に，頻度分布がはっきりとしたピークを持つ必要があり，第２に，２つ以上のピークがある場合にはどれにするか決めかねることであり，そして第３に，クラスの分類の仕方によって，測定値が大きく影響されることである。

②　ミディアンとは，事象が順序尺度によって大きさの順に並べることができた場合，事象の数が奇数ならばその中央値の値，また偶数ならば２つの中央の事象の値の算術平均を言う。ミディアンの長所は，第１に，モードのようにクラス分類の仕方に左右されないこと。第２に，順序尺度で順序付けられた最も端に位置する事象の値が如何に変化しても影響を受けないことである。他方，短所は，各事象が順序尺度またはその上位にある間隔尺度などによって測定されねばならないことである。

③　ミーンは，期待値とも呼ばれ，物理学的に言えば重心に相当する。長所は，各事象のミーンからの偏差の合計がゼロ（0）となることであるが，他方，短所は，最も端に位置する事象の値の変化によって影響を受けることである。

220 第2部 市場と会計

　通常の統計学では，推定値としてミーンを用いることが多い。偏差の合計がゼロ（0）となるからである。しかし，分布の形状が非常に偏っている（どちらかに長く裾を引いている）場合，ミーンは最端のきわめて頻度の小さい事象の値に大きく影響されるため，われわれの描く代表値のイメージと合致しなくなる場合もあろう。したがって，分布の形状によっては，ミーンよりもモードあるいはミディアンの方が望ましい場合もあろう。

　さて，〔例示1〕についてミーン，ミディアン，モードによって，どのような測定値となるかを見ておこう。

　ミーン測定によるのであれば，（1）式の事象では元本の0.9％（＝1％×0.9）が期間損益計算上の偶発損失として測定される。また，（2）式の事象では，元本の1％（＝100％×0.01）が偶発損失となる。

　モードによって測定しようとすれば，（1）式の事象は偶発損失を元本の1％計上するが，（2）式の事象では偶発損失の計上はないことになる。

　このように，モード測定では，期待損失（平均値）が小さくても費用計上され，より大きくても費用計上されないケースも理論的にはあり得る。ミディアンによる測定は，〔例示1〕では，モードと一致している。

　〔例示1〕の（2）式の事象は発生確率分布がゼロ（0）の方に偏っているのであり，前述した問題，すなわち，モード測定を選択すると，偶発損失は計上されない。一方，ミーン測定を選択すれば計上されるところの期待損失1％が，「「全額回収できない」という最端の値の結果によるものであり，代表値としてのわれわれのイメージと合致しない」と解釈することになろうが，それがはたして妥当なものか否か判断しかねるのである。何故ならば，これを是とすることは（2）式が示す事象の分布の代表値として偶発損失ゼロ（0）が妥当であることを意味し，（1）式の事象より期待損失が大きくても費用計上がないということを認めることになるからである。

　代表的統計量の問題をより詳細に考察するため，次節では各代表的統計量による会計測定値の意味を意思決定論的な観点から検討してみよう。

4. 会計測定値の意思決定論的な解釈

　経営主体（報告主体）は，情報の利用者に対して，経営主体自身の効用が最大となるように会計情報を作成すると仮定する。例えば，売上債権評価においては，キャッシュ・フローの時期やパターン，回収額を予測する。これらを当該事象の状況と呼び s で示し，生起する可能性のある当該事象の母集団を S で示す。また，経営主体はその状況のもとで，種々の報告案 A のなかからある報告案 a を選択する。すると，ある状況のもとで 1 つの報告をした結果，言い換えれば，ある状況と 1 つの報告の及ぼす影響（効果）は，（3）式で示せる。

$$x = p(a, s) \tag{3}$$

　次に経営主体の当該事象に対する判断確率を $\phi(s)$ で示す。経営主体が自己の期待効用を最大にするような報告案を採用するという行動は，経営主体が矛盾のない意思決定をするならば，自己の期待効用が最大となるような報告案を採用することである。この関係が（4）式である。

$$E(U \mid a^*) = \max_{a \subset A} \int_s U(p(a, s)) \, \phi(s) \tag{4}$$

　ただし，$U(p(a, s))$ は，ある状況と報告案の組合せから生じる結果に対する経営主体の効用であり，a^* は採用される報告案である。

　関数 $p(a, s)$ およびその効用 $U(p(a, s))$ の意味内容を検討しよう。偶発損失に関する報告案として経営主体が考慮する内容は，第 1 に，その報告案の結果がもたらす利益への影響である。さらに言えば，利益の絶対水準が，経営主体の偶発損失計上計画に反映されるであろう。効用関数の形状は，報告利益が小さい状況では偶発損失の利益に対する影響が相対的に大きくなり，偶発損失測定自体の持つ限界効用が大きくなる。一方，報告利益が大きい状況では偶発損失の利益に対する影響が相対的に小さくなり，偶発損失測定自体の持つ限界効用も小さくなる。しかし，このような報告案に関する効用関

222　第2部　市場と会計

数を考慮するのは問題である。何故ならば，報告利益に与える影響によって測定額が変化するということは，経営主体の人為的決算操作を積極的に容認することになるからである。

　第2に経営主体が考慮するのは，当該報告案 a と状況 s との差額である。見積りによる測定値と結果として生起した状況とが大きく異なっている場合，報告の信頼性，そしてその報告者である経営主体の信頼性が問題となる。この場合の効用関数の形状は，原則的には s と a との差が大きいほど効用が小さくなるということである。しかし，その効用の減少割合が，差異の増加に比例的に減少するのか，あるいは差異の増加よりも大きく（加速度的に）減少するのか，または，差異の方向つまり，プラス差異（結果が推定値よりも小）かマイナス差異（結果が推定値よりも大）かによって減少する割合が異なるというように，種々の関数を考えることができる。

　効用関数最大化は損失関数最小化と同意義である。そこで，損失関数を用いて（4）式の効用関数を書き改める。

$$E(R|a^*) = \min_{a \subset A} \int_s R(p(a, s))\, \phi(s) \tag{5}$$

ただし，$R(p(a, s))$ は損失関数である。

　さて，損失関数として先の議論に従って，3つの関数を考えてみよう[3]。

〔例示2〕

$$(1)\quad R_1(p(a, s)) = |s - a| \tag{6}$$

$$(2)\quad R_2(p(a, s)) = (s - a)^2 \tag{7}$$

$$(3)\quad R_3(p(a, s)) = k|s - a| \quad ただし，\quad s < a \quad k = k_1$$
$$s > a \quad k = k_2 \tag{8}$$

　（6）式は，経営主体の損失が s と a との差異の増加に比例する場合であり，

---

3) Demski, Joel, S. = Gerald A. Feltham (1972) では，損失関数として，①average，②standard deviation，③mean absolute deviation，④mean square error，⑤information theory を挙げている。

（7）式は，経営主体の損失がsとaとの差異の二乗に比例する場合であり，そして（8）式は，差異の方向によって，限界損失の大きさが異なる場合である。

　このように損失関数を特定化した場合の期待損失を最小にする代表的統計量（報告値）はどのようになるのであろうか。

　結論を言えば報告案として，

　①　信頼性喪失の損失を誤差の絶対値$|s-a|$で評価する場合，生起確率分布のミディアンが期待損失を最小にする測定値である。

　②　信頼性喪失の損失を誤差の二乗値$(s-a)^2$で評価する場合，生起確率分布のミーンが期待損失を最小にする測定値である。

　③　信頼性喪失の損失が$k|s-a|$である場合，容易に推測がつくように，$k_1 > k_2$ならば，測定値はミディアンよりも小さく，また，$k_1 = k_2$ならば，測定値はミディアンと等しく，$k_1 < k_2$ならば，ミディアンより大きい。

　なお，誤差の大きさに関係なく誤差が生じることによる信頼性喪失の損失を一定と評価する場合には「モード」が妥当とされる[4]。

　つまり，測定額が実際発生額に比べ過大であるか過小であるかにかかわらず，可能な限り実際発生額に近い報告をしようとする場合にはミディアンが，誤差の大きさをより重視する場合にはミーンが，そして誤差の大きさを考慮せず，可能な限り正確な測定額を報告する可能性を高めようとする場合には，モードが点推定をする場合の代表値となるのである。なお，会計におけるディシプリンとされてきた保守主義の原則は，損失関数の係数が$k_1 < k_2$，すなわち，見積り過小の方が見積り過大よりも，限界損失が大きいことを意味している。

4）　結果については，Barefield, Russell M.（1969）参照。

5. 監査の情報提供機能の再評価

　監査の機能には，会計測定上の非偏向性を会計担当者に保持させる指導的機能と，会計担当者が測定した財務諸表について監査人が自己の意見を述べることによる批判的機能の2つがあると言われてきた。後者は，測定値が既知の測定ルールに合致して算出されているか否かを立証する手段であり，情報の信頼性確保のプロセスである。ここでは，とくに監査意見に関連して従来批判的機能とされてきたものに代え（あるいは，両機能に加え），監査意見は監査人の会計情報提供機能でもあると解釈する論理を示そう[5]。

　監査報告書中，無限定適正意見が述べられている場合，監査人が作成した財務諸表は，会計担当者が作成した財務諸表と同内容であることを示し，また限定付き適正意見が述べられている場合には，その除外事項についてのみ，監査人の作成した財務諸表と会計担当者の作成した財務諸表が異なっていることを示す。つまり，情報の利用者にとって2つの情報源が存在するということである。

　ところで，情報システムの価値は，情報コストを無視すれば，情報の事前確率分布が如何ほど改善されるかということである。例として，取得原価・発生主義会計情報システムから産出される利益情報を考えてみよう。利益情報はこれまでの議論と同様，将来になって確定するという点で本来確率的なものであると解釈する。モデル化するために，利益 x が平均 m, 分散 v の正規分布に従うと仮定する。

$$\phi(x) = N(m, v) \tag{9}$$

　現在広く受容されている伝統的会計システムは，前述したように点推定という形態をとっているので，代表的統計量を選択する必要があるが，ここでは，ミーン（m）で測定していたとする。そこで，情報の利用者が会計情報を受け取る前に持っている利益数値に対する事前の判断分布を

---

5)　監査の情報提供機能の基本的アイデアは山桝忠恕先生のご示教による。

$$\phi(m) = N(m_{pr}, v_{pr}) \tag{10}$$

とする。ただし，m_{pr} は事前平均，v_{pr} は事前分散である。

　ここで，情報の利用者の事前の確信度の尺度として c を次のように定義する。

$$c = v \diagup v_{pr} \tag{11}$$

　v を所与とすると，確信度 c が大きいならば，v に比べて v_{pr} が小さいはずである。v_{pr} が小さいというのは情報を受け取る前に考えている（事前の）利益に関する分散（意識している判断の幅）が小さいことを意味し，逆に，確信度 c が小さいというのは利益に関する事前の分散が大きいことを意味する。

　さて，企業によって１つの実現値としての利益数値（x_1）が報告された後の情報利用者の意識にある当該企業の利益に関する判断分布は，定理により(12)式になる。

$$\phi(m|x_1) = N((cm_{pr}+x_1) \diagup (c+1), v \diagup (c+1)) \tag{12}$$

　(12)式から分かることは，第１に，情報を受け取った後の利益に関する判断分布（事後分布）の平均は事前平均（m_{pr}）と報告値（x_1）との加重平均に他ならないことである。そして第２に，事前の確信度（c）が小さいと，事前平均（m_{pr}）に付される重み（c）が小さくなって，企業の報告する利益情報（x_1）の影響が大きくなることである。

　次に，監査の機能を考えよう。監査報告書が同時にもたらされることにより，監査人が適正と考えている利益に関する測定値（x_2）がもたらされる。この情報を受け取った後の情報利用者の利益の分布は(13)式になる。

$$\phi(m|x_1, x_2) = ((cm_{pr}+x_1+x_2) \diagup (c+2), v \diagup (c+2)) \tag{13}$$

　(12)式と(13)式とを比較して判明することは，第１に，情報利用者（意思決定者）の利益に関する分布の事後平均が，企業の測定値と監査人の測定値の両方を考慮したものであり，もし仮に，企業の測定値に偏向があったとし

226　第2部　市場と会計

ても，独立の監査人の測定値によって緩和される。監査の独立性とは，まさに2つの測定値が互いに独立であることを仮定するための前提である。第2に，監査が存在することで事後分散が小さくなり（$v/(c+2) < v/(c+1)$），それだけ利用者は確実な利益数値を得たという心理になることを示している。かくして，情報の利用者は企業と監査人の情報をともに利用して意思決定できる。これが，監査の情報提供機能である[6]。

　このような監査の情報提供機能は，現行の監査論理では採用されない。財務数値の作成は経営者が担うものであって，監査人は，その経営者の測定した財務数値の信憑性をリスクアプローチに基づく監査によって保証するのみである。つまり，監査人は経営者のような第1次的測定者ではないという前提だからである。

6．予測要素の影響の増大

　会計測定は，確率的分布のなかの代表値を示している。このような理解は，会計測定が以前と比べて変化したから生じたものではなく，会計測定が予測に基づくものであるが故に本来存在していた。しかし，将来のキャッシュ・フローの見積りを会計測定に導入しようとする金融資産の時価評価や固定資産の減損処理は，会計測定に対する予測要素の影響の増大をもたらし，本章で検討したような確率的測定と認識基準や測定基準に関する議論を想起させる。また，現行の監査理論では重視されない監査の情報提供機能を再評価させるのである。

---

6)　モリス，W・T著—稲川和男・松本重熙・関谷章訳（1973），105–113頁の結果および宮沢光一（1971），95–97頁で述べられている定理を応用したものである。

【引用・参考文献】

黒川行治（1980）「見積り計算としての会計をめぐって」『三田商学研究』第23巻第3号（1980年8月），81-98頁。

――――（1982a）「情報評価アプローチの検討」『三田商学研究』第25巻第3号（1982年8月），30-47頁。

――――（1982b）「引当金に関する規定と概念の再検討」高鳥正夫編『改正会社法の基本問題』慶應通信。

――――（2002）「予測要素の増大がもたらす会計測定・理論への影響」『会計』第161巻第2号（2002年2月），27-38頁。

武田隆二（1975）「保守主義の基礎理論」『企業会計』Vol. 27, No. 6（1975年6月），18-28頁。

パレプ，K・G＝P・M・ヒーリー＝V・L・バーナード著―斉藤静樹監訳，筒井知彦・川本淳・八重倉孝・亀坂安紀子訳（2001）『企業分析入門』（第2版）東京大学出版会。

宮沢光一（1971）『経営分析のための数学入門 5 経済分析と決定理論』東洋経済新報社。

モリス，W・T著―稲川和男・松本重熙・関谷章訳（1973）『経営科学入門――ベイジアン理論の応用』同文舘出版。

Barefield, Russell M.（1969）, "Comments on a Measure of Forecasting Performance", *Journal of Accounting Research* Vol. 7, No. 2, pp. 324–327.

Demski, Joel, S.＝Gerald A. Feltham（1972）, "Forecast Evaluation", *The Accounting Review*, Vol. XLVII, No. 3, pp. 533–548.

Palepu, K. G.＝P. M. Healey＝V. L. Bernard（2000）, *Business Analysis & Valuation using Financial Statements*（2nd edition）, South-Western College Publishing, A Division of International Thomson Publishing.

Siegel, Joel G.（1991）, *How to Analyze Businesses, Financial Statements and the Quality of Earnings*,（2nd edition）, Prentice Hall Trade.

第 3 部

個人・組織と会計

第 10 章

取引における公正性の源泉

1. 取得原価の二面性と合理的な取引決定の条件

「取得原価は取得時の公正価値を示す」としばしば言われている。完全市場の仮定を援用した均衡価格を想定しての言説であろう。会計測定過程に注目すると，取得原価が取引（交換）で入手した財・サービスの持つ価値（これを「効用価値」と呼ぶ）を示しているのか，対価として譲渡した財・サービスの価値（これを「犠牲価値」と呼ぶ）を示しているのかの解釈をめぐる問題がある。例えば，当初測定としての取得原価と事後測定としての減損処理の一貫性の欠如の有無をめぐる議論はその典型例である。

「購入」は現金（貨幣）を犠牲物とする交換であり，現金（貨幣）は，額面そのものが財・サービスとの交換価値を示している。取引参加者が誰であろうとその犠牲価値は不変であることから，購入はキャッシュ・アウトフローで測定したものであり，取得原価は犠牲価値系統で測定されていると解釈する。一方，事後測定の減損処理は，取得された財の売却価値と使用価値のいずれか高い価値に当初測定価額を引き下げる手続きであると定義すると，取得後に犠牲価値から効用価値への転換が図られていることになる。

取得原価をめぐる当初測定と事後測定の測定規約の一貫性を図ろうとするならば，減損処理の測定規約を犠牲価値系統へ，すなわち，当初測定額を「再調達原価」にまで引き下げる手続きへと定義を変更するのか，あるいは，当初測定時から効用価値で測定されていると解釈する論理が必要となる。とくに，後者の論理として武田隆二教授は，「主観価値（本章での効用価値）と客観価値（本章での犠牲価値）との一致の仮定」[1]をおくことで解決している。

また，これとは別の論理として，取引をするという合理的意思決定が行われる限り，取得した財・サービスの効用価値が犠牲価値（対価）以上であったに違いないので，「取引価額は取得者にとっての最低限の効用価値を第三者に推定させる情報」であると解釈することもできる。いずれにせよ，これらの議論は，取得原価の二面性を物語っている。

取得原価の会計学上の解釈がいずれであっても，取引価格そのものが基準となる情報になっている。取引価格が公正な価値を示しているということは，取引が公正であるという前提があるからであろう。「取引の公正性（fairness)」についての議論では，完全市場の仮定が参考になる。すなわち，取引者相互間では情報の非対称性がなく財・サービスに関する情報は共有されていること，取引市場には需要者と供給者が多く存在し需要と供給による価格調整機能が働いていること，もし，相対取引であったとしても，相互に代替取引相手または財・サービスが存在し，取引参加者がともに自由に意思決定できることなどが仮定されている。

このような市場であっても，それぞれの瞬間において一物一価となる市場は金融市場などに限られている。例えば，私たちが同一のパソコンを購入しようとする時，大学生協に注文するのか，量販店に行くのか，あるいは通販で購入するのかによって，同一時であっても価格が異なっている。どの販路で購入したのかによって異なった取得原価となる。購入販路の決定には，非価格条件も係わるからであるが，ともかくも，合理的な意思決定は，財・サービスの効用価値と価格（犠牲価値）を取引者が知っていることが条件である。

本章の目的は，このような会計問題の前提となる取引の公正性の意義について，公共哲学の観点から考察することである。まず第2節で，消費者保護の背景に言及しつつ，公正な取引の条件の1つとして，功利主義の観点から情報の伝播と信頼関係の創出の関連性について検討する。第3節では，倫理的・道徳的社会では富の追求（貪欲さ）は終わり，労働は喜びをもたらすという言説について紹介する。それらが公正な取引の導出に繋がるからである。

---

1)　武田隆二 (2008) 第20章，278頁。

そして，第4節では，国家の繁栄の源は自己の効用の最大化という悪徳なのか，あるいは，公平で中立的な観察者が共感する範囲内で全力をあげるというフェア・プレイ（公正な競争）なのかの問題について紹介する。最後に，第5節において，相互性の観点を加味して，取引の公正性の源泉として，当事者の倫理観・道徳観と情報の提供による情報の非対称性の解消によって合理的な意思決定が可能になること，および，情報提供行為自体が取引当事者相互の信頼性を創出することの2点を提案し結語とする[2]。

2. 消費者保護と中古米国車の購入事例

(2-1) 消費者保護の意義

消費者は，市場で財・サービスを購入しようとする際に，対価は公正であるか，製品の品質は粗悪でないかといったことをチェックして自分の利益を守ろうとしてきた。この消費者の自己信頼（consumer self-reliance）行為，すなわち，「買い手が用心する」あるいは「買い手に用心させる」ということの意義や実際の行為は，個人対企業の取引が増加した現代ではますます重要となり，次のような理由で，「消費者運動（consumer movement）」と呼ばれる消費者保護の組織化された努力をもたらしている[3]。

①　複雑な製品は消費者が買い物をする際に必要な選択を非常に複雑なものにしており，消費者は製品の品質について企業に依存している。

②　サービス（弁護士，歯医者，大学，病院，耐久財の補修サービスなど）も製品と同様により専門化し，消費者による判断を困難にしている。

③　企業が宣伝を通じて製品・サービスを販売しようとすると，その主張は誇張され，その製品が如何なる機能を期待されるかについてではなく，感情に訴えることになる。

④　技術の進歩は，以前よりも消費者について企業が学ぶこと，すなわち

---

2)　本章は，黒川行治（2017）をベースに，黒川行治（2014）の一部を抜粋・追加したものである。
3)　ポスト，J・E＝A・T・ローレンス＝J・ウェーバー著—松野弘・小阪隆秀・谷本寛治監訳（2012 下），29–31 頁。Lawrence, Anne T.＝James Weber（2014），pp. 334–336.

消費者のプライバシーを侵す危険性を企業に許容するようになっている。

⑤　製品の安全は無視されることが多い。

そこで，消費者には5つの異なる保護されるべき権利が主張されている[4]。

①　知らされる権利（the right to be informed）

詐欺的，不正直で，ひどい誤りを導くような情報，広告，表示などから保護され，情報に基づく選択をするための事実が提供されること。

②　安全を求める権利（the right to safety）

健康や生命を危険にする財の販売から保護されること。

③　選択する権利（the right to choose）

できる限り，競争的な価格で多様な財・サービスへ接近することが保証されること。競争が機能せず，政府規制が代替している産業においては公正な価格で満足のいく品質とサービスが保証されること。

④　意見が反映される権利（the right to be heard）

消費者の利益が，政府の政策を立案する場合に十分消費者の立場に立って配慮され，行政の裁決機関における公正で迅速な扱いが保証されること。

⑤　プライバシーの権利（the right to privacy）

健康状態，財務状況，素性（identity）などの情報は，許可なく他者が共有できないこと。

（2-2）中古米国車の購入事例に見る公正な取引の条件

第1節において，取引する当事者（購入者）が合理的な意思決定をするには，財・サービスの効用価値と価格（犠牲価値）を取引者が知っていることが条件であることを述べた。この条件は，（2-1）で紹介した消費者の「①知らされる権利」に相当するものである。そこで次に，取引当事者の倫理性（道徳）の観点から，情報の伝播と信頼関係の創出について検討することにしよう。この議論を進めるに際し，私的な事例を持ち出すのはいささか憚ら

---

4)　ポスト＝ローレンス＝ウェーバー著―松野・小阪・谷本監訳（2012下），30頁。Lawrence＝Weber（2014），p. 336.

れるところではあるが恰好のケースではないかと思われるので，米国での中古車購入についての経験を事例として用いることにする。

私は 1986 年から 2 年間，米国のイリノイ大学に訪問研究員として留学した。大学があったアーバナ–シャンペーン（Urbana-Champaign）は，景色と言えば 360 度コーン畑が広がり，大学施設を中心に巡回するバス以外に目ぼしい公共交通機関はないので，日常生活には自家用車が必要であった。そこで，現地到着 1 週間後に，2 年経過の中古車を新車価格の半額程度で購入した。中古車市場での取引は素人には難しい。品質の信頼性と価格の合理性の双方で，一見者の購入決定時のリスクが大きい。そこで，私は，ゼネラルモーターズ（GM）の 1 つのブランドであるビュイック（Buick）の新車を販売するディーラー併設中古車販売部門で購入することにした。ビュイックを継続して乗っている人が新車購入時に下取りに出した車の信頼性を重視したからである。私が予算と保有目的を話したところ，応対した中古車部門のマネージャーは私に，「予算から判断するとトヨタの中古車が購入できるので，そちらに行った方が良い」というのである。当時，米国車と比較して日本車は燃費が良く，何よりも増して故障の確率が低い。そこで，中古車価格も日本車は米国車よりも高いが，私の予算が 7,000 ドルであったので，「カローラの中古車ならば購入できる」と言って，ライバルの中古車販売会社を教えてくれたのだった。私は，「米国に来たのであるから米国車を保有したい」と答え，そのマネージャーからセンチュリー（Century）という名の中古車を購入した。留学期間中に何度か修理したが，覚悟の上での購入，自己責任であったから後悔することはなかった。

以上が私の中古車購入の経緯である。その時，私はこのマネージャーの態度に，米国人がしばしば口にする「フェアな取引とは何か」を教えられた気がしたのである。おそらく彼は，私が米国車の品質に関する情報と現地の中古車市場の価格情報のいずれをも知らずにいると考えたに違いない。そこで，合理的購入決定の条件，すなわち，取得しようとしている財の持つ効用価値と合理的価格との双方の情報を教えようとしたのである。

(2-3) 信頼感の創出

このマネージャーは，自動車が日々の買物などに必要であるという状況を熟知していたので，2台以上保有するのであれば突発的な故障でも代替ができるし，また，修理中でも日々の生活に支障はないが，1台しか保有できないのであれば，故障率が断然低い日本車が米国車よりも良いと判断し，ライバルである他社製品の情報を教えてくれたのであろう。それにもかかわらず，何故，私は米国車を選んだのか。米国車保有への憧れが第一の理由であることは間違いないが，しかし，このマネージャーから購入すれば，比較的状態の良い中古車を購入できるのではないかという，マネージャーに対する信頼感が生まれたからであると思うのである。では，他者に「信頼をおくこと」とはどのようなことなのか。コールマン（Coleman）社会学を参考に考察してみることにしよう。

「信頼をおくこと」には，以下のような意味がある[5]。

① 自分自身の利益になるように，また信頼される側の利益になるように，あるいは双方の利益になるように，資源を使用する当事者の手に委ねることを意味する。

② もし信頼される側が信頼に足る人物であれば，信頼をおく方が信頼をおかない場合よりも大きな利益を得ることができる。もし信頼される側が信頼に値しない人物であれば，信頼をおく方が信頼をおかない場合よりも状態を悪くする。

③ 信頼をおく行為は相手との実際の保証のようなものがないのに，信頼する側が進んで相手（信頼される者）の手に資源を委ねることを意味する。

④ タイム・ラグを伴う。信頼される側の将来の行為と関わっている。

「信頼する」という意思決定時の行為を，功利主義に基づく「自己の効用最大化基準」で解釈すると，次式が成立することである（ここでは，引用文献のコールマン著─久慈訳（2006 上）に合わせて，gain を利益と記している）。

---

5) コールマン，ジェームズ著─久慈利武訳（2006 上），158-162 頁。Coleman (1990), pp. 97-100 の一部を引用・参照。

$$p \times G > (1-p) \times L$$

$$p \div (1-p) > L \div G$$

p：利益を得る確率（信頼された側が信頼に足る行動を示す確率）

G：潜在的な利益の大きさ（信頼された側が信頼に足る行動を示す場合）

L：潜在的な損失の大きさ（信頼された側が信頼に足る行動を示さない場合）

この式が成立するときには，信頼する方が信頼しない方よりも期待利益は大きい。つまり，私は，このマネージャーから米国中古車を購入する期待利益が，他の業者から米国車を購入する場合の期待利益よりも大きいと判断したことになるのである。

(2-4) 即決した原因の考察

前述したように，GM ビュイックの新車を販売するディーラーという，ある種の「ブランド」は，信頼の早期創出の原因の1つであろう。しかし，他にも同様のディーラーはあったのであるから，もう1箇所くらい見て回ってからでも遅くはなかった。つまり，情報の探索をしても良かったのではないか。情報は，利益獲得の確率についての推定値を変化させる効果を持つ。しかし，私は即決でこのディーラーの在庫車中の1台を選択したのである。

今から思うと第一の理由は，潜在的な利益（G：比較的状態の良い車を購入した場合の事後の生活）と潜在的な損失（L：故障の確率が非常に高い悪い状態の車を購入した場合の事後の生活）に，それほど差がないと考えていたのではないか。したがって，p は 0.5 程度でも構わなかったのかもしれない。初めての米国の田舎暮らしに自動車が如何に必須アイテムなのかという実感がまだ湧かず，マネージャーの示唆する情報の意味（忠告）を正しく理解していなかった（ここでは，信頼される対象を人ではなく物（事）にこのモデルを適用して推論してみた）。

第2は，「潜在的な友人〔alternative potential friends〕を持たない人物は，たくさんの〔潜在的な〕友人を持つ人物に比べて，潜在的な友人を信頼しやすく，信頼を育むのにはるかに少ない時間ですむ……」[6]。つまり，馴染み

がない地に行った当初であったので，この状況にあった。もっとも，以下の
ような切羽詰まった状況ではなかった。

「信頼したいという欲求の最も極端な例は，他の人の助けなしではそこか
ら抜け出せないような切羽詰まったケースである。もし誰かに助けてあげる
といわれたら，たとえその相手が実際に助けてくれる確率がほとんどゼロに
等しいと思っても，その申し出を受けることが合理的である。これが真実な
のは，当人には失うものが何もないからである」[7]。

(2-5) 信頼される側の行為

前述したように，このビュイック・センチュリーはときどき故障した。し
かし，大学の長期休暇期間を利用した全米各州をめぐる旅行で，2年間に約
3万マイル（1マイルは1.6キロメートル）を走り切り，私と家内には家族の
ような愛着が生まれ，留学終了直前に譲渡する時には，家族と車との記念写
真を撮って名残を惜しんだ。その要因の1つは，購入時のマネージャーのア
フター・サービスがとても懇切であり，また，私たち家族と気が合ったから
でもある。

このマネージャーの売却後の行為は，「信頼される側の行為」として分析
できるであろう。信頼される側の行為とは，以下のようなものである。

「①　関係が持続する場合に，1回切りの取引の時よりも，〔信頼が失われ
　　る行為によって〕信頼される側は今後多くのものを失うと思われる。し
　　たがって，信頼する者との関係が長いほど，そして信頼される側がそ
　　の関係から望む利益が大きいほど，信頼される側は信頼に値する行為
　　をとるであろう。

②　信頼する側の行為者や今後信頼を得ると見込まれる他の行為者との
　　コミュニケーションが広範であるほど，信頼される側の行為者は信頼
　　に値する行為をとるであろう」[8]。

---

6)　コールマン著―久慈訳（2006 上），170 頁。Coleman（1990），p. 105.〔　〕内は黒川加筆。
7)　コールマン著―久慈訳（2006 上），173 頁。Coleman（1990），p. 107.
8)　コールマン著―久慈訳（2006 上），175 頁。Coleman（1990），p. 108.〔　〕内は黒川加筆。

このマネージャーと私たちとは，修理や点検を通じて継続的な取引が期待される。また，留学のため新たに日本から来る人たちに，このディーラーを私が紹介し，場合によってはそこに連れて行くかもしれない。

(2-6) 信頼の創出の功利主義による解釈

以上の事例から言えることは，「信頼する側の行為者は，任意の時点で情報をさらに探索するかどうかを決断し，情報探索がいったん終結すると，相手方に信頼をおいて取引に従事するかどうかを決断する。信頼される側の行為者は，まず相手に信頼をおいてもらうために必要な情報を提供するかどうかを決断し，自分に信頼がおかれたら，信頼に足る行為をとるかどうかを決断する。信頼する側は相手の行為から得た情報を使用しながら，相手の信頼性についての自己の推定値を修正するであろう。より高い信頼性から得られる利益にもとづいて，信頼する側は，信頼される側の信頼性を上昇させる社会制度を築こうと試みる……」[9]。これが，私の留学時の中古車購入体験に対する功利主義に基づく信頼創出の解釈である。

(2-7) 個人の高潔な倫理性と公正な取引

しかし，この体験を振り返って，冒頭に記述したように，このマネージャーから「公正（フェア）な取引とは何か」を教えられたという思いが強いのである。それは何故か。私は，留学途中で父が脳卒中で他界し，その後始末のため，家族（家内と6歳の息子，3歳の娘）をアーバナ＝シャンペーンに残して，3カ月ほど日本と米国とを往復する生活をした。その折々に，このマネージャーが私たちに対して示した厚情を忘れることができない。すばらしい人間性の持ち主であった。このマネージャーの商売に対する信条は，おそらく下記のようなものであったと思われる。

「商売上の名誉の感覚，すべての商いでの絶対的な公平さ，不名誉な行為で企業の名声を汚すよりも，必要とあらば金銭的な損失を進んで被る意欲……完全な高潔さがなければ，完全な信頼はありえない。この信頼，我々の

---

9) コールマン著―久慈訳（2006 上），184 頁。Coleman（1990），p. 114.

240　第3部　個人・組織と会計

善の意思が我々の最も重要な資産」[10]である。

3. 富の追求は終わり，労働は喜びをもたらす

　前節では，公正な取引（商売）を成立させるためには，取引当事者間の信頼性創出が非常に重要であることを確認し，功利主義に基づく解釈を示した。しかしながら，最後に，信頼性創出は取引当事者の高潔な精神・態度・行為，すなわち人としての倫理観・道徳観に依拠するのではないかという原点に立ち戻ったのである。本節では，倫理的・道徳的社会では富の追求（貪欲さ）は終わり，労働は喜びをもたらすという言説について，近代経済学の前提である「自己の効用最大化原理」に批判的なトーマス・セドラチェクの主張を主として参考にしながら検討してみよう。

（3-1）豊かになると貪欲さは消えるのか

　前述の中古自動車の購入例は，交通手段が乏しい地域で必要に迫られての（いわばその地域での必需財に関する）取引動機に拠るものであった。しかし，われわれの社会とくに先進国で日々営まれる取引の多くは，本人にとっては確かに必要に迫られての購入（ニーズの充足）であるかもしれないが，よく考えてみれば，最終ゴールのない豊かな生活を目指す消費者と，消費者のニーズを作り出し，財・サービスを供給することで富を蓄積しようとする企業との間の取引である。さらに，その消費者は，消費を続けるために富の獲得手段として労働サービスを企業に提供する個人でもあって，これらの利害関係および利害関係者が一体となって，経済取引の終わりのないサイクルが創出されているように思える。セドラチェクは，「現代の先進国社会は飢饉に苦しめられることはないが，逆の問題を抱えている——すでに満腹の人に何を食べさせるのか，ということだ。……〔そこで考案されたのが〕食べつつ食べずに済ますという方法である……無脂肪のクリーム，バターを含まな

---

10)　コールマン著—久慈訳（2006 上），177 頁。Coleman (1990), p. 110.

いバターが発明された。……要するに，食べ物から最も栄養価のある部分が取り除かれている。……満たされていないニーズは，富裕層のほうが貧困層よりも少ないはずだが，実際には完全に逆になっている。……まちがいなく消費には下方硬直性がある。消費の梯子は，上るのはたやすいが，下るのはじつに不愉快である。満たされた欲望は新たな欲望を生じさせ，結局私たちは欲しがり続けることになる」[11]と言う。

　ところが，驚くことではあるが，著名な思想家たちのなかには，産業の進歩によって富の蓄積が進んだ人間社会では，人間の富への貪欲さは消滅し，徳に満たされた社会が実現すると信じていた人がいた。

　「ディヴィッド・ヒュームは，『自然がわれわれに物質的富の余剰を与えてくれ，誰もがすべてを十分に持ったなら，……あらゆる徳が花開くに違いない』と述べた。……ジョン・スチュアート・ミルは，『互いの足を踏みつけ，押しつぶし，肘で突きのけ，蹴飛ばし合う』状態は過渡的な現象にすぎないとし，その時期を過ぎたら，『誰もがそれ以上の富を望まない』安定した時期に入ると考えていた。……ケインズは，……地上の楽園……〔では〕新人類，いわばニューアダムを出現させるだろう。ニューアダムはのべつあくせく働く必要はなく，たっぷりと余暇がある。……ケインズは，『倫理規範』の変化について，次のように書いている。……富の蓄積がもはや社会にとってさほど重要でなくなると，……貪欲は悪徳であり，高利は悪であり，金銭欲は憎むべきという原則，明日のことをほとんど考えない人こそ徳と叡智の道を正しく歩んでいるのだという原則である。そして再び手段よりも目的を重視し，効用より善を選ぶようになる。1日1時間を清くゆたかにすごすことを教えてくれる人，ものごとを素直に楽しめる陽気な人，労せず紡がない野の百合に敬意を払うようになる」[12]と。

（3-2）労働は祝福をもたらす

　自己の効用最大化モデルにおいては，労働サービスの提供は，個人の効用の増加には負の効果を持つ要素と考えられている。しかし，トーマス・セド

---

11) セドラチェク，トーマス著—村井章子訳（2015），323-324頁。〔 〕内は黒川加筆。
12) セドラチェク著—村井訳（2015），332-335頁。〔 〕内は黒川加筆。

242　第3部　個人・組織と会計

ラチェクは，古来，労働は祝福をもたらすものであったと述べる。ヘブライ
思想では，「エデンの園は怠惰の園ではない。完全な至福の場であっても，
人間は働く〔園を耕し，守る〕。労働は，自己表現，自己実現，そして永遠の
内省（自己の可能性と限界，さらには世界における役割についての思索）の源と
して，人間のものとされた。人間は必要に迫られて働くのではなく，本性に
よって働く。額に汗する苦しい労働が発生するのは，楽園追放のあとであ
る」[13]と説く。

　また，ギリシャでも，「かつては，労働はよろこびだった。……パンドラ
が箱を開けてしまったために，あらゆる悪に加えて，労働の苦しみも箱から
飛び出す。……このような見方は，労働は負の効用をもたらすと暗に仮定す
る古典派経済学の労働観を補強する。今日では労働は不効用（苦痛）であっ
て，効用（快楽）を生むのは消費だとされている（だから人間は消費のために
働く）。だが私たちは，労働の存在の深遠な意味を見落としているのではな
いか。つまり労働は人間に固有のものであり，人はそこに深い意義を認め，
人生の目標の一部さえ見出す。それは一部ではあっても，重要な一部であ
る」[14]と主張するのである。

　さらに，新約聖書では，「労働は人間によろこびと達成感をもたらすもの
とされている。聖書は肉体労働のない生活を奨励しない。この点は，一部の
ギリシャ人の理想とは反対である。働くことは人間の責任だとさえ，聖書は
語る。『働きたくない者は，食べてはならない』。精神生活を追求する人間は
あらゆる苦役や世事から解放されるべきだとするギリシャの観方は……覆さ
れる。肉体的に活動する生活と精神的な思索の生活とはどう折り合いをつけ
るべきなのであろうか。新約聖書も旧約聖書も，どちらを選べとは言わない。
信心深く生きたいなら，誠実に働き，自分の生計は自分で立てよという」[15]。

　労働のなかに喜びや自己の達成感があるという論理を換言すれば，喜びや
自己の達成感を高めるように労働するということである。先のマネージャー
の取引行為は，高潔な倫理に沿う自己の達成感を高める行為であったと解釈

---

13)　セドラチェク著―村井訳（2015），210頁。〔　〕内は黒川加筆。
14)　セドラチェク著―村井訳（2015），210-211頁。
15)　セドラチェク著―村井訳（2015），211-212頁。

第 10 章　取引における公正性の源泉　*243*

できよう。そして，このような公正な取引行為が行われている市場は，経済
の繁栄へとわれわれの社会を誘導していくだろうと期待できる。ところが，
バーナード・マンデヴィルは，「自己の欲望（効用）を最大化する」という
悪徳こそ国家を繁栄させると主張したのである。

4. 国家の繁栄の源は悪徳なのか公正なのか
──バーナード・マンデヴィルとアダム・スミス

(4-1) 悪徳は国家の繁栄の源──マンデヴィル

　以下は，国富は悪徳に依拠するというマンデヴィルの言説である。

　「国が富み栄える条件とは何か，考えてみよう。どんな社会にもまずもっ
て望ましいのは，肥沃な土壌と温暖な気候，そしてゆるやかな統治である。
……この条件下では，人間は望みうる限り善人になれるだろうし，他人を傷
つけることもまずあるまい。その結果，望みうる限り幸福になることができ
る。だがこのような社会では，技術も科学も発達しないだろう。……社会を
強大にしたいならば，人々の情熱をかきたてなければならない。……虚栄は
人々を熱心に働くように仕向けるだろう。人々に商売や技能を教えたら，彼
らは互いを羨み，競争するようになるだろう。……だが質素で正直な社会を
望むなら，最良の政策は，人々を生まれたままの無知にしておくことだ。
……欲望をかき立てるようなものや知識を高めるようなものすべてから人々
を遠ざけておくことだ。……これは，正直に暮らせば経済は繁栄するとした
ヘブライ思想とは，まったく逆の発想である。マンデヴィルによれば，悪徳
の追放は，ひどい不幸をもたらすという」[16]。

　「人間から悪徳を，具体的には利己心を取り除こうとするなら，繁栄は終
わる……。なぜなら悪徳こそが，財（贅沢な衣装，食事，邸宅等々）あるいは
サービス（警察，規則，弁護士等々）の有効需要を形成するからである。発達
した社会は，こうしたニーズが経済的に満たされていることによって成り
立っている」[17]。

---

16)　セドラチェク著─村井訳（2015），265-267 頁。
17)　セドラチェク著─村井訳（2015），268 頁。

244　第3部　個人・組織と会計

「マンデヴィルは，……強欲は社会の進歩にとって必要な条件だと考えていた。強欲なしには進歩はない，あるいはわずかな進歩しか期待できない。……経済学は，人間のニーズは無限であり際限なく増大するが，資源は希少であると前提する。したがって，人間は，需要を満たすために，稀少な資源を有効活用しなければならない。……〔そして〕マンデヴィルは，見えざる手によって市場が悪徳を徳に変えると考えた。彼にとって市場は人間の相互作用の単なる調整装置ではなく，人間の悪徳を公益に変える転換装置でもあった」[18]。

(4-2) 共感と公正な競争——アダム・スミス

　マンデヴィルに対して，アダム・スミスは，『道徳感情論』の冒頭において，以下のように語る。「人間というものをどれほど利己的とみなすとしても，なおその生まれ持った性質の中には他の人のことを心に懸けずにはいられない何らかの働きがあり，他人の幸福を目にする快さ以外に何も得るものがなくとも，その人たちの幸福を自分にとってなくてはならないと感じさせる。他人の不幸を目にしたり，状況を生々しく聞き知ったりしたときに感じる憐憫や同情も，同じ種類のものである」[19]。

　これに続けてアダム・スミスは「共感 (sympathy)」について説明する。すなわち，「われわれは，他の人びとが感じることについて，直接の経験をもたないのだから，かれらがどのような感受作用をうけるかについては，われわれ自身が同様な境遇においてなにを感じるはずであるかを心にえがくよりほかに，観念を形成することができない。……われわれの想像力が写しとるのは，かれのではなくわれわれ自身の，諸感覚の印象だけなのである。想像力によってわれわれは，われわれ自身をかれの境遇におくのであり，われわれは，自分たちがかれとまったく同じ責苦をしのんでいるのを心にえがくのであり，われわれは，いわばかれの身体にはいりこみ，ある程度かれに

---

18) セドラチェク著―村井訳（2015），269-270頁。〔 〕内は黒川加筆。
19) スミス，アダム著―村井章子・北川知子訳（2014），第1部第1篇「共感について」冒頭。57頁。この部分については，村井・北川訳（2014）が，水田洋訳（2003）よりも理解が容易だと思い，前者を引用した。なお，sympathy について，村井・北川訳（2014）では「共感」と訳しており，水田訳（2003）では「同感」と訳している。本章では「共感」と記述している。

なって，そこから，かれの諸感動についてのある観念を形勢するのであり，そして，程度はもっと弱いがまったくそれらの感動に似ないのでもないものを，なにか感じさえするのである」[20]。

　そして，アダム・スミスは，自由競争とは，勝つために何をしても良いということではなくて，公平で中立的な観察者が共感する範囲内で全力をあげることなのだと主張したのである。すなわち，「富と名誉と出世をめざす競争において，かれはかれのすべての競争者を追いぬくために，できるかぎり力走していいし，あらゆる神経，あらゆる筋肉を緊張させていい。しかし，かれがもし，かれらのうちのだれかをおしのけるか，投げ倒すかするならば，観察者たちの寛容は，完全に終了する。それはフェア・プレイの侵犯であって，かれら〔観察者〕が許しえないことなのである。この相手は，かれら〔観察者〕にとっては，あらゆる点でかれとおなじ程度に善良なのであり，だからかれら〔観察者〕は，かれがこの他人よりも自分をこれほど優先させる自愛心に，はいりこまないし，かれが後者に害をあたえる動機に，ついていくことができないのである。したがってかれらは躊躇なく，侵害されたものの自然の憤慨に同感〔共感〕し，加害者は，かれらの憎悪と義憤の対象となる」[21]。

5.　相互性と情報

　周知のように，「囚人のジレンマ」では2人の囚人は自分にとっての期待効用を最大化する戦略を選び，結果として効用の合計を最大化できず（非パレート最適），協力した場合よりも悪い結果となる。また，「長い間ゲーム理論の分野では，ゲームを繰り返し行う場合に活用されるのは，しっぺ返し戦略すなわち，やられたことをやりかえす戦略である。……〔これは〕旧約聖書にある『目には目を，歯には歯を』である」[22]。しかし，「バリー・ネイル

---

20)　スミス著―水田訳（2003），24-25頁。
21)　スミス著―水田訳（2003），217-218頁。〔　〕内は黒川加筆。
22)　セドラチェク著―村井訳（2015），200頁。〔　〕内は黒川加筆。

バフは，キリスト教の教え〔黄金律〕『己の欲するところを人に施せ』に従って行動すればこうした事態を防げるとし，『この黄金律に従うなら，囚人のジレンマは起こり得ない』と述べた。……〔また〕不完全な情報やノイズが飛び交う世界では，信号が途絶えてしまい，多くは無用の報復が始まりかねない。そのうえ，この戦略は応酬するうちに最悪の事態へと向かう悪循環になりがちだ。〔そこで〕最終的には『より親切にすること』のほうが効果的だと主張する。……ネイルバフが指摘するように，悪の最小化には慈悲や寛容のほうが，しっぺ返し戦略よりもはるかに効果的である。イエスも同様のことを言っている」[23]という。

　本章で議論してきたことを振り返ると，公正な取引の源泉は，究極的には取引当事者の高潔な精神・態度・行為，すなわち人としての倫理観・道徳観であるということが結論である。倫理観・道徳観に宗教的色彩を加えるならば，上記のように「より親切にすること」に尽きる。

　一方，旧約聖書にある「目には目を，歯には歯を」の戦略も私たちの感情に無理なく訴えかける。これは，第12章などでも言及するが「バランスのとれた相互性」の概念で理解できる。デイヴィッド・ジョンストンは，「関与するすべての人が，自分が授けるものと等価の利益を受けとる交換のことを，バランスのとれた相互性（balanced reciprocity）の事例と呼ぶ……（交換は2つ以上の集団をともないうるということ，また交換される「もの」は利益でも害でもありうるということを念頭に置いて）。……同等の人々にとっての正義が求めるものは，こうした人々が相互におこなう交換が少なくとも長期的に見ればバランスのとれた相互性という性格をみせること」[24]であると言う。

　公正な取引は，バランスのとれた相互性を現出させる。第2節では，情報の提供という行為自体が相互の信頼性を創出する源泉となることを功利主義のモデルを用いて示した。つまり，公正な取引の源泉としての情報提供は，「情報の非対称性の解消」によって，合理的な意思決定を可能にするという理由とともに，情報提供行為自体が相互の信頼性の創出（要因）に貢献する

---

23)　セドラチェク著—村井訳（2015），199-201頁。〔　〕内は黒川加筆。
24)　ジョンストン，デイヴィッド著—押村高・谷澤正嗣・近藤和貴・宮崎文典訳（2015），31頁。Johnston, David（2011），p. 30.

からなのである。公正な取引の充満する市場こそ質が高い市場と言える。換言すれば，取引活動が行われる市場は，経済社会の中心に位置する。経済社会の質は，社会の構成員の倫理観・道徳観，取引当事者の相互信頼の程度，情報の対称性による（あるいは効用価値と犠牲価値を推定するための情報の存在による）合理的意思決定の可能性によって定義付けられる。アダム・スミスのいう「神の見えざる手」は，これらの条件を内包しているのではないか。

【引用・参考文献】

黒川行治（2014）「「取引と取得原価」考」『産業経理』第 74 巻第 2 号，84-85 頁。
─────（2017）「取引における公正性の源泉」『會計』（論攻）第 192 巻第 2 号（2017 年 8 月），1-15 頁。
コールマン，ジェームズ著─久慈利武訳（2006）『社会理論の基礎』（上・下）青木書店。
ジョンストン，デイヴィッド著─押村高・谷澤正嗣・近藤和貴・宮崎文典訳（2015）『正義はどう論じられてきたか』みすず書房。
スミス，アダム著─水田洋訳（2003）『道徳感情論』（原著初版）（上・下）岩波文庫。Adam Smith（1759），*The Theory of Moral Sentiments*（1st edition）.
スミス，アダム著─村井章子・北川知子訳（2014）『道徳感情論』（原著第 6 版）日経 BP クラシックス。Adam Smith（1790），*The Theory of Moral Sentiments*（6th edition）.
セドラチェク，トーマス著─村井章子訳（2015）『善と悪の経済学』東洋経済新報社。
武田隆二（2008）『会計学一般教程』（第 7 版）中央経済社。
ポスト，J・E＝A・T・ローレンス＝J・ウェーバー著─松野弘・小阪隆秀・谷本寛治監訳（2012）『企業と社会──企業戦略・公共政策・倫理』（上・下）ミネルヴァ書房。
Coleman, James S.（1990），*Foundation of Social Theory*, The Belknap Press of Harvard University Press.
Johnston, David（2011），*A Brief History of Justice*, Wiley-Blackwell.
Lawrence, Anne T.＝James Weber（2014），*Business and Society: Stakeholders, Ethics, Public Policy*, 14th edition, McGraw-Hill International Edition.

第 11 章

個人の行為の判断規準と組織の内部道徳

1. 会計不祥事と企業および個人の道徳（倫理）

　粉飾などの会計不正や法的責任を問われるまでにはいかないにしても会計不祥事は過去から現在へと頻発し，企業統治（コポレートガバナンス）の強化によって防止努力がなされているとはいえ，どこまで実効性があるのか引き続き注意深く観察する必要がある。会計不正や商品データの改ざん，さまざまなハラスメント事件など，何故，企業で倫理問題が発生するのであろうか。ローレンス＝ウェーバーはその理由として，個人の私利私欲，利益に対する競争の圧力，企業目的と個人の価値観との衝突（conflict），異文化間の矛盾（contradictions）の４つを挙げ，それらの問題の構成要素を表 11-1 にまとめている[1]。

　この表を見ると，企業で生じる倫理的不祥事の理由の第１は，経営者および従業員個々の判断規準が自己中心的で私利私欲に重きがあり，他人の利益について軽視することにある。第２の理由は，企業特有のものであるが，企業間競争の圧力を意識するあまり，経営者および従業員がともに最終利益（結果）至上主義になり，経営者および従業員個々が意思決定する上で自社の利益のみに着目し，公正な取引ルールを破るなど，他者の利益（利害）を軽視することである。第３の理由は，企業と経営者との間（あるいは企業と従業員との間）に，ある種の「エージェンシー問題（agency problem）」が発

---

1) Lawrence, Anne T.＝James Weber（2014），p. 76. なお，ポスト，J・E＝A・T・ローレンス＝J・ウェーバー著—松野弘・小阪隆秀・谷本寛治監訳（2012），122 頁に類似の表があるが，一部内容が異なっている。

250 第3部 個人・組織と会計

表11-1 何故，倫理問題が企業に生じるのか

理由	倫理問題の性質	典型的アプローチ	態度
私利私欲（Personal gain and selfish interest）	自分の利益 対 他人の利益	自己中心的なものの見方（Egotistical mentality）	「私は，それが欲しい（I want it）」
利益に対する競争の圧力（Competitive pressures on profits）	企業の利益 対 他者の利益	最終利益（結果）至上主義（Bottom-line mentality）	「われわれは，何としても相手を打ち負かさなければならない」
利益相反（Conflicts of interest）	多様な責務または忠誠（Multiple obligations or loyalties）	情実・晶屓的なものの見方（Favoritism mentality）	「あなた自身とあなたに最も近い人を大切にしなさい(Help yourself and those closest to you)」
異文化間の矛盾（Cross-cultural contradictions）	企業の利益 対 多様な文化的伝統や価値観	民族中心主義的なものの見方（Ethnocentric mentality）	「外国人は，善悪に関して奇妙な考えを持っている」

出典：Lawrence = Weber（2014），p. 76. 英文付き部分の日本語訳は黒川。

生し，経営者および従業員が意思決定をする際に，企業にとって最善の方策よりも個人的な関係性（情実・晶屓）を重視した方策を採用することである。そして，第4の理由は，海外直接投資の進展による現地企業の経営における本国から派遣された経営者と現地従業員との関係，あるいは，多国籍企業に見る本国中心主義，移民増加に伴う国内企業内部での人種差別などである。これらの理由をよく考えてみれば，結局，倫理的不祥事が起こるか否かは経営者および従業員個々の判断規準，倫理的なものの見方や道徳観（倫理観）の成熟度に依存していることが理解できよう。

　企業および企業人の行為規範（企業倫理（business ethics））は，一般的な倫理とは別の企業行動だけに適用できる特殊な倫理の考え方ではない。企業は，自然人とともに社会の構成員として，善い行為をすることが期待されている。また，経営者や従業員も，自己の善悪に関する感覚と矛盾しない方法で働きたいという願望があろう。そこで，経営者や従業員の個人特性や精神

性が，企業行動においてどのような役割を果たしているのかを分析・理解することが重要となる。

　本章では，企業で発生する倫理問題について，基本的（根底的）な概念や理論に立ち返り，幅広く検討することにしよう。まず第2節で，そもそも善行とは何か，それを理解するための人間の心の動き・感情に関する用語である自尊，卓越，後悔，恥辱などの意義を確認する。次に第3節では，古来，しばしば言及されてきた人間の倫理的特性を示すさまざまな美徳（美徳倫理）について紹介する。第4節では，人が生まれてから成人に至る過程で，身体的成長，知識の蓄積とともに期待される道徳的発達の段階を検討する。第5節では，公共哲学の分野で，意思決定に際してその思考の指向が異なるものと分類されてきた代表的な倫理的判断規準を要約しておく。第6節では，とくに組織（企業）に着目し，社会学のアプローチを用いて，有名な官僚制組織と内部道徳について検討する。結語に当たる第7節では，とくに私が考えている「杉原千畝氏の人道的判断から学ぶもの」を記述した。

　ところで，法律が人生のさまざまな活動領域における善行や悪行を構成しているものについての一般大衆の考え方を形式化しようとする社会の試みである一方，倫理の概念は，成文化された規則よりも複雑で，法律の公式な文言や法的規則に与えられた意味を超えた人間のジレンマを扱っている[2]。そのために本章での検討事項は，人間本性に関する記述が多くなる。なおここで言及する道徳（倫理）について，『広辞苑』は，「人のふみ行うべき道。ある社会で，その成員の社会に対する，あるいは成員相互間の行為の善悪を判断する基準として，一般に承認されている規範の総体。法律のような外面的強制力を伴うものではなく，個人の内面的な原理。今日では，自然や文化財や技術品など，事物に対する人間の在るべき態度もこれに含まれる」と定義している[3]。

　それではまず，「善行」とは何かについて，ロールズの言説を参考に検討することから始めることにしよう。

---

2)　ポスト＝ローレンス＝ウェーバー著―松野・小阪・谷本監訳（2012），129-130 頁。

3)　『広辞苑』（岩波書店）第6版。

2. 善行（善人）とは何か——ロールズの解釈

(2-1) 善行と悪行

「善い行い（「善行」beneficence act という意味で）とは，することもしないことも自由である行い，すなわち，自然本性的な義務もしくは責務が課す要求事項によって私たちがそれをすることもしないことも，まったく強制されない行いで，しかも，別の人（自分以外の誰かひとり）の善〔good〕（その人の合理的な計画）を促進し，かつ促進するよう意図されている行いである，と。さらに一歩進んで，善い行為（「厚意ある行為」benevolent action という意味で）を，他者の善のために遂行される善い行いと定義することができる。善行は別の人の善を促進する。そして，厚意からの行為は他者もこの善を身に着けるべきであるという欲求からなされる。厚意からの行為が他者に多大な善をもたらすものであるとき，そして，その行為が着手されることによって行為者に相当の損失もしくは危険……をもたらすならば，その行為は義務以上の・功徳的なもの（supererogatory）となる。……〔しかし〕重大な危害や損害から彼を護る行いは，その行為者に課せられる犠牲や危険がそれほど大きいものでないならば，相互扶助の原理によって要求される自然本性的な義務のひとつとなる。したがって功徳的な行いとは，……理にかなった自己利益を考慮する一定の免除条件が充たされていないならば，義務となったであろう行為だと考えられる」[4]。

ここで言及した「善行」，「相互扶助の義務」，「功徳的な行為」の違いを，津波の襲来からの避難状態を想定して考えてみよう。第1に，避難途中の成人に遭遇した際に，その人は他人の手助けがなくとも避難可能と合理的に判断できる状態で，なおかつその人の手助けをすることは善行となる。第2に，手助けが必要だと判断できる子供や老人が避難しようとしているところに遭遇したならば，自分の身が津波に飲み込まれる危険がないと判断できる状態で彼らを助けるのは相互扶助による義務である。そして第3に，津波がそこ

---

4) ロールズ，ジョン著—川本隆史・福間聡・神島裕子訳（2010），576頁。Rawls, John（1971, 1999），p. 385.〔　〕内は黒川加菜。

まで迫り，自分だけ逃げるならば，なんとか自分の命が助かる可能性がある場合（これが免除条件の存在），なおかつ自らの生命の危険を省みずに彼らを助けようと行動することは，善行を超える功徳的な行為となる。

　ところで，ロールズは，善人とは対照的な悪人について，「不正な（unjust）人」，「悪い（bad）人」，「邪悪な（evil）人」を区別しており興味深いので紹介しよう。「法外な権力すなわち正義の原理によって許容されていることを踏み越え，しかも専横・恣意的に行使されうるような他者に対する権威を得ようと……悪いことや不正なことを行うという意欲が人には存在する。……不正な人は，富や安全といった，適切に制限されるならば正統であるような目的物の追求のために，支配力を求めている。〔他方〕悪い人は独断・専横的な権力を求めている。なぜならば，彼はその権力の行使が自らに与える支配の感覚を楽しみ，そして社会的な賞賛を求めているからである。彼はまた，適切に制限されるならば善であるようなことがら，すなわち，他者からの尊敬や自制〔self-command〕の感覚に対して，過度の欲求を持っている。彼を危険人物とするのは，こうした熱望を充たす彼のやり方である。対照的に，邪悪な人は不正なルールを切望している。それはまさに，そのようなルールは，平等の原初状態において独立した人びとが合意すると考えられることがらを侵害し，それゆえそのようなルールを保持し誇示することは自らの優先順位を明示し，かつ他の人びとの自尊を侮辱するからである。邪悪な人が追求するものこそ，この誇示と侮辱にほかならない。不正義に対する愛が，邪悪な人を動かしている。すなわち彼は自分に従属する人びとの無力感や屈辱感を楽しみ，また人びとによって彼らの不名誉の故意の創造者として承認されることを楽しんでいる」[5]。

　これらの悪人の3分類は興味深い。オペラやドラマで登場する悪人で，生理的にも受け付けない，見続けるのが嫌悪のあまり苦痛とさえ感じるのは，3番目の「邪悪な人」である。一方，経済的な事例で登場する悪人は「不正な人」が多い。金融界のグリードと見なされる人たちのなかにもいそうである。2番目の「悪い人」は，主人公の敵役となるような，階層構造を持つ組

---

5)　ロールズ著—川本・福間・神島訳（2010），576-577頁。Rawls（1971, 1999），pp. 385-386.〔　〕内は黒川加筆。

織のなかの上位に位置する人や，広範な権力を持つ政治家として登場してくる。

(2-2) 善行の動機——自尊の存在

「自尊（self-respect）」または「自己肯定感（self-esteem）」は，個人が所有できる重要な基本財であり，善行を行う動機（原因）となる。そこでまず，自尊とは何かについて検討しよう。

「第1に，……自尊は自分自身に価値があるという感覚を含んでいる。すなわち，自分の善についての構想，つまりおのれの人生計画について，遂行するに値するという揺ぎない確信を自尊は含んでいる。そして第2に，自分の能力の範囲内にある限り，おのれの意図が実現できるという自己の才能に対する信頼を，自尊は含意している。自分の計画にはほとんど価値がないと感じるとき，私たちはその計画を喜んで追求することはできないし，またその計画の遂行を楽しむこともできない」[6]。

ここで言及する，自分自身には価値があるという感覚を支持する状況の特徴は何であろうか。ロールズは，「（1）合理的な人生計画を持っていること，とりわけアリストテレス的原理を充たすような計画を持っていること。（2）私たちの人格と行為が，私たちと同様に尊重されている他の人びとによって正しく認識されかつ確証・肯定されていること，および私たちが他者との交流を享受していることを見出すこと」[7]であると言う。なお，（1）で言及されるアリストテレス的原理（Aristotelian Principle）とは，「他の条件が等しければ，人間は自らの実現された能力（先天的，もしくは訓練によって習得された才能）の行使を楽しみ，そしてこの楽しみはその能力が実現されればされるほど，その組み合わせが複雑になればなるほど増大する」[8]ことである。「その人の同胞はそうした活動を共通の利害関心を促進するものとして支持し，そしてまた，この活動を人間としての卓越の表現として楽しむ可能性が高い。そこで，他者からの尊敬と賞賛が欲せられる限りにおいて，アリスト

---

6) ロールズ著—川本・福間・神島訳（2010），578頁。Rawls（1971, 1999），p. 386.
7) ロールズ著—川本・福間・神島訳（2010），576頁。Rawls（1971, 1999），p. 386.
8) ロールズ著—川本・福間・神島訳（2010），560頁。Rawls（1971, 1999），p. 374.

テレス的原理によって奨励される活動は他の人びとにとっても同様に善となる」[9]ということである。また，（2）は，「各人が所属しておりかつ当人の目的を追求する努力が仲間たちによって確証・肯定されていることが分かるような，利害関心が共有された共同体が少なくともひとつは各人に存在せねばならないということ」[10]である。

　ロールズは「自尊」をとても重視していると考えられる。自尊すなわち自分自身には価値があるという感覚は，すべての人が持つべき基本財の1つであり，社会が公正な正義を実現しているための第一原理のなかに配されている（（5-3）参照）。

(2-3) 卓越と後悔，恥辱

　ここで，「卓越（excellence）」の概念について確認しよう。卓越は，第3節で検討する美徳倫理の源泉であり，また，後悔や恥辱の原因ともなるからである。「人の想像力や機知，美や気品，およびその他の生来の資産や才能は，他の人びとにとっても善（財）である。すなわち，こうした善（財）は適切に発揮され，正しく用いられるとき，私たち自身ばかりでなく仲間によっても享受される。この善（財）は，人びとが団結し，そして自分自身の自然本性の実現とお互いの自然本性の実現を喜び合う，補完し合う活動のための人的資力を形成する。この部類の善（財）は卓越を構成している。すなわち，卓越とは，私たちが備えることを欲することが誰にとっても（私たち自身を含めて）合理的であるような，人の特性や才能に相当する。[それゆえ]私たちの視点からすれば，卓越は善（財）に含まれる」[11]。

　次に，私たちが日頃感じる「後悔（regret）」と「恥辱（shame）」の概念についても検討してみよう。「後悔は自分にとって善であると私たちが考えるものの喪失，もしくは欠如によって引き起こされる一般的な感覚である。他方恥辱は，私たちの自尊，すなわち特別な種類の善に対して与えられる衝撃によって喚起される情緒に等しい」[12]。さらに，恥辱は，「自然本性的恥辱

---

9)　ロールズ著―川本・福間・神島訳（2010），563-564 頁。Rawls（1971, 1999），p. 376.

10)　ロールズ著―川本・福間・神島訳（2010），580 頁。Rawls（1971, 1999），p. 388.

11)　ロールズ著―川本・福間・神島訳（2010），582 頁。Rawls（1971, 1999），p. 389.

256 第3部 個人・組織と会計

（natural shame）」と道徳的な恥辱（moral shame）」に区別できる。自然本性的恥辱は、「排他的な財の喪失や欠如からは——すくなくとも直接的には——生じることなく、むしろ私たちがある卓越を備えていなかったり、その行使に失敗したりすることに由来する、おのれの自己肯定感の損傷から生じている。……私たちのより重要な連合体の達成目標を遂行することにとって不可欠である卓越の喪失、もしくは欠如を示しているような、私たちの人格における短所や私たちの行為における失敗を恥じるという傾向が私たちにある」[13]。一方、道徳的な恥辱は、「徳というものを……仲間が彼に欲し、そして彼も自分自身に欲している特性と見なしている。そうした卓越を保持し、自らの行為の中で表現することは、彼の統制的な達成目標のひとつであり、彼が手を携えたいと思っている人びとによって彼が価値づけられ、尊重されるための一条件であると感得されている。それゆえ、彼の人格においてそうした属性が欠如していることを明示する、もしくはさらけ出すような行動や特徴は、恥辱を引き起こす原因となりやすく、またそのような欠点を自覚することや思い出すことも恥辱を引き起こす」[14]。

　組織、例えば会社において、卓越を備えた経営者がいるならば、その経営者自身にとっても自尊を感じることと、従業員らにとっても卓越に基づく行為を期待できることから、その会社は善（財）を備えていると結論できる。同様に、卓越を備えた従業員が多ければ多いほど、その会社の善（財）が増加するので、従業員の啓蒙教育に熱心な会社では、経営者および従業員すべての人々が喜びに溢れることになる。他方、後悔は、自分自身の反省によって善（財）の喪失や欠如を知った時に感じる。恥辱は、上司からの叱責や会社内での自己の不首尾で、他者から期待されていた卓越の欠如が露呈した時に生じる。後悔や恥辱は、その原因を思い出すだけでも感じるものであり、人生を過ごせば過ごすほど累積していく。したがって、カウンセリングの必要性を十分に認識する経営者がいる会社は、善（財）を備えていると言えよう。

12）　ロールズ著—川本・福間・神島訳（2010）、581頁。Rawls（1971, 1999）, p. 388.
13）　ロールズ著—川本・福間・神島訳（2010）、582–584頁。Rawls（1971, 1999）, pp. 389–390.
14）　ロールズ著—川本・福間・神島訳（2010）、584頁。Rawls（1971, 1999）, p. 390.

（2-4）罪責と恥辱

　最後に，「罪責の意識（feelings of guilt）」と恥辱との相違点を確認しておく。「罪責の意識にあっては，他の人びととの正当な要求の侵害や私たちが彼らに対して与えた危害に私たちの焦点がおかれ，そして彼らが私たちの所業を見抜いた場合，彼らから起こりうる憤慨や義憤（resentment or indignation）に焦点はおかれる〔それゆえ，私たちは他の人々の正当な怒りや報復の可能性を恐れている〕。他方，恥辱にあっては，私たちは自己肯定感の喪失や達成目標の遂行が不可能になることによって苦しめられる。すなわち，私たちは自己の貶め〔権威（名誉，地位，評判など）の下落（diminishment）〕を，他の人びとは私たちをあまり尊重していないのではないのかという不安や，おのれの理想に従って生活できないために自分自身に失望することから感じ取る」[15]のである。

3.　美徳倫理

　ローレンス＝ウェーバーは，美徳倫理（virtue ethics）を次のように説明している。「善き人が持つべきとされる性格，善き行為と人とを直接結びつける論理に焦点がある。美徳倫理は，正しい行為をするためのルールというよりも，善い生き方や価値ある性格に基礎を置いている。規則よりも人としてのあり方や価値観，道理にしたがって生きることを可能にする習慣」である。また，紀元前から現代までの代表的な美徳の一覧として，プラトンとアリストテレス，聖トーマス・アキナス，ベンジャミン・フランクリン，ロバート・ソロモンを挙げ，それらが表11-2である[16]。なお，この表にはないが，その他の徳目として，思いやり（compassion），忠実（fidelity），誠実（integrity）などがある。

　美徳倫理によれば，経営者や従業員の行為は，個々人が備える卓越の発現

---

15)　ロールズ著—川本・福間・神島訳（2010），585–586頁。Rawls（1971, 1999），p. 391.〔　〕内は黒川加筆。

16)　Lawrence＝Weber（2014），pp. 83–84.

258　第3部　個人・組織と会計

表 11-2　Lists of Moral Values across Time（時を超える美徳のリスト）

Plato and Aristotle 4th century BC	St. Thomas Aquinas 1225-1274	Benjamin Franklin 1706-1790	Robert Solomon 1942-2007
Courage（勇気）	Faith（信頼）	Cleanliness（潔癖）	Honesty（正直）
Self-control （自己統制）	Hope（希望）	Silence（沈黙）	Trust（信頼）
Generosity（寛容）	Charity（慈しみ）	Industry（勤勉）	Toughness（強靭）
Magnificence（気品）	Prudence（思慮分別）	Punctuality（几帳面）	
High-mindedness （高い志）	Justice（正義）	Frugality（倹約）	
Gentleness（優しさ）	Temperance（穏健）		
Friendliness（友情）	Fortitude （不屈の精神）		
Truthfulness（誠実）	Humility（謙虚）		
Wittiness（機知）			
Modesty（慎み深さ）			

出典：Lawrence = Weber（2014），p. 84. 日本語訳は黒川。

であると理解されるものである。前述したように，善い会社や組織には卓越を備えた経営者がおり，かつ卓越を備えた従業員が充満していると解釈し，他方，会社や組織の不祥事は，卓越の欠如した経営者や従業員によって引き起こされると解釈するのである。

4. 道徳的発達の段階

　人間は，生まれながらに道徳観を備えているわけではない。人間社会は長い時間をかけ，家族，学校，コミュニティを通じて，彼（彼女）が社会において自律し，彼（彼女）に相応しい役割を果たす人になるように彼（彼女）を育てていく。道徳観は，その過程において，知識の増大，洞察力の養成とともに発達していく。ロールズは，人の成長に伴う道徳的発達の段階を，（1）親の権威下にある幼児期の子どもの段階（「権威の道徳性（the morality of authority）」），（2）学校などの集団生活を通じての青年期の段階（「連合体の道徳性（the morality of association）」），（3）社会において一市民として生

活する段階（「原理の道徳性（the morality of principles）」）の３つに分類して詳述している。

（4-1）権威の道徳性──道徳的発達の第１段階

「両親は子どもを愛し，子どもはやがて両親を愛し，かつ信頼するようになると私たちは想定してよい。……子どもに対する両親の愛は，子どもを世話しよう（care for）という，すなわち子どもの合理的な自己愛がしてほしいと願っていることを彼に対して行うという親の明白な意図およびそうした意図の実現において，表明される。両親の愛は，子どもの存在を喜び，子どもの適格感（sense of competence）や自己肯定感を支持することによって示される。両親は成長に伴うさまざまな課題を克服しようとする子どもの努力を励まし，子どもが自らの役割を引き受けようとすることを歓迎する。一般に他人を愛するとは，その人の欲求やニーズを気遣う（be concerned for）ことを意味するだけでなく，自分の人格には価値（かけがえのなさ）があるという相手の感覚を肯定・擁護することをも意味する」[17]。なお，「幼児がおかれている状況に特徴的なのは，権威を有する人びと──この場合は両親──によって彼に向けられる指針や命令の妥当性を評価できる立場に当人はいない，という点である」[18]。

ところで，私は遠い昔に経験してしまったが，これから子育てをする若者の読者にとって大いに参考となりそうなので，ロールズが挙げるところの，子どもが道徳性を習得するのに好都合な両親に求められる条件を２つ紹介しよう。

「第１に，両親は子どもを愛していなければならないし，子どもの賞賛の対象として相応しくなければならない。このようにして両親は子どもの中に，自分自身の価値への感覚や両親のような人になりたいという欲求を喚起する。

第２に，両親は子どもの理解力のレベルに適合した，明快で分かりやすい（そしてもちろん，正当化可能な）ルールを，明確に述べなければならない。加えて，両親はこうした命令に従う理由を，理解されうる限りにおいて，詳

---

17) ロールズ著─川本・福間・神島訳（2010），608頁。Rawls（1971, 1999），pp. 406-407.
18) ロールズ著─川本・福間・神島訳（2010），607頁。Rawls（1971, 1999），p. 405.

しく述べるべきであり，またこうした指針が両親にも同様に適用される場合には，両親もそれに従わなければならない。両親は自分たちが命じている道徳性を体現すべきであり，時が経つとともに，その基礎となる原理を（子どもに）明示すべきである。こうすることが要求されるのは，後になってそうした原理を受け入れるという子どもの傾向性を喚起するためであるだけでなく，個々の事例において原理はどのように解釈されるべきかを伝えるためである」[19]。

(4-2) 連合体の道徳性――道徳的発展の第2段階

「連合体〔組織あるいは集団〕の道徳性の内容は，個々人が所属しているさまざまな連合体における当人の役割に適合した道徳的基準によって与えられる。こうした基準は道徳についての常識的な規則とともに，ある人の特定の地位にこの規則が適合するために必要とされる調整を併せ持っている。つまりその基準は，権威を持つ人びとの是認や否認によって，もしくは集団の他の成員によって当人に植え付けられる。家族……学校やご近所……ゲームや同輩との遊びという短期的な協働形態……こうした制度編成に対応して，人は善い生徒や善い級友の徳目を学び，付き合いのいい奴や一緒にいると楽しい仲間という理想を学ぶ。こうした形式の道徳観はその後の人生において採用される諸理想にまで及び，したがってさまざまな成人としての身分や職業，家族の中での持ち場，そして社会の一成員としての境遇にまで手を伸ばす」[20]。

「連合体の道徳性を考察する場合，不可欠とされる種々の才能はきわめて複雑である。……第1に，こうしたさまざまな観点が存在し，他の人びとの視座は私たちのそれとは同じではない，ということを私たちは認識しなければならない。しかし私たちは，ものごとは他の人びとには異なって見えるということのみならず，彼らは異なる計画や動機を有しているということも学ばねばならない。そして私たちはこうした事実を彼らの発言や振る舞い，そして表情から推測する方法を学ばねばならない。……もしこうした主要な要

---

19) ロールズ著―川本・福間・神島訳（2010），611頁。Rawls (1971, 1999), p. 408.
20) ロールズ著―川本・福間・神島訳（2010），613-614頁。Rawls (1971, 1999), pp. 409-410.
〔　〕内は黒川加筆。

第11章　個人の行為の判断規準と組織の内部道徳　*261*

素を特定することができないのであれば，私たちは自分を他の人の立場にお
いたり，彼の地位にいたとしたら私たちは何を行うのかを見出したりするこ
とはできない。……最後に，他者の状況を理解したならば，それを参照する
ことによって自己の振る舞いを適切に統制する」[21]。

　ロールズは，人が生まれてから成人に達する過程での道徳的発展に着目し
ているので，ここで言う連合体（組織あるいは集団）は，学校での授業，課
外活動，地域にあるスポーツ教室などが想定されていると思う。とくに，日
本の場合には中学校や高等学校の部活動が盛んで，そこで生活する時間も長
いので，所属した部の伝統，担当の教員，監督，部員としての先輩などの影
響が大きい。大学では，文化系の団体と体育系の団体に加え，ゼミナールの
伝統や指導教員の影響が大きくなるであろう。本章での議論の中心は，企業
という組織の成員としての個人の倫理・道徳問題にあるので，学校を卒業し
特定の企業に入った後の個人の連合体（組織あるいは集団）を想定してみよ
う。とくに終身雇用制をとっている会社の場合，会社に入社して以来，上司，
同僚，後輩たちとともに制度編成に参加し，前述したようなその集団（会
社）の道徳性を身に付けていく。そして，この会社人間としての特性が時と
して，会計不正などの企業倫理問題の原因となるのである。学校や部活動，
勤める会社という組織を通じて，何故，このような強力な連合体の制度（組
織特有の道徳的判断基準）が編成されるのであろうか。その形成根拠をロー
ルズは次のように詳述している。

　「その制度編成に参加している人々が友情と相互信頼の絆によって制約さ
れ，各自の役割を果たすことをお互いに信頼する，という事態がどのように
して生じるのだろうか。……〔連合体に参加することで，上述した〕第1の心
理法則に従った愛着を習得することによって，仲間意識に向かう能力が実現
されたならば，そしてその人の仲間が明白な意図を持って各自の義務や責務
に従って生活するときには，彼は信頼と信用という感情とともに仲間に対す
る友愛の情を発達させる。そしてこの原理が第2の心理法則となる」[22]。「連

---

21)　ロールズ著—川本・福間・神島訳（2010），614–615頁。Rawls（1971, 1999），p. 410.

22)　ロールズ著—川本・福間・神島訳（2010），616頁。Rawls（1971, 1999），p. 411.〔　〕内は黒
　川加筆。

262　第3部　個人・組織と会計

合体の制度編成は正義にかなっていると承認されている（そして，より複雑な役割の中で正義の諸原理は理解され，その〔連合体の〕理想を適切に特徴づけるのに役立っている）ので，その結果，その連合体のすべての成員はその活動から便益を得ており，便益を得ていることを知っていることが保証されるため，おのれの役割を果たす他の人びとの振る舞いは各人の便益になっていると見なされるようになる。ここでは，自分の責務や義務を尊重するという明白な意図は善意志の一形態だと考えられ，こうした認識はその見返りとして友情や信頼を喚起する。やがて，あらゆる人が自分の負担を果すことからもたらされる互恵的な（助け合いの）効果は，一種の均衡に達するまでお互いを強化する」[23]。

　おそらく，会社の不正に経営者や多数の従業員が一緒になって関与するのは，それらの企業の成員には，企業の利益と思われる活動を最優先することがそれぞれの成員にとっても便益となるという了解があり，その結果，組織内で各自に与えられた役割を果たす人の振る舞いが是認されるのであろう。

(4-3) 原理の道徳性——道徳的発展の第3段階

　次に道徳的発展の第3段階に進もう。第3の心理法則とは，「ひとたび，愛や信頼といった態度，友愛の情や相互信頼といった態度が，先行する2つの心理法則に従って生成したならば，私たちや私たちが世話している人たちが確立し存続している正義にかなった制度の受益者であると認識することを通じて，それに対応する正義感覚が私たちの中に生じる傾向がある」[24]ことである。さて，「一般に市民集団全体は個人間での仲間意識の絆によって結合しているのではなく，公共的な正義の原理を受諾することによって結合している。すべての市民はある市民の友人ではあるが，すべての市民が友人であるような市民は存在しない。しかし，〔第1に〕市民が共通に抱いている正義に対する忠実は，彼らの間での不一致を裁定しうる統合された視座を提供してくれる。そして第2に，正義感覚は正義にかなった制度の設立のために尽くしたい（もしくは，少なくとも反対しない）という意欲を，そして正義

23）　ロールズ著—川本・福間・神島訳（2010），618頁。Rawls（1971, 1999），pp. 412-413.

24）　ロールズ著—川本・福間・神島訳（2010），621頁。Rawls（1971, 1999），pp. 414-415.

が要求するときには既存の制度の改革のために尽くしたいという意欲を生じ
させる。私たちは，正しい制度編成を発展させるという自然本性的な義務
〔natural duty〕に従って行為することを欲している」[25]。

　ところで，「連合体の道徳性にあっては，道徳感情は本質的に特定の個人
や共同体に対する友情や信頼の絆に依存しており，道徳的な行いは大部分仲
間から是認されたいという欲望に基づいている。……〔一方〕ひとたび原理
の道徳性が受け入れられるならば，道徳的態度はもはや，特定の個人や集団
の暮らしやすさや是認とのみ結びついているのではなく，そうした偶発性とは
無関係に選択された正の構想によっても形成される。私たちの道徳的情操は，
私たちの世界の偶然的情況からの独立性を示し，この独立性の意味は原初状
態の記述とそのカント的解釈によって付与されている」[26]。

　ここで言及される「原初状態」とカント的解釈について，とくに後者につ
いては第 5 節の公共哲学の代表的な諸説の検討で詳述することになるが，
ロールズが念頭においているのは，原初状態での「無知のヴェール（The
Veil of Ignorance)」のアイデアであり，また，カント的解釈とは，「定言命法」
であろう。ロールズにしてもカントにしても，公共社会の成員たちが，「自
分自身の権利とニーズが守られることの保証と引き換えに，仲間の市民たち
に対するさまざまな義務を受け入れるひとつの仮説的合意」[27]である根源的
契約の観念が背景にある。すなわち，「契約理論を理解し受け入れている人
にとって正義の情操とは，すべての人に道徳的人格としての対等な代表権
（equal representation）を付与している初期状態において，合理的な個々人が
合意しうるような原理に基づいて行為したいという欲求と別種の欲求ではな
い。またそれは，自由で平等な理性的存在である自分の自然本性を表現する
原理と合致して行為したいという欲求と異なるものではない」[28]のである。

---

25)　ロールズ著―川本・福間・神島訳（2010），621–622 頁。Rawls（1971, 1999），p. 415.〔　〕内
　　は黒川加筆。

26)　ロールズ著―川本・福間・神島訳（2010），622–623 頁。Rawls（1971, 1999），pp. 415–416.
　　〔　〕内は黒川加筆。

27)　ジョンストン，デイヴィッド著―押村高・谷澤正嗣・近藤和貴・宮崎文典訳（2015），177 頁。
　　Johnston, David（2011）p. 163.

28)　ロールズ著―川本・福間・神島訳（2010），626 頁。Rawls（1971, 1999），p. 418.

(4-4) 義務以上の道徳性

最後に義務以上の道徳性について紹介しよう。「原理の道徳性は2つの形態，すなわち［1］正と正義の感覚に対応する道徳性と［2］人類愛〔the love of mankind〕や自制に対応する道徳性〔the morality of self-command〕の2つを帯びる……〔とくに〕後者は義務以上のこと［に関わる道徳性］である。……人類愛は，私たちの自然本性的な義務や責務を超え行く仕方で共通善を推し進める際に，姿をあらわす。この道徳性は普通に暮らす人々のための道徳性ではない。この道徳性に特有の徳性は厚意の徳〔慈悲心，仁愛（benevolence）〕であり，それは，他者の感情や欲求に対する研ぎ澄まされた感受性〔heightened sensitivity〕，適切な謙虚さ〔humility〕や自己への無関心〔unconcern with self〕といったものである。

〔他方〕……自制の道徳性は，（その最も単純な形態にあっては）まったく容易かつ優雅に，正と正義の要求事項を達成することにおいて明示される。この道徳性に特有の徳とされる勇気〔courage〕，寛大〔magnanimity〕，そして克己〔self-control〕を，多大な規律〔discipline〕・訓練や鍛錬〔training〕を前提とする行為に即して個人が発揮するとき，真に義務以上のこととなる。そして当該の個人は，その［正と正義が課すさまざまな］義務を見事に果すべきであるならば，こうした徳を要求する職務や地位を自由に引き受けることによって徳を履行するかもしれないし，または（正義と合致してはいても）義務と責務の請求範囲を超え出る仕方で，［義務に］優越する目的を追求することによって徳を踏み行うのかもしれない」[29]。

トーマス・セドラチェクによると，プラトンは，理想の社会（政治と経済）の担い手について考えているが，私は，それはロールズがここで記述している義務以上の道徳性を保持している人に相当するのではないかと思うのである。プラトンは，社会を資質に応じて3つの階級に分けた。第1階級は理性を代表する支配者，第2階級は勇気を体言する軍人，第3階級は肉体的感覚を代表する生産者である。支配階級は，私有財産や自己利益を知らない。それどころか，それが個人に帰属することすら知らない。統治に携わるエリー

---

29) ロールズ著―川本・福間・神島訳（2010），627-628頁。Rawls（1971, 1999）, p. 419.〔 〕内は黒川加筆。

ト階級は，社会全体のことに気を配らなければならない。妻あるいは夫を持たない。育児は専門の施設に委ねられる。エリートたちはできる限り純粋な哲学に没頭する。財産とは人間を堕落させ，真に重要なこと（抽象的な世界の理解）から注意を逸らせてしまうからである。プラトンの構想は，あくまでも理想であり，縁故主義や血族関係で歪んだ社会を脱し，誰もが出自や家系から切り離されて才能を発揮する平等な機会を与えられるような社会を目指すべしという理念であった。こうした社会であれば，人々は最も適切な方法で選別され，したがって自分自身にとって最も好ましい生き方ができる。そもそも elite という言葉の語源である eligo は，解放あるいは免除されたという意味を持つ。ここから，さまざまな束縛を免除され，公益に奉仕するために選ばれた人々を指すようになった[30]。

　私は，このプラトンが政治や経済の理想的な指導者に求めるところの「さまざまな束縛を免除され，公益に奉仕するために選ばれた人々」という条件に深く共感を覚える。もちろん，結婚や育児の禁止は極端ではあるが，それらを求める理由であるところの elite という言葉の語源の意味こそが，理想的な政治家や経営者として，他の人々から信頼と尊敬の念を持たれる真のエリート像の定義と思えるのである。

(4-5) 経営管理者の道徳性発達

　ポスト＝ローレンス＝ウェーバーは，個人の精神性，すなわち，至高の存在，宗教組織，あるいは，自然やその他の外的力，人生を導く力についての個人の信念は，常に人間の気質の一部であり，個人の価値観や性格が職場における経営者・従業員の意思決定や行動に強い影響を及ぼし，企業がどのように運営され，企業収益がどこに支出されるのかに強い影響を持っているとして，経営管理者の道徳性発達を6段階に分類している。それが表11-3である。

　ロールズの言う第1段階「権威の道徳性」が幼児期の自己中心主義的推論に，第2段階「連合体の道徳性」が，成人初期・青年期の集団中心主義的推

---

30) セドラチェク，トーマス著―村井章子訳（2015），160-166頁。

266 第3部 個人・組織と会計

表11-3 経営管理者の道徳性発達段階

年齢集団	発達段階と主要な準拠推論	倫理推論の基盤	経営管理者の行動
成熟した成人	第6段階 普遍原則： 正義，公正，普遍的人権	原則中心主義的推論 (Principle-centered reasoning)	影響を受けるすべての人たちを思いやる態度，他者の権利や彼らの人間性の本質的な部分の受容
成熟した成人	第5段階 特定の社会慣習を越えた道徳的信念： 人権，社会契約，幅広い立憲原則	原則中心主義的推論	影響を受けるすべての人たちを思いやる態度，他者の権利や彼らの人間性の本質的な部分の受容
成人	第4段階 大きな意味での社会： 慣習，伝統，法律	社会中心主義的および法律中心主義的推論 (Society- and law-centered reasoning)	社会の慣習や法律に依拠
成人初期 青年期	第3段階 社会集団： 友人，学校，職場の同僚，家族	集団中心主義的推論 (Group-centered reasoning)	他者からの承認，会社の規則遵守，職場の上司や同僚が善として受け入れるものに依拠
青年期 青年期前期	第2段階 報酬探索： 自己利益，自己の欲求，互恵主義	自己中心主義的推論 (Ego-centered reasoning)	個人的報酬
幼児期	第1段階 罰逃避： 罰逃避，権力への服従	自己中心主義的推論	

出典：ポスト＝ローレンス＝ウェーバー著―松野・小阪・谷本監訳（2012上），143-145頁。
Lawrence ＝ Weber（2014），pp. 81-83.
注：表中の「経営管理者の行動」の欄は，本文に記載されている文章から黒川が推測して追加したものである。

論に，そして，第3段階「原理の道徳性」が，成熟した成人の原則中心主義的推論におおよそ対応するであろう。会計不正を正当化しようとする経営者がしばしば主張するところの「会社の存続のため」という論理は，成人初期・青年期の集団中心主義的推論という道徳性発達段階にこれらの経営者が

留まっていることを示している。成熟した成人に期待される道徳性発達段階に達していない人が経営者として選抜された会社は不運であると言って済まされるものではない。会社と関係する多様なステークホルダーにとって大きなリスクを抱えたことになるのである。

　会社の不祥事を防止するコンプライアンス啓蒙活動は，表11-3の第4段階である社会中心主義的および法律中心主義的推論を経営者に規律付けようとするものであろう。経営者に期待される道徳性発達段階の理想は，第5段階および第6段階の原則中心主義的推論ができるということである。おそらく，CSR活動の一環でコンプライアンスを会社は標榜し，アナリストはその状況を企業評価に役立てているのが現状であろうが，道徳的観点からするとその状態は，理想的——最終目的とする原則中心主義的推論状態——ではないのである。コンプライアンスは，経営者が遵守すべき最低限の倫理・道徳の段階であるということを理解することが重要である。理想的な経営管理者は，（4-4）で言及した真のエリートとしての道徳的資質を備えた人々であろう。

(4-6) 企業文化および倫理的風土

　最後に企業文化および倫理的風土について紹介しよう。「企業文化（corporate culture）」とは，その会社で働くすべての人たちが普通の行動は何かを考える時に思い浮かべる考え方，慣習，昔ながらの仕事のやり方，企業の価値観，共有された意味といったものが混じり合ったものである。また，「倫理的風土（ethical climate）」とは，何が受け入れられ，何が受け入れられないかについての従業員たちの暗黙の理解である。企業文化は，倫理違反が受け入れられる可能性があるかどうかの従業員に対する合図でもある。何が正しく何が間違っていると考えられているかの合図を送るので，企業文化および倫理風土は，企業が望ましいと考えている方向へと彼らの行動を誘導する[31]。

---

31)　ポスト＝ローレンス＝ウェーバー著—松野・小阪・谷本監訳（2012上），145-147頁。

268　第3部　個人・組織と会計

5.　公共倫理の主張──公共哲学の代表的な所論

　第4節（4-5）で触れた経営者の倫理推論の基盤を詳細に検討するため，公共哲学の代表的な所論を要約して紹介することにしよう。

（5-1）功利主義と形式的功利主義

　ベンサムの「功利主義」として知られている「効用最大化原理」に関する言説を取り上げて検討しよう。ロールズによると，古典的な功利主義の学説について最も明確に定式化したのは，シジウィックであるという。すなわち「社会に帰属するすべての個人の満足を総計して正味残高が最大となるよう，主要な制度が編成されている場合に，当該の社会は正しく秩序だっており，したがって正義にかなっている」[32]。「最大多数の最大幸福をもたらす行いが最善であり，最大多数の最大不幸を引き起こす行いが最悪である」[33]。この功利主義では，「ある個人が現在および将来の利得と現在および将来の損失とを秤にかけるように，ある社会は異なる諸個人の満足と不満足とを比較考量する……。人間の連合体にとっての選択原理は，ひとりの人間の選択原理の拡張形態のひとつとして解釈される。社会正義は，集団の福祉という集計的な考え方に応用された，合理的な処世知（rational prudence）の原理に等しいもの」[34]である。

　しかし，「効用原理が充たされたとしても，全員が便益を得られるという保証は全く存在しない。社会システムへの忠実さは，ある人びと（とりわけ，あまり恵まれていない人びと）に対して，［ほんらい享受されるべき］相対的利益を全体の善の増大のために差し控えるよう，強く求めるかもしれない。それゆえ，犠牲を払わなければならない人びとが，当人自身の利害関心を超えた広範な利害関心に自分を強く固定・一致させない限り，この制度図式は安定的にはならないであろう」[35]。

---

32)　ロールズ著―川本・福間・神島訳（2010），32頁。Rawls（1971, 1999），p. 20.

33)　ロールズ著―川本・福間・神島訳（2010），32-33頁の原注9。Rawls（1971, 1999），p. 20.

34)　ロールズ著―川本・福間・神島訳（2010），34頁。Rawls（1971, 1999），p. 21.

この犠牲を強いられる人の問題を，ジョン・スチュアート・ミルは，功利主義に利他心を持ち込むことで解決しようとした。「最大幸福原理にしたがえば，……究極的目的は，（考慮しているのが自分自身の善であろうと他の人の善であろうと）その他のあらゆる望ましいものに準拠したりそれらを目的としたりしながら，量と質の両面に関してできる限り苦痛を免れできる限り快楽を豊かに享受するというあり方である。……これが人間の行為の目的であるならば，必然的に道徳の基準でもあるということになる。それゆえ，道徳の基準は，遵守することによって，最大限可能なかぎり人類すべてに，さらに人類だけでなく事物の本性が許す限り感覚をもった生物すべてに，これまで述べてきたようなあり方を保証することができるようになるような，人間の行為の規則や準則と定義することができる」[36]。

「何が正しい行為なのかを決める功利主義的基準を構成している幸福とは，行為者自身の幸福ではなく関係者すべての幸福である。自分自身の幸福か他の人びとの幸福かを選ぶときには，功利主義は利害関係にない善意ある観察者のように厳密に公平であることを当事者に要求している。ナザレのイエスの黄金律に，私たちは功利性の倫理の完全な精神を読み取る。人にしてもらいたいと思うことを人にしなさいというのと，自分自身を愛するように隣人を愛しなさいというのは，功利主義道徳の理想的極致である」[37]。

しかるに，「功利主義は，20世紀に入ると，ミルがもっていた公共哲学的側面を欠落させたかたちで，アングロ・アメリカの社会科学，とくに経済学や政治学に影響を及ぼすようになり，……『公共世界のあり方』が不問にされるまま，公共の福祉や公益の名のもとで，『最大多数の最大幸福』という形式的・量的規範が暗黙のうちに意味されるような風潮が支配的となった」[38]。また，「社会科学が『モラル・フィロソフィー（道徳哲学）』の傘下から離れて専門科学化し，公共精神ではなく自己利益の追求を目的とするような人間行動が社会科学の主要な研究対象となる事態が生じ」た[39]。このよう

---

35) ロールズ著―川本・福間・神島訳（2010），241頁。Rawls (1971, 1999), p. 155.

36) ミル，J・S著―川名雄一郎，山本圭一郎訳（2010），272頁。

37) ミル著―川名・山本訳（2010），279頁。

38) 山脇直司（2004），141頁。

39) 山脇（2004），25頁。これを山脇は，「専門主義的社会科学観」と呼んでいる。

に現代経済学が前提とする功利主義（自己の効用最大化原理）は，スチュアート・ミルの高邁なアイデアを無視している。つまり，「形式的功利主義」と呼ぶのが相応しいのである。

　この形式的功利主義の影響によって，現代経済学の一派であるファイナンス理論は劇的に発達した。そして，会計学の諸理論，研究のアプローチも大きく変容した。現在，IFRSs，米国会計基準，そして，わが国の連結会計基準に代表される多くの会計諸基準が前提とする社会的選択としての会計の目的は，会計情報の利用者の意思決定に役立つ情報の提供にあるとされている。この「意思決定有用性」指向の会計目的を功利主義の観点で解釈するとどうなるのであろうか。

　会計情報の利用者の意思決定を通じて，公共社会の構成員全体の効用が最大化されることが，正しい選択ということになるのである。しかし，この命題は満たされているのであろうか。株主や潜在的株主からなる投資家を会計が関与する公共社会の構成員のうちから取り出し最も重視する，いわゆる「投資家重視」を実質的な前提とする規準によって，社会的選択としてのIFRSsの開発が行われていることは周知のとおりである。公共社会の構成員＝企業を取り巻くステークホルダー全般を考慮するというよりも，株主・投資家の利害や意思決定を重視した会計基準設定の傾向が顕著に見て取れるのである。これを功利主義によって正当化しようとすると，株主・投資家の効用を最大化することが公共社会の構成員全体の効用の総和を最大化することを保証していなければならない。しかし，利他心を忘れた現代の「形式的功利主義」は，当事者自身のみの利益追求こそが功利主義の理念に沿うものと誤解し，手段を選ばぬ短期的投機によって金融市場から巨額の富を生み出す投資家集団，グリードたちを生み出した。

(5-2)　自由至上主義

　レッセ・フェール（laissez-faire：自由放任主義）の立場では，自発的選択が尊重され支持される社会こそ正義を実現する社会であると考えている。リバタリアン（自由至上主義者）は，経済効率を理由とするのではなく，人間の持つ自由への基本的権利（他人が同じことをする権利を尊重する限り，自ら

が所有するものを使って，自ら望むいかなることも行うことが許される権利）を理由として，制約のない市場を支持し，政府の規制に反対する[40]。

自由至上主義（libertarianism）は，会計慣習の背景にある重要な思想として顔を出す。自由至上主義では，企業による会計方法の選択＝私的選択に関して，企業の経営者（および，その支配下の会計担当者）と監査人との同意を前提としての自発的選択が尊重・支持される。企業を取り巻く環境や経済取引の実質は千差万別なので，個々の経済的実質を最も忠実に会計測定するためには，会計方法の選択肢を用意しておき，そのなかから最も適切な会計方法を選択させるべきとする「経理自由の原則」は，このような自由至上主義によって正当化されるのである。

(5-3) 格差原理の応用

公共哲学の議論では，自由を尊重することは同じでも，平等主義的傾向から，「社会的・経済的に不利な状況にある構成員の状況を是正することに効果がある」という条件を満たすことを必要条件として，構成員の自由な決定が尊重されるとする考え方もある。これは，ロールズの「格差原理（difference principle）」を念頭においた考え方である。ロールズは，「善く秩序づけられた社会＝公共世界」創出のために人々が最終的に合意するであろう正義の具体的原理を2つ挙げている[41]。

第1原理：各個人が最大限に平等な自由（政治的自由，言論の自由，良心と思想の自由，心理的圧迫と肉体的暴行や殺傷からの自由，恣意的逮捕や押収からの自由，個人的財産＝動産を保有する権利，自分自身には価値があるという感覚など）を持つことを保障する。

第2原理：社会的・経済的な不平等は次の2条件を充たすように編成されなければならない。

(a) そうした不平等が最も不遇な人びとの期待便益を最大に高めること

---

40) サンデル，マイケル著―鬼澤忍訳（2010），第3章，とくに80頁参照。Sandel, Michael J. (2009), pp. 59-60.

41) 山脇（2004），142-143頁。および，ロールズ著―川本・福間・神島訳（2010），84-86頁，114頁。Rawls (1971, 1999), pp. 52-54, p. 72. 基本財については，ロールズ著―川本・福間・神島訳（2010），第66節，第67節。Rawls (1971, 1999), sections 66 & 67.〔 〕内は黒川加筆。

〔「格差原理」〕，かつ

(b) 公正な機会の均等という条件のもとで全員に開かれている職務や地位に付随する〔ものだけに不平等をとどめるべき〕こと〔「機会均等原理 (equality of opportunity principle)」〕

第1原理（平等な自由の原理）が第2原理に優先し，第2原理では，機会均等原理が格差原理に優先する。

第12章第3節（3-3）で検討するように，格差原理に依拠するならば，利害調整の手段としての経営者の高額報酬や従業員との間の大きな所得格差は否定されることになる。

(5-4) 行為の意志――定言命法

本章第4節（4-3）で言及したカントの思想は，そもそも会計の機能・役割の1つである「説明責任」と結び付くと思われるため，ここで詳述することにしよう。カントは，「善い意志は，それが引き起こしたり達成したりする事柄によって善いのでもなければ，それがなにかあらかじめ設定された目的の達成に役立つことによって善いのでもない。そうではなくて，善い意志はただ意欲することによって善い，つまりそれ自体において善いのであって，……すべての傾向性全体の満足のためにもたらすかもしれない一切のものよりも比較を絶して高く評価されるべきなのである」[42]と言う。

その理由として，カントは人間に本来備わっている理性の存在を挙げる。「理性と意志とを持つ存在者において，その存在者が維持され順調であることが，一言で言えばそれが幸福であることが，自然の本来の目的であるとすれば，……行為と，そのふるまいのすべての規則とは，理性によるよりも本能によるほうがはるかに正確に被造物に指示され……目的（幸福）ははるかに確実に入手されることができた」[43]。「それにもかかわらず……理性が実践的能力として，つまり意志に影響を与える能力として賦与されているのだか

---

42) カント，I著―宇都宮芳明訳 (2010)，17項。ここで，傾向性とは，「理性に対して，習性となった感覚的欲望」（『広辞苑』）である。

43) カント著―宇都宮訳 (2010)，19項。

ら，そこでもし自然がどこまでも自然の素質の分配に際して合目的的に作業したとすれば，理性の真の使命は，なにかほかの意図において手段として善い意志をではなくて，それ自体において善い意志を生むことであるに違いなく，まさしくこのことのために理性が必要とされた。……自然が人間に理性を与えたのは，人間がたんに生きるためにではなく，善く生きるためであった，言いかえれば，たんに幸福であるためにではなく，幸福であるに値するためにであった，と見なければならない」[44]。

では，善い意志とは何か。その説明のために，次のような例示を挙げ「義務」の概念を用いて説明するのである。「自分が苦境にあるときに，約束を守らないという意図をもって約束をしてはいけないであろうか。……義務に基づいて正直であることは，不利な結果の配慮に基づいて正直であることとは，まったくもって別のことである。前の場合には，行為それ自体についての概念がすでに私に対する法則を含んでいるが，後者の場合には，私は私にとってどのような結果が私の行為と結びつくかを知るために，まずほかのところを見わたさなければならない。……次のように自問してみよう。……私は，私の格率（嘘の約束によって私が困惑から脱するという）が普遍的な法則（私にとっても他人にとっても）として妥当すべきことに，はたして満足できるであろうか，と。また，誰でも困惑した状態にあって，ほかの仕方ではその状態から脱することができない場合は，嘘の約束をしてよいと自分に言い聞かせることができるであろうか，と。こう自問してみて，私は，なるほど私は嘘をつくことを意欲できても，嘘をつくべしという普遍的法則を意欲することは決してできない。……そのような法則に従えば，本来いかなる約束も存在しないことになるからで，……それが普遍的法則とされるやいなや，自らを破壊してしまわなければならないからである」[45]。「なにが義務であるかを知るには，私の格率が普遍的となることを意欲することもできるかと自問しさえすればよい……この義務が「それ自体において善い意志の条件」である」[46]。

---

44) カント著―宇都宮訳（2010），21 項。

45) カント著―宇都宮訳（2010），32 項。

46) カント著―宇都宮訳（2010），注解33。なお格率とは，行為の個人的・主観的規則（『広辞苑』）。

274 第3部　個人・組織と会計

　こうしてカントの有名な「定言命法」に結び付く。

　「ある種の行動によって達成されるなにか別の意図を条件として根底に据えることなく，この行動を［それだけとして］直接に命じる命法が……『定言的』である。定言命法は，行為の実質や，行為から結果する事柄にはかかわりをもたず，［行為の］形式と，行為そのものを生む原理とにかかわるのであり，行為の本質的＝善は心術のうちにあって，結果はどうであろうと構わない。この命法は，『道徳性の命法』とよんでよい」[47]。「定言命法は，……『汝の格率が普遍的法則となることを，その格率を通じて汝が同時に意欲することができるような，そうした格率に従ってのみ行為せよ』」[48]という命法である。

　さらに，「『目的それ自体』は『必然的にすべてのひとにとって目的』であるし，また人間はだれでも自らの現存を目的それ自体として表象しているから，『理性的存在者は目的それ自体として現存する』ということを根拠として，『意志の客観的原理』が導かれる。この原理は，『汝の人格やほかのあらゆるひとの人格のうちにある人間性を，いつも同時に目的として扱い，決してたんに手段としてのみ扱わないように行為せよ』という『実践的命法』（一般に定言命法の『目的自体の方式』とよばれる）の形で示される」[49]。

　「『あらゆる実践的立法の根拠』は，（1）『客観的には』普遍的な『規則』（法則）のうちに，（2）『主観的には』，つまり個別的には，おのおのの理性的存在者がその主体である『目的』のうちにあるから，ここから『意志の第3の実践的原理』が，つまり『意志と普遍的実践理性とが合致する最上の条件』である原理が帰結する。すなわちその第3の原理とは，『おのおのの理性的存在者の意志が普遍的に立法する意志である』という原理である」[50]。これが「自律の方式」と呼ばれるものである。

　カントの定言命法を何とか理解するために，引用がかなり長くなってしまったが，それは，本書の趣旨である「公共会計学」の志向を示唆する1つ

---

47)　カント著—宇都宮訳（2010），58頁。
48)　カント著—宇都宮訳（2010），67頁。
49)　カント著—宇都宮訳（2010），注解85。
50)　カント著—宇都宮訳（2010），注解90，92-93。

のヒントがここにあると思うからである。カントの考え（哲学）を援用すると，社会的選択としての会計基準設定行為について，どのような考察ができるのであろうか。意思決定有用性指向の会計は，功利主義と深く結び付いていて，「義務の動機」とはほど遠い。格差の是正を目的とする利害調整指向の会計も，基準設定に携わる利害関係者それぞれが，自律性を目指しているとは言えない。会計に関する思想や規準でカントの言うところの「定言命法」に相応するものがないものであろうか。そこで，思いつくのが，「説明責任（会計責任）」である。説明責任は英語では，accountability であり，これは，「説明する」の熟語である account for および「会計」accounting と語源は同じである。つまり，会計することとは，説明することであり，説明責任を果たすことである。

　「説明する」という行為こそ，目的そのもののための「自律的な行動」であり，有用性や利便性のためではなく，説明することが正しいという理由で行動する（すなわち，「説明責任」という「義務の動機」のために行為する）ことである。さらに，ほかの考慮すべき目的や依存する目的を一切持たない規準であることから「定言命法」（万人に当てはめても矛盾が生じないような原則のみに従って行動するように求めること）にも通じるものであろう。

　本章で問題にしている経営者の判断規準を会計行為（および監査人の監査行為）に当てはめて考察する上で，「定言命法」の概念は，会計倫理（および監査倫理）の根底を成すという点で，その影響は実に大きいと思われる。とくに，IFRSs の原則主義指向の会計基準設定は，会計行為と監査判断の現場における会計人個々の判断規準の確立を求めるものである。会計人が公共社会の一員であるとして，傾向性の総体としての個人の幸福を目的とする会計行為と，義務の動機から発する会計行為との区別を，「説明責任」という言葉の意味のなかに理解しているのかが問われるであろう。

　ところで，会計基準自体が悪法であった場合，会計行為を行う経営者（および監査人）はどのように対処すべきであろうか。法一般を念頭においてはいるが，スチュアート・ミルは，このように記述している。悪法を破ることが「……正義なのか不正義なのかについては意見が分かれるだろう。……法的権限をもっている当局にその法律を改めさせるように尽力することによっ

てのみこの反対は示されるべきである，〔とする〕この見解は，その法律を
支持する人から便宜を理由として，あるいは遵法感情を傷つけずにおくこと
が人類の共通の利益にとって重要であるということを主要な理由にして擁護
されている。……〔他方〕不正義とはされずに便宜にかなっていないとされ
ただけではあるけれども，悪法と判断されたものは従わなくても非難されな
いであろうという〔見解もある〕。……不服従が認められるのを不正な法律の
場合だけに限っている人もいる。ただし，あらゆる法律は人類の自然的自由
に何らかの制限を加えるものであり，人類の善に役立つということによって
正当化されないかぎりその制限は不正であるから，便宜にかなっていない法
律はすべて不正であるという人もいる。……不正な法律が存在しうること，
したがって法律は正義の究極的基準ではなく，ある人には利益をもたらし他
の人には正義が糾弾するような害悪をもたらすこともあるということは例外
なく認められているように思われる」[51]。

　この問題は，会計諸基準からの離脱規定の存在を会計規準として認めるの
か否かという議論にも関係する。わが国の人々は遵法精神が旺盛とされてい
るが，上記の第一の見解を重視して，そのような行動を取っているのかもし
れない。公共社会にとっての正義という観点から，不服従の問題は究明して
いくべきテーマであろう[52]。

6. 官僚制組織と内部道徳

(6-1) 基本的人権と自己の行為の制御権の譲渡

　近代の民主的社会では基本的人権（自然権）として，自分自身の存在，自
己の意思決定，そして自己の行動についての制御権を自分自身で保有してい
る。ちなみに，それとは対照的な奴隷制の社会では，奴隷は自分自身の所有
権（使用権，受益権，処分権）を自己ではなく主人たる人物が所有している。

---

51)　ミル著—川名・山本訳（2010），315-316頁。〔　〕内は黒川加筆。
52)　本節は，黒川行治著（2012）第7節「公共倫理の主張——公共哲学の代表的な所論」を修
　　正・加筆したものである。

言わずもがなではあるが，自由と言っても何をしても良いというのではなくて，他人および公共に対する負の影響を及ぼす行為は禁止されているし，行為の結果に対する責任も行為者自身に帰属する。

　われわれには他者が利害関心を持つ技能，能力（才能），潜在的サービス提供力があるので，それらを労働サービスとして組織（団体行為者）に提供し，対価として報酬（給与）を得て生活する。前述した奴隷制とは異なり，労働サービスと報酬（給与）との交換取引は，「一定の仕方で行為するという約束のような無形のものか，ある定められた範囲で自らの行為を制御する権利を，他者に譲渡できるにすぎない」[53]。

　しばしば，組織内で生じる職位上位者の職位下位者に対するパワー・ハラスメントやセクシャル・ハラスメントが問題視される。この淵源の1つは，職位下位者がその労働サービスという行為の制御権のみを組織に譲渡しており，しかも後述する官僚制組織形態の特徴から，下位者の労働サービスという行為の制御権のみを支配する権限を組織から委託されているという基本的認識を，職位上位者が欠いていることにあると思う。

(6-2) 2つの支配関係

　上述の「（自分自身の行為）を制御するという権利概念を所与とすれば，支配関係は次のように定義される。一方の行為者が他方の行為者の一定の行為に対して制御権を持つならば，前者の後者に対する支配関係が存在する」[54]。支配関係は，接合型の支配関係（conjoint authority relations）と非接合型の支配関係（disjoint authority relations）に分類できる。「権限の行使が下位者に利益をもたらすという前提で譲渡がなされるタイプを接合型の支配関係と呼ぶ。……そのような前提がない第2のタイプを非接合型の支配関係と呼ぶ。……行為者は合理的だとみなされているがゆえに，接合型の支配関係は通常は制御権の一方的譲渡によって成立し，非接合型の支配関係は報酬が支払われるときに限って成立する。……接合型の支配関係では，上位者の指図が下位者の利益を実現する。非接合型の支配関係ではそれらは実現せず，下位者

---

53) コールマン，ジェームズ著―久慈利武訳（2006上），110頁。Coleman, James S. (1990), p. 66.
54) コールマン著―久慈訳（2006上），110頁。Coleman (1990), pp. 66-67.

278 第3部 個人・組織と会計

の利益は〔報酬などの〕外的手段によって実現されねばならない」[55]。

接合型の支配関係の多くは，行為者が別の行為者に自発的に行為の制御権を譲渡するものである。このような権限付与が発生しやすい合理的な状況として次のような状況が列挙されている。

「自分にはなす術がないが，別の人物がその術を知っていると信じている場合，私にとってその人物に権限を付与することは合理的である。……こうした状況が生じるのは，社会状態がとくに無秩序か混乱をきたしているためか〔社会の解体〕，私自身が大きな変化を経験し混乱か困惑をきたしているためか〔人格の混乱〕，私が権限を付与する人物が特別の資質を持っているように思われるためか〔特別の資質を持つ人物の存在〕，もしくは，上記の理由のいくつかの組み合わせのためである」[56]。ナチスドイツ下において，選挙を通じてヒットラーに自己の行為の制御権を譲渡したドイツ国民の状況は，これに該当するであろう。

近代的な組織である大規模株式会社の場合には，非接合型の支配関係が当てはまる。そこで次に，非接合型の支配関係からなる組織を念頭において，有名なマックス・ウェーバーの「官僚制組織」の特徴について確認しておこう。

(6-3) 官僚制組織と職位（地位）による支配

マックス・ウェーバーは，「官僚制（bureaucratic organization）」の要素として，「職位の階統性の着想，各職位（職務）に関して明確に定義された管轄領域，功績ないし学歴にもとづく任命による職位の充足，給与のかたちでの給付，職位の担い手への職務上の義務に対する権限の限定，担い手による職位ないし地位の非専有」[57]を挙げている。そして，近代社会におけるこの形態の団体行為者（corporate actor）の発達について，「あらゆる領域での近代的形態の団体集団組織の発生は，官僚制的管理の発生とその不断の普及と端的に同一のことである。これは，教会，国家，貨幣〔monies〕，政党，あ

---

55) コールマン著—久慈訳（2006 上），121 頁。Coleman（1990），p. 74.〔 〕内は黒川加筆。
56) コールマン著—久慈訳（2006 上），122-123 頁。Coleman（1990），p. 75.〔 〕内は黒川加筆。
57) コールマン著—久慈訳（2006 上），260 頁。Coleman（1990），p. 169.

第 11 章　個人の行為の判断規準と組織の内部道徳　*279*

らゆる種類の主義を促進する組織，私的結社，クラブ，その他に当てはまる。最も衝撃的な一例をあげるならば，その発生は近代の西洋国家に最も重要な現象である」[58]。

この近代的組織の重要な特徴は，支配の源泉が職位（地位）にあるということである。すなわち，「最も複雑な支配構造は，人物よりはむしろ地位からなる構造である。委任された権限と他の資源を保有しているのは，地位である。地位を担う人物は，（地位の属性でもある）目標を達成するためにその資源を使用する。……封建社会から団体社会への移行は，永続的義務と資源を持つ人物からなる構造にかわって，人物によって担われる地位からなる組織構造の創出を伴った。これは歴史における最も重要な社会的発明の一つとみることができる」[59]。

前述した組織内で生じる職位上位者の職位下位者に対するパワー・ハラスメントやセクシャル・ハラスメント問題のもう 1 つの要因として，職位上位者が職位下位者の行為についての制御権を人としての自分が所有していると勘違いしていることにあるのではないかと思う。制御権は彼（彼女）自身が所有するものではなく，職位（地位）に由来するのであり，たまたま彼らはその職位（地位）に就いているにすぎないのである（どんな高位に就いても，人に対しては謙虚でありたいものである）。

(6-4)　支配システム（組織）の内部道徳

組織における内部道徳とは何か。コールマンによると，「内部道徳は，何か外部から課せられた道徳基準に社会システムや個人がしたがうこととは何ら関係なく，内部道徳の基準はシステムの構造特性にもとづくものである。支配システム内部での制度の使用を通じ制御権を奪回することによって，個人が自分たちの行為に対する実際の制御を回復できないときには，内部道徳は存在しない」[60]という。つまり，個人はもともと自己の特定の行為の制御権を団体行為者との契約によって報酬（給与）を対価として交換したのであ

---

58)　コールマン著―久慈訳（2006 上），261 頁。Coleman（1990），p. 169.〔　〕内は黒川加筆。
59)　コールマン著―久慈訳（2006 上），262 頁。Coleman（1990），p. 170.
60)　コールマン著―久慈訳（2006 上），266 頁。Coleman（1990），p. 173.

280　第3部　個人・組織と会計

り，しかも個人の行為を制御する支配の源泉は職位（地位）にあるのだから，特定の事由がある場合には，自己の行為の制御権を自己が取り戻す仕組みが組織の構造に組み込まれていることが重要となるのでなる。

内部道徳があるかどうかは，以下の3つのテストによって明らかになる[61]。

① システムの制度の枠内で，現職の職位保有者が権力から解任された後で，システムの下位者が正当性（つまり制御権）を広範に奪回することができるか否か。

② 権力の座から現職を解任するより，職位から権力を取り去ることを通じて下位者が制御権を取り戻すことができるか否か。

③ 低いコストで支配システムから抜け出すことを通じて，個人による権利の奪回が可能か否か。力ずくで国民の国外退去を阻止する国家は，このテストを通過しない。

（6-5）（株）東芝の会計不祥事と内部道徳

団体行為者（組織）としての企業を考えてみよう。「（株）東芝の会計不祥事」では，3代にわたる社長などの責任が追及されている。東芝をはじめとして多くの大企業では，社長などのトップ経営者は解任された後でも会長や名誉会長などとして遇され，ある程度の支配権が持続する慣行がある。このような慣行は①のテストに合格しない。このような慣行は，社長在任中の業績を再検証して新たな方策を思案し，新たな展開を図る機会を減少させる。

近年，コーポレートガバナンスの手段の1つとして，取締役会のなかに報酬委員会，社長指名委員会，監査委員会の設置，社外取締役や社外監査役の任命などによる取締役会および監査役会の独立性の保持と権限強化の仕組みの導入が図られている。これらは，社長などのトップ経営者に集中する権力を減少させる制度であり，②のテストに合格するための手段である。（株）東芝は，その制度が実質的に機能していなかった。

組織の階層において，下位にある者が組織を自発的に退職し，組織に引き渡していた自己の行為の制御権を取り戻すのは，とくに中間管理職以上の職

61）　コールマン著―久慈訳（2006 上），265-267 頁。Coleman（1990），pp. 172-174.

位にある者には容易ではない。終身雇用の慣行がいまだ残り，転職コストが高い日本の労働市場にあっては，③のテストに合格する機会に恵まれているとは言いがたい。(株)東芝の管理職にあった人々にはかなりの心理的疲労があったであろう[62]。

7. 道徳的判断規準を持つことの大切さ

(7-1) 杉原千畝氏の行ったユダヤ人へのビザ発給

　本章では，私たち個々人が種々の事柄に対して意思決定する際に参考となる道徳的判断規準に関する所論を見てきた。また，不祥事が発覚すると問題になることが多い，個人と組織との道徳的関係について検討してきた。本章の結論に代えて，個人と組織との相克状態に直面した時，勇気を持って人道的判断を行った杉原千畝氏の実例を振り返り，個人としての道徳的成熟・発展を図ることが，より善い社会の実現に最重要であることを確認することにしよう。

　私の手元にリトアニア・カナウスの杉原千畝記念館で入手した『杉原千畝ガイドブック』がある[63]。リトアニアはバルト3国のなかの一番南に位置する人口325万人，面積約6万5千平方キロメートルの国で，カナウスはポーランドの国境から遠くない。杉原千畝記念館は，第二次世界大戦下，リトアニアの日本領事館があった建物で，高級住宅地にある2階建の高級民家といった佇まいである。

　杉原千畝氏は，領事としてこの領事館に1人で勤務していた（家族とともに住んでいた）が，主たる任務はドイツとソビエトの軍事動向の諜報であった。領事館は1940年8月25日に閉鎖されるが，その直前に移民を目的とするユダヤ人が領事館に殺到した。そこで，杉原氏は7月29日からカナウスを離れる9月5日まで（8月28日以降は滞在したメトロポリス・ホテルにて），

---

62)　西川郁生編著（2016）第1章「財務報告の目的とCFO」補節「東芝事件」（西川著）では，(株)東芝の不正の概要が紹介されている。

63)　千畝ブリッジングプロジェクト『杉原千畝ガイドブック』（第3版），2013年。

日本国政府の不許可命令に背いて日本国通過ビザを発給し，約6,000人のユダヤ人の命を救ったのである。駐日イスラエル特命全権大使のニシム・ベンシトリット氏によると，その人々の親族や子孫の数は70年の間に25万人に達しているという。この人道的偉業を行った杉原氏に対し，イスラエル政府は1969年に勲章を，1985年に「ヤド・バジェム賞」を贈り，「諸国民のなかの正義の人」に列した。そして，イスラエルの小学校では杉原氏の行為について教育しているので，皆がその偉業を知っているという。

　一方，日本国政府の対応はどうだったのであろうか。杉原氏は，約1年のソビエト収容所生活を終えて帰国したが，1947年6月27日に外務省を退職し，1986年に心臓病で亡くなるまで民間人としての生活を送った。政府の訓命違反の責任を問われたのか否かは不明であるが，2000年の河野洋平外務大臣の顕彰演説によって，没後14年にして公式の名誉回復がなされたのである。

(7-2) 反ユダヤ人主義とユダヤ人の移住の手段としてのカナウス領事館での懇請

　キリスト教発祥の民でありながら，なぜキリスト教徒からユダヤ人は迫害されてきたのであろうか。『杉原千畝ガイドブック』を参考にしつつ要約してみよう。ユダヤ人とはユダヤ教を信じる人々のことである。2000年前，イスラエルの地からヨーロッパ各地に散ったユダヤ人たちは，自分たちの宗教・文化を守り続け他民族との同化をしなかったので，異質の存在と見られるようになった。中世において，ユダヤ人は農業を禁じられ，手工業ギルドにも参加できなかった。ところで，キリスト教では利子を取ることを禁止しており，貸し金業は不浄と看做されていたが，ユダヤ教では，ユダヤ人同士では利子を取ることは禁止でも他民族から利子を取ることを禁止していなかったので，ユダヤ人は金融業に携わるようになり，経済的に豊かな人々も出てきた。そして，19世紀の国民国家の時代になり，民族としてのユダヤ人に対する反感はますます増していった。

　第一次世界大戦でのドイツの敗北に対して，フランスやイギリスなどの戦勝国は，莫大な賠償金をドイツに課し（経済学者のケインズが，このイギリス

政府の賠償要求政策に反対したのは有名），ドイツは600万人を超える失業やハイパー・インフレーションに見舞われ，追い詰められたドイツ国民は，国民の不満を逸らすためのヒットラー率いるナチスの反ユダヤ主義を支持する。そして，ユダヤ人の強制労働，ゲットーへの移住，ついにはドイツとポーランドに建てた強制収容所での約600万人とも言われるユダヤ人の大量虐殺に至った。

　第二次世界大戦初期，ドイツ影響（占領）下から脱出しようとするユダヤ人のために，オランダの名誉領事であったヤン・ツバルテンディクが，オランダ領土であったカリブ海に浮かぶ無人の小島であるキュラソー島を最終受入国とする「キュラソービザ」を発給した。このビザを持ったユダヤ人が，キュラソー島への道程で日本国の通過を許可する通過ビザを懇請するために，カナウスの日本領事館に殺到したのである。日本国の通過ビザを持っていると，ソビエト（シベリア）も通過できるチャンスがあったからである。

（7-3）杉原千畝氏の人道的判断から学ぶもの
（1）自己の判断規準を持つこと

　信仰を持つ人々のなかには，自分たちが本来生きる世界である「来世」を意識して「現世」での意思決定・行動をしている人も数多くいる。一部の宗教では，現世での行為は最後の審判において審査され，神によってどのような来世を迎えるのかが決定される。自己の行為の実相を他の人は知らずとも神は知っておられるので，常に神の存在を意識して，その判断規準を参照しつつ自己の行動を決定するのである。人道的行為は，信仰心から生まれる場合も多い。

　しかし，誰もが信仰心を持っているとは言えない。とくに，現在の日本の社会では寺社への参拝はしていても，特定の宗教への熱烈な信者は少ない。そこで重要なのは，心の中にもう一人の自己を住まわせること，すなわち第三者的に判断をする自己を心中に持つことである。これは，カントの有名な「定言命法」を念頭においた言説である。定言命法については第5節（5-4）で詳述したが，簡易に言えば，他に考慮すべき目的や依存する目的を一切持たない規準であり，万人に当てはめても矛盾が生じないような原則のみに

284　第3部　個人・組織と会計

従って行動するように求めることである。

（2）プロフェッションの倫理規準の背景を知ること

　「プロフェッション（Profession）」とは，聖職者，法律家，医師・看護師，会計士，教師，技術者，著作家などの専門的職業人を指すことが多い。この用語のもとにある profess の意味は，『ランダムハウス英和大辞典』によると，「専門家であると名乗る」，「教授として教える」，「宣誓して宗門に入る」という意味がある。今や，経営者（および管理者）も経営管理を専門に行う職業人であると認識される時代であり（例えば，Master of Business Administration），企業の経営者や技術者を含め，専門家は「何を，そして，何に宣誓しているのか」を省みることが大事だと思う。

　そこで，マウツ＝シャラフによる「プロフェッションの一般倫理」について紹介しよう[64]。

　①　人間の行動が自分および他の人々に及ぼす影響についての知識を持つこと。

　②　自分が住む社会の欲求を理解すること。

　③　宗教的な法の尊厳を知り，義務を認めること〔人間の尊厳を重視すること〕。

　④　自分が他の人々に欲求することを，自分が他の人々に施す義務があると常に認識すること〔キリスト教の黄金律〕。

　⑤　人間社会における倫理行為の規範を知ること。

　これらはすべて個人にとって高度な倫理行為を達成するのに役立つとともに，このような心構えは，プロフェッションにとって（仕事をする上で）も当てはまるというのである。私は，どのような職業であろうとも，参照すべき一般倫理だと思う。

64）　マウツ，R・K＝H・A・シャラフ著—近澤弘治監訳（1987），321–322頁。〔　〕内は黒川加筆。

（3）組織の行為基準よりも公共倫理（社会的道徳）が優先すること

　『杉原千畝ガイドブック』によれば，杉原氏は，ユダヤ人迫害の状況を熟知しており，押し寄せるユダヤ人の懇請に接し，ユダヤ人がヨーロッパに留まれば，やがては生命も危険になることを予想していた。一方，同盟関係にあるドイツを刺激したくないという，日本国政府が通過ビザ発給を認めない理由も分かっていた。さらに，日本政府の外交官として，ビザの発給を拒否して全世界に隠然たる影響力を持つユダヤ人の恨みを買うことが国益に適うのか否かについても考慮しなければならなかった。このようななかで，杉原氏は熟慮に熟慮を重ね，ついに組織の命令よりも公共倫理（社会的道徳）である人道主義を選択したのである。だからこそ，後世に至って，その意思決定・行動が「諸国民のなかの正義の人」，すなわち，どの国の民であったとしても普遍的な正義と認められる行動をとった人として尊敬されるのである。この行為は，「（4–4）義務以上の道徳性」の条件を満たし，「（2–1）功徳的な行為」の模範であり，そして，表11–3の分類上，「成熟した成人」の道徳性発達段階に達した人の行為であると言えるのである。

（4）職位（地位）に権限の源泉があるということを認識すること

　支配力（権力）の源泉は，職位（地位）にある。したがって，その職位（地位）にある人には，職位（地位）が持っている権限行使に対する他者からの期待があり，一方，その職位（地位）にある人は，自己に与えられている権限を行使する義務があるということを肝に命じなければならない。杉原氏は政府の命令に背いても，人道主義規準に則して領事のビザ発給権限を行使した。

（5）善なることをする勇気を持つこと

　杉原氏のビザ発給行為は，外交官（公務員）でありながら軍国主義であった日本国政府の訓令を無視したものであって，当時は自分自身だけでなく家人にもその行為に対する制裁の危険性がないとは言えない状況であった。実際，杉原氏は夫人とも相談し，夫人の賛同を得てのことであったとされている。善なることをするには，プラトンやアリストテレスが列挙した美徳の1

つとしての勇気が必要である[65]。とくに，内部道徳が存在していない組織に属し，自己および家人に危険が及ぶ可能性がある状況で，敢然として善なることを実行した杉原氏に，私は畏敬の念を抱く。

私は尊敬する高齢の法曹家から，人を判断・識別する上での3要素をお聞きしたことがある。その3要素とは，「品性，能力，人柄」とのことである。私は，そのうちの1つの要素である「人の品性」を決定する要件は，「公正，誠実，勤勉そして善なることをする勇気」の有無なのではないかと思うのである。

【引用・参考文献】

カント，I著—宇都宮芳明訳・注解（2010）『道徳形而上学の基礎づけ』以文社。

黒川行治（2012）「終章　公共会計学の展望」大塚宗治・黒川行治編著『政府と非営利組織の会計』中央経済社。

コールマン，ジェームズ著—久慈利武訳（2006）『社会理論の基礎』（上・下）青木書店。

サンデル，マイケル著—鬼澤忍訳（2010）『これからの「正義」のはなしをしよう——いまを生き延びるための哲学』早川書房。

ジョンストン，デイヴィッド著—押村高・谷澤正嗣・近藤和貴・宮崎文典訳（2015）『正義はどう論じられてきたか』みすず書房。

スミス，アダム著—水田洋訳（2003）『道徳感情論』（原著初版）（上・下）岩波文庫。

セドラチェク，トーマス著—村井章子訳（2015）『善と悪の経済学』東洋経済新報社。

千畝ブリッジングプロジェクト（2013）『杉原千畝ガイドブック』（第3版）。

西川郁生編著（2016）『財務会計リテラシー』日本経済新聞出版社。

ポスト，J・E＝A・T・ローレンス＝J・ウェーバー著，松野弘・小阪隆秀・谷本寛治監訳（2012）『企業と社会——企業戦略・公共政策・倫理』（上・下）ミネルヴァ書房。

マウツ，R・K＝H・A・シャラフ著—近澤弘治監訳（1987）『監査理論の構造』中央経済社。

ミル，J・S著—川名雄一郎・山本圭一郎訳（2010）「功利主義（1861年）」『功利主義論集』京都大学学術出版会。

ロールズ，ジョン著—川本隆史・福間聡・神島裕子訳（2010）『正義論（改訂版）』紀伊国屋書店。

山脇直司（2004）『公共哲学とは何か』ちくま新書。

Coleman, James S. (1990), *Foundation of Social Theory*, The Belknap Press of Harvard

---

65)　第3節の表11-2を参照。

University Press.

Johnston, David (2011), *A Brief History of Justice*, Wiley-Blackwell.

Lawrence, Anne T.=James Weber (2014), *Business and Society: Stakeholders, Ethics, Public Policy*, 14th edition, McGraw-Hill International Edition.

Rawls, John (1971, 1999), *A Theory of Justice*, Revised edition, The Belknap Press of Harvard University Press.

Sandel, Michael J. (2009), *Justice: What's the Right Thing to Do?*, first paperback edition, Farrar, Straus and Giroux.

第 12 章

企業統治と経営者報酬・従業員給料の公正な分配

1. 会計の利害調整機能と労働対価の分配

　会計の機能・役割は，大きく分類して3つの種類があると言われてきた。第1は，所有と経営が分離した会社では，資源の委託・受託関係に伴い受託者としての経営者に，その資源（財産）の管理および効率的運用を行う責任（受託責任）が発生する。そこで経営者には，受託責任を全うしているのか否か，資源の管理・運用の顛末を説明する（account for）義務が発生する。受託責任とその顛末を説明する義務である会計責任（accountability）の履行によって，経営者の受託責任は解除される。会計の第1の機能・役割は，この資源の受託者に係わる会計責任（accountability）の履行である。

　第2は，資源の委託者に係わる会計の機能・役割である。証券の発行市場では，株式の新規公開や増資，社債の発行が行われる。資源の委託者である投資家あるいは投資をアドバイスするアナリストにとって，これら新規に発行される株式や社債の購入決定，すなわち，どの企業にあるいはどの経営者に資源を委託すべきかを意思決定する際のファンダメンタル分析による企業評価は欠かせない。金融機関や機関投資家が私募債の引受や貸付決定を行う際においても，融資資金元利の回収可能性の判断に企業評価は欠かせない。一方，流通市場において，既発行の株式や社債の売買に参加することで，投資収益を狙う資源の委託者にとっても企業評価は必要である。会計の第2の機能・役割は，このような投資意思決定において重要な企業評価に有用な情報を提供することである。

　そして，第3の機能・役割は，会計情報を1つの指標として用い，資源の

委託者および受託者間の利害，相異なる委託者または受託者内の利害，さらに間接的に企業に関連するステークホルダーも含め，各ステークホルダー間の利害を調整すること，すなわち，企業の財務資源の配分と財務成果の分配の決定に資するという利害調整機能・役割である。

しばしば利害調整機能の典型例として言及されてきたのは，配当決定を通じた株主と債権者との間のリスク分担に関する利害調整である。配当を欲する株主は，分配（配当）可能利益を非保守的に測定することを望む一方，元利支払いのリスクの増加を望まない債権者は，保守的な（慎重な）利益測定を望むであろうと仮定されてきた。また，経営者と従業員との間の賃金交渉においても，利益を主とする財務指標は，交渉を行う当事者双方にとって重要な情報であった。従来の賃金交渉は，従業員の労働対価である給料が利益の算定上，費用としてのマイナス項目であることから，株主と従業員との間の利害調整の場であると思われていたが，現在，経営者の報酬が高額になり，経営者と株主との間の利害調整と，経営者と従業員との間の利害調整の問題に焦点が移った感がある。経営者は従業員の給料を低く抑えることで財務業績（利益）を増加させ，財務成果に正の相関関係にあると考えられる経営者の報酬を大きくすることができる。また，企業を投資対象と見ている株主にとっても，財務業績が良好であると，配当可能利益が増加するとともに，株式価値の上昇，社債の安全性の向上によって，流通市場での証券の売却利益の獲得可能性も高まる。このような仮説を想定すると，経営者と従業員の労務サービス提供への対価である報酬と給料との格差の現出が説明できそうである。

そこで，本章の目的は，経営者の高額報酬の問題，労働対価の分配の正義を公共哲学の観点から考察することである。まず第2節で，企業の統治形態，取締役会の位置付けについて3つのモデルを紹介する。次に第3節で，経営者の高額報酬・大きな格差を肯定する論理とそれを否定する論理を公共哲学の理論を参考に考察する。そして，第4節で，経営者と従業員の労働対価の分配の正義とコーポレートガバナンス・コードとの関係，この問題に関する会計の利害調整機能・役割について言及し結論とする。

2. 企業はどのように統治されているのか

(2-1) 取締役会の位置付けをめぐる 3 つのモデル

　企業は，雇用者，顧客，投資家・所有者，コミュニティその他の直接的および間接的なステークホルダーの利害ならびに概念的客体としての企業自身の利害を実現するために行為している[1]。そこで，企業の内部にあって企業の行為とされるものを意思決定しているのは誰であると考えるのか。第 1 の「古典的・伝統的モデル（所有主指向モデル）」によれば，周知のように所有権を共有する投資家の集合である株主（株主総会）が最高位にあって意思決定をしていると見る。そこで，企業統治（コーポレートガバナンス：corporate

---

1)　ポスト，J・E＝A・T・ローレンス＝J・ウェーバー著―松野弘・小阪隆秀・谷本寛治監訳（2012 上），8-12 頁によれば，ステークホルダー（stakeholders）とは，「組織の決定，政策および，運営に影響を及ぼし，あるいは，組織からの影響を受けることになる人々や集団」のことである。ステークホルダーは直接的ステークホルダーと間接的ステークホルダーに分類される。直接的ステークホルダー（primary stakeholders）とは，「企業が……顧客のために製品やサービスを社会に供給するという重要な使命を遂行するのに欠かせないすべての直接的な関係」を持つ諸集団で，企業との相互作用は通常，市場で行われ売買の過程を伴う。一方，間接的ステークホルダー（secondary stakeholders）とは，「会社の主要な活動や決定によって直接，あるいは，間接に影響を受けることになる社会のなかの人々や集団である。……間接的というのは，企業活動を遂行していくという通常の活動の結果として生じるものという意味である」。

　ステークホルダーの種類，各ステークホルダーと企業との関係を列挙する。

　（直接的ステークホルダー）　従業員（労働組合）：労働の販売
　　　　　　　　　　　　　　　株主：資本の投下
　　　　　　　　　　　　　　　債権者：資金の貸与
　　　　　　　　　　　　　　　供給業者：材料の販売
　　　　　　　　　　　　　　　顧客：製品の購入
　　　　　　　　　　　　　　　卸売業者・小売業者：製品の流通
　（間接的ステークホルダー）　コミュニティ：仕事，環境
　　　　　　　　　　　　　　　連邦，州および地方政府：規制，税金
　　　　　　　　　　　　　　　外国政府：友好的，敵対的態度
　　　　　　　　　　　　　　　社会活動家：社会的要求
　　　　　　　　　　　　　　　メディア：イメージ，広報
　　　　　　　　　　　　　　　企業活動の支援グループ：助言，調査
　　　　　　　　　　　　　　　一般市民：肯定的意見，否定的意見

　なお，Lawrence, Anne T.＝James Weber（2014），pp. 14-15 では，market stakeholders と nonmarket stakeholders に分類されている。

governance) の要である取締役会は，所有者の代理人として，具体的に企業経営を担う経営者を選任し，経営者をして所有者の利益になるように行為させるようにしなければならない。

　これに対し，第2の「修正モデル（企業体指向モデル）」では，資源（財産）を使用することから利益を受ける権利は投資家たる所有者に帰属するが，資源の使用を制御する権利は経営者が握っており，もはや所有者（株主）は企業の内部に含まれないと見る。取締役会は企業のトップ経営陣（経営者）の代理人であり，経営者が支配する企業自身の利益になるように行為しなければならない。とくに，社外取締役の指名もトップ経営陣が行い，取締役会の管理は，経営者と取締役会との間の情報の非対称を通じて経営者が行っていると見る。

　そして第3の「社会企業モデル（多様な構成員指向モデル）」では，意思決定主体は多様な構成員から成るものという見解であって，取締役会は自然人の利害の包括的集合とみなされる。例えば，ドイツの経営者と労働者の共同決定法は，この概念から生じている。取締役会は，企業内の多様な構成員の代理人であり，取締役会はこれらの構成員のパワーバランスを反映する行為をとる一種の立法体となる。これらの3つのモデルは，図12-1に示すことができる[2]。

図12-1　コーポレートガバナンスの3つのモデル

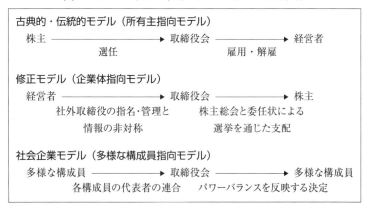

出典：黒川行治（2016），30頁。

(2–2) 自然人とは区別される企業（近代的団体行為者）の社会的出現

　古典的・伝統的（所有主指向）モデル，修正（企業体指向）モデル，そして社会企業（多様な構成員指向）モデルは，単なる概念構成物ではない。資本主義社会の発展に対応して出現してきた歴史を持っている。コールマンによると，15–18 世紀のメディチ家の繁栄は，「自然人が本来的に帰属するある制度の自主的な拡張物として，近代的な団体行為者が発生する〔例示である。〕……その制度とはメディチ家という家族であった。……メディチ家とは関係ない代理人に運営される支店が各所にできたにもかかわらず，行為の究極的責任は依然としてメディチ家，究極的には家長が引き受けた」[3]。すなわち，メディチ家の事業活動は海外の遠隔地に及び，その支店の行為は，その支店自身（団体行為者）の意思決定の結果と看做されるが，なお，取引相手に対する最終的な行為責任はメディチ家にあった。また，「英国では 13 世紀から 17 世紀にかけて，……都市への勅許状付与によって都市が市民から独立した団体の地位を与えられ，次いで貿易会社への勅許状付与によって貿易会社が投資家から独立した団体の地位を与えられた。メディチ家の銀行と違って，これらの会社は何ら家族的基盤を持たず，自然人から容易に区別しうるものであった。……家族から切り離されることによって，団体（法人）は自由な立場に立ち，自然人の個人的責任の観念と団体責任の観念が切り離された」[4]。

　議論したい第 1 のポイントは，まさにここにある。すなわち，企業（団体行為者）内部の自然人が，企業が出現する以前の社会のなかで個人に関して存在してきた社会との関係に依拠し，利用し，そして自然人として法律や社会規範に従って企業の行為を行い，その責任を取るのか。あるいは，個人と社会との関係は分断されており，自然人が従うべき社会規範とは別個の社会規範（行為と行為の結果に対する責任）を意識して企業の行為は行われるのかということである。第 1 の所有主指向モデルと第 2 の企業体指向モデルとの

---

2) コールマン，ジェームズ著―久慈利武訳（2006 下），365–369 頁。Coleman, James S.（1990）pp. 561–564, およびポスト＝ローレンス＝ウェーバー著―松野・小阪・谷本監訳（2012 下），12 頁を参照。図 12-1 は，両文献を合体・加工したもの。

3) コールマン著―久慈訳（2006 下），359 頁。Coleman（1990），p. 558.〔　〕内は黒川加筆。

4) コールマン著―久慈訳（2006 下），360 頁。Coleman（1990），p. 558.

違いを想像されたい。

　企業が所有者によって制御され，その所有者がローカル・コミュニティのなかに確保すべき地位を持つ場合には，企業はある特定のコミュニティや集団に対して多少とも責任を持って行為する。だが，企業が発達し，企業自体がその創設者とローカル・コミュニティの手から離れるにつれて，団体責任を生み出す手段としての上記のメカニズムの利用は低下する。「近代の大企業は，旧来の家族に基盤を持つ企業のオーナーが被る個人的コネと家族のコネを通じて生じる負担，責任，コミュニティへの非公式な義務のいずれも免れている」[5]。現代においても，社会的文化活動に熱心な企業は，オーナー経営者あるいは創業者一族の持株比率が高い会社であることが多いと思われるが，どうであろうか。

　次に，前述した第3の社会企業モデルの出現を後押しするアイデアとして，地方にある「証券取引所」（例えば，札幌証券取引所）に，その地域に本社および主要事業所（工場など）がある会社が上場する意義を考えてみよう。このような会社ではその株主構成として，地方政府，地方銀行，取引先，地域住民，従業員などが主要株主となっていることが想定される。株主自体が多様なステークホルダーとなっているのであり，取締役会もそれら多様な構成員の代表者の集合である。このような統治機構を持った社会企業モデルにおいては，各種のステークホルダーから成るコミュニティの構成員と企業との関係（製品・サービスの販売，原材料の購入，労働力の確保（雇用）），労働サービス対価の分配（経営者と従業員の報酬格差），株主への配当などの問題への対処として，前二者のモデルとの間にどのような相違が生じるであろうか。また，企業が上場する行為の意義や証券市場の存在理由と，ローカルな地域にとって「顔の見える会社」の性質との間には，根本的な矛盾があるのであろうか。すなわち，社会企業モデルでは，その株式の上場が馴染まないのであろうか。

　顔の見える会社と緊密な関係にあるステークホルダーであっても，各個人（自然人）のレベルに細分化すれば，その人の寿命には限りがあり，それぞ

---

5)　コールマン著—久慈訳（2006下），361頁。Coleman (1990), p. 559.

れのライフ計画がある。相続を待たない構成員身分からの退出のニーズがある。非上場会社の課題は，この退出の自由が制限されることであり，また退出に際して株式の公正価格による取引の実行可能性に疑問があることである。私は，社会企業を担う親密な関係にある構成員個々であっても，各自の都合による退出の自由と適正な取引の確保は重要であると考えている。証券取引所の世界的な統合の動きのなかで，もし仮に，地方に存在する証券取引所が存続できるとしたら，その社会的使命は，このような社会企業の後援にあると思う。

(2-3) 取締役会と社外取締役の役割

取締役会には，執行委員会，監査委員会，報酬委員会，指名委員会，企業責任に関する課題事項を担当する特別委員会などが設置される。ポスト＝ローレンス＝ウェーバーは，最良の取締役会であるための要件の一覧表を掲載している（表12-1）。

表12-1 最良の取締役会

- 独立した取締役から成る年次会合において最高経営責任者（CEO）の業績を評価する。
- 最高経営責任者の報酬と個別の業績目標とを連動させる。
- 長期的な戦略と単年度の営業計画を見直し承認する。
- 取締役会と個々の取締役の業績を定期的に評価するガバナンス委員会を設置している。
- 取締役への就任報酬を株式で支払う。
- 一定数の株式所有を個々の取締役に求める。
- 内部出身の取締役は2，3人以下にする。
- 70歳で取締役の引退を求める。
- 毎年，取締役会全体の選任が行われる。
- 取締役として他の企業で働いている場合にその数を制限する。
- 監査・報酬・指名委員会がすべて独立した取締役から構成されることを保証する。
- 取締役が直接的であれ，間接的であれ，コンサルタントや法律関係の助言をすることで企業から報酬を得ることを禁止する。
- 「私はあなたの会社に，あなたは私の会社に」というような役員兼任を禁止する。

出典：ポスト＝ローレンス＝ウェーバー著—松野・小阪・谷本監訳（2012下）10頁，一部修文。

296　第3部　個人・組織と会計

　これを見ると，修正モデルを想定して，経営者（トップ経営陣）に偏った
権力の濫用を防止するためのさまざまな手段が具体的要件の一覧として示さ
れていることが分かる。そもそも，経営者の権限の源泉は，求められた仕事
を実行するために，経営の専門技能と組織上の責任を結び付けることであっ
て，彼ら自身の私欲を実現するために存在することではない。しかし，イン
センティブ政策に従って，専門的な経営者に多額のストック・オプションを
与えた場合，経営者は企業の長期的健全性に寄与するよりも，短期的に株式
価値を押し上げる行動を取る危険性があることが指摘されている。経営者
（トップ経営陣）に期待される使命は，①企業の経済的な存続，②製品の革新，
従業員の教育，研究開発の促進を含む経営資源の発展，取引市場の拡大など
の手段を通じて，将来に向けて企業が存続する基盤・資源を充実させていく
こと，そして③企業がその目的を達成するなかで利害関係を有するすべての
ステークホルダーの欲求を均衡させることである。
　そこで，外部利害を代表する代議員としての社外取締役の役割が重要とな
る。社会企業モデルを前提とすると，社外取締役の役割は大きく2つに分類
できると思われる。

（1）法令遵守

　「外部利害を代表する代議員〔社外取締役のこと〕というものは，企業が法
の文言と精神に従うことを確保するために企図されている。そのような代議
員は企業の行為が何らかの影響をもたらす社会内の行為者（雇用者，投資家，
顧客，隣人）の利益を保護することを意図している。その意図は，企業を恩
恵的ないし慈善的にすることではなく，企業が法律に違反せず，相手当事者
に損害を与えないことにある。……違反の最も頻度の高い例は，開示法
（ディスクロージャーに関する法）によって保護することが意図されている損
害である。経営陣の上層部の地位を占める人々か，かれらに近い人々による
インサイダー取引はその主要な行為である。この法〔インサイダー規制法〕
によって保護されている利益は他の株主のそれである。
　〔談合により〕顧客（消費者）が主要な影響を受ける例もある。……〔この
ようなタイプの〕外部代議員の取締役会への参加の根拠は，企業が関与する

さまざまな市場を支配するルールへの違反を禁じるために，企業の行為をより知れ渡らせることにある。そのような代議員の役割は，市場がそのもとで運営されているルールに違反することによって，企業に不当な利益をもたらす行為を事後に発見するか，事前に阻止するという外部監査役の役割に似ている。そのような代議員の背後にあるねらいは，ゲームのルールが守られることと，法に従う団体行為者は市場で罰を科せられないということである」[6]。

（2）社会的監査

　社会的監査とは，社会企業モデルの実践を意図し，そのため，社外取締役が自ら社会的監査（social audits）の意図を持って，取締役会において発言することである。なお，「社会的監査の背後にある考えは，企業が慈善的，ないし恩恵的，ないし，公共心に富む『善良な市民』であることを示すことにある。会計監査と違って，社会的監査は，不正を摘発し，不適当ないし不法な企業行為を外部の検閲にかけることを意図していない」[7]。

3. 役員報酬の公正性をめぐる議論

（3-1）役員報酬と一般従業員の賃金格差

　米国の役員報酬（executive compensation：給与，賞与，退職給付の現在価値，インセンティブ制度，ストック・オプションの合計）は世界的にもその金額が高く，一般従業員の報酬との格差が大きいことが知られている。ローレンス＝ウェーバーによると，CEO の平均報酬は 1990 年代初頭に製造業の労働者の平均的賃金（production worker pay）の 100 倍を超え，1999 年から 2000 年に至ると CEO の平均報酬は平均的労働者の 500 倍を超えた。その後，格差は若干狭まっているとはいえ，2010 年のそれは 325 倍となっている[8]。

---

6) コールマン著—久慈訳（2006 下），371-373 頁，〔 〕内は黒川加筆，一部修文。Coleman
(1990), pp. 566-567.

7) コールマン著—久慈訳（2006 下），373 頁，一部修文。Coleman (1990), p. 567.

8) Lawrence, Anne T.＝James Weber（2014），pp. 319-320.

298　第3部　個人・組織と会計

　このような米国における経営者と一般従業員の報酬の大きな格差は公正と
しての正義に相応しいものであろうか。ちなみに日本の場合，公共社会が適
当と思われる役員報酬の上限は，どの程度なのかを推測する事例がある。
2010年2月に「企業内容等の開示に関する内閣府令（案）」が公表され，パ
ブリック・コメントの募集後，成案となった。その項目の1つに「役員報
酬」の個別開示問題がある。「役員ごとの報酬等の種類別（金銭報酬，ストッ
ク・オプション，賞与，退職慰労金等）の額」の開示が要求された問題である。
ただし，役員個々の開示は，報酬の額が1億円以上である者に限ることがで
きるとする例外規定が付いている。報酬の個別開示規定は，投資者の投資決
定に資する情報の提供というのが「金融商品取引法」から誘導される趣旨で
ある。しかし，家族が犯罪に巻き込まれる危険性をなしとしない不安や周囲
の人々からの嫉みを受けたくないという日本的慣習から，役員たちは役員
個々の報酬の開示を回避したいと願うのが通例と思われる。そこで，「1億
円という数値が，実質的な役員報酬の上限を決定すること」になるという，
ある種の大きな格差の防止効果をもたらす可能性がある。つまり，この内閣
府令の規定は，日本人の傾向・慣習を逆手にとった，経営者と労働者の報酬
格差の上限を画する為政者の意図を反映したものではないかと思うのであ
る[9]。

(3-2) 高額報酬・大きな所得格差を肯定する見解
(1) バランスを欠いた相互性の容認

　人間社会には古来から社会の成員間の権力，身分，富の不平等が一般的に
存在してきたし，ジャン−ジャック・ルソーをはじめとする民主主義の理念
が普及するまで，このような不平等は生まれながらの（所与の）ものであっ
て，人々には疑問として不信を抱くことすら少なかったのではないか。そこ
で，デイヴィッド・ジョンストンの「相互性」の言説を援用し，さらに社会
の成員間の格差の問題を経営者と従業員の格差の問題に限定して検討してみ
よう。

---

9)　黒川行治（2012），458–459頁を参照。

デイヴィッド・ジョンストンは，「関与するすべての人が，自分が授けるものと等価の利益を受けとる交換のことを，『バランスのとれた相互性（balanced reciprocity）』の事例と呼ぶ（交換は 2 つ以上の集団をともないうるということ，また交換される『もの』は利益でも害でもありうるということを念頭に置いて）。この等価という条件を満たさないあらゆる交換については，『バランスを欠いた相互性（imbalanced reciprocity）』というフレーズを採用する」[10]。「同等の人々にとっての正義が求めるものは，こうした人々が相互におこなう交換が少なくとも長期的にみればバランスのとれた相互性という性格をみせること」[11]である。換言すると，「バランスのとれた相互性の原理が正義の原理とみなされてきたのは，同等とみなされる人々の間でなされる交換に関する場合だけであった。人間の歴史の大半にわたって，ほとんどすべての社会がその成員を権力，身分，富において不平等な諸々のグループに分けてきたし，多くの社会ではこうしたグループがまた実績において不平等なものとみなされてきた」[12]。「正義に関連するとみなされる変数（ふつうは身分か，実績とされるものか，あるいはその両方か）に関して同等でない諸々のグループに成員を分ける社会においては，……主要なグループのそれぞれに身分による権原と責務を定める一連の役割規定によって解決される。こうした権原と責務は社会の『地勢図（terrain）』というような一種のマップを構成する」[13]。

上記の言説を企業の組織に当てはめれば，権原と責務に関する社会の地勢図は，企業内の職位・階級がその地勢図を示している。職階級別の賃金体系に見る格差に疑問を持つ人は多くはいない。同一の職位・階級の従業員が，ほぼ同程度の賃金を支払われるときに，それらの従業員が企業に提供する労働サービスとその対価としての賃金の交換は平等であると見る。これはバランスのとれた相互性の発現である。また，職位・階級が上位にある従業員が下位にある従業員よりも多額の賃金を得ることは，職位・階級の上位にある

---

10)　ジョンストン，デイヴィッド著―押村高・谷澤正嗣・近藤和貴・宮崎文典訳（2015），31 頁．一部修文．Johnston, David（2011），p. 30.

11)　ジョンストン著―押村・谷澤・近藤・宮崎訳（2015），31 頁。Johnston（2011），p. 30.

12)　ジョンストン著―押村・谷澤・近藤・宮崎訳（2015），32 頁。Johnston（2011），p. 31.

13)　ジョンストン著―押村・谷澤・近藤・宮崎訳（2015），35 頁。Johnston（2011），p. 34.

従業員の労働サービス提供が下位の従業員のそれよりも大きいという実態があるならば，やはりバランスのとれた相互性の発現であろう。

そこで，問題は，企業という集団内で，各職位・階級に対して誰を就けるのかに関する意思決定の公平性の有無・程度となるのである。同族会社においては，この意思決定に贔屓が存在するのが常態とまでは言わないにしても頻度は高いであろう。そもそも，人間社会においては古来より，人事の贔屓の存在の方が人間の行為として自然なものと看做されてきたに違いない。だからこそ，中小企業はほぼすべてと言って良いほど家族や同族が経営陣の椅子を占める優先権を持っているのであり，この慣習を疑問視する人は少ない。家族・同族以外の従業員が多くいるような会社に発展した場合，あるいは，家族・同族以外から資本を調達し，多くの部分的所有者（株主）が生じた場合でも続くこのような家族・同族に関する人事の贔屓という慣行は，バランスを欠いた相互性の例となる。そして，このバランスを欠いた相互性を容認する社会の慣習は，それを通じた賃金格差の存在を消極的であるが肯定していることになる。

だからこそ，生まれながらに特権的地位にある人の美徳である「ノブレス・オブリージュ（noblesse oblige）」の原則に従った行為，すなわち貧しい者に対する物質的な支援や害を受けやすい者の諸権利の保護は，強い者から弱い者への贈り物でありかつ義務ともなる。実際，こうした行為は，バランスを欠いた相互性を是正するために効果があるし，さらに言えば，強い者の特権的地位の維持を助長する効果も期待できるかもしれない。したがって，富裕層の人々が，社会的な貢献活動と称して多額の寄付をする行為は確かに美徳の発現であると思われるし，義務ともなる。しかし，一般の市民がそれを無条件に歓迎することは，（穿った見方をすれば）富の偏在を容認する社会的合意を助長するものである。

（2）功績原理と自然権

会社内で高額な所得を得ている人は，努力が結実した人であり，その意味で立派な人である。そして，前述のバランスのとれた相互性からすれば，功績に見合った報酬を得るのが公平性に適っていると考えるのが「功績原理」

である。職位や階級別の賃金体系，経営者の多額の報酬規定の作成は，功績原理を反映したものであり，それを認める限り道徳的（倫理的）に肯定できると考える。このような人間社会に不平等・格差をもたらす制度はどうして存在できるのであろうか。

　ホッブスは自然主義・唯物論を国家・社会に適用したことで知られている。「人間は各々『自然権』を持っている。この自然権が，その人に『自らの自然すなわち自らの生命の保存のために，自らの力を自らが欲するように用いる〔……〕自由，したがって自らの判断と理性において，そのためにもっとも適切な手段だと考えることを何でもおこなう自由』を与え，各々の人には自然によってこの広範な自由を享受する権原があるので，絶対的統治者を作り出し保持する唯一の方法は，これから成立しようとする国家の成員各人が，絶対的主権者を作り出すための道を開く契約を他の成員たちとの間で交わすことで，自らの自然権のいくらかを放棄することに同意することなのである」[14]。

　「コモンウェルスあるいは国家はその成員すべての合意に基づかなければならないのだから，ホッブスによれば，各々の成員は自分以外のあらゆる成員のことを，自然によって自分と同等のものとして認めなければならないことになる」[15]。しかしながら，「彼の議論はむしろ，政治的，社会的不平等は人間の法律や制度の産物であって，前提条件なのではないというものである。各々の人間は他のあらゆる人間が持つ権利と同等の自然権を有しており，したがってすべての人々を統治することになるコモンウェルスを設立するためには，すべての人々の同意が求められるが，とはいえコモンウェルスがひとたび設立されてしまえば，その諸々の制度や慣行は強度に不平等であるかもしれないのである。……人間が自然によって賦与された素質において強度に（また通常は絶対的に）不平等であると想定された世界──したがって，バランスを欠いた相互性に基づいて裁き（justice）を割り当てるべく法律で成文化された地位や権利の不平等を，それ以上の議論を要することなく正当化で

14）　ジョンストン著―押村・谷澤・近藤・宮崎訳（2015），110-111 頁。Johnston（2011），pp. 104-105.

15）　ジョンストン著―押村・谷澤・近藤・宮崎訳（2015），111-112 頁。Johnston（2011），p. 105.

302　第 3 部　個人・組織と会計

きる――」[16]ことになる。

　ホッブスの自然権の存在，成員の合意による統治機関の必要性，そして統治機関の制度設計の容認の論理は，格差や不平等をもたらす経営者報酬や職階級別賃金体系の制度設計を企業統治者が設定することを正当化する論理となろう。

（3）形式的功利主義とインセンティブ契約

　経営者に対するストック・オプションの賦与や従業員の給与を企業業績に貢献した成果に応じて支払う成果主義は，経営者や従業員の金銭的欲求に働きかけ，企業に対する労働サービスを最大限引き出そうとするインセンティブ契約の手段である。経営者や従業員が自己の効用を最大化するために懸命に働くことが会社全体の経営業績を向上させるという前提があり，経営者や従業員が自分自身の効用を最大化するために生じる無駄遣いといったエージェンシー問題の解消の手段でもある。さて，この仮説の背景には，「形式的功利主義」の思想がある。

　形式的功利主義は，エゴイズム，自己中心主義といえば分かりやすい判断（行為）規準である。おそらく，この規準を擁護するとすれば，ベンサムの「功利主義」として知られている「効用最大化原理」を持ち出すことになる。一人ひとりが選択肢の結果として予測される自己の現在および将来の利得と損失とを比較して，それらの選択肢のなかで最大の純利得（効用）が期待できるものを選ぶ。各人がそのような行動をすることで社会全体として見れば最大多数の最大幸福がもたらされるという論理である。この規準に従えば，個人は自己利益が最大化するように，企業（企業人）は自社の利益が最大となるように，そして社会の在り様としては経済的効率に則して意思決定することになる。

　経営者への高額な報酬は，企業の経済的な業績（利益）を最大に引き出すようなインセンティブを経営者に与え，経営者にエージェンシー・コストが発生するような振る舞いがない限り，企業業績を最大に向かわせる効果が期

---

16)　ジョンストン著―押村・谷澤・近藤・宮崎訳（2015），112 頁。Johnston (2011), pp. 105-106.

待できるために正当化されるのである。

（3-3）　高額報酬・大きな所得格差を否定する見解
（1）ニーズの原理

　最もシンプルなニーズの原理の定式は，「各人からは各人の能力に応じて，各人に対しては各人のニーズに応じて」というもので，19世紀の思想家で活動家であったルイ・ブランが作ったとされている。しかし，これは社会的正義の思想として，すでに18世紀の中頃までに見出されるという[17]。さて，ニーズの原理を経営者および従業員の関係に適用することにしよう。経営者は経営者の能力に応じてその能力を十分に発揮し，従業員はそれぞれ各自の能力に応じて彼らの能力を発揮すべきだが，労働サービスへの報酬は，各構成員がそれぞれ必要とする生活の維持に応じた金額が支払われることで，社会的正義が発現する。したがって，「ニーズの原理は，貢献の原理によって主張されている貢献と利益との間の結びつきを断ち切る」[18]。

　ニーズの原理の背景にある原理には3つある。第1は，「あらゆる人間は，彼らの自然の能力や才能がどれだけ平等であるか不平等であるかにかかわりなく，厳密に価値において平等だという前提に依拠している」[19]。この原理に従えば，経営者と従業員あるいは従業員相互における報酬に格差を設定するそもそもの根拠がないことになる。

　第2は，「根源的契約」の観念を用いたものである。「ヨハン・ゴットリーブ・フィヒテは，国家に居住する誰もが，自分の労働によって生活することができるように国家に保証させる権限を持つ。……国家がこの約束を果さない場合，その臣民は『絶対的に彼のものであるところのものを与えられていない』のであって，『彼に関してはその契約は完全に破棄される』。……『理性的』国家というものは，各人が同意できるような生活を行うのを可能にすることを目標として，さまざまな財がその市民たちすべてに分配されるように保証するものであること，さらに各々の市民は『権利によって』財の適切

---

17)　ジョンストン著―押村・谷澤・近藤・宮崎訳（2015），197頁。Johnston（2011），pp. 181-182.
18)　ジョンストン著―押村・谷澤・近藤・宮崎訳（2015），202頁。Johnston（2011），p. 186.
19)　ジョンストン著―押村・谷澤・近藤・宮崎訳（2015），199頁。Johnston（2011），p. 183.

304 第3部 個人・組織と会計

な取り分への権限を持つということを主張している」[20]。この第2の原理でいう国家を企業に置き換えてみよう。個人が企業と労働契約を結ぶということは，企業は，従業員が同意できるような生活を営むことを可能にする賃金の支払いを目標とし，一方，従業員は自分の労働によって生活できるような賃金の支払いを企業に保証させる権限を持つということである。

　当然ながら，「ニーズの原理は社会〔会社内部〕のそれほど才能を授かっていない成員〔従業員〕たちに，すなわち才能の欠如のせいで――あるいは（よりしばしば）彼らの才能を開発する機会の欠如のせいで，または彼らの才能を生産的な技術に開発した場合でさえも，才能のもたらす十分な利益を手に入れるための交渉力の欠如のせいで――彼らのもっとも運のいい仲間の市民〔従業員〕たちよりもはるかに後ろに置いていかれた人々に有利にはたらく」[21]。

　第3は，功績原理への反論であり，アダム・スミスの洞察力ある見解に依拠するものである。「……分業そのものがほとんどすべての社会的生産物の源泉なのだとしたら――この意図せざる集合的発明こそが，さもなければ潜在的にとどまっていたであろう諸個人のさまざまな生産的才能を引き出すのにも，かつそれら各人の努力を実際の働きから見て圧倒的な生産力を誇るひとつの機械をなすものへと織り上げるのにも責任を負っているという意味で――，そのときその社会の富は本質的に言ってひとつの社会的生産物なのであって，たんに大量の独立した生産者たちの生産物の集積したものではない。しかし社会の富がこの意味で社会的生産物なのだとしたら，その生産物の正義に適った割り当てが，個人の功績の原理によって指令されるものであることは自明ではない。人々の生産能力やパフォーマンスが今あるものであるのは，他人の相補的で補助的な能力とパフォーマンスのおかげにすぎない。こうした他人がいなければ，どんな1人の個人の才能も努力も無に帰すであろう」[22]。

---

20)　ジョンストン著―押村・谷澤・近藤・宮崎訳（2015），198-199頁。Johnston（2011），pp. 182-183.

21)　ジョンストン著―押村・谷澤・近藤・宮崎訳（2015），204-205頁。〔　〕内は黒川加筆。Johnston（2011），p. 188.

アダム・スミスは，社会的分業システムが社会的付加価値生産の発展の源泉であるとし，社会の構成員一人ひとりは，この社会的分業システムに参加しているという意識を持っていても持っていなくとも，自己の利益を最大化しようとする取引行為が，結果として，「神の見えざる手」によって社会的付加価値の増大をもたらすとする。この論理を企業に適用してみよう。企業の業績は，経営者や個々の従業員の労働サービスの結果であるが，各自の労働サービスの提供は，それ単独で企業の業績に貢献するのではなく，会社内部での他人の相補的で補助的な能力とパフォーマンスのおかげであると考えられる。したがって，功績原理は社会的正義（公平な分配の正義）に相応しくない。

（2）格差原理

ロールズの格差原理について第11章と同様に見てみよう。ロールズは，社会を「ひとつの世代から次の世代へと時を越えて続く，自由で平等な人格間の社会的協働の公正な体系である」[23]とする。理想状態としての社会を構想するために，読者は，「社会の一人ひとりの成員が，ロールズが『原初状態』と呼ぶ状態の中で代理人によって代表されていると想像するように求められる。……そして，当事者たちが理性的であることを保証するために，『無知のヴェール』の背後に置かれているものと想像することを求められる。無知のヴェールは，当事者たちが，彼らが代表する社会の成員たちの能力や社会的地位について，あるいは実のところ彼らのアイデンティティそのものについて，知ることを妨げる」[24]。そして，ロールズの有名な基本原理である社会的協働の条件（原初状態で当事者たちが合意するであろう条件）は，以下の2つの原理から構成されるのである[25]。

---

22) ジョンストン著—押村・谷澤・近藤・宮崎訳（2015），205頁。Johnston（2011），pp. 188-189.

23) ジョンストン著—押村・谷澤・近藤・宮崎訳（2015），224頁。Johnston（2011），p. 206.

24) ジョンストン著—押村・谷澤・近藤・宮崎訳（2015），229-230頁，一部修文。Johnston（2011），pp. 210-211.

25) 山脇直司（2004），142-143頁。および，ロールズ，ジョン著—川本隆史・福間聡・神島裕子訳（2010），84-86，114頁，第66節，第67節。Rawls, John（1971, 1999），pp. 52-54, 72, sections 66 & 67.

第1原理：各個人が最大限に平等な自由（政治的自由，言論の自由，良心と思想の自由，心理的圧迫と肉体的暴行や殺傷からの自由，恣意的逮捕や押収からの自由，個人的財産＝動産を保有する権利，自分自身には価値があるという感覚など）を持つことを保障する。

第2原理：社会的・経済的な不平等は次の2条件を充たすように編成されなければならない。

(a) そうした不平等が最も不遇な人びとの期待便益を最大に高めること（「格差原理」），かつ

(b) 公正な機会の均等という条件のもとで全員に開かれている職務や地位に付随する〔ものだけに不平等をとどめるべき〕こと（「機会均等原理」）

第1原理が第2原理に優先し，第2原理では，機会均等原理が格差原理に優先する。

このような格差原理の思想を前提にすると，経営者と従業員，および従業員相互の職階級の賃金体系の格差は，それらの職位に就ける機会の平等が確保されていることが条件である。そして，経営者の報酬をより多額にするという決定が正当化されるのは，報酬の増加というインセンティブによって，経営者の労働サービスの提供による会社の業績増加への追加の貢献が，報酬増加に伴うコスト増加よりも大きいことが期待され，それによってすべての従業員への給与が押し上げられる（すなわち，最も不遇な従業員の賃金が増加する）ならば，社会的正義に適っていることになる。無知のヴェールを前提にすれば，誰が経営者となり，誰が非正規雇用者となるのかも分からないのであるから，原初状態で合意に参加する当事者たちがリスク回避型の効用関数を持っている限り，あるいはマキシミン・ルールを意思決定規準として採用しているのであれば，経営者と従業員との極端に大きな報酬格差（米国の現状である300倍というような格差）は合意されないのではないかと推察できよう。

(3-4) 納税という社会貢献——条件次第で賛否が分かれる見解

　高額所得者は高額の納税者でもあり，その意味で公共社会に貢献している人である。したがって，経営者の高額報酬は，①格差を是正する累進所得課税制度の存在，②実効性のある過度な節税や脱税の防止施策，そして，③高質な社会保障制度の充実という条件が揃っているならば正当化されるとする論理を検討してみよう。

　レッセ・フェール（自由放任主義）の立場では，自発的選択が尊重され支持される社会こそ正義を実現する社会であると考えられており，できるだけ小さな政府を指向することから，上記の条件①については累進性の緩和を主張し，③については自己努力による生活を目指すことから社会保障については消極的となる。また，②についても規制強化反対という名目をもって積極的な節税防止は期待できそうもないと考える。高額納税者にとっては，レッセ・フェールの思想は歓迎すべきものであり，だからこそ，米国はOECD諸国のなかで，国民負担率は群を抜いて低く，政府の社会保障（対GDP比）も低位にある。高額所得者の納税による貢献という主張には，これら3つの条件の完備が必要なことに留意しなければならない[26]。

　さらに，もしこれらの条件が一時的に完備していた場合，低所得者においては，実績および意識の両面で納税の欠如にとどまらず負の納税（社会保障制度に基づく補助金の受領）による勤労意欲の減退をまねく一方，社会保障制度の財源確保のために導入される過度な累進所得課税制度は，富裕層の消費支出の減少による経済の停滞をまねくと主張されることが予想できる。こうして，高福祉・高負担の大きな政府より低福祉・低負担の小さな政府を指向するという社会的合意の復活の可能性があるので，時間的にも空間的にも安定して，富裕層の納税への貢献論理が発現するとは言えない。

　したがって，「高額所得者は高額の納税者でもあり，その意味で公共社会に貢献しているので格差は是認される」という論理は，レッセ・フェールに基づく小さな政府指向が存在する限り，ここで検討した条件の完備の程度次第で賛否が分かれるであろう。

---

26)　財務省『日本の財政関係資料』（平成29年4月）20頁の「OECD諸国における社会保障支出と国民負担率の関係（2014年）」を参照。

(3-5) 新しいバランスを欠いた相互主義

ニーズの原理が想定するように「価値」が同等とみなされた人間でも，必ずしも「能力」において平等であるわけではない。格差原理もこの能力の不平等に留意している。そこで，ジョンストンは，「相互性としての正義の観念を，それが人間能力における不平等という事実をも含みうる形に修正できるかどうかを検討しなければならない」[27]として，「新しいバランスを欠いた相互性」の論理を提案している。

「人間関係の相互性への関心は，その感覚〔正義の感覚〕の一部なのである。他者より相当な利益を受け取った人間が，できることなら，何らかの形で報いなければならないと感ずるのは当然だろう。もっとも印象的な事実とは，人々がしばしば，害を及ぼした奴らにできることならば復讐したいと考え，そのために出向いてゆくことである。たとえ彼ら自身が被害者ではなく，しかも報復行為がコストを強いるとしても，加害者に報復することは非日常的なこととは言えない。……人々は一般的に，相互性の考慮により動機づけられ，相互性の要求を満たすために自ら犠牲を払うことも厭わない」[28]。そこで，「古来の正義の思想では自明だった〔対等でない者同士の相互性では，地位の低い人が地位の高い人よりも厳しく罰せられ，少なく受け取り，多くを与えねばならなかったという〕優先順位を逆転させ，……能力において不平等な人間の間で，才能の違いに由来するにせよ，他の資源の違いに由来するにせよ，能力の劣った人々から要求，期待できるものが少なく，能力の優れた人々から要求，期待できるものが多いときに正義がなされたと考えることは，理に適っている」[29]と主張するのである。

---

27) ジョンストン著―押村・谷澤・近藤・宮崎訳 (2015)，247 頁。Johnston (2011), p. 227.

28) ジョンストン著―押村・谷澤・近藤・宮崎訳 (2015)，246 頁。〔 〕内は黒川加筆。Johnston (2011), p. 226.

29) ジョンストン著―押村・谷澤・近藤・宮崎訳 (2015)，247-248 頁。〔 〕内は黒川加筆。Johnston (2011), p. 227.

4. 結 論

(4-1) 報酬が高い理由と社会的正義

ローレンス＝ウェーバーは，報酬が高い理由を列挙しているので検討してみよう。

① 取締役会・報酬委員会で決定されるからという理由である。すなわち，報酬委員会の社外取締役は，CEO によって指名され，CEO 自身が互いに社外取締役の場合に自己の報酬に影響されると感じている。また，報酬委員会は，報酬の相場の調査をコンサルタントの助言に過度に頼り，取締役会は，自社の役員に中間値よりも高く支払いたいと考えるからである[30]。この理由は，本章で言及した，「バランスのとれた相互性」の論理で解釈できよう。対等な者同士の交換ではバランスがとれているときに正義に適っていると感じられるのである。

② 高額報酬を支持する別の論理として，「経営者報酬がイノベーションと危険負担のインセンティブをもたらすとされる」[31]。この主張は，「形式的功利主義」の論理で解釈できる。前述したように，形式的功利主義は，エゴイズム，自己中心主義と言えば分かりやすい判断（行為）規準である。経営者への高額な報酬は，企業の経済的な業績（利益）を最大に引き出すようなインセンティブを経営者に与え，経営者にエージェンシー・コストが発生するような振る舞いがない限り，企業業績を最大に向かわせる効果が期待できるために正当化されるのである。

その他に，

③ CEO の仕事はこれまでになく困難となり，役員の任期は短期になっている，

④ 人材の不足により，有能な経営者を会社に留めるために報酬は上昇する，

などが指摘されている[32]。

---

30) Lawrence＝Weber (2014), pp. 319–320.

31) Lawrence＝Weber (2014), p. 320.

310 第3部 個人・組織と会計

高い報酬への批判もあり，ローレンス＝ウェーバーは，その論拠を3つ挙げている。

① 米国企業の対外的競争力を低下させる。何故なら，事業へ投資，株主への配当の増加，一般従業員の賃金の増加に使うことのできる金融資源を転用することになる。

② 公正な分配を受けていないと感じている一生懸命に働いている中・下層の従業員の積極的参加をなくし，時には流出を招く原因になる。

③ 法外な報酬を得ている役員は成功に対する責任と同様に失敗についても責任がある。首脳陣の報酬額は，業績と関連しているのか疑問である[33]。

②の批判の理由は，「バランスを欠いた相互性」が引き起こす不満の問題であり，③は「バランスのとれた相互性」から解釈すると，経営者が失敗した場合には，その失敗に相当するペナルティ（例えば，負の報酬）を課すのが「害を及ぼした奴らにできるならば復讐したいと考える」正義の感覚に合っているからである。

(4-2) コーポレートガバナンス・コードと取締役会の位置付けに関する3つのモデル

「コーポレートガバナンス・コードの策定に関する有識者会議」が2015年3月5日に「原案」を作成し，(株)東京証券取引所（JPX）が2015年6月1日に公表したわが国の「コーポレートガバナンス・コード」では，以下の表題が示す5つの基本原則が設定されている[34]。

① 株主の権利・平等性の確保

② 株主以外のステークホルダーとの適切な協働

③ 適切な情報開示と透明性の確保

④ 取締役会などの責務

⑤ 株主との対話

---

32) Lawrence＝Weber（2014), pp. 320–321.

33) Lawrence＝Weber（2014), p. 321.

わが国のこのコーポレートガバナンス・コードを検討すると，第2節（2-1）取締役会の位置付けをめぐる3つのモデルのうち，第2の修正モデル（企業体指向モデル）を前提として策定されているように思われる。会社の内部で経営に当たるのは経営陣幹部と取締役会であって，株主はもはや会社の

34）　JPX「コーポレートガバナンス・コード」の5つの基本原則は以下のとおりである。
（1）株主の権利・平等性の確保
　上場会社は，株主の権利が実質的に確保されるよう適切な対応を行うとともに，株主がその権利を適切に行使することができる環境の整備を行うべきである。また，上場会社は，株主の実質的な平等性を確保すべきである。少数株主や外国人株主については，株主の権利の実質的な確保，権利行使に係る環境や実質的な平等性の確保に課題や懸念が生じやすい面があることから，十分に配慮を行うべきである。
（2）株主以外のステークホルダーとの適切な協働
　上場会社は，会社の持続的な成長と中長期的な企業価値の創出は，従業員，顧客，取引先，債権者，地域社会をはじめとする様々なステークホルダーによるリソースの提供や貢献の結果であることを十分に認識し，これらのステークホルダーとの適切な協働に努めるべきである。取締役会・経営陣は，これらのステークホルダーの権利・立場や健全な事業活動倫理を尊重する企業文化・風土の醸成に向けてリーダーシップを発揮すべきである。
（3）適切な情報開示と透明性の確保
　上場会社は，会社の財政状態・経営成績等の財務情報や，経営戦略・経営課題，リスクやガバナンスに係る情報等の非財務情報について，法令に基づく開示を適切に行うとともに，法令に基づく開示以外の情報提供にも主体的に取り組むべきである。その際，取締役会は，開示・提供される情報が株主との間で建設的な対話を行う上での基盤となることも踏まえ，そうした情報（とりわけ非財務情報）が，正確で利用者にとって分かりやすく，情報として有用性の高いものとなるようにすべきである。
（4）取締役会等の責務
　上場会社の取締役会は，株主に対する受託者責任・説明責任を踏まえ，会社の持続的成長と中長期的な企業価値向上を促し，収益力・資本効率等の改善を図るべく，①企業戦略等の大きな方向性を示すこと，②経営陣幹部による適切なリスクテイクを支える環境整備を行うこと，③独立した客観的な立場から，経営陣（執行役及びいわゆる執行役員を含む）・取締役に対する実効性の高い監督を行うこと，をはじめとする役割・責務を適切に果たすべきである。こうした役割・責務は，監査役会設置会社（その役割・責務の一部は監査役及び監査役会が担うこととなる），指名委員会等設置会社，監査等委員会設置会社など，いずれの機関設計を採用する場合にも，等しく適切に果たされるべきである。
（5）株主との対話
　上場会社は，その持続的な成長と中長期的な企業価値の向上に資するため，株主総会の場以外においても，株主との間で建設的な対話を行うべきである。経営陣幹部・取締役（社外取締役を含む）は，こうした対話を通じて株主の声に耳を傾け，その関心・懸念に正当な関心を払うとともに，自らの経営方針を株主に分かりやすい形で明確に説明しその理解を得る努力を行い，株主を含むステークホルダーの立場に関するバランスのとれた理解と，そうした理解を踏まえた適切な対応に努めるべきである。

外部にいる構成員のようである。であるからこそ，①の原則は，古典的・伝統的モデル（所有主指向モデル）が示すような，株主の権利の最大限の発揮，各株主の平等な権利確保に努めることを，経営者に対して要請するのである。古典的モデルが想定されているのであれば，このような要請は必要ない。

また，社会を構成する多様なステークホルダー（従業員，顧客，取引先，債権者，地域社会など）によるリソースの提供や貢献によって企業が経営され，企業価値が創出されていることを，取締役会・経営陣は認識すべきであると②の原則は要請しているが，第3の社会企業モデル（多様な構成員指向モデル）のような企業経営が現行では行われていないことから，社会企業モデルの指向を尊重することを要請しているように思われる。③および⑤の原則は，株主に対して財務情報，非財務情報を随時開示し，コミュニケーションに努めることを要請しているが，裏返せば，株主は会社の内部の構成員ではないことを示唆している。したがって，④の原則によって，社外取締役は独立の立場から，経営陣幹部および取締役の実効性ある監督が期待されることになる。

修正モデルでは，従業員の労働サービスへの対価である給料は，経営者の業績指標である利益の算定上，マイナス項目（費用）である。本章冒頭でも問題意識として記述したように，古典的・伝統的モデルで，賃金交渉は，株主と従業員との間の利害調整の場であると思われていたものが，経営者と従業員との間の利害調整の問題に焦点が移った感がある。経営者は従業員の給料を低く抑えることで財務業績（利益）を増加させ，財務成果に正の相関関係にあると考えられる経営者の報酬を大きくすることができるのである。また，修正モデルが示すところの，企業を投資対象と見ている株主にとって，財務業績が良好であると配当可能利益が増加するとともに，株式価値の上昇，社債の安全性の向上によって，流通市場での証券の売却利益の獲得可能性も高まるので，従業員の給料を高額にしようとする動機は存在しない。修正モデルを前提とするならば，経営者と従業員の労働サービス提供への対価である報酬と給料との格差の現出が説明できる。

コーポレートガバナンス・コードは，権力が強くなりすぎた経営者が，株主の権利を無視して，自己の個人的効用の増加を目的とする行為，すなわち

エージェンシー・コスト発生の防止に主たる関心があって，経営者の高額報酬も，その観点から問題視するのである。決して社会的正義の観点から，経営者と従業員の労働サービスの対価の格差について問題視するものではない。本章の問題意識を解決するためには，社会企業モデル（多様な構成員指向モデル）に依拠した立論をする必要があるのである。

(4-3) 会計の利害調整機能

（1）会計情報と労使賃金交渉

使用者（経営者）と労働者（従業員）との団体賃金交渉に会計情報が用いられる場合があった。これは，会計の持つ機能の１つである利害調整機能の典型例である。本章で紹介した相互性の原理によって，この交渉と会計の機能との関係を解釈してみよう。賃金契約も他の多くの契約と同様に，ほぼ等しい交渉力を持つ雇用者と被雇用者の間で自由な条件のもとに結ばれる合意は，社会的公正に適う可能性が高い。バランスのとれた相互性の正義を実現するためには，等しい交渉力という状況を作り出す必要がある。会計がこの条件の創出に寄与するとすれば，それは交渉の当事者相互間に存在する情報の非対称性の解消であろう。経営者が保有する情報は，従業員個々が保有する情報よりも優位にある場合が多いと考えられるので，従業員は労働団体を結成し，そして情報を集め，交渉に臨むことで社会的公正の実現の可能性が高くなる。

（2）役員報酬の開示の役割──バランスのとれた相互性の発現

経営者は，会社存続の高度かつ包括的な意思決定に携わっており，従業員およびその家族の生活は，かなりの程度，経営者の行為に依存している。したがって，有能な経営者の存在する会社にあっては，従業員は，その有能な経営者がもたらす膨大な恩恵を感じている可能性が高い。そこで，そのような経営者の報酬が相対的に高くなく，経営者から受ける恩恵に比べて，十分に経営者が報いられていないと従業員が感じる場合には，おそらく，この経営者は従業員から大きな感謝，高い尊敬という報酬を得ているに違いない。これも，バランスのとれた相互性の事例であり，金銭報酬は対価のすべてで

はないのである。したがって，経営者一人ひとりの報酬の開示は，このような有能な経営者から従業員への恩恵とそれに対する対価のバランスの程度を従業員に感得させる手段となるかもしれないのである。

【引用・参考文献】

コーポレートガバナンス・コードの策定に関する有識者会議『コーポレートガバナンス・コード』原案資料（2015年3月5日）および（株）東京証券取引所『コーポレートガバナンス・コード』（2015年6月1日）。

コールマン，ジェームズ著—久慈利武訳（2006）『社会理論の基礎』（上・下），青木書店。

黒川行治（2012）「終章　公共会計学の展望」大塚宗春・黒川行治編著『政府と非営利組織の会計』中央経済社。

―――――（2016）「企業統治と経営者報酬・従業員給料の公正な分配」『三田商学研究』第59巻第4号（2016年10月），27-44頁。

財務省『日本の財政関係資料』（平成28年10月）。

サンデル，マイケル著—鬼澤忍訳（2010）『これからの「正義」のはなしをしよう――いまを生き延びるための哲学』早川書房。

ジョンストン，デイヴィッド著—押村高・谷澤正嗣・近藤和貴・宮崎文典訳（2015）『正義はどう論じられてきたか』みすず書房。

スミス，アダム著—水田洋訳（2003）『道徳感情論』（原著初版）（上・下）岩波文庫。

ポスト，J・E＝A・T・ローレンス＝J・ウェーバー著—松野弘・小阪隆秀・谷本寛治監訳（2012）『企業と社会――企業戦略・公共政策・倫理』（上・下）ミネルヴァ書房。

ミル，J・S著—川名雄一郎・山本圭一郎訳（2010）「功利主義（1861年）」『功利主義論集』京都大学学術出版会。

山脇直司（2004）『公共哲学とは何か』ちくま新書。

ロールズ，ジョン著—川本隆史・福間聡・神島裕子訳（2010）『正議論（改訂版）』紀伊国屋書店。

Coleman, James S. (1990), *Foundation of Social Theory,* The Belknap Press of Harvard University Press.

Johnston, David (2011), *A Brief History of Justice,* Wiley-Blackwell.

Lawrence, Anne T.＝James Weber (2014), *Business and Society: Stakeholders, Ethics, Public Policy,* 14th edition, McGraw-Hill International Edition.

Rawls, John (1971, 1999), *A Theory of Justice,* Revised edition, The Belknap Press of Harvard University Press.

Sandel, Michael J. (2009), *Justice (What's the Right Thing to Do?),* Farrar, Straus and Giroux, First paperback edition.

315

第 13 章

企業の決算行動を決定する要因

1. ポジティブ・アカウンティング指向の会計研究の特徴

　1980年代の会計学上の最大の出来事はポジティブ・アカウンティング指向の会計研究が米国で萌芽し，そして驚くべきスピードで会計に関するジャーナルの誌面を占有していったことであろう。ポジティブ・アカウンティング指向の会計研究の特徴は，企業の実際の決算行動が会計学者の期待を込めた何らかの理想的な行動と掛け離れている場合に（そして，そのような事例が著しく多いのだが），その決算行動を理想からの逸脱行為として認識するのではなく，その決算行動が肯定されるべきもっともな理由があるから，そのような行動が実際に行われるのであると認識し，そして，その理由に関する仮説を設定し，実際に検証しようとするところにある。この意味で，ポジティブ・アカウンティング指向の会計研究は，ポジティブ（positive：実際的・肯定的）な要因の探究，記述的アプローチ，実証主義的研究と呼ばれるのである[1]。

　ポジティブ・アカウンティング指向の会計研究は，情報経済学などを中心

---

1)　理想とする会計という認識すら，これだけポジティブな原因が列挙され，そして企業の決算行動の実態が明らかになってみると，一種のノスタルジーを感じさせるものかもしれない。なお，この理想とする会計とは何かと言われても，それは厳密には定義できない。

　企業の決算行動には，会計測定の本体それ自体を裁量し写体に影響させる実体的裁量行動と，本体はそのままでありながら写像方法を裁量して写体を変更する形式的裁量行動がある。前者の分析はきわめて困難なので，通常は後者の事例を研究対象としていたが，近年の実証研究では，モデルが発展・精緻化され，両者を取り扱う研究結果が得られている。

　なお，本章で使用する用語に関して，「決算行動」と「会計代替案（方針）選択行動」とは同義とする。

とする隣接諸科学の影響を受けているが，とくにエージェンシー理論と政治
過程の分析が主要な基礎的背景にある。エージェンシー理論の特徴は，①利
害関係者はそれぞれ自己の効用を最大化しようとする（利己的であって利他
的ではない），②組織（企業）を構成員の代理的契約の束と見る，③情報は偏
在し，それを解消するにはコストがかかると見るのである[2]。本章で問題と
する外部利害関係者への報告会計を念頭におくと，資金の委託者である株主
や債権者がプリンシパル，資金の受託者である経営者がエージェントであり，
プリンシパルとエージェントは，それぞれ自己の効用を最大にしようと行動
する。会計行動もその範疇にあり，会計情報の作成者であるエージェント＝
経営者は，自己の効用を大きくするために情報の非対称（エージェントが情
報優位者である）を前提として決算行動を行う。

　周知のように，モニタリング行動としての監査やインセンティブ計画とし
ての経営者報酬契約は，エージェントたる経営者に対してプリンシパルであ
る株主や債権者が採用する防衛行動である。また，経営者行動に対する不信
認から生じる株式や社債発行価格の下落に伴う資金調達コストの増加を，経
営者自ら回避するためのボンディング活動（例えば財務制限条項の付加や任意
的監査の導入）が生じる。こうして，経営者報酬仮説（経営者報酬制度の有無
と会計政策との関係：最も単純なものとしては，経営者報酬制度がある場合には，
利益が大きくなる会計手続きが好まれる）や負債比率仮説（財務制限条項への抵
触のリスクの程度と会計政策との関係：初期の仮説としては，負債比率が大きい
と利益が大きくなる会計手続きが好まれる）などの命題が企業の決算行動仮説
として提示された。他方，政治過程の事例分析は，料金の規制や独占禁止法
などの各種法令により，政治的な影響を受けやすい会社は，それらを自己に
都合の良いようにあるいは自己の不利にならないようにするため，ロビイン
グ活動などを活発に行い，ポリティカル・コストが大きくなることを明らか
にした。こうして，規模仮説（規模が大きな会社はポリティカル・コストも大
きいという前提のもと，ポリティカル・コストの程度と会計政策との関係：初期
の仮説としては，規模が大きな会社は利益が小さくなる会計手続きを好む）が同

───────────────
2)　エージェンシー理論の特徴については，例えば，富塚嘉一（1994），36頁，佐藤紘光（1988），
　51頁。

様に提示されたのである[3]。

　以上概略を見たとおり，ポジティブ・アカウンティング指向の会計研究では，会計を人間の行う１つの行為と見るものであり，会計数値や会計数値作成メカニズム（会計構造）の意味を問わない。また，その行為の担い手は経営者である。もはやそこには会計の担い手としての会計人は経営者と独立しては存在しない。したがって，有用な情報を情報利用者に提供しようとする会計人の存在，そしてまた有用な情報となるべき会計情報の中身に関する（意味論的または構文論的）議論も研究者の視野の外に置かれている[4]。

2. 仮説の前提条件と日米の相違

　エージェントである経営者は自己の効用を最大化する行為を行うと言っても，プリンシパルである株主や債権者の効用を蔑ろにして，あるいは株主や債権者を無視して自己の効用を増加させることはできない。株主や債権者の同意を得つつ自己の効用を最大化しようとするのである。会計がこのプリンシパルとエージェントの利害を調整する手段となっているからこそ，この会計情報の作成者である経営者は，決算行動を通じて自己の効用を大きくしようとする。つまり，エージェンシーモデルを前提とした決算行動に関する諸仮説の前提には，「会計数値を基礎とする契約」が会計を取り巻く社会環境として普及していなければならない[5]。

---

3)　高橋吉之助・江島夏実・渡瀬一紀・高橋正子・黒川行治（1994），2–3頁。より詳しくは井上良二（1995），216–224頁。

4)　それゆえに，このような研究は，財務諸表に何を載せ，どのように計上するかという命題を持たないために，新しい会計実務を積極的に合理化する力を持たない。新しい会計実務は，何らかの規範的モデルの設定において合理化されるという（村瀬儀祐（1991），66頁）。この問題は，現在でも議論になることがあるが，このような研究に注力する研究者は，実証研究の成果が資本市場や会計基準の改善に役立つことを想定している。

5)　岡部孝好（1994）はこれを「会計ベースの契約」と呼ぶ。

(2-1) 経営者と従業員との共同利益追求による賃金水準を仲介とする報告利益と経営者報酬との関連性

1980年代，日本では米国型の経営者報酬契約は普及していなかった[6]。しかし，岡部教授は，全上場会社の1980年から1991年までの12年間のサンプル6,873件を分析対象とし，役員報酬と役員賞与の合計を「経営者報酬」と定義し，この金額と経常利益および当期利益との相関を調べた。その結果，いずれも有意水準1％以下で正の相関（前者が0.5650，後者が0.6487）があり[7]，経営者報酬と利益との連動性があることを検証した。この研究成果は，わが国でも経営者報酬と報告利益との関係を示した初期のものであり，その後に続く検証方法の精緻化が必要であったとはいえ，敬意を払うべきものである。そして何よりもこの研究では，日本の雇用システム，日本の企業別労働組合，日本の賃金交渉などに注目し，報告利益の多寡が賃金交渉を通じて賃金水準に反映し，それが経営者報酬にも連動するというシナリオのもと，経営者支配型企業に限って，経営者と従業員との共同利益追求という点で，賃金水準を仲介とする報告利益と経営者報酬との関連性があるとする見解は十分に説得性があった[8]。

(2-2) コーポレートガバナンスと主たるステークホルダー

一方，負債比率仮説の前提である財務制限条項について見ると，大蔵省の行政指導のもと，国内で発行される無担保社債には通常，財務制限条項が特約されること，およびバブル崩壊後，転換社債，新株引受権付社債の発行は激減し，普通社債それも無担保普通社債にシフトしたということであるから，当時，日本の企業への財務制限条項の存在が普及しつつあったと言えよう[9]。

問題は，このような「会計数値を基礎とする契約」を通じて設定される命題以外に何か企業の決算行動に影響する前提条件あるいは要因がないものかということである。そこでまっ先に注目されたのが，日米のコーポレートガ

---

6) 岡部（1994），84頁。須田一幸（1994），17頁。
7) 岡部（1994），74-75頁。
8) 岡部（1994），85頁。
9) 須田（1994），13-15頁。ただし，大蔵省の行政指導が，ボンディング活動としての自発的財務制限条項付与と言えるのかについて，疑問なしとは言えない。

バランスの相違である。米国では当時から，年金基金それも大規模あるいは中規模の年金基金が公開会社の大株主となっており，これらの機関投資家の株式保有分は，個々の年金の保有割合が大きすぎて別の年金基金がそれを購入する場合に限って売却し得るにすぎない。市場で容易に売却できないことから，彼らの取り得る選択肢は，当該企業の経営に積極的に介入していくか，あるいはM&Aの仕掛人に保有株式を譲渡するかである[10]。

このような年金基金の台頭に伴って，米国企業の経営者像も大きく変容したとされる。つまり，年金基金が台頭する以前（1950年代）の大規模な公開株式会社の経営者は，株主，顧客，従業員，供給業者，地域社会といった諸利害関係者の利害のバランスを保つように企業を管理する責任を有する者と観念されていたが[11]，機関投資家の存在が絶大となった後には，経営者は年金基金の支持なくしては乗っ取り業者から自身が経営する企業を守ることが困難であり，株主の利益のために企業を運営せざるを得ないこととなった。このような背景があってこそ，資金の委託―受託関係や契約関係に注目するエージェンシー理論が興隆を極めるに至ったと言えなくはないのである。

他方，わが国の企業統治制度の特徴は，アングロ・アメリカン的な機関投資家（年金基金）とは区別される法人株主の存在，企業間の株式相互持合やメインバンク制度，長期的な取引慣行や雇用慣行にあり，これらを前提にして，いわゆる日本的経営が展開されてきたのであった[12]。

浜本教授は，上記のうちの法人株主の存在，企業間の株式相互持合，メインバンク制度に注目し，日本の「安定配当主義」の根拠をこれに求めるとともに，メインバンクによるモニタリングの発達が，米国のような株主を主たるプリンシパルとするエージェンシー関係とは異なる債権者と株主とを兼ねたプリンシパルの存在，さらに言えば，メインバンクは株主としてよりも債権者としての立場を優先し，その結果，経営者は保守的会計政策を指向することを示唆した[13]。

---

10) 植竹晃久（1994），54–55頁。植竹教授によると，当時，20大年金だけで米国の公開企業の株式資本の10分の1を保有している。また，小規模年金の数は数千にのぼるが，保有総額は全年金基金資産の4分の1前後とされる。

11) 植竹（1994），55–56頁。

12) 植竹（1994），62頁。

320 第3部 個人・組織と会計

　さらに，岡部教授は，長期的取引慣行に注目し，石油会社をサンプルとして，取引価格交渉を自社に有利にするための棚卸方法変更の事実があったことを明らかにしている[14]。

　最後に，法人株主の存在，企業間の株式相互持合，メインバンク制度によって生ずる経営者支配と長期的雇用慣行に注目した井上教授の研究を紹介しよう。井上教授のシナリオはこうである。経営の実権は，株式の相互持合により獲得した大株主の支持を基盤に経営者の掌中にあり，経営者支配が成立している。経営者は一般個人株主よりも従業員や金融機関との関係を重視し，一般投資家にキャピタル・ゲインをもたらす株価の最大化やインカム・ゲインをもたらす配当の向上には意を用いない。メインバンクとしての銀行は企業の業績悪化が見込まれる場合にその意思決定に介入するので，経営危機に陥っていない限り経営者は共同体利益の増大のため，従業員の福祉を増大するように意思決定する。ただし，利益額あるいは従業員の給与が適性な水準よりも多額であると判断する場合には，社会的批判を回避する行動を取る。こうして，利益水準の増加率あるいは従業員1人当たり福利費の増加が適性な水準以上（以下）になった時，減益（増益）政策を取るというものである[15]。

3. 説明変数の追加

(3-1) 社会学の理論と会計行動

　前節までに登場した要因はその源泉がエージェンシー理論の背景にもあったように，人間は本来利己的で，常に自己の効用を大きくしようと意思決定・利害行動を取るという仮定と関連しているが，果たして，人間の行為は

---

13)　浜本道正（1993）。負債比率仮説がわが国でも成立するという検証が多かったのであるが，その要因は財務制限条項の存在というよりも，この時代，実はこのような債権者をプリンシパル，経営者をエージェントとするエージェンシー関係が強かったことに原因があるとも言えるのではないか。

14)　岡部（1994），第8章。

15)　井上良二（1994），148–151頁。

このような利己的な効用増大行動のみであろうか。

同様な発想を持っていた井上教授は，社会学における理論—準拠枠を用いて会計行動を説明しようとした[16]。井上教授は，準拠枠として，①役割期待（実現）システム，②利害システム，③シンボル・システムの３つを用意した。しかし，「タテ社会」や「ウチとソト」を特徴とするわが国では，会社を取り巻く利害関係者とくに株主は「ヨソ」者とみなされており，ヨソ者から期待される役割を実現するように経営者が行動することはしない。したがって，上記の①は機能せず，わが国では，③シンボル・システム（商法，企業会計原則，税法規定など）の制約のもとでの②利害行動（具体的には，企業の持続的な利潤獲得能力の発展維持に資する行動＝企業維持活動）になると言う。具体的には，「健全性配慮」（保守主義および財務安全性），「地位向上の配慮」，「平準化の配慮」（期間利益の平準化），「コスト・ベネフィット配慮」（コスト・ベネフィット差の最大化志向，簡便性志向，節約志向）の諸仮説である。

(3-2) アカウンティング・ポリシー

このシナリオはなかなか説得的で示唆に富むものであるが，しかし，何か追加できるように思うのである。例えば，上記のうちの利益平準化行動と企業維持活動とを取り上げて命題を記述してみるとこうなる。「経営者は企業維持を図るために，利益平準化行動を取る」。確かに，そのような状況も想定できるとは思うが，この仮説を裏返して，「利益平準化行動を取らないのは，企業維持を図る意思がないからである」と記述するまでには至らないであろう。平準化行動の典型例は，減益時の利益捻出や増益時の利益抑制のための会計方法の変更であるが，減益時でもあるいは増益時でも「継続性の原則」を守る企業があった場合，その会社の経営者は企業維持を志向していないとは言えないからである。もちろん，統計的傾向を示す帰無仮説としての命題であるから，この仮説からの逸脱は許されるが，素朴に考えて，「継続性の原則を重視する」経営者がいたとしてもおかしくはない。むしろ，われ

---

16) 井上 (1984)，第４章，第５章。

われ会計学を教える者は継続性を重視すべしとまずは教えているのであるから，それをそのまま受け取って実践している経営者の存在を，否定とは言わないまでも，逸脱と見ることは自己否定にもなるであろう。つまり，この疑問は，経営者の持つ会計行為に対する理念であるアカウンティング・ポリシーと呼べるような説明要因があることを示唆するものである。

4. 社会的選択としての各国の会計基準の相違を決定する要因

　私的選択としての企業の決算行動を決定する要因を考察していたはずなのに，一転して国際会計基準統一化運動以前に見られた，各国会計基準および会計慣行の違いを分析した研究について以下で言及するのには理由がある。と言うのは，この研究で用いられている説明変数が，企業の決算行動を説明する変数を創出する上で参考になると思われるからである。

　Takahashi, Kichinosuke ＝ Yukiharu Kurokawa ＝ Masako Takahashi (1985) は，各国の会計測定と開示実務の実情を包括的に示す指標として，①会計測定の集中度（代替的な各種測定方法が法令などで許されているか否か，および代替的測定方法が企業間でどの程度バラついて用いられているか），②会計測定の保守度（法令などで要請される測定方法の保守度および企業がどの程度保守的な測定方法を用いているか），③開示方法の集中度，④開示方法のオープン度の4つを新たに定義し，55カ国について，これらの指標に基づき会計測定，開示実務の程度を測定した。次に，これら4つの指標によって示される各国会計実務の違いを，（1）自然環境変数（人口，エネルギー自給度，位置，耕作可能地の割合など），（2）経済環境変数（1人当たりエネルギー消費量，1人当たり国民所得，土地保有の自由度），（3）情報環境変数（1人当たり新聞発行数など），（4）政治的状況変数（共和制，君主制か独裁か，対立政党の存在，1人当たり軍事費など），（5）社会的環境変数（農業人口の割合，都市人口の割合，学歴，医者の数など），（6）法律状況変数（ローマン法系，ジャーマン法系，北ヨーロッパ法系，コモンロー法系，極東法系，イスラム法系，ヒンズー法系か）を用いて説明しようとした。

その結果の一部を紹介すると以下のとおりである。

① 会計測定の集中度に関して，米国が1位，メキシコが2位，カナダが4位で集中しており（タイトということである），ドイツが5位，日本は11位，英国が12位，フランスが16位，スイスが25位，イタリアが30位，スペインが36位。

② 会計測定の保守度に関して，オーストリアが1位，オランダが2位，ドイツが3位，米国が4位，スイスが7位と高く（利益を抑制的に計上するような会計基準・慣行があるということである），日本は27位，英国が29位，フランスが37位，イタリアが45位，スペインが49位。

③ 開示方法の集中度について見ると，米国が1位，カナダが3位，日本は6位，英国が8位と高く，フランスが12位，ドイツが21位，イタリアが38位，スイスが42位，スペインが43位。

④ 開示方法のオープン度について見ると，米国が1位，カナダが2位，英国が7位でオープン度が高く，フランスが15位，日本は23位，ドイツが30位，イタリアが38位，オーストリアが51位，スイスが52位。

　地理的に一見してわかることは，同じヨーロッパでも地中海沿岸諸国は会計測定が非保守的なこと，また，スイスやオーストリアは会計測定が保守的で開示がオープンでないこと，米国，カナダは開示方法が均質でオープンであり，総じて会計実務が各国の会計実務と比較して極端なこと，日本は中庸であることなどが分かるのである。

　次に，これらの指標値を被説明変数とし，先の環境・状況要因を説明変数とする回帰分析などを行った結果，総じて言えることは以下のとおりであった。

① 共和国で経済および情報環境の発展度が高いと会計測定方法は集中し，自由裁量の余地が狭まる傾向にあること。

② 非ローマン法系，エネルギー消費率が高く，1人当たり新聞発行数が高い国は保守的会計測定の傾向にあること。

③ コモンロー法系，情報環境の発展度が高く，エネルギー消費率が高く，農業人口の割合が少ない国は開示方法の柔軟性が少ないこと。

324　第3部　個人・組織と会計

④　コモンロー法系，大都市の数が多く，学歴が高い国は開示方法がオープンな傾向にあることであること[17]。

　国際的な会計基準の調和化・統一化が本格的に始まる以前の時代，以上のような各国の諸環境要因の違いが，会計測定，開示実務の傾向に対して統計的な意味での関連があるということは，各国における会計測定，開示実務の担い手である会社個々の会計行動においても，環境や属性といった要因が影響を及ぼしている（より，厳密に言えば関連している）のではないかというのが，この研究から得られたインプリケーションであった。

5.　私的選択としての企業の決算行動の説明要因の体系

　かくして，われわれは企業の決算行動を説明する要因を広い観点から網羅し，体系化したいのである。

　第1に，会社の状況・属性が影響するというものである。企業文化論の議論とも連動するもので，会計政策決定も経営上の意思決定と連動する，あるいは会計政策は経営政策の一部として存在するという前提に立ち，会社の状況・属性が企業文化のベース要因の1つであるなら，会社の状況・属性は会計政策決定の上での要因になり得ると考える[18]。

　第2に，経営意思決定上のスタイルが会社によって異なるのは，会社あるいは経営者のポリシー，価値観すなわち重きをおく変数の違いに原因があるように，会計代替案選択行動も，会社あるいは経営者の重視するアカウンティング・ポリシーの違いに影響されると考える。

　第3に，上記のような要因によって求められるかもしれない会計代替案選択行動は，当該科目の持つ金額的な重要性の大小によって変化する。つまり，金額的に大きなものであれば，明確に会計政策が識別できるが，金額的に大

---

17)　Takahashi, Kichinosuke＝Yukiharu Kurokawa＝Masako Takahashi（1985）の内容を要約している。

18)　この時代の企業文化・経営風土について，例えば，河野豊弘（1985）参照。

第13章　企業の決算行動を決定する要因　*325*

表13-1　決算行動の要因一覧

（1）会社の状況・属性 　創業地，上場経過年数，企業系列，社長の出自，海外子会社の有無，監査法人の種 　類，利益率業界内偏差値，売上高シェア，損益分岐点余裕率，成長性，財務内容・ 　企業業績 （2）アカウンティング・ポリシー 　経営者の保守的態度・保守主義，収益・費用の対応，より簡単な決算，継続性の原則 （3）重要性 　金額的重要性 （4）財務政策・財務上の要請 　節税，利益捻出，配当捻出，財務外観性の維持—財務構成（レバレッジ），財務外観 　性の維持—収益力

出典：黒川行治（1995），59頁。

きくなければ，それほど明確な会計政策の違いが現われない。あるいは，明確な会計政策を当該科目は反映していないかもしれない。

　第4に，経営者の地位を安泰にする（自己の効用を大きくする）ため，あるいは自己の効用と会社の富の増大のため，より具体的には，資金調達をより有利に，より容易にするための財務政策・財務上の要請から，あるいはまた，確定決算主義を前提とし，それゆえに節税を図って会社の富を最大にするように努力すると考える。

　表13-1は，これらの具体的な要因の一覧表である。この研究からすでに20年以上経過しており，本章において，この研究の具体的な分析方法や結果を紹介する意図はないが，それぞれの要因について興味ある結果が得られていたことだけはお知らせしたい[19]。

---

19)　高橋（吉）・江島・渡瀬・高橋（正）・黒川（1994），21-46頁および146-152頁に仮説の具体的代理変数が示されている。

　なお，会計手続き（減価償却や棚卸方法など）それぞれに固有な要因もあれば，共通する要因もある。とくに会社の状況や属性の要因に注意する必要がある。「継続性の原則」というポリシーについては，各期の決算を1サンプルとするわれわれの分析モデルでは検証が困難であった。

　誰が決算行動の意思決定者かという問題は重要である。われわれはそれを「経営者」と想定したのであるが，経営者とは別の会計人（会計代替案選択者）がいるかもしれない。これに関連して，会計方法変更の発議者が誰であるかについてのアンケート調査があり，大変興味深い（北村敬子（1994），121頁参照）。

6. 決算行動を説明する社会的・文化的・哲学的要因

　ポジティブ・アカウンティング指向の会計研究は，1990 年代以降，劇的に発展し，会計学に関するジャーナルは，精緻化された企業・経営者の行動仮説と，データベースの充実・統計ツールの普及によって容易になった実証分析の研究成果で占められている。その状況にあって，あえて 20 年・30 年前の研究成果を本章で紹介し論述する意図は，次のようなインプリケーションが得られると考えるからである。

　これらの研究でわれわれは，企業の決算行動に関して，①どのような会社・経営者が，②いかなる場合に，③どのような目的を持って，④いかなる決算行動を取るものなのかという枠組みで考えているのであって，通常のポジティブ・アカウンティング指向の研究のベースにある「功利主義」思考，すなわちは，自己（会計情報作成者としての経営者）の効用最大化から派生する合理的理由の探究に焦点があることとは，かなり異なる思考方法をベースにおいているからである。と言うのは，若い研究者から見れば，もはや古色蒼然とも言えるこれらの研究では，経済的要因に加え，社会的・文化的・哲学的要因にも着目していたからである。人間の行為は（功利主義な意味での）合目的な意思決定の所産ばかりではない。会社や経営者の状況・属性（沿革，系列，社風，経営者の出自・専門領域など）や経営者の持つ価値観・方針・ポリシーが決算行動に影響するかもしれないのである。そして，このような仮説の構築は，経営者の決算行動は経済合理性という単一のあるいは普遍的とされる要因のみで決定されるものではないという思想が背景にあり，このような思考は，社会を構成する各個体の多様性をポジティブに認めるという大前提に結び付いていくのである。

【引用・参考文献】

井上良二（1984）『会計社会学』中央大学出版部。

――――（1994）「わが国における経営者の会計方針選択行動に関する仮説とその統計的検証」飯野利夫編著『会計方針選択行動論』中央経済社，第8章。

――――（1995）『財務会計論』新世社。

植竹晃久（1994）「コーポレート・ガバナンスの問題状況と分析視点」『三田商学研究』第37巻第2号（1994年6月），49-63頁。

岡部孝好（1994）『会計報告の理論』森山書店。

北村敬子（1994）「会計方針の変更に関する実態調査」飯野利夫編著『会計方針選択行動論』中央経済社，第7章。

黒川行治（1995）「企業の決算行動を決定する要因」『會計』第147巻第6号（1995年6月），49-61頁。

河野豊弘（1985）『現代の経営戦略』ダイヤモンド社。

佐藤紘光（1988）「経営者の会計選択行動」『会計』第133巻第4号（1988年4月），49-68頁。

須田一幸（1994）「会計情報開示のベネフィットとコスト」『会計』第146巻第5号（1994年11月），7-26頁。

高橋吉之助・江島夏実・渡瀬一紀・高橋正子・黒川行治（1994）『企業の決算行動の科学』中央経済社。

富塚嘉一（1994）「実証会計学の基本構造」飯野利夫編著『会計方針選択行動論』中央経済社，第2章。

浜本道正（1993）「日本企業の株主構成と会計政策」『会計』第143巻第5号（1993年5月），1-17頁。

村瀬儀祐（1991）「エージェンシー会計理論の性格」『会計』第140巻第5号（1991年11月），55-67頁。

Takahashi, Kichinosuke＝Yukiharu Kurokawa＝Masako Takahashi（1985）"International Comparison of Flexibility in Income Measurement and Other Accounting Procedures: Its Economical, Geopolitical, and Sociological Approach", Proceedings of 8th International Conference on Production Reseach, W-Germany.

第 14 章

人的資産の認識と測定

1. リストラ問題と非正規雇用政策の効果の類似性

　本章の内容を執筆した 1994 年当時，バブル崩壊後の平成不況が長引き，過剰となった従業員の配置転換・関係会社出向という手段では対処しきれず，世を挙げてのリストラ合唱のなかで，希望退職の大量募集が続いていた[1]。このような従業員の解雇は，過剰な固定費を削減し，スリムな経営を目指すものであるが，詰まるところ，もはや収益を生む能力を失った資源が組織内にあるため，それらを処分するということであり，過剰な設備―物的資源の廃棄と本質は同じである。ところが，設備―物的資源については，取得時に資産として会計上認識・測定され，貸借対照表に計上されるのに対し，従業員―人的資源は，雇用時に資産として会計上認識・測定されることはない。

　40 歳から 50 歳という年齢は，人生のライフサイクルを俯瞰すると，平均的勤労者にとって住居費，食費，衣料費，教育費など最も出費が嵩む時期であり，これらの年齢での解雇は，人生設計において決定的影響を与える。したがって，年齢から生ずる物理的能力の減少を理由とする安易な解雇は社会

---

1)　バブル経済の崩壊後，リストラが顕著になり始めた初期の事例として，「長崎屋」の 45 歳以上の従業員 200 人，平均退職金 2,000 万円，総額 40 億円が注目された（『日本経済新聞』1994 年 1 月 24 日，17 面）。当時は，このようなリストラは一過性のもので，やがてわが国は，1980 年代以前の成長路線に戻るとほとんどの国民は信じていたと思う。しかし，若干の浮き沈みはあるものの 25 年余も続く低成長，そして，おおよそ労働者の 4 割が非正規雇用である今日の労働環境を誰が予想し得たであろうか。

　　なお，本章は，黒川行治（1994）を大幅に修正・加筆したものであるが，企業内の人的資源・従業員の労働サービスについて，会計学上どこまで認識・測定できるのかの限界を検討することに主眼があり，会計制度化を念頭に考察したものではないことに留意してほしい。

的な大問題を喚起することにもなるのだが，しかし，不況の深刻化，グローバリゼーションの進展に伴う国内産業の空洞化は，それすらも「止むを得ない」とするほどの状況となって現在に至っているのである。

かかる事態を招いた要因の1つは，好況期における従業員の安易な大量雇用や，経営者の不合理とも思える楽観的な将来予想の結果にあると考えられる。つまり，従業員の雇用は，本来ストック（長期的に存在し，固定費の発生をもたらす資産）の取得であるのにもかかわらず，会計上，物的資源のようにストックとして認識・測定されないことが，安易な雇用を誘発する一因ではないかと思うのである。

そこで，本章は，人的資源の資産評価問題について考察することを目的とする。内容は，第2節で従来の研究——人的資源の測定方法と勘定記入の要約をし，第3節で問題点の把握，第4節で既提案の物的資産の認識・測定と類似する方法の検討，第5節でこれらに替わる新しいアイデアの提起を行い，第6節で再度，会計認識と測定問題について議論する。最後に第7節において，人的資源の評価と会計の機能・役割との関連を述べて結論とする。

なお，本章で私が主張しているのは，過大な投資と同じ効果を持つ労働市場における需要と供給のミスマッチによる安易な雇用を企業が慎むことで，人生において再出発が困難となる40歳から50歳のリストラを少なくしたいとする意図であった。しかし本章の内容を記述した1994年から20年以上経過した現在，長引く低成長に対して経営者が採用した雇用政策は，正規社員の雇用（ストック・長期資産）の減少と，非正規社員の雇用（短期雇用契約で，会計的な（費用計上の）観点ではフローと見なせる）の増加であった。非正規雇用政策は，大量解雇とは異なる政策ではあるが，ストックとしての人的資産の過剰問題の解消という点では同様の効果を持つものであり，わが国の企業はこの経営政策を推し進めたのである。

2. 従来の研究——人的資源の測定方法と勘定記入

(2-1) 人的資源の測定方法の類型

　まず，人的資源会計あるいは人的資産会計の研究におけるわが国での先駆者である若杉教授の著作を基に，人的資源の測定方法には如何なるものがあるかを要約しよう[2]。

(1) 支出原価法

　人間の現在価値や増減変動などを人間資産の獲得，形成，開発に要した実際の支出額をもって，あるいは実際支出額に基づいて測定する方法である。事実認識として，人間資産の獲得，形成，開発に要した実際の支出は，それによって新たに獲得，形成された人間資産，あるいは支出によって開発され質的に高められた人間資産の現状を表わすと考えるものである。投資額（支出額）が人間資産を現状におくに要した犠牲を表わすとする考え方は，物的資産の測定を投資額で行う歴史的原価会計と軌を一にする[3]。

(2) 取替原価法

　人間資産の現在の状況，その増減変動などを人間資産の測定時点におけるその取替えに要する支出額の見積りによって測定する方法である。具体的には，測定時現在における募集費，採用費，教育費，訓練費，馴化費などの現在支出原価を見積もり，これを合計する[4]。

(3) 暖簾評価法

　営業譲渡などに伴う暖簾（のれん）評価の方法を人間資産の測定に適用したものであ

---

2)　若杉明（1990）を参照。なお，若杉教授は人的資産について「人間資産」という語句を用いているので，以下，若杉教授に依拠する説明では，「人間資産」という用語を用いる。また，本章では，若杉教授に倣った部分は「暖簾」と漢字で表記するが，他の箇所では「のれん」（黒川の著書・論文中での表記）と平仮名で表記している。

3)　若杉（1990），90-94頁。

4)　若杉（1990），94-96頁。

る。例えば，暖簾評価方法として「年買法」を採用するならば，当該企業の過去における超過利益あるいは利益の何年分かを暖簾総額とし，その暖簾総額の一定割合を人間資産に配分する[5]。

（4）経済価値法

企業やこれを構成する組織単位の経済価値を将来の一定期間において企業や組織単位が稼得する利益に基づいて見積評価し，そのなかに占める人間資産の割合を求めて，人間資産の価値とする。具体的には，将来の一定期間について各年の利益の流れを予想し，それを現在価値に割り引くことにより求める[6]。

（5）給与還元法

企業の経営者および従業員個々人につき，定年退職時までに支払いが予想される給与所得の流れを，一定の割引率を用いて割引計算し，それぞれの現在価値を求め，これを合計して人間資産価値とする評価法である。この評価法は個人の提供する労働力の対価に基づいて人間資産の現在価値を測定しようとするものであり，人間資産価値を個々人の能力の総計としてとらえる。また，経営者や従業員に対する給与所得額の流れは，それらの人々の稼得する利益額の流れに等しいという基本的前提がある[7]。

若杉教授は，この他に「せり価格法」や「行動科学的変数法」などを検討対象としているが，本章では省略する。

なお，人間資産価値が，「人間資産の全人的価値を意味するのではなく，企業の一構成要素たる人間資産の，企業の目的活動遂行に貢献しうる能力を意味している」[8]ということを確認しておくことは重要である。ところで，上記5つの測定方法は犠牲価値による測定と効益（効用）価値による測定と

---

5)　若杉（1990），96-99頁。
6)　若杉（1990），99-101頁。
7)　若杉（1990），101-103頁。
8)　若杉（1990），93頁。

に分類することができる。犠牲価値とは,「人間資産の獲得・開発のために
費やされた経済価値の犠牲の側面からみた価値」[9]であり,効益価値とは,
「人間資産が潜在的にもっている用役可能性に基づいて測定した価値」[10]であ
る。

　支出原価や取替原価が犠牲価値であり,将来利益や収益,あるいは純収入
の割引現在価値が効益価値であるので,上記の測定法で言えば,（1）と
（2）が犠牲価値による測定,（3）（4）（5）が効益価値による測定と若杉
教授は分類する[11]。

(2-2)　人的資源の勘定記入

　若杉教授は,4つの具体的な勘定記入法を詳述している[12]。

　すなわち,

①　機能別勘定を通過勘定とする方法

②　機能別勘定を総勘定元帳上の勘定とし,個人別・組織単位別勘定を補
　　助元帳上の人名勘定とする方法

③　機能別勘定ならびに管理者集合勘定,従業員集合勘定および組織単位
　　集合勘定を総勘定元帳に設け,個人別・組織単位別勘定を補助元帳に設
　　ける方法

④　機能別勘定,集合勘定および個人別・組織単位別勘定をすべて総勘定
　　元帳に設ける方法

である。このうち,代表的と思われる③の方法の総勘定元帳上の勘定のみを
対象とし,人間資産の獲得・開発取引,人間資産に関する増価（個人,組織
の自然の価値増加）,人間資産価額の償却および臨時損失,人間資産の減価に
関する記入例を要約する。

---

9)　若杉（1990）,231 頁。

10)　若杉（1990）,231 頁。

11)　この分類は,若杉教授によるものである。私は,このうち,将来給与の割引価値は,それが,
　給与と利益の一致という前提があるから,効益価値に分類されたものであり,もし,この前提が
　ないのならば,犠牲価値と分類しても良いものと思う。なお,「効用価値」ではなく「効益価値」
　という語句を本章で用いているのは,若杉教授の研究に依拠しているからである。

12)　若杉（1990）,第 11 章。

334　第3部　個人・組織と会計

（1）人間資産の獲得・開発取引

（借）機能別の諸勘定（a/c）　　　　　（貸）現金 a/c 又は賃金給料 a/c
　　　（募集・採用費, 正規の訓練・指導　　　　　（賃金などのうちの人間資産の獲
　　　費, 現場訓練・馴化費, 開発費,　　　　　　得・開発に費やされた部分）
　　　組織形成費, 組織開発費）

（2）人間資産に関する増価（個人, 組織の自然の価値増加）

（借）管理者増価 a/c　　　　　　　　（貸）管理者価値修正 a/c
（借）従業員増価 a/c　　　　　　　　（貸）従業員価値修正 a/c
（借）組織増価 a/c　　　　　　　　　（貸）組織価値修正 a/c

（3）人間資産価額の償却および臨時損失

①償却
（借）募集・採用費償却 a/c　　　　　（貸）募集・採用費 a/c
（借）正規の訓練・指導費償却 a/c　　（貸）正規の訓練・指導費 a/c
（借）組織形成費償却 a/c　　　　　　（貸）組織形成費 a/c
②臨時損失
（借）管理者退社 a/c　　　　　┐┌─（貸）募集・採用費 a/c
（借）従業員技術陳腐化 a/c　　┘└─（貸）正規の訓練・指導費 a/c
（借）組織減価 a/c　　　　　　　┌─（貸）組織形成費 a/c
　　　　　　　　　　　　　　　　└─（貸）組織開発費 a/c

（4）人間資産に関する減価

（借）管理者価値修正 a/c　　　　　　（貸）管理者増価 a/c
（借）従業員価値修正 a/c　　　　　　（貸）従業員増価 a/c
（借）組織価値修正 a/c　　　　　　　（貸）組織増価 a/c

（2-3）貸借対照表, 損益計算書上での人的資源に関する取引勘定

　人的資源に関する取引勘定の残高および損益の各集合勘定への振替えにより, 貸借対照表および損益計算書にそれらの科目が計上される。主な科目は表14-1, 14-2 の通りである。

第 14 章　人的資産の認識と測定　*335*

表 14-1　貸借対照表		表 14-2　損益計算書
（資産の部）	（資本の部）	（費用）
募集・採用費	管理者価値修正	募集・採用費償却
正規の訓練・指導費	従業員価値修正	正規の訓練・指導費償却
組織形成費	組織価値修正	組織形成費償却
組織開発費		管理者退社
管理者増価		従業員技術陳腐化
従業員増価		組織減価
組織増価		（従来どおりの費用）
		賃金給料，賞与
		退職給与引当金繰入

3.　いくつかの問題点

(3-1)　支出原価法——能力開発費の資産性

　犠牲価値に基づく人的資産評価とくに人間資産の獲得，形成，開発に要した実際の支出額を資産計上すると，現行の取得原価会計と比べて，当該資産計上額だけ，費用の認識が将来にズレ，利益の認識が前倒しされることになる。これを正当化する根拠は，①募集・採用費は，繰延資産の論理によって，当該人的資源が組織内に存続する期間にわたりその効果が有効と言えるからである。また，②訓練・指導費や組織開発費などは，それらの支出がなされた場合，支出がない場合と比べて，従業員の限界能力が向上し，将来にわたり，追加の利益が見込まれるため，収益・費用の対応からして，資産として繰り延べ，償却を通じて将来の費用にするものである。このように，犠牲価値法は，現行の会計の延長上にあるとも言え，会計学者の賛同も得やすいし，実行可能性も高いと言える。実は，若杉教授も，効益価値法の存在は概略紹介しているが，それらは数ページが割かれただけであって，詳細な論考はすべて，犠牲価値法を前提としたものである。

　ところが，犠牲価値法，なかんずく訓練・指導費などの人的資源の能力開発費の資産性については問題があった。ディットマン＝ジュリス＝レヴジン（Dittman, David A.＝Hervy A. Juris＝Lawrence Revsine）の論文を参考に考察

336 第3部 個人・組織と会計

してみよう[13]。

　人的資源の能力開発には2種類ある。第1は,「一般的訓練」と呼ばれる
もので,労働者の生産性が当該訓練によって上昇し,それにより,如何なる
企業に従事しても当該労働者の生産性が向上するような訓練である[14]。第2
は,「特殊な訓練」と呼ばれるもので,その訓練を行った企業以外では労働
者の生産性は向上しないような訓練を言う[15]。複数期間モデルにおける均衡
条件式は,

$$MRP_o + \sum_{t=1}^{n}(MRP_t)(1+i)^{-t} = W_o + G + S + \sum_{t=1}^{n}W_t(1+i)^{-t} \tag{1}$$

である。

　　　ただし,MRP_t:t期の限界収益生産(marginal revenue product)

　　　　　　G:一般的訓練支出

　　　　　　S:特殊な(会社独自の)訓練支出

　　　　　　i:割引利子率

　　　　　　W_t:t期の給料(福利厚生費含む)

　当該モデルを前提として,以下の2つの状況を考える[16]。

(1) 異質的な労働供給があり,かつ一般的訓練を労働者に施す場合

　労働者の限界収益生産性が上昇するので,当該企業の収益の現在価値は上
昇するかもしれないが,労働者の質が向上するので,より良い条件の仕事を
求めようと転職率が上昇し,それを防ぐために賃金が上昇することになり,
結局,会社の利益は増加しない。つまり,一般的訓練支出には将来の利益を
上昇させる効果はなく,資産として計上する意味がないことになる。

---

13)　Dittman, David A. = Hervy A. Juris = Lawrence Revsine (1976), "On the Existence of
　　Unrecorded Human Assets: An Economic Perspective" *Jounal of Accounting Research*, Spring.

14)　Dittman = Juris = Revsine (1976), p. 53.

15)　Dittman = Juris = Revsine (1976), p. 53.

16)　Dittman = Juris = Revsine (1976), pp. 54–59.

（2）異質的な労働需要があり，かつ特殊な訓練を労働者に施す場合

　労働者の限界収益生産性が上昇し，かつその増分の現在価値は当該訓練支出よりも大きいか少なくとも等しい。また，当該訓練の効果はそれを行った会社でのみ生じるのであるから，労働者がより良い仕事を求めた結果である転職率の上昇はなく，能力向上に伴う賃金上昇は起こらない。したがって，特殊な訓練支出は資産計上する資格があると言える（労働者側にとっての当該訓練の便益は，特殊な技能を持った労働者ということになり，会社側からレイオフされる危険性が減少することである）。

　以上を勘案すると，能力開発費を資産に計上できる根拠は，その訓練が当該会社独自のものであり，かつ転職率が上昇しないという条件であり，それらの条件が満たされる度合いが大きくなればなるほど，資産計上額も大きくなる。また，何らかの理由で転職率が上昇するならば，資産価値は急速に小さくなる。このように，能力開発費の資産性を詳細に検討すれば，単に「能力開発」に支出されたということだけでは，資産として計上し，その分だけ費用の認識を次期以降に繰り越す根拠にはならないことが分かるのである。

(3-2) 効益価値法——人間資産に関する増価・減価

　個人や組織の価値増価は，「組織構成員の協働関係，忠誠心，動機づけ，コミュニケーションの円滑化などを通じて，生産性，利益性などの組織業績が長期的に見て高い場合に，組織特性が高く評価され，組織の自然価値が認識されたり，従業員個々人の経験や修練を経てその技倆や能力が向上し，個々人の価値増価が認識される」[17]。このような価値増価は，支出原価法で測定されるものではない。なぜならば，上記の説明でもわかるように，能力開発費に見られたような金銭の支出がないからである。そこで，効益価値的測定法が登場する（若杉教授は「行動科学的変数法などのごとき効益価値的測定法によらねばならない」と述べている）。

　ところで，人間資産の価値増価が認識され，計上されたとした場合，貸方が問題になる。前節の処理では「……価値修正勘定」となっているが，若杉

17）　若杉（1990），156頁。

338　第3部　個人・組織と会計

教授によれば，資本修正を意味している[18]。したがって，当然ながら，このような組織価値あるいは個人価値が減価した場合には価値増価勘定とその資本修正（減少）によって対処することになる。端的に言えば，個人・組織の能力価値上昇・下降を何らかの効益価値的測定法によって認識・測定できた場合，それを資本修正とすることで，利益計算とは無関連・中立にしていることが特徴である。

　また，もう1つの特徴は，このような価値増価は人的資産の価値の総体を意味していない。つまり，何らかの基準価値に比べて大きいとき，その大きい部分を価値増価と認識・測定するのである。

　そこで，次に物的資産の認識・測定と可能な限り同様な方法で人的資産を会計処理する方法を検討してみよう。

4. 既提案の物的資産の認識・測定に類似する会計処理方法

　レブ＝シュワルツ（Lev, Baruck＝Aba Schwarts）[19]の論文を題材としてこの問題を検討してみよう。

(4-1) 物的資産と人的資産

　フィッシャーの資本財（capital）の定義によれば，その資本財を用いて得られる将来の純利益（ネット・キャッシュ・フローであるが）の割引現在価値がその資本財の価値である。この場合の資本財は物的資産に限られたものではなく，人的資産も含まれている（利益を生み出す源泉という意味で，物的資産と人的資産との区別がないと言った方が正確かもしれない）。

　ただし，市場取引の存在という点では，奴隷制を前提としない限り，物的資産と人的資産では，その譲渡の容易さに違いが見られる。しかし，確実性下では，将来の純利益の流列が確実に分かっているので，物的資産と人的資産の価値測定に違いはない。

---

18)　若杉（1990），157頁。

19)　Lev, Baruck＝Aba Schwarts（1971），pp. 103-112.

不確実性下では，この将来の純利益の流列が分からない場合であっても，
当該資産の市場の存在を前提にできるのであれば，その市場価格が当該資産
から得られる将来の純利益流列の現在価値を反映したものと仮定することで，
この市場価格を資産価額とすることができる。ところが，人的資産には，当
然ながら市場価格は存在しない。したがって，市場価格の有無は，不確実性
下のもとで，物的資産と人的資産とを決定的に区別するものとなる。

　人的資産の価値測定における問題は，将来の純利益（キャッシュ・フロー）
流列の測定の問題である。

(4-2) 将来の純利益流列の測定

　ここで，レブ＝シュワルツは，人的資産の効益価値に基づく測定から，将
来の支出価値に基づく測定に無議論で転換している。つまり，個人の標準的
なライフサイクルを考え，そのライフサイクルの各年齢で標準的に得られる年
間給料のパターンに基づいて，現在時点での当該人間の価値を推定するので
ある。将来の純利益流列は，当該人間が労働サービスを提供することによっ
て稼ぐ会社の利益ではなく，当該人間が労働サービスを会社に提供すること
によって会社から得られる，当該人間自身の稼得所得の流列を意味している。

$$V_r = \sum_{t=r}^{T} \frac{I(t)}{(1+k)^{t-r}} \qquad\qquad (2)$$

　　　　ただし，V_r：r歳の人の人的資産価値

　　　　　　　$I(t)$：将来の予想所得流列

　　　　　　　　T：退職年齢

　　　　　　　　k：割引利子率

さらに死亡〔および転職〕する確率を加味して推定式を精緻化すると，

$$E(V_r) = \sum_{t=r}^{T} P_r(t+1) \sum_{i=r}^{t} \frac{I(i)}{(1+k)^{t-r}} \qquad\qquad (3)$$

　　　　ただし，$P_r(t)$：t歳での死亡〔および転職〕確率

この前提をレブ＝シュワルツは明らかにしていないが，労働の完全市場を

340　第3部　個人・組織と会計

前提とすれば，提供する労働サービスの価値は，その結果得られる所得に一致しているはずであるという仮定であろう。

(4-3)　人的資産の会計認識の問題点

　人的資産を会計上認識することに対して，次のような反論が予想される。第1に，資産計上する前提として，当該人的資源を会社が所有している（あるいは少なくとも支配下に置いている）と考えられるのかという点である。前述のように，奴隷制度でもない限り，厳密に言えば，会社が人的資源を所有するなどということはあり得ない。しかし，合併や買収を見れば明らかなように，人的資源を含む会社あるいは事業組織が，包括的には売買譲渡の対象になり得るのである。また，所有を労働サービスに対する支配という概念に緩和すれば，会計エンティティ内の資源と言えなくはない。

　第2に，資産計上するからには，人的資源がサービス・ポテンシャルを持っているかどうかが問題となろう。この疑問はもっともであり，サービス・ポテンシャルが喪失したならば，資産価値減少処理（仕訳）が必要となる。

　第3に，上記(2)式による測定は，実は，約束と約束との取引を会計上認識し，計上額を測定したものである。つまり，将来において，労働者は労働サービスを提供する約束とそれに対して会社は給料を保証する約束なのである。このような約束と約束との交換は従来の会計システムでは，双方未履行契約として，会計取引外＝オフバランスとされてきた。しかし，リース取引はどうであろうか。労働契約とくに安定した雇用契約を前提とすると，労働契約とリース契約との類似性が指摘できよう。いわゆる契約会計の実務への取り込みがすでに始まっていると見ることもできるのである[20]。

(4-4)　勘定記入

　レブ＝シュワルツによると，キャピタル（ファイナンス）・リースの資本化と同様に，［借方：人的資産の計上］と［貸方：将来給料負債の計上］にな

---

20)　Lev＝Schwarts (1971), p. 110.

ると言う。会社が給料として将来支払う金額の割引現在価値は，会社にとっては負債となる。しかも，その金額を人的資産価値と仮定するのがレブ＝シュワルツのアイデアであるから，当然に，同額が人的資産と負債に両建計上されるのである。

人的資産価値は時の経過とともに，①当該人間のポテンシャルが上がれば，所得も上がるということだから，増価となるし，②ポテンシャルが一定ならば，退職年齢に近くなるほど，残存する将来所得流列が短くなって，資産価値は減価する。この資産価額の増価と減価は負債価額の増価と減価と同時に認識し，同額で測定する。つまり，このような事象の発生は，損益取引にはならず，利益に対して中立なのである[21]。

前節の効益価値に基づく人的資産価値増価・減価の対照勘定は資本であったが，ここでは，それが負債となっている。しかし，いずれも損益取引に対して中立なのである。

5. 提 案

(5-1) レブ＝シュワルツのモデルの適用例

しかし，このような会計処理では，そもそも第１節で問題提起した，主として人員解雇によるリストラ効果を会計上測定できない。大量の一時的な支出を伴う人員整理が何故，会社経営上，プラスの効用があるのであろうか。第４節の会計システム（レブ＝シュワルツのモデル）で認識・測定すると，退職金を支払って解雇した会計期間に，次のような仕訳がなされる。

（借）退職金　　　　　　　　　（貸）現金
（借）将来給料　　　　　　　　（貸）人的資産

この会計処理によって，退職金の支出相当は，「退職金」科目での臨時損失が計上されるが，そもそもの人的資産関連の科目に関しては，「将来給料」

---

21) Lev＝Schwarts (1971), p. 110. 具体的な認識・測定および科目設定・仕訳方法については明示されていない。当該論文中の記述から推定したものである。

科目と「人的資産」科目の相殺消去がなされるので損益に中立である。つまり，リストラを断行したことによる効果は，この会計期間に認識・測定されないからである。

　そこで，この問題を解決するための1つのアイデアとして，次のような会計処理を提案することにしよう。

（5-2）人的資産関連勘定の認識・測定

（1）人的資産の獲得（従業員の採用）

　　（借）人的資産　　　　　　　　　　（貸）将来給料

　　　　　　　　　　　　　　　　　　　（将来給料支出の割引現在価値）

（2）人的資産の能力開発支出など

　　（借）人的資産　　　　　　　　　　（貸）現金

（3）人的資産の償却（各期）

　　（借）人的資産償却　　　　　　　　（貸）人的資産償却累計

　　　　　　　　　　　　　　　　　　　　　　または

　　　　　　　　　　　　　　　　　　　　　人的資産

（4）給料などの支出（各期）

　　（借）将来給料　　　　　　　　　　（貸）現金

　　（借）支払利息

（5）会社の従業員の一部が余剰となった場合

　　（借）人的資産価値損失　　　　　　（貸）人的資産償却累計

　　　　　　あるいは　　　　　　　　　　　　または

　　　　人的資産臨時償却　　　　　　　　　人的資産

（6）割増退職金支払いにより，従業員を解雇した場合

　　（借）退職金（費用）　　　　　　　（貸）現金

　　（借）将来給料　　　　　　　　　　（貸）将来給料消滅益

（7）在職（残留）従業員の給与体系の減額改定

（借）将来給料　　　　　　　　　　（貸）将来給料消滅益

(5-3) 会計処理の解釈

（1）従業員の雇用時に会社が退職時までに支払うことになる給料などの支出の割引現在価値を人的資産として計上する（測定方法は，（3）式に示すものが精緻であるが，理解を容易にするために(2)式を想定されたい）。

　雇用時に人的資産を認識し，貸借対照表に計上することにより，物的資産の購入あるいはキャピタル（ファイナンス）・リースのレッシー側契約と同様，投資収益率の測定上，分母の資産総額が大きくなるので，慎重な経営判断・安易な雇用を抑制する効果が期待できるのではないか。

（2）訓練費，能力開発費という支出については，第3節で検討した資産計上ができる条件を前提に，支出額を資産として繰延・償却することは従来の人間資産会計処理と同じである。

（3）人的資産の償却は，キャピタル（ファイナンス）・リースや使用権資産（後述）と同様の会計処理であり，これにより，物的資産との整合性が図られる。

（4）給料などを毎期支出した時，将来給料勘定と支出額とを相殺するが，将来給料勘定は割引現在価値であるため，給料などの支出額を元本部分と割引による利子要素の時間経過に伴う実現部分（増加分）に分離する。

（5）従業員が余剰となるというのは，もはや当該従業員の提供できる労働サービスの会社に対するサービス・ポテンシャルが喪失したことを意味するのであるから，余剰となった時に，その価値喪失に伴う損失の計上をする。

（6）割増などによる臨時の退職金支払いにより従業員を解雇すると，会社にとって，貢献を期待できなくなった従業員に対する将来給料としての負債が消滅する。これは会社にとって利益であるので，将来給料消滅益を計上する。この利益を享受するため，会社は一時的な損失となっても従業員に対して割増退職金を支払うのである。リストラに伴う人員整理は，退職金支払いによる損失よりも，将来給料の負担が減少すること

に起因する利益が大きいから会社はそれを断行し，資本市場はこの決定を歓迎し，株価が持ち直したり，融資の続行が決定される場合が多いのである。もっとも，社会がこのようなリストラに伴う人員整理を容認するには，リストラという言葉の本来の意味，すなわち，会社組織の再構築・ビジネスモデルの改革（restructure）が，会社存続（残留従業員）のための止むを得ない措置であるという条件を必要とするのである。

（7）リストラでは，残留従業員の給与体系の減額改定が解雇に並行して実施されるであろう。将来給料の減額は会社にとっての将来支払義務の減額であり，その分が将来給料消滅益として計上される。

　（5）の人的資産価値損失の計上は，従業員にとっても，経営者にとってもあるいは株主など，さまざまな利害関係者にとって，ショックであろう。しかしそれは，（1）の従業員雇用時に，「当該人間獲得によって会社にどれだけの将来給料の支出があるか」，「それよりも当該従業員から得られる労働サービスの総額（会社に対する貢献）が上回ることが期待できるのか」を慎重に考慮せず，安易に雇用した失敗を後年償なわねばならないことを明示していると解釈する。それこそが大切である。リストラによる解雇，とくに能力が減退しかつ給料が相対的に高くなった中高年齢者の安易な解雇がなされるようなシステムがわが国で定着する事態になるとすれば，その責任はどこにあったのかを明示しなければならない。それが，（1）と（5）で明示される。

　さらに，（6）と（7）は会社にとっての仕訳であると同時に，従業員にとっても，彼（彼女）の期待所得（会社残留）と一時的所得（退職）とのバランスを認識することに役立つことになり，これは利害調整手段としての会計の役割の発現となろう。

6. 議　論

　人的資産の計上に関して，前にも触れたように，契約会計の進展があると
はいえ，会計上の認識——如何なる事象をいつ会計取引として認識するか，
あるいは，会計測定——その金額をどのように推定するかについての問題が
横たわっているのである。そこで，この問題を再度検討してみよう。

(6-1)　会計認識上の問題

　資産の会計上の認識について検討する場合，①属性の問題——つまり，ど
のような性質を具備するものが資産なのかという問題，②空間の問題——如
何なる範囲の事象を当該エンティティにとっての会計取引とするかの問題，
③時点の問題——いつの時点で会計取引とするかの問題がある。

(1)　属性要件

　武田教授によれば，伝統的な損益指向枠組み（「会計の出発点を収入・支出
計算に求め，それら収支が期間的に収益となり費用となって解消するものが損益
計算書に計上され，収入と収益，費用と支出，および収入と支出との期間的食い
違い分（期間未解消項目）を収容したものが貸借対照表である」[22]）による資産
は，「①支払手段のほかに，②収益・未収入，③支出・未収入，④支出・未
費用」からなっている[23]。したがって，リース資産のような「「未支出・未
費用」項目が生成関係おいて「未支出」であるということは，もともと貸借
対照表能力の埒外のもの」[24]であって，同様の人的資源についても，このよう
な枠組みでは資産として認識できない。

　人的資源を資産として認識可能とするためには，FASB財務会計概念書
に見るような現在に続く新たな資産の定義が必要であった。概念書第6号で
は，資産を次のように定義する。「資産とは，過去の取引あるいは事象の結

---

22)　武田隆二（1988），10頁。
23)　武田（1988），11頁。
24)　武田（1988），11頁。

果として，特定の実体により取得または支配されている，将来において発生の可能性の高い経済的便益である」[25]。さらに，資産の本質的な特徴の第1に，「資産は単独でまたは他の資産と結合して，将来の現金純流入に直接または間接に貢献する能力を有する将来の経済的便益を具現したものであること」[26]を挙げている。つまり，将来の経済的便益が資産の属性要件なのである。人的資源が会社によって保有される（雇用されている）のは，その人が会社の将来の経済的便益獲得に貢献することが期待されるからであって，この要件に合致するものとして，人的資産計上の道が開けるのである。なお，資産・負債アプローチへの転換とともに，将来における発生可能性に関する要件（蓋然性の要件）は緩和される傾向にある。

（2）空間要件

　資産に関しては，エンティティによる会計対象となる資源の所有や支配が問題となる。旧来の資産概念では，例えば，わが国の旧商法を解釈して，当該資産の「①処分権能を会社が有するという意味で会社の支配下にあり，②原則として換金可能性を有していること」[27]が貸借対照表への資産計上可能となる要件である。したがって，財産的な価値のあるものに対する所有権の存在は，当然ながら該当する。しかし，リース取引の会計基準の論議では，従来のように，リース対象資産の所有権を保持するエンティティ側で，リース対象資産を当該エンティティの資産として計上するという慣行は会計操作を誘発することが問題となり，所有権がなくとも，他のエンティティからの経済的便益に対するアクセスをコントロールできるならば，すなわち，「経済財に対する支配」[28]があるならば，資産として認識できるというように要件の拡張が見られたのである。なお，最近のリース会計では，ファイナンス・リースとオペレーティング・リースをめぐる会計操作のさらなる防止を念頭に，従来オペレーティング・リースと識別していた取引でも，「使用権」

---

25)　井原理代（1988），39頁。FASB（1985），par. 25.
26)　FASB（1985），par. 26.
27)　弥生真生（1993），116頁。
28)　井尻雄士（1976），78頁。

という無形資産の存在を創出し，借主側のエンティティの貸借対照表にその使用権なるものを計上することになった。

　人的資源の資産計上も，所有権の要件が必要である限り，奴隷制ならばともかく，現代の雇用慣行からして資産計上は不可能と言わざるを得ないが，このような排他的な利用を含めるような空間要件の変容によって，例えば，給料支払いを対価として従業員規則の定める範囲内の労働サービスの使用権・消費権を会社は保有するとして，資産計上の可能性を論議できないものかと問うのである。

（3）時間要件

　購買過程における取引タイプを（支出と財貨流入それぞれを時間軸に沿って現在と将来に2区分することにより），①現在支出・現在財貨流入，②現在支出・将来財貨流入，③将来支出・現在財貨流入，④将来支出・将来財貨流入の合計4つに分類すると，④の将来支出・将来財貨流入が未履行取引となる[29]。この未履行取引は，前述したように，伝統的な損益指向枠組みでは会計取引として認識されない。しかし，このような取引を約した契約が将来確実に履行されるという約定の確定性を前提として[30]，契約の終結時点で会計上の認識対象とするのが契約会計である。契約会計を是認するならば，人的資産の計上は，雇用契約時において可能となる。すなわち，将来の労働サービスの提供——それに伴い経済的便益を獲得する期待が資産に，また，将来の給料支払い・支出の義務を負債に計上するのである[31]。このように，契約会計の是認は，会計取引の認識時点を，少なくとも当事者の一方の契約履行の時点から契約時点に早める効果がある。

29）　浦崎直浩（1993），46頁。

30）　浦崎（1993），50頁。Ijiri, Yuji（1980），p. 59.

31）　未履行契約とは，リース契約，購買契約，雇用契約，年金契約などに見られるように，将来一定の支払いを行い，これに対して一定の給付（財貨・用役）を受領することを約束する契約であって，その契約による当事者の約束がまったく履行されていないものを言う（浦崎（1993），45頁。Ijiri（1980），p. 6）。

　契約会計の詳細については，井尻（1976），第8章，および西澤茂（1992）（1994）を参照されたい。

348　第3部　個人・組織と会計

　以上の3要件が満たされ是認されることにより，人的資源は資産として会計認識の対象となる。ところで，人的資産が計上されると同時に将来の給料支払い・負債が計上される。それは将来支出を将来便益（用役）流入の対価として，会社と従業員との交換取引として当然の仕訳とも言えるが，ここまでは資産要件に着目して議論してきたので，資産としての認識がまず検討され，それに伴い負債の認識があるかのような印象が強いかもしれない。

　しかし，オフバランス取引の問題を考えると，私は，上記とは反対に，現在存在する債務──資産の譲渡または用役の提供義務の会計認識の要請が先行するという解釈も可能と思うのである。

　日本の労働慣行であった終身雇用制を前提とすると，雇用契約の締結により，定年までの給料支払義務というリスクを会社は負う。この義務・リスクを会社が負っているにもかかわらず，現行の会計は，未履行契約を会計取引と認識しないのでオフバランスされている。そこで，会社の負っている義務・リスクの総額の現在価値をオンバランスする要請がまずあり，ついで，貸方─負債に相応する借方─資産を計上するために，当該人的資源の将来便益可能性と排他的利用という支配を仮定して，資産計上を是認しようという解釈である。

（6-2）会計測定上の問題

　次に会計測定の問題について検討してみよう。サービス・ポテンシャルに資産性の論拠を求めるのならば，効益価値がおそらく測定の基礎として相応しいに違いないのであるが，何故，犠牲価値（主として支出価値）が用いられるのであろうか。これについては，完全市場を前提とし，超過利潤がないと仮定するならば，支出と効用とが一致するということも起こり得る。完全情報下ならば，効益価値が将来の利益流列の割引現在価値によって定まり，それを基にして，労働サービスの供給側・需要側の双方が同一情報を熟知しており，交渉の結果として超過利潤が生じないところ（正常利潤の範囲内）で賃金（価格）が決定されるであろう。もっとも，情報が労使双方に行きわたっていても，労働市場が，当事者双方の出入りの自由（例えば，転職あるいは解雇・雇用の自由）という意味で活性化していなければならない。さら

に，最近の情報経済学の研究でも明らかなように，労働サービスの供給側は需要側に対して，情報の優位性があり，したがって，情報は非対称であり，完全ではない。したがって，上記のような条件は理想状態ならともかく，現実に満たされることはない。とすれば，効益価値と犠牲価値とが一致する保証はないので，効益価値と犠牲価値の両方を考える必要があることになる。

　効益価値測定によると，効益が支出を上回る部分（超過利潤部分とも言える）がのれん（ここでは人的資産に関して生じているのれん）として資産計上される。こののれんを資産計上した場合に，対照勘定を資本修正とするか繰延利益とするかが問題となる。資本修正とすれば，のれん計上時にプラスの資本修正となり，超過利潤の実現部分は毎期の収益稼得を通じて実績利益に組み込まれる。のれんの基となった当該資本的資産（ここでは人的資源）が退職する時，のれんおよび資本修正のマイナスとして取り消すか，または勤務期間の経過とともに一部分ずつのれんおよび資本修正のマイナスとして相殺する。他方，これを繰延利益とすれば，超過利潤の実現部分が毎期，実績利益に含まれて計上され，また，繰延利益の一部の計上利益への振替えとのれんの償却が相殺され，結果的に，前述の資本修正と同様，超過利潤が実績利益として計上されることになる。要するに，効益価値を測定の基礎におけば，超過利潤―のれんは，①資本修正にして，のれんは償却せず，退職時に資本修正と相殺，②資本修正にして，のれんの償却と資本修正を相殺，③繰延利益にして，のれんを償却し，繰延利益の一部を利益に振り戻す，これらのいずれの会計処理によっても，超過利潤の実現としての実績利益は同じである。

　一方，犠牲価値（ここでは支出価値）に基づくと，超過利潤部分は資産計上されない。将来給料支出部分の人的資産計上と同額の負債計上がなされるのである。超過利潤の実現部分は毎期の実績利益に反映されているので，結果としての毎期の利益は効益価値測定と同様となる。

　したがって，実現した超過利潤が実績利益（事後の利益）の測定に同様に反映されるということが効益価値・犠牲価値いずれにも言える。

　上記の考察が真であるとすると，不確実性下である以上，のれん部分の測定がないという測定の容易さ，および不正確な測定をする可能性の減少とい

350 第3部 個人・組織と会計

う点で効益価値よりも犠牲価値の方が勝っている。これが,犠牲価値に基づく資産価額の測定が提案される理由かもしれないのである。

ところで,ここで議論したのれんの問題については物的資産,人的資産いずれにも共通の性質である。これらの資産は,それを保有し利用することで,将来のキャッシュ・フローを通じて超過利潤の稼得が期待されるからこそ保有される資産なのである。ここが,市場価値の上昇を期待し,あるいは時間経過とともに発生する利子が標準利率よりも大きいような場合に,その利子の受取りを期待して保有する金融資産とは異なるのである。人的資産,物的資産いずれにせよ,のれん価値の存在の期待がある。しかし,このれんは実は人的資産,物的資産の融合の結果として組織に存在すると見る方が正確である。とすれば,本来,人的資産ののれん部分と物的資産ののれん部分を個別に測定することは,測定の困難性のみならず,それ自体,無意味なことなのかもしれない。

効益価値で測定するならば,当然のごとく物的資産も効益価値で測定しなければならないのである[32]。

7. 会計の機能・役割との関連

本章の主たる内容は,第1節でも触れたように,1994年頃に考察したものであって,当時の経済状況に対する私の認識,すなわち,「いよいよわが国でも構造的不況――その対策としてのリストラに伴う大量の人員整理という事態を踏まえ,そもそも余剰人員が生じる原因の1つが,物的資産と異なり人的資産の場合,一度期に支出があるわけではないので,会社膨張政策あるいは各部署の膨張政策に沿った安易な雇用にあるのではないか」と見て,その対策のために発想を転換し,人的資本を物的資本と同様に財務表に計上

---

32) 物的資産を支出価値ではなく取替(現在)価値で測定すると,人的資産の測定としてどのようにすれば整合性があるのか。実は,人的資産の支出価値測定の基礎である将来の給料支払額は,ベースアップその他の追加の情報が定期的に得られるごとに変更される。当然ながら,人的資産の価額も改定される。つまり,人的資産価額は,最新の情報が反映された価値測定がなされていると見ることができる。その点で取替原価による物的資産測定と整合すると言えるのではないか。

するという会計システムのアイデアを提案したものである。金融資本主義の蔓延と，経済のグローバリゼーションは，当時の予想を遥かに上回り，現在に至ってもなお続くわが国経済の低成長をもたらした。また，この間に起こった会計基準の変革，すなわち，期間利益の概念・測定をめぐる収益・費用観から資産・負債観への移行，本章でも再三触れているリース会計におけるファイナンス・リース取引会計の強化にとどまらず，「使用権」概念の創出による無形資産の計上の拡大・契約会計の進展が生じた。

　ところで，会計の機能には，①意思決定に役立つ有用な情報の提供の他に，②利益の分配の指標としての役割——利害調整の手段，③資金の受託者が委託者に対して，資金の管理・運用の実態を説明する役割——アカウンタビリティの遂行がある。本章で提示した，人的資産の会計認識・測定——財務表への計上を考えてみると，意思決定への役立ち，とくに経営者の雇用政策手段の改善に資するという点だけに注目すれば，財務表に計上しなくとも，補足的情報としても十分ではないかと言える。しかし，外部利害関係者への情報提供という点を考えると，例えば従業員の新規雇用により，どれだけの資本が固定されるのか，あるいは解雇により，どれだけ会社の将来の損益に影響するのかという情報は与信情報としても，あるいは株式投資情報としても有用である。

　また，②の利害調整の手段を考えると，人的資産の流入（採用）と流出（解雇），それに対処する対価の支払いの変動，支払免除などに関する損益の発生時点の認識・測定によって，各期の計上利益が影響され，結果として現在の利害関係者と将来の利害関係者との間の利害調整手段としても，現行会計の情報とは異なったものとして機能することになる。

　さらに，③の経営者の資金運用責任の説明に関しては，従業員の大量解雇というような事態が生じたそもそもの原因（責任）はどこにあったのか，および実際の人員整理により，どれだけの資金運用上のメリットが会社に生じるのかという説明が財務表への計上によって明確になる。この情報は，いつの経営者の責任が問われるかを明確化し，そのことが経営者の過剰投資や無謀な M&A と同様のモラルハザードを防止し，経営上の意思決定の改善に役立つことになろう。

352　第3部　個人・組織と会計

【引用・参考文献】

井尻雄士（1976）『会計測定の理論』東洋経済新報社。

井原理代（1988）「サービス潜在力としての資産」『企業会計』第40巻第10号（1998年10月），36-42頁。

浦崎直浩（1993）「取引概念の拡大とその会計的認識――未履行契約の認識をめぐって」『会計』143巻第4号（1993年4月），44-57頁。

黒川行治（1994）「人的資産の認識・測定――オフバランス取引の会計問題に関する研究(1)――」『三田商学研究』第37巻第3号（1994年8月），1-18頁。

武田隆二（1988）「資産概念の拡大と能力概念」『企業会計』第40巻第10号（1988年10月），10-19頁。

西澤茂（1992）「契約から生じるコミットメントの会計上の認識――契約会計による現行会計の拡張」『三田商学研究』第34巻第6号（1992年2月），144-154頁。

――――（1994）「会計上の認識と経済的実質の原則――契約会計に関連して」『企業会計』第46巻第5号（1994年5月），123-128頁。

弥生真生（1993）「金融関連の会計――法的側面からの検討」『金融研究』第12巻第3号（1993年9月）。

若杉明（1990）『人的資産会計』（第3版），ビジネス教育出版社。

Dittman, David A.＝Hervy A. Juris＝Lawrence Revsine（1976）, "On the Existence of Unrecorded Human Assets: An Economic Perspective", *Jounal of Accounting Research*, Spring.

FASB（1985）, "Element of Financial Statements", Statement of Financial Accounting Concepts No. 6, Dec.

Ijiri, Yuji（1980）, *Recognition of Contractual Rights and Obligations: An Exploratory Study of Cocceptual Issues*, FASB.

Lev, Baruch＝Aba Schwartz（1971）, "On the Use of the Economic Concept of Human Capital in Financial Statements", *The Accounting Review*, January.

第 15 章

創造会社法私案と人的資産・労務出資の会計

1. 20 世紀末のわが国の経済状況

　戦後かつてないわが国経済の混迷・停滞・閉塞状況を脱すべく，ベンチャー企業の待望が論じられ，育成の必要性から官民学によるさまざまな協力・支援策が打ち出された。しかし，最近（1998-1999 年当時）の証券・金融機関の破綻問題の深刻化，そして金融機関の不信認を緩和するためのいわゆる公的資金という名のわれわれおよびわれわれの子孫からの税金を資本として投入する問題が全面的に取り上げられ，ベンチャー育成問題は一頃_{ひところ}の勢いがなくなった感もある。この間，金融機関は，ベンチャーあるいは中小企業の育成に逆行するかのように，資金の貸し渋りという手段で，自己の生き残りに奔走したようにも思える事態となっている。ただし，暴論かもしれないが，例えば，金融機関のかなりの部分が外資系の金融機関に取って代わられる事態と，わが国の製造業やサービス業のかなりの部分が壊滅する事態とを比較した時，わが国の興隆・わが国の国民の生活を支える雇用と所得の確保にとって，長期的にいずれが深刻な事態となるのかを考える必要があろう。もちろん，われわれおよびわれわれの子孫からの税金投入が金融機関のみの生き残りを支援するのみならず，金融機関の信用回復によって，金融機関が本来持っていたはずの社会性の回復に資するものであるならば問題はない。いまはただ，わが国金融機関の経営姿勢の変化を祈るばかりである。

　さて，本章の内容（原案）は，1997 年から 1999 年に執筆したものである。当時のわが国の経済状況は，上述のように，バブル崩壊後，多少の浮き沈みがあったにせよ，停滞が長期に及び，証券・金融機関の破綻の危険性が深刻

354 第3部 個人・組織と会計

化し，貸し渋り・貸しはがしがさらに危機を深めていた。この事態を憂えた10人ほどの有志が研究会を立ち上げ，公共的見地から，公共政策の一環として，ベンチャー企業を育成するための新しい会社形態法制とそのような会社に対応する会計基準を検討したのだが，そのなかで私は会計理論を担当していた。したがって，本章で取り上げる「創造会社法私案」は，法律・会計の制度機関で検討されたものではないので，ほとんどの読者諸賢に馴染みがないものであろう。そこでまず，創造会社法私案について紹介し，次いで本章の主題である創造会社に対する会計測定方法を提案することにしたい。

2. ベンチャー企業待望論と創造会社法私案

わが国では，1993 〜 94 年頃から，ベンチャー企業の待望論が活発化した。その背景には，1990 年代の米国経済でコンピュータ関連やバイオ産業といったいわゆるハイテク部門の成長があり，それの担い手がベンチャー企業として登場した新しい企業群であったのと比較し，わが国ではゲームソフト産業の台頭くらいしか新規産業として目立つものがなかったことがあった。また，年間の新規開業率が米国の 13 〜 14 ％に比べ，わが国ではそれまでの 7 ％から 1990 年代には 4 ％くらいまで下落し，創業意欲が著しく減退したことも挙げられる。

この間，政府の中小企業政策は，従来の大企業と中小企業の「二重構造論」を前提にした弱者としての中小企業から，イノベーションを担う存在としての中小企業へと位置付けの転換を図り，そのような中小企業の育成・支援をするための「中小企業創造法」が 1995 年に制定された。また，筑波大学をはじめ，いくつかの大学で産学一体となった研究開発およびその成果の企業化の仕組みが整えられてきていた[1]。

しかし，ベンチャー企業育成の問題は多岐にわたっており，官学のこのような支援策で解決のつかない問題もある。わが国で新規産業あるいはベン

---

1) 秦信行（1997），16-18 頁。

チャー企業が生まれにくい理由として，しばしばエンジェルの不存在，資金とともに口も出す真のベンチャー・キャピタリストの不在の他に，起業家が創業期の企業組織・形態を選択する上で，わが国の当時の株式会社，有限会社，合資会社，合名会社からの選択肢で足りるのかという問題が挙げられたのである[2]。

そこで，1995 年 10 月，財団法人中小企業総合研究機構に「創造的中小企業組織法制研究会」が設置され，創業期のベンチャー企業に相応しい企業組織を学際的に検討し，モデル法の作成を目標として，法律，経済，経営，会計などを専門とする研究者および実務家からなる研究会が発足した。当研究会は，委員各自の研究報告に加え，起業家，ベンチャー・キャピタリストへのインタビュー，シリコンバレーの調査などを経て，1997 年 5 月に「創造会社法私案」を発表したのである[3]。

創造会社法私案が想定する創業期のベンチャー企業と従来の会社の創業期の状態とを比較した時，最も特徴的と思われるのは，ベンチャー企業とベンチャー・キャピタリストとの関係であろう。従来，ある程度の自己資金を持った企業家が会社を創業し，事業を開始する際，資金需要の増加に応じて自己資金の供給が足りない場合には，金融機関からの借入れという間接金融で資金不足を補う仕組みを想定していた。であるからこそ，金融機関には，資金不足の事業を育てるという（社会性としての）役割が期待されているのである。しかし，金融機関の収益は受取利息であり，法外な利子率を要求しない限り，リスクと比較すると収益率がそれほど高いものではない。したがって，倒産による貸付元本の回収不能リスクを勘案すれば，担保に見合った貸付，経済性という側面を重視する経営姿勢も，ある程度止むを得ないとも言える。換金性を重視する従来の観念で言うところの担保価値がそれほどなく，しかも事業の成功する可能性がきわめて不確かな，つまり非常にリスクの高い会社への貸付からは，リスクに見合ったリターンが得られない。ベンチャー企業とはそのような会社が多いのである。このような理由から，ベンチャー企業は，金融機関からの資金の借入れがあまり期待できない（この

---

2) 秦（1997），19-22 頁。

3) 宍戸善一（1997），4 頁。

356 第3部 個人・組織と会計

文脈から言えば，金融機関への公的資金としてのわれわれおよびわれわれの子孫の税金投入がどれほどベンチャー企業の支援，新規産業の育成および雇用創出に役立つかは限定的となる）。

　高いリスクに見合ったリターンは，何らかの持分証券に投資し，その持分証券の将来の値上がりによってこそ得られる。ベンチャー・キャピタルはこのような高リスク・高リターンの投資をする事業体であり，持分証券の値上がりということから比較的短期間に上場あるいは店頭登録（現在のジャスダック市場への上場）ができる急成長会社を投資対象とする一方，複数のベンチャー企業に投資をすることでリスクの分散を図る事業なのである。

　こうして，創造会社法私案では，即時の換金性という価値評価には馴染まないアイデアや技術を持ったベンチャー企業の担い手と，高いリスクを覚悟の上で，高いリターンの得られる持分証券への直接投資という手段で資金を運用するベンチャー・キャピタルの二者関係に注目しているのである。

3. 会計測定対象としての創造会社の特徴

　創造会社法私案の中心課題は，①担保価値のある資産を持たないリスクの高い投資対象であるベンチャー企業をモニターし，積極的に経営に関与して倒産を防ぐとともに事業の発展のための支援をすることで，実質的なリスクを軽減するための法制上の仕組みを作ること，②自己資本の乏しい起業家にとって第三者からの持分証券への直接投資を受け入れても，自己の経営支配権や持分権が極端に不利にならないための法制上の仕組みを作ることである。

　さて，創造会社法私案の母体研究会のメンバーの一委員として会計を専門とする筆者の課題は，このような創造会社法私案が想定する会計主体に対し，どのような会計測定の仕組みが相応しいかを検討することであった。そこで，創造会社法私案が想定する事業体の特徴を，筆者なりに会計的側面から整理しておこう[4]。

---

4)　黒川行治（1997b），29頁。

① のれんあるいは人的資産の存在

　事業体を起こそうとする起業家には優れた技術や能力があり，超過収益力の源泉となるであろう資産が当該事業体には存在する。

② 金銭出資と労務出資の併存

　株式会社であれば，金銭その他の財産の拠出による金銭出資または現物出資が想定されるが，創造会社は労務を提供する起業家と資金を提供する資本家との共同事業体であるところから，出資の内容が金銭出資などと労務出資の併存が一般的となる。

③ 株式会社（物的資本会社）への転換の予定

　創造会社として継続するものではなく，いずれ株式会社に組織変更することが予定されている。

④ 存続期間が有限

　会計の前提の1つに継続企業（ゴーイング・コンサーン）の公準があるが，創造会社では，その寿命が有限であり，しかも10年に限定されている。

⑤ 創造会社の課税所得の構成員（出資者）へのパス・スルーの期待

　課税所得の計算において，創造会社の利益・損失が，契約によってすでに決定されている各構成員の分配比率に応じて，直接，各構成員に対して配分される。したがって，課税関係は，すべて各構成員の所得税などの問題となる。

⑥ 有限責任

　構成員の責任は，金銭出資などと労務出資に限定される。

　このような特徴を持つ創造会社の会計を構想する上で，参考になると思われるものが，米国におけるパートナーシップ会計と日本における組合会計ならびに合名会社の会計であった。なお，これらの会計の特徴および概要については，本章の「参考　パートナーシップ会計，組合会計および合名会社会計の検討」で紹介しているので，以下の本論では，創造会社法の会計測定システムとして筆者が構想するものを検討したいと思う。なお，当研究会では，会計測定システムとして，①資本勘定のなかを組合会計的に出資金勘定1つとする方法と，パートナーシップ会計や合名会社会計の通説のように労務出

資評価分と人的資産やのれんをオフバランスする方法との組み合わせ，②株式会社会計のように資本勘定（出資金勘定）と利益剰余金勘定とを区分する方法と，労務出資評価分と人的資産をオンバランスする方法との組み合わせを提示したが，各委員からの質問の多数（関心の高さ）は，①のどちらかと言えば穏健な方法であった。

しかし，筆者の私見は②のどちらかと言えば革新的な方法であったことから，本章では，この少数意見を中心に論じようと思う。簡単な設例を併用しつつ，設立，株式会社への組織変更，構成員の脱退，追加加入などに関する取扱いを検討する。

4. 会計測定方法の提案

(4-1) 金銭出資による設立

金銭出資について，米国のパートナーシップ会計では，人名を付した「資本」勘定（capital accounts）で処理し，日本の組合会計では，同じく人名を付した「出資金」勘定で処理するが，創造会社では出資金勘定を用いることにする。

〔設例〕

　　優れた技術および能力を持った A 氏と B 氏が各 500 万円を出資し，M パートナーシップを設立した。利益・損失などの分配比率は 50 対 50 と取り決めた。

〔仕訳〕（単位：万円）

（借）現金　　1,000　　（貸）A出資金（資本）　　500
　　　　　　　　　　　　　　　B出資金（資本）　　500

(4-2) 出資金と利益剰余金との区分

組合と異なり創造会社自体が法人格を持っている。したがって，創造会社が債権者に対する債務を負う。しかも創造会社は有限責任である。そこで，

会計の目的として，①構成員の出資あるいは持分の状態を構成員に表示することの他に，②創造会社に対する債権者などに，創造会社の財務内容を知らせるという役割が強調されることになろう。

　また，有限責任であることから，責任の範囲でもある維持すべき出資金と分配可能な利益との区別が必要となるので，創造会社に生じた損益を，各構成員の出資金勘定に振り替えるというパートナーシップ会計などは不適当であろう。出資金とは別の利益剰余金勘定を設定しておき，留保された利益は利益剰余金に残しておく。

　税務上のパス・スルーが期待されている点は，パートナーシップと同様であるが，会計の対象はあくまで創造会社であり，しかも，上記の2つの会計の目的からして，税務計算とは別の会計処理が必要である。

(4-3) 優れた技術・能力を持った創業者の存在
——労務出資のオンバランス

　創造会社では，優れた技術・能力を持った創業者と，主として金銭を出資するベンチャー・キャピタルとの併存および共同事業が予定されている。したがって，少ない資本で出発した創造会社に対して，ベンチャー・キャピタルが参加する場合，資本や利益の分配比率を契約する段階で，かならず，創業者の持つ能力や技術が評価されて分配比率が決定される。つまり，金銭出資分に対する労務出資分の評価がなされるのである。

　このように評価された労務出資分に関し，パートナーシップ会計などにおいては，オンバランスするか否かについて両説併存している。オンバランス処理の論拠は，①金銭出資と労務出資とを合計して各構成員の出資持分比率を計算したものが資本や利益の分配比率と一致することになり，構成員の出資持分の公正表示が可能になること，②対外的に労務出資の存在が明示され，当該会社が単なる金銭出資分を責任限度とする会社ではないことを表示できることである。とくに，②に関しては，労務出資の相手勘定（借方）をどのように会計処理するかに関連するが，ともかくも，創造会社の公正価値が示されることになる。

　パートナーシップ会計において，労務出資評価分をオンバランスする場合

には，借方は「のれん」勘定，貸方は金銭出資と同様の「出資金」勘定である（これを「のれんの認識法」と呼んでいる）。

このようなオンバランス処理に対して，パートナーシップ会計論でなされる反対意見は，主として，以下のようなのれんの認識・計上に関するものである。

(a) 取得原価主義会計のもとで禁止されている「自己創出のれんの計上」に該当するのではないか。

(b) もし仮に，のれんの計上をすることに根拠があるとすれば，それは，新たな構成員が追加参加する際に既存のパートナーシップが解散し，新たなパートナーシップがのれんを含んで設立されたと仮定することになるので，大きな擬制がある。

(c) 財務諸表に主観的な評価が混入することになる。

また，創造会社の出資者は有限責任ということになっているが，そのことと労務出資に関連して大きな問題がある。会計学上，出資金や資本金（払込資本）は，資本提供者の有限責任の範囲を示す一方，それだからこそ，維持すべき資本という側面も表している。そこで，労務出資が金銭出資と同じく維持すべき資本と考えて良いものか否かが問題となろう。これについては後述する。

(4-4) 労務出資の相手勘定

労務出資の相手勘定として，①合名会社会計で言及された「労務出資見返」とする案と，②パートナーシップ会計で登場する「のれん」とする案，そして，③のれんの内容が多岐にわたるので，その内容を明示すべきとする論拠から「人的資産」とする案が考えられる[5]。

労務出資見返は，労務出資の対照勘定であるため，備忘のための補助簿などでの記録としては便利であるが，その発生と消滅とが同時に生じることが予定されていて，労務出資見返勘定と労務出資勘定との間の相互独立性がない。また，のれん勘定と人的資産勘定とでは，その効果がほとんど変わらず，

---

5) 黒川行治（1996），85-105頁。および，黒川行治（1994），1-18頁。

普及しているという点ではのれん勘定の方が良いのかもしれないが，のれんを構成する要素はブランドや有利な立地条件など多様であるのに対し，創造会社では，主として人的資源の優秀性に限定されるので，人的資産勘定を用いることに意味があろう。人的資産の計上によって創造会社の特徴が明確に表現されるのである。

〔設例〕

　　S氏とO氏が100万円ずつ資金を拠出してM創造会社を設立し，そこにKベンチャー・キャピタルが10,000万円の金銭出資をした。Kベンチャー・キャピタルは，S氏とO氏の優れた能力と技術を評価し，10年間創造会社に在職することを条件に，それぞれに4,900万円の労務出資分を加え，各25％の持分を約束した。

〔仕訳〕（単位：万円）

（借）現金	200	（借）S出資金	100
		O出資金	100
（借）現金	10,000	（借）K出資金	10,000
（借）人的資産	9,800	（借）S労務出資	4,900
		O労務出資	4,900

(4-5) 有限の存続期間と株式会社への組織変更
——人的資産の償却の効果

　創造会社は，ゴンイング・コンサーンではない。10年という有限の期間だけ存在し，10年後に株式会社（物的資本会社）への組織変更が予定されている。そこで，労務出資という特殊な資本勘定も10年後は金銭出資同様，資本金に変わるのである。もとより，株式会社においても人的資産は存在し，それによって超過利潤を得ている会社は多いのであるが，現行の株式会社会計では，自己創出のれんが非計上とされているのと同様，人的資産は計上されない。そこで，創造会社の人的資産の償却と10年後の労務出資の内容が問題となる。この問題について，次のような設例を用いて考えてみよう。

〔設例〕

　　現金 10,000 万円は償却性の A 資産に投資された。当該資産は耐用年数 10 年，残存価額 0 万円で，10 年間にわたり定額法で償却する。

　　人的資産および A 資産償却前の利益（現金収入あり）が毎期 3,000 万円とし，人的資産については 10 年間にわたり均等額償却をする。課税所得についてはパス・スルーされ，各構成員の所得税（K ベンチャー・キャピタルでは法人税）として課税される。簡略化するため，A 資産の減価償却および人的資産償却は直接法で処理する。

〔仕訳〕（単位：万円）

　　（借）A 資産　　10,000　　　　（貸）現金　　10,000

〔仕訳（10 年間にわたって各期）〕（単位：万円）

（借）現金	3,000	（貸）利益		3,000
（借）A 資産減価償却費	1,000	（貸）A 資産		1,000
（借）人的資産償却費	980	（貸）人的資産		980
（借）利益	1,980	（貸）人的資産償却費		980
		A 資産減価償却費		1,000

　　各期の利益は A 資産減価償却費 1,000 万円と人的資産償却費 980 万円相当の減少があるので，1,020 万円となる。おそらく，人的資産償却費については，自己創出のれん償却費の損金否認（現金支出などの犠牲に基づかないからである）同様，税務上損金としては認められない。したがって，パス・スルーされる課税所得は 2,000 万円となるので，その分の税金を支払うために，各構成員に対して利益の一部あるいは全部を現金により分配することが必要となろう。そこで，毎期 1,020 万円の利益が現金で分配されたとする（分配割合は，出資金および労務出資の各自の合計と総合計との比率による）。

〔仕訳〕（単位：万円）

　　（借）利益　　1,020　　　　（貸）現金　　1,020

第15章　創造会社法私案と人的資産・労務出資の会計　*363*

表 15-1　組織変更直前 M 創造会社 B/S

（単位：万円）

現金	20,000	K 出資金	10,000
		S 出資金	100
		O 出資金	100
		S 労務出資	4,900
		O 労務出資	4,900
	20,000		20,000

　このような取引が 10 年間続いた結果，株式会社への組織変更直前の創造会社の貸借対照表は，どのようになっているだろうか（表 15-1）。

　人的資産を償却したため，人的資産が消滅し，その代わりに現金（物的資産）の蓄積が可能となった。そこで，この財務状態で株式会社に組織変更すれば，資本金 20,000 万円，現金（物的資産）が 20,000 万円存在する会社が誕生するわけである。そして，株主の持分割合は，S 氏と O 氏が各 25％，K ベンチャー・キャピタルが 50％となる。

（4-6）労務出資者の退社

　人的資産計上の対象となった労務出資者が創造会社の事業中途で退社するとどうなるのであろうか。上記設例の続きとして以下のような取引を想定してみよう。

〔設例〕

　　O 氏が 2 期期首に退社することになり，出資金の払戻しについては，金銭出資 100 万円に加え，労務出資の実現部分を 490 万円と評価して，合計 590 万円とする。労務出資の未実現部分 4,410 万円については，契約違反につき支払わないこととした。

〔仕訳〕（単位：万円）

（借）	O 出資金	100	（貸）	現金	590
	O 労務出資	4,900		労務出資減資差益	4,410
（借）	人的資産特別償却費	4,410	（貸）	人的資産	4,410

364 第3部 個人・組織と会計

O氏に関する人的資産が存在しなくなり，M創造会社にとって臨時損失が生じたことを人的資産特別償却費勘定で処理する。他方，O氏の人的貢献に関する違約により，O氏の持分のうち，未実現部分に関する払戻しをしなかった部分について，労務出資減資差益勘定を計上し人的資産特別償却費を相殺する。なお，人的資産特別償却費勘定と労務出資減資差益を，①損益計算書に総額・両建で計上する方法，②包括利益計算の区分に計上する方法，③貸借対照表の資本の部で直接相殺する方法とが考えられる（表15-2）。

表15-2　O氏退社直後M創造会社B/S

（単位：万円）

現金	1,590	K出資金	10,000
A資産	9,000	S出資金	100
人的資産	4,410	S労務出資	4,900
	15,000		15,000

（4-7）構成員の追加加入

構成員が追加加入する場合，新構成員の金銭出資額および労務出資評価分が出資金および労務出資として創造会社に加わる。

〔設例〕

O氏退社直後にC氏が新たにM創造会社に構成員として加入した。加入時の労務出資が3,000万円と評価された。

〔仕訳〕（単位：万円）

（借）人的資産　　3,000　　　（貸）C労務出資　　3,000

5. 人的資産と労務出資のオフバランス

これまで人的資産と労務出資についてオンバランスする方法を提示してきたが，それらをオフバランスする方法が2とおりある。第1は，それらをまったく貸借対照表に計上せず，金銭出資者と労務出資者の残余持分および

第 15 章　創造会社法私案と人的資産・労務出資の会計　*365*

利益分配に関する取決めを補助簿などを用いて備忘記録にとどめる方法である。第2は，パートナーシップ会計で提案される「ボーナス法」である。ボーナス法は，パートナー間の出資金残高を金銭出資と労務出資で調整する。

（4-4）の設例を用いて，ボーナス法を採用し人的資産と労務出資をオフバランスするとどうなるかを検討してみよう。

〔仕訳（設立時）〕（単位：万円）

（借）	現金	200	（貸）	S 出資金	100
				O 出資金	100
（借）	現金	10,000	（貸）	K 出資金	5,100
				S 出資金	2,450
				O 出資金	2,450
（借）	A 資産	10,000	（貸）	現金	10,000

各期の利益は 3,000 万円であり，A 資産減価償却費控除後の利益 2,000 万円が，会計上，すべて現金で分配可能な金額となる。

ここで，この利益について2とおりの分配を考える。

① 利益すべてを各出資金に振り替え，各出資者はその利益相当額を即座に現金で引き出すと仮定する。

② 本来ならば利益剰余金は存在しないのであるが，（4-4）と揃えるため利益のうち毎期 1,020 万円だけ出資金に分配し，各出資者は，分配された金額を出資金から引き出す（現金の減少を伴う）とともに，各出資金に分配しなかった金額は利益剰余金として残すものとする。

このような仮定で処理した場合，株式会社への組織変更直前（10 年後）の M 創造会社の貸借対照表は表 15-3 のとおりとなる。

（4-4）で提案した労務出資と人的資産のオンバランス方法との違いは，労務出資，人的資産の計上と人的資産償却がないので，計上利益（分配可能利益）が人的資産の償却費分だけ大きくなることである。そして，この利益増加分を留保しないとすれば，株式会社への組織変更時の現金（物的資産）残

366 第3部 個人・組織と会計

表15-3 組織変更直前M創造会社B/S

①利益全額の分配・引出しのケース　　　　　（単位：万円）

現金	10,200	K出資金	5,100
		S出資金	2,550
		O出資金	2,550
	10,200		10,200

②毎期1,020の利益の分配・引出しのケース　　（単位：万円）

現金	20,000	K出資金	5,100
		S出資金	2,550
		O出資金	2,550
		利益剰余金	9,800
	20,000		20,000

高が労務出資評価額分だけ小さくなり，結果として，金銭出資部分相当の資本金の株式会社として再出発することになる。なお，当設例では単純化のため，株式会社への組織変更時には現金以外の物的資産が存在しないと仮定しているが，時価変動を伴う物的資産がある場合には，組織変更時に会計の新しい基礎が認識されるので，物的資産と出資金について公正価値への評価替えが行われる。

6. 人的資産・労務出資の計上と人的資産償却の意義

　最後に，人的資産，労務出資の計上と人的資産償却の意味を再度考察しておこう。人的資産の計上とは，創造会社に優れた能力・技術を持つ人がいて，その人の貢献によって，創造会社には超過利潤が生じる効果があることを示している。つまり，超過収益力の源泉・原因の存在である。この超過利潤は，時の経過とともに実現し，創造会社の利益の一部となって計上されるが，人的資産の償却費の計上によって，計上された利益のうちの超過利潤部分が控除される。そして，超過利潤部分の現金（物的資産）が，原初出資額の引出しをしない限り創造会社に留保されるのである。労務出資の計上は，超過利

潤を発生させる源泉である出資者に対して，この超過利潤部分を帰属させることを意味しており，人的資産の償却によって，実際に現金（物的資産）が帰属していくのである。同時に，創造会社における分配可能利益は原初出資額の引出しをしない限り正常利潤の範囲に限定され，超過利潤の予想金額（未実現部分）と実現部分との合計が，金銭出資などとともに維持すべき資本として有限責任の担保となる（(4-4) のケース）。

　もちろん，ボーナス法による人的資産や労務出資の非計上法に依拠しても，構成員間の利益の分配および株式会社への組織変更時の持分の分配比率についてはオンバランス法と一致する。また，計上利益を全額現金で分配してしまわず留保していけば，留保利益分だけの現金（物的資産）が追加的に確保できる（第5節の②のケース）。ただし，そのためには，計上利益が分配可能限度額ではないとする了解を当事者間で決めておく必要がある。

　「創造会社法私案」では，契約を前提に，なるべく構成員の自由度を大きくすること，ならびに現行の会計慣行との斉合性を重視して，人的資産や労務出資のオフバランス処理が原則となった。したがって，労務出資の評価を反映する会計方法として「ボーナス法」のような会計処理が想定されるであろう。

　ところで，会計の役割には，会計システムの構造に従って会社が行動した時に財務状態がどうなるかを指示することも，その1つとしてある。例えば，現行の株式会社会計は名目貨幣資本維持を想定しているために，分配可能利益とされたものを全額分配しても，名目貨幣資本に相当する純資産が維持されるようになっている。それと同様，人的資産の貢献による超過利潤（労務出資部分）を維持すべき資本とするか否かは，会計の構造上，重要な問題なのである。

　人的資産・労務出資のオンバランスと人的資産の償却，ならびに維持すべき出資金・労務出資と分配可能利益を示す利益剰余金との区分によって，創造会社の公正価値が適正に測定・確保され，それに対する各種の出資者の持分内容が明確に表示されるとともに，計上利益が分配可能限度額を示すことになるのではないか。このような会計処理によって，利害関係者（とくに，ベンチャー企業の創業者とベンチャー・キャピタル）の利害調整および意思決

368 第3部 個人・組織と会計

定に関する財務情報提供という会計の目的が達成されるのではないかと思うのである[6]。

参考 パートナーシップ会計，組合会計および合名会社会計の検討

　創造会社の会計を構想する上で参考になると思われるものが，米国におけるパートナーシップ会計と日本における組合会計ならびに合名会社の会計である。そこで，まず，簡単な設例を併用しつつ，出資金の増減取引，構成員の追加加入・脱退，解散，株式会社への組織変更に関するパートナーシップ会計および組合会計を検討し，ついで，合名会社の労務出資，信用出資に関する取扱いを概観する。

（1）金銭出資による設立
　金銭出資について，米国では，人名を付した「資本」勘定（capital accounts）で処理し，日本では，同じく人名を付した「出資金」勘定で処理する[7]。以下，出資金と資本勘定とは同じものとし，便宜上，出資金勘定を用いる。
　〔設例〕
　　　　優れた技術および能力を持ったA氏とB氏が各500万円を出資し，
　　　　Mパートナーシップを設立した。利益・損失などの分配比率は50対50
　　　　と取り決めた。

　〔仕訳（設立時）〕（単位：万円）
　　（借）現金　　　1,000　　　（貸）A出資金（資本）　　500
　　　　　　　　　　　　　　　　　　 B出資金（資本）　　500

---

6) 黒川（1997b），35頁。
7) Baker, Richard E. = Valdean C. Lembke = Thomas E. King（1996），Chapter 16, pp. 846-848. 飯野利夫（1997），10-3頁。

（2）利益の計上と出資金への振替え

自己資本の内容について，株式会社のように，資本金（および資本剰余金）と留保利益との区別をつけない。何故ならば，構成員には無限責任があり，拠出資本の確定の必要がなく，パス・スルーを想定しているので，パートナーシップでの利益の発生は，即座に各構成員の財産の増価となるからである。なお，日本の組合会計でも同じように処理される[8]。

〔設例〕

　Mパートナーシップで利益が200万円発生。それを予め決定しておいた分配比率に応じて，各出資金に100万円ずつ振り替える。

〔仕訳〕（単位：万円）

（借）利益　　　200　　　　（貸）A出資金　　　100
　　　　　　　　　　　　　　　　B出資金　　　100

（3）出資金の引出し

構成員が，利益の分配金その他出資金の一部を実際に現金などで引き出した場合，米国では「引出金」勘定（drawing accounts）にいったん計上するが，その後，同額を出資金勘定に振り替えて減額する。日本でも同じである[9]。

〔設例〕

　A氏が現金100万円を引き出した。

〔仕訳〕（単位：万円）

（借）A引出金　　　100　　　　（貸）現金　　　　100
（借）A出資金　　　100　　　　（貸）A引出金　　100

（4）構成員の追加加入

既存のパートナーシップに新たに構成員が加入する場合，新構成員の投資

---

8) Baker＝Lembke＝King（1996），pp. 849–855. および，飯野（1997），10–14頁。
9) Baker＝Lembke＝King（1996），pp. 848–849. および，沼田嘉穂（1974），65–68頁。

額と帳簿上の持分価額とが一致しないことがある。投資額が帳簿価額よりも大きい場合，パートナーシップに，①含み益のある資産が存在している，あるいは，②のれん（goodwill）の存在を評価しているという2つの原因が考えられる。①の原因であれば，既存のパートナーシップの該当資産の帳簿価額を公正価額に評価し直すことで対処するが，②の場合には，「のれんの認識法」と「ボーナス法」が提案されている[10]。

〔設例〕

C氏が新たにMパートナーシップに構成員として加入した。加入時の資本残高および利益および資本分配比率は以下のとおりであった。なお，出資金残高は各構成費の引出額に応じて変動するので，分配比率と出資金銭高比率は一致しない場合がある。

	出資金残高	分配比率
A	500	50
B	1,000	50

Mパートナーシップの利益および資本分配比率の20％をC氏が取得する（その結果，A氏とB氏の分配比率は各40％となる）ために，C氏は1000万円の金銭出資をした。C氏の出資額は既構成員（A氏とB氏）の合計に対する利益および資本の分配の権利獲得の対価として算定される。なお，のれんの分配割合はA氏とB氏各50％とする。

〔仕訳〕（単位：万円）

（第1法）のれんの認識法

（借）のれん	2,500	（貸）A出資金	1,250
		B出資金	1,250
（借）現金	1,000	（貸）C出資金	1,000

（第2法）ボーナス法

（借）現金	1,000	（貸）A出資金	250
		B出資金	250
		C出資金	500

10) Baker＝Lembke＝King（1996），pp. 856–874.

のれんの認識法では，①新たにのれんを資産計上し，②各パートナーの出資金を各構成員ののれん分配割合だけ増加させ，③パートナーシップの出資金合計は，加入前の出資金合計とのれん計上額および新規パートナーの投資額の総計となる。

他方，ボーナス法は，パートナー間の出資金残高の移動であり，①既存の各パートナーの出資金を，新規のパートナーが支払ったボーナス分だけ増加させ，②パートナーシップの出資金合計は，加入前の出資金合計と新規パートナーの投資額の総計となる。

のれんの認識法に対して，本章（4—3）でも紹介したが，以下の3点から反対がある。

(a) 取得原価主義会計のもとで禁止されている「自己創出のれんの計上」に該当するのではないか。

(b) もし，仮にのれんの計上をすることに根拠があるとすれば，それは，新規の構成員が参加する際に既存のパートナーシップが解散し，新たなパートナーシップがのれんを含んで設立されたと仮定することになるので，大きな擬制がある。

(c) 財務諸表に主観的な評価が混入することになる。

したがって，これらの論拠からボーナス法が支持されることになるが，のれんの認識法にも，以下の2つの理由でこれを支持する見解もある。

(a) のれんの認識によってパートナーシップ資産の公正価値が表示できる。

(b) 各パートナーの出資金額を公正に表示することができる。

のれんの認識法によって資産に計上されたのれんの処理方法としては，①即時費用化，②組織的な償却（要償却説），および③償却しない（非償却説）などがあるが[11]，当時の通説は要償却説であった。そこで，のれんが償却されるとすれば，その償却費は，パートナーシップの損益計算上，費用として

---

11) 黒川（1997a），24–37 頁。

利益のマイナス項目となる。その利益のマイナス分は，各構成員の利益などの分配比率に応じて，各出資金に賦課され，出資金の減少となることから，のれんが消滅した時点では，各出資金の残高はボーナス法による出資金の残高と一致することになる。

なお，日本の組合会計についても，ボーナス法とのれんの認識法とが解説されている[12]。

(5) 脱 退

パートナーが脱退する時，そのパートナーに，当パートナーの公正価値持分相当の対価が支給されることが期待される。そこで，脱退時までパートナーシップに認識されていなかったのれんの認識が行われることがある。この場合，構成員の新規加入と同様，「のれんの認識法」と「ボーナス法」とがある[13]。

〔設例〕

　Mパートナーシップから A 氏が脱退することになった。脱退時の各パートナーの出資金残高および利益と資本の分配比率は以下のとおりである。

	出資金残高	分配比率
A	1,500	40
B	2,000	40
C	1,000	20

　のれんの存在を認識し，M パートナーシップは A 氏に対して，2,000万円を支払った。

〔仕訳〕（単位：万円）

（第1法）のれんの認識法（1）

　（借）のれん　　　　500　　　（貸）A 出資金　500

　（借）A 出資金　2,000　　　（貸）現金　　　2,000

---

12) 會田義雄 (1979)，158 頁。沼田 (1974)，71–72 頁。

13) Baker＝Lembke＝King (1996), pp. 874–876.

（第２法）ボーナス法

　　（借）A 出資金　　1,500　　（貸）現金　　　2,000
　　　　　B 出資金　　　333
　　　　　C 出資金　　　167

　認識されたのれんは，A 氏の M パートナーシップに対するものであり，
A 氏の脱退と同時に消滅すると考えられるので，のれんに関する３つの処
理方法のうち，①即時費用処理が適当であり，②要償却説や③非償却説に基
づく処理は不適当かもしれない。のれんを即時費用計上し，それを残った構
成員の分配比率で各出資金に賦課すると，ボーナス法の結果と一致すること
になる。
　ところで，日本の組合会計に関する解説では，組合に残っている B 氏や
C 氏に関するのれんの認識，したがって，A 氏が脱退する際に，M パート
ナーシップ全体ののれんを認識し，各構成員の出資金を増加させる処理につ
いても言及されている[14]。上記の設例を用いると，以下のとおりとなる。
〔仕訳〕（単位：万円）
（第３法）のれんの認識法（２）

　　（借）のれん　　　1,250　　（貸）A 出資金　　500
　　　　　　　　　　　　　　　　　　B 出資金　　500
　　　　　　　　　　　　　　　　　　C 出資金　　250
　　（借）A 出資金　　2,000　　（貸）現金　　　2,000

　この処理でも，のれんの償却をすべて終了した段階では，ボーナス法と同
じ結果となる。また，のれんの認識に関して，M パートナーシップ全体に
ついて 1,250 万円が存在し，A 氏脱退によって，500 万円が消滅すれば，そ
れを即時費用とし，残りののれんについては，①即時費用，②組織的償却，
③非償却のいずれかの会計処理を選択することになるであろう。（４）の構
成員の追加加入時におけるのれんの会計処理との斉合性からすると，この第

---

14)　會田（1979），157 頁。

374 第3部 個人・組織と会計

3法が適当かもしれないが，自己創出のれんの計上という問題が同様に生じることになる。

（6）解散および株式会社への組織変更[15]

　パートナーシップが解散する時には，各資産・負債の公正価値評価が行われ，評価差額が構成員の分配比率に応じて出資金に賦課される。そして，純資産が構成員の出資額に応じて配分される。しかし，もしパートナーシップが債務超過であるような場合，パートナーは無限責任を負っているので，各パートナーは追加の出資を行い，債務超過を解消しなければならない。そして，パートナーのなかに破産者が出れば，残りの債務を他のパートナーが負担しなければならないことになる。

　株式会社への組織変更の場合，解散と同じく，新しい会計の基礎が認識される事象に相当し，すべての資産・負債が公正価値で評価されるとともに，純資産相当の資本金が計上されて，新たな会社の出発となる。新たな会社の出発であるから，当然ながら留保利益に相当するものは存在しない。

（7）合名会社の信用出資と労務出資

　日本の合名会社の資本金は，社員（出資者）ごとに，その出資額について人名を付した出資金勘定で処理する。また，合名会社の社員は会社の債務に対して無限責任を負うが，そのかわり，信用ある社員を加入させることによって会社の信用も増加するので，この利益を得るため，金銭その他の財貨を出資しない者も社員となることがある。これが信用出資である。また，会社運営上，優れた技術，能力を持つ故に社員となることがあり，これが労務出資となり，ともに認められる。このような信用出資および労務出資について，3つの処理方法が解説されている[16]。

　〔設例〕

　　G合名会社はX氏の信用出資額を1,000万円，Y氏の労務出資額を2,000万円と評価した。

---

15)　Baker＝Lembke＝King（1996），Chapter 17, pp. 905-933.

16)　沼田（1974），72-73頁。

（第1法）オフバランス法

　補助簿に記録し，仕訳はせず，出資金勘定（貸借対照表）に計上しない。

（第2法）備忘金額計上法

　信用出資者や労務出資者も会社の債務に対する連体責任を有することを示すため，名目金額（例えば1円）を出資金として計上する。

（第3法）対照勘定法

　金銭その他の財貨の受入れがないので，貸方出資金勘定に見合う借方見返勘定を設定して処理する。

〔仕訳（設立時）〕（単位：万円）

　（借）X 信用出資見返　　1,000　　　（貸）X 信用出資金　　1,000

　（借）Y 労務出資見返　　1,000　　　（貸）Y 労務出資金　　1,000

通説としては，第1法が妥当と解されているようである[17]。

【引用・参考文献】

會田義雄（1979）『簿記講義』国元書房。

飯野利夫（1997）『財務会計論（三訂版）』同文舘出版。

黒川行治（1994）「人的資産の認識・測定――オフバランス取引の会計問題に関する研究(1)」『三田商学研究』第37巻第3号（1994年8月），1-18頁。

―――（1996）「企業結合に関連するのれんの会計の一考察」笠井昭次編著『現代会計の潮流』税務経理協会。

―――（1997a）「企業結合とのれんの会計の検討」『會計』第152巻第3号（1997年10月）24-37頁。

―――（1997b）「創造会社における人的資産・労務出資のオンバランス」『ジュリスト』第1125号（1997年12月15日），29-35頁。

宍戸善一（1997）「ベンチャー・ビジネスのための組織法作りを試みて――「創造会社法私案」の解説」『ジュリスト』第1125号（1997年12月15日），4-14頁。

沼田嘉穂（1974）『完全簿記教程Ⅲ』中央経済社。

秦信行（1997）「ベンチャー育成への期待と問題点」『ジュリスト』第1125号（1997年12月15日），16-23頁。

Baker, Richard E. = Valdean C. Lembke = Thomas E. King（1996）, *Advanced Financial Accounting*, 3rd edition, McGrow-Hill.

17）　會田（1979），159頁。飯野（1997），10-15頁。

第 16 章

企業結合会計方法の論点と解決策
―― フレッシュスタート法の勧め ――

1. 企業結合会計基準の一大転機

　21 世紀に入って間もないアメリカの会計社会では，1970 年に設定された（改廃が比較的多いアメリカでは長命な基準と言われる）APB16 号と APB17 号が 30 年ぶりに削除され，2001 年 6 月に SFAS141 号と SFAS142 号が成立し，企業結合会計基準は，① 12 の識別要件付きでのパーチェス法とプーリング法の併存からパーチェス法一本化，また，②のれんの 40 年以内の償却からのれんの資産計上および非償却＋減損会計へと大きく変更された。さらに，国際会計基準は，IAS22 号（1998 年）でのパーチェス法とプーリング法の併存およびのれんの 20 年以内の償却に代えて，2002 年 12 月に発表した公開草案第 3 号で，米国 SEC 基準との会計処理の一体化からか，パーチェス法強制とのれんの資産計上および非償却＋減損会計を提案し，その後成案となった。一方，わが国の企業会計審議会は 2003 年 10 月に「企業結合に係る会計基準の設定に関する意見書」を公表し，世界の潮流からは距離をおいて，いったんは適用条件が非常に厳しいにせよプーリング法をパーチェス法とともに認め，のれんについては 20 年以内の償却＋減損会計とすることにした。もっとも，プーリング法を禁止する国際財務報告基準（IFRSs）および米国 SEC 基準とのコンバージェンスの圧力によって，その後プーリング法は禁止された。なお，プーリング法，パーチェス法とともに会計学上，幾度となく俎上に載ってきたフレッシュスタート法は，上記すべての基準において採用されなかった。

　私は，企業会計審議会がわが国の会計基準設定機関であった当時，企業会

378 第3部 個人・組織と会計

計審議会の実質的研究機関であった『(財)企業財務制度研究会』（以下
COFRI）に設置された『米国財務会計基準（合併・分割）研究委員会』と
『企業結合会計研究委員会』に参加させていただいた。これらの研究委員会
で多くの委員と討議・検討する過程で，フレッシュスタート法に魅了され，
企業会計審議会の委員のなかでごく少数のフレッシュスタート法推進論者と
なった。本章は，当時の状況のもとでどのような議論をしていたのかを書き
留める思いもあり，主として2つの拙稿をもとに，プーリング法の是非の問
題とフレッシュスタート法を妥当とする論理および問題点を検討し，パー
チェス法の他に，プーリング法とフレッシュスタート法の併存の論拠を示す
ことを目的としている。本章の内容は以下のとおりである[1]。

① 株式交換・移転制度の意義

② 企業結合会計基準に見る企業結合の意味

③ プーリング法の変遷と論理の検討

④ プーリング法の禁止とフレッシュスタート法の強調

⑤ 企業会計審議会「企業結合に係る会計基準」（2003年）の検討

⑥ 企業統合・再編とフレッシュスタート法の是非

⑦ フレッシュスタート法の論点の検討

⑧ 独自性ある企業結合会計基準の可能性

2. 株式交換・移転制度の意義

1999年8月20日，第一勧業銀行，富士銀行，日本興業銀行3行の統合構
想が発表された。3行はまず共通持株会社を設立し，その傘下で組織の再編

---

1) 本章の初出原稿は，黒川行治（2004）（1999a）の2本の拙稿である。前者は，2003年11月15
日，京都大学会計研究会にて研究報告した「企業結合会計方法をめぐる論点の提起（フレッシュ
スタート法を擁護する場合）」の報告原稿（配布資料）を抜粋，大幅に加筆修正したものである。
また，私が参加していたCOFRI設置の2つの研究委員会の報告書は，①米国財務会計基準（合
併・分割）研究委員会報告『合併会計をめぐる米国財務会計基準の動向』（1996年12月）と，
②企業結合会計研究委員会報告『企業結合会計をめぐる論点』（1999年12月）である（なお，
黒川は②の研究委員会の委員長であった）。

を進めるという。この統合の結果，当時においては資産規模で世界最大のメガバンクの誕生を意味するところから，他の都市銀行の統合・再編戦略に大きな影響を及ぼし，10月14日，これまで想像できなかったさくら銀行と住友銀行という，わが国で互いに競い合ってきた金融資本系列のコア企業同士の合併構想が発表されたのである。ちなみに，さくら銀行と住友銀行の合併は，資産規模で世界第2位（当時）メガバンクの誕生を結果としてもたらすと言われた。

　第一勧業銀行，富士銀行，日本興業銀行3行の統合に際し，どのような方式で持株会社を頂点とする統合を進めるかについては，1997（平成9）年の臨時国会で可決・成立した「銀行持株会社の創設のための銀行等に係る合併手続の特例等に関する法律」で指示するところの「三角合併方式」や，これまでの分社化などで利用された営業譲渡を全面的に行う「脱け殻方式」に従うものではなく，1999年8月13日に公布された「商法等の一部を改正する法律」に盛り込まれ，10月に解禁されたばかりの株式交換・移転制度を利用するというものであった。

　3行統合のような場合，もし仮に「三角合併方式」を利用すると，各銀行ともに子会社と孫会社を設立し，銀行本体を孫会社と合併した後，各銀行の持株会社となった子会社同士を合併して共通の持株会社を成立させることになる。また，「脱け殻方式」を利用する場合には，各銀行は，新設会社に営業全部を譲渡し，自らが持株会社となって合併することになる。いずれにしても，手続きが煩雑である。これらに比べれば，株式移転制度は，新設の持株会社の株式を各銀行の株主に交付し，その代わりに既存株式すべてを持株会社が所有し，各銀行を100％子会社化する取引を一度に行うことができるので，飛躍的に効率的な組織統合が可能となる。

　さて，3行統合の結果できた世界1位銀行（以下「3行統合銀行」（現　みずほ銀行）と呼ぶ）とさくら銀行と住友銀行の合併でできた世界2位銀行（以下「さくら住友銀行」（現　三井住友銀行）と呼ぶ）の財務比較をしようとした時，どのような財務情報を利用すれば良いのであろうか。これは，連結財務情報以外には比較しようがないのである。3行統合銀行の頂点に立つ持株会社の個別財務情報の内容は，例えば貸借対照表上の資産は子会社株式がほと

380 第3部 個人・組織と会計

んどであり，運用資産の内容は分からない。収益は受取配当だけかもしれない。3行統合銀行の内容を知るには連結財務諸表を利用するしかない。他方，さくら住友銀行の場合には，合併によって法的実体が1つとなっているから，従来の個別財務諸表でも実態はある程度分かる。とすると，3行統合銀行は連結財務諸表，さくら住友銀行は個別財務諸表をもって2つの銀行を比較するのであろうか。しかし，統合のメリットは総合的な金融・証券会社の成立にあるのであり，それぞれの銀行は金融・証券に関する関係会社を持っており，これらをすべて含んだ事業組織の比較が必要なのであって，さくら住友銀行の場合にも連結財務諸表こそが相応しい。

　こうして，純粋持株会社の解禁は，連結会計時代をいっそう助長するものであり，また，これまで巷で見られたような，法的には別会社である会社に不良債権や余剰人員を押しつけ，親会社個別実体の業績を良く見せるという財務報告はできず，グループ全体の効率的経営，つまり，グループ全体の最適運営とそれを支える個々の事業組織の最適運営を目指す，統合と分散の同時最適化を目指す連結経営を当然のものとするわけである。

3. 企業結合会計基準に見る企業結合の意味と類型

(3-1) 企業結合の意味

　連結会計はアメリカにおいて生成・発展したものである。高須教授の研究によりその事情を若干レビューしてみよう[2]。19世紀から20世紀にかけての世紀転換期前後において，競争に疲れ果てた製造業者が競争を制限する企業合同を強く切望し，その手段としてトラスト，持株会社形態，企業合併を並列的に考えていた。トラストは1890年のシャーマン反トラスト法によって禁止されたため，持株会社形態を多く用いるようになった。持株会社形態は企業合併よりも統合過程が簡略であり，また，消滅する会社がないので統合される各社ののれんや無形資産価値が消滅することなく継続し，さらにア

---

2)　高須教夫（1992），第1章～第3章を参照。

メリカ特有のことではあるが，州ごとに異なる商法に則して州ごとに子会社を設立することができるという利点もあった。しかし，持株会社制度の実質は企業合併の代替手段にすぎず，持株会社で作成された連結財務諸表は，企業合併が行われていれば成立したであろう企業の個別財務諸表を意味したとされる。

その後，税務当局の連結納税申告の要求，ニューヨーク証券取引所による連結財務諸表を主たる財務諸表とすることの承認は，連結会計の一般化を加速させていく。そして，1933年証券法および1934年証券取引所法によって，証券取引委員会が連結財務諸表を含む報告書の形式と内容を規定する権限を付与されたことをもって，連結財務諸表が法制化されたと解されている。

連結財務諸表制度が一般化・法制化される過程，あるいはその後の時間経過において，連結会計の対象である企業実体は変質していく。当初，連結実体と言っても報告主体の性質は純粋持株会社を念頭において想定した個別（法的）実体との類似性が強調されていた。それがついには，リスク分散を図るための異業種・コングロマリット集団および100％子会社ではない多くの少数株主持分が存在する企業集団へと拡張され，連結財務諸表自体の性格も企業合併が行われていれば成立したであろう企業の個別財務諸表との類似性はもはや想定できないものとなっていく。

このような連結実体の変質の過程で，それを会計写像するための連結基礎概念の多様化を見ることができるのであるが[3]，ともかくもアメリカにおいて連結会計が生成・発展したこと，主たる会計情報として連結財務諸表を念頭において会計基準を考えるというアメリカの会計社会における思考を理解しておくことが大切である。連結会計情報指向は，その後，イギリス，フランス，ドイツをはじめとしたヨーロッパ諸国およびその他の国々に伝搬した[4]。なお，国際会計基準も1976年6月のIAS第3号「連結財務諸表」をはじめ，その後の種々の改定を通じて，連結財務諸表を主たる会計情報として想定していると言えよう。

---

3) 連結基礎概念については，多々検討されている。例えば，高須教夫（1996），第4章および第5章，黒川行治（1998），第1章を参照されたい。
4) 山地範明（1997），3頁。

382　第3部　個人・組織と会計

　3行統合銀行およびさくら住友銀行の計画に見るように，組織の再編成とくに統合を図る場合，買収（子会社化）と合併という手段があった。連結会計を主たる会計制度として想定すると，親会社（支配会社）を頂点とする企業集団を会計単位とすることで，法的には別会社として存在する買収（子会社化）と法的に同一化する合併を一緒に扱う会計基準を構想することが可能になる。子会社の財務諸表は連結精算表を通じて連結財務諸表として合算され，また合併は親会社（存続会社）の個別財務諸表を通じて連結財務諸表に反映されるからである。そこで，グローバル・スタンダードと称されている国際会計基準や米国SEC基準では，そのような経済事象を会計写像するに際し，連結会計（資本連結）と合併会計とを区別せず，「企業結合会計」として一括して会計処理基準を設定するのである。

　ちなみに，1998年改定「IAS第22号」の企業結合の定義はこうであった。「企業結合とは，1つの企業が他企業と合体もしくは他企業の純資産および経営の支配を獲得することによって，各企業を1つの経済実体に統合することをいう」[5]。そして国際会計基準や米国SEC基準では，企業結合の具体例として，①吸収合併，②新設合併，③株式の譲渡（取得）などの支配権の獲得による子会社化，④資産・営業の譲渡（取得）を挙げている。資産・営業の譲渡は合併と同様，事業の法的実体間での移転・統合としての性質には変わりがない。

　ここで留意したいのは，連結会計を前提にしているため，すでに存在している企業集団内の事象（連結企業集団の枠組みに影響しない事象）は「企業結合」には該当しない。例えば，米国「APB意見書第16号」では，企業結合に含まれない事象として，以下の3つの例を挙げている[6]。

(a) ある会社がその子会社（100%所有でないもの）の少数株主持分を取得する場合

(b) 会社がその純資産を自ら新設した会社に移転する場合

(c) 共通支配下の複数営業体（親会社や子会社同士）の間で行われる純資産の移転や株式の交換

---

5)　1998年改定「国際会計基準第22号」第8項。

6)　「APB意見書第16号」第5項。

（a）は取得後の連結会計上の少数株主持分と親会社持分との間の資本移動に関する問題である。（b）は経済的実質の変化をまったく伴わない取引である。（c）は既存の企業集団内の事象であり，企業集団全体には影響しないものである。

また，企業結合を定義するにあたり，対価を限定していないことにも留意したい。つまり，現金を対価としても株式を対価としても良いということである。合併の場合には，株式の交換が通常の形態なので，株式を対価とする企業結合・組織の再編という点で，これら合併，株式の買収，資産・営業の譲渡は共通項として括られる。また，株式以外の現金などを対価とする合併の存在を前提にすれば，現金などを対価とする企業結合・組織の再編という点でも，これら合併，株式の買収，資産・営業の譲渡は共通項として括られる。

（3-2）企業結合会計の類型

企業結合会計には以下の3つの処理方法が存在している。
① 持分プーリング法（プーリング法）
② パーチェス法
③ フレッシュスタート法（ニューベイシス法）

「APB意見書第16号」によると，持分プーリング法のもとでは，企業結合は所有主持分の交換による2つあるいはそれ以上の所有主持分の合体として会計処理される。結合当事会社の財産が流出することなく結合が達成されたのであるから，取得という経済事象・取引が生じたとは認識されない。結合当事会社の所有主持分は継続し，結合当事会社に以前からある会計の基礎が維持されるので，合算される結合当事会社の資産および負債は，結合存続会社あるいは親会社に帳簿価額で繰り越され，結合当事会社の利益剰余金はすべて引き継がれる。会計期間途中の結合の場合，当事会社の結合日前の利益を報告利益に含める。

他方，パーチェス法のもとでは，企業結合は，他企業による一企業の取得として会計処理される。取得された企業に付された原価は，取得側が支払っ

た対価（現金，株式，公社債など）の公正価値である。取得側の資産・負債および利益剰余金は帳簿価額で引き継がれる一方，取得された会社の有形および識別可能な無形資産および負債は公正価値で評価され，利益剰余金は引き継がない。取得された会社に付された原価と，識別可能純資産の公正価値との差額は，のれんとして記帳される。取得側の会社の報告利益には，取得側の期間利益の他に，取得側の会社にとっての取得原価に基づく取得された会社の取得後の経営の結果が含まれる。なお，新設合併の場合には，当事会社の1つを存続会社と看做す[7]。

　持分プーリング法とパーチェス法が現に制度として存在した処理方法であるのに対し，フレッシュスタート法は会計理論上でのみ主張されてきた方法である。フレッシュスタート法のもとでは，結合前のいずれの企業も存続することなく，むしろそのような結合から新たな企業体が生じ，結合当事会社の資産・負債に対するすべての支配が変化すると仮定される。したがって，結合当事会社の資産・負債の帳簿価額は新しい企業の資産・負債の評価とは無関係であり，新しい会社の出発にあたり，資産・負債はすべて公正価値で評価される。また，結合当事会社の利益剰余金および結合日前の利益を引き継がない[8]。

　企業結合取引は，それが第三者的取引である限り，結合当事会社すべての公正価値評価がなされ，それに基づいて取得対価や合併比率が決定される。対価が現金であれば公正価値に見合う現金が買収コストとなり，また対価が株式であれば，取得側の株式の1株当たり公正価値に発行株式数を乗じた額が取得された会社の公正価値総額に相当するはずである。合併比率は，合併当事会社双方の1株あたり公正価値の比率で決定されるはずである。このような当事会社の公正価値（第三者的取引交換価値）が資産・負債などの会計の基礎に反映されるか否かで見ると，持分プーリング法は，いずれの会社の公正価値も反映されない方法，パーチェス法は取得された会社の公正価値のみが反映される方法，そしてフレッシュスタート法は，当事会社すべての公正価値が反映される方法と言えよう。

---

7)　「APB 意見書第 16 号」第 11 項および第 12 項を修正・加筆している。

8)　G4 + 1 のポジションペーパー（1998）参照。

なお，のれんの資産計上を認めるか否かでフレッシュスタート法はさらに2つの会計処理方法に分類される。のれんの資産計上を認める方法を「相互パーチェス法」と呼び，のれんを所有主持分から控除する方法——資産計上せずのれん評価分の資本の増加がない方法を「公正価値プーリング法」と呼ぶ[9]。

4．プーリング法の変遷と論理の検討

（4-1）プーリング法が意図するそもそもの取引

20世紀初頭においては，プーリング法，すなわち，企業結合に参加する当事企業の結合前の資産・負債の帳簿価額が結合後の企業の資産・負債の測定基礎となるとともに，結合前の留保利益もそのまま合算される方法は，「第三者的取引の欠如を伴う互いに関係のある会社同士の企業結合」に用いられていた[10]。会計報告単位として連結実体を念頭におくと，同一の会計報告単位内の企業同士に法的な組織再編があっても，内部取引と想定することで，外部報告財務諸表の会計の基礎が変化しないのは当然であると思われるからである。したがって，互いに関係のない会社同士の通常の企業結合では，パーチェス法，すなわち，取得会社の会計の基礎は変化しないが，被取得とみなされる会社の資産・負債は企業結合時の時価で再測定され，かつ，被取得会社の留保利益は結合後の会社に引き継がれない方法で処理されることになる。

その後，1940年代に入り，経済的実質としての「持分プーリング」という用語が出現した。ナイアガラ・フォールズ電力会社事件として知られていることであるが，レートベース方式による料金規制の対象である複数の電力会社が合併し，パーチェス法適用に伴う資産の時価評価（その当時は，増価した）によって，レートベースの引上げを図り，合法的な料金値上げを目論む企業に対し，「第三者取引の存在が疑わしい特定の企業結合取引」につい

---

9)　黒川行治（1999b），251頁。
10)　黒川（1999b），144頁。

386　第3部　個人・組織と会計

て帳簿価額の引継ぎを命じる理由（単に持分（interest）が一緒（pooling）になっただけ）として，「持分プーリング（pooling of interest）」という用語が用いられ，そのような会計処理方法が持分プーリング法と呼ばれた[11]。ここにおいて，帳簿価額の引継ぎという同じ企業結合会計処理でありながら，適用対象が「同一会計報告単位内の関係のある会社同士の企業結合」ではなくなるのである。

(4-2)　プーリング法の適用要件の変遷

　プーリング法は，その適用対象が同一会計報告単位内の企業結合に限定されず，かつ，留保利益の引継ぎやのれんの非計上（結合後に償却費の計上がない）などの理由により，パーチェス法と比較して企業結合後の報告利益を大きく表示できることで経営者に好まれたことから，パーチェス法の適用が当然であるような企業結合取引にもプーリング法が適用される事態（「プーリング会計の濫用」と呼ばれる）となった。そこで，プーリング法の適用要件（限定要件）が争点となった。

　当事企業の「相対的規模の同等性」基準は，わが国の企業会計審議会「企業結合に係る会計基準（2003年）」でも採用され，これまで米国や国際会計基準委員会でも，プーリング法の適用要件（プーリング法の限定要件）として最も有効であるとみなされてきたものである。この要件に言及したものとして，1945年のAICPA会計手続委員会の公共企業会計委員会へのコメントのなかに，「持分プーリングとは，……互いに匹敵する（comparable）規模の持分の結合……」という文章があり，この時期が，当該基準の萌芽ではないかと思われる[12]。

　ところで，持分のプーリングという概念は，結合前の持分の継続を意味しているものであるが，この「持分」という用語は，原語がinterestであることから，利害，利害関係，利害関係者といった多義的な意味内容を持っている可能性がある[13]。典型的には，「営業実体の継続（事業活動，取引関係の継

---

11)　黒川（1999b），145頁。
12)　黒川（1999b），146頁。
13)　黒川（1999b），145頁。

続)」，および，「会社と投資家との関係の継続」が考えられる。これら2つの要件に関係するものとして，「ARB40号（1950年）」と「ARB48号（1957年）」では，以下のようなプーリング法適用要件が設定されていた[14]。

① 持分あるいは所有の継続
② 当事企業の相対的規模の同等性
③ 経営者，経営支配力の継続
④ 当事企業の事業の類似性・補完性（40号のみ）
⑤ 事業の廃棄，売却がない（48号のみ）

ただし，ホルセンの見解（1963年の「ARS5号」中のワイアットへの異論）のように，「対価としての株式交付」を強調し，所有の継続（会社と投資家との関係の継続）を，持分プーリングの本質とする狭義の見解もある。ホルセンの見解の要点は以下のとおりである[15]。

① 持分株式の交換による所有主持分の継続
② 相対的規模の同等性と経営者の継続は要件から除外
③ 自己株式取得の禁止（対価としての自己株式交付（現金による自己株式の取得とその株式の交付）と現金交付との経済的効果の類似性と異なる会計処理の適用（前者がプーリング法で後者がパーチェス法），それに伴う自己株式を用いたプーリング法濫用という実務の悪弊の防止）

（4-3）持分プーリングの実質的禁止の提案（ワイアット）

プーリング会計適用の原点に立ち戻り，企業結合が交換取引か否かという観点から，適用条件が変容・拡大したプーリング会計を実質的に禁止しようとするワイアットの提案（「ARS5号」）は特質すべきものである。ワイアットの論理の概要は以下のとおりである[16]。

会計行為を行うか否かは，「当事企業の経済的利害（economic interests）が相対的に変化しているか否かで判断」される。会計行為は所有主持分の集

---

14) 黒川（1999b），146-148頁。
15) 黒川（1999b），153-156頁。
16) 黒川（1999b），148-153頁。

合について行われるものではなく，所有主の集団が支配する経済的資産や権利の集合について行われる。所有主集団の構成が定期的に変化しても，この変化が資産や持分に影響しないのならば，その変化を反映させる会計行為は必要ない。会計行為の対象となる取引の基本的性質は，財産と財産，あるいは財産と持分との交換である。このような考え方を企業結合に当てはめ，次のような結論を得る。

① 現金を対価とする企業結合は，財産と財産が交換されるので明らかに交換取引である。株式を対価として交付する企業結合でも，取得した資産が新たな会計実体（法的主体とは異なる）に入り，その事業体は，当該資産に対して以前には何らの直接的な財務的持分は持っていなかったので，所有主持分も膨張していることから，交換取引である（パーチェス法となる）。

② 関係会社が結合し，単に法的な形式で持分の金額が変わっただけでは，取引に実体がなく会計測定の必要性はない（プーリング法となる）。

③ 当事企業の規模が等しいように，取得会社の判断が困難な場合，あるいは，結果として生じた会社が，規模，営業の内容，収益力などの面で，結合前のどちらの企業ともきわめて異なる場合，「新たな出発」となる（フレッシュスタート法となる）。

(4-4) プーリング法の要件の細分化

　ワイアットの提案は，当時の持分プーリング法濫用を禁止しようとするものであったが，そのような過激とも思える提案は当然ながら産業界からの反対に直面した。前述したように，持分プーリング法はパーチェス法と比較して，資産評価に関する会計の基礎が変化せず留保利益も引き継げることから，結合後の業績が良く見えるので，経営者にとって都合が良いからである[17]。持分プーリング法の適用制限に客観的な基準を与える「相対的規模基準」の不適用があるとはいえ，企業結合会計を適正化しようとして ARB48 号などを改定した「APB16 号」では，12 の要件が対処療法的に羅列された。適用

---

17)　黒川行治（1998），81 頁。

要件の概略は以下のようなものであった[18]。

① 結合される会社の属性（当事企業の自立性，独立性）

② 企業結合の実行方法（対価が議決権付普通株式，自己株式の取得制限，個々の株主間の持分比率が変化しないなど）

③ あらかじめ定められた取引の欠如（交付株式の償還，再取得がないなど）

④ 事業体の継続（重要な資産の処分計画がない）

（4-5）経済的実質によるプーリング法の要件の再整理

会計基準設定機関がFASBに移って間もなく，FASBは，APB16号の成立時にすでにあった批判に応え，討議資料を1976年に発表した。当該討議資料は「経済的実質」からパーチェス法，プーリング法，フレッシュスタート法を識別しようとしたものである。プーリング法が適用されるに相応しい要件は以下のように整理できる[19]。

① 支配会社が持つ非支配会社（支配会社以外の会社）への期待（非支配会社の既存の事業活動を継続させるか）

   a 現存するあるいは計画中の事業活動が，結合後の会社あるいは支配会社の潜在的な利益に対して貢献する。

   b 運転資本その他の流動性確保の必要性へ貢献する。

   c 結合会社の他の事業活動との互換性がある。

② 非支配会社の経営者，株主の動機（利害関係者の継続）

   非支配会社の利害関係者が継続的に参加する。

③ 対価の種類

   a 資源の喪失の有無

   新規に投資された資本がなく，持分権者による資産の引上げもない。当事企業の純資産と株主グループが，結合されたという点を除き結合後もそのまま残っている。資源の総額が変わらないので，総計した利

---

18) 黒川（1999b），164-172頁。

19) 黒川（1998），91-97頁。なお，「被支配会社（被取得会社）」の表記を使用するとパーチェス法を前提とするように思われるので「非支配会社」とした。

益も変わらない。したがって，歴史的原価および利益剰余金は不変である。

　　b　リスクと便益のシェア

　　　株主グループが共同して以前からある事業を継続して新しい事業体を形成する（利益の流れを継続させる）ために，資源，能力およびリスクを結合する。

④　非支配会社株主の持分への影響

　　a　非支配会社株主持分の構成（相対的持分比率）が変化しない。

　　b　所有主持分が継続する（所有者の継続を含む）。

⑤　支配的当事企業の識別可能性

　　　相対的規模が同等で支配的当事会社が識別できない。

（4-6）支配会社の識別不可能性の強調

　その後，国際会計基準を中心に，支配会社が識別可能であればパーチェス法となり，識別不可能な場合はプーリング法となるという「支配会社（取得会社）識別不可能性」基準がプーリング法適用要件として主張されてきた。「IAS22 号」（1998 年改定）での支配会社の識別基準と識別不可能の意味するところの「リスクと便益のシェア」の要件の概要は以下のとおりである。

（1）支配会社の識別基準（当事企業（またはその株主集団）の 1 つが保有）

①　議決権総数の過半数

②　法令，契約などによる財務や経営方針を左右する権限

③　支配機関の過半数のメンバー

④　支配機関の議決権の過半数

⑤　公正価値が相対的に著しく大きい

⑥　現金交付

⑦　経営陣の選任権

　支配会社が識別不可能な場合，各当事企業の株主および経営者が共同で支配していることになる。共同支配の意味は，「存続事業体のリスクと便益の相互共有（シェア）」である。

（2）リスクと便益のシェアの要件
⑧　議決権付株式の総数あるいは事実上の過半数の交換，プール
⑨　公正価値が著しく異ならない
⑩　各株主が，相対的に以前と同一の議決権と持分を保有

5. プーリング法の禁止とフレッシュスタート法の強調

　パーチェス法とプーリング法の併存，適用要件の設定に基づく使い分けの時代が 30 年以上続いたのであるが，1998 年に「G4＋1 ポジションペーパー『企業結合の会計処理方法を一つに収斂させるための勧告』」が発表され，その後，「SFAS141 号『企業結合』(2001 年)」，「IFRS 公開草案 3 号『企業結合』(2002 年)」と，企業結合会計基準は大転換を迎え，プーリング法禁止が国際的流れとなった。この大転換の契機は上記の「G4＋1 ポジションペーパー」である。当該報告書は，約 40 年前に著されたワイアットの ARS5 号を丹念に検討しており，報告書に対するワイアットの提案の影響は大きく，歴史的な経緯を通じて，プーリング会計には，その出自にすでに問題があるという認識を持ったと思われる。また，メンバーのフレッシュスタート法への好意が感じられるのである。ただし，当該勧告のプーリング法禁止の理由およびフレッシュスタート法の強調理由は，情報を有用ならしめる定性的特質と照らし，会計概念フレームワークに沿って検討した結果導出されるという形式を採用している。その詳細は，表 16–1，表 16–2，表 16–3 を参照していただくことにして，主な論点をまとめてみよう[20]（なお，同じ理由が複数の定性的特質と関連すると思われるものは重複して記している）。

(5–1) プーリング法の禁止の論理
①　プーリング法では，当事企業の交渉した結果である取引において交換された価値を認識することなく会計処理することが可能であり，結合後

---

20)　企業結合会計研究委員会報告（1999），78–149 頁。

392　第3部　個人・組織と会計

表16-1　各企業結合方法の結果および理論的根拠の相違点

	プーリング法	パーチェス法	フレッシュスタート法
結合当事企業の資産および負債の取引価格に基づく評価を行うか	×	○（被取得企業の分）	○（すべて）
取引価格に示されるのれんを認識するか	×	○	○（相互パーチェス法） ×（公正価値プーリング法）
結合当事企業の利益剰余金を引き継ぐか	○（すべて）	○（取得企業の分）	×
結合日前の利益を結合するか	○	×	×
引き渡した対価の性質（種類）は採用する会計方法と関係があるか	○（株式交付の場合のみ）	×	×
結合当事企業は結合取引の当事者とみなされているか	×（株主のみが当事者）	○	○
結合取引の結果として新たな企業体を創出するか	×（結合当事企業が結合された形で存続する）	×（支配力を有する結合当事企業が存続する）	○
結合当事企業の資産および負債の一部あるいは全部に対する支配が変化するか	×	○（被取得企業の資産および負債）	○（すべて）

出典：G4+1ポジションペーパー「企業結合の会計処理方法を一つに収斂させるための勧告」（財団法人企業財務制度研究会訳）を参照。

　の利益報告に表われるはずの企業結合の影響を避けることを正当化しようとするものである。

② 　プーリング法では，企業結合は所有者間の取引と仮定されるが，実際の企業結合は所有者間の取引によって生じるものではなく，交渉の過程で深く関与しているのは当事企業自身である。

③ 　株式の交換によって成立した企業では所有主持分は継続するが，所有主持分の同一性が維持されるわけではない。結合後に株主が有することになるリスクと便益は，その株主が結合前に有していたリスクと便益とは同一でない。結合後のリスクと便益は，結合によって変容するものも

表 16-2　情報の有用性の識別規準に照らした各結合方法の長所

	プーリング法	パーチェス法	フレッシュスタート法
目的適合性	・当初支出額を未回収原価とする業績計算が可能である ・結合取引年の全体の利益が合算される	・実施された投資に対する経営者の説明責任が明示される	・すべての資産・負債が公正価値で測定されるので，今後発生する・消費される将来の見積キャッシュ・フローに関する現在の情報が提供される ・結合後企業に対する各当事企業の株主の適切な持分の基礎となる
信頼性	・帳簿価額は当初支出額を反映している	・存続企業によって実行された投資を忠実に表現できる	・相互にパーチェス法を適用することなので，パーチェス法の測定経験が活かせる ・すべての資産・負債の測定基礎が首尾一貫している
比較可能性	・簿価引継ぎおよび結合取引年利益の合算により，結合前後の業績の趨勢分析が可能となる	・一般の資産購入との首尾一貫性がある	・すべての資産・負債の測定基礎が首尾一貫している
費用対効果	・作成コストが最も低い	・取得原価会計が想定している情報の効果がある	・意思決定への効果がコストを上回る ・パーチェス法の測定原則が参考となる

出典：G4＋1 ポジションペーパー「企業結合の会計処理方法を一つに収斂させるための勧告」（財団法人企業財務制度研究会訳）を参照。

あれば新たに発生するものもある。

④　取得企業が識別できないからといって，結合される資産・負債の帳簿価額を維持すべき理由はない。同規模の会社同士の結合では，結合前に比べて相対的に大きな営利企業として生まれ変わる。また，そのような営利企業体は，結合前の当事企業のいずれとも大きく異なる事業内容になることが多い。結合前の当事企業の原価（簿価）は，そのような新たに生まれた，規模が大きく，性格が異なる結合企業体の財務諸表の利用者にとって目的適合的ではない。

394 第3部 個人・組織と会計

表16-3 情報の有用性の識別規準に照らした各結合方法の欠点

	プーリング法	パーチェス法	フレッシュスタート法
目的適合性	・「作る」戦略では投資が公正価値評価されるが，「買う」戦略では公正価値評価されないので当該投資に対して経営者は説明責任を負っていないことになる ・交換価格が無視される	・被取得企業についてのみ最新の測定値が反映されるだけなので，新旧価格が混在する	・従来の企業が継続する場合，帳簿価額が従来からの活動を表わす
信頼性	・企業結合取引は経営者によって調査・設計・交渉が行われるのであり，所有者間の取引とする仮定は虚構 ・インスタント利益の計上は忠実性違反である ・結合前の企業はもはや存在しないにもかかわらず，結合前の企業において発生または負担した基礎で結合後の企業の業績が計算される ・濫用された実績があり，経済的実質が同一の事象が2つの異なる測定結果をもたらすような結合契約，相対的規模の事前調整が可能である ・条件に合致するような結合契約，相対的規模の事前調整の可能性がある	・被取得企業についてのみ新しい基礎が反映するので，新旧価格の混在を招く ・いずれが取得企業か分からない取引に適用できない ・具体的測定上，識別可能資産をのれんに包括させ，あるいはリストラ引当金の過大計上によって報告利益の操作が可能である	・公正価値の信頼性を持った測定および識別可能資産とのれんの区別が困難，リストラ引当金の過大計上などのパーチェス法の欠点が顕著になる ・新たな事業体の創出と存続企業の存在という2つの事象の区別が恣意的になる可能性がある ・「新たな事業体」の創出の定義が必要である ・評価増を行いたい場合に企業結合取引を行う誘因，交換価値の総額の測定値も当事企業同士で結託する可能性がある
比較可能性	・パーチェス法による測定値への修正ができない ・新たに認識すべきのれん，無形資産，負債が明示されない ・パーチェス法を広く適用する国の企業との比較可能性がない	・被取得企業について，結合後の利益しか測定しないので，結合前利益との比較可能性がない	・企業結合前後の比較が困難となる

費用対効果	・プーリング法を適用可能とするのに要するコスト（株主へのプレミアム）がかかる ・財務諸表では得られない情報の入手コストがかかる	・購入総額の決定（株式交付の場合）および取引対価の識別可能資産・負債への配分にコストがかかる	・測定コストが3つの方法のなかで最大である ・新たな測定基準を作成するコストがかかる

出典：G4＋1ポジションペーパー「企業結合の会計処理方法を一つに収斂させるための勧告」（財団法人企業財務制度研究会訳）を参照。

⑤　交換取引は，当事者の帳簿価額ではなく，取引で交換される項目の公正価値に基づいて会計処理されるべきとする一般原則に従うべきである。

⑥　実施された投資（原価）が測定されないため，フィードバック価値がない（投資の成果の判断ができない）。

⑦　結合前に当事企業が生み出した利得または損失が結合後の損益に混入するかもしれず，結合後の損益が過大または過小に測定される可能性がある。

（5-2）フレッシュスタート法の根拠と未解決の問題

（1）フレッシュスタート法の根拠

①　結合当事企業のいずれもが存続せず新たな企業体が生じることとなる企業結合には，フレッシュスタート法の論理的根拠は適切である。

②　資産・負債の測定が結合日時点の公正価値に基づいて行われるので，予測価値およびフィードバック価値が高まる。

③　資産・負債のすべてに公正価値測定を行うので，表現の忠実性および情報相互の斉合性もある。

④　結合前の状態との比較可能性がないと批判されるが，フレッシュスタート法はそもそも比較する対象とすべき過去を有していないと仮定されるものである。

（2）フレッシュスタート法の未解決の問題

①　企業結合によって「実質的に変容する」は，如何に定義されるべきか

が未解決である。

② フレッシュスタート法は,「取得企業が識別できない結合に限って適用されるべきか」,「取得企業も実質的に変容することになるような結合に適用するべきか」が未解決である。

③ のれんを認識すべきか,のれんを認識するとしたら,どのように測定するべきかの検討が十分でない。

こうして,プーリング法は内在する問題点により禁止となり,フレッシュスタート法は未解決の問題に鑑み見送られ,パーチェス法の強制適用が要求されたのである。

6. 企業会計審議会「企業結合に係る会計基準」(2003 年) の検討

企業結合会計に関するプーリング会計全面的禁止の国際情勢のなかで,わが国の企業会計審議会は 2003 年 10 月 31 日,「企業結合会計に係る会計基準の設定に関する意見書」を公表した。わが国でも,連結財務諸表が個別財務諸表に代わって主たる会計情報となったこと,株式交換・移転制度によって株式を対価とする完全子会社化が可能となったことなど,合併と買収とを首尾一貫して取り扱う会計基準設定に関する環境整備の進展と歩調を合わせ,企業会計審議会は 2000 年 9 月から企業結合会計に関する審議を始め,3 年間の長期にわたる審議の結果ようやく結論に至ったものである。

当該会計基準は,最大の焦点であったプーリング法について,適用条件が非常に厳しいものであるが,結局,パーチェス法とともに併存させることとしており,米国と歩調を合わせる国際会計基準と一線を画するものとなった。ちなみに,パーチェス法で発生するのれんについても,当時,SFAS142 号「のれんおよびその他の無形資産」,IFRS 公開草案 3 号「企業結合」がともに,資産計上および非償却＋減損処理であるのに対して,資産計上および償却＋減損処理を求め,対立したものとなっている。当該会計基準で設定されたプーリング法の適用要件を検討してみよう。

(6-1) プーリング識別要件

「持分の結合」（プーリング）を先に識別し，それ以外を「取得」（パーチェス）と判断する。具体的識別基準は，以下のとおりである。

① 対価の種類が議決権付株式

「リスクと便益のシェア」に関する過去に存在していたものに類する要件が網羅されている。また，厳格な自己株式の取得制限が要件とされており，「資源の喪失の有無」要件も入っている。

② 議決権比率が等しいこと

APB 意見書 16 号で棄却された相対的規模基準が，過去の米国で提案された基準（1 対 3）と比較しても[21]，きわめて厳しく設定されている（最大 45 対 55）。

③ その他の支配関係に関する要件

「意思決定機関の共同支配基準」に関する諸基準，「事業の継続基準（重要な事業の処分の計画)」が要件とされている。

このように，過去に提案されてきたプーリングの識別要件は，「事業の類似性・補完性」を除いて，ほぼ網羅されていると言ってよい。また，相対的規模基準が厳格であり，プーリング法の適用は，きわめて限定されたものになる。

(6-2) 企業結合に係る会計基準の論理の検討

(1) すべての当事企業の事業が非継続の場合の処理方法が不明

フレッシュスタート法の適用要件は，本来，持分の継続（支配の継続)・非継続とは別個である「企業結合によって結果として生じた会社が，規模，営業の内容，収益力などの面で，結合前のいずれの企業ともきわめて異なる」というものである（これを「事業の非継続」基準と呼ぶ）。

さて，企業結合に係る会計基準では，「リスクと便益のシェア」，「議決権比率の同等」，「意思決定機関の共同支配」に加え，「事業の継続」基準が入っており，プーリングであるとされる要件は網羅されているので，これら

---

21) 黒川 (1999b)，164 頁，「APB 意見書第 16 号」の公開草案第 7 項。

の基準に合致する限り，プーリングと識別することには論理がある。

　また，いずれかの企業が「事業の非継続」である場合には，パーチェスと識別することにも論理がある。ところが，「いずれの当事企業も「事業の非継続」（上記で言うところの結合後の企業が当事企業のいずれとも異なる）であったならばどうする」という記述が存在していない。はじめから，フレッシュスタートとなるべき要件が存在していないのである。この事情については，「企業結合に係る会計基準の設定に関する意見書」の「三の1. 企業会計基準の基本的考え方」に記述されており，「その方法（フレッシュスタート法：筆者加筆）を適用することが適切と考えられる事象やその根拠等が必ずしも明確ではない現況等を勘案し……」[22] 現時点では採用しないこととされたのである。未解決の問題とは，「(5-2)（2）」の①，②，③で記述したような問題であろう。

　フレッシュスタート法の適用が否定されている以上，事業の非継続要件がいずれの当事企業にも生じる結合取引が現出した場合，パーチェス法に拠るしかないと思われるが，このような取引へのパーチェス法の適用は，忠実な表現とは言えない。

（2）プーリング法の問題点に対する回答が示されていない

　「G4＋1 ポジションペーパー」で示されたプーリング会計の問題点のなかで，とくに以下の3つに対する回答が，プーリング会計を残す以上必要なのではないか。

①　企業結合が所有者間の取引によって生じるものではなく，交渉の過程で深く関与しているのは当事企業である。

②　株式の交換による企業では所有主持分は継続するが，所有主持分の同一性が維持されるわけではない。結合後に株主が有することになるリスクと便益は，その株主が結合前に有していたリスクと便益とは同一でな

---

22) この文章（すなわち，フレッシュスタート法を非論理的という理由ではなく，時期尚早であるという理由で見送った）の起草を検討していたワーキング・グループでの会話が懐かしい（定かではないが）。冗談めいてはいるが，フレッシュスタート法推進論者であった黒川の顔を少しは立ててくれた学者委員のご厚情と，実務家委員のなかにごく少数，賛同者がいたからであると思う。

い。結合後のリスクと便益は，結合によって変容するものもあれば新た
に発生するものもある。

③　上記のことから，企業結合取引は企業自身の行う交換取引である。交
換取引は，当事者の帳簿価額ではなく，取引で交換される項目の公正価
値に基づいて会計処理されるべきである。

　企業結合に係る会計基準では，リスクと便益のシェアなどに関するAPB
16号，IAS22号などで設定されてきた要件を根拠に「持分の結合」を示し，
会計の基礎は変化しないと論理立てしているが，G4＋1ポジションペーパー
は，これらの基準を検討した上で，持分の継続による会計の基礎の継続には
論理がないと結論しているのである。

7.　企業統合・再編とフレッシュスタート法の是非

　株式交換・移転制度で容認されると思われる会計処理と連結会計を前提と
する企業結合会計基準の考え方とを摺り合わせ，3行統合銀行やさくら住友銀
行の事例を俎上に載せてフレッシュスタート法の是非について検討してみよう。

(7-1)　持株会社の新設
　株式移転制度を利用した持株会社新設の場合，親会社個別貸借対照表に計
上する子会社株式の評価金額に，子会社となるすべての当事会社の純資産の
公正価値を反映させると，連結会計上，これまで，国際会計基準などで容認
されていなかった公正価値プーリング法を適用した結果となる。ところで，
親会社個別貸借対照表での利益剰余金の引継ぎ禁止とのれんの非計上の理由
は，子会社個別貸借対照表に利益剰余金が残っているので，親会社個別貸借
対照表で利益剰余金を計上すると，利益剰余金の二重計上になること[23]，お
よび，株式交換制度を想定し，株式を対価とする買収は現金を対価とする買

---

23)　原田晃治 (1999)，22–23頁。

400 第3部 個人・組織と会計

収と比較して，のれんの対価の測定が不明瞭になるという点が根拠らしい[24]。しかし，株式移転による持株会社新設を想定し，当事会社すべての純資産の評価換えを子会社株式の評価に反映した場合に結果として生じる公正価値プーリング（のれんと利益剰余金の非計上）の可能性を根拠付けようとすると，持株会社新設時に当事会社すべてからなる企業集団が以前とは異なる経済的実質に至ったという，新たな経済的実質を持った企業実体の出発，「フレッシュスタート」としての経済的実質を仮定することになろう。

そこで，前出の「3行統合銀行」の事例を考えてみよう。1998年8月20日に発表された統合計画によると，第1ステップとして，2000年秋に3行の銀行部門が共同の持株会社を設立してその傘下に入り，各銀行の100%子会社である各証券会社同士が合併する。第2ステップとして，2002年春を目処に，会社分割法制を利用して，「カスタマー＆コンシューマー銀行」と「コーポレート銀行」および「インベストメントバンク＆ホールセール証券」の3つを中心に分社化し，企業集団の再編成をするというものであった。合理化・効率化という点では，持株会社設立後5年を目処に150店舗の削減，6,000人規模の従業員の削減，1,000億円程度の経費削減を目指すとされた[25]。さらに計画を見ると，3行の業務は第1ステップ時から横断的に再編成され，それぞれの会社が結合以前の形で存続することはまったくない。新たな企業集団の出発と仮定することは妥当のように思われる。

国際会計基準などに従ってパーチェス法の適用を考えてみよう。パーチェス法を適用すると，3行のうちのいずれかを取得会社として識別する必要が生じる。3行の概要が表16-4である。

3行は対等の立場で統合され，持株会社設立にあたって発行される株式の割当比率は同等（1:1:1）が予定されていた[26]。そこで，統合時には統合前の発行普通株式数で議決権の相対的割合が決定されることになる。統合前の発行普通株式数で見ると，富士銀行が若干多い。

経営陣の人数比については分からないが，従業員の数から見ると第一勧業

---

24) 岩原紳作・原田晃治・内間裕・中西敏和（1999）「交換・株式移転の実務」，21頁。

25) 「資料」『週刊金融財政事情』1999.8.30日号，40-42頁。

26) 「資料」『週刊金融財政事情』1999.8.30日号，41頁。

表16-4 3行の概要（1999年3月31日現在）

商号	第一勧業銀行	富士銀行	日本興業銀行
資本金	8,577億円	10,378億円	6,736億円
発行普通株式数	3,121百万株	3,442百万株	2,640百万株
株主資本	24,042億円	23,218億円	16,239億円
総資産	525,342億円	463,844億円	420,893億円
従業員数	16,090人	13,976人	4,752人
国内店舗数	334	284	27
海外店舗数	19	19	21
総資金量	351,677億円	321,231億円	280,419億円
連結経常利益	−6,078億円	−6,739億円	−2,634億円
連結1株当たり純資産	514円	358円	459円
連結1株当たり当期純利益	−143円	−142円	−71円
連結自己資本比率（国際統一基準）	11.46%	11.21%	11.30%
株価（1999年3月期） 最高	1,010円	829円	939円
最低	479円	252円	435円

出典：『週刊金融財政事情』1999年8月30日号，42頁，および有価証券報告書により作成。

銀行が多い。連結1株当たり当期純利益や株価は，不良債権の実現によって変化するが，若干，第一勧業銀行が良さそうである。しかし，従業員1人当たりの総資産や総資金量は日本興業銀行が多い。

　これらの数値によって，第一勧業銀行，富士銀行あるいは日本興業銀行のいずれか1つを取得会社とし，他の2つを被取得会社と判定できるのであろうか。もし，いずれか1つを取得会社と決めたならば，パーチェス法では，その銀行のみが連結会計上帳簿価額で純資産を合算し，他の2つについては公正価値で純資産を合算することになるが，そのような情報は果たして有用なのであろうか。また，経済的実質を忠実に写像しているのであろうか。

　3行の純資産をすべて公正価値で合算する公正価値プーリング法が妥当なような気がしてならない。しかるに，国際会計（財務報告）基準，米国SEC基準そして日本基準のいずれにおいても公正価値プーリング法は認められて

402 第3部 個人・組織と会計

いないのである。なお，持株会社に統合された場合，統合前の3行がそのま
まの形態で事業を行うことはまったくないので，3行のうちの1つを取得会
社と決定できないからといって，持分プーリング法を適用するという主張に
は根拠がないことは申すべくもない。

(7-2) 分社化とプッシュダウン会計

　3行統合銀行では，第2ステップとして，「カスタマー&コンシューマー
銀行」と「コーポレート銀行」および「インベストメントバンク&ホール
セール証券」の3つを中心に分社化し，企業集団の再編成をすることになっ
ていた。分社した各会社の純資産はどうなるのであろうか。連結会計の論理
からすれば，連結実体内の再編成であり，連結貸借対照表の計上金額がそれ
によって評価替えされることにはならないと思われる。したがって，持株会
社設立時（連結集団形成時）に公正価値プーリング法で処理されていれば，
企業結合時の公正価値が連結財務諸表に合算される分社した各社の資産・負
債の評価額となっているのである。

　問題は，子会社の個別財務諸表である。立法担当者の説明では，株式交
換・移転制度によって子会社になっても，当該子会社の個別財務諸表は当事
会社の以前からの帳簿価額が繰り越され，企業結合時の資産などの再評価は
連結会計についてのみ反映するということである。ところで，アメリカの連
結会計ではプッシュダウン会計といって，パーチェス法による資本連結時，
子会社自体にも会計の新しい基礎が認識できるとして，子会社の帳簿記録を
連結会計上認識することになった資産・負債の公正価値で置き換え，以後，
この公正価値に基づく会計処理を子会社個別会計で行う処理が存在する。

　プッシュダウン会計を採用すると，子会社に関する会計処理が連結と個別
で一緒になるので，連結精算表で調整する必要がなくなる。とくに3行統合
銀行のような完全子会社（100%所有子会社）についてはプッシュダウン会計
が要求される[27]。もし，わが国でもこのようなプッシュダウン会計が認めら

---

27)　SEC Staff Accounting Bulletin No. 54 では，ほとんどすべての株式を所有するようなパーチェ
　　スタイプの企業結合には，プッシュダウン会計が要求されている。
　　Baker, Richard E. = Valdean C. Lembke = Thomas E. King, (1996), p. 192.

れるのならば，公正価値プーリング法で処理すると，持株会社新設時に，子会社個別会計上の資産・負債がすべて公正価値で評価された価額となっていて，分社時，資産・負債などはその価額で新たな子会社に移管することになろう。

(7-3) 合併と公正価値プーリング法

　株式移転による持株会社新設について公正価値プーリング法適用の余地があると仮定すると，合併の場合に公正価値プーリング法は適用できないものかという疑問が生じる。合併に公正価値プーリング法を適用すると，消滅会社だけでなく存続会社に以前から存在する資産・負債についても公正価値で置き換えることになる。さくら住友銀行の事例を検討してみよう。

　さくら銀行と住友銀行の概要が表 16-5 である。

表 16-5　さくら銀行と住友銀行の概要（1999 年 3 月 31 日現在）

商号		さくら銀行	住友銀行
資本金		10,427 億円	7,528 億円
発行普通株式数		4,083 百万株	3,141 百万株
株主資本		22,235 億円	18,464 億円
総資産		472,087 億円	515,312 億円
従業員数		16,330 人	14,955 人
国内店舗数		469	339
海外店舗数		20	25
連結経常利益		−7,762 億円	−8,773 億円
連結 1 株当たり純資産		331 円	401 円
連結 1 株当たり当期純利益		−125 円	−181 円
連結自己資本比率（国際統一基準）		12.33％	10.95％
株価（1999年 3 月期）	最高	404 円	1710 円
	最低	165 円	860 円

出典：『週刊金融財政事情』1999.10.25 日号，9 頁，および有価証券報告書により作成。

404 第3部 個人・組織と会計

　さくら銀行と住友銀行の統合計画では，2002年4月に合併し，それまで
に，両行ともに「経営の健全化計画」（公的資本注入時に提出）を1年前倒し
で実施する。合併までのリストラ計画によると，さくら銀行は国内111店，
海外10店を閉鎖し，4,200人の従業員を削減する。また，住友銀行は国内
40店，海外22店を閉鎖し，2,100人の従業員を削減する。合併の基本方針
は「対等の精神」だが，合併比率は株価を基本に決めるとされ，発表前日の
10月13日の終値はさくら銀行900円に対し，住友銀行1565円で，1999年
3月期よりも近づいたとはいえ，なお，1：1にはほど遠い。合併日までの2
年余の間にどこまで株価が近づくかである[28]。

　さて，合併比率が仮に1：1となると，議決権付株式数はさくら銀行の方
が多くなる。また，さくら銀行4株に対し住友銀行3株であれば，合併時の
議決権付株式数はほぼ同じ数量となる。さくら銀行にとってそれ以上不利な
合併比率であれば，住友銀行の議決権付株式数が多くなる。また，合併まで
のリストラ計画が実施されると，従業員数，店舗数ともにほぼ同数となる。
パーチェス法で当該合併を処理するのならば，いずれかを取得会社と判定し
なければならないが，株価が4：3くらいまで近づくならば，さくら銀行と
住友銀行はほぼ対等となり，取得会社判定は困難になる。3行統合銀行と同
様，取得会社が識別困難であるからといって持分プーリング法が妥当とは言
えない。さくら住友銀行が共通の持株会社のもとで統合するのではなく合併
を選んだ理由は，「合併による同一組織のもとで，適材適所で人を配置し，
対応させる」という再編成を個々の人事まで思い切って行う意図にあり，ま
さに新しい組織・事業体の出発である。このように，当該合併も公正価値
プーリングのようなフレッシュスタート法が忠実な写像となる合併事例では
ないかと思うのである[29]。

---

28)　「住友，さくらが合併へ」『週刊金融財政事情』1999.10.25日号，8-11頁。

29)　「住友，さくらが合併へ」『週刊金融財政事情』1999.10.25日号，11頁。

8. フレッシュスタート法の論点の検討

企業結合に関する国際会計（財務報告）基準，米国 SEC 基準，そしてわが国の会計基準すべてにおいて見送られてきたフレッシュスタート法の解決すべき問題点について検討してみよう。

(8-1) 企業結合と「実質的な変容」の意義

① フレッシュスタート法の論拠は，大規模な事業・組織の改変（以下「リストラ」と呼ぶ）の存在である。大規模なリストラは，企業結合を経験しない継続企業であっても行われている。そのような場合，リストラのつど，新しい会計の基礎が認識されているわけではない。

② 取得と判定されるような経済的実質を持つ企業結合が生じ，パーチェス法を適用するような場合であっても，被取得会社に加え，取得会社とされた会社にもリストラが生じる可能性がある。しかし，パーチェス法が適用される以上，新しい会計の基礎は被取得会社のみに認識され，取得会社には認識されない。取得会社は，結合以前の事業体が継続していると仮定されているからである。

上記①と②はリストラの有無と会計測定の基礎の変更との関係で同様の問題（リストラがあっても会計測定の基礎は変化しない）を提起している。この問題について，以下のような解釈が成立するのではないか。

企業結合取引が利害の反する第三者間の交換取引であるということをひとまず仮定し，この交換取引は内部取引でないことから何らかの会計測定の対象になるとしよう。さて，いわゆるリストラの生じる契機と企業結合取引との関連性の大きさに焦点を当てる。「企業結合取引がリストラの契機，トリガーである，あるいはリストラが企業結合取引と一緒になって計画されたものであり，当該企業結合が無かりせば，同様のリストラ計画がなかったと思われるような場合」，この企業結合取引はフレッシュスタート法で処理される。

次に，パーチェス法で処理されるような場合の取得企業のリストラ問題で
あるが，フレッシュスタート法というのは全面的な資産・負債などの再評価
であるから，企業全体に係わる大規模なリストラを想定していることに留意
しよう。そこで，取得企業自体に係わるリストラに対する被取得企業の影響
が問題となる。被取得企業の影響が取得企業全体のリストラに及ぶとされる
のであれば，それはフレッシュスタート法となるが，もし取得企業にリスト
ラが生じても取得企業の一部，被取得企業と関連する事業に係わるものであ
るというような場合，全社的な再評価をもたらす根拠は満たしておらず，
パーチェス法で処理されることになるであろう。

(8-2) フレッシュスタート法は同規模の会社同士の企業結合に限られるのか

上記のような解釈から導出される具体的な基準として，再度，結合企業の
「規模の相対的同等性」が浮上する。つまり，同規模の会社同士の企業結合
で，双方の当事企業にリストラがなされ，新しい会社が出現したような場合
にフレッシュスタート法の適用が限定されることの根拠として，企業結合と
いう第三者交換取引を契機として，このようなリストラあるいは新会社の創
出がなされ，かつ，被取得会社のリストラの影響が取得会社のリストラに大
いに影響している，あるいは両者が一体となってリストラ計画が作成されて
いるといった理由が考えられるのである。

ここから類推すれば，規模の格差が大きい場合には，たとえ，取得会社
（継続会社）にリストラが発生しても，それは取得会社が継続企業として自
己努力で行うリストラと看做し，取得会社には新しい会計の基礎を認識しな
いということになる。

(8-3) 継続企業においても実質的な会計の基礎の変更があるのではないか

① フレッシュスタート法を考える場合，通常，含み益などがあり，資産
の評価増，資本の増加が想定されるが，含み損と資本の減少という逆の
状況も想定して考察する必要がある。

② 継続企業が大規模な合理化のために多額の合理化支出を行ったり，将来の収益力減退のために減損処理が適用され，多額の減損損失が計上されるなどして繰越欠損となり，減資を行って欠損金を補填した場合を考えてみよう。金融資産はすでに時価で測定されており，加えて，実物資産も時価まで評価減されている。純資産が時価で評価され，資本も減資によってそれ相当の資本額になっている。このような場合，継続企業であっても新しい会計の基礎が認識されたと言うべきではないのか。

　このような継続企業でも実質的に公正価値評価されるケースを想定すると，実行可能性としてフレッシュスタート法の適用は，評価減となるような状況に限定されるのかという問題，つまり，新しい会計の基礎を認識するための契機となる取引の状況が実物資産の評価増となるケースと評価減となるケースで，適用する会計処理が異なるのか否かが問題となる。しかしながら，継続企業の金融資産の公正価値評価や固定資産の減損処理の過程で，一部の資産については評価増，一部の資産については評価減となる場合もあるのではないか。定時開示の財務諸表でもこのような資産の評価増を含む状況もないとは言えないであろう。こうしてみると，フレッシュスタート法を評価減となるような状況に限定することをせず，すべての状況にフレッシュスタート法を認めることも，これまでの会計とまったく異なる会計処理を意味するものではなく，フレッシュスタート法の否定は，単に心理的障害であったかもしれないのである。

(8-4) 相互パーチェス法か公正価値プーリング法か

　フレッシュスタート法を適用した場合，のれんを認識するか，認識しないのかという未解決の問題がある。

① のれんを認識するという論拠は，交換取引を強調し，交換取引の基礎となる公正価値を会計測定に反映させるならば，当事企業それぞれの事業全体の評価額に，識別可能純資産の公正価値を超過した額である「のれん」を認識する必要があるということである。

② しかし，フレッシュスタートの前提に立つと，設立第1期にすでに超

過収益力の源泉としてのれんを計上し，その後毎期末に償却処理をすると，予想と実績が一致するという仮定をおいた場合，理論的には，その後の損益計算は正常利益だけとなり，「主観のれんの実現が業績測定の要因になる」という業績計算の意味から考えて問題があるかもしれない。

③　のれんの本質およびのれんの認識・測定の意味を議論しなければならない。2つのフレッシュスタート法のうち，相互パーチェス法よりものれんを認識・計上しない公正価値プーリング法の長所が勝るのかを検討する必要がある。

9. 独自性ある企業結合会計基準の可能性

(9-1) パーチェス法，プーリング法，フレッシュスタート法の併用基準

　パーチェス法の存在に関する異論は皆無と言ってよい。しかし，プーリング法とフレッシュスタート法に関する議論は，神学論争とまでは言わないが，本章で検討してきたように，各論者の信念に基づく考察の出発点あるいは着目点で対立している。50年以上も決着しないこの問題の背景には，おそらく，「企業結合取引には，3つの異なる経済的実質を持つ取引が存在している」という事実，および，それと一体となった論理が存在していると見るべきであろう。

　プーリング法は，その出自からすると，同一会計エンティティ内にある関係会社同士の組織再編事象のように，独立第三者間の交換取引とは言えないために会計の基礎を変更しない処理である。それが，第4節で検討したように，時の経過とともに生じたさまざまな環境の変化，会計基準設定への新たな要望によって，プーリング法の論拠は変化し，近年では取得会社の識別可能性や相対的規模の同等性などが強調されるに及び，ついに会計操作の防止という会計基準の役割が強調されてプーリング会計の全面禁止に至った。

　持分（interest）の継続の意義について検討すると，「営業実体（事業活動，取引関係）の継続」と解するものと，「会社と株主と関係の継続」と解するものがあり，前者は，優れて経営実体（実態）や経済的実質を重視する見解

と言え，また，後者は，集団としての株主持分の継続，会計上の資本勘定の継続を重視する見解と言えるであろう。前者の見解の延長上には，営業実体が不変の場合のプーリング会計と営業実体の大規模な変化が予定される場合のフレッシュスタート法との2つの異なる取引形態があるために，プーリング法とフレッシュスタート法およびパーチェス法の3つの代替的処理方法の選択的併存が論理上，導出できる。他方，後者の見解では，フレッシュスタート法は会計論理の枠外とされ，妥当な会計処理案としては考慮外となる。

これまでフレッシュスタート法を疑問視する論点について，第8節で新たに提案した論理が少しでも解決策を示すものならば，そろそろ，経営実態・経済的実質に着目し，フレッシュスタート法を認める会計基準を検討しても良いのではないか。

(9-2) 「対等の精神」という日本的風土に基づく会計基準は存在するのか

企業結合に係る会計基準作成中，経営側代表委員がどうしても譲れなかった論点は，「「対等合併」という大義名分の存在，対等合併では取得企業と被取得企業の識別はしない。したがって，パーチェス法は適用できないのでプーリング法になる」というものであった。つまり，組織再編活動を円滑に行っていくためには，「対等の精神」を強調する必要があるのである。この考え方は，これまでの日本的経営風土からすれば，十分理解できるし，また，「平等主義」，「弱者への配慮」，あるいは「人間の尊厳」といったテーマにも関係するかもしれない。

文化の独自性を軽視するつもりはないが，文化の担い手および享受者である国民にとって不利益となる可能性があるのであれば，それを保持する大義があるのか否か，再確認してみる必要があろう。

(9-3) 会計と経営との相互干渉

上記の対等の精神は，同時にどちらも支配権を発揮せず，経営責任を放棄することにも繋がる。プーリング法の適用は，経営に悪影響を及ぼさないとも限らないのである。実際に，本章で検討した3行統合銀行（現　みずほ銀行）では，統合後に旧銀行間を繋ぐコンピュータ・システムのダウンが発生

した。その原因が，元の銀行のコンピュータ・システム（システム開発会社が同一でなかった）を残して，各システムを繋ぐという思想でシステムを設計したことであったのではないかと指摘されている。銀行にとって顧客の金融取引を瞬時に処理するシステムは最重要の経営資源であり，それの設計思想に，はからずもプーリング会計の根底にある「結合前後で経済的実質が変化しない」という論理が発現したように思う。

もし仮に，フレッシュスタート法の根底にある「新しい会社の出発」という思想が経営に反映されたのであれば，そして経営者がそのような思想で3行の統合を進めようとしたのであれば，一から新たにコンピュータ・システムを設計したのではないか。本書第1部の「補論2　会計と経営との相互干渉」の事例と言えるのではないかと思う。

(9-4)　公共政策（弱者保護）としてのフレッシュスタート法

会計基準の設計は概念フレームワークに則して演繹的・論理的に進めなければならない。実証研究の蓄積があるのであれば，実証結果を分析して，会計情報の利用者の意思決定に役立つような情報を供給する基準作成を目標に据えなければならない。そして，経営者による会計操作が目に余るようであれば，会計基準を設計する上で，会計操作を防止するという効果を重視しなければならない。本章で紹介した，プーリング会計の全面禁止に至る過程での検討でもこれらの観点が登場していた。

しかし，私が企業会計審議会でフレッシュスタート法を推進する立場に至った本心は，大方の読者には驚くべきことかもしれないが，実は，弱者保護の論理だった。わが国でも，巷，M&Aブームである。合併・買収は企業経営上，グッド・ニュースのように思われているようであるが，本当にそうなのか。大成功の成果をもたらしたM&Aは確かに存在するが，成功の頻度・確率は失敗のそれに比べて遥かに小さいのではないか。また，成功の事例と言われるものでは，確かにリストラクチャリングによって重複投資がなくなり効率性が上昇し，固定費負担が減少し，人件費の総額も減って財務的成果（利益の上昇）がもたらされ，株主にとっては，インカムゲインとキャピタルゲインの増加がもたらされるであろう。では，買収や合併で被取得側

（吸収された側）の企業の従業員には，どのような処遇が待っているのであろうか。

余剰人員としての勧奨退職，会社内部での昇進チャンスの不平等，不利な部署への配置転換などなど，新しい会社におけるパワーの不平等，権力の偏りの影響によって，被取得側の企業の従業員は不遇となるのが通常である。それらは，過去から現在まで其処此処に見ることができる，われわれ人間社会における防ぎようのない行為の結果なのである。だから，できることであれば，必須でないような M&A を経営者には思いとどまってほしいと願うのである。本章で検討してきたように，フレッシュスタート法は，経営者にとってパーチェス法以上に M&A の意欲を減退させる会計方法である。私にとって，会計基準の作成という「社会的選択」における公共哲学指向の論理的帰結が，フレッシュスタート法推進であった。

なお，公共哲学，とくに分配の正義（例えば，ロールズの「格差原理」）を重視すると，M&A の成功は関連当事者のなかで最も弱者の立場である人々の社会生活・処遇の向上である。第 17 章では，このような観点から M&A 成功と判断できる事例調査を取り上げる。

【引用・参考文献】

岩原紳作・原田晃治・内間裕・中西敏和（1999）「交換・株式移転の実務」『商事法務』
　　　　No.1539（1999 年 10 月 5 日号）。
企業結合会計研究委員会報告（1999）『企業結合会計をめぐる論点』（本編・資料編）（財）
　　　　企業財務制度研究会。
黒川行治（1998）『連結会計』新世社。
――――（1999a）「株式交換・移転制度と企業結合会計」『COFRI ジャーナル』第 37 号
　　　　（1999 年 12 月），45-60 頁。
――――（1999b）『合併会計選択論』中央経済社。
――――（2004）「企業結合会計方法の論点と解決策」『三田商学研究』第 47 巻第 1 号
　　　　（2004 年 4 月），175-190 頁。
高須教夫（1992）『アメリカ連結会計論』森山書店。
――――（1996）『連結会計論』森山書店。
原田晃治（1999）「株式交換等に係る平成 11 年改正商法の解説〔上〕」『商事法務』

No.1536（1999 年 9 月 5 日号）。

米国財務会計基準（合併・分割）研究委員会報告（1996）『合併会計をめぐる米国財務会計基準の動向』（財）企業財務制度研究会。

山地範明（1997）『連結会計の生成と発展』中央経済社。

G4＋1 のポジションペーパー（和訳）（1998）「企業結合の会計処理方法を一つに収斂させるための勧告」『企業結合をめぐる論点』（資料編）（財）企業財務制度研究会。

「住友，さくらが合併へ」『週刊金融財政事情』1999 年 10 月 25 日号。

「資料」『週刊金融財政事情』1999 年 8 月 30 日号。

Baker, Richard E.＝Valdean C. Lembke＝Thomas E. King（1996）*Advanced Financial Accounting*, 3rd edition, McGrow-Hill.

Catlett, George R.＝Norman O. Olson（1968）*Accounting for Goodwill*（*Accounting Research Study* No. 10）, AICPA, New York.

Financial Accounting Series No. 192-A（1998）"Methods of Accounting for Business Combinations: Recommendations of the G4＋1 for Achieving Convergence", Draft, FASB.

Wyatt, Arthur R.（1968）*A Critical Study of Accounting for Business Combinations*（*Accounting Research Study* No. 5）, AICPA, New York.

第 17 章

京セラとヤシカの合併
―――フィールド・スタディ―――

1. 救済ではあったが，シナジー効果を期待した
積極的異業種合併

　1983 年（昭和58年）10月1日，京セラとヤシカの合併があった。当時，京セラは，1982 年10月の社名変更に象徴されるように，旧社名時代（京都セラミック）の，地方にある，規模は決して大きくはないが高収益・最優良財務内容会社として財務分析専門家に注目されていた会社から，ソニーに代表されるような最先端技術を武器とするいわゆるハイテク高成長会社として，次の時代の日本の産業を担う有力会社であると広く社会から認知を受け，何かと衆目の対象になる会社に脱皮した頃である。

　他方，ヤシカは，一部のカメラマニアから，彼らの垂涎の的であるドイツ・カールツァイス社の最高級ブランド，CONTAX（コンタックス）を持っている名門メーカーとの評価もあるが，しかし，1960 年代後半の度重なる不祥事に端を発する極度の業績不振によって，商社主導による，工場閉鎖を含む会社再建・守りの経営が約10年も続き，一般消費者からはあまり注目されない中堅カメラメーカーとなっていた。さらにカメラ業界の構造不況に遇って，業界通からはその存続すら危ぶまれる状態でもあった。

　このような好対照の会社の合併ではあったが，重態と言っても光学・精密加工技術を持っていることが期待できるヤシカを，セラミック技術を中心とするハイテク高成長会社の京セラが合併すれば，オプトエレクトロニクス戦略上，京セラには新たな有力手段の追加によって，更なる事業展開が期待されたのである。

　本章は，表面的にはわが国にしばしば見られる救済合併である京セラとヤ

414 第3部 個人・組織と会計

シカの合併が，決して後ろ向きではなかったことを明確にするとともに，従来，合併の研究で看過されがちであった被合併会社の従業員の合併後の処遇にも注目し，合併における「成功」とは何なのか，成功するために大切な要因は何かなどについても考察するのが目的である[1]。

2. 合併会社（京セラ）の状況

(2-1) 会社の沿革

京都セラミックは，インタビュー当時には代表取締役会長であった稲盛和夫氏が中心となり，1959年（昭和34年）4月1日，資本金3百万円をもって，京都西ノ京に本社・工場を建て，ファインセラミックス専業メーカーとして設立した。会社の要素はしばしば「人・もの・金」と言われるが，稲盛氏は，類まれなる経営手腕を持ち，自身の人生哲学に沿った意識革命を伴う従業員教育を基本として人材を育てる一方，独特の組織機構と業績評価システムによる効率的生産，徹底したコスト節減策による価格競争力を持った製造技術を作り上げ，会社設立後12年にして（1971年10月）大阪証券取引所第2部に上場，2年後の1974年2月には東京，大阪証券取引所第1部に上場するまでになった。

上場後は，高業績に伴う高株価を利用した時価発行増資を定期的に実施し，低い資本コストで大量の資金を調達するという，きわめて優れた財務戦略も

---

1) 当研究にあたっては，有価証券報告書や雑誌記事を情報源とした他に，京セラ本社の常務取締役経営管理本部長・伊藤友二氏，取締役関連会社育成本部副部長・高橋幸男氏，経営管理本部経理部長・石田秀樹氏，同経理課責任者・大井昌彦氏にインタビューさせていただき，かつ，その後，何度か書面で質問に回答していただいた（肩書きは当時のもの）。文中「インタビュー」とあるのは，これらの結果を総称したものである。書面をお借りし，上記の方々に心より感謝する。

本章は，黒川行治（1995）が初出である。執筆時期は1993年頃で，バブル崩壊後ではあるが，その当時においては，不況は長くは続かず，早晩，1980年代までの成長路線に日本が戻るであろうと考えていたと思う。なお，M&Aの成功を財務的業績のみに求めず，公共哲学とくに分配の正義（例えば，ロールズの「格差原理」）の観点から，最も弱者の立場にあると思われる被合併会社の従業員の待遇の向上にあるのではないかとする私見を読者諸賢に問う目的で，若干の修文・加筆を行い採録した。

兼ね備えている。そして，このような優れた人材教育風土，効率的生産・営業組織，豊富な資金を，部品メーカーからの脱皮，次代をにらんだ多角的事業展開に投入していったのである。

(2-2) 京セラフィロソフィー

　従業員教育の基本となる稲盛氏の人生哲学であるが，残念ながら浅薄の身である筆者が到底その神髄を理解できたとは思えないし，また，仮に理解の方向に誤りがなかったとしても，それを読者諸兄に正しく伝える自信はない。このことをまず認識していただいたことを前提に，若干記述する。

　稲盛氏の社内向け，あるいは社外向けのパンフレットや小冊子には，しばしば「敬天愛人」(「西郷南洲翁遺訓」) という言葉が登場する。同誌には「「天」は道理であり，道理を守ることが敬天である。また人は皆同胞であり，仁の心をもって衆を愛するのが愛人の意味」(冊子『京セラフィロソフィー』)とある。また，「常に公明正大謙虚な心で仕事にあたり，天を敬い，人を愛し，仕事を愛し，会社を愛し，国を愛する心」(会社案内「Kyocera」) とも書かれている。組織にとって最も大切な仲間同士の信頼感・連体感を強調したものであろう。そして，人生の目標と仕事の目標の軌道を同一方向に延ばしていくことを求めたものであろう。

　経済雑誌など[2]でも引用される稲盛イズムあるいは京セラフィロソフィーの公式に，「人生・仕事の結果＝考え方×熱意×能力」がある。人生や仕事の結果は，生まれながらの知力・体力と目標達成への熱意と，そして偏見に囚われない公正かつ前向きな姿勢の相乗効果 (足し算でなく掛け算であるところがポイント) にあることを説いたものである。

(2-3) アメーバ経営

　効率的生産・徹底した原価節約システムは，「アメーバ経営と時間当たり採算制度」に基づいている。メンバー数名から数十名の組織をアメーバと呼び，これが業績測定単位となる。またある種のプロフィット・センターでも

---

2)　例えば，『週刊東洋経済』1983 年 4 月 16 日号。

あり，徹底した分権管理が行われている。各アメーバ間では公平な価格でものが移転し，各アメーバの業績はかかる振替価格を基に「（売上－労務費を除くコスト）÷労働時間」という指標で測定される。

この指標について，読者は2つの点で注目するであろう。第1は，分子のリターン金額の測定に労務費をマイナス項目としていないことである。調査時点から20余年を経た現在，われわれの社会の労働市場は大きく変わった。経営者は株主にとっての利益を優先し，労務費をリターン金額の測定上マイナス項目として捉え続けてきた。そのため，非正規雇用が実に4割に達しようとしており，労働分配率は低下した。しかしこの指標は，労務費をリターン金額のマイナス項目としていない。第2に，効率性測定のための分母に労働時間を当てている。金融資本主義が想定する投下資本金額ではないのである。同じリターンを長時間ではなく短時間で稼げば稼ぐほど高く評価される仕組みである。これもまた，20余年を経た現在，長時間労働の弊害が叫ばれ続けているわが国にあって，見習うべき指標として先見性があった。

さて，このアメーバはその名のごとくメンバー構成，人員数あるいはアメーバの機能に柔軟性があり，アメーバのリーダー選出は実力主義で決まる。アメーバの成績は社内で掲示される。しかしそれが各人の給料査定に連動しない。心理的充足感が充たされるのみである。そのために，個人主義に傾くことがなくかつ会社全体の連体感を損なうこともない。ただし，個人の組織への忠誠心（loyalty）の維持を必要とするところから，前述の京セラフィロソフィーが必要不可欠となっている。

ところで，合併前の京セラの業績を所属業種や製造業の業績と比較して特徴的なことは，売上高経常利益率が圧倒的に高く，高収益を上げる体質であったことである。ところが，おもしろいことに，一人当り売上高を比較すると，所属業種の約半分，製造業平均との対比では4割程度しかない（表17-1，表17-2参照）。

つまり，単価の高い製品を作るというよりも，平均的には単価の安い製品を圧倒的な効率あるいは低コストで製造することにより，高い利益率を維持するという企業であり，巷のハイテク高成長会社のイメージとはかなり異なっている。むしろ，従来から定着していた製造企業の本来の姿，すなわち

第 17 章　京セラとヤシカの合併　*417*

表 17-1　京セラ合併前の業績

会計年度	売上高 （百万円）	経常利益 （百万円）	売上高 経常 利益率 （％）	当期利益 （百万円）	売上高 当期 利益率 （％）	従業員数 （人）	一人当り 売上高 （万円）
73.3	11,256	3,687	32.8	N.A.	N.A.	2,073	543
74.3	23,882	8,743	36.7	N.A.	N.A.	2,670	894
75.3	20,806	5,415	26.0	N.A.	N.A.	2,316	898
76.3	29,633	9,863	33.3	5,225	17.6	2,785	1,064
77.3	40,190	14,648	36.4	7,161	17.8	3,033	1,325
78.3	38,684	11,908	30.8	6,563	17.0	3,144	1,230
79.3	50,343	13,505	26.8	6,865	13.6	3,712	1,356
80.3	81,905	24,396	29.8	12,035	14.7	4,554	1,799
81.3	100,567	24,457	24.3	13,363	13.3	5,098	1,973
82.3	101,846	26,884	26.4	13,526	13.3	6,119	1,664
83.3	133,230	34,691	26.0	17,121	12.9	7,884	1,690
84.3	219,750	51,654	23.5	24,044	10.9	11,121	1,976
85.3	283,285	72,399	25.6	31,612	11.2	13,180	2,149

資料：有価証券報告書。

表 17-2　所属業種および製造業の業績

年度	製造業		その他電気機器	
	売上高 経常利益率 （％）	一人当り 売上高 （万円）	売上高 経常利益率 （％）	一人当り 売上高 （万円）
1973	6.03	1,715	8.15	1,439
75	1.12	2,166	4.50	1,576
80	4.40	4,079	7.06	2,881
85	4.28	4,972	10.05	3,540

資料：「企業経営の分析」三菱総合研究所。

低コストで高品位のものを製造する技術を徹底的に追求した企業であるとい
うイメージすら持てるのである。

　おそらく，これは，主要製品が部品であり，最終製品でないということが
最大の原因であろう。したがって，京セラの願望として，主要製造品目に最
終製品を加えたいというものがあっても不思議ではなかった。

(2-4) 高株価と資金調達

京セラは，1971年10月の株式上場後，ほぼ2年に1度の割合で増資を行い，資金を調達してきた。この間の発行価格の上昇はめざましく，東証ダウ平均株価の上昇を上回っている。ただし，発行価格の動向をもう少し詳しく見ると，その伸びが一様ではなかったことが分かる。大証2部上場から1974年2月の東証1部上場前までの上昇がとくに顕著であり，1部上場後サイバネット合併までは，東証ダウ平均株価の上昇と概ね同様の伸びにとどまっている。そして，ヤシカ合併4カ月後の増資までの発行価格上昇が再びかなり顕著であった。

上場後サイバネット合併までの7回の増資により調達した資金総額は約670億円。これは，73年3月期から82年3月期までの10年間の売上高合計が約5,000億円であることを考慮すると，売上の13.5%にも相当する資金を株式市場から調達していたことが分かる。さらに，ヤシカ合併後の84年2月の増資総額587億円は，同増資のあった84年3月期の売上2,198億円の

表17-3　上場後，ヤシカ合併までの増資の経緯

年月	発行価格 (円)	株式数 (千株)	資金総額 (百万円)	東証ダウ平均株価 月最高 (円)	東証ダウ平均株価 月最低 (円)	合併月の京セラ平均株価 月最高 (円)	合併月の京セラ平均株価 月最低 (円)
71.10	477	1,578	752	2,433	2,227		
72.9	1,500	1,680	2,520	4,353	4,094		
73.9	2,300	2,000	4,600	4,872	4,393		
76.2	3,490	1,600	5,584	4,670	4,462		
79.1	3,640	4,353	15,845	6,213	6,042		
80.5	3,078	4,000	12,312	6,883	6,634		
82.5	3,020	8,400	25,368	7,619	7,285		
82.10	サイバネット合併			7,415	6,850	4,170	3,800
83.10	ヤシカ合併			9,563	9,233	7,780	6,490
84.2	9,600	6,110	58,656	10,201	9,830		

資料：「株価総覧」『週刊東洋経済』臨時増刊，その他に有価証券報告書。

約27%にも達していた（表17-3参照）。

このように，京セラの財務政策は資金調達を見る限り，高発行価格に基づく増資という積極的な証券市場の活用が見られるのである。

(2-5) 多角化の推移

京セラはもともとファインセラミックス製品を中心とする部品メーカーであったが，1979年のサイバネット工業に対する資本参加（サイバネット救済のため）の頃から情報機器などの最終製品をその主要製品分野に加え，ヤシカの合併により光学機器，そしてその後も第二電電設立に見られるように多角化を進めてきたように思われる（表17-4参照）。

京セラと立地や業種からしてライバルメーカーの1つと見られる村田製作所と連結売上高，利益，売上高利益率を比較したのが表17-5である。これを見ると，サイバネット工業合併あるいはヤシカ合併直後までは，連結売上高の伸び率，そして売上高利益率の高さにおいて，京セラは村田製作所を圧倒していた。しかし，第二電電設立後の80年代後半は売上高の伸びが停滞し，また利益率は大きく下がっている。むしろ，この間の村田製作所の利益率の上昇で，利益率において逆転現象が見られる（合併後の業績推移の分析は後述）。

表17-4　京セラの主要製品・事業の追加の動き

	［オリジナル分野］＝ファインセラミックス，電子部品，半導体部品
79.9	サイバネット工業に資本参加　　　　　　情報機器，通信機器
82.10	サイバネット工業，クレサンベールなど　　ファインセラミックス技術応用品
	関連会社4社を合併
83.10	ヤシカと合併　　　　　　　　　　　　　光学機器
84.6	第二電電を設立　　　　　　　　　　　　通信事業
89.8	エルコグループを買収　　　　　　　　　電子部品（コネクター）
90.1	AVXグループを買収　　　　　　　　　　電子部品（コンデンサ）

資料：有価証券報告書。

420　第3部　個人・組織と会計

表17-5　京セラと村田製作所の連結業績

	京セラ				村田製作所		
会計年度	連結売上高（百万円）	連結利益（百万円）	売上高利益率（％）	会計年度	連結売上高（百万円）	連結利益（百万円）	売上高利益率（％）
77.3	48,651	8,336	17.1	77.3	N.A.	N.A.	N.A.
78.3	46,740	6,243	13.4	78.3	37,853	1,371	3.6
79.3	59,408	7,115	12.0	79.3	41,583	2,243	5.4
80.3	114,165	14,494	12.7	80.3	54,523	3,090	5.7
81.3	145,721	14,386	9.9	81.3	71,963	4,882	6.8
82.3	158,060	15,117	9.6	82.3	96,931	5,588	5.8
83.3	173,472	20,882	12.0	83.3	112,578	6,964	6.2
84.3	251,180	29,654	11.8	84.3	163,977	14,334	8.7
85.3	325,719	38,072	11.7	85.3	217,180	21,488	9.9
86.3	279,103	18,385	6.6	86.3	205,064	21,674	10.6
87.3	276,192	17,465	6.3	87.3	203,346	16,426	8.1
88.3	300,409	22,677	7.5	88.3	211,695	17,871	8.4
89.3	338,704	29,654	8.8	89.3	243,092	21,623	8.9
90.3	421,032	33,827	8.0	90.3	247,776	19,064	7.7
91.3	461,233	32,250	7.0	91.3	277,367	25,116	9.1
92.3	453,499	27,123	6.0	92.3	280,467	27,176	9.7
93.3	431,599	23,944	5.5	93.3	270,054	23,655	8.8

資料：連結財務情報。

3.　被合併会社（ヤシカ）の状況

　表17-6はヤシカの業績および特記すべき事項を，入手できた1961年3月期から1983年3月期までの有価証券報告書により，一覧にしたものである。

　これを見ると，一握りの経営陣のモラルの欠如および不正が，2,000人以上の従業員がいる上場会社を崩壊させたことが分かる。そしてそのために，従業員がどれほどの痛手を味わったかと思うと，経営者の責任がいかに重大であるかを痛感する。同時に，内部統制組織の崩壊とそれをチェックすべき会計監査人の怠惰が，これほどまでに大きな影響を持つことに鑑み，これら組織および会計監査人のモラルの重要性にあらためて目を見張るものである。

第 17 章　京セラとヤシカの合併　*421*

表 17-6　ヤシカの合併前の業績および特記事項

会計年度	売上高 (百万円)	経常利益 (百万円)	経常利益率 (％)	留保利益 (百万円)	従業員数 (人)	平均年齢	特記
60.3	4,016	162	4.0	222	N.A.	N.A.	
61.3	4,403	203	4.6	325	2,409	22.7	
62.3	4,889	207	4.2	383	2,330	25.1	
63.3	5,873	277	4.7	462	2,034	25.5	
64.3	6,015	208	3.5	534	1,968	26.1	
65.3	6,786	226	3.3	469	1,977	26.1	
66.3	5,369	− 139	− 2.6	103	1,836	27.0	＊1
67.3	6,328	194	3.1	− 209	1,702	27.1	＊2
68.3	7,607	223	2.9	16	1,754	28.8	
69.3	10,192	322	3.2	202	2,145	27.9	
70.3	13,144	226	1.7	233	2,183	27.9	＊3
71.3	15,409	375	2.4	− 528	2,310	27.9	＊4
72.3	14,747	− 63	0.4	− 809	2,379	28.4	＊5
73.3	16,990	355	2.1	− 484	2,180	29.8	
74.3	19,032	189	1.0	149	2,044	30.1	＊6
75.3	14,192	− 3,116	− 22.0	− 1,930	1,326	30.1	＊7
76.3	16,850	− 1,182	− 7.0	− 3,217	1,152	32.1	＊8
77.3	22,461	225	1.0	− 1,988	1,018	33.8	＊9
78.3	25,599	642	2.5	− 1,179	981	34.6	＊10
79.3	21,373	− 1,292	− 6.0	− 1,910	944	35.1	＊11
80.3	24,221	1,040	4.3	− 927	821	36.0	
81.3	26,220	1,160	4.4	− 35	793	36.9	
82.3	22,641	318	1.4	168	811	36.5	
83.3	23,912	22	0.1	244	842	36.3	＊12
83.9					865		＊13

特記事項

＊1　牛山治三郎専務 (社長の実弟), 麻薬事件により退任。

　　　監査報告書に, 「関係会社売掛債権に関する貸倒引当不足, 約 870 百万円が存在する旨」の
　　限定意見あり (したがって, 経常利益, 留保利益を同額だけ減少させなければならない) (公
　　認会計士は上野明正氏)。

＊2　公認会計士が交替 (新任者は島田平蔵氏)。

＊3　取締役経理部長茂垣誠一郎氏などによる社金横領が 1970 年 10 月に発覚。

　　　上記の横領に伴う粉飾経理があり, 過去 3 年間にわたる財務諸表の訂正。1970 年度貸借対
　　照表における主な科目の訂正は, 現金増額 96 百万円, 受取手形減額 300 百万円, 売掛金増額
　　250 百万円, 請求債権仮勘定 604 百万円 (貸倒引当金追加 604 百万円), 支払手形追加 500 百

422　第3部　個人・組織と会計

万円，利益剰余金減額 433 百万円である。

会社が告訴により返還を請求している金額は 604 百万円。

*4　創業社長の牛山善政氏社長退任。代表取締役専務として，日商岩井の吉田正司氏，太陽神戸
銀行の三枝正治氏就任。

公認会計士が交替（新任者は監査法人等松・青木）。

横領事件に関する被害損失の合計は，750 百万円。なお，この他に関係会社分があるが不明。
なお，監査報告書に過去数年に及ぶ内部統制の不備の指摘あり。

*5　日商岩井が 7.82％（第 2 位），太陽神戸銀行が 4.12％（第 7 位）の株主となる。

*6　所有する 3 工場の 1 つ，諏訪工場（土地面積 21,214 平方メートル，帳簿価額 310 百万円）を
売却，工場売却益 485 百万円計上。

*7　社長交替，新社長は金子四郎氏（日商岩井出身）。日商岩井が 10.29％（第 1 位），太陽神戸
銀行が 9.88％（第 2 位）の株主。

1974 年 9 月，ドイツ，カール・ツァイス財団との間に CONTAX（コンタックス）の商標使
用契約を締結。

関係会社に本社土地（東京渋谷区神宮前，5,982 平方メートル，帳簿価額 574 百万円）を売
却，土地売却益 2,580 百万円計上。

創業者牛山善政氏から当社に対し貸金返還請求 200 百万円の訴訟あり。

相模原労働組合と係争あり。

相模原工場閉鎖その他に伴う退職金支出約 1,300 百万円あり。

*8　コンタックス・ブランドのカメラ発売開始。

*9　相模原工場（土地面積 16,114 平方メートル，帳簿価額 200 百万円）を売却，工場売脚益 950
百万円計上。

相模原労働組合との係争解決。

*10　投資有価証券売却益 217 百万円計上は，太陽神戸銀行株 896 千株（1977 年 896 千株→ 1981
年 0 株（この間情報がない）），和光証券株 278 千株（1977 年 322 千株→ 1981 年 44 千株（こ
の間情報がない））によるものと推定。

*11　本社を渋谷から岡谷に移管。

*12　うち男子 694 名，平均年齢 38.1 歳。

*13　その他に嘱託・パートおよび海外出張 224 名。

資料：有価証券報告書。

ヤシカは 1949 年（昭和 24 年）12 月，牛山善政氏が創立したカメラメー
カーの名門であった。しかし，1965 年（会計年度では 1966 年 3 月期）に，実
弟の牛山治三郎氏が麻薬事件により退任した頃から，経営がおかしくなる。
同決算期の監査報告書には約 8.7 億円の関係会社売掛金に対する貸倒引当不
足がある旨の限定意見が見られ，つまり同年の経常損失は 1.39 億円ではな
く 10 億円であったことが推定できる。

とくに関係会社に対する売掛金であることから，関係会社への押し込み販
売による粉飾の可能性もあるのである。そして，この限定事項を付けた公認

会計士は，翌期に解任され，代わって島田平蔵公認会計士が会計監査人となる。それから3年後の1970年10月に取締役経理部長の社金横領が発覚し，過去3年間にわたる粉飾が露顕，翌期に再び交替した監査法人から上記期間中の内部統制の著しい不備が指摘されるのである。そして，最終的にこの横領事件により会社の被った損失は，親会社だけで約7.5億円（その他に，関係会社にもあるようだが不明）にのぼった。

　ここで，創業者の牛山善政氏は実権を日商岩井と太陽神戸銀行に譲り，社長を退任する。その後は，日商岩井ベースによる再建の歴史である。まず，1974年3月期に所有する諏訪工場を売却。ついで，1975年3月期に渋谷区神宮前の本社土地（5,982平方メートル）を関係会社に売却。1977年3月期に相模原工場を売却。1978年3月期には，太陽神戸銀行株と和光証券株を売却し，ここまでで，3つあった工場はついに1つを残すのみ，また売却できそうな有価証券は皆無となる。また，一連の工場閉鎖・売却により，1972年3月末に2,379人いた本社正規従業員は，合併直前の1983年3月末には，842人に減少していた。しかも，その時点での従業員の平均年齢は36.3歳（うち男子は38.1歳）にも達していた。

　10年を超える外科手術の結果，漸く1982年3月期に欠損金がなくなり，日商岩井出身社長からヤシカ生え抜きの遠藤良三社長にバトンタッチされた。再建途上でのヒットは，1974年9月にドイツ，カール・ツァイス財団との間にCONTAX（コンタックス）の商標使用契約を結んだことであろう。これにより，1976年3月期からCONTAXブランドの高級カメラを発売することができ，高度なレンズ技術を保有しているというイメージが残ったのである。

　しかし，乱脈経営そして再建にかかった18年はヤシカにとって長すぎた。カメラ市場が競争激烈で，カメラ会社はこの間，多角化を進めていたのである。表17-7を見ると，キヤノンの1965年度のカメラ生産比率は79.0％，それが，1983年度には，37.6％に減少している。また，オリンパスにしても，1965年度のカメラ生産比率66.0％が，1983年度に39.3％まで減少した。前者は事務機に，そして後者は医療機器に進出したのである（もちろん，日本光学のようにカメラの生産比率が変わらないところもあったが，しかし同社の生産比率は約62％である）。

424 第3部 個人・組織と会計

表17-7 キヤノン，オリンパス，日本光学のカメラその他の生産比率

(単位：%)

年度	キヤノン		オリンパス		日本光学	
	カメラ	その他	カメラ	その他	カメラ	その他
1965	79.0	21.0	66.0	34.0	63.1	36.9
70	48.3	51.7	56.0	44.0	60.7	39.3
75	52.2	47.8	48.1	51.9	64.1	36.0
80	50.6	49.4	52.8	47.2	67.0	33.0
83	37.6	62.4	39.3	60.7	62.4	37.6
(その他のうち，事務機	56.8		医療機器	33.9	眼鏡製品	10.8)

資料：有価証券報告書。

表17-8 キヤノン，オリンパス，日本光学の売上高の推移

(単位：百万円)

年度	キヤノン	オリンパス	日本光学
1965	15,083	8,223	8,090
70	44,795	17,973	24,789
75	75,051	45,936	53,803
80	240,746	96,358	97,420
83	374,126	105,802	135,288

資料：有価証券報告書。

表17-9 スチールカメラの生産・販売・在庫台数推移

(単位：千台，%)

暦年	生産		内需		輸出		輸出比率	在庫	
	台数	伸率	台数	伸率	台数	伸率		台数	伸率
1978	11,811	27.4	2,972	12.6	8,506	30.3	72.0	1,318	66.0
79	13,632	15.4	3,711	24.9	9,680	13.8	71.0	1,606	21.9
80	15,853	16.3	3,936	6.1	11,796	21.9	74.4	1,723	7.3
81	17,361	9.5	3,952	0.4	12,778	8.3	73.6	2,351	36.4
82	15,927	−8.3	3,801	−3.8	11,730	−8.2	73.6	2,764	17.6

注1：輸出比率＝(輸出台数÷生産台数)×100%
  2：在庫台数は毎年末。
資料：日本写真機工業会。

ところが，ヤシカは再建途上であって多角化するための研究開発資金はなかった。1983年当時，カメラ関連の生産比率が依然として100％であったのである。しかも，時代は電子カメラの時代を予感させており，開発資金はその必要性をさらに増しており，CONTAXブランドのカメラにより会社を支えきれるものか，疑問が生じていたのである。

1965年度と83年度の売上高の伸率を比較すると，ヤシカが約6倍であるのに対し，キヤノンは25倍，オリンパスは13倍，日本光学は17倍である（表17-8参照）。1965年当時，ヤシカはオリンパスや日本光学の約8割の年商がある企業であった。それが，1983年にはオリンパスの4分の1，日本光学の6分の1にまで格差がついた。

表17-9において，カメラ市場の需給状態の概要が分かる。1982年，カメラの市場が縮小し，在庫がかなり増加したことが分かる。1983年は，ヤシカにとって新たな試練がさらに増えたことになる。

4. 合併時点の意思決定

(4-1) 合併の経緯

この合併は，基本的にはヤシカという会社，とくにヤシカ従業員の雇用の維持のための救済であったと言われている。合併の経緯が経済雑誌[3]で報じられているので，これらを参照してみよう。

「突然の合併決定であった。1983年2月，ヤシカの遠藤社長が友人の京セラ副社長（元サイバネット工業社長）の友納氏を通じ，京セラに資金援助を求めたのがきっかけ。翌3月，稲盛社長はヤシカの岡谷工場を見学。この間の『遠藤社長のヤシカ再建へのひたむきさ』と『京セラの材料・エレクトロニクス技術とヤシカの精密・光学技術の相乗効果』を稲盛社長は勘案し，即座に合併することを決意。2か月も経ていない3月30日に，両社は合併覚書に調印した。」

---

3) 『週刊東洋経済』1983年4月9日号，『NIKKEI BUSINESS』1983年6月27日号。

筆者のインタビューでも，この稲盛社長の行動について「男気と直観的決断」という言葉で表現されていたが，まさにこれは上記の2つの要素を示しているものであろう。とはいえ，京セラも慈善団体ではないのであるから，何かメリットあるいは成算があったと思われる。

(4-2) 合併の背景と期待

京セラ側としても，第2節で若干触れたところであるが，この合併を前向きに捉える事情あるいはメリットがあった。

① 常に新製品開発，新規事業を開拓していく必要のある先端分野に属していたこと

ファインセラミックス，エレクトロニクスの先端分野で活動する企業として，次の花形製品，事業を研究・開発しなければならないという宿命にあった。

② オプトエレクトロニクスを指向していたこと

①の一環としてオプトエレクトロニクスを指向していたところから，ヤシカの精密・光学技術は，VTRカメラやコピー機，ファクシミリ，コンパクトディスクなどの製品開発に必須の技術であった。

③ 消費財分野に進出することによる企業の社会的認知の向上

いかに高技術・高成長企業とはいえ，消費財製品を主要製品系列に持たないと，社会のあらゆる階層からはなかなか認知してもらえない。

④ 完成品生産による高付加価値製品の生産

部品メーカーである限り，一人当り売上高などを大きくするには限界があり，完成品を生産したいという望みはあったであろう。

⑤ 好立地にある工場の取得

岡谷という精密機器生産の盛んな土地に工場を持ち，しかも大きなまとまった敷地の工場と，おりからの人手不足のなかで大量の従業員を長期的に確保できることは大きなメリットとなる。

⑥ 合併の経験を積んでいたことによる自信

前年，労使紛争に揺れたサイバネット工業を合併していたが，その経験から，京セライズムの浸透が被合併会社の従業員にも十分可能である

第17章　京セラとヤシカの合併　*427*

という手応えを摑んでいた。また，あえて，子会社化するよりも合併に
よる一体化を選択したのも，かかる社風の早期かつ徹底普及の実をあげ
る狙いもあった。

　以上のように，確かにこの合併は，事実としては，京セラ側が自ら望んで
合併先を探したというよりも，ヤシカ側からの救済の要請に対する「稲盛社
長の男気と決断」によるものであったろう。しかし，冷静にあるいは客観的
に決断の根拠を考慮すると，それを合理的とする理由も多々あるのである。

(4-3)　合併時の財務内容

　合併時のヤシカの財務内容と合併直前決算期の京セラの財務内容を示した
ものが表17-10である。

　京セラの貸借対照表を見ると，無借金，自己資本比率84.5%，現金・預金
が495億円とまさに超優良企業であるのに対し，ヤシカは，自己資本比率が
1％未満，借入金合計が約63億円と，このままでは会社存続が危ぶまれる
状態であった。両社の財務内容を見ただけでも，この合併が救済であったこ
とが分かるし，また，合併によって京セラが引き継ぐ借入金63億円は，京

表17-10　ヤシカと京セラの財務内容

ヤシカ貸借対照表（83.9.30）

（百万円）

現金・預金	822	短期借入金	4,258
その他流動資産	7,387	その他流動負債	7,664
土　地	106	長期借入金	2,073
その他固定資産	7,540	退職給与引当金	1,725
		資　本　金	1,215
		利益準備金	33
		その他剰余金	− 1,113
	15,856		15,856

京セラ貸借対照表（83.3.31）

（百万円）

現金・預金	49,500	流動負債	27,894
その他流動資産	86,413	固定負債	81
土　地	7,852	資　本　金	4,601
その他固定資産	37,026	資本準備金	63,415
		利益準備金	1,190
		その他剰余金	83,610
	180,792		180,792

資料：有価証券報告書。

セラの現金・預金残高を見れば，それほど大きな負担にはなっていないと思われる。さらに，ヤシカの負債のうち第2に大きな退職給与引当金は当時の税法基準によって引き当てられているので，残高は期末要支給額の40％である。そこで，もし仮にヤシカ従業員が即座に自己都合で退職した場合には，総額で約43億円の退職金支払いが必要となると推定できるが，これを勘案しても，なおかつ京セラの財務内容は揺るぎないものであり，救済者としての資格は十分にあった。

(4-4) 合併比率の決定と合併会計処理

合併比率の決定方法には，純資産（帳簿価額法，再調達価額法）比較方式，株価比較方式，収益力比較方式およびこれらの折衷方式がある。上場会社が存続会社である合併について，どのような方式が用いられてきたかについては過去に調査があり，上場会社同士の合併ではとくに，株価と合併比率との相関が0.9くらいある[4]。

京セラとヤシカの合併の場合は，ヤシカ有価証券報告書（83年3月期）の経営上の重要な契約に，次のような文章がある。

「合併比率に関しましては検討致しました結果，両社とも一部上場会社であり，会社の全ての条件を考慮に入れ，多くの皆様方によって，任意に決定されております株価が両社を最も公平に評価している指標であるとの結論に達し，昭和57年4月1日から昭和58年3月31日までの1年間の両社の株価平均の比率13.5対1を基準とし，13対1とさせていただきました。」

このことから，株価によって合併比率が決定されたことが分かる。筆者のインタビューにおいても，

① 獲得資産の売却を念頭においていなかったため，資産の時価は考慮していない。

② シナジー効果については期待してはいるが，しかし実際にそれを予測・測定することは不可能である。

③ 被合併会社の株主が納得するような客観的根拠が必要である。

---

4) 黒川行治（1992）参照。

などの理由により，時価評価や収益力（例えば，将来のキャッシュ・フロー）比較はせず，株価によって決定したというコメントを得た。

　次に合併会計処理を見てみよう。

〔個別会計〕

　個別会計上の合併処理は，いわゆる人格合一説あるいは持分プーリング法で行われ，増加資本金は額面金額で測定，また承継資産と負債は帳簿価額で計上されている。次にその推定仕訳を示す。

（単位：百万円）

（借）資産　15,806　　　（貸）負債　　　　15,607

　　　　　　　　　　　　　　　資本金　　　　　93

　　　　　　　　　　　　　　　利益準備金　　　33

　　　　　　　　　　　　　　　その他剰余金　73

〔連結会計〕

　連結会計上の合併処理は，京セラが米国 SEC 基準採用会社であることから，通常の日本基準の資本連結とは異なっている。すなわち，個別会計上の合併処理に準拠せず，SEC 基準によって当該合併がパーチェスか持分プーリングかの判定があり，ついでそれに従った会計処理が行われる。京セラの連結財務諸表を見ると，当該合併はパーチェス法で処理されている。したがって，増加資本金は発行金額で測定，また承継資産と負債は公正時価（営業権あるいはのれんを含む）で計上されている。

　次にその推定仕訳を示す。

（単位：百万円）

（借）投資消去差額　9,848[*1]　　（貸）資本金　　　　93

　　　その他純資産　−906[*2]　　　　資本準備金　8,807

　　　　　　　　　　　　　　　　　　利益準備金　　33

　　　　　　　　　　　　　　　　　　その他剰余金　9

＊1：営業権として15年償却。

＊2：営業権，資本金などの差額から推定したもので，資産，負債
　　の総額は不明。

430 第3部 個人・組織と会計

　日本基準の合併会計処理では，帳簿価額での資産・負債の引き継ぎおよび額面基準による資本金増加の故に，合併時の被合併会社の適正価額が分からないという欠点がある。ところが，SEC基準のパーチェス法が適用されると，資本（資本金，資本準備金）増加が発行価額基準で増加するので，これの範囲で被合併会社の適正価額が判断可能となる。

　連結範囲に含まれるヤシカ本社および関係会社の合併時の（株価および合併比率の結果としての）適正価額は，約90億円であったことが分かるのである。帳簿上の純資産（マイナス）を超える98億円の内容は分からないが，会社としては，営業権（のれん）として認識し，15年償却することにした。なお，この営業権がシナジーなどを具体的に測定した結果ではなかったことは前述したとおりである。

5. 合併後の評価——ヤシカ・岡谷工場

(5-1) ヤシカ・岡谷工場の再構築策

　表17-11を見ると分かるように，人員削減は行っていない。ヤシカの経緯で見たように従業員の平均年齢36.3歳（うち男子38.1歳）ということを考えると，ヤシカ従業員にとってきわめてありがたかったに違いない。また，事業資産の売却は一切行われていない。

　表17-12は，岡谷工場への投資がどの程度行われたかの推定額一覧である。合併直前の簿価約16億円，10年以上にわたる再建過程で製造装置が旧式化していた。そこで，「採算を勘案しながら」（インタビュー），大規模な（旧ヤシカから見れば：私見）設備投資を行っている。新製品生産，研究開発資金の投入により，「1987年末には，ミノルタのα7000と同レベルの「サムライ」というヒット商品が誕生した」（インタビュー）。

　ところで，合併後の最も大切なことの1つは社内融和の問題である。両社のプロフィールを見れば分かるように企業文化，社風も共通点はなく，かつ合併前の状況からすれば，当然ながら，旧ヤシカ従業員の京セラ化を如何に進めるかが問題である。

表17-11 岡谷工場の従
業員数の推移

会計年度	従業員数
83.3 （合併前）	589 人
84.3	684
85.3	906
86.3	900
87.3	857
88.3	825
89.3	805
90.3	749
91.3	738
92.3	746
93.3	727

資料：有価証券報告書。

表17-12 岡谷工場への設備投資の推移

（単位：百万円）

会計年度	投資額	投資の内容
83.3	1,650	（合併前，償却後残高）
84.3	413	新製品生産のための
85.3	1,943	工場増築など
86.3	0	
87.3	779	
88.3	1,332	電子部品および光学機器製造
89.3	1,200	ラインの整備
90.3	(1,644)	（90.3 期は推定精度低い）
91.3	1,000	
92.3	642	
93.3	983	

資料：有価証券報告書。

　京セラは，これを急がなかった。トップマネージメントの派遣については，京セラの専務あるいは常務取締役であった樋渡氏，新崎氏，古橋氏が84年3月に，また，常務取締役であった岡川氏が85年3月にそれぞれ光学精密製造本部長などに就任しているが，ヤシカ社長であった遠藤氏が当初ヤシカ本部長につき，85年3月までヤシカ関連のトップとして合併後の調整にあたっている。86年3月には旧ヤシカの秋山氏も，光学機器事業副本部長兼研究部長についている。

　京セラからの従業員派遣という点では，1986年11月から山村氏が岡谷工場長，88年2月から田納氏が光学機器事業副本部長となった以外になく，「これは，頭ごなしに京セライズムを浸透させるのではなく，『自らが学ぶ』という気持ちを持たせることが大切であると考えた」（インタビュー）からである。

　ではどのように自らが学んだのか。まず，前述した「京セラフィロソフィー」を全員に配付，朝礼および稲盛社長や前記の事業本部長などと現場管理職との飲み会を通して徐々に啓蒙していった。また，実践する必要から，「合併2年後ぐらいに，サーマル（ファインセラミック）の生産を，経済性を

432　第3部　個人・組織と会計

最優先に考えず（従業員年齢，熟練度などから判断すると他の工場の方が良かったが），岡谷工場に移管し，数名の京セラ社員が赴任。この実践部隊の考え方・行動方法が旧ヤシカ社員にとっては強烈なものであったらしく，その後の組織の融和に大きく貢献した」（インタビュー）。

　技術的な経営管理制度を見ると，当時の製造業の会計管理の常識から見れば驚くべきことだが，「旧ヤシカの標準原価計算制度を廃止し，アメーバシステムの導入によるコスト意識，技術意識の向上が図られた」（インタビュー）。

(5-2) 光学機器部門の業績

　表17-13の売上高，事業利益を見ると，合併の効果がなかなか顕在化せず，7年目の90年3月期になり，ようやく明確になってきたと言える。ところが，好転した矢先に円高となり，売上高は伸びるが，利益は減少となってし

表17-13　光学機器部門の業績の推移

(単位：百万円)

会計年度	売上高	事業利益	事業投下資本	減価償却費	設備投資額	備考
80.3	40,663	5,514				
81.3	38,467	4,967				ヤシカ連結事業利益＝税引前利子差引前当期利益
82.3	34,602	3,110				
83.3	38,063	1,170				
84.3	15,810	236	36,357	728	691	合併後半分
85.3	39,086	504	48,714	1,423	2,873	
86.3	36,820	− 3,416	44,386	1,632	1,888	
87.3	36,118	− 3,217	64,299	1,587	1,364	本社部門を配賦
88.3	36,869	− 1,509	66,025	1,727	2,699	
89.3	38,545	− 1,736	63,091	2,335	1,433	
89.3	38,545	− 1,766	34,356	2,277	1,385	
90.3	43,748	1,734	34,669	2,246	2,916	
91.3	48,062	720	32,040	2,433	2,971	本社部門を独立
92.3	47,201	250	31,837	2,469	1,485	
93.3	42,780	− 673	30,344	2,571	1,910	

資料：連結財務情報。

まった。さらにバブル崩壊により，再び93年3月期には赤字になった。なお，89年3月期にセグメント別財務情報の集計・計算の方式を変更したので，投下資本残高が大幅に変わっている（売上高と事業利益はほとんど影響がなく，推移の評価に使用できると思われる）。

表17-14は，セラミック，電子機器部門の業績の推移である（連結財務業績によると，京セラのセグメントは，セラミック，電子機器および光学機器の3部門からなっている）。京セラの本業とも言うべきセラミック部門は，半導体市況の影響もあって業績が変動するが，しかし，着実に大きな事業利益を稼ぎ出している。他方，電子機器部門は，売上高が増加し，京セラの第2の事業の位置を確実なものにしているが，利益率はセラミック部門に比べると，かなり低く，未だ「金のなる木」には至っていない。とはいえ，光学機器に比べれば，確実に利益を稼いでおり，赤字体質ではない。

これら2つの部門および光学機器部門の業績と，表17-5の連結業績を参照すると，80年代後半の連結売上高利益率の下降，ライバルの村田製作所との逆転現象の主たる原因の1つが，光学機器部門の業績が向上せず，なかなか自立できないことにあると思われる。したがって，部門別事業利益を中心に業績の推移を見れば，ヤシカとの合併のメリットは顕現していないと言えそうである。

ところで，事業利益の算出には，合併時に発生した営業権9,845百万円の償却額が勘案されている。京セラは営業権を15年で償却することにしていたので，毎期の償却額は656百万円，これはすべて光学機器部門に賦課されている。したがって，その分だけ，光学機器部門の事業利益は小さく算定されている。

また，一般大衆向けの製品には広告宣伝費が販売促進のため不可避である。もちろん，この広告宣伝費は広告の対象である光学部門が負担するものであるが，同時に一般大衆に対するKYOCERAブランドの浸透が図られ，全社的な評判・社会的認知の向上に役立つ効果があったことは否定できない。

表17-15は広告宣伝費の推移を一覧したものである。これを見ると，合併のあった84年3月期以降，広告宣伝費が大きく伸びている。おそらく平均して毎期20億円くらいの広告宣伝費が光学機器部門のために支出されたの

434　第3部　個人・組織と会計

表17-14　セラミック，電子機器部門の業績の推移

（単位：百万円）

| 会計年度 | セラミックその他 | | 電子機器 | | 備考 |
	売上高	事業利益	売上高	事業利益	
80.3	102,254	31,206	11,911	164	
81.3	121,216	30,032	24,505	− 79	
82.3	125,609	31,079	32,451	2,708	
83.3	149,455	45,036	24,017	− 967	
84.3	184,764	55,634	50,606	7,201	
85.3	254,473	83,855	34,160	− 1,500	
86.3	200,212	46,715	42,071	128	本社部門
87.3	194,658	43,567	45,416	− 1,321	を配賦
88.3	211,465	52,305	52,075	1,341	
89.3	234,605	59,359	65,554	4,313	
89.3	287,000	69,231	65,554	4,183	
90.3	300,508	55,191	76,776	12,800	本社部門
91.3	334,346	48,915	78,825	8,088	を独立
92.3	339,970	46,497	66,328	2,547	
93.3	325,856	40,677	62,963	4,325	

資料：連結財務情報。

表17-15　広告宣伝費の推移

（単位：百万円）

会計年度	京セラ	ヤシカ
80.3	246	866
81.3	234	972
82.3	479	793
83.3	870	876
84.3	1,640	−
85.3	3,815	
86.3	2,418	
87.3	1,563	
88.3	4,339	
89.3	3,563	
90.3	2,515	
91.3	2,355	
92.3	3,065	
93.3	2,533	

資料：有価証券報告書。

ではないか。もし仮に，広告宣伝費を全社的効果ありと判断し本社負担とすれば，光学機器部門の赤字はほぼ消滅する。

(5-3)　従業員の処遇

　合併の事例研究では，当該合併が業績向上という意味で成功であったか否かが注目され，被合併会社の従業員の処遇については，あまり注目されてこなかった。しかし，生活基盤である組織が一変する合併事象は，資本だけでなく労働とくに被合併会社の従業員に対してさまざまな波紋を投げかける。資本面の富の増加だけでなく，個人の効用・組織の厚生の増加を，合併が成功であるか否かの判断要素にしてもおかしくはないであろう。

　京セラは，「合併時における旧ヤシカの給与および退職金額を合併以後保証した。また，京セラの資格制度（従業員の身分）への移行についても，合併前にヤシカの人事部が新資格への振り分けを行い，京セラはこれを無条件

で受け入れた」（インタビュー）のである。たびたび述べるが，合併時のヤシカ男子従業員の平均年齢は 38.1 歳。この年齢は，家庭の維持のため，最も苦心する年齢である。したがって，雇用の継続だけでもありがたいことであるが，さらに，旧資格が自分たちの意思を尊重されつつ，維持・継続されたのは，面子が立ったというだけでなく，どれだけ，京セラとの合併を感謝したであろうか，推量がつくというものである（もちろん，38.1 歳は平均だから，この年齢を中心に分布しているとして考察するのが正確である。ここでは，論旨を強調するためにかかる表現にしたが，それほど根本的な誤りはないと思う）。

　合併後の処遇・人事の公平を判断するのは大変難しい。部長および営業所の所長クラス以上を幹部社員と定義すると，93 年 3 月末で 19 名がこのような幹部社員となっている（インタビュー）。しかし，かかる幹部社員への登用は，旧ヤシカの従業員の潜在的な能力，京セラ従業員との相対的能力にも影響されるので，この数値の大小の判断は難しい。ともかくも，19 名の幹部社員が生まれており，人事の公平は維持されていると判断したい。では，何がそのようにさせるのか。

　合併直後（1984 年 3 月期）の京セラ取締役の出身を，①生え抜きと，②中途入社に分類すると，前者（①）が 7 名であるのに対し，後者（②）は 14 名に達している。取締役より下の幹部社員については，統計資料がないので断定はできないが，取締役の出自から推測して，京セラは高成長会社で，必要となる幹部などの人材の補充を，新人の育成だけでなく中途採用者にも大いに期待し，事実そのようにしたと考えられる。そこで，多様な人材構成になっていた。このことが，いわば，中途採用者の集団であるヤシカ従業員には幸いし，京セラ従業員から特別な目で見られることはなかった。

　また，アメーバシステムに見られるような実力主義尊重の社風が，前歴に拘泥しない人事を可能にする土壌ともなった。ともかくも，ヤシカ従業員にとって，伝統ある名門大企業に合併されなかったことは最大の幸福であったろう。

6. 合併後の評価——京セラおよび全社的視点

(6-1) シナジー効果はあったか

電子技術と光学技術の融合の結果として，レーザープリンターが京セラの製品群の1つに加わった。また，一般大衆に対するKYOCERAブランドの浸透がCONTAXブランドと平行して図られ，全社的な評判・社会的認知の向上があった[5]。

さらに，「カメラの代理店1,200余を傘下に収めた」（『ダイヤモンド』1984年11月24日号）ことが，このルートの顧客に対するクレサンベール宝石の販売と，設立して間もない第二電電の市場開拓に有効であった。

(6-2) 人材の確保

第二電電設立など，人手不足であった時期に大量の新規人材が必要であった京セラにとって，正規の従業員865名に嘱託・パートおよび海外子会社への出向社員224名を加えた1,089名という大量の人材が戦力となった。

(6-3) 国内生産拠点の追加

岡谷工場の土地の広さと立地の良さ（離職率の低い従業員の大量かつ長期的確保，ならびに精密加工工場が多い地域）を活かし，光学機器事業以外の電子部品の製造に役立つこととなった。

(6-4) 財務上のメリット

第2節（2-4）でも述べたように，ヤシカ合併前後，京セラの株価は急上昇し，合併4ヵ月後の84年2月の増資では，総額587億円の新規資金が調達できた。これは同増資のあった84年3月期の売上2,198億円の約27％に

---

5) 余談になるが，私の義理の父（故人）は50年にも及ぶカメラマニアだったのだが（私もその恩恵に浴し，2台のカメラをもらっている），その義父が，「ヤシカのCONTAXよりも，KYOCERAとカール・ツァイスの方が，高技術のイメージとしてはピンとくる」と言っていた。当然ながら，彼のコレクションの1つに，「CONTAX T2」が入っていた。

も達している。つまり，ヤシカとの合併を前向き（グッド・ニュース）に評価した市場の反応に対応し，高い株式発行価格で増資，低コストの資金を大量に調達できたことは，当該合併のもたらした効果あるいはメリットとして評価すべきことである。

(6-5) 海外生産拠点の確保

ヤシカの子会社の1つにUNIVRRSAL OPTICAL INDUSTRIES LTDというカメラの製造会社が香港にあった。「この工場の設備が比較的しっかりしており」（インタビュー），業績も好調であったと推定される。実際，ヤシカの合併前の個別会計上の業績と連結会計上の業績を比較すると表17-16のように，個別よりも連結の方が上回っている。さらに個別会計上の当期利益の内訳を見ると，関係会社からの配当金が多額にあり，とくに82年度と83年度は顕著で，関係会社が稼ぎ，国内の本社は赤字であったことが分かる。そして，83年度はついに関係会社の稼ぎよりも本社の赤字が上回り，連結上も赤字となったのである。

もちろん，連結会社はこの香港にある子会社の他にも数社あるが，主要な海外におけるカメラ生産子会社はこの会社であり，主として安価の普及カメラを取り扱っていた。

京セラは，ヤシカ合併後，CONTAXブランドの高級品を国内の岡谷工場で生産し，普及品は価格競争力の上からも有利な海外工場に，全面的に委ねるという戦略を進めた。

表17-16　ヤシカ合併前の個別・連結業績

（単位：百万円）

会計年度	連結税引後当期利益	個別税引後当期利益	関係会社受取配当金
80.3	3,253	983	182
81.3	2,065	891	205
82.3	813	203	714
83.3	− 301	76	869

資料：有価証券報告書，連結財務情報。

注目すべきは，当該子会社の香港というロケーションにある。すなわち，巨大市場である中国での生産・販売を進めるにあたって，香港に橋頭堡を持つことが経営戦略上の常道となっていた当時，それがすでにあったことは無形のメリットであった。

(6-6) 都心にまとまった土地が確保できたこと

「合併前には予想もしていなかったこと」（インタビュー）であるが，都心にまとまった土地があった。これは，ヤシカ再建途上の 1975 年 3 月期に本社の土地（東京渋谷区神宮前，5,982 平方メートル，帳簿価額 574 百万円）を関係会社に売却していたが，それが関係会社に残っていたのである。

かかることは合併直前の財務諸表・有価証券報告書からはまったく分からない。合併に先立つ 8 年前の財務諸表の注記に，関係会社に当該土地を売却した旨が 1 行あるのみである。時価で評価すればかなりの金額になるが，しかし，当初，このような土地の存在は知らなかったそうであるから，まさに「稲盛社長の男気」への天佑であろう。

7. 成功事例であると結論

京セラはプラスチック・パッケージの追い上げを受け，独壇場とはいえ，常に技術革新を進めねばならないファインセラミックス部品を主要な製品としていた。そして抜群の低コスト・高品質の製造技術を持っていたとはいえ，一人当りの売上高を増加させるためにも，主要製造品目に完成品を加えたいという希望はあったと思われる。つまり，多角化に対する潜在的な必要性があった。そして，実際，ヤシカ合併以後の動向を見ても，経営戦略はその方向で進んでいる。

とはいえ，ヤシカの合併は，多角化の必要性から，自らが求めてヤシカを選び合併したものではなかった。多分に偶然の産物，ヤシカからの救済要請に対する「稲盛社長の男気と決断」の結果である。

しかし，いくら資金が豊富な高成長・最優良会社の京セラといえども慈善

団体ではないのであるから，営利的にも成算があったはずである。それが，多角化の1つの方向であるオプトエレクトロニクスに必要なヤシカの光学・精密技術と自社のエレクトロニクス技術の融合であった。ただし，このようなのれんやシナジーは，期待はあっても具体的な測定は難しい。したがって，合併前に，合併評価の理論書などで書かれているような，ヤシカの技術力・人的資源などの「のれん」を評価したり，シナジー効果を具体的に測定することはしていない。

　ヤシカ合併後の光学機器部門の業績は，有価証券報告書のセグメント情報などから判断する限り，京セラの大規模なてこ入れ（設備の更新など）にもかかわらず，京セラ全体のなかでは，お荷物のように見える。したがって，光学機器部門の業績だけを見ると，当該合併は成功したとは言えない。もっとも，初めから，光学機器部門の業績を当てにして合併したものではなかったであろうから，この指標で合併を評価するのは誤りであろう。

　では何をもって評価すべきであろうか。

　オプトエレクトロニクスを視野に入れていたのであるから，合併後にどのような新製品が開発できたかである。この分野では残念ながら，現在（1993年当時）のところ代表的な製品として，レーザープリンターを挙げるのみである。

　これ以外に評価すべき考慮対象はないものか。実はたくさんあった。

（1）生産
　①　岡谷工場の敷地の広さと立地の良さから，光学機器製品に加え，電子部品の生産拠点となったこと。
　②　香港にある海外生産拠点の存在から，円高に強い体質を比較的早い時期から持っており，かつ将来の中国市場開拓への拠点になったこと。

（2）財務
　③　多角化の進展を株式市場は歓迎し，安価な資本コストの資金を大量に調達できたこと。

（3）労働
　④　おりからの人手不足のなかで，生産拡大ならびに第二電電の設立などの新事業のための従業員の大量確保ができたこと。

（4）情報（評判・ブランド）
　⑤　消費財製品を持ったこと，ならびにそれに対する活発な広告により
　　　KYOCERA ブランドの社会的認知が進み，人材確保など，計測できな
　　　いメリットが大きかったこと。

　以上を勘案すれば，この合併は成功ではなかったかと思うのである。つま
り，成功が否かの判定には，直接，目に見えるような財務業績の進展だけで
なく，無形の効果も合わせ勘案しなければならない。
　それに加えて，私は従業員の気持ちや待遇についても考慮したいのである。
組織の主人は資本のみではない。合併会社である京セラは，人員構成が多様
で，しかも伝統的・硬直的な組織ではなかった。それ故に，被合併会社のヤ
シカ従業員に対しオープンな態度で接した。また，分権的・実力主義の管理
体制は，人事の公平の確保に役立った。ヤシカ従業員にとって，このような
待遇に勝るものとして何があろう。しかも，かかる人事の妙は，京セライズ
ムの急速な伝播と相まって，組織の融和がスムーズに進んだ。巷聞く合併後
の人事の悲劇と比べ，この事実だけをもってしても，京セラとヤシカの合併
は成功と言える。

【引用・参考文献】
黒川行治（1992）「合併の実態―合併比率」『企業会計』第 44 巻 10 号（1992 年 10 月），
　　　35-43 頁。
――――（1995）「京セラとヤシカの合併――救済ではあったが，シナジー効果を期待し
　　　た積極的異業種合併」村松司叙編著『日本の M&A』第 1 章，中央経済社。
『週刊東洋経済』1983 年 4 月 9 日号。
『週刊東洋経済』1983 年 4 月 16 日号。
『NIKKEI BUSINESS』1983 年 6 月 27 日号。

第 18 章

企業結合に関するのれんの会計の論点

1. 償却処理から非償却処理への転換

　第 16 章第 1 節で述べたように，21 世紀に入って間もないアメリカの会計社会では，企業結合会計基準に関連して大きな会計処理の変更があった。アメリカでは，1970 年に設定された APB 第 16 号と第 17 号において，パーチェス法とプーリング法との併存，のれんの資産計上および 40 年以内の有効期間による規則的償却処理となっていたものが，2001 年 6 月に SFAS141 号および 142 号により，パーチェス法の一本化と，のれんの資産計上および非償却＋減損処理法になった。また，国際会計基準審議会は，米国 SEC 基準と歩調を合わせた公開草案第 3 号を 2002 年 12 月に公表していた[1]。

---

1) のれんに関する米国と国際会計基準の会計処理基準の変遷は以下のとおりである。

米国 SEC 基準	国際会計基準（国際財務報告基準）
ARB24 号（1940 年代）	IAS22 号（1983 年以降）
所有主持分からの控除（利益剰余金に賦課）,	所有主持分からの控除，資産計上＋償却
資産計上＋償却，資産計上＋減損,	IAS22 号（1993 年以降）
資産計上＋減損（所有主持分（利益剰余金）	資産計上＋償却（20 年以内）
からの控除）	IFAS 公開草案 3 号（2002 年）
ARB43 号（1950 〜 60 年代）	資産計上＋減損
資産計上＋償却，資産計上＋減損,	
資産計上＋減損（所有主持分（利益剰余金）	
から控除）	
APB17 号（1970 年以降）	
資産計上＋償却（40 年以内）	
SFAS142 号（2001 年以降）	
資産計上＋減損	

442　第3部　個人・組織と会計

　一方，わが国では，2003年10月，企業会計審議会「企業結合に係る会計基準の設定に関する意見書」により，相対的持株基準などを導入した厳格なパーチェス法とプーリング法との峻別による両会計処理の併存と，のれんの資産計上および20年以内の有効期間による規則的償却（＋減損）法となり，米国SEC基準や国際会計基準（国際財務報告基準）と対立していた（なお，プーリング法については，その後，国際的な会計基準とのコンバージェンスの一環で禁止処理へと変更したが，のれんの償却処理については，本書執筆時（2017年2月），これを堅持している）。

　さらに，国際会計基準審議会では，少数株主持分（非支配株主持分）が存在する買収などにおいて，従来の全面時価・買入れのれん説による処理に代え，全部のれん説による会計処理（経済的単一体概念による少数株主持分の資本の部での計上を前提）を適当とする暫定的な合意が得られたとされていて，この面でも，当時，親会社概念を前提とした買入れのれん説の処理を採用していたわが国会計基準とは対立することになった（その後，わが国会計基準は，「少数株主持分」を「非支配株主持分」という名称で純資産の部に計上するように変更した）。

　本章は，このような状況において執筆した拙稿を採録したものである。その理由は，のれんの償却処理から非償却処理への変更などの企業結合会計の大転換時に，のれんをめぐる会計処理の持つ意義について，概念フレームワークに則した有用性の議論とともに，親会社持分と少数株主持分（現在「非支配株主持分」と呼ばれているが，本章では初出当時の一般的呼称のままとした）の分配の公平性との関係，会計と資本市場（市場の質）との関連，会計と経営（事業戦略）との関連など，本書を通じての問題意識・課題に言及しているからである。なお，考察にあたっては，のれんが発生するパーチェス法と私の主張していたフレッシュスタート法の両処理方法を念頭においている[2]。

2）　黒川（2004）を修文している。なお，当論文は，第2回ASBオープン・カンファレンス「企業結合におけるのれんの会計問題」（2003年7月28日，名古屋国際会議場）での資料・討論などを参照している。

2. のれんとその他の無形資産との峻別

のれんの本質が超過収益の源泉であることには異論が少ないと思われるが，のれんの構成要素ごとに価値減少の有無や価値の継続期間の大小などに違いがあり，期間損益計算を精緻にしていく上で，それらを一括して「のれん」勘定とすることには疑問がある。のれんの構成要素を識別して，のれんとは別個の独立科目にしていくことが近年の流れである。SFAS142号では，次の2つの条件により，無形資産の独立科目を認識しようとしている。
① 契約または法的権利による裏付けがあるもの
② 分離可能（企業全体に関連せず，売却，移転，ライセンス，賃貸，交換によって組織から分離可能）なもの

具体的な無形資産科目としては，「マーケティング関連資産（商標権，ロゴマーク）」，「顧客関連資産（顧客リスト，受注残高，良好な関係）」，「芸術関連資産（演劇，書籍，映像）」，「契約を基礎とした資産（ライセンス，ロイヤルティ契約，フランチャイズ契約）」，「科学技術を基礎とした資産（特許権，技術上の秘密事項）」などが例示されている。これらの構成要素が除かれる結果，「のれん」は，事業あるいは組織と一体となって超過収益力が発生するものであって，識別可能無形資産のように契約（法律上の権利含む）などにより発生するものではなく，分離可能性があるものではないことになる。

さて，このような超過収益力の源泉であるのれんは，超過収益力の発現場所により，
① 被取得会社に以前からある個別のれん
② 被取得会社に結合後に発生する個別のれん
③ 取得会社に以前からある個別のれん
④ 取得会社に結合後に発生する個別のれん
⑤ 企業結合によって新たに生じるシナジーとしての結合のれん

に論理上区別されるが，結合後においては，②，④と⑤が渾然一体となって

444　第3部　個人・組織と会計

発生しているかもしれず，さらに，結合後における事後測定時では，①から⑤までが融合している可能性が高く，識別することが可能か否かの問題は残る。この問題が，後述する議論の前提の1つとなる[3]。

3. 従来から検討されている論点

(3-1) 情報の有用性の識別規準に照らしたのれんの各会計処理の長所，短所

　情報の有用性の構成要素である「目的適合性」，「信頼性」，「比較可能性」，「費用対効果」の各検討（識別）規準に照らし，のれんの会計の典型的処理方法である「規則的償却」，「非償却＋減損」，「所有主持分からの控除または一括費用処理」の各処理方法の長所と短所をまとめたものが，表18-1および表18-2である。SFAS142号などで言及されている論点を整理したものであるが，有用性の構成要素の複数と関係付けられそうな論拠もある。これらの表からも分かるように，各処理方法には一長一短があり，断定的な結論は得られそうにない。

(3-2) のれんの測定属性

　のれんは効益価値（流入価値）で測定されているのか，犠牲価値（流出価値）で測定されているのかという議論がある。前者の主張によると，「将来の超過収益などを予想したものである以上，効益価値（使用あるいは売却のいずれか大きい方）である。したがって，のれんは犠牲価値ではなく原価の配分手続きはなじみ難い。価値評価の手続きである減損処理が適当となる」という。また，後者の主張によると，「将来の超過収益力の源泉に対して支払いが行われた以上，のれんは犠牲価値（流出価値）で測定されていることになるので，原価の配分手続きとしての償却計算および減損の両処理が可能である」という。

---

3)　ひとまず買取，吸収合併を念頭におき，「被」取得会社と呼んでおく。新設合併を含めると，「非」取得会社とした方が，一般性はあるかもしれない。

第18章　企業結合に関するのれんの会計の論点　　*445*

表 18-1　情報の有用性の識別規準に照らしたのれんの各処理方法の長所

	規則的償却	非償却＋減損	所有主持分からの控除／一括費用処理
目的適合性	・のれんは他の資産と複合的に将来の経済的便益をもたらすので資産の定義を満たしている。 ・将来の運用に対してコストを配分するために償却する。 ・取得したのれんの価値は減少するので，追加の支出との二重費用の計上となっても償却すべきである。	・のれんは他の資産と複合的に将来の経済的便益をもたらすので資産の定義を満たしている。 ・のれんは消耗性の資産ではなく，時の経過により増加・減少する。 ・結合後に買入れのれんと自己創出のれんとを区分することは不可能（買入れのれんは自己創出のれんや他の資産と結合してキャッシュを生み出す）。 ・取得後にのれん価値が維持されていれば，自己創出のれんに置き換えられているのは事実であるが，買入れのれんが償却され，自己創出のれんが計上禁止であることは会計情報の有用性を損なう。 ・買入れのれん，自己創出のれんの全体としての価値が維持されていればよい。 ・被取得会社の買入れのれん価値が減少している場合でも，オフバランスののれんおよびのれんもどきの資産が報告エンティティに存在することがしばしばある。 ・のれんの減損により，企業がのれんをどのように扱っているのか（維持しているのか）を投資家が判断できる。	・のれんは所有主の見積りに基づくもので，時の経過により増加・減少するので，他の費用とは異なり，資本に直課すべきである。 ・資産計上をしないことで，買入れのれんの償却と追加維持コストの二重費用の計上を回避できる。
信頼性	・のれんだけが信頼性をもって測定できないというものではない（のれんだけが見積りに基づくものではない）。	・消耗性のあると思われるのれん以外の無形資産を識別することにより，コアのれんのみについての会計処理が可能である。 ・のれんの要素を精査し，減損単位を適切に採用することで将来キャッシュ・フローの推定は可能。 ・被取得会社の個別のれんは，取得会社全体ののれんと融合するよりは，取得会社の一部と統合されることから，減損テストは実施可能。 ・のれん以外の無形資産を分離しているので，のれんとされるものは有効期間が不確定のものが相対的に多い。	・のれんは企業結合時点以外では信頼できる測定が不可能なので，一時に費用とすべきである。
比較可能性			・買入れのれんを資産計上しないことで，自己創出のれんのオフバランスとの不斉合が解消される。
費用対効果			・作成コストが最も低い

出典：SFAS142 号などにより作成。

446 第3部 個人・組織と会計

表 18-2 情報の有用性の識別規準に照らしたのれんの各処理方法の欠点

	規則的償却	非償却＋減損	所有主持分からの控除／一括費用処理
目的適合性	・のれんの償却費とのれんを維持するための追加支出は，費用の二重計上となる。 ・のれんの償却費はアナリストに無視されており，のれんの償却前の利益が重視されている。 ・のれんの償却が終了した後，事業が大きく変化しないにもかかわらず利益は大きくなる。	・企業結合時と減損テスト時では企業の状況が異なり，結合後に事業再編や統合が起こっている。 ・減損テスト時ののれんには，取得企業の結合前から存在するのれんが含まれる。 ・企業結合後に生じた取得会社と被取得会社ののれんも含まれる。 ・のれんは減耗し減失する。 ・自己創出でのれんを作成した会社の場合にはオフバランスとなり，会計処理が衡平でない。	・のれん価値は企業結合以降，すぐには下落しない。 ・のれんを結合直後に消去すると企業結合のコストが明示できない。 ・実際には瞬間的な資産ではないにもかかわらず，瞬間的に存在する資産のように表示される。
信頼性	・のれんの耐用年数（有効期間）や減価パターンは予測できない。 ・如何なるのれんの償却費も恣意的な見積もりに依存したものであり，経済事象を適切に表していない。	・消耗性（有効期間がある）のれん以外の無形資産とコアのれんを識別しようとすることは，減損と償却の2つの会計処理間の恣意的選択をもたらす。 ・のれんは独立してキャッシュ・フローを生み出すものではないので将来キャッシュ・フローを基礎に減損を測定するのは困難である。	・のれんの価値の不確実性は買取価格に織り込まれているはずなので，不確実ゆえに一括費用とするのはおかしい。
比較可能性			・持分控除法は株式交換による結合には採用し得るが，現金買収では採用し難いので比較可能でなくなる。
費用対効果		・のれん価値推定に多くの専門家の関与が必要である。	

出典：SFAS142号などにより作成。

パーチェス法の買入れのれん説の処理であれば，流出価値となろうが，パーチェス法でも全部のれん説となると，いずれとも決しがたい。さらに，フレッシュスタート法のうちの相互パーチェス法であれば，流入価値である可能性が高い。のれんがどのような会計処理で当初測定されているのかによって異なるようであり，やはり断定的な結論は得られそうにない。

(3-3) 少数株主持分の保護と全部のれん説，買入れのれん説

全部のれん説と買入れのれん説の会計処理例を見ながら，少数株主持分（非支配株主持分）と親会社持分との分配の公平性の観点から，買入れのれん説の問題を確認しよう。

〔設例〕

（1）持株会社P社の設立

P社は現金480をもって設立した。

（仕訳）

（借）　現金　　　480　　　　（貸）　資本金　　　480

（2）A社の買収

識別可能純資産の公正価値が500，全部のれんが100のA社株式の80％を480の現金を対価として買収した。

①　全部のれん説（経済的単一体概念）の処理

資本連結後のP社のB/S

（借）	純資産	500	（貸）	資本金	480
	のれん	100		少数株主持分	120
				（資本の部）	

②　買入れのれん説（親会社概念）の処理

資本連結後のP社のB/S

（借）	純資産	500	（貸）	資本金	480
	のれん	80		少数株主持分	100
				（負債の部）	

448 第3部 個人・組織と会計

（3）償却の損益計算への影響

のれんの償却以外の利益が20，のれんを有効期間10年の定額法で
償却した場合のP社連結損益計算は以下のようになる。

	①全部のれん説	②買入れのれん説
償却前利益	20	20
のれん償却費	10	8
償却後利益	10	12
少数株主持分損益		−4
純利益	10	8
親会社帰属	8	8
少数株主帰属	2	4

この設例によると，当初測定では，①の全部のれん説は，②の買入れのれ
ん説に比べ，のれんと少数株主持分が20だけ大きい。換言すれば，当初測
定時，買入れのれん説の処理は，全部のれん説の処理と比較してのれん分だ
け持分が小さく，親会社株主と少数株主の持分計算の基礎が等しくないので
ある。のれんに関して，償却処理の基準を採用していれば，10年経過する
うちに，のれんは①および②の処理いずれも消滅する。のれん償却費の負担
を見ると，①では，当初認識したのれん100のうち，親会社持分が80で，
少数株主持分が20であり，少数株主は，当初測定で20持分が増価したもの
が10年経過して消滅する。一方，②では，のれん80の償却費はすべて親会
社持分が負担するので，のれんが消滅した時点では，親会社株主と少数株主
とはのれんの認識に関する不公平は解消されることになる。しかし，のれん
に関し非償却＋減損処理基準とすると，規則的償却による自動的な親会社株
主と少数株主の持分認識の不公平の解消はなく，減損の認識域に達しない限
り，持分関係の不公平が温存されることになる[4]。

---

4) 2003年12月20日の日本会計研究学会第51回関東部会の当日配布資料に関し，後日，早稲田
大学の川村義則教授からご指摘があり，設例，数値計算および考察を訂正した。川村教授のご指
摘に心より感謝します。

4. 新たな論点の提起

(4-1)「市場の質」と全部のれん説から波及する問題
(1) パーチェス法と全部のれん説

　企業結合においてパーチェス法が適当とされる最大の根拠は，資産の取得との斉合性である。パーチェス法のもとで被取得会社の資産・負債が企業結合時に時価評価され，のれんが計上されるのは，取得対価を被取得会社の純資産の測定に反映させるためであり，それは通常の資産の取得原価が取得時の時価であることと斉合するものである。

　少数株主持分がある場合に取得対価が反映する資本連結処理は，のれんに限って言えば，全面時価─買入れのれん説による会計処理であり[5]，全部のれん説によると，少数株主持分に相当する自己創出のれんの計上になる。全部のれん説を支持する論拠は，被取得会社の（適性な）企業評価値が反映されるというものであり，第三者間の交換取引価格の反映ではない（多くの設例において，全部のれん価額を推定するために取得対価を外挿するのは，便法にすぎない）。

(2) フレッシュスタート法と全部のれん説

　少数株主持分が存在しない企業結合で，フレッシュスタート法を適用する場合，第三者間の取引価格が反映するのは，相互パーチェス法である。相互パーチェス法は，資産・負債の時価評価に加え，当事企業すべてについてのれんが認識・測定される。少数株主持分が存在しないので，第三者間の取引価格が当事企業の企業評価額でもある。

(3) 企業評価額を反映する企業結合会計処理の波及問題

　企業結合会計を首尾一貫した論理で処理する場合，第三者間取引価格の反映を論拠とするのであれば，パーチェス法─買入れのれん説となり，企業評

---
5) 厳密には，部分時価法である。

450 第 3 部 個人・組織と会計

価額の反映を論拠とするのであれば, パーチェス法―全部のれん説となる。したがって, 全部のれん説への傾倒は, 事実としての取引価格重視から, 企業評価額重視へと会計の役割が移動していることを意味している。なお, 会計の果たす役割は企業評価をすることではないとしばしば主張されるが, ここで言う企業評価は, 当事企業と直接的には利害関係が存在しないアナリストなどによる企業評価ではなく, 合併比率や買収価額の算定根拠となるもので, 「当事者が互いに合意した企業評価額」である。

(4) 市場の質を高めるという会計に対する期待

全部のれん説による会計処理は, 高質な市場を目指すという大きな目標を果たすための手段の 1 つではないか。20 世紀の後半, 経済の長期停滞を経験した欧米諸国は, それの克服のため, 市場重視の経済政策と, その前提となる「高質な市場」の確立を目指していると思われる[6]。高質な市場とは, 市場で取引される製品・サービスの品質がそれらの価格に適切に反映される市場である。会計情報に関連する市場として第 1 に想定されるものは, 債券や株式などの資本市場であり, 企業が如何に評価されるかが市場で取引される債券や株式の品質を示している。品質についての情報を最も保有していると想定される当事者同士が合意した企業評価額を会計情報に反映させることが, 資本市場の質を高める手段になるという認識が, 上記の展開の背景にあると思われる。

(4-2) 企業評価を経営者が行う問題
(1) 企業評価の担い手としての経営者

経営者が企業評価を行うという行為は, 情報の非対称性があることを前提として, 企業に関する情報の優位者である経営者 (自社の状況を熟知している経営者) 自らが, 情報の劣後者である所有者・投資家などに代わって自社を評価することを意味する。したがって, 経営者は誠実に信頼できる best

---

6) 慶應義塾大学大学院経済学研究科・商学研究科連携 21 世紀 COE プログラム「市場の質に関する理論形成とパネル実証分析―構造的経済政策の構築に向けて―」の研究趣旨の前提の 1 つである。

estimate を行うことが必須となる。

（2）説明責任の変質

　経営者および会計人の説明責任の変質が起きている。資本市場の質を高める情報の発信のため，これまでの受託資本の維持・管理，効率的運用の顛末を説明するための投下資本の回収余剰関連情報から，現在の市場の評価を合理的に説明する論拠を示す情報へと，説明責任の内容の変質が求められているのではないのか。

（3）情報の質を維持する会計監査人の役割の変質

　ガバナンスの対象としての CEO や CFO の通常の業務に関するモニタリングは当然のこととして，問題は，CFO などが行う自社の評価に関するモニタリングである。会計監査人の役割と責任が拡張しているのではないか。会計監査人に期待される役割が，企業評価手続きの妥当性，信頼性のチェックで済まされることなく，企業評価結果自体の妥当性，信頼性のチェックにまで拡張され，市場の質を左右するそれらの情報の信頼性に対する応分の責任を課せられることを会計監査人は覚悟しなければならない。例えば，被監査会社が株式交換で買収取引をした場合，それを経営者が財務諸表に適正に表しているのかの判断について，諸勘定科目と金額の測定手続の妥当性と信頼性のチェックだけでは済まなくて，そもそも，その買収対価（株式交換比率決定のためには，他社および自社の企業評価が必要）が合理的な金額と判断できる範囲内にあったのか否か，買収取引の経緯に関してコーポレートガバナンスは機能していたのか否かなどについても，目配りすることが社会から期待されているのではないだろうか。

（4-3）経営者の事業戦略とのれんの会計処理
（1）減損会計がもたらすのれんの価値維持戦略の重要性

　のれんの償却計算は，のれんの現在価値の増減を毎期末厳密に行うことをせず，また，実態としてののれん価値の減価の有無にかかわらず，のれんの償却費を組織的，一律的な方法で毎期末に計上していく。他方，償却をせず，

のれん価値の減少の認識をすべて減損処理で行おうとすると，自社の企業評価を定期的に行うことになり，減損による評価損を計上したくないと望む一般的経営者にとって，実態としてののれん価値，すなわち，企業の超過収益力の源泉価値を維持するような経営方針，事業戦略が重視される。のれんの非償却は，自己創出のれんを発生させることによって購入のれんの減価を回避することが経営者にとっての課題となることから，経営者の経営戦略も，自己創出のれんと購入のれんの合算からなる，のれん価値全体の維持を重視するものとなろう。

（2）全部のれん説による減損認識発生の可能性の増大

全部のれん説による処理は，買入れのれん説と比べ，少数株主持分に相当するのれんだけ貸借対照表計上額が大きい。したがって，減損を認識しなければならない事象の発生の可能性も，それだけ大きくなる。換言すれば，買入れのれん説による処理は，少数株主持分相当ののれん価値の喪失があっても，それを会計上認識しないで済むため，経営責任の顕在化を防ぐバッファーとなってきたとも言える。

(4-4) 利益情報の性質と情報利用者の効用関数の変化

のれんの償却計算は収益・費用アプローチの一環であり，収益・費用アプローチに言う適正な期間損益計算の意味のなかに，「毎期の着実な利益＝恒常的利益，ベーシックな収益力の表示のための異常な利益の変動値を排した長期的観点による平準的，安定的利益計算指向」があることは否定できない。

他方，減損会計は減損の認識をするとその期に突然，減損損失が計上される。減損の認識は，ある程度の損失（例えば，将来キャッシュ・フローの減少）予想が認識限界を超えた場合に，減損損失計上の心証が発するもので，cash cow のように超過収益発生の有効期間があり，毎期の消耗程度が分かるような無形資産でもない限り，規則的な価値喪失が減損損失として毎期計上されることはない。つまり，減損会計は償却会計に比較して，毎期の報告利益の変動が大きくなるという性質がある。

償却会計を排して減損会計に移行するということの背景には，会計基準設

定に関連する人々の当該会計情報に対する意義の変化があるかもしれない。つまり，市場の質を判断する材料である会計情報に対する選好，情報利用者の会計情報自体に対する効用関数がリスク回避型からリスク愛好型に変化したのではないか。例えば，ある企業の利益の経年変化を見た時，リスク回避型の効用関数を投資家が持っていれば，「平均利益の水準が同じであれば，変動の小さい会社をより高く評価する」というのがこれまでの常識・仮定であった。しかるに，投資家の効用関数がリスク愛好型に変化していれば，「利益変動が大きい会社の方を積極的な経営をしているとして高い評価を与える」ことになる。したがって，情報作成者である経営者も，利益変動を大きくするような会計情報を生み出す会計基準を選好するという仮説を立てることが可能となる。

【引用・参考文献】

黒川行治（2004）「企業結合に関するのれんの会計の論点」『會計』第165巻第5号（2004年5月号），44–56頁。

第 19 章

退職給付会計基準の論点

1. 新たな退職給付会計基準の設定

1998 年 6 月 6 日に設定されたわが国の退職給付会計基準の特徴は，①従来の退職給与引当金会計と年金会計とを包括的に取り扱い，また年金給付債務については年金資産を控除して貸借対照表に計上すること，②退職給付債務の測定を将来の期待支出と割引利子率を用いた現在価値計算によって求め，その際の退職給付債務の測定は発生給付評価方式（予測単位積増方式による予測給付債務の測定に相当）を原則とするが，小規模企業などには簡便法が許容されること，③退職給付費用，債務，資産運用収益，年金資産に関する数理計算上の差異については「重要性基準」の導入と遅延認識を許容することなどが挙げられる。

退職給付会計基準の設定は，連結会計基準の改定に始まる 1990 年代のわが国の「会計ビッグバン」の 1 つである。それまでわが国では，従業員の退職金を会社内部の運用資金から支払う形態に対する会計処理としての「退職給与引当金」方式と，企業年金基金を設立して，その基金から退職年金を支払う形態に対する「基金への拠出額の費用処理」方式とが並存していた。前者については，退職給与引当金の残高が，「会社にとっては退職金債務，従業員にとっては労働サービス提供に対する後払い賃金の請求債権」に対して十分であるのか否かが問題となっていた。また，後者については，企業年金への拠出時に会社は費用処理するのみで，年金資産の運用状況と年金支払債務総額で計算できる年金基金財政の状態については，会社の貸借対照表にオンバランスされず明示されていなかった。

456 第3部 個人・組織と会計

このような状況で，米国SEC基準などの国際的会計基準との比較可能性から退職給付債務の総額の把握と，年金基金に対する会社の維持・運用に関する説明責任を押し進める会計基準が必要視され，退職給付会計基準の設定に向けての審議が始まった。私は，当時の会計基準設定機関であった大蔵省『企業会計審議会』の退職給付会計基準に関する4人の起草委員の1人であったので，設定過程における記憶を辿り，フォーマルな記述が求められるテキストなどでは記述されない内容にも言及できればとの思いで本書に採録することにした。本章では，退職給付会計基準に関する論点のうち，この基準の特徴で現在でも興味深い考察が可能な理論上の4つの論点，すなわち，①資産・負債，費用・収益の総額・両建て計上方式と純額・差額計上方式との比較，②現在価値計算におけるリスクの処理の論理，③発生給付評価方式の意義およびそれと期末要支給額方式との関係，④数理計算上の差異の処理に関する重要性基準の意味について検討している[1]。

2. 資産・負債，費用・収益の総額・両建て計上方式と純額・差額計上方式

退職給付会計基準では，退職給付負債から退職給付充当資産を控除すると同時に，各期の退職給付費用から資産運用収益を控除するという「資産・負債，費用・収益の差額計上方式」を採用した。この方式は，「資産・負債および費用・収益を総額かつ両建てで計上する方式」と対立するもので，米国SEC基準や国際会計基準（国際財務報告基準）と同様の方式であり，国際的会計基準とわが国会計基準とのコンバージェンスの一環としての意義はあるが，本節では，この差額計上方式の問題点について，情報の解釈・利用（経営分析的観点）の立場から検討することにしよう。なお，考察するにあたって，会計測定を有用ならしめる特質のうち，経済的事象・取引を忠実に写像するこ

---

1) 本章は，黒川行治（1997a）（1997b）（1998）を抜粋・加筆したものである。退職給付会計基準の設定に携わった4人の起草委員とは，当時，日本大学の今福愛志教授，大蔵省企業財務課証券監査官の多賀谷充氏，新日本製鉄財務諸表総括室の池田悟氏と私である。そのほかに，（財）企業財務制度研究会の中島公明専務理事，同研究会調査役の辻前正紀公認会計士の支援があった。なお，この章の内容に関し，より詳細を調べたい読者は，上記の論文を参照していただきたい。

と，および，比較可能性（とくに企業間の比較）を確保することを重視する。

ところで，わが国の退職給付制度の現状を見ると，外部積立，内部引当が併用されている会社が多いことから，以下のような併用ケースの設例を用いて検討することにしよう[2]。

（2-1）内部引当・外部積立併用の例示
（1）資産・負債の両建て計上，収益・費用の両建て計上
　〔設例〕
　①　Ａ社：30％内部引当・70％外部拠出

　　　Ａ社は，退職給付債務のうち30％を企業自身で内部引当（運用）し，70％を外部の年金基金に拠出して運用している。

　②　Ｂ社：70％内部引当・30％外部拠出

　③　Ａ社およびＢ社に共通する仮定

　　　基金運用が予定どおりで基金資産と退職給付負債との過不足がない。また，内部運用は有価証券に投資しており，営業状況などは同じであるとする（実際には，事業資産一般に投下されているが，この仮定は論理を明確に示すためである）。金融商品の時価変動はないものとする。

第9期末の財務状況および第10期の取引および経済事象（仕訳で示す）ならびに第10期の損益計算書，貸借対照表は表19-1に示すとおりである。

また，総額・両建て計上方式の留意点は以下のとおりである。

　①　年金資産の運用収益および拠出額は，年金資産の増加をもたらすものとして仕訳する。

　②　退職給付費用は営業費用の一項目である。基金運用収益は内部投資資産の運用利益であり，受取利息とともに営業外収益の項目である。

---

2)　当該事例は，黒川（1997a），38-42頁の一部を抜粋したものである。この基準の設定以前では，退職金支払債務について，貸借対照表に「退職給与引当金」という名称で計上されていた。前述したように，退職給与引当金は，会社内部引当分のみを認識したものであって，企業年金基金併存の会社の退職給付債務総額を示すものではないことから，以前の引当金との混乱を防止するため，当時，一橋大学の安藤英義教授が，企業会計審議会で「給与」と「給付」の名称の区別を提案し，「退職給付引当金」となったように思う。

458 第3部 個人・組織と会計

表19-1 第9期および第10期の財務状況等および総額・両建て計上方式による財務諸表

第9期末 A社B/S			
現金	100		
有価証券	90	退職給付引当金	300
年金資産	210	資本金	1000
土地	1000	留保利益	100
	1400		1400

第9期末 B社B/S			
現金	100		
有価証券	210	退職給付引当金	300
年金資産	90	資本金	1000
土地	1000	留保利益	100
	1400		1400

〔第10期期中仕訳〕

(A社)

(借方)		(貸方)	
現金	200	賃貸料収益	200
給料その他費用	150	現金	150
退職給付費用	30	退職給付引当金	30
(内訳 現在価値増加 15, 勤務費用 15)			
(年金基金への拠出・運用成果)			
年金資産	10	基金運用収益	10
年金資産	11	現金	11
(内部投資・運用成果)			
現金	5	受取利息	5
有価証券	9	現金	9

(B社)

(借方)		(貸方)	
現金	200	賃貸料収益	200
給料その他費用	150	現金	150
退職給付費用	30	退職給付引当金	30
(内訳 現在価値増加 15, 勤務費用 15)			
(年金基金への拠出・運用成果)			
年金資産	5	基金運用収益	5
年金資産	4	現金	4
(内部投資・運用成果)			
現金	10	受取利息	10
有価証券	21	現金	21

第10期 A社P/L	
賃貸料収益	200
給料その他費用	150
退職給付費用	30
受取利息	5
基金運用収益	10
当期利益	35

第10期 B社P/L	
賃貸料収益	200
給料その他費用	150
退職給付費用	30
受取利息	10
基金運用収益	5
当期利益	35

第10期末 A社B/S			
現金	135		
有価証券	99	退職給付引当金	330
年金資産	231	資本金	1000
土地	1000	留保利益	135
	1465		1465

第10期末 B社B/S			
現金	135		
有価証券	231	退職給付引当金	330
年金資産	99	資本金	1000
土地	1000	留保利益	135
	1465		1465

③ 貸借対照表に年金資産および有価証券と退職給付債務（引当金）が両建・総額表示される。

（2）資産・負債の差額計上，収益・費用の差額計上

同じ設例について差額計上方式によって作成した第10期の損益計算書および貸借対照表が表19-2である。差額計上方式の留意点は以下のとおりである。

① 退職給付費用は，基金運用収益を差し引いた差額であり，退職給付引当金は年金資産を控除した純額で，当設例の仮定から内部引当の退職給付債務からなっている。

② 年金基金への拠出額が退職給付債務（外部積立分）の純増（基金運用収益差引分）と等しいという仮定から，退職給付費用は，次の式で計算した結果とも一致する（A社の場合）。

退職給付費用＝退職給付引当金繰入（内部引当）9
　　　　　　　＋基金拠出（外部積立）11 ＝ 20

表19-2　差額計上方式による財務諸表

第10期　A社 P/L

賃貸料収益	200
給料その他費用	150
退職給付費用	20
受取利息	5
当期利益	35

第10期　B社 P/L

賃貸料収益	200
給料その他費用	150
退職給付費用	25
受取利息	10
当期利益	35

第10期末　A社 B/S

現金	135	退職給付引当金	99
有価証券	99	資本金	1000
土地	1000	留保利益	135
	1234		1234

第10期末　B社 B/S

現金	135	退職給付引当金	231
有価証券	231	資本金	1000
土地	1000	留保利益	135
	1366		1366

460 第3部 個人・組織と会計

(2-2) 設例から得られた知見

以上の設例の結果から得られる知見を検討してみよう[3]。

（1）の資産・負債の両建て計上方式は，A社とB社の退職給付債務が同額として表示され，同じ金額の退職給付債務を負っている両社の比較が可能である。

他方，（2）の差額計上方式では，A社はB社よりも退職給付債務が少なく計上されており，例えば，「負債対自己資本」や「自己資本対総資本」のような財務安全性指標値はA社の方が良く見える。また，総資産もA社の方が小さいので，「当期利益対総資産」のような収益性指標値もA社の方が良く見える。実態としては，A社とB社の退職給付債務は同額であり，営業の状況も等しいと仮定したはずであるから，両社の比較結果は利用者をミスリードする結果となる。

この事実より，わが国の事業会社でしばしば見られる退職給付に係わる内部引当と外部積立併用の場合，年金資産・負債の差額計上方式には，情報内容に問題が生じることが論理的に予想されるのである。つまり，会計対象である企業の実態を忠実に写像し，比較可能な情報を提供するという点で，差額計上方式には問題があると言える。

では，なぜ，このような差額計上方式を米国SEC基準や国際会計基準では採用してきたのであろうか。私は，米国や英国の退職給付制度が，日本やドイツと異なり外部積立年金制度方式を採用してきたという経緯にその一因があると思うのである。例えば，100％外部積立の会社を想定してみよう。差額計上方式によれば，貸借対照表に負債計上されるのは，退職給付債務に相当する年金資産への未拠出額がある場合か，年金資産の予想運用利回りよりも実際運用利回りが下回り，資産運用不足が生じた場合である。また，年金資産が負債を超過している場合に（わが国の，この「退職給付会計基準」では，その原因が拠出超過に限定される），前払拠出金として貸借対照表に資産として超過額が計上される。したがって，資産と負債とが一致しているような場合には，原則としてオフバランスされており，またオンバランスされる

---

3) 黒川（1998），67-68頁。

場合でも，その金額は差額であるから，差額計上方式は，総額・両建て計上方式に比べて財務安全性指標値や収益性指標値が良く見えるのであり，経営者にとって都合が良い方式と言えよう。

　裏返して考えれば，内部引当制度を採用する企業や国では，自動的に退職給付充当資産と負債が総額・両建て計上されているのであるから，外部拠出制度のみに差額計上方式を採用することは，斉合性のない不公平な取扱いと言うことができる。

　企業の国際間の公平な比較という観点から考えると，経営分析の専門機関（とくに社債格付け機関など）は，内部引当制度が残る日本の企業と外部拠出制度が主である米国企業などを比較する場合，わが国の従来の内部引当の退職給与引当金を総資本から控除して自己資本比率などを計算していたのであろうか。あるいは，外部積立型の米国企業の場合には，退職給付債務と年金資産を総額・両建方式に修正してから自己資本比率などを計算していたのであろうか，疑問が残る。

　もし，上記のような修正が行われていないとすれば，企業の国際間の公平な比較をするという点からすると，米国 SEC 基準や国際会計基準を総額・両建て計上方式へ改定せず，わが国会計基準のみ総額・両建て計上方式を採用することは不利となる。日本の企業は会計基準として差額計上方式の採用を期待し，さらに企業は全面的に外部積立制度に移行しようとするであろう。

　もちろん，このような見方は情報の利用あるいは基準の持つ政策的側面（語用論的側面）を強調しすぎていて皮相な見解であるだろう。しかし，会計基準が経営政策に影響したり，投資家・債権者の投資決定，さらに経営者，従業員を含む分配決定に何らかの影響を及ぼしかねないという認識を持つことは重要である。そこで，この差額計上方式と総額・両建て計上方式の比較に関して，意味論的な主張（論拠）を紹介することにしよう。

(2-3) 資産・負債（費用・収益）の差額計上と両建て計上の論拠[4]
(1) 資産・負債（費用・収益）の差額計上の論拠
　①　年金資産は退職給付債務の支払いのためにのみ当てられるのであるから，資産の回収と債務の決済が同時に実行されることが期待される。

462 第3部 個人・組織と会計

② 差額としての退職給付債務は，母体企業内部の一般資産の減少あるい
は負債の増加を結果としてもたらすことを示しており，通常の負債と一
致する。

③ 年金資産は退職給付債務の支払いにのみ使用される（連動性）ので，
その年金基金の増加要因としての資産運用収益と退職給付債務の増加要
因としての退職給付費用とが関係しており，運用収益（営業外収益）と
退職給付費用（営業費）とを別個に計上するのはおかしい。

④ 総額としての年金資産をオンバランスすると，年金資産が他の資産と
同様，母体企業の事業活動に使用可能なような印象を与える。年金資産
は，他の事業活動に転用できない。

⑤ 年金資産の存在によって，将来の退職給付債務総額のキャッシュ・ア
ウトフローが生じない。将来の実際のキャッシュ・フローは，資産・負
債の差額に関連性がある。

（2）資産・負債（費用・収益）の総額・両建て計上の論拠[5]

① 退職給付債務は，従業員の現在における勤務と将来における退職給付
との交換取引であり，退職給付は従業員の勤務に対する報酬の一部が将
来に繰り延べられたものの累積を示すのは退職給付債務の総額である。

② 従業員の労働給付としての発生勤務費用は年金資産の運用収益との相
殺差額では示せない。

③ 従業員の労働給付としての発生勤務費用と年金資産の運用収益とは別
の事象であり，会計測定は別々に行うべきである。

④ 年金債務の支払いが済むまでは，母体企業が年金資産に対して依然と
して支配（統制）または影響力を有しており，資産・負債の双方に係わ
る実質的なリスクと便益は母体企業に帰属している。

総額・両建て計上するか否かは，年金基金の運用資産が母体企業の貸借対
照表上に資産として計上できるか否かにかかっている。つまり，年金基金の

---

4) 黒川（1997a），44頁。
5) 黒川（1997a），44頁。

第19章　退職給付会計基準の論点　*463*

運用資産が母体企業の支配下にあるか否かの判断である。そこで，次に「支配」概念について検討してみよう。

(2-4)「支配（統制）」と基金資産の理解[6]

　支配とは，その報告実体が，その資源を実体の目的の達成のために管理・統制し，使用するための特権を持っていることである。

　報告実体は，自身の目的の達成のため種々の活動をしている。従業員から労働サービスの提供を受けるのも，その活動の１つであり，またそのための対価を確保しておくことも，労働サービスを安定して受領するための手段である。

　年金基金に対して一定の資金を拠出し，それを運用する活動は，従業員からの労働サービスを安定的に受領するための１つの手段であり，資産の運用収益の好結果を享受し，また失敗リスクを負担しているのは母体企業である。

　したがって，基金資産を支配している実体は基金ではなく母体企業である。

(2-5) 貸借対照表表示額が意味するもの[7]
（1）差額表示の意味

　ともかくも，今回の退職給付会計基準では差額計上方式を採用したのであり，そこから得られる貸借対照表表示額が意味するものは以下のようになる。

　①　年金資産・負債の差額計上処理による退職給付債務は，内部引当の退職給付（従来の退職給与引当金）と年金基金への未拠出金額および資産運用不足分の合計を表している。また，貸借対照表資産の部での年金資産が退職給付債務を上回る差額は，将来の拠出額の前払金を示している。

　②　また，これらの合計金額である「退職給付引当金」の意味は，母体企業が従業員に対する債務に充当する資産を特定していない部分，つまり，母体企業の事業資産でその負債に充当している部分を示しているのである。この場合の貸借対照表の資産の部の合計は，内部投資の事業資産合計である。

---

6)　黒川（1997a），44頁。
7)　黒川（1997a），44頁。

464 第3部 個人・組織と会計

（2）両建て計上の意味

一方，両建て計上処理を行った場合の退職給付債務の意味は次のようになる。

① 年金基金資産・負債の両建て計上処理をした場合には，退職金給付債務の金額は，従業員持分の総額を示しており，また貸借対照表資産の部の合計は，その持分の引出しに充当すべく特定された資産と，不特定の内部投資事業資産の合計を表している。

（2-6）差額計上方式と両建て計上方式の比較の結論[8]

① 退職給付債務の前提条件である，退職金費用・負債を「現在勤務と将来の退職金給付との交換と理解すること」，ならびに年金基金と母体企業との関係における「母体企業が資金運用のリスクの負担と便益を享受すること」そして，「資金運用としての拠出額と労働対価の測定としての退職金費用とは別物であること」から，年金基金資産・負債および基金運用収益・退職金費用の総額・両建て計上方式が，論理的にも，また実態を忠実に写像した情報で情報利用者をミスリードしないという点でも優れている。

② 年金基金資産・負債の差額計上方式は，内部積立の退職給与引当金と外部積立の年金基金が併用されているような場合，その会計情報には，とくにリスク指標の測定を通じて，情報利用者をミスリードする危険性があることを指摘できる。しかし，「年金基金資産は退職金給付にのみ使用され，その他に転用できない」という前提条件を重視した結果，論理的な帰結ではなく，表示上の工夫として，年金基金資産・負債の差額計上方式が主張されるのではないかと思われる。

③ ともかく，退職給付会計基準では差額計上方式を採用したのであるが，上記に指摘した問題は，年金基金への拠出と会社内部への投資の違いによって，実態としての企業のリスク状況が変化するかどうかという疑問を同時に投げかけている。つまり，年金基金を利用する会社は，会社内

---

8) 黒川行治（1997a），45頁。

部で退職金充当資金を運用する会社よりも，長期安全性が高いと判定して良いものかという問題である。

3. 現在価値計算における割引率とリスクの考慮

退職給付債務のような支出時期までに時間的経過が生じるものについては，将来の要支出額の現在時点での価値を測定するために割引現在価値概念を導入し，それに基づいて当該金額を測定することになった。さて，現在価値の測定金額は複利で割り引く利子率の大きさ如何で大きな変動が生じる。したがって，割引率としてどのようなものを採用するかが問題となるのである。

(3-1) 負債の現在価値とリスクの一般論

将来の収入が期待される資産について現在価値を測定することには馴染みがある。そこで，負債の現在価値を検討する前に資産の現在価値計算について確認しておこう。資産の現在価値計算では，分子は将来の収入の期待値であり，それを，リスクを勘案した利子率で割り引くのが一般的である。リスクは将来収入の発生分布が広がっているほど大きく，また分布の広がりがまったくなく，1つの金額が固定されているならば収入のバラつきに関しては無リスクとされる。利子率は無リスクを最低として，リスク要素が大きくなればなるほど高くなる。

別の計算方法として，分子の将来収入の期待値から，リスクプレミアム分だけあらかじめ控除し，それを無リスクの利子率で割り引く方法もある。後者の方法がこれからの検討に便利なので，それを念頭におく。リスクプレミアム分だけ期待収入を減らすというのは，実はリスクを回避したいという態度を示すリスク回避型の効用関数を仮定しているからである。もし，リスクを好む人がいれば，将来収入の期待値が等しい資産が複数あった場合，将来収入の分散が大きい資産を分散が小さい資産よりも好むであろう。つまり，リスク愛好型の効用関数を仮定すれば資産の現在価値測定上，リスクプレミアムは期待値を大きくする方向で作用するのである。ちなみに，リスク中立

466　第3部　個人・組織と会計

型の効用関数であれば，期待値そのままが分子の金額となる。

　さて，負債の現在価値であるが，負債は将来の支出の期待値を，リスクを勘案した利子率で割り引くのであるが，「リスクが大きい場合，資産の現在価値計算と同様に割引率も大きくなって現在価値は小さくなる」という現象を指摘する見解があるようである。しかし，この見解は錯覚によるものではないか。以下，その論拠を示そう。

　将来の収入が期待できる状況（資産保有）と将来の支出が予想できる状況（債務保有）とは，現在の財産（富）の状態をプラスにする状況かマイナスにする状況かというフロー（変動）に関する要素であって，財産（富）の大きさ（変動の結果というストック）を考えると（純資産として）連続線上にある。つまり，将来の支出発生の分散が大きいというのは富の変動が大きいという点で将来の収入発生の分散が大きいのと同じことなのである。財産（富）に関してリスク回避型の効用関数を仮定する場合には，リスクプレミアムは財産（富）の状態の価値を低くする方向に作用する。つまり，その変動が将来の支出に関する債務であれば，その期待値を大きくするものでなければならないのであって，これを割引率の大きさを変えることで反映させようとするのならば，「リスクが大きい場合には利子率を小さくして，債務（負債）の割引現在価値を大きくすることになる。」のである[9]。

(3-2) 退職給付会計基準と無リスク利子率

　退職給付会計基準において，退職給付債務の現在価値を測定するための割引率として，「安全性の高い長期の債券の利回り（長期国債，政府機関債および優良社債など）」を使用することになった（『注解』「注6」）。

　したがって，現在価値計算の割引率は，ほぼ無リスク利子率を使用するというものである。このような処理を上記の将来キャッシュ・フローの分散リスクに関する論理と照らし合わせると，3つの解釈がありうると思われる。

　①　企業が負担することとなる退職給付債務の支出は分散するようなものではなく（大きくなる可能性や小さくなる可能性はなく），そのような意味

---

9)　この論理は，斎藤静樹教授との議論からヒントを得たものである。

でリスクがない。

② 将来支出の可能性は分散しているが，それはリスク・プレミアムとして，分子の期待値計算（すなわち数理計算上の基礎率）に反映されている。

③ リスク中立の効用関数を仮定している。

(3-3) デフォルト・リスクと割引率

資産の現在価値計算では，取引相手がデフォルトする可能性が高い場合，割引利子率をそのリスクに備え高く設定することで，当該資産の現在価値を小さくすることがある。そこで，負債とくに退職給付債務を考えた場合，退職給付債務の負担者である企業が倒産した場合には，退職給付が当初に予定したとおり支払われない可能性があり，それだけを見れば企業にとっての将来の支出が減少することにもなる。そこで，将来支出の期待値を小さくしたり，あるいは割引利子率を大きくして負債の現在価値を小さくする方法が考えられる。こうすると，取引の相手である従業員から見た年金資産の価値がデフォルト・リスク分だけ小さくなることと連動することになる。

しかし，このようなデフォルト・リスクを反映する方法に対しては，「債務を負うものが自らの債務不履行の可能性を勘案して，自らの債務を小さくすることは許されない」という理由付けをして，無リスク利子率を採用するのであると説明する場合が多いであろう。

私見ではあるが，債務の現在価値は，あくまで，契約などで将来の支出予定額が決定されているという現状を測定したものである。当該企業の債務不履行の状態は，そのような支出予定額をすべて支払う義務である負債とそれに充当しうる資産との関係から判断されるものであり，もし，債務不履行を勘案して負債を測定すれば，当該企業の債務不履行の予測は，循環論に陥って論理上できなくなってしまうと思う。なお，負債の割引に関連する論点を本書第23章第3節で再述する。

(3-4) 資産の運用利回りと割引率

退職給付費用に相当する資金は，各企業の内部運用あるいは年金基金の資産運用によって増加し，退職給付支出に充当されることから，各企業の運用

468　第3部　個人・組織と会計

利回り（各企業の利益率など）や基金ごとの運用実績を反映した利子率を割引率とすべきであるという主張もなされる。

　この見解に対しては，「退職給付債務は従業員の給与の後払いであり従業員持分を表す一方，資産の運用は債務の発生とは無関係の事象であるから，そもそも運用利回りは使用すべきでない」と反論するのが通説である。私見では，「収益性の高い優良企業は運用利回りも大きいので，運用利回りをもって割引率とすれば，退職給付債務は小さくなり，ますます優良企業とそれ以外との格差が広がって評価されてしまう」とする論拠をもって資産の運用利回りは割引率として使用できないと主張することも可能のように思う[10]。

4.　発生給付評価方式の意義と影響

（4-1）発生給付評価方式と期末要支給額方式との関係[11]

　これまで（1998年当時）の退職給与引当金会計は，「期末要支給額」の測定を基礎として行われることが多かった。そこで，退職給付会計基準の原則である発生給付評価方式と期末要支給額方式との関係を検討しておこう。

（1）前提事項と記号説明

　①　従業員は1名，n年間の勤務後に退職する。

　②　毎年の給料の昇給率は前年比でk%上昇する。

　③　退職給付は一時金で支給され，各年度の最終給料1カ月分（S_t）に勤

---

10)　この論理は，安藤英義教授との議論からヒントを得たものである。

11)　退職給付会計基準の原則法である発生給付評価方式―定額制の場合には，支給倍率P_tは勤続年数に比例するとの仮定から，勤続年数tになる。なお，黒川（1997b）において，各種の退職給付債務の測定方法（予測単位積増方式（発生給付評価方式に相当）―定額制と支給倍率加味方式（予測給付債務，累積給付債務），予測単位積増―給与加味方式と給与・支給倍率加味方式，期末要支給額方式，定額拠出（積立）方式などの一般式やそれぞれの特徴を詳述しているので参照されたい。

　なお，将来の給料の上昇率と割引利子率を変化させた場合の予測給付債務（発生給付評価方式による債務に相当）と期末要支給額との関係の結論については，山田浩史氏の示唆によるものである。

続年数に応じて設定される支給倍率（勤続 t 年の場合 P_t）を乗じた金額が支給される。

④　割引利子率は i ％である。

（2）発生給付評価方式による期末退職給付債務

①　n 年後の予想退職一時金支給額（ERC）は，毎年 k ％の賃金上昇率でベースとなる給料が上昇していることと，支給率が n カ月分（n 年間の勤務後であるから）となっていることから次式となる。

$$ERC = S_n \times P_n = S_1 \times (1+k)^{n-1} \times P_n$$

②　各期末退職給付債務の計算

t 期の期末退職給付債務を RL_t とする。

$$RL_t = ERC \times \frac{P_t - P_{t-1}}{P_n} \times \frac{1}{(1+i)^{n-t}} + RL_{t-1} \times i + RL_{t-1}$$

$$= S_1 \times P_t \times \frac{(1+k)^{n-1}}{(1+i)^{n-t}}$$

（3）期末要支給額方式による期末退職給付債務

t 期末要支給額（EL_t）は，t 期末現在の給料水準に勤務年数に応じた支給率を乗じることで計算される。

$$EL_t = S_t \times P_t$$

（4）発生給付評価方式と期末要支給額方式との関係

$$RL_t = EL_t \times \frac{(1+k)^{n-t}}{(1+i)^{n-t}}$$

給料の上昇率（k）と割引利子率（i）との大小関係から，両方式には以下のような関係が生じる。

470　第3部　個人・組織と会計

$k > i$ ：　発生給付方式債務（RL）　＞　要支給額方式債務（EL）

$k < i$ ：　発生給付方式債務（RL）　＜　要支給額方式債務（EL）

$k = i$ ：　発生給付方式債務（RL）　＝　要支給額方式債務（EL）

給料の上昇率（k）と割引利子率（i）とが一致している場合に，発生給付評価方式による退職給付債務と期末要支給額とが一致する。

若干の例示によって，この関係を確認しておこう。

(5) 例　示

割引率をリスクフリー長期満期証券の利子率 $i = 5\%$，給料の上昇率（定期昇給＋ベア）$k = 3\%$，退職までの残存年数 $n = 15$ 年とすると，

$$RL = EL \times \frac{(1+0.03)^{15}}{(1+0.05)^{15}} = EL \times 0.75$$

となる。

退職給付会計基準では，小規模企業などには簡便法による退職給付債務の計算が認められることになっているが，期末要支給額方式もその簡便法の1つとして認められる根拠となるかもしれない。なお，割引率5％，給料の上昇率3％という仮定は，当時（1997年頃）においては，違和感のないものであった。しかし，わが国の資本市場，労働市場，企業活動に生じた超低金利，賃金上昇に関するベアの消滅，企業活動における非正規雇用の増加は，このような仮定を無意味なものにした。

(4-2) 退職給付の発生時の従業員による受領

会計測定の問題とは少々異なるが，興味ある議論を紹介しておこう[12]。

もし仮に，雇用の流動性が完全に存在し（現在の職と代替的な職が存在し，容易に転職できる），また退職金の移動および累積を保証する制度がある場合に，現在の従業員にとって，退職給付の一部を発生のつど受け取ってしまうべきか，あるいは退職時まで退職給付受給を繰り延べておくべきかの選択問題が生じていることに気づくのである。つまり，割引利子率よりも賃金上昇

―――――――――――――――――――

12)　黒川（1998），72頁。

率の方が大きいのならば，退職時まで，受領を繰り延べた方が有利であるが，賃金上昇率よりも割引利子率の方が大きいのならば，発生のつど受け取ってしまった方が有利となる。極端に言えば，現在受領し，退職後の生活費を確保するための賃金の蓄積を自己の責任で運用しておくということである。

したがって，企業外部の年金基金の責任は，従業員が自己責任で運用できる期待利回りを少なくとも確保することであり，また，企業内部への投資である退職給付の引当制度の会社の責任は，会社の業績が従業員の期待運用利回り以上であり，少なくとも，その率と等しい賃金上昇率を確保することであると結論することは，示唆に富んでいる。その後の 20 年間にわたってわが国の経済社会に起こった事態を思うと，第 3 章第 5 節で言及したミシェル・アグリエッタが「資産形成型成長体制」と呼ぶ金融資本主義の深化とこれらの考察結果との関連性に思いが至る。

ところで，企業が「確定給付型」の年金制度を維持し続ける限り，企業年金基金の運用が良好でないと，結局，企業は運用資産の補塡を行う義務（債務）から逃れることができない。とくに，将来の経済情勢の予測がますます困難になっていることに起因する資産運用の不確実性の増加に対処するため，資産運用の責任を従業員に移転させてしまえば，企業の年金債務のリスクは生じない。そこで，退職金・年金制度に関する政策として，「確定拠出型」制度を採用する会社が増加した。確定拠出型年金制度の採用によって，企業年金資産の運用如何が，会社の業績と財政状況に影響することは解消される。一方，この経営政策は，会社のリスクを減少させるのと引き換えに，従業員の老後に備える財産管理のリスクを増加させ，会社と従業員との運命共同体としての一体感を減少させるものでもある。

そもそも起草委員は（共通の目標として），業績が良くない会社における引当不足が指摘されることがある退職給与引当金会計と年金会計のオフバランスによる欠点，すなわち，従業員から見ての「賃金の後払いに対する債権」総額が明示されていないことの改善を，「退職給付会計基準」の設定に託していた。当時，この会計基準の設定が契機となって，一部の企業ではあるが，経営者が，年金制度それ自体を確定給付型から確定拠出型に変更するという労務政策を採るとは予想していなかった。

472 第3部 個人・組織と会計

(4-3) 予測単位積増─定額制方式と予測単位積増─給与・支給倍率加味方式の比較

企業会計審議会で「退職給付会計基準」の設定に向けて，当時，参考にしていたのが，1996年10月に発表された国際会計基準公開草案第54号「従業員給付」（以下，IASE54）および1985年12月発表の米国財務会計基準書第87号「事業主の年金会計」（以下，FASB87）であった。これらの会計基準による退職金債務と費用計上額の測定方法を見てみよう。

IASE54の第60項において，退職金債務の現在価値と現在勤務コストには，「予測単位積増方式（projected unit credit method）略称PBO」を使用しなければならないとしている。この方法は，「役務の比例配分による発生給付方式（accurued benefit method pro-rated of service）」または「給付額／役務年数方式（benefit/years of service method）」とも呼ばれるもので，従業員が役務を提供する各期間を退職金の権利の追加単位を発生させるものとみなし，それぞれの単位を別個に測定し積み上げて最終的な退職金債務とするものである。同様の方法は，FASB87の第40項にも記述されている。そこで，IASE54の第61項の例示を参考にしつつ，それをより一般化した数式でこの測定方法を記述してみよう。

（1）予測単位積増方式─定額制

①　前提事項と記号説明

・従業員は1名，n年間の勤務後退職する。

・毎年の給料の昇給率は前年比でk%上昇する。

・退職給与は一時金で支給され，各年度の最終給料1カ月分（S_t）に勤続年数を乗じた金額が支給される。

・割引利子率はi%である。

②　n年後の予想退職一時金支給額（ERC）

n年後の予想退職一時金支給額（ERC）は，毎年k%の賃金上昇率でベースとなる給料が上昇していることと，支給率がnカ月分（n年間の勤務後であるから）となっていることから，次式で表わせる。

$$ERC = S_n \times n = S_1 \times (1+k)^{n-1} \times n$$

③　各期末退職金債務の計算

t 期の期末退職金債務を RL_t とする。

・第1年度

$$RL_1 = ERC \times \boxed{\frac{1}{n} \times \frac{1}{(1+i)^{n-1}}}$$

$$\downarrow$$

「毎年一定額（$1/n$）の退職金債務が発生する」と仮定して，予想退職一時金支給額が按分され，それが割り引かれて現在価値が算定される。

$$RL_1 = S_1 \times \frac{(1+k)^{n-1}}{(1+i)^{n-1}} = S_n \times \frac{1}{(1+i)^{n-1}}$$

・第2年度

$$RL_2 = ERC \times \frac{1}{n} \times \frac{1}{(1+i)^{n-2}} + \boxed{RL_1 \times i} + \boxed{RL_1}$$

$$\qquad\qquad\qquad\qquad\qquad\qquad\downarrow\qquad\qquad\downarrow$$

期首の退職金債務の割引利子分　　期首の退職金
に相当する退職金債務の増加分　　債務残高

$$RL_2 = ERC \times \frac{1}{n} \times \frac{1}{(1+i)^{n-2}} + ERC \times \frac{1}{n} \times \frac{(1+i)}{(1+i)^{n-1}}$$

$$= ERC \times \frac{2}{n} \times \frac{1}{(1+i)^{n-2}}$$

$$= S_1 \times (1+k) \times 2 \times \frac{(1+k)^{n-2}}{(1+i)^{n-2}}$$

$$= S_2 \times 2 \times \frac{(1+k)^{n-2}}{(1+i)^{n-2}} = S_n \times \frac{2}{(1+i)^{n-2}}$$

・第 t 年度

$$RL_t = ERC \times \frac{1}{n} \times \frac{1}{(1+i)^{n-t}} + RL_{t-1} \times i + RL_{t-1}$$

$$= S_1 \times (1+k)^{n-1} \times n \times \frac{1}{n} \times \frac{1}{(1+i)^{n-t}} + RL_{t-1} \times (1+i)$$

$$= S_1 \times \frac{(1+k)^{n-1}}{(1+i)^{n-t}} + S_1 \times (1+k)^{t-1} \times (t-1) \times \frac{(1+k)^{n-t}}{(1+i)^{n-t}}$$

$$= S_1 \times (1+k)^{t-1} \times \frac{(1+k)^{n-t}}{(1+i)^{n-t}} + S_1 \times (1+k)^{t-1} \times (t-1) \times \frac{(1+k)^{n-t}}{(1+i)^{n-t}}$$

$$= S_1 \times (1+k)^{t-1} \times t \times \frac{(1+k)^{n-t}}{(1+i)^{n-t}}$$

$$= S_t \times t \times \frac{(1+k)^{n-t}}{(1+i)^{n-t}} = S_n \times \frac{t}{(1+i)^{n-t}}$$

・第 $n-1$ 年度

$$RL_{n-1} = S_{n-1} \times (n-1) \times \frac{(1+k)}{(1+i)} = S_n \times \frac{n-1}{(1+i)}$$

・第 n 年度

$$RL_n = S_n \times n = ERC$$

④ t 期の発生勤務費用額の計算

$$ET_t = ERC \times \frac{1}{n} \times \frac{1}{(1+i)^{n-t}}$$

$$= S_n \times \frac{1}{(1+i)^{n-t}}$$

このように，予測単位積増―定額制方式によると，予測退職金を予測勤務年数に等分に分割した金額（上記の例では，毎期間，給与1カ月分）が退職金の権利として追加発生すると仮定し，それぞれを独立した単位として，将来の退職金支給時までの期間分の割引による現在価値を計算し，それを各期の発生勤務費用とする。また，債務はそれぞれの発生勤務費用の積上げによるものであり，期首債務の利子分の増加が認識される。

しかしながら，わが国の正規雇用の賃金形態は，年功序列制のため勤務期間の経過に応じて基本給が上昇していく。また，退職給与規定について見ると，「逆S字型」と呼ばれるように，支給倍率（退職間際の給与に一定倍率を乗じて退職金を算定する，その倍率）は，就職した当初は勤務年数の経過に伴うその伸びが小さく，中堅社員時にはその伸びが大きく，そして，高齢になるとその伸びは再び小さくなるのが一般的であった。これは，会社の業務に精通した中堅社員の労働サービスが最も会社に貢献することから，中堅社員の途中退職を防ぐ目的である（就職後の給料の伸びも，そのような傾向の場合には，効果は倍化する）。

そこで次に，給与水準と支給倍率をも加味した方式の一般式を示そう。

（2）予測単位積増―給与・支給倍率加味方式

① 前提事項と記号説明

・従業員は1名，n年間の勤務後退職する。

・退職給与は一時金で支給され，各年度の最終給料1カ月分（S_t）に勤続年数に応じて独自に設定される支給倍率（勤務1年の場合p_1，2年の場合p_2，n年の場合p_n）を乗じた金額が支給される。なお，支給倍率の単位は「○○カ月」とする。

・割引利率はi%である。

② 各期末退職金債務の計算

・第1年度

$$RL_1 = ERC \times \frac{S_1 \times p_1}{\sum_{t=1}^{n} S_t \times (p_t - p_{t-1})} \times \frac{1}{(1+i)^{n-1}}$$

↓

「予想退職時までの各年の給与と勤務年数に応じて設定されている支給倍率の増分の積」の比によって，予想退職一時金支給額が按分され，それが割引かれて現在価値が算定される。

なお，各年の給与と勤務年数に応じて設定されている支給倍率の増分の積の総称を RC とする。

$$RC = \sum_{t=1}^{n} S_t \times (p_t - p_{t-1}) \qquad ただし, \ p_0 = 0$$

・第 t 年度

$$RL_t = ERC \times \frac{S_t \times (p_t - p_{t-1})}{RC} \times \frac{1}{(1+i)^{n-t}} + RL_{t-1} \times i + RL_{t-1}$$

③　t 期の発生勤務費用額の計算

$$E_t = \frac{ERC}{RC} \times S_t \times (p_t - p_{t-1}) \times \frac{1}{(1+i)^{n-t}}$$

「予測単位積増―給与・支給倍率加味方式」では，予想退職時までの各年の給与と勤務年数に応じて設定されている支給倍率の増分の積の合計に対する各年の給与と支給倍率の増分の積の比によって，予想退職一時金支給額が按分され，その各期の発生額を単位として，それぞれの退職予測時までの期間分だけ割り引いて各期の発生勤務費用額を算定する。各期の退職金債務は，予想退職時までの給与総額と勤務年数に応じて設定されている支給倍率の増分の積の合計に対する，入社してからその期までの上記の積の合計の比を予想退職一時金支給額に乗じ，それを退職予測時までの期間分だけ割り引いた現在価値である。

（3）定額制方式と給与・支給倍率加味方式の企業業績と財務状況に与える影響

①　割引現在価値計算の影響

在職期間を予想勤務期間で等分する定額制方式の場合であっても，会社が成長し続け，新規の若年従業員が増え続けている会社では，平均的な退職時までの割引期間が長くなるので発生勤務費用は比較的小さく，また，退職給付債務残高に割引率を乗じて算定される利子増加分も小さい。したがって，成長会社の業績および財務状況は，比較的良く測定される。一方，成長が止まり，従業員数も増えず，年々，従業員の平均年齢が高くなっているような状況になると，平均的な退職時までの割引期間が短くなるので発生勤務費用

は大きくなり，また，大きくなった退職給付債務残高に割引率を乗じて算定される利子増加分も大きくなる。このように，発生給付評価方式は，割引現在価値計算の特徴によって，従業員の平均的在職期間（年齢）の違いが財務業績などの測定に影響する。なお，定年の年齢を一律に延ばす労務政策を採用すると，割引期間が延びるので，財務業績などは改善したように測定される。

② 定額制方式と給与・支給倍率加味方式の比較

会社が成長し続け，新規の若年従業員が増え続けている会社では，給与・支給倍率加味方式で算定される発生勤務費用と退職給付債務の金額は，定額制方式で算定されるそれらよりもさらに小さく，したがって，成長会社の業績および財務状況は，より良く測定される。一方，成長が止まり，従業員数も増えず，年々，従業員の平均年齢が高くなっているような状況になると，いずれかの時点で，給与・支給倍率加味方式で算定される発生勤務費用と退職給付債務の金額は，定額制方式で算定されるそれらよりも大きくなり，業績および財務状況は，より悪く測定されるようになる。

会計基準設定の検討過程において，起草委員会では，いち早くこのような会計方式の特徴に気が付いていた。そして，わが国の賃金体系・退職給与規定に沿った会計処理方法の適用を推奨した場合，企業の成長過程の違いによる業績および財務状況の測定へのより鋭敏な影響が，はたして公共的に良いことなのか，会計基準設定の公共的意義，すなわち，経済的・社会的影響の是非に思いが及んでいた。

5. 数理計算上の差異の処理方法

数理計算上の差異の取扱いについては以下の３つの方式が考えられる。
（1） 即時認識方式
　　数理計算上の差異を全額即時に損益として認識・計上
（2） 遅延認識方式
　　数理計算上の差異を将来の一定期間にわたり，一部分ずつ損益として認

識・計上

（3）　回廊アプローチ

数理計算上の差異の累計額が一定の幅に納まっている間は，

①　認識・計上してはいけない（遅延認識の系と見る）

②　認識・計上しなくとも良い（即時認識の例外と見る）

それぞれの方式の論拠を整理しておこう[13]。

（5-1）即時認識方式の論拠

①　会計上の見積りの変更の当期および当期以前の費用・収益（資産・負債）に影響する部分については，当期の損益計算において処理するのが原則である。

②　会計測定の対象である取引・事象自体にボラティリティがあるのならば，そのボラティリティが会計測定に反映されるのが忠実な写像と言える。

③　簡便であり，理解が容易，コストが小さい。

④　将来の数理計算の諸仮定は，将来に起こり得る事象の期待値が用いられるのであって，過去の数値の調整という要素はない。過去における予定と実績との差額，旧仮定と新仮定との差額は，将来には係わらない。

⑤　遅延認識方式の認識期間，認識方法（償却方法）および未認識額の減損状態の見積りは恣意的なものとなる。

⑥　総額・両建て計上方式を採用した場合，繰り延べられた数理計算上の損失は「資産」の定義を満たさず，また，繰り延べられた数理計算上の利得は「負債」の定義を満たさない。

⑦　経営者・会計人の最新の評価が反映される。

⑧　時価主義に基づく資産評価（現時点の評価）と斉合性がある。

13）　黒川（1998），72-74 頁。(財)企業財務制度研究会（1997），297-304 頁を参照。

(5-2) 遅延認識方式の論拠

①　年金基金制度は長期的に存続することを前提にしているので，退職金費用も長期的視点から測定すべきである。実際の退職時まで長期なので，仮定計算も長期にわたるものである。

②　ある年度の利益（損失）が他の年度の損失（利益）と相殺されるかもしれない。

③　仮定からの乖離は，一時的なものかもしれず，それが明確な変動であることが保証されるためには，情勢が逆転しないという前提が必要である。

④　即時認識による毎期の変動は，退職給付債務などの変動を忠実に表現したものではなく，将来に関して不正確な予測（仮定）しかできないという事実を表現しているだけである。

(5-3) 回廊アプローチ

（1）回廊内の場合，認識・計上してはいけない（遅延認識方式の系と見る）

上記の遅延認識方式の論拠が該当する。

とくに，

（a）回廊を超えない限り，会計測定値に十分な信頼性がない。

これは遅延認識の論拠④と関連するかもしれない。

（b）回廊を超えるような大きな損益は，将来において相殺しあう可能性が少ない。

これは遅延認識の論拠②と③に関連するかもしれない。

（2）回廊内の場合，認識・計上しなくとも良い（即時認識方式の例外と見る）

（c）遅延認識方式の論拠を強調せず（即時認識方式の論拠を否定せず），単に，即時認識方式の結果もたらされるボラティリティの軽減を目的とする。

これは，利益平準化動機に関連するものであろう。

（d）会計原則の1つである「重要性原則」の適用であり，回廊の幅は，その重要性の判断の具体的指針にすぎないと見る。

回廊の幅は量的重要性の閾値であるが，具体的数値に論理的基礎があるかどうかは疑問である。

480　第3部　個人・組織と会計

　わが国の退職給付会計基準では，回廊方式は採用せず，重要性概念の導入
による遅延認識方式を採用している。上記論拠の（d）を見れば，重要性基
準の導入によって回廊方式と類似する効果を持つことが分かる。この関係を
もう少し検討してみよう。

(5-4)　重要性基準と回廊方式との関係

　会計測定値は，そもそも確定値でないものがあり，とくに見積りに基づく
認識・測定科目では，ある確率的な測定値の分布が背後にあるが，現在まで
の会計測定は，そのうちの1点見積値（点推定値）しか表示していない（詳
細は，本書第9章を参照されたい）。

　このような確率的な分布を持つ科目の会計測定値が変化するということは，
確率的分布そのものがシフトしているという事実が反映された結果である必
要がある。回廊内に納まるような測定値の変化は，その測定値の背景にある
分布が明確にシフトしたという可能性が小さいので会計認識をしない。これ
は会計認識の閾値の限界を示すとも考えられ，重要性基準でも解釈可能であ
る。

　ところで，回廊方式では，実際値が回廊を越えた場合に，回廊を越える部
分の数理計算上の差異のみを認識・測定する方法と予測値（予定値）と実際
値との差異全額を認識・測定する方法とがある。一方，重要性基準では，認
識・測定される数理計算上の差異は，上記の論理からすれば，重要な差異発
生（重要な事象の変化）が生じたと認識された場合，予測値と実際値との差
異全額が数理計算上の差異となる。

　次に，重要性基準によって認識・測定されることになった数理計算上の差
異の取扱いについて，即時認識方式と遅延認識方式のいずれを採用するかが
問われることになる。即時認識方式と遅延認識方式の論拠については前述し
たとおりであり，論拠の検討および損益への影響などを勘案した結果，退職
給付会計基準では，即時認識方式の強制とはならず，遅延認識方式となった
のであろう。もっとも，規則的償却の年数を1年として数理計算上の差異を
発生時に全額処理すれば，即時認識にほかならず，これも認められていた[14]。

【引用・参考文献】

（財）企業財務制度研究会（1997）「年金会計をめぐる論点」（1997年8月）。

黒川行治（1997a）「年金基金資産・負債のオンバランス」『JICPA ジャーナル』Vol. 9, No. 10（1997年10月），38-45頁。

———（1997b）「退職金債務の会計——退職給与引当金と退職年金の代替的測定方法の検討」，三田商学研究，第40巻第2号（1997年6月），65-99頁。

———（1998）「退職給付会計基準の論点」『企業会計』第50巻第11号（1998年11月），64-74頁。

14）　黒川（1998）74頁。起草委員会では，本文に記述したような重要性基準適用の論拠からして，見積りの対象である事象に重要な変化があり確率分布がシフトした場合には，即事認識方式となるのが論理上の帰結であると考えていた。しかし，会計基準の設定は，民主主義を標榜する限り，さまざまな利害関係者の相異なる主張の結果，合意に至るデュー・プロセスを経たものであり，当時の企業会計審議会では，遅延方式が決定された。

第4部

環境と会計

第 20 章

パリ協定前文の願意と会計責任の拡張

1. 環境問題をめぐる 3 つの対立軸

　温室効果ガス削減を含む地球環境保全問題は，さまざまな対立を含んでいることから人間の英知が試されている。第 1 は，地域間の対立である。先進国と発展途上国の地球環境資源をめぐる配分の対立であり，国際間の南北格差問題や国内の都市と地方との格差問題と軌を一にしている。かつて私たちが試みた中国での環境会計普及活動では，中国の人々から「19 世紀以降とくに 20 世紀に先進国が環境資源の恵みを享受したのであるから，21 世紀は途上国がその恵みを享受する権利がある」とする反論がなされた。それに対して，「先進国は環境に関する科学や社会的価値観の未発達から対応を誤ったのであり，人類として同じ過ちをしないでほしい」と懇請するのが常であった[1]。このような発展途上国の主張は，パリ協定締結直前まで変わっていなかった。

　なお，地球温暖化の影響は，各国ごとに異なり，高緯度地域にある国，例えば，ロシアの寒冷地域は大規模な農業適地になるかもしれない。一方，砂漠化の進行から，現在栽培している作物の転換を余儀なくされる農業地域も増加する。さらに，海水面の上昇で国家存亡の危機を予感する島嶼国の存在

---

1)　2000 年頃，日本と中国政府の合意による「アジア経済構造改革等支援」事業の 9 つのプロジェクトが，北京の清華大学と慶應義塾大学をプラットフォームとして進行しており，私は「中国企業管理研究」プロジェクトの主査として，中国に環境会計実践の種を蒔くことを目標に，公認会計士の（故）井上壽枝委員とともに，上海電力などに環境会計の理論を紹介し，実践を促す努力をしていた。上海電力では，12 基ある石炭発電所で，脱硫装置を付けている発電設備は皆無であった。これは，環境会計普及活動の第一歩に行き交う会話である。

も忘れてはならない。

第2は，世代間の対立である。現在の世代が自己の効用を増大させるために地球環境資源をどれだけ費消し，どれだけを後世の世代に残しておくかの問題である。後世の世代として何世代を想定するかを考え出すと悲観的になる。日本では奈良や京都を中心に，至るところに1,000年以上前から続く寺院などが現存しており，それらに身近に接することで，日本文化の継承，先祖からの血統の継承を確認しており，それを外挿して1,000年以上後の子孫の存続に疑問を持つことは少ないのではないか。しかし，地球温暖化の予想では，このままの経済成長，エネルギー消費が続くと，100年先の人類に対する温暖化の影響は甚大であるという。世代間の対立は，1,000年を超えるタームを念頭におくと，個体としての人間の幸福と種の継続・繁栄という人類の存在の対立となる。1,000年以上も先の未来を想像することは難しい。私は映画が好きなので，SF映画で描かれる未来を参考に想像することが多いが悲観的になる。『銀河鉄道999』は，個としての永遠の命を求め部分ごとに臓器を機械化していく機械人間の世界が，果たして幸せなのか否かが主題の1つである。『マトリックス』では，人類のほとんどすべては実物世界では生活していない。脳に直結するコンピュータのなかのバーチャル世界で個としての生活を（疑似）体験している。

第3は，文明に対する価値観の対立である。物質的豊かさとそれを効率的に社会全体に普及するシステムの構築が普遍的な文明の進歩とする価値観と，アーミッシュのように近代的発明品を用いず，精神世界の豊かさに価値を見い出すものもある。また，短絡的な解釈だが，個体の持つ価値観の総体である文化の多様な発展，価値観の多様性こそ世界全体の安定にとって重要と考える「文化相対主義」と，物質文明の豊さを主として前提に，文化の発展段階には普遍性があるとする「文化普遍主義」の対立がある。文化普遍主義は科学の進歩，人類の未来を楽観的に考える傾向があり，また世界の単一化，標準化を目指すものとも言えよう。

地球の半径は6,378キロメートル，人類を含む生物はその表面10キロメートル，地球の薄皮に生息している。地球の寿命や変遷を思えば，人類の危機と思える100年の大気の成分変化や化石燃料の埋蔵量減少は，存在する

ものとしての地球にとっては瞬きのなかで生じることであり，死活問題ではない。コスモス（調和する存在としての宇宙）を想い，それを仮に「神」という人間の言葉で表現するならば，地球表面上のパラサイトが大騒ぎをしつつ，解決できないでいるのを「神」は俯瞰していることであろう。『2001 年宇宙の旅』における神と人類との交わりを思うと，「精神世界で生きることとは何か」について考える時間を増やす時期に来ている[2]。

2. 温暖化対策の合意成立

　第 1 の先進国と発展途上国との対立，前述の発展途上国の主張によって，京都メカニズムで温室効果ガスの削減努力を強制されたのは，先進国（これを「附属書 I 国」と呼ぶ）に限られ，中国，インドなどの発展途上国には削減努力は強制されなかった。この取扱いに対して，EU，日本，カナダ，ロシアなどは受け入れたが，米国は，企業に不平等な競争を強いることになり，米国の産業の競争力が中国に劣ることになるとして，京都メカニズムから脱退してしまった。結局，京都メカニズム第 1 約束期間（2008 年から 2012 年）において，米国，中国，インドなどは削減努力をしなかった。この先進国と発展途上国との対立は，第 1 約束期間終了後も続き，地球全体，すべての国が参加する温室効果ガス削減努力のスキームは，その実現が危ぶまれていた。このような情勢のなかで，「国連気候変動枠組条約第 21 回締約国会議（COP21）」が 2015 年 11 月 30 日から 12 月 12 日の日程でパリ郊外にて開催され，世界 150 カ国の首脳・代表団が集まり，地球温暖化に対する「京都議定書」システム後の各国の取組みが合意されたのである（以下，この合意を「パリ協定（Paris Agreement）」と呼ぶ）。

　パリ協定の目的は，気候変動の脅威への対応として，工業化前と比較して世界の平均気温の上昇を，2℃を十分下回る水準に抑制し，さらに 1.5℃に抑制するように努力することである。そのため，今世紀後半に温室効果ガスの

---

2)　黒川行治（2009），1 頁。

人為的排出と人為的吸収を均衡させ，実質的な排出をゼロにするという長期目標を設定した。なお，わが国は 2030 年度に 2013 年度比 26％減，2050 年度には 80％減を目指すという目標を掲げており，もし目標が実現すれば，今世紀後半のわが国社会は，現在とはまったく異なる様相を呈しているだろう。

　産業革命後に人間社会が辿ってきた道筋からの大転換の契機ともなり得る「パリ協定本文」の前文は，一見総花的で大義名分を述べているようでもあるが，地球温暖化という人類にとっての脅威に対処するための道徳的規準（原則）ならびに具体的行動指針の是非を判断するための参照規準を羅列していて，その精神的記述に心が高揚する。そこで，まず前文の内容を紹介することから始めよう。なお，以下の記述は，前文記載の順序どおりではなく，さらに私の解釈に拠るものであって，誤解があればお許し願う[3]。

3．前文の願意
——ロールズの「公正としての正義—格差原理」の想起

　規準の第 1 は，a system of systems すなわち「目指す目標は共通であるが，目標達成努力の方策および貢献量においては，衡平性原則（the principle of equity and common）とともに国情および能力の差異および責任の差異を反映するという原則」である。第 2 は，気候変動・温暖化への対策は，人類が有史以来歩んできた継続的な科学・技術の進歩を放棄することなく，画期的な科学・技術の開発と普及に拠るものであって，「ディープ・エコロジー思想」に依拠して産業革命前のような（現在よりも自然環境の保存に適した）社会を目指すものではないことである[4]。したがって第 3 として，社会および経済環境が未開発の（豊かでない）国に住む人々の貧困・飢餓・公衆衛生・労働条件の脆弱性を改善するための開発が，抑制されてはならないこと

3）（一財）地球産業文化研究所（GISPRI）および（公財）地球環境戦略研究機関（IGES）共催の『COP21 報告シンポジウム資料集』（2016 年 1 月 20 日）に所収の，"Paris Agreement" の本文およびその仮訳である「パリ協定」を参照。なお，本章第 2 節以降は，GISPRI の平成 26 年度および 27 年度の『排出クレジットに関する会計・税務論点等調査研究委員会報告書』の「委員長（黒川）開題」を一部抜粋し，主題変更に伴い大幅に補筆した黒川行治（2016b）を採録したものである。

を確認する。第4は，海水面の上昇による水没の危険性が指摘されている島嶼国など，気候変動の悪影響が多大な諸国の特別の必要性を認識することである。第5は，後発開発途上国での社会および経済的発展と温室効果ガス発生抑制との両立のため，先進国からそれらの諸国への資金援助および技術移転による両者の格差の是正である。第6は，国家というボーダーを取り払い，すべての個々人が有する人権を尊重する原則である。具体的な権利として，基本的人権，健康の権利，先住民，地方共同体，移民，子供，障害者および脆弱な状況にある人々の権利，開発の権利，性の平等，女性への権限委譲および世代間衡平などが列挙されていて，われわれの社会が抱えている権利の不平等問題のほとんどすべてが列挙されている。第7は，温室効果ガスの吸収源・貯留源（おそらく熱帯雨林）の保全と生物多様性の保護（エコロジー思想）に対する一定の理解である。そして，第8に，これらの原則に則り温暖化対策が有効となるためには，一人ひとりの環境問題に関する意識・動機付けのために，教育，訓練，啓発，参加，情報公開が必要であるとする。

　なぜ，この前文に心が動かされるのであろうか。私は，ロールズの「公正としての正義（justice as fairness）」を想起するからである。ロールズは，自由を尊重しつつも，平等主義的傾向から，「社会的・経済的に不利な状況に

4）　環境哲学には，2つの相異なる思想があることに留意しよう。
（1）環境主義
・人間の社会，生活様式にとっての好ましい環境を保全しようとする（例えば，治水ダムの建設容認）。
・宗教・信仰という観点から解釈すると，人類は，人類を取り巻く動植物および自然環境を管理することを神から委任された特別な種と捉える。すなわち，人類とそれ以外の動植物との関係を「二元論」で把握している。
・景観や鉱物資源などの自然資源すべてまで拡大して解釈すると，人間社会にとって心地よい「自然環境の保全」を目指すことになる。
（2）ディープ・エコロジー（生態学）思想
・人類も生態系のなかの1つの種であると認識して，生態系の保存を目指す（例えば，治水ダム建設に反対）。
・宗教・信仰という観点から解釈すると，人類とそれ以外の動植物との関係を「一元論」で捉えている。
・景観や鉱物資源などの自然資源すべてまで拡大して解釈すると，一元論では人工的に自然を作り直すことをしない「自然環境の保存」を目指すことになる。
　松野弘（2009）などを参照。より詳細な説明が第21章注2）にある。

ある構成員の状況を是正することに効果がある」という条件を満たすことを必要条件として，構成員の自由な決定が尊重されるとする。ロールズは，「善く秩序付けられた社会＝公共世界」創出のために人々が最終的に合意するであろう正義の具体的原理を２つ挙げている。第１原理は，各個人が最大限に平等な自由（政治的自由，言論の自由，良心と思想の自由，個人的財産＝動産を保有する権利など）を持つことの保障である。次に第２原理として，社会的・経済的な不平等が許容される場合を想定し，許容される前提として次の２条件の充足が求められる。

(a) そうした不平等が最も不遇な人々の期待便益を最大に高めること（「格差原理」），

かつ

(b) 公正な機会の均等という条件のもとで全員に開かれている職務や地位に付随するものだけに不平等をとどめるべきこと（「機会均等原理」）

第１原理が第２原理に優先し，第２原理では，「機会均等原理」が「格差原理」に優先する[5]。

前文紹介の第６規準（原則）の内容は，ロールズの第１原理である「基本的人権の確保と平等」にほぼ相当するものである。また，前文紹介の第１規準の「目指す目標は共通であるが，目標達成努力の方策および貢献量においては，衡平性原則とともに国情および能力の差異および責任の差異を反映する」という原則，さらに，前文紹介の第３および第５規準などは，ロールズの「機会均等原理」と「格差原理」から誘導される考え方であると思う。すなわち，機会が均等であれば各国の経済的豊かさの差異は許容されるのであるが，現実は機会が均等とは言えないのであるから，経済的豊かさの格差は許容すべきものではない。先進諸国に生まれ・生活する人々と後発開発途上国に生まれ・生活する人々との間の不平等・格差を是正するためには，しばしば経済的豊かさの向上と矛盾する温室効果ガス排出抑制目標や政策について，後発開発途上国と先進国との差異は肯定され，さらに先進国から後発

---

5) 山脇直司 (2004)，142-143頁。および，ロールズ，ジョン著—川本隆史・福間聡・神島裕子訳 (2010)，83-85，114頁。Rawls, John (1971), pp. 52-54, 72.

開発途上国への資金援助および技術移転努力は当然のことなのである。

　このように，前文は，国家間の条約締結を成就させるべく，条約に参加するほぼすべての国を納得させるための規準（原則）でありながら，国家というボーダーを取り払った個々人の状況を想起させ，個々人が生活する環境・社会・経済状況の悪化の抑制，改善，格差是正を目標・規準としていることによって，すなわち，ロールズの「公正としての正義」が目指す目標との類似性ゆえに，心に響くのではないかと思うのである。

4.　科学・技術開発による解決――持続可能な発展の含意は何か

　前文紹介の第2規準では，画期的な科学・技術の開発と普及に拠って気候変動・温暖化が解決されるものとされている。これは，願望というよりは必要条件であるという強い意思表明・メッセージである。では，画期的な科学・技術の開発とは何であろうか。しばしば，環境問題と経済問題とを同時に解決しようとする場合に用いられる「持続可能な発展（sustainable development）」という言葉を，私たちはどのように認識しているのであろうか。現在の社会・経済の在り様，現在の生活の様式（質と水準）の持続なのであろうか。

　デイヴィッド・ドイッチュは，「維持する（sustain）という語には，ほぼ反対だがしばしば混同される2つの意味がある。一つは人の必要を満たすこと，もう一つは物事の変化を妨げることである」[6]と言う。地球温暖化という人類の危機に際して，われわれが語る持続可能な発展とは，現在の社会・経済の状態，直截に言えば現在の生活様式・水準を変化させない発展という意味であってはならない。SF小説や映画に描かれているような，現在とはまったく異なる社会・政治・経済体制ならびに日々の衣食住環境への変貌をも覚悟しておかねばならない。

　さらに，ドイッチュは，「静的社会は，知識を素早く創造することができ

---

6)　ドイッチュ，デイヴィッド著―熊谷玲美・田沢恭子・松井信彦訳（2013），587頁。

ないという固有の性質ゆえに，問題がやがて大惨事にならざるをえないので，いずれ崩壊する。……予見可能な惨事を防ぐための戦略はいずれ失敗に終わることが必至であり，予見不可能な問題には取り組むことさえできない。こうした問題への備えとして，可能な限り多大な富とともに，科学とテクノロジーの急速な進歩が必要である」[7]と言う。地球の平均気温が2℃上昇，さらに3℃上昇した場合の地球規模での気候変動，例えば偏西風などの地球規模の気流の変化，亜熱帯地域の拡大と温帯地域の縮小のような恒常的な気候の変化，それらの結果として生じる砂漠化の進行による食糧生産地域の移動・減少，水面上昇による居住可能地域の消滅，強大な積乱雲の発生による過去の記録を更新する豪雨・竜巻のような局所的な現象，熱帯伝染病蔓延地域の拡大など，スーパーコンピュータの活用によって，ある程度の予想はされているが，予見不可能な事態が生じないと断定する人はいないであろう。画期的な科学・技術の開発・普及のために全人類が挑むアイデアの創造努力と投下すべき富の量を，あらためて認識する必要がある。

5. 自主的目標設定・業績測定，社会企業，トリプル・ボトムライン

(5-1) 各国の自主的目標設定・業績測定

　パリ協定は，京都議定書とは異なり，基本的には各国の自主的努力の積み上げによって地球規模の温室効果ガス排出量を抑制しようとするものである。各国は，それぞれ最大限の努力目標を公表し，そして国情にあった抑制・削減政策を行い，定期的にその成果・地球環境改善への貢献の程度を公表する。目標を段階的により野心的なものへと引き上げていき，ダイナミックなプロセスによって，今世紀後半までに温室効果ガスの排出源からの人為的な排出量と吸収源での除去量を均衡させようとするのである。

　自主的努力―目標設定と達成度の公表は，会計の規準である「会計責任（accountability）」を想起する。会計責任とは，公正・正確・誠実な測定と報

---

7) ドイッチュ著―熊谷・田沢・松井訳（2013），587頁。

告（公表）を行い，受託責任を全うしていることを示すことであるが，本章では測定・報告内容の拡張を課題としているので，「説明責任」のニュアンスを念頭におこう。日本の経済界は，以前より，環境問題に対する政府の公共政策として，産業セクター（企業）に対する規制，課税（環境税）に反対し，補助金および自主的な目標設定・努力とその成果の公表により対処するべきだと主張してきた。パリ協定は国間での国際条約であるが，国の約束・目標を国内でどのように達成するのかの政策は，各国の自主性に任されている。したがって，国内の産業セクターを構成する各企業は，資本主義社会—市場競争を前提としつつ，温室効果ガス削減という環境課題に対処するためのビジネスモデルの構築と，その達成度を説明していく必要がある。株主の利益最大化を目標とする企業経営とその財務的業績（経済的パフォーマンスの結果）を測定・報告する従来の企業会計は，この事態に果たして対処できるものなのであろうか。

　前述したように，パリ協定は直接には自然環境問題への対応規準であるが，社会的（人的）環境問題をも十分に意識している。そこで，経済的パフォーマンス，自然環境への影響，社会的インパクトを同時に扱う「トリプル・ボトムライン」の思考について検討してみよう。

(5-2) シングル・ボトムラインとトリプル・ボトムライン

　これまでの企業会計が測定する会社の財務的業績は経済的パフォーマンスの結果であって，経済社会が会計利益を財務的業績の最終（最高位）の指標とすることに合意をしていることを前提に，財務的業績が良い会社は，悪い会社よりも企業価値は高いとされる。そして，財務的業績が継続的に良い会社は低い会社よりも，その会社の存続可能性（持続可能性）は高いと看做される。このような，経済社会に普及した企業会計上の利益を最終的業績指標と看做すことを「シングル・ボトムライン（single bottom line）」と呼ぶ。

　一方，「社会企業（social enterprise）」の概念において，企業は，自然人と並ぶ社会を構成する一員である。われわれの社会は経済的課題のみを問題にして構成・運営されていない。われわれの社会には，自然環境や社会的（人的）環境に関する課題が充満している。企業も自然人同様に，これらの自然

環境や社会的（人的）環境に関する課題に対して，ポジティブな影響を与えているのか，ネガティブな影響を与えているのかということに関心を持ち，自然環境や社会的環境の改善に貢献しなければならないのではないか。自然人を評価する場合に，経済的パフォーマンスのみによってその人を評価するという社会的合意があるのであれば，これ以上の議論は無駄であるが，そうではなく，自然人の評価は，それ以外の自然環境や社会的環境における業績を含めて行われるという合意がある社会であれば，企業の評価も同様に多元的指標を用いて行うのが道理となる。企業の業績として，経済的パフォーマンス，自然環境への影響，社会的インパクトの3つの指標を独立した最終指標として測定，表示するのが「トリプル・ボトムライン（triple bottom line）」である。

(5-3) 経済的パフォーマンス，自然環境への影響，社会的インパクトの3つの指標の理想的関係

　経済的パフォーマンス，自然環境への影響，社会的インパクトの3つの指標の関係をどのように理解するのかを検討することは興味深い。思想的な対立があるからである。会社も自然人と並ぶ社会の構成員であるので，自然環境の保護に尽力する人を尊敬するように自然環境へのポジティブな影響をもたらす会社の社会的評価は高い。逆に，自然環境への影響がネガティブな会社であっては，他者から迷惑者として排除される。同様に，社会的インパクトがポジティブな会社の社会的評価は高くなり，ネガティブな会社は長期間存続することができない。

　議論を進めるために，ここで議論している自然環境への影響と社会的インパクトにはどのようなものがあるのかを確認しておこう。自然環境へのポジティブな影響には，生態系の維持や自然環境の改善，緊急時のリスク管理，継続的な汚染物質の浄化，リサイクル化された原材料の使用，簡易包装，廃棄物の可能な限りの軽減などがある。また，自然環境へのネガティブな影響には，大気汚染，水質汚染，天然資源の浪費，再生不可能な資源の利用，騒音，放射能汚染，過剰包装などが挙げられる。

　ポジティブな社会的インパクトとは，雇用の創出，従業員の教育，コミュ

ニティへの参加活動，慈善活動や文化普及活動，人々の便益向上を目標とする研究・技術開発などである。また，ネガティブな社会的インパクトとして，労働者の人権侵害，労働災害防止への無理解，地域住民（雇用者および消費者）への配慮なき事業所の撤退，過剰あるいは悪質な宣伝・勧誘，文化や良き慣習・規範の破壊などが挙げられる[8]。

　そこで，これら2つの指標と経済的パフォーマンス指標とを合わせた3つの指標の関係を述べると，「自然環境への影響と社会的インパクトの両方ともに，ポジティブなものを大きくしネガティブなものを小さくすることに邁進する会社は，それらの活動に対する社会からの認知・応援によって，経済的パフォーマンスも大きくなる」というシナリオである。つまり，3つの指標は同時にプラスになり，同時にマイナスになる。このような思想・前提に疑問を抱かなくて済むような理想的な市民社会であれば，3つの指標すべてを最大化する目標を立てることができる。

（5-4）経済的パフォーマンス最大化が目的関数，自然環境への影響と社会的インパクトの2つの指標が制約式

　しかしながら，自然環境への影響や社会的インパクトは，外部経済・不経済と看做されてきた社会的課題が多く，それらの影響を受ける利害関係者による会社経営への働きかけは，所有者や潜在的所有者（投資家＝資本市場）による経済的パフォーマンス最大化に関する直接的な働きかけと比較して，同等なほど大きいかというと甚だ疑問なのである。自然環境への影響と社会的インパクトを定量的に測定する方法が精緻になり，トリプル・ボトムラインの業績測定が普及したとしても，経済的パフォーマンス最大化が目的関数であり，他の2つは制約式に留まるのではないのか。自然環境への影響や社会的インパクトへの配慮は，社会構成員たる会社の存続にとっての制約条件（必要最低条件）であって，これらの条件を充足した上で，会社は経済的パフォーマンス最大化の努力を行う。換言すると，経済的パフォーマンスを最

---

8)　ポスト，J・E＝A・T・ローレンス＝J・ウェーバー著―松野弘・小阪隆秀・谷本寛治監訳（2012），190頁の「図表20-5　企業活動のバリュー・チェーンとトリプル・ボトムラインの影響」を参照。

496 第4部 環境と会計

大化する活動は，他の2つのパフォーマンスについて社会的合意に基づく「ある最低水準」を守らないと，実現できないと考える思想である。

自然環境へのネガティブな影響を防止すること，ネガディブな社会的インパクトの発生を制限するという社会政策としての「規制」を想定すると分かりやすい。この規制水準を遵守する会社が社会において存続が許され（それを制約として），経済的パフォーマンス最大化のための自由競争に参加できるという仕組みである。規制という公共政策は，「補助金」，「ピグー税」，「情報開示の強化」，「取引可能許可証制度」と並ぶ典型的公的解決策の1つである。しかしながら，規制の問題点は，規制水準をクリアすることが最終ゴールとなって，追加コストが小さくとも，それ以上の環境へのポジティブな影響やポジティブな社会的インパクト量を増加させようとするインセンティブに欠けることである[9]。

(5-5) 自然環境への影響と社会的インパクトの2つの指標のポジティブ量最大化が目的関数，経済的パフォーマンスが制約条件の会社経営は成立するのか

目的関数と制約条件を入れ替え，自然環境への影響と社会的インパクトの2つの指標のいずれか，あるいは両方のポジティブ量最大化が目的関数，経済的パフォーマンスが制約条件の会社経営は成立するのかを考察してみよう。思考実験として極端なケースを想定する。環境負荷物質削減技術を研究・開発している会社があり，いつ成功するのか定かではない研究開発のコストが毎年多額に上り，利益と配当は0，株価も低迷している。つまり，投資家にとって，インカム・ゲインとキャピタル・ゲインの両方ともに現状では期待が持てない会社があるとする。その会社に長期間，喜んで株主となる投資家がどれほどいるのであろうか。もちろん，この技術開発が成功すると，この会社が提供する製品・サービスへの大きな需要が生まれるので，将来の経済的パフォーマンスの飛躍的な増大が期待できる。しかし，この理由による投資の継続と会社の持続は，経済的パフォーマンスの最大化目的が前提となっ

---

9) スティグリッツ，J・E著—藪下史郎訳（2012上），289頁。

ている。

　もし，自然環境へのポジティブな影響の最大化が会社の目的であれば，技術開発が成功しても，その製品・サービスの価格は社会への普及のため廉価でなければならない。したがって，経済的功利主義を前提とするファイナンス理論が想定するところの，「リスクに見合う高い資本コストを回収可能とするだけのリターンを獲得するための販売・価格戦略」は採らないと予想される。だからこそ，自然環境へのポジティブな影響を最大化するような会社経営は，功利主義を前提とする資本主義社会ではその存在が困難となることが論理的帰結なのであり，そのための公共政策として，社会的限界便益と私的限界便益との差額だけの「補助金」の交付が必要になるし，また，ビル・ゲイツ夫妻のような啓発された大富豪家のチャリティに期待することになる。

6.「統合報告」の思想は経済的パフォーマンス以外の目標を掲げる企業を促進するか

　そこで，経済的パフォーマンスの測定を超えて企業の会計責任（説明責任）の拡張を目指すもう１つの試みである「統合報告」の思想について検討することにしよう。「統合報告は，組織による，長期的な価値創造に関するコミュニケーションをもたらすプロセスであり，定期的な統合報告書という形で最も明示的に表される。統合報告書は，組織の外部環境を背景として，組織の戦略，ガバナンス，実績及び見通しが，どのように短，中，長期の価値創造につながるかについての簡潔なコミュニケーション（報告書）である」[10]と定義されている。なお，登場する用語が前節までと共通していないことをご容赦願う。

---

10)　市村清（2013），34 頁。市村氏は，2010 年から「国際統合報告評議会」のワーキングメンバーとして統合報告のフレームワークの作成に携わってこられたので，本書は，統合報告に関する一連の議論の解説書として大変分かりやすい。そこで，本書の関係部分を引用することにした。

（6-1）6 つの資本と価値創造プロセス

　統合報告では，人間社会には，「財務資本」（出資，借入，補助金など），「製造資本」（道路などのインフラ），「知的資本」（組織が所有している知識をベースとした無形資産で，特許，システム（組織資本），ブランドなど），「人的資本」（人間が所有している人々の技能・能力・経験・開発意欲など），「社会・関係資本」（コミュニティにおける機関や相互の関係，ステークホルダーのグループやさまざまなネットワーク，そして個人あるいは社会を良くするための情報を共有する体制など），「自然資本」（自然界に存在する再生可能なあるいは再生不能な環境資源もしくはプロセスで，過去・現在・将来の企業（組織）の繁栄の基礎となる製品・サービスを作り出すもの）の6 つの資本が存在すると仮定する。これらの資本は，企業（組織）の内部に存在するものもあれば，企業の外部に存在するものもある。

　企業が行う事業活動によって製品やサービスが製造され（アウトプットの現出），アウトプットの効果（アウトカム）によって，それら6 つの資本の量は増減し，質が変わり，その結果として価値が創造される。各資本には3 つのトレード・オフ，すなわち，①資本の構成要素間のトレード・オフ，②時間を超えたトレード・オフ，③所有を超えたトレード・オフがある。例えば，雇用の創出は人的資本の増加と自然環境の悪化をもたらし，研究開発コストの削減は現在の財務資本を増加させ将来の財務資本を減少させる。また，有害物質除去装置の導入は企業自身の財務資本の減少と社会・関係資本の増加をもたすであろう[11]。

　短期，中期，長期の価値創造能力を評価するために，統合報告には以下のような内容要素が記載されることになるという。「企業の「組織概要と外部環境」を分析し，現状ならびに将来動向を把握することにより，企業にとっての「機会とリスク」が特定される。その「機会とリスク」を前提に，また企業の目的や意図を明確かつ簡潔に表す「ミッションおよびビジョン」に基づいて長期戦略目標が設定される。次に，その長期戦略目標を達成するため

---

11)　市村（2013），第4 章を抜粋。なお，「③所有を超えたトレード・オフ」とは，企業が所有する資本と，他の企業が所有する資本あるいは誰も所有していない資本とのトレード・オフをいい，環境活動が典型例である（市村（2013），60-61 頁）。

の「戦略と資源配分」が決定され，「戦略と資源配分」を落とし込んだ企業活動である「ビジネスモデル」が明確化される。また，戦略を達成するための「ガバナンス」体制が示されるとともに，報酬体系も明らかにされる。そして，アウトカムと戦略計画の達成度合いが「実績」として示されるとともに，今後その戦略目標を達成するために乗り越えるべき課題等が「将来の見通し」として示される」[12]。なお，短期とは1年，中期とは3年，長期とは8年から10年程度が想定されている[13]。

（6-2）なぜ統合報告の情報は主として財務資本のステークホルダーに有用なのか

　統合報告書の利用者は，主として（primarily）投資家，銀行，社債権者（ただし，それ以外のすべてのステークホルダーにも有用）とされている[14]。投資家にとっては株主価値が企業の価値であり，それは株価に反映される。株価のファンダメンタル価値は，将来キャッシュ・フローの現在価値であり，将来キャッシュ・フローに対する影響は，直接的および間接的なものをすべて含めるとすると，広範な資本に依拠することになる。したがって，統合報告が目的とする長期的価値創造能力に関する評価は，投資家にとって有用な情報となる。このような見解は，本章（5-3）で言及した「経済的パフォーマンス，自然環境への影響，社会的インパクトの3つの指標の理想的関係」の見解と軌を一にするであろう。

　しかしながら，統合報告推進者の期待とは異なり，これまで投資家にとっての財務的価値とそれ以外のステークホルダーが関心を寄せる価値とは異なる増減動向となっていたという。その要因として，市村氏は4つ挙げている。

・長期的な投資はリスクがありすぎるので，投資は短期志向の傾向にあった。

・出資者から運用方針への指示はなく，運用者（ファンド・マネージャーなど）の評価は短期的成果のみに着目されている。

---

12)　市村（2013），145頁。
13)　市村（2013），162-163頁。
14)　市村（2013），37頁。

500 第 4 部 環境と会計

・企業が自然資本およびその他の関係資本が有限であることを検討しなかった。
・企業が株主価値しか価値として考えなかった[15]。

　したがって，これらの要因が改善され，すなわち，長期的観点から高リスクであっても投資資金は集まり，さらに運用者の評価も長期的成果によって行われる。会社の経営者は，自然資本の有限性を自覚し，さらに株主価値以外の多様な資本価値を認識して長期戦略を設定し，ビジネスモデルを構築するならば，理想状態の実現可能性は高くなる。統合報告の目的は，このような「経営者と多様なステークホルダーの気づき・啓発」に貢献することであり，社会企業の存在・増加を後押しすることにあるのであろう。

　なお，統合報告の想定は，長期的と言っても 8 年から 10 年程度なのであり，地球温暖化への対応が想定する 50 年程度と比較すれば，きわめて短い。これは，経済的パフォーマンスを中心とするビジネスモデルの構築が前提である限り，将来に対する予見可能性はこの程度であることを示しているし，経営者自身が引き受ける責任の限界や財務投資の目標は現世代の寿命の範囲内に留まるからであろう。

7. 経済的パフォーマンス最大化目標を転換させる手段としての会計責任の拡張

　ところで，キリスト教やユダヤ教などで「黄金律 golden rule」と呼ばれる倫理的言明には，似ている 2 つのものがある。その 1 つが，「自分が他者からして欲しいことを他者にしてあげなさない」という言明であり，他の 1 つが，「自己に対し他者からして欲しくないことは，他者にすることなかれ」という言明である。私は，これら 2 つの倫理的言明のニュアンスの違いに思いがある。そこで本章では，これらの黄金律の意義に留意しながら，社会企業の存在と環境経営を前提とするトリプル・ボトムラインや統合報告に見る

---

15)　市村（2013），93-94 頁。

会計責任の拡張について省察してきた。

　地球温暖化・気候変動の脅威への対策は，パリ協定が想定するところでは達成目標年次が21世紀後半という50年を念頭におく長期計画である。自己の権利を主張できない将来世代の人々の環境を保全しておこうとする，全世界の自然人および法人（会社）が共同参加する壮大な試みなのである。そのためには，経済的パフォーマンス最大化という目標を後退させ，自然環境への影響と社会的インパクトのポジティブ量を最大化することを目的関数とし，経済的パフォーマンスはその実現のための必要最低限の制約とするような企業目標の設定とビジネスモデルの構築への転換が求められていると思う。会計人のミッションは，そうした社会の実現を手助けする会計責任の拡張に努力することであろう[16]。

　そこで，本章を締め括るにあたり，環境問題を政治・経済・社会問題として認識し，解決しようとする主張に耳を傾けることにしよう。

8. 「豊かさ」の別指向
──環境問題は公共社会の有り方の問題でもある

　世界で最も貧しい大統領として知られる，ウルグアイ第40代大統領であったホセ・ムヒカが，2012年にリオ会議で行ったスピーチはとくに有名である。

　ホセ・ムヒカは，そのスピーチで，「「持続可能な発展と世界の貧困をなくすことは，現在の富裕な国々の発展と消費モデルを真似することなのか」と問いかける。……我々の前に立つ巨大な危機問題は，環境危機ではなく政治的な危機問題なのだ。……消費が社会のモーターになっている世界では，私

---

16)　グローバリゼーションが進んだ経済・産業社会では，とくに大規模な多国籍企業の動向に注目するべきである。それらが厳しい先進国の排出削減目標遵守を回避するため，すなわち，先進国と比較して緩い後発開発途上国の排出削減目標の経済的恩恵を享受するために，排出削減をより効果的にするような努力なしに生産拠点の移動を行うのであれば，地球全体としての温室効果ガス削減の抜け道になってしまう。多国籍企業のようなグローバルな社会で活動する企業には抜け道利用の誘惑が付きまとうので，自社の利益最大化・自社の経済的繁栄を最終目的とすることではなく，地球市民全体の環境的および精神的な豊かさの追求こそ，企業の最終目的であると自覚して経営されねばならないのである。

たちは消費をひたすら早く，多くしなくてはならない。消費が止まれば経済が麻痺し，経済が麻痺すれば，"不況のお化け"がみんなの前に現れる。……人がもっと働くため，もっと売るために「使い捨ての社会」を続けなければならない。……悪循環の中にいる。……これは紛れもなく政治問題である。……「貧乏な人とは，少ししか持っていない人ではなく，無限の欲があり，いくらあっても満足しない人のことだ」。これは，この議論にとっての文化的なキー・ポイントだと思う。……発展は幸福を阻害するものであってはいけない。発展は人類に幸福をもたらすものでなくてはならない。愛を育むこと，人間関係を築くこと，子どもを育てること，友達を持つこと，そして必要最低限のものを持つこと。発展は，これらをもたらすべきことなのだ。幸福が私たちのもっとも大切なものだからである。環境のために闘うのであれば，人類の幸福こそが環境の一番大切な要素であることを覚えておかなくてはならない」[17]。

　このムヒカ元大統領のスピーチ・思想から私たちは何を学ぶべきなのであろうか。地球温暖化・環境問題の解決は，科学・技術の進歩・普及とは別に，（あるいは同時かもしれないが），一人ひとりの消費節約指向──個々人の環境に対する道徳心が必要であることを示唆している。そして，これを大統領として政治・経済・社会問題であると言っているのは，人間社会の有り方を変更する国家政策が必要と考えているからだ。すなわち，産業革命以降，「経済的豊かさこそが「効用」であり，それの最大化が公共哲学上の目指す方向とする「形式的功利主義」を援用する消費経済社会からの脱却」によって，しかも，消費節約を義務と認識するのではなく，心の豊かさと，「コミュニティの一員として，他者とのコミュニケーションを通じて自己の存在を認識する」という人間の本性から「幸福」の状態を定義して，それの最大化を目指す社会の構築こそが，持続可能な発展の意味であるとしているからである。

　豊かとなった先進国の住民にとって，一人ひとりの節約指向の実践，経済的すなわち購買力の源泉である貨幣獲得こそが豊かさであるとする社会の慣習のなかで生活してきた人々が，「豊かさ」の意味を転換することは不可能

---

17)　佐藤美由紀（2015），3-11頁（原訳は打村明氏）を抜粋・要約，語調を変更。

に近い。ホセ・ムヒカ元大統領の目標遂行は，心に響いても実行は困難であろう。では，この地球の生態系にとって，大きな脅威となっている人口増加，貧困，工業化，それの担い手である企業などの経済主体そしてその構成要素である個々人による生態系の破壊を減らし，持続可能な開発を促進するために，国家による公共政策手段にはどのようなものがあるのであろうか。また世界の企業，産業界は現在までにどのような施策を行ってきたのであろうか。

【引用・参考文献】

市村清（2013）『統合報告ハンドブック』第一法規。

黒川行治（2001）「コストとベネフィットについて企業会計が測定するもの」『三田商学研究』第44巻第3号，59–73頁。

―――（2009）「環境問題をめぐる3つの対立軸」（財）地球産業文化研究所「ニュースレター」2009年4号。

―――（2015）「委員長開題」『排出クレジットに関する会計・税務論点等調査研究委員会報告書』（平成26年度），（一財）地球産業文化研究所（GISPRI），2015年3月，1–6頁。

―――（2016a）「委員長開題」『排出クレジットに関する会計・税務論点等調査研究委員会報告書』（平成27年度），（一財）地球産業文化研究所（GISPRI），2016年3月，1–8頁。

―――（2016b）「パリ協定前文の願意と会計責任の拡張」『会計』（論攻）第190巻第2号（2016年8月），1–15頁。

佐藤美由紀（2015）『ホセ・ムヒカの言葉』双葉社。

スティグリッツ，J・E著―藪下史郎訳（2012）『公共経済学（第2版）』（上・下），東洋経済新報社。

（一財）地球産業文化研究所（GISPRI）および（公財）地球環境戦略研究機関（IGES）共催の『COP21報告シンポジウム資料集』（2016年1月20日）。

ドイッチュ，デイヴィッド著―熊谷玲美・田沢恭子・松井信彦訳（2013）『無限の始まり』インターシフト社。

ポスト，J・E＝A・T・ローレンス＝J・ウェーバー著―松野弘・小阪隆秀・谷本寛治監訳（2012）『企業と社会――企業戦略・公共社会・倫理』（下巻）ミネルヴァ書房。

松野弘（2009）『環境思想とは何か――環境主義からエコロジズムへ』ちくま新書。

山脇直司（2004）『公共哲学とは何か』ちくま新書。

ロールズ，ジョン著―川本隆史・福間聡・神島裕子訳（2010）『正議論（改訂版）』紀伊國屋書店。

Rawls, John（1971）*A Theory of Justice*, revised edition, Harvard University Press.

第 21 章

持続可能な発展と会計の転換

1. 持続可能な発展の問題

われわれは「持続可能な発展（開発）」という用語を口にする時，おそらく「将来の世代が依存する資源の消耗なしでの経済成長」という意味を念頭においているであろう。「環境と開発に関する世界委員会」（The World Commission on Environment and Development）は，経済発展と環境配慮のバランスの必要性を認識し，「将来世代のニーズを損なうことなく，今日の世代のニーズを充たすような開発」を目指す概念を，「持続可能な発展（開発）（sustainable development）」と表現した。この概念には2つの中核的な異なる意義があるという[1]。

第1は，環境を低下させる原因の根底には貧困が挙げられるので，環境保護には経済発展が必要である。食物，住居，および基礎的生活条件を欠く人々は，その日，その日を生き延びるために資源を誤用するので，環境保護のためには，全世界の人々が適正な生活水準を維持することが求められると考えるものである。第2は，経済発展は持続可能な方法で遂行されなければならない。その方法は将来世代のために地球資源を保存することである。地球上の生命維持のために必要な森林，農地，水，および，空気の質を犠牲にして成長していくことは許されない。私たちは地球を，元の状態を維持するか，さらに改善された状態にしておかなければならないと考えるものである。

第1の主張である「貧困が自然環境を破壊する」とは何か。熱帯雨林地域

---

1) ポスト，J・E＝A・T・ローレンス＝J・ウェーバー著—松野弘・小阪隆秀・谷本寛治監訳（2012 上），256-257 頁。Lawrence Anne T. = James Weber（2014），p. 213.

への焼畑農業の侵食により，熱帯雨林が毎年減少していることを念頭におけば理解が容易である。熱帯雨林の減少は，二酸化炭素固定地域を奪い，地球に存する生命体が保存してきた多様な遺伝情報を消滅させている。しかしこの事実を，私たち豊かな国の住民が未開発国の人々を見下し，非難するという文脈で用いることは許されないし，あり得ない。豊かな国の人々が，家具や建物などの原材料のコスト低減目的で熱帯雨林の伐採に手を貸してきたし，そもそも，現在豊かとされる工業化を経験した地域は，これまでにどれほど自然資源を消費し，消耗させてきたのであろうか。結果として経済的豊かさを成就した豊かな国の住民が，時間的に数世紀遅れた経験をしている豊かでない人々の行動をどうして非難できようか。

　第2の目標に対して，われわれはどのように対処していくべきなのか。前章で言及したように，環境哲学では2つの相異なる思想がある。人間の社会，生活様式にとっての好ましい環境を保全しようとする「環境主義」を一方の極とし，人類も生態系のなかの1つの種であると認識して，生態系（環境）の保存を目指す「ディープ・エコロジー思想」が他方の極として存在する。宗教・信仰という観点から解釈すると，後者のディープ・エコロジー思想は，人類とそれ以外の動植物との関係を「一元論」で捉えているのに対し，前者の環境主義では，人類は人類を取り巻く動植物および自然環境を管理することを神から委任された特別な種と捉える。すなわち，人類とそれ以外の動植物との関係を「二元論」で把握している。景観や鉱物資源などの自然資源すべてまで拡大して解釈すると，一元論では「環境保存」を目指すことになるし，二元論では人間社会にとって心地よい「環境保全」を目指すことになるのである。このように，環境重視と言っても，上記2つの思想の違いは本源的であって和解は困難と思われる[2]。

　地球温暖化を含む環境問題への人類の対処規準は，「パリ協定」もそうであるように，環境主義に則しているのが主流である。環境主義に則して環境保全を図りつつ経済的繁栄を目指すために，公共経済学的にはどのような解決策を考案してきたのであろうか。

2) 環境倫理とエコロジー思想について

　　公共哲学への環境倫理の登場についてキャリコットは次のように言う。「世俗主義，人道主義，物質主義を特徴とする現在の産業文化は，独自の社会倫理を多面的に発展させていった。その中心にあったのは，個人の本質的な価値，自律，尊厳といった道徳概念である。……これを中心的な源泉として道徳哲学の二つの流れが生じてきた。一つは（ベンサムを開祖とする）功利主義である。功利主義においては，人々の幸福の総和が個人の行為や公共政策の目標として重視される。もう一つは（カントを開祖とする）義務論であり，人間の諸権利の基礎として人間の尊厳を強調する。……「人権」の概念は拡大されて理解される方向にあり，……政治的自由や経済活動の自由に加えて，一定程度の生活の便宜を享受する権利，つまり，人間としての尊厳を保って生活し，初等教育や基本的な医療を受ける権利，そして生活に適した自然環境に生きる権利までもが，人権の概念に含められるようになってきた。……人間の幸福と人間の権利という二つの上に近代の世俗的な環境倫理を発展させていくと，環境倫理は，環境関連の諸科学と高度な技術的専門知識，現代の産業文明の一般的な価値観を完全に統合したものになる」（キャリコット，J・ベアード著―山内友三郎・村上弥生監訳（2009），55-56頁）。

　　いよいよ，その環境倫理の内容であるが，これに関するキャリコットの主張は以下のように要約できる。これは，レオポルドの「土地倫理」に依拠している。「……倫理は，相互に依存し合う個体ないし集団が協力関係の様式を進化させていこうとする傾向性に起源があるのだから，現在までに進化してきたすべての倫理はただ一つのことを前提にしている。それは，個体は相互に依存し合う諸部分からなる共同体の成員だということである。……土地倫理において，ホモ・サピエンスの役割は土地共同体の征服者から，土地共同体の同等の成員，市民に変わる。その結果，人類は仲間の成員に対して，また共同体に対して敬意を払うことになる」（キャリコット著―山内・村上監訳（2009），436-437頁）。

　　「生物種はある生態系の中の生態的地位に適応する。他の有機体（捕食者，餌食，寄生者，病原体）との現実の諸関係，そして物理的，化学的な諸条件（温度，放射線，塩分濃度，風，土壌，水のpH）との現実の諸関係によって，生物の外形，新陳代謝のプロセス，はては心理的，精神的能力の総和までもが文字通り形作られる。生物の個体は，……その生物種の環境への適応の歴史の総和なのである。……〔この〕生態学的な観点からすれば，諸関係は関係する諸事物に「先立って」存在し，こうした諸関係が織りなすシステムとしての全体は，それを構成する部分に先立つといえる。生態系としての全体は，論理的にその諸部分である生物種に先立つ。なぜなら，諸部分のそれぞれの性質は，全体に対する関係によって決定されるからである。……個々の生物種が今もっている特性を備えるのは，それらの生物種が生態系の中のそれぞれの生態的地位に適応していく過程でそうした特性が進化してきたからである」（キャリコット著―山内・村上監訳（2009），442頁。〔　〕内は黒川加筆）。

　　「〔功利主義者〕の「賢明な自己利益」は，……自己と他者とが明確に区別されることを前提としている。人々が不満を押し殺して「他者」の利益を尊重するのは，他者が自分自身の利益を尊重してくれることを期待するため，そして秩序ある社会が維持されてその恩恵に与ることができるようにするためである。しかし，生態学的な形而上学の観点からすると，自己と他者は相互に定義し合い，依存し合っている。このように，生態学においては，自己と他者はその概念からいって関係し合っている以上，諸関係の中に組み込まれ，そこに根ざした集団としての人間にとっての自己利益は，互恵的な利他主義やお返し方式と同じものではない」（キャリコット著―山内・村上監訳（2009），445-447頁。〔　〕内は黒川加筆）。

2. 外部性と共有資源問題

人間の経済活動に伴って発生する温室効果ガスの排出とそれの地球環境に与える温暖化の関係は，負の「外部性（externality）」と「共有資源問題（common resources problem）」として解釈されている。個人または企業が財・サービスを生産する時に発生する温室効果ガスは，それが地球温暖化の有力な原因になっているという認識が広く共有されるまで，その影響はまったく考慮されていなかった。財・サービスの交換取引に直接関係しない人々や地球環境（われわれの子孫を含む）に負の影響があるにもかかわらず，補償や対価の支払いがなされていなかった。補償や対価の支払いがなされていない場合，経済取引の間接的な影響を考慮した社会的限界費用よりも私的限界費用が下回っていることになり，財・サービスの市場均衡状態では，それらの「負の外部費用」が考慮された状態と比べて，財・サービスは過剰生産となっている[3]。

また，ここで想定している地球環境は，「共有資源（common resource）」あるいは，「グローバル・コモンズ（global commons：共有地と訳されることが多い）」と呼ぶもので，土地，大気，あるいは水のように，ある1つの集団に属する人々が共同して使用する資源のことである。産業革命以降，私た

　　「環境問題の根底には，自然と人間との関係を人間の利益の観点から捉え，そこに社会の発展を見出そうとする，人間中心主義的な価値観を，人間と自然との共生的な関係の重視，つまり，生態系中心主義的な価値観へと変えていかなければ，環境問題を解決していくことは困難であるとする，環境倫理思想的な対応もみられた。……換言すれば，環境問題に対する技術的対応（経済成長）と思想的対応（自然環境保護・保存思想）との対立が，……「環境保全主義」対「環境保存主義」……環境政治イデオロギー的観点からの「環境主義」（Environmentalism）対「エコロジズム」（Ecologism）の環境思想上の対立を生み出している」（松野弘（2009），7頁）。環境主義が自然環境の保全（開発優先）による人間中心主義，経済的合理性（経済成長）を内包するのに対し，エコロジズムは自然環境の保存（原生自然の保存）による自然中心主義（生態系中心主義），環境的合理性（生態系の持続性）を内包している（松野（2009），235-236頁を要約）。

3)　外部性とは，「ある個人または企業が他の個人か企業に影響を及ぼす行動を起こすが，それに対して後者がお金を支払ったりまたは支払わなかったりするときは，常に外部性が生じる。その結果，負の外部性をもたらす財の過剰生産，または，正の外部性をもたらす財の過少生産となる」（スティグリッツ，J・E著―藪下史郎訳（2012上），273頁参照）。

ちは，急速にこのグローバル・コモンズを消費し，破壊してきた。土壌・大気・水質汚染は，誰も所有していないのをよいことに，自己の私的利益追求のためにそれらの資源を消耗・破壊し放題のことをした結果であった。地球温暖化の原因となっている温室効果ガスの排出も，人類が行っている同様の行為の結果である。このような集団行動は，共有資源問題あるいは「共有地の悲劇（paradox of the commons）」という言葉で認識されてきた。

　共有地の悲劇とは，すべての個人が短期的に自己の利益の最大化を試みると，共有地全体が破壊され，結果として，現在および将来，共有地を使用する者全員が損をすることである。例えば，最近，わが国で話題になっている三陸沿岸での秋刀魚の大不漁の原因が，北太平洋の公海上での東アジア某国の大型漁船の操業によるものではないかと伝えられている。いずれかの国の領海での操業であれば，漁獲割当交渉（例えば日ロさけ・ます漁獲割当交渉）による乱獲防止手段があるが，現在（2016 年 10 月）のところ公海上での秋刀魚資源の配分決定はなされていないし，さらなる漁船の大型化が進められているらしいので，将来，鰻や鰊と同様の資源の激減・枯渇を招くかもしれない。共有地の悲劇は，負の外部性をもたらす財の過剰生産の結果，再生不可能となる限界を超えて財の生産（漁獲）を行ってしまうという結果となる。

　共有地の悲劇を防ぐ手段の 1 つは，外部性を内部化するために関係当事者が集まって交渉し，集団協約を結ぶことである。他の 1 つは，共有資源とされているものに財産権（property rights）を設定し，財産権の所有者を特定して，それら所有者の現在および将来を見据えた経済合理的な意思決定に委ねることである[4]。再生可能な資源であれば，再生可能な限度内での資源の採取をすることが長期的利益を最大化する合理的意思決定になるからである。しかし，外部性の内部化のために協議の場を設定することや共有資源を分割し財産権を設定することは，いつでも可能とは言えない。とくに，これまで議論してきた環境資源の利用や温室効果ガスを排出する行為の場合，フリーライダー問題が深刻化したり取引費用が多額になったりするため，協議の場の設定や財産権の割当てを行って私有財産に分割することは困難と言わざるを得ない。そこで，国家主導の公共政策による解決・防止が必要となるのである。

3. 公共政策の概観

　公共部門が負の外部性を防止する公的手段として，政府による直接的な規制・罰則（強制力の強い産業界の自主規制も含む）と市場メカニズムを利用した解決策がある。これらの政策について，スティグリッツおよびポスト＝ローレンス＝ウェーバーの言説を参考に要約してみよう[5]。

(1) 規制：環境基準（environmental standards）の設定

　さまざまな汚染物質の許容範囲が立法または規制措置によって定められ，行政機関や裁判所が監督にあたる。政府が企業に一定の基準値に適合するよう命令し，しばしば企業の技術選択まで統制するので，「命令と統制による規制（command and control regulation）」とも呼ばれる。具体的には，ある地域内の汚染物質を一定量または一定比率以下に規定するタイプと，事業者ごとの排出規制，地域の産業と地形や気候条件を考慮して州と地域の監督機関によって設定されるタイプとがある。経済学的な観点から問題を指摘すると，削減努力の限界費用は企業ごとに異なっている点，また，設定された基準よりも排出量を少なくする費用がいかに小さくとも，基準を超えて削減するインセンティブを企業に与えないことが挙げられよう。

---

4)　中村達哉（2010），第 2 章参照。「所有者が保有する財産権が所有権と呼ばれる。所有権とは所有によって保有された財産を自由に使用する権利，他人の無断使用を排除する権利，財産の全部または一部を他人に譲渡する権利からなる。財産権は財産そのものの権利というよりも，財産を使用する人間の間で取り決められた権利なので，人間の行動，インセンティブに影響を与える。また，財産権は相互に排他的であることをお互いに尊重しなければならない。このために財産権は社会的に強制されていなければならない。このような財産権（property rights）は狭義の（日常的な意味での）財産権であり，神か法律のどちらかによって与えられた絶対的な権利である。一方，広義の財産権は，「個人は自分の身体に対する排他的な支配権を持つ」というロックの自己所有権と，これから拡大された権利とによって正当化される。すなわち，「誰の所有物でもない天然資源に自分の労働を加えて価値を増大させたものは，その対象物を所有する権利がある」ということと，「労働によって新たに価値を創造した者は，その価値ある対象物を所有する権利がある」ということを意味する。」

5)　スティグリッツ著―藪下訳（2012 上），第 9 章，とくに 281-294 頁，および，ポスト＝ローレンス＝ウェーバー著―松野・小阪・谷本監訳（2012 上），第 11 章，とくに 286-290 頁。

（2）民事・刑事法による強制

　伝統的に環境法を犯す企業は民事上の刑罰や罰金の対象となっているが，これは，さらに監督機関が，これらの法律を破る企業を刑事上の法規を使って起訴できるようにすることである。入獄の恐怖は大気や水質や土地を劣化させる悪質な企業に対する有効な抑止力となる。

（3）補助金政策

　これは，企業に対して汚染物質削減努力のインセンティブとなるような政策を採ることである。例えば，一定の汚染基準を達成した企業からの政府調達や，汚染防止または処理装置導入企業への補助金，そして，汚染防止または処理装置の早期減価償却による優遇税制などが挙げられる。経済学的観点から補助金の政策を説明すると，汚染物質削減の効果がもたらす社会的限界便益と限界費用が一致するように，企業の汚染物質削減に社会的限界便益と私的限界便益との差額に相当する「補助金」を支給することである。

（4）排出料金と税金

　排出基準や排出料を設定することで，環境負荷のある廃棄物を排出した企業には，排出した量に応じて税金などが課せられる。これは，「補正税（corrective tax）」または「ピグー税（Pigovian tax）」と呼ばれている。経済学的観点から解釈すると，負の外部効果をもたらす財・サービス生産の私的限界費用を社会的限界費用に等しくするために税金などを課すことである。課税によって，社会的限界費用よりも私的限界費用が小さく認識されていたことによって生じる過剰生産は解消し，効率的な産出量が実現する。

（5）取引可能許可証（marketable permits）制度

　排出基準以下の企業が基準値に達するまでの取引可能許可証（クレジット）を，排出量が基準よりも多くて罰金を支払わなければならない企業に売ることを認める制度である。制度の導入により，クレジットの市場価格が削減努力の限界費用を上回る限り，企業は削減努力を実行し，余剰となったクレジットを売ろうとする。また，削減努力の限界費用がクレジットの市場価格

を上回るときには，企業は削減努力の代わりにクレジットを購入しようとする。こうして削減のための限界コストが低い企業で削減努力が行われることにより，全体のコスト増加を抑制しながら削減目標を達成することができる。なお，「京都メカニズム」の排出クレジット取引の意図は，限界コストが低い国で温室効果ガス削減努力を行い，その活動を限界コストが高い国が支援し，その見返りに削減実績相当の排出クレジットを移転させて自国の削減努力にカウントすることにより，世界全体でトータルの削減コストを低下させつつ削減目標を達成することにあった。

（6）情報公開

社会の圧力に着目して，個々の企業が毎年排出している汚染物質の量に関する情報の公開を義務付けることである。「環境報告書の作成および環境監査の義務付け」などが考えられる。

これらの公共政策のメリットとデメリットを，ポスト＝ローレンス＝ウェーバー（一部スティグリッツの記述と黒川の考えを追加）は表21-1のようにまとめている。

以上の代替案が，政府の環境問題への対策の基本である。では，政府に相対する企業は，公共社会の環境問題に対して如何なる対策を行っているのであろうか。次節において，企業の環境マネジメントについて検討することにしよう。

4. 環境マネジメント

社会における企業として，環境配慮に積極的な企業の多くに共通する組織的要素として，以下の仕組みが紹介されている[6]。

---

6) ポスト＝ローレンス＝ウェーバー著―松野・小阪・谷本監訳（2012上），294-296頁。

第21章　持続可能な発展と会計の転換　*513*

表21-1　汚染削減の公共政策のメリットとデメリット

政策的取組み	メリット	デメリット
（1）規制：環境基準	・法的強制力あり ・強制力のある法令遵守（コンプライアンス）	・一律の基準は，すべての企業にとって同様の意味があるわけではない ・大規模な調整組織が必要となる ・老朽化した効率の悪い工場は強制的に閉鎖されるかもしれない ・費用がどんなに低くても，汚染水準を基準以下に少なくしようとするインセンティブをまったく持たない
（2）民事および刑事法	・企業と個人の悪事を思いとどまらせる	・効果が弱いと企業と個人は悪事の行いを躊躇しない
（3）補助金政策	・環境に配慮した活動への報償 ・企業が最低限の規準を超えるよう奨励	・インセンティブ（報奨金）では汚染を抑制するのに十分ではない ・削減費用を含めた総費用を考慮に入れないため，汚染排出産業の産出量が多くなりすぎる
（4）排出料金と課税	・有益となる良い活動にではなく，汚染による悪い活動に課税	・料金設定の難しさ ・税では汚染を抑制するには十分ではない
（5）取引可能許可証制度	・企業に柔軟性を与える ・より低い全体コストで目標を達成できる ・効率の悪い工場も稼動し続けるので失業者が増えない ・政府や民間団体が汚染量の権利を市場から買い取ることができる	・企業に汚染排出の認可を与える ・排出枠の設定が難しい ・地域ごとに汚染レベルの不均等が起きる ・強制が難しい ・許可証に対する最初の権利を配分する（グランド・ファザーリング）上で公平性確保が困難である
（6）情報公開	・政府が政策遂行する上で，費用がほとんどかからない ・企業は費用対効果の最良の方法を選択して汚染を減らすことができる	・すべての企業を動機付けできるわけではない

出典：ポスト＝ローレンス＝ウェーバー著―松野・小阪・谷本監訳（2012上），289頁，およびスティグリッツ著―藪下訳（2012上），294頁参照。

514 第4部 環境と会計

（1）効果的な環境経営の要素

① トップ・マネジメントの環境責任
  ・環境管理の責任者に，より多くの権限と会社の最高幹部へ直言する権利を与えている。
② ステークホルダーとの対話
③ 方針変更を行う場合の，ライン・マネージャーや従業員の関与
④ 環境行動規範
  ・企業の環境目標を行動規範や憲章に設定している。
⑤ 組織横断型チーム
  ・環境問題を解決するために，異なる部署から人材を集め，組織横断型の特別チームを活用する。
⑥ 報奨金とインセンティブ
  ・環境活動を所属組織から認められ報奨金を受けることがインセンティブになる。ライン・マネージャーを含む管理職の環境面での達成を彼らへの報酬に結び付け，また，その達成内容を公的に表彰する。
⑦ 環境監査
  ・環境目的達成に向けた進展状況を念入りに追跡し，把握する。詳細な環境監査を実施して，定期的に環境上の新規構想を検討している。環境報告書を公表する。
⑧ 組織間協調
  ・加盟会社が一緒に取り組む。
⑨ 環境パートーシップ（environment partnership）
  ・企業が，環境団体や監督機関と自発的に協力関係を結び，特定の目標を達成する。

　次に，企業が日常業務のなかで環境問題に取り組む手順をどのように制度化するかについて紹介する[7]。

7）　ポスト＝ローレンス＝ウェーバー著―松野・小阪・谷本監訳（2012 上），296-298 頁。

（2）競争優位を生む環境経営

① 経費節減

　・汚染を防ぐ，有害物質を削減する，資材を再利用・リサイクルする，
　　エネルギー効率の良い設備を導入するなどの施策によって，長期的に
　　は経費の節減となる。

② 製品の差別化（green marketing）

　・環境分野での取組みにおいて評価と名声を得て，持続可能性を配慮し
　　た製品とサービスを提供する企業は，環境意識の高い顧客を惹き付け
　　る。

③ 技術革新

　・環境配慮に積極的な企業は，汚染を削減したり環境効率を上げるため
　　に，想像力を働かせた新しい手法を探し出しているので，多くの場合，
　　技術的に先駆者である。

④ 戦略的計画立案

　・持続可能性のヴィジョンを描く企業は，経営トップが企業の活動全体
　　が環境に及ぼす影響を把握するために，精巧な戦略計画を立てる手立
　　てを持たなければならない。これらの企業が環境監査と予測を複合し
　　た手法を実施することによって，生態系に限らず広範囲の外部環境が
　　企業へ及ぼす影響を予測することができる。多角的な計画立案によっ
　　て，これらの企業は新しい市場，素材，技術，製品の将来予測を行う
　　ことが可能となる。

　ここで紹介した環境経営の前提は，環境問題に積極的に向き合うことは，
持続可能性を促進するだけではなく，グローバル市場において競争力を高め
ることになり，結果として経済的利益の最大化に資することになるというこ
とである。では，環境マネジメントの取組みの成果をどのように測定してい
るのであろうか。代表的な測定手段として，環境省が策定した「環境会計ガ
イドライン」について第5節で紹介することにする。

516 　第 4 部　環境と会計

5　環境保全コストと環境保全努力に対応する効果の測定

(5-1)　環境会計の測定対象と 3 つの測定要素

　環境会計には，国民経済計算のような 1 つの国あるいは地球全体を対象にした計算体系（統計）を対象とするマクロ環境会計あるいはマクロ社会会計と呼ばれるものと，企業や自治体などの 1 つの組織を対象としたミクロ環境会計がある。さらに，ミクロ環境会計は，環境保全コストなどの把握により，企業などの内部的な管理や意思決定を支援するという側面と，当該企業の環境問題に対する取組みの状況を外部利害関係者に報告する側面がある。

　ところで，企業の環境問題への取組みは，政府の環境問題への関心・政策に影響を受ける。例えば，公害防止設備導入のための優遇税制があれば設備投資計画もそれに影響されるし，いわゆる「環境税」が導入されれば，当該税金はコスト項目の 1 つとして事業遂行上の意思決定に影響しよう。環境基準の改廃によって企業に求められる最低限度の環境保全努力が変わり，環境コストの認識額も変化する。

　ミクロ環境会計の代表例である環境庁が公表した「環境会計ガイドライン(2005 年度版)」（以下，「環境会計ガイドライン」と呼ぶ）によると，環境会計の測定項目は，事業活動における「環境保全コスト」と，その活動により得られた「環境保全効果」および「環境保全対策に伴う経済効果」の 3 つの構成要素からなっている。それでは，順次その概要について見ていくことにしよう。

(5-2)　環境保全コストの測定

　環境保全コストとは，「環境負荷の発生の防止，抑制又は回避，影響の除去，発生した被害の回復又はこれらに資する取組みのための投資額及び費用額」と定義され，貨幣単位で測定される。企業の活動は，環境負荷との関係から事業活動，管理活動，研究開発活動，社会活動およびその他の領域に分けられ，以下の 7 つに分類してコストを集計する。

（1）事業エリア内コスト

　これは，企業などの主たる事業活動により事業エリア内で生じる環境負荷が対象であり，それらを低減する取組みのためのコストは3つに分けられる。

- ・公害防止コスト（大気・水質・土壌汚染，騒音，振動，悪臭，地盤沈下などの防止）
- ・地球環境保全コスト（温暖化，オゾン層破壊などの防止）
- ・資源循環コスト（資源の効率的利用，産業廃棄物のリサイクル，一般廃棄物のリサイクル，産業廃棄物の処理・処分，一般廃棄物の処理・処分など）

（2）上・下流コスト

　これは，事業エリアに財・サービスを投入する前の領域（上流域）で発生する環境負荷を抑制する取組みのためのコスト，および事業エリアから財・サービスを産出・排出した後の領域（下流）で発生する環境負荷を抑制する取組みのコストである。

- ・環境負荷の低減に資する財・サービス（環境物品など）の調達・購入（いわゆるグリーン購入）に伴い発生した通常の財・サービスの調達・購入との差額コスト
- ・環境物品などを提供するための追加コスト
- ・容器包装などの低環境負荷化のための追加コスト
- ・製品・商品などの回収・リサイクル・再商品化・適正処理のためのコスト

（3）管理活動コスト

　これは，事業活動に伴い発生する環境負荷の抑制に対して間接的に貢献する取組みのためのコストや，環境情報の開示など，企業などが社会とのコミュニケーションを図る取組みのためのコストである。

- ・環境マネジメントシステムの整備・運用のためのコスト
- ・事業活動に伴う環境情報の開示および環境広告のためのコスト
- ・環境負荷の監視のためのコスト
- ・従業員への環境教育などのためのコスト

・事業活動に伴う自然保護，緑化，美化，景観保持などの環境改善対策のためのコスト

（4）研究開発コスト

　研究開発活動のためのコストのうち，環境保全に関するコストである。
・環境保全に資する製品などの研究開発コスト
・製品などの製造段階における環境負荷の抑制のための研究開発コスト
・物流段階や製品などの販売段階などにおける環境負荷の抑制のための研究開発コスト

（5）社会活動コスト

　広く社会貢献のために行われる環境保全に関するコストで，企業などの事業活動に直接的には関係のない社会活動における環境保全の取組みのためのコストである。
・事業所を除く自然保護，緑化，美化，景観保持などの環境改善対策のためのコスト
・環境保全を行う団体などに対する寄付・支援のためのコスト
・地域住民の行う環境活動に対する支援および地域住民に対する情報提供などの各種の社会的取組みのためのコスト

（6）環境損傷対応コスト

　企業などの事業活動が環境に与える損傷に対応して生じたコストである。
・自然修復のためのコスト
・環境保全に関する損害賠償など（和解金，補償金，罰金，訴訟費用）のためのコスト
・環境の損傷に対応する引当金繰入額および保険料

（7）その他のコスト

　これは，環境保全コストのうち，これまで列挙した項目に当てはまらないコストである。

第 21 章　持続可能な発展と会計の転換　*519*

（5-3）環境保全効果

　環境保全効果は，「環境負荷の発生の防止，抑制又は回避，影響の除去，発生した被害の回復又はこれらに資する取組みによる効果」と定義され，物量単位で測定される。事業活動との関連から４つに分類し，それぞれについて環境パフォーマンス指標を用いて測定する（（　）内は単位）。

（1）事業活動に投入する資源に関する環境保全効果
　・総エネルギー投入量（J）
　・特定の管理対象物質投入量（t）
　・水資源投入量（㎥）

（2）事業活動から排出する環境負荷および廃棄物に関する環境保全効果
　・温室効果ガス排出量（t-CO2）
　・特定の化学物質排出量・移動量（t）
　・廃棄物等排出量（t）
　・総排水量（㎥）

（3）事業活動から産出する財・サービスに関する環境保全効果
　・使用時のエネルギー使用量（J）
　・使用時の環境負荷物質排出量（t）
　・廃棄時の環境負荷物質排出量（t）
　・回収された使用済み製品，容器，包装の循環的使用量（t）

（4）その他の環境保全効果
　・製品，資材などの輸送量（t・km）
　・輸送に伴う環境負荷物質排出量（t）
　・汚染土壌の面積，量（㎡，㎥）

（5-4）環境保全対策に伴う経済的効果
　環境保全対策に伴う経済的効果は，「環境保全対策を進めた結果，企業な

どの利益に貢献した効果」と定義され，貨幣単位で測定される。計算根拠の確実さの程度によって，実質的効果（推計が確実なもの）と推定的効果（仮定的計算によるもの）とに分けられる。

(1) 実質的効果

① 収益

・環境保全活動の結果，当期に実現した収益（使用済み製品のリサイクルによる有価物の売却益など）

② 費用削減

・環境から事業活動への資源投入に伴う費用の節減（資源の循環的利用あるいは効率的利用に伴う原材料費，省エネルギーによるエネルギー費，水の循環的利用に伴う用水費などの節減額）

・事業活動から環境への負荷および廃棄物排出に伴う節減（規制環境負荷物質の排出量削減に伴う法定負荷金，廃棄物の減少による廃棄物処理費，水の循環的利用に伴う排水処理費などの節減額）

・環境損傷対応費用の節減（従来まで計上していた引当金繰入額および保険料の費用について，当期において節減できた額など）

(2) 推定的効果

① 収益

・環境保全活動の結果，当期に実現した収益のうち，仮定的な計算に基づいて推計される収益（環境保全目的の研究開発や環境保全投資の貢献による追加的収益額などのうち，当期において実現した部分）

② 費用削減

・実施した環境保全活動の結果，当期において発生が回避されると見込まれる費用のうち，仮定的計算に基づいて推計される費用（環境損傷を予防することによる損害賠償や修復のための費用の回避，企業価値の向上による資金調達コストの節減などのうち，当期において発生が回避されると見込まれた部分）

（5-5）環境保全コストと環境保全努力に対応する効果の
測定上の留意点

　実際に支出したコストであっても，環境保全コストはさまざまな費目に及んでいて，既存の勘定体系からの区分あるいは配分にはさまざまな仮定計算が必要である。また，現在，環境保全に手をつけることが可能であるにもかかわらず先送りしたため，将来に発生することが予想されるコストの測定も企業経営意思決定には重要な情報となる。したがって，これら多岐にわたる環境保全コストの測定システムの確立と一般の勘定体系との融合および勘定体系の再設計が重要な課題となる。

　次に，環境保全コストの測定結果の解釈に関し，環境保全コストの大きい企業が，環境保全に対する意識が高く対策活動に積極的であるとは一意に言えない。環境保全コストは多岐にわたっており，例えば「環境損傷コスト」が大きい場合，環境汚染に対する日頃の予防活動が不十分であったために修復コストや損害賠償コストが必要になったと推測できるので，環境保全への日頃の努力の結果であるとは，にわかに決することができないからである。

　さらに，環境対策に関する企業間の比較を定量的に行うため，環境保全コストと効果とを合成した指標を用いる場合，すでに，環境対策を十分に行っている企業は，環境対策が初期の段階にある企業と比べて，追加的環境保全コストに対する追加的保全効果は小さくなることが予想されるので，合成指標にも解釈をめぐって研究する余地が多い。

6.　認識の転換と社会会計モデル

　会計学がこのような環境問題に対処した契機は，地球環境全体というよりも局地的に頻発した公害の社会問題化であった。また，1960 年代には本書第 5 章で検討したように多様なステークホルダーに対する企業の社会的即応・社会的責任が顕在化し，1970 年代には，会計学界にインパクトを与えたミクロ社会会計についての研究書が上梓された[8]。ここであらためて社会会計計算書の多様な提案を検討することはしないが，環境問題，消費者保護，

労働問題などに関する企業のマネジメントの実態を会計的に明らかにすることを意図し，社会的コストと社会的ベネフィットを測定しようと試みた会計モデルを4つほど概観してみよう。

（1）エイヒホーンの社会関連成果計算書

エイヒホーン（Eichhorn）の社会関連成果計算書では，財・サービスの生産・取引の結果として生じる消費者余剰（企業会計上の売上高は限界消費者にとってのベネフィットの合計であり，多くの消費者は購入価格よりもベネフィットが大きいであろう）と正の外部効果価値（従業員，住民，会社，公共団体に対して）の合計として社会的ベネフィットを測定し，生産者余剰（財・サービスの生産過程では，労働給付，固定資産，原材料，資本，企業者給付などへの企業会計上の費用が発生しているが，それらの消費によって享受するベネフィットは対価（費用）よりも大きいことが多い）と負の外部効果価値（従業員，住民，会社，公共団体に対して）の合計として社会的コストを測定し，その差額が社会関連成果とされる[9]。

（2）リノウズの社会・経済活動報告書

リノウズ（Linowes）の提案では，企業活動を「Ⅰ　対人間関係」，「Ⅱ　対環境関係」，「Ⅲ　対製品関係」に3分類し，各分類ごとに「A　改善」と「B　損害（マイナス項目）」およびその純額が測定され，3分類全部の純額合計が「今年度の社会・経済的改善（損害）」とされる。さらに，各年度の社会・経済的改善（損害）額の累積額も保存・更新する。

「Ⅰ　対人間関係」の改善には，身体障害を持つ従業員のための訓練プログラム，教育機関への寄付，マイノリティ雇用プログラムのための特別異動コスト，自発的に設立された従業員の子弟のための保育施設が例示され，損害には，新しい安全装置の取付け延期が挙げられている。「Ⅱ　対環境関係」

8）例えば，山上達人（1986）では，イギリス，アメリカ，ドイツの社会会計の典型例が検討されている。

9）グレイ，R＝D・オーエン＝K・マンダース著―山上達人監訳，水野一郎・向山敦夫・国部克彦・冨増和彦訳（1992），171頁。

の改善には，ゴミ捨て場の再生と美化コスト，公害防止装置の取付けコスト，廃棄物の浄化コストが例示され，損害（マイナス項目）として，延期した露天掘り跡地の見積回復コスト，延期した有害物質の中和・浄化過程の見積コストが例示されている。「Ⅲ　対製品関係」の改善には，政府の製品安全性委員会への副社長の出向勤務手当て，有害な鉛ペイントから無鉛ペイントへの代替コスト，損害（マイナス項目）として，取付けが延期された製品への安全装置コストが例示されている[10]。

　このアプローチでは，社会的に要請されているにもかかわらず実行を見送ったために財務会計上，費用認識されなかった推定コストを損害として改善から差し引くことが重要である。また，改善は自発的に支出したものに限られ，法律などで強制されて行った活動は改善活動とはせず，それらの費用は改善額には算入しないことに留意する必要がある。改善はあくまで自発的なものでなければならない。このような定義に，企業経営をある方向に誘導しようとするリノウズの価値観が看取される。

　なお，リノウズに見られる改善支出はたしかに改善活動の一面を表現しているが，支出が大きいからといって改善の効果がそれに見合って大きいとは言えない。コストとそれがもたらす効果とは正の相関があることは期待されるが，支出は効果そのものではないことに留意する必要がある。

（3）アプトモデルとエステスモデル

　アプトモデルでは，利害関係者を「Ⅰ　企業・株主」，「Ⅱ　従業員」，「Ⅲ　顧客」，「Ⅳ　コミュニティ」に4分類し，それぞれのコストとベネフィットを測定する。

　「Ⅰ　企業・株主」にとってのベネフィットは事業収益の他に，政府の提供するサービスの消費，事業活動に伴って消費する環境資源（公害を伴う）であり，コストとして支払給料，従業員教育訓練費，職場環境の改善費，支払税金などが列挙されている。「Ⅱ　従業員」にとってのベネフィットは受取給料，福利厚生，昇進であり，コストとしてレイオフ，雇用機会の不平等

---

10)　グレイ＝オーエン＝マンダース著—山上監訳，水野・向山・国部・冨増訳（1992），173頁。

524 第4部 環境と会計

などが挙げられる。「Ⅲ　顧客」にとってのベネフィットは企業に支払った対価の他に従業員の無給労働（おそらく，財・サービスの付加価値の構成要素），企業の支払税金であり，コストは企業に支払った対価，政府サービスの消費，事業活動に伴って消費する環境資源（公害を伴う）などである。「Ⅳ　コミュニティ」にとってのベネフィットは，企業の支払税金，環境の改善費であり，コストは政府サービスの消費である。

　各利害関係者はマトリクスのように，他の利害関係者との間でコストとベネフィットのやり取りがある。（1）および（2）で検討したモデルにおけるベネフィットとコストは，企業を会計エンティティ（測定対象）として，企業が行った行為の顧客（消費者），従業員，環境，政府，コミュニティに対するものであった。他方，ここで言う企業・株主のベネフィットは，企業が他の利害関係集団から受け取るベネフィットである。例えば，環境資源の消費は企業が環境から提供されるベネフィットである。また，顧客にとってのベネフィットには，企業が支払った税金も含まれている。この税金がやがて顧客（国民）への政府サービス提供になるからと思われる[11]。

　アプトモデルは社会の構成要素間の財・サービスの流れを重層的に把握しようと試みていて，画期的であるが故に理解が困難である。そこで，エステスは，企業（主体）と社会の2つの構成要素に焦点を当て，企業が生産し，企業が社会に提供する社会的ベネフィットと，社会が企業に提供し，企業が消費する社会的コストを測定しようと試みた。社会的ベネフィットは，財・サービスの提供高，支払給料，福利厚生費，税金，寄付金，配当・利息，環境の改善（改善支出）などからなる。また，社会的コストは，財・材料の取得高，固定資産の購入高，労働・サービスの使用高，採用および昇進などの差別，公共サービス・施設の利用，環境破壊（地形破壊，大気・水質の汚染，騒音公害，固形廃棄物，景観破壊）などである。エステスの言う社会的ベネフィットに含まれる環境の改善は，その測定可能性から差し当たっては支出額で測定するようであるが，理論的にはその効果である改善度を貨幣尺度で測定することを示唆している[12]。

---

11)　エステス，ラルフ・W 著―名東孝二監訳，青柳清訳（1979），69-79頁。記述には黒川の解釈が反映されている。

このエステスのモデルと第5節の環境ガイドラインとの違いは，事業活動とともに費消する環境資源をエステスは社会的コスト，つまり環境の損傷を社会の立場からコストと認識するのに対し，環境ガイドラインは，あくまで企業の環境保全・復旧のための支出を環境コストとしている点である。議論に資すべき材料が出揃った。そこで，いよいよ，コストとベネフィットの観点から，従来の財務会計上の費用と収益が測定しているものを考察してみよう。財務会計とは何であったのかを理解する上で，興味深い知見が得られるかもしれないからである。なお，検討する上で想定する企業としては，主として営利企業であるが，若干公的企業（組織）の場合の検討事項も含めた[13]。

7. コストとベネフィット，費用と収益の意味するもの

(7-1) 企業と顧客・消費者

企業と顧客・消費者との交換取引の内容は，企業からは顧客に対して企業が生産する財・サービスが流れ，顧客から企業に対して対価としての貨幣が流れる。財・サービスと貨幣との交換である。問題は，企業の生産する財・サービスのコストとベネフィットが何かであり，顧客が提供する貨幣のコストとベネフィットが何かである。

図21-1に示すように，企業が顧客・消費者に提供した財・サービスのコストは企業が喪失した資源であり，ベネフィットは顧客・消費者がこの財・サービスを使用することから生じる効用である。また，顧客・消費者が企業に提供した対価（貨幣）のコストは顧客が喪失した購買力であり，ベネフィットは企業の取得した購買力である。

会計が測定しているのは財・サービスの提供に伴う資源の喪失コスト（製品原価）と顧客・消費者から取得した購買力の取得（収益）である（以下，図表中，会計測定されているものは，二重線で囲ってある）。一方，提供された財・サービスを使用することから生じる顧客・消費者の効用は測定されない。

---

12) エステス著—名東監訳，青柳訳 (1979)，127-152頁を解釈・要約。

13) 本節の論述は，黒川行治 (2001) の第Ⅵ節，68-72頁を修文している。

526 第4部 環境と会計

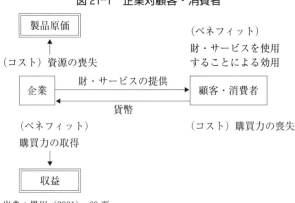

図21-1 企業対顧客・消費者

出典：黒川（2001），69頁。

ここでいう企業が公的企業（組織）であった場合，しばしば問題になるのが，実はこの財・サービスがもたらす効用である。公的組織の活動は本当に顧客・消費者（国民）にとって効用を生んでいるのであろうか。例えば独立行政法人評価などの議論では，このベネフィットが実際に存在しているのか否か，もし存在するとして，それがどの程度のものなのかの測定が問題となるのである。

　また，対価として顧客・消費者から企業に移転する購買力は，営利企業の場合には，企業の生産した財・サービスへの市場が認めた報酬として，企業にとってのベネフィット（収益）となる。ところが，公的組織の場合，直接的利用者から料金を別途徴収しているものを除き，一般的には，政府を経由した国民の税金が運営費交付金，出資金という形態で公的組織の収入となる。つまり，市場を経由せず，国民にとってのコストが自動的に公的組織にとってのベネフィットとなり，その購買力（貨幣）がそのまま公的組織の財・サービスの生産コストとして充当される仕組みとなっている。営利企業であれば，顧客・消費者にとってのベネフィットに依存して企業のベネフィット（収益）が決定するので，企業の財・サービスの生産コストが制限されるという関係が存在するが，公的組織ではそれが存在しない。こうして，公的組織の場合，生産する財・サービスのコストが経済的であるのか否か，また財・サービスは効率的に提供されているのか否かが問題となる。独立行政法

図21-2 企業対従業員

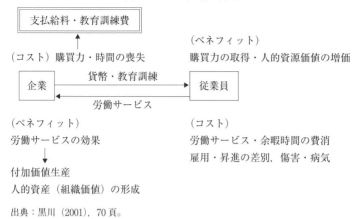

出典：黒川（2001），70頁。

人評価などの議論では，この点を改善しようとして，「行政サービスコスト計算書」の作成が求められたのであった。

(7-2) 企業と従業員

　企業と従業員との交換取引の内容は，企業からは従業員に対して給料としての貨幣や教育・訓練などの福利・厚生サービスが提供され，従業員からは労働サービスが企業に提供される。図21-2に示すように，給料や教育・訓練は企業の購買力の喪失として企業にとってのコスト（唯一，会計の対象になっている）となるが，他方，給料や教育・訓練によって従業員には購買力の取得や教育・訓練による人的資源価値の増価としてのベネフィットが生じている。購買力の取得は雇用を前提にしており，心理的効用も大きいかもしれない。また，個人的能力の開発・付加という点で教育・訓練によるベネフィットを認識することが重要となっている。他方，従業員が企業に提供した労働サービスのコストは従業員が喪失した時間・労働サービス，労働に伴う傷害や病気であり，ベネフィットは企業の取得した労働サービスの効果である。

　雇用や昇進の不平等などが問題となる（第12章で言及した）ことがあるが，これは，従業員にとってのベネフィットとコストとの不斉合から生じている

と理解することもできよう。労働サービスを消費する企業のベネフィットは，付加価値の生産と組織価値としての人的資産の形成である。付加価値の測定を問題にすると，会計上これまで，企業にとってのコストである給料・教育訓練費などが付加価値額の一部となってきた。しかし，このような測定は，企業にとってのベネフィットとコストが労働市場を通じて見合っていると仮定される必要があろう。つまり，企業は労働サービスの効果に見合う給料などを従業員に支払っていなければならないのである。もちろん，時間経過を変数に入れて考えてみると，労働サービスのベネフィットとコストとが毎期斉合する必要はない。雇用期間トータルで見合っていることが重要である。しかし，このように条件を緩めたとしても，おそらくは労働サービスのベネフィットとコストは均衡していない。ベネフィットが超過している場合，それは組織価値としての人的資産の形成がなされ，超過収益力が大きい会社として具現されているはずである。なお，人的資産の認識・測定問題については，第14章で検討しているので参照してほしい。

(7-3) 企業と地球環境

少々奇異な表現ではあるが，企業と地球環境との交換取引を考える。企業は地球環境の資源を消費し，地球環境に対し復旧や改善活動を行う。図21-

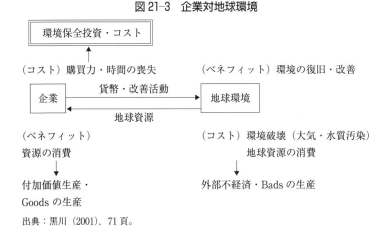

図21-3 企業対地球環境

出典：黒川 (2001), 71頁。

3に示すように，復旧・改善活動は企業の購買力の喪失として企業にとってのコスト（唯一，会計の対象になっている）となるが，その活動が成功すれば地球環境の改善としてのベネフィットが地球環境に生じる。

企業は財・サービスの生産活動に伴い，地球環境資源を有償（例えば化石燃料）あるいは無償（大気）で消費している。地球環境にとって，有限な資源の消費はコストである。また，大気汚染や水質汚染，有害物質の生産などの環境破壊も地球環境にとってのコストである。このような地球環境への負荷の生産を「バッズ（Bads）」の生産と呼び，また無償での消費・無償での負荷が外部不経済である。他方，企業はこれら資源を消費しながら，またBadsをまき散らしながら付加価値の生産，「グッズ（Goods）」の生産を行っている。これがベネフィットである。

「環境会計ガイドライン」における環境保全（負荷削減）投資・コストは，環境改善努力への支出を測定したもので，会計上把握され得る。他方，この環境負荷削減努力の効果として負荷削減量が通常物量単位により環境会計（財務会計ではない）では測定される。しかし，重要なことは，環境負荷が削減されたと言っても，地球環境にとってのコストがなくなったわけではない。地球環境が改善されたわけではないのである。地球環境の破壊のスピード（1次微分）が遅くなったにすぎないのである。地球環境の復旧・改善となって初めてベネフィットがコストを上回ったと言えるのである。

「環境会計ガイドライン」にいう環境保全活動の経済的効果は，有償で取得した地球資源を消費するスピードの減少と，企業イメージアップなどによる製品売上の増加や資金調達コストの減少に起因する取得貨幣（購買力）の増加である。前者は図21-1および図21-3の範疇であるが，後者は図21-1の範疇である。

(7-4) 企業と地域環境・住民社会

図21-4に示すように，企業と地域環境・住民社会との交換取引は，企業と地球環境とほぼ同じものである。そもそも地球環境自体，人類にとっての地球環境である以上，地域環境・住民社会と重なるからである。ただ，企業にとってのコストとして寄付金やメセナ活動が強調され，また，地域環境・

530 第4部 環境と会計

図 21-4 企業対地域環境・住民社会

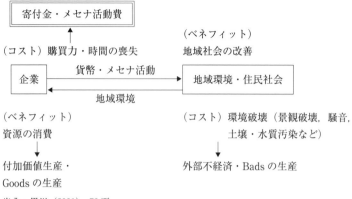

出典：黒川（2001），72頁。

図 21-5 企業対政府

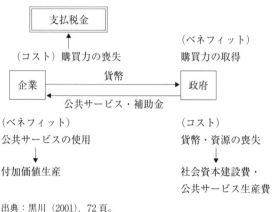

出典：黒川（2001），72頁。

住民社会のコストとして騒音や景観破壊などが強調されると思われる。

(7-5) 企業と政府

図 21-5 に示すように，企業と政府との交換取引は，企業から政府への税金支払いと政府から企業への公共サービス・補助金との交換である。税金の支払いは企業にとって購買力の減少としてコストが認識され，これが会計上の測定対象となっている。ベネフィットは政府の購買力の取得である。この

購買力の取得により，政府は各種の公共政策・投資を行うことができるのである。政府から企業に対する公共サービス・補助金の提供があり，政府には貨幣・資源の喪失としてのコストが発生し，企業には公共サービス・補助金の使用・消費による付加価値の生産というベネフィットが生じる。付加価値はこれまでの議論と同様，支払税金の支出で測定するものではない。

8. ミクロ社会会計の再認識と利害関係者への 付加価値の分配[14]

（1）良い企業とは何か

　企業（組織）が良いと判定される条件は国境を越えて普遍的なものであろう。企業とはわれわれ人間が社会的に生存していく上での基本的な手段あるいは仕組みである。企業という仕組みに人間は種々な立場で係わる。株主として，顧客・消費者として，従業員として，地域住民として，さらに企業の影響力が広がるにつれて，地球に暮らす種の１つとしてである。これら企業に係わる人間はステークホルダーあるいは利害関係者と呼ばれる。企業が人間の営みの手段である以上，人間の生活を豊かにする企業が良いと判定されるのである。つまり，ステークホルダーの富を豊かにする企業が良い企業（組織）である。

（2）利害関係者への付加価値の分配

　良い企業（組織）とは，株主に対して配当をし，顧客・消費者に対して生活を豊かにする製品・サービスを提供し，従業員に対して雇用の長期的維持と労働環境の整備，技能教育および福利厚生を提供し，地域住民に対して水質・大気・土壌などの汚染をせず，地球環境に対してエネルギー資源を無駄遣いせず，温暖化物質などを極力排出せず，環境をむしろ改善するような企業のことである。これらはすべて，企業が顧客・消費者，従業員，地球環境，地域環境・住民社会に提供する取引要素の効果（ベネフィット）であった。

14）　黒川（2001），第Ⅶ節，72–73 頁を修文している。

企業はこの取引の対価として顧客・消費者，従業員，地球環境，地域環境・住民社会からそれぞれの取引要素を取得し，そのベネフィットとしての付加価値生産を行っているのである。

これまでの財務会計は，顧客・消費者に提供する製品・サービス生産（製品原価），従業員の雇用の維持や教育（人件費），環境負荷削減対策（環境設備投資や環境経費）などを企業の成果を計算する上での控除項目である「コスト」として測定している。しかし，企業がさまざまな利害関係者の富を増大させる手段として存在する以上，重視すべきは，これら利害関係者に提供するベネフィットであろう。従来の財務会計はこのベネフィットを測定していない。企業が利害関係者からのさまざまな取引要素の提供により生産したベネフィットとしての付加価値が，企業から利害関係者に対し，利害関係者にとってのベネフィットとして分配されると考えるべきであろう。企業にとってのコストを集計して測定するこれまでの付加価値とその分配は，ベネフィットが測定されていないことからくる代替測定であろう。

【引用・参考文献】

エステス，ラルフ・W 著―名東孝二監訳，青柳清訳（1979）『企業の社会会計』中央経済社。

環境省『環境ガイドライン 2005 年版』（2005 年 2 月）。

キャリコット，J・ベアード著―山内友三郎・村上弥生監訳（2009）『地球の洞察』みすず書房。

グレイ，R＝D・オーエン＝K・マンダース著―山上達人監訳，水野一郎・向山敦夫・国部克彦・冨増和彦訳（1992）『企業の社会報告』白桃書房。

黒川行治（2001）「コストとベネフィットについて企業会計が測定するもの」『三田商学研究』第 44 巻第 3 号，59-73 頁。

コールマン，ジェームス著―久慈利武監訳（2006）『社会理論の基礎』（下）青木書店。

スティグリッツ，J・E 著―藪下史郎訳（2012）『公共経済学（第 2 版）』（上・下）東洋経済新報社。

中村竜哉（2010）『法と経済学――企業組織論に係る分析手法の研究』白桃書房。

ポスト，J・E＝A・T・ローレンス＝J・ウェーバー著―松野弘・小阪隆秀・谷本寛治監訳（2012）『企業と社会――企業戦略・公共政策・倫理』（上・下）ミネルヴァ書房。

松野弘（2009）『環境思想とは何か──環境主義からエコロジズムへ』ちくま新書。

山上達人（1986）『社会関連会計の展開』森山書店。

Coleman, James S. (1990), *Foundations of Social Theory*, The Belknap Press of Harvard University Press.

Lawrence, Anne T. = James Weber (2014), *Business and Society: Stakeholders, Ethics, Public Policy*, 14th edition, McGraw-Hill International Edition.

第22章

温室効果ガス排出量取引をめぐる会計上の論点

1. 京都メカニズム第1約束期間の始まりと日本の状況

　京都メカニズムに基づく地球温暖化対策への国際的取組みに対して，わが国は，第1約束期間については誠実にその約束を履行し，国内での削減努力では不十分であった削減不足分を海外から排出クレジットの取得で補填した。しかし，2013年以降に始まった第2約束期間に関しては，東日本大震災・福島第1原子力発電所の大事故の結果すべての原子力発電所が停止し，わが国の温室効果ガス削減戦略は見直しを迫られる事態となり，参加を見送った。その後，地球温暖化に対する国際的取組みとしてパリ協定が締結され，日本も参加することになった。このパリ協定の意義については，本書第20章で言及している。

　何事にも，大きな事業を行うには準備期間が必要であり，関係者の工夫と努力によって実際の運用が始まる。すでに京都メカニズムは過去のものとなった感はぬぐえないが，排出クレジットの取引は，EU，アメリカ，そして中国で行われており，地球温暖化対策の1つの手段として活用され続けている。実は，この温室効果ガス排出クレジットの取引は，2008年から始まる温室効果ガス削減期間に先立つ2000年頃の日本ではまったく存在していなかったし，そもそも排出クレジットの法的性格も分からなかった。そこで，温室効果ガス排出クレジットの取引に関する国の制度や民間の企業の準備と並行して，それをどのように企業の財務諸表に計上するのかという会計基準について，経済産業省に関係の深い（財）地球産業文化研究所（Global Industrial and Social Progress Research Institutes，以下「GISPRI」と略称）で2000年頃

536　第4部　環境と会計

より研究を始め，次いで経済産業省，環境省，企業会計基準委員会（ASBJ）などで順次，制度化に関する検討を行ったのである。私は，これらの準備に当初より参加し，興味津々で検討させていただく機会を得た。本章は，温室効果ガス削減の第1約束期間が始まった2008年に，それまでわが国でどのような準備・会計基準の検討がなされてきたのかについて，その概要を記述した黒川行治（2008）を抜粋し，黒川行治（2003c）の一部を加筆したものである。過去の経緯，検討事項を知ることは，将来に向けて，会計理論の進展，会計基準の改定を図る際の参考になると思うからである。

　それではまず，2008年当時の状況を振り返ってみよう。わが国では，第1約束期間の始まりを暦年ではなく，政府の行政期間に合わせ2008年4月より京都メカニズムに基づく温室効果ガス削減の国際条約の第1約束期間が始まると理解し，それまでに「国別登録簿」の整備も完了していた[1]。しかし，2008年から2012年までの5年間で平均排出量を1990年度排出量比6％削減すると国際公約した日本の対応が本格化する時期に入ったはずであるが，具体的方策をめぐり多事争論が収斂する気配はなく，自主行動計画に基づく削減目標達成という姿勢を継続しつつ，経済産業省（ベースライン型）と環境省（キャップ型），内閣府（キャップ型）が，それぞれ独自の自主参加タイプの排出量取引制度を試み，あるいは検討していた。さらに，東京都がEUを中核とする国際的排出量取引との互換性も視野に入れつつ大規模事業所を対象に，キャップ型・強制参加タイプの制度設計を検討していた[2]。

---

1)　排出量取引とは，附属書I国間で，初期割当量（AAU: Assigned Amount Unit）の一部や共同実施（Joint Implementation: JI），クリーン開発メカニズム（Clean Development Mechanism: CDM）を通じて獲得した削減量を売買する仕組みである。共同実施に由来する削減量は「ERU: Emission Reduction Unit」と呼ばれ，事業実施国のAAUまたは新規植林，再植林などによる純吸収量のRMU（Removal Unit）から転換されたものであり，CDMに由来する削減量は「CER: Certified Emission Reduction」と呼ばれる。これらのユニットは固有のシリアル番号を持ち，電子媒体上にのみ存在し，一定の様式を持った券面として存在するものではない。「国別登録簿」は，電子データとして存在する各ユニットの発行，京都メカニズムを利用した移転，遵守目的に使用できないようにする取消（環境保護団体が環境改善のために行うであろう），遵守目的のための償却，翌約束期間に対するユニットの繰越しを追跡・記録する電子データベースの役を果たす。
　　なお，京都メカニズムで規制対象となる温室効果ガスは，二酸化炭素（CO2），メタン（CH4），一酸化窒素（N2O），ハイドロフルカーボン（HFCs）パーフルオロカーボン（PFCs），六フッ化硫黄（CF6）の6種で，二酸化炭素が約60％，メタンが約20％を占めている。

一方，民間では，わが国の排出量割当目標の達成が不可能と見込まれる事態を受け，CDM事業に参加し，CERの創出・移転や，排出クレジット先物を手当てするなど，京都メカニズムに基づくクレジットの取引が行われるに至っていた。そこで，排出量に関する経済的取引を如何に会計測定するかという会計基準整備が必要となり，わが国では，企業会計基準委員会（ASBJ）が「実務対応報告第15号」を公表していた。しかし，これは自主行動計画の政府方針とベースライン型の取引制度を前提とした会計基準であって，キャップ型の取引制度を前提とした会計方法については，いくつかの方法が提案されている段階であった。また，いち早くキャップ型の取引制度が施行されているEUでは，国際財務報告解釈委員会の「解釈指針第3号」（以下IFRIC第3号）が廃止となり，多様な会計方法が併存し，会計実務は混沌としていた。

それでは次節以降で，わが国で2000年頃から始まった温室効果ガス排出クレジットの会計処理問題についての検討の推移を，当時の状況を回顧しつつ紹介するとともに，キャップ型の排出削減制度が導入されたとした場合に生じる会計上の未解決の問題の解釈および展望について私見を述べることにしよう。

---

2) ベースライン・アンド・クレジット（本章では「ベースライン型」と呼ぶ）とは，CDM事業のような排出削減のプロジェクトを行うことを前提に，もし，当該プロジェクトが存在しなかった場合に予想される排出状況（ベースライン）とプロジェクト実施による実際の排出量との差分が，クレジットとして発行される仕組みである。また，キャップ・アンド・トレード（本章では「キャップ型」と呼ぶ）とは，排出源である事業者などに，何らかのルールで決めた排出限度量を初期に割り当て（キャップ），クレジットを発行し，一定期間経過後（通常1年），事業者の実際の排出量が割当量を下回った分（削減実現量）は，政府への返還義務がないことから，翌期に繰り越すなり，有償で譲渡することも自由になる。一方，実績が初期割当分を超える事業者は，他者のクレジットを，経済的取引過程を通じて購入するという仕組みである。なお，クレジットの売買は，実際排出量が確定する前にも思惑により行うことができ，また，取引市場の確立でその時々の時価情報が存在する。京都メカニズムの国別割当（AAU）と実績との差額から生じるクレジットの国際間取引はキャップ・アンド・トレードと言え，CDMはベースライン・アンド・クレジットと言える。排出量の取引は，2つのタイプで発生するクレジットの売買が併存することから，会計問題を複雑化する要因の1つとなっている。なお，京都メカニズムに基づかない各国独自の排出削減メカニズム（環境省などの試み）から発生するクレジットは「VER: Verified Emission Reduction」と呼ばれ，京都メカニズムに基づくクレジットの取引に関する会計が準用されることになる。

538 第4部 環境と会計

2. 資産の特質を中心とする排出量取引会計の検討
——収益・費用アプローチの残像

(2-1)「排出削減における会計および認定問題研究委員会」報告

　前述したように，GISPRI は 2000 年から 2001 年にかけて，「排出削減における会計および認定問題研究委員会」を設置し，京都メカニズムについての理解，その結果生じるであろう CER などの排出枠または排出クレジットの取引を如何に会計測定するかについて本格的な研究を始め，その報告書が 2001 年 6 月に刊行されている。私が知る限り，この研究委員会および報告書が，わが国における温室効果ガス排出削減に関する会計問題を本格的に検討した嚆矢である[3]。

　2000 年当時の委員会における議論を振り返ってみると，米国，ロシアが態度不明の状況で京都メカニズムが発効するか否かが定かではなく，また，発効したとしても約束期間開始が 8 年後ということで，取引の対象物として想定されたクレジットはリスクの高い先物であった。さらに，現物としての排出クレジットのイメージが湧かなかったこともあり，排出クレジットを有価証券と看做して，金融商品に係わる会計処理を適用しようとする意見が多かった。しかし，GISPRI 委員会の結論は，排出クレジットを実物資産（棚卸資産的無形資産）と看做すものであった。実物資産性の論拠は，斎藤静樹教授学派の提唱するいわゆる「主観のれん説」に依拠している。

　排出クレジットを政府などから割り当てられ（グランドファザーリング），あるいはオークションで取得し，または CER を海外から移転するなどして排出クレジットを保有した事業体は，事業活動を遂行していく上で必然的に

---

3) 当委員会は，当時，公認会計士協会環境会計専門部会副部長であった，（故）井上壽枝公認会計士が委員長で，村井秀樹日本大学教授（当時は助教授）が委員，黒川行治は顧問であった。翌年，井上氏と黒川が委員長と顧問を交替し，公認会計士の大串卓矢氏と高城慎一氏が委員に加わり，2003 年度から伊藤眞慶應義塾大学教授（当時），小林繁明公認会計士が加わり，その後順次，愛知産業（株）監査役の木村拙二氏，弁護士の武川丈士氏，高村ゆかり名古屋大学大学院環境学研究科教授を加え，これらの委員の多くがコアメンバーとなって 2017 年 3 月現在，研究委員会が続いている。

発生する温室効果ガスをその排出クレジットの範囲内であれば追加の支出なしで排出できる。つまり，排出クレジットを保持するということは，保有する排出クレジットの範囲内で財・サービスの生産・販売活動ができるということ，換言すれば，付加価値生産は排出クレジットの範囲内で自由に行えることを意味している。事業体の活動の内容，生産される財・サービスは事業体ごとに異なるので，生産される付加価値の内容，大きさは異なり，そこから得られる利潤も事業体ごとに異なる。排出クレジットを持つことによる企業収益への効果は事業体ごとに異なるので，排出クレジットという資産（潜在的収益獲得能力があるので資産である）には，主観のれんを生じさせる性質があることになり，金融商品ではなく実物資産として理解できるというものである。

　次に，実物資産としての「排出枠」が何であるのかが問題となる。素朴に考えて，目に見えない物質的実体のないものであるから有形資産でありようがなく，無形資産ということになる。そこで，当時の国際会計基準第38号「無形資産」第7項の無形資産の定義，すなわち，「無形資産とは，商品又はサービスの生産又は供給に使用するため，自己以外に賃貸するため，あるいは管理目的のために所有する物質的実体のない識別可能な非貨幣性資産をいう」と，第8項の例示，「……コンピュータ・ソフトウェア，特許，著作権，映画フィルム，顧客名簿，モーゲージ・サービス権，漁業免許，輸入割当額（量），独占販売権，顧客又は仕入先との関係，顧客の忠実性，市場占有率及び市場取引権……」を参照し，類似物として，漁業免許，輸入割当額（量）が挙げられた。ともに事業活動をするにあたり使用できる上限が決められるものである。漁業免許とくに漁獲量を制限する漁獲割当量は，地球にある天然資源の消費という点，また，数量的に分割把握ができる点で類似性がある。さけ・ます漁業交渉のように，国際間で国別割当量を決めるという事例もある。他方，当時の国際会計基準公開草案第65号「農業」第40項に，「活発な市場が存在する無形資産は稀であるが，しかし，農業に関係する無形資産については，いくつかの国で活発な市場が存在する」として，その例示に，「生産物割当，水利権，汚染物質排出権」が挙げられていた。こうして，現物商品としての排出クレジットは実物資産である無形資産であり，漁獲割当

540 第4部 環境と会計

量との類似性があり，棚卸資産のように分割可能なところに無形資産であっても特殊性がある。すなわち，「棚卸資産的無形資産」であるという解釈を示した。

さらに，当時の取引の主流とされた排出クレジットに関する先渡取引（現物の授受を予定するもの）からは金融商品は発生せず，実物資産の「未履行契約」なので，前金などを支払った場合の前払金処理と同様となり，他方，差金決済を予定する先物商品としての排出枠は，金融商品である「コモディティ・タイプのデリバティブ」となる。

期末における現物商品の排出枠の評価について見ると，遵守目的（消費目的）で取得した場合には無形資産の時価評価（評価損益について損益とする処理と資本の部へ直接計上する処理の2つの案あり），当該排出枠をトレーディング目的で取得した場合には棚卸資産として原価評価（低価法あり）を行うことが提案された。また，グランドファザーリングにより無償で排出クレジットを取得した場合，貸方に受贈益の計上が予定されていた[4]。

この GISPRI 案の最大の特徴の1つは，遵守目的で保有する排出クレジットの費消を，事業活動の進行に伴って実際に温室効果ガスが排出されるにつれて認識し，排出クレジットの償却として費用に計上することである。これは，いわゆる「収益・費用アプローチ」に従って考察されたものであり，排出クレジットが持つ事業投資の収益獲得過程におけるサービス・ポテンシャルと，実現リターン（収益）とリターン獲得の努力・犠牲（費用）との期間的対応から，排出クレジットの無形の実物資産性が主張されていることである。

---

4) 委員会の議論を踏まえ，排出枠，排出クレジットの会計的本質を金融資産ではなく無形資産と把握するに至った。棚卸資産との類似性は，当時の GISPRI の専務理事であった安本氏の示唆による。自己努力の CER の創出および売買は，販売目的のソフトウェア開発の会計も想起された（黒川行治「「排出枠」「排出クレジット」の会計的本質を巡る論点」『排出削減における会計および認定問題研究委員会報告書』（2001 年 6 月），38-48 頁参照）。

(2-2) 経済産業省「産業構造審議会」案から
企業会計基準委員会実務対応報告第15号へ

経済産業省「産業構造審議会環境部会地球環境小委員会市場メカニズム専門委員会」では、「京都メカニズムを活用するためのインフラ整備について」を2003年9月に発表し、会計上の取扱いに関して以下の案を示した。

① 資産の性質を持っているが物理的な実体がないことから無形資産として分類できる（ただし，販売目的で保有される場合には，棚卸資産）。

② 時価評価の対象となる金融商品ではなく，期末の評価額は取得原価。ただし，無形資産の場合には減損会計の適用があり，棚卸資産の場合には低価法の適用も可能。

③ 排出クレジットを他社に売却した場合には帳簿価額と売却価額との差額を損益として処理する。

④ 自主的に政府の償却口座に移転した場合，事業との関係が説明できれば，一般管理費として費用処理する。

この案は，GISPRIにおける検討状況を踏まえつつ，自主行動計画を堅持するわが国の方針に沿って，ベースライン型で問題となる排出クレジットの資産性を中心とする会計処理案である。ただし，GISPRI案との違いは，④の費用計上認識を「事業との関係を説明……」という記述で収益・費用観の特徴を残しつつも，「政府の償却口座に移転した時」であり，資産・負債観の影響の始まりと見ることもできる。

ともかくも，排出クレジットのインフラ整備の方向性は明確になったが，公認された会計基準を作成する職務は，企業会計基準委員会（ASBJ）にあることから，ASBJは2003年12月に排出権取引の検討WG（非公開）で研究を始め，2004年4月「排出権取引専門委員会」を設置して，基準作成のための活動を開始した。当時，企業の排出クレジット取得活動は，京都メカニズム発効までに5年もあり，CSRの一環，ともすれば企業のブランド戦略としての公告宣伝効果を意図しているのではないかと思われるものもあり，当委員会の議論では，排出クレジットの資産計上を疑問視し，取得時に取得対価を販売費及び一般管理費などで費用処理したらどうかという案もあった。

542　第4部　環境と会計

しかし，2004年11月に成案となった実務対応報告第15号「排出量取引の
会計処理に関する当面の取扱い」では，「法定された無体財産権ではないが，
無形の財産的価値があることから，会計上は無形固定資産に近い性格を有し
ていると考えられる」とし，以下のような特徴があった。なお，実務対応報
告第15号は，企業会計基準第9号「棚卸資産の評価に関する会計基準」な
どの公表に伴い，2006年7月に改正されているが，大枠は変わっていない
ので改正後の要約を示す。

①　販売目的で取得する場合は棚卸資産とし，期末に正味売却価額が取得
　　原価よりも低い場合には，正味売却価額で処理する。

②　将来の自社使用を見込んで取得する場合は無形固定資産または投資有
　　価証券とし，減価償却をせず，期末に固定資産の減損会計が適用される。

③　償却目的による政府保有口座への排出クレジットの移転時，あるいは，
　　移転することが確実と見込まれる時などに，原則として販売費及び一般
　　管理費の区分に計上する（工場などでの温室効果ガス排出の場合，製造原
　　価の区分への計上も可能と解される）。

④　企業が金融投資として排出クレジットの取引を行う場合，トレーディ
　　ング目的で保有する棚卸資産としての排出クレジットは，市場価額を
　　もって貸借対照表価額とし，評価差額は当期の損益となる。

　実務対応報告第15号は，カーボン・ファンドなどを用いた海外からの
CER取得を主として念頭においていることから，実際の排出クレジット取
得前の会計処理も詳細で，販売目的の場合には流動資産としての「前渡金」，
自社使用目的の場合には建設仮勘定を想定した「無形固定資産」または長期
前渡金を想定した「投資その他の資産」に計上される。なお，投資その他の
資産に計上した場合で実際に排出クレジットを取得した時，無形固定資産に
振り替えないことも可能とされるのは，簡便法と解される[5]。

3. 排出クレジットの法的性質の検討

(3-1) GISPRI「京都メカニズム促進のための法的論点等に係る調査研究委員会」報告

GISPRI では，2002年度から「京都メカニズムにかかる国内制度調査研究委員会」で排出クレジットについて法的な側面からも検討を始め，2003年度に「京都メカニズム促進のための法的論点等に係る調査研究委員会」を設置して，本格的に研究し，2004年3月に報告書を刊行した。当報告書の主張を見てみよう。排出クレジットの法的性格の可能性（類似性）のあるものとして挙げられた一覧が表22-1である[6]。

一瞥しても分かるように，一長一短で法的な権利の概念では捉えるのは難しい。そこで，基本に帰り，クレジットの特徴について確認している。

・経済的価値を持つ（獲得に対価が必要，政府からの無償割当であっても，余剰枠は売却可能）。

・物のように直接・独占的・排他的な支配はできない。

・電子媒体上でしかその存在を確認できない。

・存在の基礎が，国連気候変動枠組条約・京都メカニズムの動向に影響される（場合によっては，無価値なものになる可能性すらある）。

・国際的な移転・取引ができる。

---

5) ASBJ「排出量取引専門委員会」には，大串卓矢公認会計士と光栄にも黒川が専門委員として参加していた。なお GISPRI では，『京都メカニズム促進のための会計・税に係る調査研究委員会報告書』を2004年3月に刊行した。当委員会は，カーボン・ファンドへの拠出などに関する会計処理について実態を聴取しながら検討した結果，以下のような結論を得ていた。①カーボン・ファンド拠出金は，金融商品として処理する場合と，排出権取得のための前渡金処理の場合が想定できる。排出権の取得に伴い，拠出金の減額処理が必要となる。③カーボン・ファンドの形態如何では，資本の拠出に対する果実としての現物配当と考えられる場合もある。

6) GISPRI『京都メカニズムにかかる国内制度調査研究委員会報告書』（2003年3月）。当時の木村耕太郎専務理事が法的検討に熱心だった。

GISPRI『京都メカニズム促進のための法的論点等に係る調査研究委員会報告書』（委員長：道垣内弘人）（2004年3月）。黒川も顧問として議論に参加した。

544 第4部 環境と会計

表22-1 法的可能性（類似性）の一覧

（1）権利性の肯定	・**物権（または物権的な権利）**：所有権の客体として強い保護がある。物権とするのならば，漁業権，漁獲割当権のように個別の法律が必要となる。 ・**債権（または債権的な権利）**：契約当事者間で権利・義務関係が発生するので，誰に対する権利なのか不明（国か？）。 ・**知的財産権**：登録により無形の財産的価値として，取引・利用の対象になるが，創作的なものではない。 ・**免許の一種**：排出免許の範囲内で排出が適法に行える。周波数帯割当のように法律が必要。
（2）権利ではない	・**財産的価値**：価値を保有している実態が存在。取引保護の観点から，ガイドラインなどで取引ルールや注意点，紛争時の解決指針を示す必要あり。

出典：GISPRI『京都メカニズム促進のための法的論点等に係る調査研究委員会報告書』（2004年3月），3頁を抜粋・要約・修文。

　これらの特徴から，法的性格を検討する最大の意味は，クレジット取引で発生したトラブルの救済の質・内容を考える際の基準として機能することであるとし，「登録簿上記載されているクレジット保有量のみが，クレジットの保有・存在を示す」ことが大切である。キャップ型かベースライン型かの制度設計の前提により，クレジットの法的性格が変わる可能性もあり，会計処理方法も影響されるかもしないが，「保有・取引ルール」は，登録簿上で誰がどのくらい保有しているかをはっきりさせる仕組みがあれば足りるとして，明確な定義はしなかった。当時を振り返ると，定義をしなかった最大の要因は，京都メカニズムの不確定性にあり，無価値あるいは存在そのものが消滅するかもしれず，あえて立法上の手当てをする必要性が乏しいと考えたような気がする[7]。

（3-2）経済産業省「産業構造審議会」案

　経済産業省「産業構造審議会環境部会地球環境小委員会市場メカニズム専門委員会」の「京都メカニズムを活用するためのインフラ整備について」

7）　GISPRI『京都メカニズム促進のための法的論点等に係る調査研究委員会報告書』（2004年3月），1-13頁。

（2003年9月）では，クレジット（排出権）の法的性格として，①京都議定書において引き受けた国際的約束を各締約国が履行するために用いられる数値であり，②各締約国が管理する国別登録簿においてのみ存在し，③所有権の対象となる有体物ではなく，法定された無体財産権ではない。しかし，④民間事業者などがクレジットを取得するためには，一定の対価が必要であり，財産的価値を持って取引の対象となるものという解釈を示した。

　前述した会計処理案の前提にもなった排出クレジットについての解釈であるが，①の京都メカニズムを履行するために用いられる単なる「数値」であり，しかし，④の「財産的価値」があるとしたことが重要である（この単なる数値との解釈から，「排出権」よりも「排出量」という用語が使用されるようになったとも考えられる）。

(3-3)「京都議定書に基づく国別登録簿の在り方に関する検討会」報告

　「京都議定書に基づく国別登録簿の在り方に関する検討会」が政府に設置され，2005年11月，3回にわたる集中的な検討があり，2006年1月に，「京都議定書に基づく国別登録簿制度を法制化する際の法的論点の検討について」と題する報告書が公表された。当報告書では，排出クレジットの法的性質について，「無体物であるが，動産類似の財産権」という整理を行った。以下がそこでの検討過程の要旨である。

① 債権類似性：権利実現のためのクレジットに対する債権の内容（給付）となるべき債務者の行為を観念することが困難である。

② 無体財産権類似性：個別法において権利の性質および法的効果などを規定することになるが，国際調和の観点から日本だけ突出して規定することが現状では困難である。

③ 動産類似性：国際的な流通を予定されるクレジットの性質から，権利移転の方法の簡易性や明確性，取引の安全性の確保から動産と同様の法的規制を及ぼすことが考え得る。無体物であるクレジットに動産類似の法的基礎があるかについては，有価証券（動産ではない権利）が電子振替制度になった後も，動産物権変動の法理が適用され，取引の安全を確保していることですでに存在している。

546 第4部 環境と会計

　こうして，地球温暖化対策の基本法の整備がますます重要性を増すなかで，排出クレジットの法的性質は，ひとまず明確化されることになった。動産類似ということで，「財産権」であることから，クレジットが譲渡や信託の対象となり得ることになる。しかし，フランスが「動産」と扱っている以外に排出クレジットの法的性質を明確にしている国がなく，国際的調和と民事法体系に与える影響を考慮し，法令上で明示はしないことが提案された。

4. 排出クレジット引渡義務を中心とする会計処理 ——資産・負債アプローチの適用

　わが国の検討過程でしばしば参照されてきたフランス案，イギリス案，そして国際財務報告解釈委員会（IFRIC）第3号について，それぞれの概要および特徴を確認することから始めよう。

(4-1) フランス会計処理案の概要および特徴

　2002年2月に，大手フランス企業を集めた専門化グループの諮問に応じた，PricewaterhouseCoopers が「温室効果ガス排出権の会計処理オプション」を公表した。その概要および特徴は以下のとおりであった[8]。
　① 排出枠を国から無償で割り当てられた時，割当時の基準価格で，［(借) 排出枠　(貸) 国への負債］の仕訳を行う。国への負債は，「規制機関による排出削減目標の設定に伴う，国に対する義務の発生」を負債として処理したものである。この義務は，年度末に規制機関に対して，排出できる権利を提供しなければならないというものである。排出枠は，「義務を消滅させる支払手段」であり，割当時の市場価格を参考として決定される基準価格で評価される。年度末に排出枠を規制機関に提供した場合には，「国への負債」と「排出枠」とを相殺消去する。
　② 無償で割り当てられた排出枠を超えて温室効果ガスを実際に排出した場合，あるいは無償での排出枠の割当てがない場合には［(借) 引当金

---

8) PricewaterhouseCoopers, "Option de comptabilisation des droits d'emission de gaz a effet de serre"（温室効果ガス排出枠の会計処理オプション），2002年2月。

繰入額 （貸）引当金（国に対する義務）］の仕訳により，排出枠引渡義
務があることを示す。

③ 市場から排出枠を購入した場合，実際に支払った金額を取得価額とし
て排出枠を計上する。

フランス会計処理案によると，排出枠は，有償または無償で取得したか否
かにかかわらず，また取得方法の違いにかかわらず同じ資産であり，義務を
消滅させるために使用される１つの「支払手段」としての権利である。義務
が発生するのに対応して存在する資産である排出枠は，第三者勘定としての
「負債の前払金」としての性質がある。つまり，排出枠の権利を取得するこ
とが国から各事業体に対して義務付けられているからである。なお，排出枠
を市場から購入した場合であっても，他者が支払った前払金の買い戻しと見
ることができるというのである（なお，当報告書では，「排出枠」（allowance）
という用語を用いている）。

(4-2) イギリス会計処理案の概要および特徴

イギリスでは2002年５月，IETA（International Emission Trading Association），
UK Emissions Trading Group, Deloitte & Touche から，「イギリスの排出
枠取引制度の下でのカーボンに関する会計」が公表された。その概要および
特徴は以下のとおりであった[9]。

① 排出枠は，それを保有する事業体に将来の経済的ベネフィットをもた
らすことから資産の定義を満たす。また，「排出枠」は，固定資産の定
義に馴染まず流動資産であり，金融商品との類似性を強調した方が有用
だとしているが，詳細な説明はない。また，遵守目的で保有する場合に
は原価評価，売買目的で保有する場合には時価評価する。

② 無償で取得した場合，原価評価すると資産ではあるが０評価となる。

---

9) IETA（International Emission Trading Association），UK Emissions Trading Group, Deloitte
& Touche "Accounting for carbon under the UK Emission Trading Scheme"（イギリスの排出
枠取引制度の下でのカーボンに関する会計），2002年５月。フランス処理案およびイギリス処理
案のより詳細な検討については，黒川行治（2003a）を参照されたい。

548　第4部　環境と会計

　代案としては，贈与による再評価剰余金を貸方に計上することで排出枠
　を資産計上することが可能となる。

③　事業体は規制機関に対して排出枠を移転させなければならない義務を
　負うので，実際排出量相当と直近時価により，排出時に「排出負債」を
　計上する。遵守目的で保有していた排出枠が排出負債を消滅させるのに
　使用された場合には，実現利益（再評価剰余金の振替えと思われる）を計
　上する。保有排出枠を超過する排出負債は毎月末に再評価され，評価損
　益を計上する。

④　「排出枠」と「排出負債」は，異なる属性およびリスクを持っている
　ので，相殺すべきでなく，総額・両建てで計上する。

　フランス案と比較し，イギリス会計処理案では，無償取得を受けた時に再
評価剰余金を計上することで排出枠をオンバランスさせるのであれば，排出
枠という資産と引渡義務としての負債が，有償・無償の取得の違い，取得の
形態（購入，割当，CDM などによる削減量の移転）の違いにかかわらず，首尾
一貫して会計処理されることになる。

(4-3) 国際財務報告解釈委員会解釈指針（IFRIC）第3号「排出権」の概要

　国際財務報告解釈委員会は，2003年5月に解釈指針公開草案第3号『排
出権』を公表した。当該公開草案は，とくに，資産と負債の測定の基礎が異
なることに起因する損益のミスマッチなどが生じることから，反対のコメン
トが多く寄せられた。その結果，2004年12月に公表された IFRIC 解釈指
針第3号の成案では，結論こそ公開草案と軌を一にしているが，結論に至る
論証や設例の仮定など，公開草案に寄せられた多くのコメントに対応して大
きく変更されている。その概要および特徴は以下のとおりであった[10]。

①　政府から割り当てられた排出枠および購入した排出枠は，ともに物理
　的実体がない「識別可能な非貨幣性資産」に合致するので，IAS 第38
　号「無形資産」により会計処理される。排出枠は，移転可能な証明書
　（certificate）であり，会計主体はそれを売却することも，債務との相殺
　にも使用できる。公正価値よりも低い価額で割り当てられた排出枠は公

正価値で当初測定される。支払った金額と公正価値との差額は政府補助金となり IAS 第 20 号「政府補助金および政府からの援助の開示」に準拠して会計処理される。したがって，政府補助金は貸借対照表に繰延収益として当初測定され，排出枠が発行された約束期間にわたり，規則的な方法で収益に振り替える。

② 実際の排出と同時に，排出量と等しい排出枠を引き渡す義務を認識する。この負債は，IAS 第 37 号「引当金，偶発債務，偶発資産」が対象とする引当金である。この負債は，貸借対照表日に存在する負債を決済するのに必要な支出のベスト予測値で測定される。

③ 排出枠と負債は独立して存在する。当該主体が排出枠を使用する意図があるならば，債務を清算するために排出枠を保有するが，それを強いることはできない。あるいは，当該主体が排出枠を売却し，実際排出量を減少させるか，将来排出枠を購入することもできる。多くの会計主体が債務の清算のために単に排出枠を保有する場合であっても，このように，資産と負債との間に契約上のリンクは存在しない。

④ 排出枠と排出枠を引き渡す義務を相殺する権利はないし，それらには対照勘定としての関係もない。それ故に，資産と負債との相殺は適切ではない。

⑤ 参加者は，排出するために排出許可（証）（emissions permit）を保持する必要がある。しかし，排出枠自体は，排出する権利（a right to emit）を確証（confer）するものではない。むしろ，排出に応じて生じた義務を解消するために引き渡さなければならないインストルメント（instrument）である。なお，排出枠（allowance）という用語をここでは使用しているが，この排出削減インストルメント（the emission reduction instrument）

---

10) IFRIC (International Financial Reporting Interpretations Committee) "Emission Rights" [Exposure Draft], May, 2003. IFRIC Interpretation 3, "Emission Rights", December, 2004.

　成案の意義や公開草案と成案との違いなどについて，GISPRI 委員会で詳細に検討しているので，とくに興味のある研究者は，GISPRI『京都メカニズム促進のための会計関係論点に係る調査研究報告書』（2005 年 3 月）の黒川行治「国際財務報告解釈委員会「解釈指針第 3 号『排出権』」の確定─公開草案との対比─」17-38 頁を一読してほしい。また，解釈委員会草案のこの問題については，黒川行治（2003b）を参照されたい。なお，それらが容易に入手できない可能性があるので，本書補論 5 としてその抜粋を採録した。

550　第4部　環境と会計

を他のシェーマでは，権利（正当な資格）(right)，証明書 (certificate)，
債権 (credit) として，記述するかもしれない。

　IFRIC 第3号は，フランス案が提案した排出クレジットの割当での「国
に対する義務」および排出枠の「負債の前払金」の両建て計上を否定し，同
時期に提案されていたイギリス案に近い会計処理を採用した。なお，イギリ
ス案で言及された「排出枠の金融資産性の可能性」は否定されている。
　このように，キャップ型の排出削減制度を採用した場合に対処する，相異
なる2つのタイプの会計処理方法が提案されたのである。

5. 設例による GISPRI 案の拡張と IFRIC 案の会計処理の例示

　設例を用いて，わが国で創作された GISPRI 案と IFRIC 案との会計処理
のアイデアの違いを理解することにしよう。

〔設例〕
① 　排出枠の規制対象である A 社は，排出枠制度の約束期間と会計期間
　　が一致しており，期首に無償で 12,000 トン（正式な単位は t-CO2）の二
　　酸化炭素排出枠が割り当てられる。期首の排出枠の市場価格は1トン 10
　　ドル，したがって，無償で割り当てられた排出枠の公正価値は 120,000
　　ドルである。
② 　a. 会計期末までに 12,500 トンが実際に排出された。期末日における
　　　　排出枠の市場価格は，トン当たり9ドルであった（超過のケース）。
　　　b. 会計期末までに 11,000 トンが実際に排出された。A 社は余った排
　　　　出枠を売却しなかった（余剰のケース）。
③ 　a. の場合，翌期早々に 500 トンの排出枠をトン当り 11 ドルで購入し
　　た。
　　　b. の場合，翌期早々に 1,000 トンの排出枠をトン当り 11 ドルで売却
　　した。

④　実際排出量に相当する排出枠が政府に引き渡された。

(5-1) GISPRI 案の拡張

　GISPRI 案のアイデアを，キャップ・アンド・トレードを前提した場合に拡張した会計処理を推定してみよう（以下，「GISPRI 拡張案」と呼ぶ）。

（1）実際排出枠が超過のケース（単位は 1,000 ドル，以下同じ）

　①　排出枠の無償割当仕訳

（借）　排出枠（無形資産）　120　　　（貸）　繰延政府補助金　　　120

　　　割当時の公正価値 10 ドル×12,000 トン。

　②　政府補助金の利益計上仕訳

（借）　繰延政府補助金　　　120　　　（貸）　政府補助金収益　　　120

　　　政府補助金の収益振替。

　③　排出枠の償却

（借）　排出枠償却費　　　　120　　　（貸）　排出枠　　　　　　　120

　　　10 ドル×12,000 トン。割当排出枠の実際排出量に伴う償却費の計上。

　④　排出枠不足の引当仕訳

（借）　排出枠引当金繰入　　4.5　　　（貸）　排出枠引当金　　　　4.5

　　　9 ドル×500 トン。実際排出量が割当排出枠を超過した分の引当金（排出枠取得義務，またはペナルティ支払義務）の計上。

　⑤　会計期末報告

P/L		B/S				
補助金収益	120	（借）留保利益	4.5	（貸）排出枠引当金	4.5
排出枠償却費	-120				
排出枠引当金繰入	-4.5				

　⑥　翌期首の排出枠の購入仕訳

（借）　排出枠引当金　　　　4.5　　　（貸）　現金　　　　　　　　5.5

　　　過年度損益修正損　　　1

　　　（排出枠引当不足）

　　　（11 ドル－9 ドル）×500 トン。排出枠時価の変動に基づく引当不足。

552 第4部 環境と会計

（2）排出枠余剰のケース

① 排出枠の無償割当仕訳

（借）　排出枠（無形資産）　120　　（貸）　繰延政府補助金　　　120

割当時の公正価値 10 ドル×12,000 トン。

② 政府補助金の利益計上仕訳

（借）　繰延政府補助金　　　120　　（貸）　政府補助金収益　　　120

③ 排出枠の償却仕訳

（借）　排出枠償却費　　　　110　　（貸）　排出枠　　　　　　　110

10 ドル×11,000 トン。

④ 排出枠の期末評価損の計上仕訳

（借）　排出枠評価損　　　　　1　　（貸）　排出枠　　　　　　　　1

（10 ドル - 9 ドル）×1000 トンの評価損を計上。時価法を仮定している。

⑤ 会計期間末報告

P/L		B/S			
補助金収益	120	（借）排出枠	9	（貸）留保利益	9
排出枠償却費	−110				
排出枠評価損	−1				

⑥ 翌期首の排出枠の売却仕訳

（借）　現金　　　　　　　　 11　　（貸）　排出枠　　　　　　　　9

　　　　　　　　　　　　　　　　　　　　　排出枠売却益　　　　　2

（11 ドル - 9 ドル）×1,000 トンの売却益の計上。

（3）割当排出枠の償却と超過分の引当計上処理の根拠

排出枠割当時に割当時の時価で排出枠を計上し，実際の排出に応じて，割当排出枠の償却費を計上する。また，実際の排出量が割当排出枠を超過した場合，超過分の引渡義務を引当金処理として引当時（会計期間末）の時価で計上する。排出枠を購入した場合には，余っている割当排出枠と合算して貸借対照表に計上する。このように処理すると，未使用の排出枠の総額，あるいは，保有排出枠の不足が引当金として貸借対照表で明示でき，実際排出量

相当の排出費用の総額が損益計算書に計上される。なお，引当金の計上に使用した時価は，実際に排出枠を購入した時，当該購入価額に修正されることになる。

　前述したように，排出枠は棚卸資産的な無形資産であり，事業体が本来の事業活動を遂行するのに応じて発生する温室効果ガスの排出に使用（充当）される（換言すれば，事業体は，保有する排出枠の範囲内で本来の事業活動を遂行できるということである）。排出枠の使用分（充当分）を償却と呼ぶことにすると，償却される排出枠の原価は，本来の事業活動に伴うコストの一部として，製品原価や販売費及び一般管理費などに加算されていくのである。

(5-2) IFRIC 案の代替的会計処理方法

　IFRIC 案では，無形資産の会計処理として，原則法と代替法とが検討されているが，原則法を用いると，本書の補論5で言及しているように，収益と費用のミスマッチの問題が起きるので，本章では，無形資産については，代替法を用いて IFRIC 案の処理を推定してみよう。ここでいう代替法とは，以下のような処理法である。

　「排出枠に関して活発な市場が存在するとして，IAS38 号「無形資産」の原則的処理方法（取得原価で繰り越す）の他，代替的処理方法，すなわち，公正価値がコストを上回る場合には当該差額を資本の増加として，公正価値がコストを下回る場合には損益計算上費用処理することが許容されている」(1E 第5項)。

（1）　実際排出枠が超過のケース（単位は 1,000 ドル，以下同じ）

　①　排出枠の無償割当仕訳

（借）　排出枠（無形資産）　120　　　　（貸）　繰延政府補助金　　　120
　　　　割当時の公正価値 10 ドル×12,000 トン。

　②　政府補助金の利益計上仕訳

（借）　繰延政府補助金　　　120　　　　（貸）　政府補助金収益　　　120

　③　実際の排出に伴う排出費用の発生

（借）　排出費用　　　　　112.5　　　　（貸）　排出枠返還義務　　112.5

9ドル×12,500トン。実際排出量に相当する排出費用の計上。

④ 排出枠の評価損の計上仕訳

(借) 排出枠評価損　　　　12　　（貸）　排出枠　　　　　　　12

（10ドル－9ドル）×12,000トン。

⑤ 会計期間末報告

P/L		B/S			
補助金収益	120	（借）排出枠	108	（貸）排出枠返還義務	112.5
排出費用	−112.5	留保利益	4.5		
排出枠評価損	−12				

⑥ 翌期首の排出枠の購入仕訳

(借) 排出枠　　　　　　5.5　　（貸）　現金　　　　　　　5.5

11ドル×500トン。

⑦ 排出枠の再評価仕訳

(借) 排出枠　　　　　　24　　（貸）　再評価剰余金（資本）　24

（11ドル－9ドル）×12,000トン。排出枠の時価変動に伴う再評価剰余金の計上。

⑧ 排出枠の政府への引渡仕訳

(借) 排出枠返還義務　　112.5　　（貸）　排出枠　　　　　　137.5
　　 再評価剰余金　　　24

（2）排出枠余剰のケース

① 排出枠の無償割当仕訳

(借) 排出枠（無形資産）　120　　（貸）　繰延政府補助金　　120

割当時の公正価値10ドル×12,000トン。

② 政府補助金の利益計上仕訳

(借) 繰延政府補助金　　110　　（貸）　政府補助金収益　　110

③ 実際の排出に伴う排出費用の計上仕訳

(借) 排出費用　　　　　99　　（貸）　排出枠返還義務　　99

9ドル×11,000トン。

第22章　温室効果ガス排出量取引をめぐる会計上の論点　*555*

④　排出枠の期末評価損の計上仕訳

(借)　排出枠評価損　　　　　12　　　(貸)　排出枠　　　　　　　　12

(10 ドル−9 ドル)×12,000 トンの評価損を計上。

⑤　会計期間末報告

P/L		B/S			
補助金収益	110	(借)　排出枠	108	(貸)　排出枠返還義務	99
排出費用	−99	留保利益	1	繰延政府補助金	10
排出枠評価損	−12				

⑥　翌期首の排出枠の売却仕訳

(借)　現金　　　　　　　　　11　　　(貸)　排出枠　　　　　　　　9

　　　　　　　　　　　　　　　　　　　　　排出枠売却益　　　　　　2

(借)　繰延政府補助金　　　　10　　　(貸)　政府補助金収益　　　　10

(11 ドル−9 ドル)×1,000 トンの売却益の計上。政府補助金の実現利益の計上。

⑦　排出枠の政府への引渡仕訳

(借)　排出枠返還義務　　　　99　　　(貸)　排出枠　　　　　　　　99

6.　環境省「クレジット会計処理検討委員会」案

　環境省は，自主参加型国内排出量取引制度を導入する上で必要なインフラ整備の一環として，また，将来，わが国にキャップ型の排出量削減制度を導入することも踏まえて，「クレジット会計処理検討委員会」を設置し，「排出削減クレジットにかかる会計処理検討調査事業報告書」を 2007 年 3 月に作成した。本報告書では，1 つの会計処理案を提案するに至らず，3 タイプ（5 種類）の代替案の併記とそれぞれの長所・短所を記述している。その概要は以下のとおりである[11]。

（1）オフバランス方式

　初期無償割当時の会計処理を行わず，期末に実際排出量が保有排出クレジットを超過した場合に，排出クレジット不足分の引当金を期末の公正価値で測定する。多くの企業は目標達成が容易ではないので，初期割当の排出クレジットをそのまま残し，期末に余れば売却，不足すれば購入する程度の取引を予想し，初期無償割当の積極的なオンバランスの必要はないと考えるものである。

（2）排出削減義務当初認識法（原価法と時価法）

　フランス案に類似するもので，初期無償割当時に公正価値で排出クレジットとクレジット償却義務を両建て計上する。期末に実際排出量が保有排出クレジットを超過した場合に，①原価法では排出クレジット不足分のクレジット償却義務を期末の公正価値で測定し，②時価法では①の仕訳に加え，排出クレジットおよびクレジット償却義務の帳簿価額を期末公正価値に評価替えし，それぞれの評価差額（損失あるいは利益）を計上する。期末に保有排出クレジットが実際排出量よりも多ければ，①原価法では排出クレジットおよびクレジット償却義務を帳簿価額のまま据え置くことを前提に，超過排出クレジット分について当該帳簿価額でクレジット償却義務免除益を計上，②時価法では排出クレジットおよびクレジット償却義務を期末公正価値に評価替えし，超過排出クレジット分について公正価値でクレジット償却義務免除益を計上する。

（3）CO2 排出費用認識法（原価法と時価法）

　IFRIC 第 3 号案に類似するもので，初期無償割当時に公正価値で排出クレジットと繰延補助金を計上する。期末に実際排出量が保有排出クレジット

---

11)　環境省・クレジット会計処理検討委員会『排出削減クレジットにかかる会計処理検討調査事業報告書』（委員長：黒川行治）（2007 年 3 月）。注 3 に記したメンバーの一部および ASBJ の高津知之公認会計士，二宮康司課長補佐が参加した。「排出削減義務当初認識法」に対する好意的意見が委員の間で多かったような気がする。なお，伊藤眞委員は，時価主義の持論から，この処理の時価法を強く主張されていた。詳細は，伊藤眞（2008）を参照されたい。オフバランス方式は，収益・費用アプローチに属すると思われる。

を超過した場合に，①原価法，②時価法ともに，排出費用と排出クレジット償却義務を期末公正価値で計上し，繰延補助金を帳簿価額で収益に戻し，補助金収益とする。期末に保有排出クレジットが実際排出量よりも多ければ，①原価法では排出クレジットの取得平均単価を用いて排出費用と排出クレジット償却義務を計上し，繰延補助金を帳簿価額で収益に戻し，補助金収益とする。②時価法では排出費用と排出クレジット償却義務を期末公正価値で計上し，繰延補助金を帳簿価額で収益に戻し，補助金収益とする。

　会計処理の細部について検討すれば，これらの他にも代替案は考慮できると思われるが，キャップ型の温室効果ガス排出削減制度を導入した場合，根本的に考え方の異なる処理方法としては，現在のところ，上記の3つの方法と本章第2節および第5節で記述したGISPRI拡張案の4タイプがあると思う。したがって，会計上の重要な論点はまさにここに尽きるのである。

7. 未解決の問題の解釈と展望
――4タイプの会計処理方法の意義

(7-1) コスト・オブ・グッズの認識・測定と
　　GISPRI拡張案・オフバランス案

　収益・費用アプローチに基づく会計処理であったと説明したGISPRI拡張案は，排出クレジットの取得原価が収益を上げるための1つの犠牲すなわち製品やサービスのコストの増分要素であると想定するものである。製品などの財やサービスは，明示的あるいは暗示的いずれにせよ，それを使用し，消費する人々に対してベネフィットをもたらすものという前提がある。製品などの生産は良いことであり生産物は本来グッズ（goods）である。グッズであるからこそ，使用し，消費する人々は，このグッズの取得に対して対価を支払うのであり，グッズの提供者はグッズ提供の対価の受入れをベネフィット提供のご褒美であるとして収益を計上することになる。ベネフィットの源泉であるグッズは，空気のように自然に存在し何らかの努力をせずに獲得できるものではなく，生産あるいは発見するための努力・犠牲を経て存在する

558 第4部 環境と会計

ので，グッズ生産のために努力・犠牲を払わなければならず，対価の支払い
が必要となる。生産し，他者に提供した財・サービスの原価がグッズのコス
ト（cost of goods）とされるのも，このような関係を見れば首肯できる。

　GISPRI拡張案では，もし仮に，無償で排出枠クレジットが交付されるの
であれば受贈益計上を提案してはいるが，そのように処理した場合でも，排
出クレジットは事業遂行とともに償却されるという処理は変わらず，この処
理の本質こそ，棚卸資産的無形資産である排出クレジットの償却がコスト・
オブ・グッズの1つの要素であることを物語る。

　オフバランス処理案は，無償交付された排出クレジットは，コスト増加要
素とはならないという点，すなわち，「経営者は排出クレジットが不足し，
追加のクレジットを有償で取得する事態のみがコストの増加と考える」とい
うことを前提とした会計処理であり，GISPRI拡張案の排出クレジット償却
（コストの増加）と政府補助金（コスト補塡）を相殺したものとも解釈でき，
コスト・オブ・グッズを念頭においた会計処理と理解することができる。

(7-2) 会社（事業所）と国との契約と排出削減義務当初認識法

　排出削減義務当初認識法の前提は，政府からの割当て（国家に対する法的
削減義務）や，国家と約束した目標値がある場合，法的権利義務が伴う一種
の契約となり，補助金受給の権利や罰則を課されない権利を得る代わりに，
宣言した目標値以内の排出量に抑える義務を負い，もし抑えられないときに
は排出クレジットを調達して実際排出量とバランスさせる義務を負うと考え
るのである。つまり，この処理は，会社と国との間の温室効果ガスをめぐる
契約と想定するのが基本である。

　したがって，削減義務こそが契約の目的であるから，国への引渡義務の反
射で得た排出クレジットが「動産類似の財産権」として経済的取引の対象物
になり，極端な場合，投機取引による価格変動利益獲得の対象ともなること
は，経営者ならずとも違和感を覚えるのである。もし，この処理方法を採用
するのであれば，会社にとって利益が生まれるとすれば，削減努力によって，
実際の排出量が割当量（目標量）を下回った場合であり，その削減量こそが
努力に対する報酬としての利益である。この点を強調すると，当初，排出量

を約束した時の公正価値に削減量を乗じた金額が削減からの利益であり（クレジット償却義務免除益），排出クレジットの時価変動は，別途，評価益として計上すべきとなる。原価法に親近感を覚えるのはこのためである。

　原価法は，投機取引を重視しない点でオフバランス法と通じるところがあるとも言える。これまで，会計は制度や取引の実態を所与として，その経済的実質を忠実に測定しようと努力してきたのであるが，ここらで，会計側から社会的に望ましい制度を提案するのも一興であろう。排出クレジットの無償割当時，事業者ごとに目標排出量を割り当てても，政府の AAU 由来のクレジットの発行・移転はしないでおくというものである。排出クレジットの発行・移転は，事業者が削減努力により実際排出量が目標量を下回った場合，その検証時に行う。このような制度（これがキャップ型と果たして言えるのかについては疑問もあるが）設計は，いたずらに排出クレジットを投機対象にしない効果がある。投機取引によって温室効果ガスの削減は実現しない。地球温暖化の防止は，温室効果ガスの排出量を削減する努力によってのみ達成されることを肝に命じる必要がある。なお，この制度のもとでは，当然にオフバランス処理と類似したものになる。

（7-3）バッズの認識・測定と CO2 排出費用認識法
（1）バッズの発生の認識
　人々に対してベネフィットをもたらす財・サービスの生産過程において，人々には何らのベネフィットをもたらさず，むしろ不便益となるような財・サービスが生産される場合もある。これがバッズ（bads）であり，グッズとともにバッズが並行して発生してしまう。これまで，会計はこのバッズを直接認識し，そのコストを測定することはなかったのではないか。ここで問題とする温室効果ガスがまさにバッズとされるものである。ただし，温室効果ガスのうち二酸化炭素を例に挙げると，それがバッズとされるのは地球温暖化現象という困った問題に焦点を当てるからである。植物の光合成に焦点を当てれば二酸化炭素はバッズとはならない。ともあれ，グッズの生産とともにバッズも発生するということを認識する。すると次に，発生したバッズの価額を測定したくなるのが会計である。手間をかけるのがコストであるとい

560 第4部 環境と会計

う観点で見ると，グッズ発生の対称性からすればバッズを消滅させるために
手間をかけるということであり，「バッズ消滅に必要な対価がバッズの価額
（コスト）」と呼ぶべきと思われる。バッズ消滅に関する事業と市場が形成さ
れれば市場価格が存在するようになる。消滅に要するコストは，このような
市場価格で測定することがまずもって考えられる。しかし，バッズを削減で
きなかった場合など，何らかの課徴金制度が政府などの公権力あるいは公共
の合意として成立するかもしれず，バッズのコストは政策的，人為的に決定
されることもあろう。

（2）バッズ生産の既得権の認識

　経済主体の活動においてバッズ生産は避けがたい上に，これまでバッズの
コストを認識すらしなかったところに，何らかの公権力あるいは公共性の視
点に立った合意によって，にわかに削減あるいは課徴金を義務付けられても
経済主体は困惑するばかりである。バッズ発生の既得権が認められる余地が
あるとすれば，これであろう。この既得権の本質は，「発生したバッズを消
滅させる義務を既得権の範囲内で免除する」というものである。バッズが二
酸化炭素とすれば，その既得権は経済主体に無償で割り当てられた温室効果
ガス排出枠である。

（3）自由財から経済財へ

　バッズが自由財であれば，バッズ発生に伴い，それを消滅させる義務も認
識されずバッズのコスト（および消滅義務）も会計測定されることはなかっ
た。しかし，バッズ自体が経済財（厳密には負の経済財）と認識された時点
からバッズのコストの測定，バッズ消滅義務の測定，そして，既得権として
の消滅させる義務の免除権を測定することになる。免除権に何らかの価額が
付されるとすれば，それを無償にて割り当てられた場合，免除権認定益（あ
るいは公権力・公共からの受贈益）が同時に認識・測定されることになる。

（4）バッズ消滅義務免除権の取得

　バッズ消滅義務免除権を「排出枠（排出クレジット）」と呼ぶ。この排出ク

レジットは既得権に基づいて発生するばかりではなく，他の経済主体などが持つ既得権としての排出枠の余剰分を当該経済主体から購入するか，あるいは他の経済主体などでバッズを削減した実績によって反射的に新たに発生した排出クレジットを移転することによって保有することができる。前者がAAU，後者がCERと呼ばれるものである。

（5）温室効果ガス消滅義務と排出枠の性質

　経済主体がバッズとしての二酸化炭素を発生させ，それに伴い負うこととなった温室効果ガスの消滅義務は，いったい誰に対する義務なのか。政府などの公権力あるいは公共の合意によってこのような仕組みが存在し，ペナルティが課せられた場合の徴収主体が誰かという点からすると，経済主体の負う義務の相手は政府ということになろう。しかし，なぜバッズを消滅させる必要があるのかという本質論から出発すれば，バッズによって負荷を受ける地球環境あるいは公共社会に対して，それの復元のための義務であり，経済主体の「温室効果ガスの消滅義務は，地球環境あるいは公共社会に対する義務」と考えられる。

　一方，経済主体が保有するバッズを消滅させる義務の免除としての排出クレジットは，いったい誰に対する権利かと言うと，直接的には政府などに対し，何らのペナルティなし（無償）で二酸化炭素を発生させる権利である。しかし，本質的には，「地球環境あるいは公共社会に対するバッズ消滅義務を免除される権利」と考えられる。

（6）バッズの認識・測定とグッズの認識・測定

　「バッズの認識と測定」のアイデアは，国に対する排出クレジット引渡義務が，地球環境への負荷としてのバッズ発生への反射として生じる「バッズ消滅義務」（非金融負債）であり，排出クレジットは，既得権または削減努力をした成果に基づく「バッズ消滅義務免除権」である。したがって，排出クレジットと排出クレジット償却義務とが，別個の取引（事象）として認識されることになるのである。そして，義務の対象は，地球環境，公共社会であるが，その代理として政府が登場する。政府がいわば仲介機関として機能し

562 第4部 環境と会計

「ペナルティ」（課徴金）制度が導入される場合には，バッズ消滅義務はペナルティ支払義務として，金融負債（貨幣性負債）にもなり得るのである。

　CO_2排出費用認識法は，「バッズの認識と測定」というアイデアを具現した会計構造を持っており，このような会計処理は，これまでの会計が前提としていた「グッズの認識と測定」を超えるアイデアに基づくものではないのかと考えるのである[12]。

　ちなみに，グッズの認識と測定のアイデアの延長線であれば，「GISPRI案の拡張」の推定処理になるのではないかと考えられる。つまり，棚卸資産的な無形資産としての排出枠が取得時に資産に計上され，この排出枠は，実際に温室効果ガスを排出するのに応じて償却され，本来の事業活動に伴うコストの一部として，製品原価や販売費及び一般管理費などに加算されていく。保有排出枠が不足するのであれば，排出権取得義務としての引当金の計上によって，引当金繰入額が製品原価や販売費及び一般管理費などに加算されていく。つまり，排出枠の取得原価は製品やサービス（グッズ）のコストを構成する要素の1つなのである。一方，バッズのコストとしての排出費用は，製品やサービスのコストの構成要素ではなく，全額が発生した事業年度の期間費用となる。

　なお，IFRIC案では，各事業体が保有していた排出枠が国の償却口座に移転した時，排出枠が消滅するのであるが，GISPRI拡張案では，排出枠の各事業体から政府償却口座への移転と会計上の資産の認識の中止とが連動していないことに留意する必要がある。バッズの認識と測定というアイデアの問題点としては，二酸化炭素排出が生存権にも連なるものであり，消滅義務という負債が課せられるというコンセンサスを得られるか否かにあろう。

---

12) バッズの認識などについては，黒川（2003a）の記述を若干修正・加筆した。バッズについての会計上の認識は，35年以上前に，（故）山桝忠恕教授から基本的アイデアを授かったものである。排出権（排出量・排出枠）に関する会計処理を考察するにあたり，このアイデアを適用することができ，光栄に思うとともに，山桝忠恕先生にあらためて感謝するものである。

【引用・参考文献】

伊藤眞（2008）「企業にとっての温室効果ガス排出クレジット取引のあるべき会計処理」
『三田商学研究』第50巻第6号（2008年2月），301-324頁。

環境省・クレジット会計処理検討委員会『排出削減クレジットにかかる会計処理検討調査
事業報告書』（委員長：黒川行治）（2007年3月）。

黒川行治（2001）「温室効果ガス排出枠に関する会計の論理」『三田商学研究』第44巻第
5号（2001年12月），97-115頁。

―――（2003a）「バッズの認識と温室効果ガス排出枠の会計の論理」『三田商学研究』
第46巻第1号（2003年4月），165-181頁。

―――（2003b）「温室効果ガス排出枠会計の新展開」『三田商学研究』第46巻第3号
（2003年8月），71-92頁。

―――（2003c）「温室効果ガス排出枠会計の二つの論理」（論攻）『會計』第164巻第4
号（2003年10月），1-19頁。

―――（2008）「排出量取引をめぐる会計上の論点」『企業会計』第60巻第12号（2008
年12月），18-29頁。

（財）地球産業文化研究所『京都メカニズム促進のための法的論点等に係る調査研究報告
書』（委員長：道垣内弘人）（2004年3月）。

―――『排出削減における会計および認定問題研究委員会報告書」（委員長：井上壽枝）
（2001年6月）。

―――『京都メカニズムにかかる国内制度調査研究委員会報告書』（委員長：黒川行治）
（2003年3月）。

―――『京都メカニズム促進のための会計・税に係る調査研究委員会報告書』（委員長：
黒川行治）（2004年3月）。

―――『京都メカニズム促進のための会計関係論点に係る調査研究報告書』（委員長：
黒川行治）（2005年月3月）。

中村義人（2008）「温室効果ガスと排出量取引――その国際的動向と課題」『企業会計』第
60巻第12号（2008年12月），30-44頁。

PricewaterhouseCoopers, "Option de comptabilisation des droits d'emission de gaz a
effet de serre"（温室効果ガス排出枠の会計処理オプション），2002年2月。

IETA (International Emission Trading Association), UK Emissions Trading Group,
Deloitte & Touche "Accounting for carbon under the UK Emission Trading
Scheme"（イギリスの排出枠取引制度の下でのカーボンに関する会計），May,
2015.

IFRIC (International Financial Reporting Interpretations Committee), "Emission Rights"
[Exposure Draft], May, 2003.

IFRIC Interpretation 3, "Emission Rights", December, 2004.

補論5
国際財務報告解釈委員会解釈指針第3号「排出権」の検討

1. 解釈指針第3号「排出権」の公開草案と成案

　国際財務報告解釈委員会は，2003年5月に解釈指針公開草案第3号「排出権」(IFRIC: International Financial Reporting Interpretations Committee, "Emission Rights"［Exposure Draft］, May, 2003) を公表した。当該公開草案は，とくに，資産と負債の測定の基礎が異なることに起因する損益のミスマッチなどが生じることから，反対のコメントが多く寄せられた。そこで，2004年12月に公表されたIFRIC解釈指針第3号の成案 (IFRIC Interpretation 3, "Emission Rights", December, 2004) では，結論こそ公開草案と軌を一にしているが，結論に至る論証や設例など，公開草案に寄せられた多くのコメントに対応して大きく変更されている。ところが，成果となったIFRIC第3号は，結局，IASBの関連諸基準との斉合性に欠けていることから廃止され，現在（2017年2月）に至ってもIASBは排出量取引に関する会計基準を作成し得ないでいる。そこで本補論では，会計測定上，何が問題となったのかを検討した黒川行治（2005）を抜粋・加筆して紹介しよう。何故，IFRSsの枠組みでは斉合的な基準の作成が困難であるのかを理解する一助となるからである。

　なお，本書第22章での結論の1つは，このIFRIC第3号の会計処理が，「バッズの認識・測定」というこれまでの会計構造とは異なる意義を持つという仮説の提示であり，意味論的な会計学研究の面白さを示す一例だと思う[1]。

---

1)　補論5は，黒川行治（2005）を抜粋，修正，加筆したものである。また，本文中の「GISPRI委員会の検討」とは，（財）地球産業文化研究所「平成16年度　京都メカニズム促進のための会計関係論点に係る調査研究委員会」（委員長：黒川行治）のことである。

566 第4部 環境と会計

2. 設例の前提の変更と会計処理

　IFRIC は，設例の仮定（期末の排出枠の時価）を変更し，かつ，IAS 第38号「無形資産」の原則法と代替法の両方について会計処理例を示す（草案では代替処理法のみが明示されていた）ことで，草案に対する多くのコメントに応えた。

（2-1）設例の前提

①　排出枠の規制対象である A 社は，排出枠制度の約束期間と会計期間が一致しており，期首に無償で 12,000 トン（実際の単位は t-CO2）の二酸化炭素排出枠が割り当てられる。期首の排出枠の市場価格は 1 トン当たり 10CU，したがって，無償で割り当てられた排出枠の公正価値は 120,000CU である（IE 第 1 項・草案 IE 第 1 項共通）

②　中間会計報告日（6 カ月後），A 社は，5,500 トンの二酸化炭素を実際に排出していたことが判明した。会計期間末までには，割当量と同量の 12,000 トンを排出すると予測されている。中間報告日における排出枠の市場価格は 12CU に上昇していた（IE 第 2 項・草案 IE 第 2 項共通）。

③会計期末までに 12,500 トンが実際に排出された。期末日に不足分の充当のため 500 トンの二酸化炭素排出枠を購入した。購入価格は 1 トン当たり 11CU であった（IE 第 3 項）。

　公開草案では，期末の時価が 9 CU に下落する仮定であったので，無形資産の原則法に起因する問題が顕在化しなかった。

（2-2）無形資産に関する原則的処理方法

①　排出枠の無償割当仕訳（単位は 1,000CU，以下同じ）

　　（借）排出枠　　　　　120　　　　（貸）繰延政府補助金　　120
　　　　割当時の公正価値 10CU × 12,000 トン。

②　中間会計期間末仕訳

　　（借）繰延補助金　　　　55　　　　（貸）政府補助金収益　　55

120CU × 5,500 ／ 12,000 トン。「予想排出量分の実際排出量」
割合を用いて繰延収益を償却し，収益を発生費用に対応させる
（繰延収益の収益化（償却）について，予想総排出量に対する実際
排出量の割合で測定する方法を選択する）。

（借） 排出費用　　　　66　　　（貸）　排出枠引渡義務　　66

12CU × 5,500 トン。中間期末時価による実際排出量相当の排
出枠引渡義務の増加。

③　会計期間末仕訳（IE 第 7 項）

（借）　繰延政府補助金　65　　（貸）　政府補助金収益　　65

政府補助金の後半期分の収益振替え。

（借）　排出費用　　　71.5　　（貸）　排出枠引渡義務　71.5

11CU × 12,500 トン − 66,000CU。排出枠の期末時価と実際排
出量で測定した当期の排出費用総額から，中間期末にすでに費
用処理した金額を差し引いた残額の計上。

（借）　排出枠　　　　　5.5　　（貸）　現金　　　　　　 5.5

11CU × 500 トン。購入した排出枠。

④　会計期間末報告（IE 第 8 項）

損益計算書および貸
借対照表への影響は右
のとおりである。

収益または費用	第 1 半期	第 2 半期	年間
政府補助金収益	55	65	120
排出費用	− 66	− 71.5	− 137.5
損益	− 11	− 6.5	− 17.5

貸借対照表	割当時	中間期末	年度末
資産			
排出枠	120	120	125.5
現金	−	−	− 5.5
合計	120	120	120
負債			
排出枠引渡義務		66	137.5
繰延政府補助金	120	65	−
合計	120	131	137.5
資本	−	− 11	− 17.5

568 第4部 環境と会計

⑤ 排出枠引渡義務と排出枠との相殺を行うまで，排出枠については取得原価から減損額を控除し，負債については再測定する。排出枠引渡義務と排出枠との相殺仕訳は以下のとおり（IE 第9項）。

（借）排出枠引渡義務 137.5　　（貸）排出枠　　　　　　125.5
　　　　　　　　　　　　　　　　　　　損益　　　　　　　　12

(2-3) 無形資産に関する代替的処理方法（再評価モデル）

① 排出枠の無償割当仕訳（IE 第11項）（単位は 1,000CU，以下同じ）

（借）排出枠（無形資産）120　　（貸）繰延政府補助金　　　120
　　　割当時の公正価値 10CU × 12,000 トン。

② 中間会計期間末仕訳（IE 第12項）

（借）排出枠　　　　　　　 24　　（貸）再評価剰余金（資本）　24
　　　公正価値上昇 2CU × 12,000 トン。

（借）繰延政府補助金　　　 55　　（貸）政府補助金収益　　　 55
　　　120CU × 5,500 トン／ 12,000 トン。「予想総排出量分の実際排出量」割合を用いて繰延収益を償却し，収益を発生費用に対応させる。

（借）排出費用　　　　　　 66　　（貸）排出枠引渡義務　　　 66
　　　12CU × 5,500 トン。中間期末の時価で測定した実際排出量相当の排出枠引渡負債の増加。

③ 会計期間末仕訳（IE 第13項）

（借）再評価剰余金　　　　 12　　（貸）排出枠　　　　　　　 12
　　　公正価値の減少分（12CU − 11CU）× 12,000 トン。

（借）繰延政府補助金　　　 65　　（貸）政府補助金収益　　　 65
　　　政府補助金の後半期分の収益振替。

（借）排出費用　　　　　 71.5　　（貸）排出枠引渡負債　　 71.5
　　　11CU × 12,500 トン − 66CU。排出枠の期末時価と実際排出量で測定した当期の排出費用総額から，中間期末にすでに費用処理した金額を差し引いた残額の計上。

（借）排出枠　　　　　　　5.5　　（貸）現金　　　　　　　　5.5
　　　11CU × 500 トン。購入した排出枠。

補論5　国際財務報告解釈委員会解釈指針第3号「排出権」の検討　*569*

④　損益計算書および貸借対照表への影響は以下のとおりである（IE 第14 項）。

収益または費用	第1半期	第2半期	年間
政府補助金収益	55	65	120
排出費用	−66	−71.5	−137.5
損益	−11	−6.5	−17.5

資本の部での直接的損益の認識			
排出枠の再評価	24	−12	12

貸借対照表	割当時	中間期末	年度末
資産			
排出枠	120	144	137.5
現金	−	−	−5.5
合計	120	144	132
負債			
排出枠引渡義務		66	137.5
繰延政府補助金	120	65	−
合計	120	131	137.5
資本	−	13	−5.5

⑤　排出枠引渡義務と排出枠との相殺を行うまで，排出枠については取得原価から減損額を控除し，負債については再測定する。排出枠引渡義務と排出枠との相殺仕訳は以下のとおり（IE 第15 項）。

（借）　排出枠引渡義務　　　137.5　　（貸）　排出枠　　　　　　　　　137.5

⑥　再評価剰余金12CU を IAS 第38 号の第87 項に従って，直接，留保利益に加算する。

（2-4）収益と費用の対応の検討

（1）ミスマッチの原因

IAS 第38 号では，無形資産について2つの処理が認められている。

①原則法：当初測定された金額のまま期末でも繰り越す（取得原価を維持，

ただし時価が下がった場合は低価評価も可。時価が上がった場合は原価で計上）

②代替法：時価が上がった場合は期末に時価に評価替えする。上昇したときの評価差額は資本の部に直接入るが，この点は問題があり，どう回避するかが課題であった。

しかし，公開草案の設例では，時価が下がるケースのみであったためこの問題が顕在化せず，修正を求めるコメントが多数あった。そこで，設例が変更され，排出クレジットの時価の変化を，「当初10CU→中間12CU→期末11CU」とすることで，期末時価が当初より価格上昇の事例に改められた。

（2）資産と負債の測定属性（基礎）の違い

公開草案で反対のコメントが多かったミスマッチ問題について若干詳述する。排出費用および排出枠引渡義務は，期末の時価と実際排出量で測定される。他方，①排出枠について，取得原価（取得時の時価）で計上されるので（無形資産の原則処理），貸借対照表に計上される排出枠と排出枠引渡義務とが異なる属性で測定される。②排出枠を期末に時価評価増した場合（無形資産の代替処理），取得時と期末との間に生じた評価差額は損益計算書を経由せず，貸借対照表の資本の部に直接計上される。もし仮に，排出枠を政府からの無償割当により取得したとしても，割当時の時価で測定された政府補助金収益と期末の時価で測定される排出費用とが期間損益上一致しないということである。

当該設例で具体的に見てみよう。会計期末の報告で，「原則法」の問題点が貸借対照表上で顕在化することが分かる。排出枠は125.5（単位1,000CU，以下同じ），排出枠引渡義務は137.5であり，排出枠が不足しているように見えるが，そうではなく，測定の属性が違うからである。つまり，資産は取得原価，負債は時価で評価されているからこの差が生じる。ただし，政府に引き渡す際に差額12の利益が出るので，複数期間で見ると損益上の問題は解消される。

一方，「代替法（時価評価モデル）」は，再評価剰余金を資本に直接入れる点が特徴である。排出枠も排出枠引渡義務も期末時価評価するため，貸借対

照表上では両者が斉合する。再評価剰余金は直接留保利益に加算され，損益
計算書を通さないため，クリーン・サープラス関係を満たさないという問題
が生じる。

なお，時価評価をしたときに，時価評価差額を損益計算書に計上するとい
う考え方もある。そうすると，再評価差額の12だけは収益が増えることに
なるので，実際排出量が当初の計画よりも増加した500トン分の5.5の損失
だけが損益計算書に計上されることになる。

3.　成案の結論の検討

(3-1)　論点と結論
(1)　論点（第4項）
(a)　排出権取引に関連して資産または負債が発生するのか，あるいは資
産（保有排出枠）と負債，資産と繰延収益および／または収益が同時に
発生するのか。

(b)　独立項目としての資産が計上される場合，その資産の性質は何か。

(c)　独立項目としての負債，繰延収益および／または収益が認識される
場合，それらの科目の性質は何か。どのように測定されるのか。

(2)　結論（第5項～第9項）
①　政府から割り当てられた排出枠および購入した排出枠はともにIAS
第38号「無形資産」により会計処理される。公正価値よりも低い価額
で割り当てられた排出枠は公正価値で当初測定される（第6項）。

②　排出枠が公正価値よりも低い価額で割り当てられた場合，支払った金
額と公正価値との差額は政府補助金となり，IAS第20号「政府補助金
および政府からの援助の開示」に則して会計処理される。したがって，
政府補助金は貸借対照表に繰延収益として当初測定され，排出枠が発行
された約束期間（compliance period）にわたり排出枠を保有したか売却
したかにかかわらず，規則的な方法で収益に振り替える（第7項）。

③ 実際の排出と同時に，排出量と等しい排出枠を引き渡す義務を認識する。この負債は，IAS 第 37 号「引当金，偶発債務，偶発資産」が対象とする引当金である。この負債は，排出枠を引き渡すことによって決済される。負債は，貸借対照表日に存在する負債を決済するのに必要な支出のベスト予測値で測定される。貸借対照表日までに生じた排出量をカバーするのに等しい排出枠の現在市場価格で測定されるのが通常であろう（第 8 項）。

④ 排出権制度（emission rights scheme）の存在を原因として，特定の資産から期待されるキャッシュ・フローが減少すると予想される場合には，当該資産は，IAS 第 36 号に従って減損の対象となる（第 9 項）。

（3）排出枠の用語について（第 1 項）

IFRIC は，排出枠（allowance）という用語を用いているので，まずその理由を見てみよう。

「経済主体（参加者）は，ある一定のレベル（キャップ）に排出量（emissions）を減少させるために排出目標が設定される。参加者には，政府または代理機関によって，当該キャップと等しい数値の排出枠（allowance）が発行される（issued）。排出枠（allowance）という用語をここでは使用するが，排出削減インストルメント（the emission reduction instrument）を他のシェーマでは，権利（正当な資格）（right），証明書（certificate），債権（credit）として，記述するかもしれない」（第 1 項および注）。

解釈指針を読んで感じるのは，「right」という用語には，正当な資格を有するといった強いニュアンスがあると言えるが，その強いニュアンスの故に使いたくないため，「instrument」を使ったのではないかということである。right には，一部の環境保護思想（団体）からすると，温室効果ガスの排出に関する既得権と，削減から生じる経済的価値を正当化しているように感じられるのであろう。

なお，関連する用語について，『ランダムハウス英和大辞典』（第 2 版）には以下のような意味が書かれている。

・right：（法的・規範的・道徳的）に正当な要求（資格，理由）

補論5　国際財務報告解釈委員会解釈指針第3号「排出権」の検討　*573*

- ・certificate：証書書，証書，保証書，検定書
- ・credit：貸し金，債券，信用状（letter of credit），クレジット
- ・instrument：法律文書（証書，遺書，契約書，協定書，委任状，約束手形など），道具，器具，手段

(3-2)　資産と負債の両建て処理の根拠
(1) IFRIC の主張

　資産と負債の両建て処理の根拠は以下のとおりである（BC 第12項）。

① 　排出枠は，資産の定義，すなわち，過去の事象の結果として当該事業体によって支配（統制）されており，将来の経済的ベネフィットが当該事業体に流入することが期待できる資源に合致する。何故ならば，排出枠は移転可能な証明書（certificate）であり，会計主体はそれを売却することも，債務との相殺にも使用できるからである。

② 　温室効果ガスを排出した会計主体は，負債の定義に合致する状況になる。すなわち，過去の事象の結果として，経済的ベネフィットが期待できる資源を当該事業体は将来外部に流出させることが予想される事態となる。債務は，排出枠を引き渡すということである。

③ 　排出枠と負債は独立して存在する。当該主体が排出枠を使用する意図があるならば，債務を清算するために排出枠を保有するが，それを強いることはできない。あるいは，当該主体が排出枠を売却し，実際排出量を減少させるか，将来排出枠を購入するかを選択することもできる。多くの会計主体が債務の清算のために単に排出枠を保有する場合であっても，このように，資産と負債との間に契約上のリンクは存在しない。

④ 　排出権制度のもとでは，参加者は，排出するために排出許可（証）（emissions permit）を保持する必要がある。（しかし），排出枠自体は，排出する権利（a right to emit）を確証（confer）するものではない。むしろ，排出に応じて生じた義務を解消するために引き渡さなければならないインストルメント（instrument）である。

⑤ 　会計主体は，多くの異なる種類の排出枠（異なる規制により割り当てられたもの）を負債の清算に用いることを選択することもできる。1つの

規制によって発生した排出枠を他の規制で発生した負債の清算に用いるという性質は，いろいろな国で発展している規制の仕方において，より一般的になりつつある。

⑥　キャップ・アンド・トレード制度は，単にキャップを超えた場合の税金を意味するのではない。キャップ・アンド・トレード制度の重要な特徴は，参加者が排出枠を売買できるということである。したがって，会社は排出枠を他の規制会社から現金を対価に購入すると，購入した排出枠が資産として認識される。しかし，購入した排出枠と政府が割り当てた排出枠とが区分されないので，政府から割り当てられた排出枠も所有者が保有する権利として資産であることを確証するものである。

⑦　排出枠と排出枠を引き渡す義務を相殺する権利はないし，それらには対照勘定としての関係もない。それ故に，資産と負債との相殺は適切ではない。

（2）GISPRI委員会での検討

　キャップ・アンド・トレード制度のもとでも，資産と負債を別個に両建て処理する会計処理以外に，不足分のみ引当てを行い，余剰が出ればその分のみ資産計上すれば良いという純額処理の主張がある。すなわち，資産と負債が別個に存在するのではなく，政府からの割当てなどにより，当初に排出枠として存在する資産が，温室効果ガスの実際の排出とともに減っていき，期末に残れば資産，足りなければその分の引当てを行うものである。

　しかし，IFRICとしては資産と負債の両建て処理を採用している。主な根拠としては，排出枠と負債は実態として独立して存在していること，排出権取引制度下で排出枠自体は排出する権利を確証するものではなく，むしろ排出に応じて生じた義務を解消するために引き渡さなければならないインストルメント（instrument）であること，キャップ・アンド・トレード制度下では，排出枠を売買できる点に特徴があること，購入排出枠も政府割当排出枠も，所有者が保有する権利として同等の資産であることが確証されるものであること，などが挙げられている。

(3-3) 排出枠の金融資産としての把握の否定

(1) IFRIC の主張

　コメントのなかには，排出枠を IAS 第 39 号「金融商品：認識と測定」に従うべきという意見もあった。また，別のコメントとして，排出枠を将来の取引（将来の排出）のヘッジ手段（instrument）として取り扱うべきとする意見もあった。しかしながら，IFRIC は以下の理由に注目する（BC 第 14 項）。

　（a）　排出枠は，「持分証券でもなく，現金あるいは金融資産を受け取る契約上の権利」という IAS 第 32 号「金融商品：開示と表示」の定義に合致しない。

　（b）　排出枠は，「非貨幣項目を購入または売却するための契約ではないので，IAS 第 39 号の拡張範囲（the scope extension）にも入らない。

　（c）　排出枠は，「初期投資がなくとも，あるいは少ない初期投資で，市場要因の変化に応答することが期待できる契約」と「将来，純額決済できる」というデリバティブの要素に合致しない。それ故に，ヘッジ手段としても示せない（排出枠が無償で獲得できるという事実は，初期投資が 0 ということを意味しない）。

　（d）　容易に売買できるという性質によって，排出枠が金融商品になるわけではない。容易に売買可能なコモディティである。

　しかしながら，IFRIC は，排出枠に金融資産としての性質があることも承知している。とくに，市場で容易に売買可能であり，また，その価格付けも「二酸化炭素トン（t-CO2）当たり」というように独特である。コメントのなかには，排出枠を時価で評価し，評価差額は損益計算書で認識すべしとするものがあった。とくに，排出枠を原価評価した場合に，排出枠引渡義務としての負債が時価（current value）で測定されるためミスマッチが生じるという困った問題があるからである。さらに，排出枠を時価評価しても，資産価額の変動は，資本に直接反映され，負債価額の変動は損益計算書に計上されるというミスマッチがあるからである（BC 第 16 項）。

　このミスマッチ解消の問題は，財務業績プロジェクトで現在，検討している。しかし，当該プロジェクトの日程を延期したため，しばらくの間，この

ミスマッチ問題は続く（BC第17項）。

　そこで，IFRICは，Board（ボード会議）に対して，IAS第38号を改定し，排出枠の時価変動差額を損益計算書に計上すべきと要請することを考慮した。しかしながら，Boardは，2つの理由で，時価変動差額に関する再考慮をしそうにない状況にある。というのは，この問題は，IAS第16号「Property, Plant and Equipment」と同様であり，そしてBoardは，無形資産に関するリサーチ・プロジェクトを持っているからである。それ故に，IAS第38号を改定するためには，IFRICは，時価測定を正当化するために排出枠を他の無形資産と区別する必要がある。金融資産類似無形資産（currency-like intangible assets）という排出枠を含む細分類（すなわち，負債の解消に用いられる故のみに価値がある無形資産）の可能性を探った。しかしながら，2005年中のIAS第38号の改定を公式化し，明示し，そして決着させることは困難と結論した（BC18項）。

（2）GISPRI委員会での検討

　上記の（a）（b）で排出枠は金融商品の「定義に合致しない」とされている。そして，排出枠は「非貨幣項目を購入または売却するための契約ではないのでIAS第39号の拡張範囲にも入らない」とあるが，この意味は何であろうか。

　排出枠の先渡しの売却契約は非貨幣項目を購入または売却するための契約になる。しかし，排出枠それ自体については，普通の物やサービスと同じなので，金融商品の差金決済，またはそれに結び付くような金融商品を構成する契約ではない。

　IAS第39号の拡張というのは，コモディティの売買に関する契約であっても，現金または他の金融商品で決済する権利を与えるものならばIAS第39号の対象となり，金融デリバティブと同じように会計処理するということである（ただし，コモディティを売買もしくは使用の目的で契約し，当初に指定し，受渡決済を行うものは，IAS第39号の対象外とされる）。

　排出枠の性質については，物理的実態がない識別可能な非貨幣性資産に合致するとする。容易に売買可能であることをもって金融商品とすることはできない。容易に売買可能な実物資産である。しかし，金融商品と類似する性

質があることも承知している。

　排出枠を時価で評価し，評価差額は損益計算書で認識すべきとのコメントもある。排出枠を原価評価した場合に，排出枠引渡義務としての負債が時価で測定されることによるミスマッチ問題が生じるからである（上述のとおり）。IFRIC は Board に IAS 第 38 号を改定し排出枠の時価変動差額を損益計算書に計上すべきことを要請することを考えたが（IFRIC が，上記のミスマッチ問題を解消するために真摯に取り組んだことが垣間見られる），Board では，無形固定資産一般についての時価評価のコンセンサスは得られていない。そこで，排出枠の時価測定を正当化するために排出枠を他の無形資産と区別し，「負債の解消に用いられる故のみに価値がある無形資産」という解釈の可能性を探った。すなわち，排出枠を他の通常の無形固定資産とは異なる特殊な無形固定資産として隔離し，排出枠のみに対して損益計算に反映する時価評価を適用するという方法である。しかし，排出枠のみが何故，時価評価されるのかということの根底にある理由を明確化しなければならない。さらに言えば，排出枠固有の特徴を普遍化し，その普遍化された特徴ゆえに，他の無形固定資産とは異なる会計処理が要求されるという行為をすることが会計基準作成における王道であろう。この作業の困難性を思い，IFRIC は諦めたと思われる。

(3-4)　排出枠は償却すべきか
(1) IFRIC の主張

　公開草案では，IAS 第 38 号の適用範囲とし，排出枠は償却すべきでないが IAS 第 36 号の減損テストを実施すべしとした。これに対して，非償却処理に対して，多くの反対のコメントが寄せられた。ある回答者は，排出枠は，排出できる権利を表しており，権利の消費を反映させるため排出するにつれて排出枠を償却すべきとした。他の回答者は，当該草案に対し全体的には賛成するものの，草案の根拠が「排出枠の残存価値は取得原価あるいは再評価額に等しいので償却しない」であり，これは活発な市場で売買される排出枠にのみ適用されるとした。何故ならば，IAS 第 38 号の 100 項では，「使用期間の最後において当該資産を第三者が購入しようとする契約があるか，

あるいは活発な市場があるかのいずれかを満たしていなければ, 残存価額は0となる」からである (BC 第19項および第20項)。

BC 第12項で記述したように, 排出枠は排出できる権利ではない。それは当該制度の管理者から確認されている。排出枠は, 排出することによって生じた負債を解消するために引き渡さなければないインストルメントである。したがって, キャップ・アンド・トレード制度のもとで, 参加者は排出したからといって排出枠の経済的ベネフィットを消費するものではない。むしろ, 排出の結果生じた負債を解消するために排出枠を引き渡すことによって (あるいは他者に売却することによって), 排出枠のベネフィットは実現する。したがって, 資産の経済的ベネフィットの有用期間にわたる消費を反映させるための資産原価の規則的償却は, 排出枠のベネフィットの実現と合致していない。

この見解は, 非償却について焦点を当てたものであり, 上記の指摘はIAS 第38号に合致しないケースもあるということに焦点を当てている。そこで, 公開草案の「排出枠は償却すべきでない」とする結論を維持しない(削除している)。しかしながら, 活発な市場で取引されるほとんどの排出枠については, 残存価額はコストと等しくかつ償却可能価額は0なので, 非償却が要求される (BC 第21項)。

(2) GISPRI 委員会での検討

排出枠は排出できる権利ではない。排出枠は, 排出することによって生じた負債を解消するために引き渡さなければならないインストルメントである。排出により生じた負債を解消するために排出枠を引き渡すことで排出枠のベネフィットは実現する。したがって, 排出枠原価の規則的償却は排出枠のベネフィットの消費形態と合致しない。

しかし, コメントのなかには, 「排出枠が排出する権利であり, 権利の消費を反映させるため, 排出するにつれて排出枠を償却すべき」という意見もあった[2]。そこで, 各国において排出枠規制制度が一様ではないことを勘案

---

2) この意見は, 本書第22章で検討している GISPRI 拡張案と軌を一にするものである。

補論5　国際財務報告解釈委員会解釈指針第3号「排出権」の検討　*579*

したのであろうか。公開草案の「償却はすべきでない」という文言を削除し，償却については言及しない（償却する場合もあり，しない場合もあるということである）ことにしたと思われる。なお，減損処理の適用を要求しているので，①償却＋減損の場合と，②非償却＋減損の場合のいずれもが認められることになろう。

　ただし，IFRIC は，ほとんどの排出枠に関して，活発な市場があることを前提として，残存価額がコストと等しく，償却可能額が0なので，非償却が要求されるとして，実質的には，公開草案の結論を維持しているように思われる（IFRIC が排出枠について活発な市場の存在を前提としていることに留意する必要がある）。

(3-5) 負債はいつ認識され，どのように測定すべきか
(1) IFRIC の主張

①　実際に排出した量と同量の排出枠を引き渡す義務あるいはペナルティ支払いの義務（実際排出量が割り当てられた排出枠を超えた場合）としての負債は実際に負荷物質を排出した時に生ずる。これは，IAS 第37号「引当金，偶発負債，偶発資産」で記述されているように，義務を生じる事象が起きるまで負債ではないということに従うものである。排出権制度では，義務が生じる事象，すなわち会社に対し排出枠を引き渡すことを義務付ける事象は，負荷物質の排出であり，排出枠の受領ではない。排出枠が割り当てられる約束期間の期首では当該事象は発生しておらず，排出枠を引き渡す義務としての負債は生じていない。これは，IAS 第37号の第19項によって支持される。「事業体の将来の行動とは独立して存在する過去の事象からのみ引当金として認識される負債は生じる」。排出枠引渡義務としての負債は事業体が負荷物質を排出するか否かという将来の事象に依存している（BC 第22項）。

②　コメントのなかには，排出枠が「排出できる権利」（a right to produce emissions）とする意見があり（この場合，「純額で示す」と連動，あるいは，「排出に従い償却する」と連動），上記の提案に反対する。負債は，参加者が排出量に不足する排出枠を保有する場合（割り当てられた権利を超えて

排出した場合）にのみ発生し，それ故に，追加の排出枠を取得する義務である。しかしながら，IFRIC は，排出枠を排出できる権利としては見ていない。排出枠は，「排出することで生じる負債を解消するために，政府に引き渡さなければならないインストルメント」である。負債は，参加者が排出枠を保有しているか否かにかかわらず生じる。参加者が負債に合致した資産を保有している事実は，参加者の負債を解消させることにならない（BC 第 23 項）。

③　IAS 第 37 号第 36 項では，「貸借対照表日に存在する負債を消滅させるのに必要な支出の最良の見積もり」で引当金を測定するべきとされる。これは，負債を消滅させるか第三者に移転するのに支払う合理的な金額を意味している。過去の排出によって生じた排出枠の引渡しの場合，貸借対照表日における排出量をカバーするのに必要な排出枠の現在市場価格が負債となる（BC 第 24 項）。

④　コメントのなかには，IAS 第 37 号に反対するものがあった。「最良の見積もり」は，現在市場価格ではなく，参加者が保有する排出枠の原価に言及するものであると解釈すべきとする。しかしながら，IFRIC は，排出枠の原価（もし，公正価値よりも低い金額で発行されている場合には，初期割当時の公正価値）は，負債を解消するために合理的に支払わなければならない金額ではない。むしろ，貸借対照表日に負債を解消するために必要な金額が，現在価値（current values）を反映する。また，負債がどのように返済されるかにかかわらず負債は測定されるべきであると考える（BC 第 25 項）。

（2）GISPRI 委員会での検討

　負債の認識について，IFRIC は資産と負債の両建て処理の立場を取り，負債は，排出することによって生じる排出枠の引渡義務，排出枠は，負債を解消するために引き渡さないといけないインストルメントとしている。この定義は循環するようにも思われる。結局，排出枠をインストルメントと言い，負債はそれを引き渡す義務としているだけで，よく分からない。ただし，会計上はインストルメントたる排出クレジットにも経済的ベネフィットはある。

このような説明（解釈）が，排出枠の性質を会計上定義する上での限界ではないかと言えよう。

(3-6) 政府補助金について

(1) IFRIC の主張

①　約束期間期首の排出枠割当時に排出枠引渡義務が生じないとしたので，政府補助金の問題を考慮することになる。公正価値よりも低い金額（あるいは無償で）排出枠が割り当てられると，政府補助金が生じる。その援助は，IAS 第 20 号「政府補助金の会計および政府援助の開示」の対象である政府補助金の定義に合致する。すなわち，「政府による援助であって，事業体の営業活動に関する一定の条件を過去において満たしたこと，あるいは将来において満たすことの見返りとして，事業体に資源を移転する形態をとったものをいう」（第 3 項）。とくに，排出量の削減，排出枠の引渡しという債務は，「事業体の営業活動に関する」条件である。公正価値よりも低い金額での排出枠割当という援助は，IAS 第 20 号第 23 項の「政府補助金は事業体が使用するための土地その他の資源のような非貨幣性資産の移転の形をとることがある」に該当する（BC 第 26 項）。

②　排出枠が公正価値よりも低い価額で割り当てられた場合，当初において排出枠は公正価値で測定すべきである。IAS 第 20 号は，「公正価値以下で排出枠が発行された場合，それに支払った金額で排出枠を処理すること」も認めている。もし，この処理を行った場合，会計主体は，無償による割当排出枠を貸借対照表に認識せず，購入した排出枠のみを貸借対照表に計上することになる。このことは，主体が支配（統制）する資源の忠実な表現とは言えないので，代替的な会計処理の採用を許容すべきでない（BC 第 27 項）。

③　コメントのなかには，「公正価値以下で排出枠が発行された場合に，支払ったコストで認識する会計処理を除外すべきか否か」について言及するものがあった。IFRIC は，この会計処理を除外することに決定したので，結果的に，IAS 第 20 号を修正したことになる。公正価値以外

582 第4部 環境と会計

で排出枠の初期認識を行うことは適当ではないと確信し，政府補助金と排出枠は公正価値で初期認識することに決定した（BC第28項）。

④ 政府補助金をいかなる方法で利益（income）として認識すべきか，政府補助金を当初，利益として認識しないのならば貸借対照表のどこに計上すべきか（繰延負債項目か，資産の繰越価額の減額か）。IAS第20号第12項で，「その責務を果たすのに関連する費用に対応させるに必要な期間にわたり，利益を規則的方法で計上することが求められる。それ故に，公正価値よりも低い価額で排出枠が割り当てられたことによる補助金が償う対象であるコストは何かである（BC第29項）。

⑤ 補助金は，約束期間の営業コストがより高くなるのを償うことを意図している。それ故に，補助金は当初，貸借対照表に繰延収益として認識すべきである。IAS第20号第12項によると，排出枠が割り当てられた約束期間にわたり規則的な方法で繰延収益を償却する。排出枠と割り当てられた期間以外の適切な期間の存在はありそうもない。また，適切な償却期間は当事者が排出権取引制度のなかでいかに反応行動するかに依存する。そこで，特定の方法を定めるべきではないと結論した（BC第30項）。

⑥ 参加者が排出枠を売却した場合，繰延政府補助金が実現したとして利益に計上すべきではないかというコメントがあった。しかしながら，IFRICは，キャップ・アンド・トレード制度の結果として，補助金はより高くなった営業コスト（operating costs）に対する補償としてすでに授与（award）されており，繰延収益は，排出枠が売却された時に認識の中止（取消）をするべきでなく，償却を継続すべきであると結論した（BC第31項）。

⑦ BC第16項で議論されたように，多くのコメントは，この解釈指針が混合測定モデルであることに関心を持っていた。そこで，排出枠は，公正価値で測定できる場合があり，公正価値の変化は損益計算に反映するとした。また，他のコメントでは，混合モデルの結果，損益計算に対する効果は，排出枠の時価の変動を考慮するために繰延収益の再測定によってのみ十分に達せられ得るとした。IFRICは，繰延収益は概念フ

レーム上，負債ではないので，再測定は適切ではないと結論した（BC
第32項）。

（2）GISPRI委員会での検討

「参加者が排出枠を売却した場合，繰延政府補助金が実現したとして利益
計上すべきではないか」というコメントに対して，IFRICは，キャップ・
アンド・トレード制度の結果として，補助金はより高くなる営業コストに対
する補償として前もって授与されたものであり，繰延収益は排出枠が売却さ
れた時に認識の中止（取消）をすべきではなく，償却を継続すべきであると
応えている。

なお，償却期間については第7項で，「排出枠が発行された約束期間（com-
pliance period）にわたり」と変更されている。

⑥では，「補助金は，約束期間の営業コストがより高くなるのを償うこと
を意図している」とあり，「償却を継続すべきであると結論した」とある。
EUが意図している営業コストの上昇とは，排出権を購入する必要があると
営業コストが上昇するので，政府の補助があるということであると解される。
つまり，制度のために高くなったコスト分を政府が補助することであるから，
それは期間中にわたって配分するべきという趣旨に理解できる。

ところで，試みに排出枠の売却時に繰延収益の認識を取り消すケースにつ
いて2種類考えてみよう。（1）排出枠が現在時点では高く，償却時点には
安く手に入りそうなら，現時点で売却し，将来安くなるのを待って購入する
ことが考えられる。このケースでは，将来の価格動向の予測を誤り，さほど
安くならない場合もあり，現時点（売却時点）で，対応する繰延政府補助金
を収益に戻すことはしない方が良いかもしれない。（2）自前で排出削減し
て確実に余る見込みなので，現時点で売却するというケースでは，将来，排
出枠の取得費用の負担（価格動向）を気にすることはないので，売却時点で
売却した排出枠相当の繰延政府補助金を収益に戻してしまっても良いとも考
えられる。

ただし，このような会計基準にすると，恣意的な操作が可能になる恐れが
ある。それを排除するためには，繰延政府補助金を約束期間中にわたり，規

584 第4部 環境と会計

則的に配分することで，その恐れを防止する狙いもあるのではないか。

(3-7) ペナルティ
(1) IFRIC の主張

　公開草案では，実際排出量と比較して保有排出枠が不足している場合，現金によるペナルティによって，排出枠引渡義務が解消される可能性を示唆していた。しかし，コメントにおいて，キャップ・アンド・トレード制度では，現金による引渡義務の解消は稀であり，例えば，EU の排出権取引制度では，現金支払いでは引渡義務は解消せず，翌期に排出枠を引き渡さなければならない。そこで IFRIC は，ペナルティは，排出枠引渡義務とは別個に取り扱うべきと結論した。ペナルティは，IAS 第 37 号に従い処理されることになり，特段の規定は必要ないと結論した（BC 第 33 項）。

(2) GISPRI 委員会での検討

　ペナルティについての記述部分が，公開草案と成案とで，すべての箇所で変更されている。成案を読む限り，EU の制度ではペナルティを支払っても，不足部分の排出枠引渡義務は解消せず，翌期に排出枠を引き渡す必要がある。そこで，ペナルティは排出枠引渡義務とは個別に扱うこととなったようである。

　GISPRI 事務局が，EU の排出権取引制度におけるペナルティ支払後の引渡義務の存否について確認したところ，以下のとおりであった。

　「EU 排出権取引指令（2003/87/EC）第 16 条にペナルティについての規程がある。

　その第 3 項，第 4 項に，ペナルティ額を支払うことは超過排出量に等しい量の排出枠を引き渡す義務を事業者に免除するものではない旨が示されている。

　　　第 16 条　ペナルティ

　　　　第 3 項　加盟国は，毎年 4 月 30 日までに前年中の排出に対して十分な排出枠を引き渡さない事業者について，確実に超過排出量のペナルティ支払責任を問うこととする。超過排出量ペナルティ

は，排出枠を引き渡していない設備が排出した二酸化炭素換算
１トン当たり，100ユーロとする。超過排出量ペナルティ支払
いは，翌暦年に関連した排出枠の引渡時に，当該超過排出量に
等しい量の排出枠を引き渡す義務を事業者に免除するものでは
ない。

第４項 2005年１月１日より３年の期間を通じて，加盟国は，事業
者が排出枠を引き渡していない設備が排出した二酸化炭素換算
１トンにつき，40ユーロの超過排出量ペナルティを適用する。
超過排出量ペナルティの支払いは，翌暦年に関連した排出枠の
引渡時に，当該超過排出量に等しい量の排出枠を引き渡す義務
を事業者に免除するものではない（GIPSRI 仮訳抜粋）。

ところで，EUのペナルティ制度では，ペナルティの認定は，企業ごとの
超過排出なのか，設備ごとの超過排出なのか，とくに，企業内の設備間で過
不足がある場合はどうなるのかという疑問がある。事務局が調査したところ，
超過分の排出枠の引渡義務は設備の運用者となっている。しかし，同一企業
内で過不足があった場合には，実際は各設備の排出量が確定した後の調整期
間中に，社内で排出クレジットの取引をして調整することになる。企業内の
設備間での調整後も不足する場合に，企業としてペナルティを払うことにな
ると思われる。

(3-8) 減　損
(1) IFRIC の主張

排出権制度のなかで，特定の資産の減損が生じるものか否か検討した。と
いうのは，温室効果ガス排出の規制は，事業活動で使用されている資産から
生じると予想される将来のキャッシュ・フローを減少させる効果を持つかも
しれず（例えば電力ステーション），資産の使用価値を減少させるかもしれな
いからである。しかしながら，減損の具体的ガイドラインを提案しないこと
にした。というのは，この問題が，排出権制度に特有のものではないという
ことの他に，IAS 第36号の現行の要求に多くのことを追加できるか否か疑

問だからである。しかしながら，IAS 第 36 号の第 12 項（b）における兆候（資産が減少している可能性が高い）に排出権制度が該当するとすることは有用である（BC 第 34 項）。

【引用・参考文献】

黒川行治（2005）「国際財務報告解釈委員会「解釈指針第 3 号『排出権』の確定について──公開草案との対比」（財）地球産業文化研究所『京都メカニズム促進のための会計関係論点に係る調査研究報告書』（2005 年 3 月）第 2 章，17-38 頁。

IFRIC (International Financial Reporting Interpretations Committee), "Emission Rights" [Exposure Draft], May, 2003.

─────, "Emission Rights", December, 2004.

IAS 第 20 号「国庫補助金の会計及び政府援助の開示」(Accounting for Government Grants and Disclosure of Government Assistance)，1994 年。

IAS 第 36 号「資産の減損」(Impairment of Assets)，1998 年。

IAS 第 37 号「引当金，偶発債務，偶発資産」(Provisions, Contingent Liabilities and Contingent Assets)，1998 年。

IAS 第 38 号「無形資産」(Intangible Assets)，1998 年。

補論 6
試行排出量取引スキームにおける会計上の取扱いの検討

1. わが国の排出量取引の実験
──試行排出量取引スキームの開始

　2008 年 6 月 9 日に（当時の）福田康夫首相が「低炭素社会・日本を目指して」と題したスピーチのなかで，「CO_2 に取引価格を付け，市場メカニズムをフル活用して，技術開発や削減努力を誘導していくという方法を積極的に活用していくことが必要」，「今年（2008 年）秋には，できるだけ多くの業種・企業に参加してもらい，排出量取引制度の国内統合市場の試行的実施を開始する」と言及したことに始まり，2008 年 7 月 29 日に「低炭素社会づくり行動計画」が閣議決定され，10 月から排出量取引の国内統合市場の試行的実施が行われるようになった。

　この制度の主な特徴は，

① 　排出削減目標の設定において，「原単位目標」と「総量目標」のいずれも選択可能。

② 　目標を設定した参加者においては，試行的総量取引スキームにおける排出枠の事前交付を受けるケースと，自らの排出実績が確定した段階で設定目標に対する超過削減分の排出枠の事後交付を受けるケースのいずれも選択可能。ただし，原単位目標を選択した場合には，事後交付のみとなる。

である。当スキームの概要が表補 6-1 である。

　京都議定書の温室効果ガス排出削減・第 1 約束期間に資することも念頭においた試行実験で，経済産業省と環境省が同じテーブルに着いていた[1]。

---

1) 　第 1 節の記述および表補 6-1 は，「排出クレジットに関する会計・税務論点調査研究委員会」（委員長：黒川行治）事務局の「試行排出量取引スキームについて」（2009）3-5 頁を引用・参照している。

588 第4部 環境と会計

表補6-1 試行排出量取引スキームの概要

制度背景	・低炭素社会づくりの行動計画。
期間設定	・2008年度～2012年度の全部または一部（不連続も可能）。 ・選択した設定年度において年度ごとに排出削減目標を設定し，目標達成の確認を行う。
目標設定	・排出総量目標設定，原単位目標設定のいずれかを選択し，自主的な目標を設定。 ・目標レベルは，「自主行動計画」と整合的なもので2010年度の目標を目安（自主行動計画がない企業・業種の参加者はJVETSの目標設定方法に準ずる）。
対象ガス	・エネルギー起源CO2。
対象企業 （自主参加企業）	①目標設定参加者 　自主的に排出削減目標を設定する参加者。参加単位は事業所・個別企業・複数企業（企業グループ）とし，「業界団体を構成する企業全体」での参加は原則認めず。 ②取引参加者 　排出枠の取引を行うことを目的とする参加者。参加単位は原則として個別企業とする（排出枠取引の媒介のみを行う者は手続不要で自由に行える）。
関係主体	・目標の妥当性は，「政府」が審査・確認を行う。 ・自主行動計画の評価検証制度と同様に関係審議会にて評価検証する。
管理システム	・目標達成確認システム（保有口座，取引口座）。 ・排出枠の取引を行わない目標設定参加者の口座開設は任意。
価格指標	・取引に関する価格指標が提供される予定。 ・取引参加者においては毎月，前月に行った取引に関する情報（取引価格など）を政府に報告しなくてはならない。
排出枠の割当方法	①事前交付選択者……排出総量目標設定者のみ 　目標に相当する排出枠の事前交付を受ける（目標年度終了前も取引可能。ただし，償却前においては事前交付された排出枠のうち10％までしか取引できない）。 ②事後交付選択者……排出総量目標設定者，原単位目標設定者 　目標と実績の差分について事後的に清算する（口座を開設したものには超過達成成分に相当する排出枠が事後的に交付され，取引可能となる）。
ペナルティ	・特になし。
費用緩和措置	・バンキング（余剰の排出枠を次の目標年度へ持ち越す）可能。 ・ボローイング（排出枠の不足量の借入れ）可能。 ・バンキング，ボローイングは目標の設定年度の最終年度終了時まで有効。
外部クレジット利用	・国内クレジット，京都クレジットの利用が可能。 ・外部クレジットについてはそれぞれの管理方法で管理され，償却情報について目標達成確認システムに反映する。
運営事務局	・内閣官房，経済産業省，環境省にて構成。

出典：(財)地球産業文化研究所『排出クレジットに関する会計・税務論点調査研究委員会報告書』
（2009年3月），3頁。

2. 実務対応報告第15号改定の検討経緯

企業会計基準委員会（ASBJ）では，2004年11月に実務対応報告第15号「排出量取引の会計処理に関する当面の取扱い」を公表し，自主行動計画を建前として温室効果ガス削減に努力するわが国の方針に沿った，京都メカニズムにおける排出クレジットの会計処理を明示した。また，実務対応報告第15号は，企業会計基準第7号「事業分離等に関する会計処理」および企業会計基準第9号「棚卸資産の評価に関する会計基準」の公表に伴い，関連する箇所との斉合性を図るため，2006年7月に若干の改定を行っている。

第1節で記したように，2008年10月に，自主行動計画を補完し，温室効果ガス削減努力をいっそう推進する目的で，地球温暖化対策推進本部により「排出量取引の国内統合市場の試行的実施」，その1つとして「試行排出量取引スキーム」が導入された。表補6-1から分かるように，当スキームでは事前に交付される排出総量目標に相当する排出枠の10%相当の排出枠または事後的に交付される超過達成分に相当する排出枠について，売買することができる。さらに，2005年度から実施されている「自主参加型国内排出量取引制度（JVETS）」においても，総量目標分の排出枠が交付され，基準年度排出量の10%あるいは排出削減予測量相当の排出枠について，売買することができる。

そこで，これら制度を主として所管する経済産業省および環境省は，交付された排出枠の取引に関する会計処理を明示することをASBJに要請し，それに対応するためASBJでは，実務対応報告第15号の新たな改定を目的として，「排出権取引専門委員会」を2009年1月16日に再開し，3月17日までに5回の専門委員会を開催して検討し，4月中旬の公開草案の公表を目標にしていた。

補論6は，このような時期（2009年3月中旬）に，ASBJ「排出権取引専門委員会」専門委員を兼任している筆者が，これまでの審議過程での主たる論点を紹介することで，「試行排出量取引スキーム」の会計処理についての会計理論上の検討課題を提示する目的で執筆したGISPRI委員会の報告書[2]

の採録である。もちろん,「排出権取引専門委員会」専門委員ではあるが,本報告書は個人としての立場からの論述であり,また,それを強調するために,専門委員会では賛同を得なかった「黒川試案」も合わせ記述している。

ASBJ「実務対応報告書第15号」は,2009年6月に改定され,その改定内容はこれから記述するA案に則したものであった。ASBJの専門委員会での検討過程における代替案は,通常公表されることはない。しかし,温室効果ガス排出量取引は,第22章でも触れたように,地球温暖化防止対策の一手段として,世界的に利用され続けているものであり,また,当会計基準は,期間損益計算としては「未決算」勘定を活用する興味深い会計処理でもあることから,会計論理を検討する将来世代の研究者・実務家・学生などの参考になればと思い,若干の修文をして採録することにした。以下の記述は,2009年3月時点を現在とするものであることに留意して読んでいただきたい。

3. 検討にあたっての基本方針と主たる課題

(3-1) IASB の検討状況と EU の現状

IRIC第3号廃止後,IASBの2008年5月のボード会議(Board)では,IAS第20号などの現行IFRSの規定に拘束されずに検討を行うことになったが,2008年10月のボード会議(FASBと共同)では,何も決定されていない。2009年後半に公開草案,2010年に最終基準公表の見込みとのことである。なお,EU-ETS参加企業の大半は,無償割当された排出枠を名目的金額(ゼロ)で認識している[3]。

---

2) 黒川行治(2009),10-19頁を抜粋・加筆したものである。なお,補論6を設けたもう一つの理由は,当ASBJ専門委員会が複数の会計処理代替案を提示した上で,真摯に議論を積み重ね草案を作成していたことを,将来を担う会計人に知ってほしいからである。

3) IASBでは,補論5で詳細に検討したように,排出量取引の会計処理に関連する諸基準間の調整が進まず,本書執筆時の2017年2月現在,排出量取引に関する会計基準は存在していない。

(3-2) ASBJ の基本方針と主たる課題

　IASB がキャップ・アンド・トレードおよびベースライン・アンド・クレジットの両方のスキームについての会計処理案を検討し，近い将来，会計処理の選択肢についての包括的な検討資料を公表予定としていることから，コンバージェンス活動を求められている ASBJ としては，IASB の検討状況を見守りつつ，この時期にあえて排出量取引の本格的な会計基準の設定に向けての検討をすることはせず，実務対応報告第 15 号の修正・追加で対処することにした。また，試行排出量取引スキームなどの性格が，自主行動計画の枠内でのそれの補完という所管官庁および経済界の方針からして，キャップ・アンド・トレードスキームと言えるかどうか断定できないことから，わが国の現状に則した会計処理を考えることを基本方針にした。

　わが国の現行の会計諸基準との斉合性を考慮すると，①他者から購入した排出クレジットは実務対応報告第 15 号で対処できる。②事後清算により，目標を超過達成することで，無償で取得した排出枠については，『企業会計原則』第三「貸借対照表原則 5F［無償取得資産の評価］」を適用し，公正な評価額をもって取得原価とし，同額の贈与益を計上する。③無償で取得した排出枠の取得後の売却，償却，期末評価などは他者から購入した排出クレジットと同様に取り扱うことになる。そこで，事前交付により取得した排出枠の事前交付時，その後の売却時および期末時の会計処理が主たる検討課題となった。

4. 事前交付により取得した排出枠の会計処理に関する ASBJ の提案

　ASBJ 事務局は，当初（再開後第 1 回専門委員会），下記の 5 つの会計処理案が考えられるとして代替案を示した。

　A 案：事前交付時にはオフバランスとし，売却時には仮受金その他の未決算勘定で処理する。有価証券の消費貸借や消費寄託を念頭においたもので[4]，事前交付された排出枠の貸方が，将来，目標未達成の場合には借入れあるいは預りとなり，他方，目標超過達成の場合には

592 第4部 環境と会計

収益となる。しかし，事前交付時には，調達原因が未確定である。また，借方の排出枠の金額も，売却するまで未確定であり，事前交付時にはオフバランス処理をする。当該排出枠を売却し換金することにより金額評価ができるが，依然として収入された金額の原因である貸方勘定は売却しても未確定なので，仮受金その他の未決算勘定として処理する（期末の決算財務諸表では，おそらく「仮受金」や「未決算」勘定として独立項目となるのではなく，「その他負債」勘定に一括計上されることになろう）。

なお，不足分の排出枠または代替する排出クレジットを他者から購入した上で償却することが確実と見込まれる場合には，費用計上することが適当である[5]。

B案：事前交付時には，国庫補助金で取得した資産を直接圧縮記帳する処理を念頭におき，事前交付された排出枠を資産認識するとともに，同額を当該取得原価から控除する。排出枠の売却時には，取得原価ゼロの資産の売却として，対価総額が売却益となる。A案と同じく，不足分の排出枠または代替する排出クレジットを他者から購入した上で償却することが確実と見込まれる場合には，費用計上することが適当である。

C案：事前交付時に，取得した排出枠を資産計上し，貸方は負債（排出削減義務）とする。環境省「排出削減クレジットにかかる会計処理検討調査事業」における「排出削減義務当初認識法」に相当するものである。

D案：事前交付時に，取得した排出枠を資産計上し，貸方は前受（繰延）政府補助金とする。環境省「排出削減クレジットにかかる会計処理検討調査事業」における「CO_2排出費用認識法」に相当するもの

---

4) 排出枠は，有価証券ではなく動産類似の財産権であるとし，保有目的によって無形資産あるいは棚卸資産として計上することが原則であることから，第5回の専門委員会で，それまで，「有価証券の消費貸借の会計処理に照らし……」という文言が入っていたのを，矛盾するとして削除した。

5) 「償却時」とは，排出クレジットを国別登録簿（割当量口座簿）の政府保有口座へ償却を目的として移転した時点のことである。

である。

E案：約90％のコミットメント・リザーブに注目し，売却できない90％
　　　についてはA案，売却できる10％についてはB～D案のいずれか
　　　とする。

　B案については，事前交付された排出枠を売却した時に収入金額の総額が
売却益として計上されるが，実績確定時に排出目標未達成の場合には，排出
枠を他者から購入するなどして補填するための追加費用が必要と思われる状
況にもかかわらず，当該売却から利益が計上されているのは実態を示さない
ことになるとして問題があるとされた。

　また，C案は，試行排出量スキームが遵守義務のない自主的な取組みであ
るとする制度の趣旨からして，排出枠の事前交付時に負債（引渡義務）を計
上することが問題とされた。

　D案は，事前交付された排出枠に見合う財貨および役務の提供義務がな
いので，前受収益とする理由がなく，また，前受収益を収益に振り替える明
確な基準もないことが問題とされた。私見では，排出目標達成のための努力
が役務提供であり，目標超過達成の場合には，前受収益から収益勘定への振
替えには合理的理由があると思う。したがって，将来，目標未達成になる場
合にも，事前交付時に前受収益としておくことが問題なのかと理解した。

　E案は，コミットメント・リザーブ分と，それ以外に事前交付された排出
枠は，目標排出量に見合う排出枠の事前交付という点で差がなく，売買可能
か否かで異なる会計処理をすることが問題とされた。したがって，事務局は
A案を有力案として第1に検討することを勧めた。

　キャップ・アンド・トレードのスキーム分を含む，本格的・包括的な排出
権取引の会計処理案を検討しないとする基本方針，EU-ETSのオフバランス
処理優位の実態およびわが国経済界（財務諸表作成者サイド）の会計処理コ
スト負担や課税上の危惧（売却益の計上や国庫補助金に関する法人税）などの
要因を考慮すると，ASBJ事務局のオフバランス処理に対する選好は自然で
あり，A案の勧奨には無理がないと推量される。そこで，次にコミットメ
ント・リザーブ分とそれ以外とを区分するE案に属する黒川試案（以下K

案）について紹介し，A案との会計理論上の違いを際立たせようと思う。なお，K案は第2回専門委員会でA案に対する代替案として提案したものである。

5. K案の考え方

（1）A案に関する心配
　事前交付時に会計処理をしないことから，事前交付された排出枠を売却した取引について，「仮受金」勘定を用いて「現金／仮受金」処理するのは，会計上の技巧として理解できる。しかし，この取引で，購入した側は，「仮払金／現金」ではなく，実務対応報告第15号からすれば「排出枠／現金」処理を行い，この取得した排出枠は，売買取引を通じて転々と流通していくことも想定される。もし，そうならば，売却側と購入側での会計処理の非対称が生じ（会計処理の例としては，あり得るが），会計技法としてはあまり美しいとは言えないし，その後に続く可能性のある売買取引のそもそもの発生源が「仮受金」勘定というのも気持ちが悪い。試行スキームの趣旨も排出枠取引の実験，適正な取引の有り方の検証，市場の整備という点からすれば，資産の売買処理の方が理解しやすいのではないか。

（2）試行スキームの再解釈
　①　排出枠がその所有者に，所有物としていつ発生するかについては，法的な議論が決着していないようであるが，取引の安定を考えると，保有口座に登録された時点をもって，当該保有口座の名義人に，「動産類似の財産権」たる排出枠が発生したと考えるのが理解しやすい。

　②　試行スキームでは，事前交付を受けず，また，保有口座すら申請しない参加も可能である。この場合，自主行動計画の延長という名分（達成未達におけるペナルティがないこと）と合わせて解釈すると，試行スキームは，「キャップ・アンド・トレード」ではなく「ベースライン・アンド・クレジット」と解釈できないか（排出実績確認後に，目標を基準とす

る余剰分の排出枠の発生・取得は，CERなどの発生におけるCDM事業前の水準を基準とする削減分の測定と類似しているのではないかとも考えられる）。

③　ところが，試行スキームや環境省のJVETSでは，事前交付を選択すると，返還義務がある目標排出量相当分の排出枠が保有口座に登録されることになり，やはり，「キャップ・アンド・トレード」ではないかとも言える。そのように解釈した場合でも，「コミットメント・リザーブ」があり，試行スキーム，JVETSともに約10％相当しか，売買取引に供することができない。とすると，残りの90％の排出枠は，保有口座に発生しても，名義人の処分権限が及ばないものであり，会計認識上の「資産に対する支配」の要件が満たされないのではないか。したがって，目標排出枠の保有口座への登録は，会計上，オンバランスされない。これは，A案とも共通する処理である。

④　しかし，事前交付を受け，売買可能な10％相当の排出枠もオフバランスで良いのかというと，それは別問題である。この部分だけについては，動産類似の財産権たる排出枠の発生として，［排出枠／未決算］処理すべきではないか。なお，ここでいう「未決算」勘定は，目標達成の可能性が高い場合には，「繰延政府補助金」勘定となり，目標達成が困難な場合には，「預り排出枠」勘定の性質となる。

⑤　基準価格（参考価格）情報の公表という試行スキームの実験も，この処理に相応するものであり，排出枠のオンバランス処理を可能とする。

⑥　不足分の排出枠または代替する排出クレジットを他者から購入した上で償却することが確実と見込まれる場合の費用計上（貸方は引当金など）は，A案（ASBJ事務局は未払金を例示している）と同様である。

6. 設例によるA案とK案の違い

(1) 設 例
・2年度にわたるスキームに参加
・目標排出量はX1年度，X2年度ともに100トン（正式にはt-CO2）

596　第4部　環境と会計

・排出量実績は X1 年度が 85 トン（目標超過達成），X2 年度は 120 トン
　（目標未達成）

（2）仕訳と若干の解説

K 案	A 案
①　X1 年 4 月，X1 年度分交付 100 トン，ただし，10 トンのみ取引可能（基準価格@ 10）	
（借）排出枠　　100（貸）未決算　　100	仕訳なし
②　X1 年 7 月，排出枠を 10 トン売却（@ 12 × 10 トン）	
（借）現金　　　120（貸）排出枠　　100 　　　　　　　　　　　売却益　　20	（借）現金　　　　120（貸）仮受金　　120
③　X2 年 4 月，X2 年度分交付 100 トン，ただし，10 トンのみ取引可能（基準価格@ 10）	
（借）排出枠　　100（貸）未決算　　100	仕訳なし
④　X2 年 10 月に X1 年度実績確定 85 トン（基準価格@ 10）また 11 月に償却	
（借）排出枠　　　50（貸）受贈益　　150 　　　未決算　　100	（借）排出枠　　　50（貸）受贈益　　170 　　　　　　　　　　　仮受金　　120
⑤　X3 年 10 月，X2 年度実績確定 120 トン（K 案ではコミットメント・リザーブ分 90 トンと比較して 30 トン不足）（公正価格@ 10）	
（借）排出費用 200（貸）引当金　　300 　　　未決算　　100	（借）排出費用 200（貸）未払金　　200
⑥　X3 年 10 月，排出枠を購入 15 トン（@ 10 × 15 トン）	
（借）排出枠　　150（貸）現金　　　150	（借）排出枠　　150（貸）現金　　　150
⑦　X3 年 11 月，償却して取引終了	
（借）引当金　　300（貸）排出枠　　300	（借）未払金　　200（貸）排出枠　　200

　④では，排出枠 50 が貸借対照表に計上されることで，K 案，A 案ともに，
5 トンのバンキング分の表示が会計上可能である。

また，もしX3年度もスキームに参加しているとして，排出枠の不足分を補填していない場合，⑤の会計処理以降の決算期では，K案では（引当金300−排出枠150）によって示される15トンのボローイングの状況が会計上認識される。また，A案でも，（未払金200−排出枠50）によって，同様にボローイングの状況を示すことができる。

（3）両案の特徴

取引①では，K案は，借方側の動産類似の財産権たる排出枠の資産側の計上問題と，貸方側の資産発生原因＝勘定科目の未確定の問題を区別して考えているので，無償で取得した排出枠は基準価格でオンバランスされる。他方，A案はそれらを連動して考え，売却した後でも貸方の性質は未確定なので仮受金（その他未決算勘定）で現金収入を計上する。投資の成果計算という視点で見ると，A案は，排出量の実績が確定した時に，目標排出量と比較して削減努力が結実しているか否かを判断し，超過達成の場合のみ1回の投資（削減努力）の回収があると見て，仮受金から受贈益（政府補助金）への振替えあるいは排出枠の事後交付による受贈益（政府補助金）が計上される（取引④）。他方，K案は，事前交付された排出枠の売却取引による売買損益（取引②）と，実績確定時に超過達成（削減努力）による排出枠の受贈益（政府補助金）への振替え（取引④）の2回の回収があると考えるのである。

なお，不足分の排出枠または代替する排出クレジットを他者から購入した上で償却することがX3年3月，6月あるいは9月決算期に確実と見込まれる場合には，当該決算期に費用計上することが適当となる。

また，排出枠の売却に関して，A案では，無償で取得した排出枠がオフバランス処理されているので，それとは別に，他者から購入した排出枠を保有している場合には，まず他者から購入した排出枠を売却したものとみなすという仮定が必要となる。他方，K案では，政府から交付された排出枠と他者から購入した排出枠がともにオンバランスされていることから，売却原価と資産繰越原価の配分のための何らかのルール（移動平均法など）を決めておくことになる。

7. 参加企業の最終目標年度一括処理

（7-1）事後清算により無償で排出枠を取得する場合の会計処理に
「実績が未確定」の視点を拡張

　各目標年度の排出削減目標を超過達成すると，超過達成分に相当する排出枠を取得する。各年度の実績に応じて事後交付される排出枠については，当初『企業会計原則』第三「貸借対照表原則5F［無償取得資産の評価］」を適用し，公正な評価額をもって取得原価とし，同額の贈与益（政府補助金）を計上する方針であった。しかし，当該排出枠は，次年度以降に目標未達となった場合には，排出枠不足分の充当に使用する可能性があること，試行排出量取引スキームで定められた2012年度の目標設定年度以降における排出枠の取扱いが定まっていないので，将来，排出枠を売却できるかどうか分からないことから，各年度の削減実績によって事後交付される排出枠についても，会計上認識しない。また，最終年度の目標達成が確認される前に排出枠を売却しても，将来，目標が未達の場合には，排出枠または代替する排出クレジットなどを買い戻す可能性があることから，当該売却を暫定的なものと見て，売却の対価を仮受金その他の未決算勘定として処理し，最終年度の目標達成が確実となった時点で利益として計上するという案が提案され，専門委員会で支持されるに至った。

　このアイデアは，事前交付における排出枠取得時のオフバランス処理と当該排出枠売却時の仮受金その他未決算勘定処理の根拠であった実績未確定という論拠を各年度の清算による事後交付まで拡張するものである。各年度の実績確定，事後清算時に取得した排出枠をオンバランスすると，その後の決算期における価格変動による減損処理や排出枠を売却した場合の売買損益などの会計処理が，四半期決算時にすべて反映されることから，将来の実績しだいで未確定な排出枠をオンバランスするリスクや会計処理コストがかかる。これらのリスクやコストを軽減させ得るという理由（ある意味，長所）から，試行排出量スキームに参加する会社の各最終年度までのオフバランス処理を，排出枠の事前交付のみならず事後交付を含むすべてに適用することが，とく

補論6 試行排出量取引スキームにおける会計上の取扱いの検討　*599*

に財務諸表作成者サイド（および監査人サイド？）に支持されたと思われる。

　したがって，排出枠が不足する場合でも，排出枠のボローイング（次年度以降の排出枠を前借りすること）が可能であること，最終的な償却期限までに不足分の償却を行わない場合の排出量削減義務が法的に課されていないことから，費用の計上は，各目標年度の目標未達が確認された時点や不足する排出枠をボローイングにより償却した時点ではなく，最終年度以降，資産計上された排出枠または代替する排出クレジットを償却した時点で行う。

　なお，第3回の専門委員会では，不足分の排出枠または代替する排出クレジットを他者から購入した上で償却することが確実と見込まれる場合には，最終年度以前の当該決算期に費用の計上をすることが適当とされていた。また，第4回の専門委員会では，この規定が，試行排出量取引スキーム以外の京都メカニズム関連の自主行動計画全般に共通する規定であることが確認されていた。

（7-2）設例に関する A 案の仕訳の変更

（1）設　例

　6（1）の設例を用いて，会計処理にどのような違いが生じるのかを確認する。なお，この設例では，2年度を通算すると，5トン（t-CO2）の削減未達成である。

（2）仕　訳

　①から③までは，6（2）の A 案と同じ仕訳。

　④　X2 年 10 月または 11 月，X1 年度実績確定 85 トン

　　　仕訳なし

　⑤　X3 年 10 月，X2 年度実績確定 120 トン（公正価格 @ 10）

　　（借）排出費用　　　30　　（貸）未払金　　　150

　　　　　仮受金　　　120

　⑥　X3 年 10 月，排出枠を購入 15 トン（@ 10×15 トン）

　　（借）排出枠　　　150　　（貸）現金　　　　150

600 第4部 環境と会計

⑦ X3年11月，償却して取引終了

（借）未払金　　　150　　（貸）排出枠　　　150

(7-3) 排出枠不足が確実に見込まれる場合の費用処理の削除

　A案では当初から，「不足分の排出枠または代替する排出クレジットを他者から購入した上で償却することが確実と見込まれる場合には，費用計上することが適当である」とされてきた。これは，各年度，排出実績が確定するつど，事前交付された排出枠売却の仮受金の損益勘定への振替えや事後交付の排出枠の有無による損益計上などを前提にする会計処理であったならば，実績が確定する10月から遡り9月末の第2四半期あるいは6月末の第1四半期，最も早期でも3月末の決算期に未払金処理による費用計上が想定される。ところが，各年度の削減実績によって事後交付される排出枠について会計上認識せず，また，最終年度の目標達成が確認される前に排出枠を売却しても，売却の対価を仮受金その他の未決算勘定として処理し，最終年度の目標達成が確実となった時点で利益として計上するという会計処理になると，「不足分の排出枠または代替する排出クレジットを他者から購入した上で償却することが確実と見込まれる場合には，費用計上することが適当である」の解釈が拡張される可能性がある。

　最終年度の決算期以前，例えば最終年度よりも1年前あたりの決算期において，それまでの複数期間の実績を勘案することで最終年度の目標達成の状況が予測可能となり，その結果，目標の未達成が確実となり，不足分の排出枠または代替する排出クレジットを他者から購入した上で償却することが確実と見込まれる場合にも，費用処理が必要ではないかと解釈できることになる（この場合には，未払金というよりも引当金の方が貸方勘定としてはしっくりくるように思われる。現行のわが国の引当金の要件である注解18に照らせば，排出枠が不足する原因は，事業活動における排出削減努力の未達成によるものであり，期間経過に応じてその原因である未達成事象が発生するので，期末時点で引当金の要件を満たすのではないかというものである）。このように，最終年度よりも1年以上前の状況における引当金処理などによる費用計上の要否の判断は，会社および監査人に裁量の余地を大きく与え，双方に大きなストレスと

なることが考えられる。

　そもそも，試行排出量取引スキームは，自主行動計画を補完するという位置付けのため，仮に排出量目標が未達成となった場合でも，不足分の排出枠または代替する排出クレジットを他者から購入するか否かは，当該スキームに参加する会社の自発的な意思決定に任されていて，強制するものではなかった。したがって，不足が確実に予想できても，不足分の排出枠を購入するか否かは自動的には断定できない。例えば，業績が悪化している会社の場合，排出実績が目標未達成となっても，不足する排出枠を購入する財務的余裕がタイトであったならば，強制されていない以上，排出枠を購入しないことも想定でき，最終年度の償却が確定するまで，会社が排出クレジット関連の費用をどの程度負担するものかは未確定であるとも言えるのである。

　したがって，当該文言があることにより，解釈が拡大しすぎないかという危惧から，事務局は第5回専門委員会で，「不足分の排出枠または代替する排出クレジットを他者から購入した上で償却することが確実と見込まれる場合には，費用計上することが適当である」という文言を削除することを提案した。

　なお，この文言が試行排出量取引スキーム以外の京都メカニズム関連の自主行動計画全般に共通する規定であったことから，この規定の削除により，自主行動計画に基づく京都メカニズム関連のすべての排出枠の費用処理に影響する。

　そこで，事務局は，この規定の削除と引換えに，「将来の自社使用を見込んで他者から購入した排出枠について（試行排出量取引スキームを含む），実際に政府保有口座に移転していなくとも移転することが確実と見込まれる場合や，第三者へ売却する可能性がないと見込まれる場合には費用とすることが適当である」という従来から存在する本文の文言を「［付録2］の仕訳例の（注）」にも加入し強調した。したがって，排出実績が確定する以前に目標未達成が予想され，それに備えて排出枠を他者からすでに購入していた場合には，その分についての償却前の費用処理を適当とするものであり，排出クレジット購入に関する不確実性を理由として不足分の費用処理を否定した事務局としては，当該不確実が消滅している不足分の早期費用計上を適当と

602 第4部 環境と会計

することで，とりあえず論理の一貫性を図った。

(7-4) 設例に関する仕訳：原則

排出費用計上時点の原則は，各目標設定年度の目標未達成が政府の目標達成確認システムにおいて確認された時点や不足する排出枠をボローイングにより償却した時点ではなく，資産計上された排出枠または代替する排出クレジット（京都メカニズムによるもの）もしくは国内クレジットを償却した時点で行うこととされているので，次のような仕訳となろう。

①から④までは，7（2）と同じ仕訳。

⑤ X3年10月，X2年度実績確定120トン（公正価格@10）
　　仕訳なし

⑥ X3年10月，排出枠を購入15トン（@10×15トン）
（借）排出枠　　　　150　　（貸）現金　　　　150

⑦ X3年11月，償却して取引終了
（借）排出費用　　　30　　（貸）排出枠　　　　150
　　　仮受金　　　120

⑤の仕訳をせず，⑦の償却時に仮受金その他未決算勘定の清算仕訳をすることになり，排出枠に単価の変動があった場合には，その要素もすべて，⑦の清算仕訳に一括して反映させる（排出費用の金額が変わる）ことができ，簡易な会計処理とも言える。

8. 課　題

これまで見てきたように，今回の実務対応報告第15号「排出量取引の会計処理に関する当面の取扱い」の改定にあたっては，その契機となった「試行排出量取引スキーム」が，わが国の温室効果ガス削減努力の方針である自主行動計画の補完という位置付けにあることを最大限斟酌することで，当初から事務局は，「排出枠の事前交付時におけるオフバランス処理」という，

いわゆる A 案を勧奨するとともに，審議経過途中で，試行排出量スキームに参加する会社の排出量の無償取得に関するオフバランス処理を，最終年度までの排出枠の事前交付と事後交付のすべての取引に適用すること，および目標の未達成が確実となり，不足分の排出枠または代替する排出クレジットを他者から購入した上で償却することが確実と見込まれる場合の早期費用処理の規定を削除すること，の2点の大きな改定を行った。このような審議経過を経た「排出量取引の会計処理に関する当面の取扱い」の改定原案（第5回専門委員会終了時現在）には，以下のような問題が指摘できよう。

① 排出枠の「バンキング」と「ボローイング」も試行スキームの重要な実験要素であるが，各決算期または各目標年度において会計認識せずにオフバランス処理を続けることは，これらの状況を会計上，明確に表示することが困難ではないかと思われる。

② 「不足分の排出枠または代替する排出クレジットを他者から購入した上で償却することが確実と見込まれる」という文言を削除したことで，むしろ，引当金（あるいは負債）一般の要件を満たす場合には，引当金などの計上が求められることになる。そこで，排出実績が目標未達成となることが実績測定前の決算期において確実であり，自主行動計画を遵守するために不足する排出枠を購入する意思決定を取締役会や経営委員会などで決議している場合，それに該当することになるのか否かが問題となる。引当金の要件（負債一般の要件とも言えるが）について収益・費用アプローチに加え，資産・負債アプローチによっても検討することが必要となっている現在，企業の最高意思決定機関における意思決定によって，排出枠取得義務というような負債が発生したと判断できるか否かの問題である。

③ さらに，取締役会や経営委員会などの決議を経て，CER などの購入契約を結んでいるが，期末時点や実績確定時点で未到着というような場合，「排出枠を購入している」という要件を厳密に適用すると，費用計上することができないと解釈できるが，契約まで取り交わしているのであれば，負債の発生がすでにあるとして未払金・引当金などを用いて排出費用を計上することが適切であるとも言える。ASBJ では，「引当金

専門委員会」を立ち上げて，わが国における引当金会計の検討を行っている最中であり，排出枠購入義務に係わる引当金も，検討対象の1つになる可能性がある。

本書執筆時点（2017年2月）に改めてこの改定原案を見直すと，試行スキームであり排出枠取引金額が少額で，重要性の原則を勘案しての簡便な会計処理が求められたという事情の他に，そもそも排出削減努力の促進という排出権制度の趣旨からすると，1年という会計期間を越えて長期の成果を一括して把握することに意義があったとも考えられる。そうであるのならば，会計基準設定に対する公共政策の反映と理解することができよう。

【引用・参考文献】

企業会計基準委員会（ASBJ），実務対応報告第15号「排出量取引の会計処理に関する当面の取扱い」（2004年11月）。

黒川行治（2009）「試行排出量取引スキームにおける会計上の取扱いについて」（財）地球産業文化研究所『平成20年度　排出クレジットに関する会計・税務論点調査研究委員会報告書』（2009年3月）10-19頁。

（財）地球産業文化研究所「排出クレジットに関する会計・税務論点調査研究委員会事務局」（2009）「試行排出量取引スキームについて」『排出クレジットに関する会計・税務論点調査研究委員会報告書』（委員長：黒川行治）（財）地球産業文化研究所（2009年3月），3-5頁。

> 補論7
> 京都議定書第1約束期間後の空白問題の危惧
> ——東日本大震災前（2010–2011年3月）の日本——

1. 環境問題に対処する姿勢

　ジェームス・キャメロン監督の『AVATAR』は，タイタニックを抜いて歴代第1位の興業収益を上げる空前の大ヒットとなった。舞台である巨大ガス惑星「パンドラ」に住む知的生命体「ナブィ」は，（「ガイヤ仮説」に近いが）惑星自体の意思と惑星に生息するすべての植物・動物などの生命体の共生・共存関係のなかで存在している。そこに，物質文明・資本主義（最近の金融資本主義に対する皮肉も含む）に毒された地球人類が鉱物資源を採掘しにやってくる。圧倒的な兵器の格差の前にナブィおよびパンドラの環境が危うくなるという，現代文明社会に至る過程で，いち早く物質文明を進展させた種族が物質文明という意味での未開の先住民との接触において繰り広げた，多くの歴史的悲劇が再現されるのである。

　ストーリーは単純明快であり，事実，アカデミー作品賞や監督賞を逃したのであるが，何故，このような空前の大ヒットとなったのであろうか。3D映画という科学・技術の更なる進歩を象徴する映像技術だけが，その原因なのであろうか。私は，市民・大衆のなかに広がっている漠然とした物質文明に対する不安，環境問題に対処する価値観の本能的なレベルでの変化の兆しではないのかと思えるのである[1]。

　現在，地球表明に生息する人類の永続性に対する最大のリスクの1つである環境負荷絶対量の増大問題に関する多数意見，すなわち，科学・技術の更

---

1)　補論7の第1節と第2節は，黒川行治（2010）を抜粋・加筆したものであり，第3節から第5節は，黒川行治（2011）を抜粋・加筆したものである。黒川（2011）を出稿して直後，東日本大震災が発生した。

606　第4部　環境と会計

なる進歩によって，人類の繁栄，現在の文明社会の永続（sustainability）は可能であり，また，科学・技術を最大限利用しての自然環境の管理は人類に許されているとする「環境主義（Environmentalism）」に対して，市民・大衆が疑問を持ち始めているのではないのか。人類は地球上に生息する多様な生命種の1つであり（おそらく頂点に立つ種であるが），多様な生命種と地球の織りなす相互関係，依存関係によって均衡する自然のなかにある種の1つとして人類を見て，人類と自然との共生的な関係を重視する「エコロジズム（Ecologism）」が認知され始めたと思うのである[2]。

　地球環境問題についての個人の姿勢が環境主義なのか，あるいはエコロジズムなのかを単純に識別したいとき，私は「ハイブリット・カーへの代替は地球環境の保全あるいは保存に貢献すると思いますか」と質問する。前者の思想であれば貢献するし，後者の思想であれば，エコカーであっても化石燃料を消費する以上，環境の保存に貢献したことにはならないと思うからである。もっとも，「保全」と「保存」で言葉の意味する内容が異なり，すでに環境主義とエコロジーの違いを示しているので，上記の質問は曖昧である。回答者が，「保全」を念頭に浮かべるか，「保存」を念頭に浮かべるかで，すでに回答者の環境に対して重視する姿勢が異なっている。

2.　排出クレジットの発生と排出既得権の人為的設定

　人類の永続性を考えると，地球全体に対する環境負荷の総量が地球環境の保全あるいは保存にとって重要である。究極のエコロジズムからすれば，地球全体における環境負荷は0に限りなく近い数値が理想であり，それによって生態系は保存される。温暖化という環境変動を問題にすると，温室効果ガスを排出したならば，それを固定するような削減努力を行う義務が生じるという思想である。木造建造物を立てるために木を伐採したならば，その後に植林をしておくという義務が課せられる。温室効果ガスの排出によって

---

2) 「環境主義」と「エコロジズム」については，松野弘（2009）参照。なお，本書第20章の注4と第21章の注2に，それらの思想の要約と含意を記述している。

「バッズ」が発生し，同時にバッズ消滅義務が発生すると考えるのである。

　しかし，究極の生態系保存はもはや実行可能性に乏しいところまで物質文明は進展し，長年にわたり，かつ広い範囲に行きわたってしまった。したがって，次の命題は，どのくらいの温室効果ガスの排出によって，地球環境（人類にとってという注釈付きで考えているのが多数である。これも人類中心主義の環境主義的発想と言えようが）の劇的な変化を誘発してしまうのかという問題である。許容可能総量を超えない（キャップとする）ことが人類の永続性の必要条件ということになる。この負荷総量（排出可能総量）がバッズ削減義務免除権としての「排出既得権」なのである。

　もし，この思想を人類全体で共有できるのであれば，つまり，人類は永続すべきである，われわれの子孫は祝福された状態で生まれるべきであるということに合意がなされるならば，その負荷総量（排出可能総量）を如何に分配するのかに問題が移る。人類は，地球上のかなりの部分に拡散して住んでいる。それぞれの住む環境（夏や冬の温度，標高，地形，人口の密集度合い……）によって，同程度と思われる物質的な意味での暮らしを保証する環境負荷発生量に違いがあるので，結果としての平等を想定しても，単純に１人当たりの排出量を同一にすることはできない。しかし，そのようなことは微調整であって，原則は「一人当りの排出量を平等に割り当てる」ということである。これが「一人当りの排出既得権」である。

　一人当りの排出既得権は，地球全体の排出可能総量を人口で割り算したものである。地球全体の人口が増加すれば，一人当りの排出既得権は小さくなる。人口が増加すれば，物質的な意味での暮らしの水準は低下する。「ハイブリット・カーへの代替は地球環境の保全に貢献するか」，もっと直截に言えば「地球は救われるのか」という質問に対して，大多数の人は，無理であると回答するであろう。その原因は，車を使用する人口の爆発的増加があり，人口の増加に比べて燃費が向上したくらいでは解決しないのである。一人当りの排出量を多くしたいのであれば，人口を減らすしかない。人口が増加し続けるのであれば，物質的豊かさを放棄しなければならない。人口増加が予想したとおりに進むのであれば，そして人類にとっての環境を均衡状態に留めようと欲するのであれば，われわれは，オランダが推進するように自転車

通勤を行い，また，航空機での海外旅行を断念するしかない。

　地球全体では環境条件が異なるので，排出既得権の分配には微調整が必要であることに言及した。「国境とは何か。国の機能とは何か」を，このような排出既得権の分配問題と係わらせて解釈すれば，「国とは，国に割り当てられた排出既得権を，国のなかの人々に，その人々の自主的な解決方法で割り当てることのできる範囲である」と言えよう。自主的に個々人の割当量を決定できる部分（国）を想定することができると，地球全体の排出総量の分配は国ごとに割当量を決定することで済むのである。

　国ごとの排出割当量は，国のなかに居住する人口で決めるのが原則である。一人当りの物質的豊かさと比例関係にある一人当りの排出量は，微調整部分があるとしても平等であるのが原則と思う。人口が増加する国の割当量は人口増加に応じて大きくなる。そのような国が多いと，地球全体の人口が増えるので一人当りの割当量は減少する。そのため，人口増加を抑制し，地球全体での相対的人口が小さくなっていく国は，国全体に対する排出割当量が，人口増加を放任している国の影響で小さくなるばかりでなく，一人当りの割当量も小さくなってしまう。したがって，この方法では合意は得られない。どこかの時点を決めて，地球全体の排出可能総量から国ごとの割当量を決定し，これを長期に固定することで，自主的に経営が可能な集合としての国の責任で，国ごとに人口政策と一人当りの割当量の調整を行うことになる。

　さて，京都メカニズムでは，排出削減義務国（附属書Ⅰ国）と非義務国（非附属書Ⅰ国）に分類されている。本来であれば，すべての国に割当量が付与されるのであるが，そうではない。まずもって，一人当りの排出実績量の大きい国が排出削減を努力しようとするものであり，人類にとって過渡的な政策である。附属書Ⅰ国には，既得権としての排出量が決められ，非附属書Ⅰ国は，既得権の上限が第1約束期間の5年間には設定されなかったということである。附属書Ⅰ国で排出既得権と比較して，実際の排出量が少ないと超過削減達成として排出クレジットが発生する。非附属書Ⅰ国では既得権の上限が設定されなかったので，単純に言えば最近の実績（ベースライン）を既得権と想定して，実際排出量がそれよりも小さくなる方策（プロジェクト）を行うと，排出クレジットが発生する。このように考えると，排出クレジッ

トの発生は，キャップ・アンド・トレードでも，ベースライン・アンド・ク
レジットでも，バッズ削減義務を上回る既得権の存在によって発生するので
ある。キャップ・アンド・トレード制度とベースライン・アンド・クレジッ
ト制度の違いは，このような思考によれば，排出クレジット発生に関しては
違いがない。違いがあるとすれば，既得権の設定方法に違いがあるというこ
とになる（キャップ・アンド・トレード制度とベースライン・アンド・クレジッ
ト制度の違いは，既得権を超える排出量（バッズ）発生によってペナルティが科
せられるのか否かではないかとも思える）。

　ともかくも，排出クレジットは，人為的に決めた既得権と比較して実際排
出量が少なかったことにあり，余った既得権と考えることができよう。とす
ると，問題は，実際排出量をどのようにすれば少なくすることができるのか
が問われることになる。

3. 京都メカニズム継続に対する憂慮すべき状況と 公共哲学の復権

　2009年12月に開催されたCOP15では，京都議定書の第1約束期間に続
く次期枠組みを合意するに至らず，2010年12月のCOP16に向けてのその
後の国際交渉の内容も，これまで同様の先進国，新興国，開発途上国の主張
が繰り返され，2013年以降の第2約束期間が存在しない状況（以後，これを
とりあえず「空白問題」と呼ぶ）の実現可能性を否定できないという認識に
至った。

　2010年頃のわが国は，サンデル教授の授業風景のテレビ放映もあって，
マイケル・サンデル著―鬼澤忍訳『これからの「正義」の話をしよう――い
まを生き延びるための哲学』[3]がベストセラーとなり，過去から続く山脇教
授や広井教授などの啓蒙も着実に成果を上げ，「公共哲学」への関心が高く
なっていた[4]。サンデル教授は「共通善」に基づく政治を志向している。現
実の政治的議論の大半は福利と自由を中心に回っている。つまり，経済的生

3）　サンデル，マイケル著―鬼澤忍訳（2010）参照。
4）　例えば，山脇直司（2004）や，広井良典（2009）を参照。

産性の向上と人権の尊重が中心となっているが，これに対して，道徳的・精神的問いを真摯に受け止め，経済や市民に係わる幅広い社会的課題にそうした問いを投げかけるような政治を構想する。公正な社会には強いコミュニティ（共同体）意識が求められ，全体への配慮，共通善への献身を市民のうちに育てる方法を見つけなければならないという[5]。

　サンデル教授は，地球全体の温暖化に対する課題については触れていない。サンデル教授の主張は，コミュニタリアンの立場からのものであり，むしろローカル・コミュニティの存在と規律の確立を志向しているように思われる。コミュニティとして「国家」を想定すると，「全体主義」を想起させ，誤った方向に進んだ場合のかつて経験してきた軍事独裁政治への危うさを感じるが，しかし，地球の表面10キロメートルに暮らす人類という視点に立ち，運命を共有するという意味での共同体という観念を，今こそ世界中の市民社会に普及することが必要な時なのであろう。とくに，2010年12月にカンクーンで開催されたCOP16の結果を見ると，その思いがますます強くなる。

4.　空白問題と共通善の維持

　共通善の達成には，個々人の献身・犠牲が不可欠であり，自主的な参画こそが理想とするものである。サンデル教授もそれに期待している。しかし，自主的な参画が困難な場合，共同体の共通善維持のための規律が必要となる。

　京都メカニズムでは，第1約束期間の削減目標が不達成の場合には，第2約束期間に向けて，大きなペナルティが科されることから，第1約束期間の削減不達成分の排出クレジットを他国から購入するなどして対応することが予定されている。これは，先進国でありながら，削減義務国となることを拒否した米国はいざしらず，第1約束期間の削減義務国となることを承諾した国々は，「削減義務国を構成員とする共同体」を組織したことを意味し，そして，地球温暖化を防止するという共通善の達成のため，自国の排出量を削

---

5)　サンデル (2010)，336-340頁。Sandel, Michael J. (2010), pp. 261-264.

減するための努力をできる限り行い，それでも不達成の場合には排出クレジットを購入するという，自らの不利益を受け入れたことを意味する。また，第2約束期間に向けてのペナルティ制度は，共通善への献身を推進するための共同体の規律維持メカニズムと理解できる。

　さて，空白問題を検討するなかで，カナダの姿勢が問題となった。カナダは，第1約束期間の削減目標不達成が予想されるに至ったにもかかわらず，「排出クレジットを購入するなどして対処する予定はない」とする姿勢を見せている。いわば「開き直る」ことを宣言しているようなものである。このカナダの開き直りに対して，空白問題が現実のものとなった場合，削減義務国の共同体＝国際社会は，どのようにして共同体としての規律メカニズムを働かせることができるのかという問題である。わが国は，政府および自主規制努力の一環で電力会社や鉄鋼会社などが排出クレジットを購入し，また，多くの企業が植林，CDM事業を行っている。それらの努力（端的に言えばキャッシュの喪失）は，究極的にはわが国国民の献身・犠牲を実行していることになる。カナダ国民と日本国民のこの不公平は放置されるのであろうか。

　現段階では，国際条約違反を咎め，公正が維持される有効な手段はなさそうであり，カナダ国民の「開き直り得」が国際社会では放置される可能性が高い。この事態をわれわれ日本国民はどのように受け入れるべきなのであろうか。

5.「共通善」の心得と経済産業省「二国間オフセット・クレジット制度」および東京都「総量削減義務と排出量取引制度」の登場

　共通善の存在するコミュニティとはどのようなものなのか。あるいは共通善とは如何なるものなのか。論語の注釈本を参照すると，「仁」（および「礼」）の概念が相当するようである。子安（2010）では，伊藤仁斎の解釈を紹介し，「人に対する慈愛の心に人と我との間を充たし，やがて世界がこの心によって充実することを仁だとした。だから自分を抑えて人（民）と共にする立場に立つことは仁を行うことなのである」という[6]。「孔子の時代に

は，……「仁」的な人間の心性と「礼」的な社会秩序ないし政治体制が混じり合い，相互に関連しながら一個の社会心理を構成していた。……中国の伝統は，集団的で規範的な社会的道徳と自己修養的な宗教的な道徳の二者を常に一体化してきた」[7]。つまり，われわれ国民一人ひとりの徳・自覚・姿勢であるとともに，それの集合体としての国家の徳・自覚・姿勢の有り方を示している。この「仁」（および「礼」）の概念をもう少し噛み砕き，無謀なことを承知の上で，3つの要素で理解しようと思う。その3要素とは，「忠」，「恕」，「信」である。

仁斎は，「人に対して自分のありったけをもって尽くすことを忠とし，人のなす事に思いやりをもって接し，相手の立場になって考えることを恕とし，この忠恕が孔子の仁の教えの根幹にあるとした」という[8]。また，陳北渓は，「自家良心の内発的な発言の徹底さとしての「忠」が，その発言の実証的な確かさ，実物に拠る証言の徹底として「信」がとらえられる」という[9]。「信」とは，人の言葉と行動の一致という概念なのであろう。

京都メカニズムの継続が危ぶまれ，各国の利害がそのまま衝突して，地球温暖化対策としての共同体の組成および共通善実行プログラムが遅々として進まず，そして，共同体としての義務を負っていながら規律違反をする国もあるなかで，わが国としては，わが国のできる限りのことを尽くし（忠），それぞれの国の状況を理解し（恕），そして，約束したことは必ず実行する（信）ことにより，わが国の国民性と国体の「徳」が高らかに謳われるものであろう。政府の「二国間オフセット・クレジット制度（略して，二国間クレジット制度)」や東京都の「総量削減義務と排出量取引制度」を，そのように理解して粛々として実行し，国際社会の動向には泰然としていることが大切であろう。

---

6) 子安宣邦（2010），128 頁。
7) 子安（2010），126-127 頁。
8) 子安（2010），184-185 頁。
9) 子安（2010），181 頁。

【引用・参考文献】

黒川行治（2010）「排出クレジットの会計・税務・法務取扱いをめぐる論点」（一財）地球産業文化研究所『平成 21 年度排出クレジットに関する会計・税務論点調査研究委員会研究報告書』（2010 年 3 月）第 1 章。

───（2011）「「平成 22 年度排出クレジットに関する会計・税務論点調査研究委員会」開題」（一財）地球産業文化研究所『平成 21 年度排出クレジットに関する会計・税務論点調査研究委員会研究報告書』（2011 年 3 月）2-4 頁。

子安宣邦（2010）『思想史家が読む論語──「学び」の復権』岩波書店。

サンデル，マイケル著─鬼澤忍訳（2010）『これからの「正義」の話をしよう──いまを生き延びるための哲学』早川書房。

広井良典（2009）『コミュニティを問い直す』ちくま新書。

松野弘（2009）『環境思想とはなにか──環境主義からエコロジズムへ』ちくま新書。

山脇直司（2004）『公共哲学とは何か』ちくま新書。

Sandel, Michael J. (2010), *Justice: What's the Right Thing to Do?*, first paperback edition, Farrar, Straus and Giroux.

615

補論 8
京都メカニズム脱退後の JCM の意義
—— 東日本大震災後（2014 年 3 月）の日本 ——

---

1. グランド・デザインの重要性

東日本大震災から 3 年が経過した[1]。被災地の復興状況は被災地それぞれ
の事情によりさまざまであるが，総じて言えることは，わが国政府の財政状
態から見て，復興財源・国民の負担は有限であり，真に有効な事業に使用し
なければならないという理念は共通するものである。人間が造った建造物の
物理的耐用年数の長短は 3 つの要素によって影響されると言われる。第 1 は
設計の良し悪し，第 2 は建設工事が丁寧か，第 3 が使用中の維持管理の徹底
度である。人間の居住地域全体が崩壊した場合には，設計とは都市計画のこ
とになる。

都市計画自体，かなり広域で利害関係者も多く多様な価値観が交錯するこ
とから，熟慮・討議に時間が必要である。復興事業が遅れている場合，その
原因が計画段階での遅延だとしても，それは決して無駄な時間の浪費ではな
い。しばしば超長期の方針策定について，「100 年の計」と言われるが，そ
れは誇張ではない。被災地方の位置付けをわが国全体のなかで，人口動態を
含めて地理的，政治的に捉え，将来の日本国の有り方，つまりグランド・デ
ザインと軌を一にする設計が重要ということである。

---

1) 補論 8 は，黒川行治（2014）を抜粋，加筆したものである。

2. JCM プロジェクトの案件
——発展途上国のエネルギー対策の支援

JCM[2]プロジェクトの案件について，これまでのわが国政府の取組実績を俯瞰すると，発展途上国のエネルギー対策とくに電力供給支援という性質があることに気が付くのである。「文化相対主義」に依拠する私にとって，人類の文明の発展は多様であるという前提は維持しつつも，それぞれの文明の進展度とエネルギー消費度との間に高い相関関係があることは疑い得ない。発展途上国の経済・文化の発展のためには，エネルギー消費の増大を賄うためのエネルギー，とくに電力供給量の安定的増加が必要条件であろう。JCM 制度は，日本の持つ温室効果ガス削減技術の移転という環境対策としての側面のほかに，発展途上国経済に対する日本の支援制度でもあるのではないか。つまり，われわれ市民が政府に対して，「われわれの税金を地球環境問題への対処と発展途上国の経済支援に使用してもらいたい」として委任した公的支出事業の１つなのである。

政府の役割・公的支出の内容には，本書第 25 章でも再述するが，公共財の提供と個人に対する利益提供，そして公共的義務の遂行の３つがある。なお，「公共財は，もし全員に提供されないならば，誰にでも提供されない財と定義される」[3]。第１の公共財の提供について，「……道路，交通規制，郵便制度，技術的な状況に左右される電波の規制，ほぼ普遍的な識字を保証する教育，公衆衛生の維持，市民法の信頼に足る体系，これらすべては，安全，経済性，社会制度のスムーズな働きに対して大きな効果をもち，社会構成員全員にとっての利益となる系統だった条件を維持するために必要となる妥当な選択肢」[4]とされる。

第２の政府の役割は，「一人一人の個人に一定の利便性を提供することで，個人に利益を与えることを目指した巨大な国家活動についてである。……失

---

2) 二国間オフセット・クレジット制度の英語訳が Joint Crediting Mechanism であり，それを略して JCM と一般的に呼んでいる。

3) マーフィ，L＝T・ネーゲル著—伊藤恭彦訳（2006），50 頁。Murphy, Liam＝Thomas Nagel（2002），p. 46。

4) マーフィ＝ネーゲル著—伊藤訳（2006），51 頁。Murphy＝Nagel（2002），pp. 46-47。

業補償，障害者手当，退職年金，子育て支援，保健医療，独り立ちしていない子どもへの援助，食料切符，無料学校給食といった社会サーヴィス，……公立大学，学生ローンへの援助，公的財政によって賄われる奨学金，私立研究機関への直接的あるいは間接的（例えば税控除による）財政支援といった，多くの種類の教育支援も含まれる」[5]。

第3の政府の役割は，「公共的義務」の遂行である。「私たちは，飢饉，伝染病，環境破壊のような大きな災難の予防または緩和に貢献する何らかの集合的責務を負っており，さらに，おそらくは，芸術（芸術的遺産の保全を含む）のような固有に価値をもつ財を支える責務を負っている。……そのような責務は，存在するとすれば，国境を超え，政府によってその市民たちに強制的に課せられるほど十分に強いものかもしれない。これは，その市民にたいしてこれらのものが提供する利益を基礎にするのではなく，市民が支援のためにもつ義務を基礎に深刻な貧困に苛まれている国々への対外援助を提供するため，ならびに芸術を政府が支えるために，人々に課税することを正当化する」[6]。

JCM プロジェクトのクレジットの発行・移転の部分は，日本国および国民にとっての公共財の取得のための支出である。温室効果ガス削減のための技術移転は，地球の住人としての環境破壊を防止する公共的義務である。そして，発展途上国に対するエネルギー供給対策支援もまた，先進国に住む市民としての公共的義務なのであろう。

3. 外部性と温室効果ガス排出防止対策

外部性とは，ある個人または企業が他の個人か企業に影響を及ぼす行動を起こすが，そのことに対して後者がお金を支払ったりまたは支払われなかったりするとき，外部性が生じると言われる。外部性によって影響を受ける市場では，非効率な資源配分がもたらされることになる。外部性を規制するた

---

5) マーフィ＝ネーゲル著―伊藤訳（2006），53 頁。Murphy＝Nagel（2002），p. 48。
6) マーフィ＝ネーゲル著―伊藤訳（2006），90 頁。Murphy＝Nagel（2002），p. 81。

618 第4部 環境と会計

めに費やされる支出のみならず，生産も適切な水準ではなくなる。負の外部性が存在するということは，社会的限界費用が私的限界費用を上回っていることを意味し，市場均衡はその商品の過剰生産をもたらすことになる（反対に正の外部性があると過少生産となる）[7]。

外部性は，発生源の事業者と影響を受ける者とを同じ経済単位の構成員とするような非常に大きな経済単位を形成し，「内部化」することで取引コストを低減できるかもしれない。また，地球環境を「共有資源」と把握することもできるが，資源の追加消費が他の構成員すべての消費水準に影響を与える点で外部性の問題でもある。共有資源は過大消費を誘発し，資源の枯渇を招くという「共有地の悲劇」が指摘されているが，所有権を適切に割り当てることによって解決できるかもしれない。

外部性の公的解決策として，罰金と税金，補助金，取引可能許可証，規制，情報開示の強制などが挙げられている。そこで，公共経済学で標準的に議論されている知見を概観しよう[8]。

第1の私的限界費用を社会的限界費用に等しくする，あるいは私的限界便益を社会的限界便益に等しくするために計画された罰金（税金）は，「補正税（corrective tax）」または「ピグー税（Pigovian tax）」と呼ばれ，よく知られている。環境汚染のもたらす限界費用に等しい税を課すと私的限界費用によって生じる過剰生産は減少し，効率的な産出量が実現するという効果がある。

温室効果ガス削減による私的限界便益は，地球規模での影響であって当事者個々には認識されにくいので，非常に小さいであろう。したがって，温室効果ガスの削減はどうしても過少になる。そこで，温室効果ガス削減による社会的限界便益と削減対策の限界費用が一致する点まで，削減量を増加させるためには，事業者の温室効果ガス削減による社会的限界便益と私的限界便益との差額だけの削減対策のための補助金を出すことが求められる。再生可能エネルギー（たとえば電力）供給事業に補助金がある場合の最適な電力の産出水準は，社会的限界費用と私的限界費用をともに小さくするので，当該

---

7) スティグリッツ，J・E著―藪下史郎訳（2003），270–273頁。

8) スティグリッツ著―藪下訳（2003），282–295頁。

電力供給量を増加する効果がある。しかし，補助金は，事業者が電力供給事業に伴う温室効果ガスの発生を含む真の社会的費用に直面していない。

事業者に社会的費用を認識させる手段としては，取引可能許可証（marketable permits）が有効なのである。許可証（排出クレジットのこと）の市場価格が温室効果ガスを削減するための限界費用を上回る限り，事業者は許可証を売ろうとし，また削減の限界費用が許可証の市場価格を上回るときには，事業者は許可証を購入しようとするので，均衡では削減の限界費用が許可証の市場価格に等しくなる水準まで，各事業者は温室効果ガスの排出量を減少しようとする。削減するための限界費用がすべての事業者で等しくなる。

当事者である地球市民は，規制によって温室効果ガスの許容最大量を知ることができる。しかし，温室効果ガス削減の限界費用は事業者ごとに異なっている。また規制は設定された基準よりも発生量をより少なくする（削減量をより大きくする）というインセンティブを，どんなに発生防止（削減）費用が低くとも事業者に与えない。

情報開示という手段は，政府の高圧的な手段ではなく，一般市民の圧力に注目して，事業者に温室効果ガスの発生量や削減量を開示することだけを義務付ける方法である。問題は，科学者と一般市民との間には，リスクに関する認識の不一致があることであろう。「国連の気候変動に関する政府間パネル（IPCC）」による地球温暖化の影響に関する報告書の内容を，一般市民のどれだけの人々が深刻に受け止めているのであろうか。

4. 将来の日本国の有り方・目標という観点

「津波は災害ではなく自然現象である」。

気仙沼の「リアス・アーク美術館」で目にした言葉である。環境問題を人類にとっての好ましい環境という観点から考える「環境主義」ではなく，自然の循環過程のなかにある人類という「エコロジー思想」を前提とした言葉であろう。地球温暖化現象は，現世代が享受している人類にとって心地良い環境を破壊する可能性を秘めている現象である。しかし，津波と決定的に異

なるのは，その発生原因が自然にあるのではなく人類自体にあることだ。

　前述した負の外部性というキーワードで考えると，現世代を発生源とし，将来世代がその被害（負の外部効果）を受ける関係にある。将来世代は，この世に生まれていないので，発生当事者に対して補償を要求することができない。存在する負の外部性を削減する対策がなかなか進まないのは，負の外部性を被る真の当事者が未だ存在せず，要求することができないからだ。地球温暖化問題では，先進国と発展途上国との既得権利をめぐる対立，高緯度地方と低緯度地方という地理的関係によって生じる異なる利害，国土の標高による海面からの影響の違いなどによる地球市民の協調を妨げる原因が全面に表出しているが，真の被害者はわれわれの子孫・将来の地球の住民なのである。

　日本に住む将来世代——われわれの子孫たちの国はどのようなものになるのかに思いを馳せ，現世代のわれわれは将来世代に何を残すのかについて，われわれはグランド・デザインを描かねばならない。日本国とそこに暮らす市民たちの経済，政治，文化，そして国際社会のなかでの役割など，社会の有り方について想像し，超長期の目標を持たなければならない。現世代の役割は，この目標に向かって着実に実行していくことにある。

　JCM制度の位置付けや政策の進展について，日本のみならず交渉相手国の現在および将来世代，そしてそれらをすべて含む地球市民に対する影響・社会的便益という観点から理解し，評価していきたいものである。

【引用・参考文献】

黒川行治（2014）「開題」（一財）地球産業文化研究所『平成25年度　排出クレジットに関する会計・税務論点調査研究委員会報告書』（2014年3月）1-5頁。

スティグリッツ，J・E著—藪下史郎訳（2003）『公共経済学［第2版］（上）公共部門・公共支出』東洋経済新報社。

マーフィ，L＝T・ネーゲル著—伊藤恭彦訳（2006）『税と正義』名古屋大学出版会。

Murphy, Liam＝Thomas Nagel (2002), *The Myth of Ownership: Taxes and Justice*, Oxford University Press.

第 23 章

資産除去債務をめぐる会計上の論点

1. 資産除去債務の会計基準設定の経緯

　長期間にわたり潜在的用役を実現させ提供することで，付加価値生産活動の一環として企業の収益獲得に貢献する有形固定資産も，いつかはその寿命を迎える。とくに建物・構築物・装置の解体・廃棄物の処理など，有形固定資産を除去する時には多額の費用がかかることが多く，さらに近年の環境保全に関する認識の深まりと環境保全コストの増大によって，資産除去費用の企業活動への影響はますます大きくなっている。しかし，わが国の会計社会では，資産の耐用年数が経過してもなお，当該資産に対価を得られる可能性を仮定し，プラスの金額で残存価値を算定することが慣習であった[1]。

　一方，米国では 2001 年 8 月に財務会計基準書（SFAS）第 143 号「資産除去債務の会計処理」が公表され（当該測定の一部が 2006 年 9 月に公表された SFAS 第 157 号「公正価値による測定」で改正），資産除去債務に関する負債を公正価値で計上し，同額を資産除去コストとして資産に計上し，資産の耐用年数にわたって費用化することになった。また，国際会計基準（IAS）では，第 16 号「有形固定資産」において，資産の解体・撤去の費用，敷地の原状回復費用の当初見積額が有形固定資産の取得原価に含まれるとされている。つまり，両基準ともに資産除去債務を当該資産の取得時に資産と負債に両建て計上する会計処理となっている[2]。

　わが国の企業会計基準委員会（ASBJ）では 2004 年 9 月以降，2008 年末を目途に国際財務報告基準（IFRSs）とのコンバージェンス作業に注力していたが，2006 年 3 月に資産除去債務も検討すべき項目の 1 つに追加されたこ

622 第4部 環境と会計

1) 私は，1993年頃，企業などの研究機関から毎週講師をお招きし，1回限りの講演という形式で商学部の学生（文系の学生）に対し，わが国の科学・技術の最先端の知識を授業していただく講座のコーディネーターを経験した。その講座の1つで，大手建設会社の研究部長の方が，東京湾上の人工島に500階建ての超超高層ビルの建設が可能かというテーマで，セメントや鋼材などの素材や建設技術の世界最先端の研究動向についてご報告をされた時のことである。報告終了後の質問で，ある学生が，「数十万人が暮らせるその超超高層ビルもいつかは寿命を迎える。その時，巨大で頑丈なセメントの固まりをどのように除去するのですか」ということを，その研究部長に尋ねたのである。研究部長は，びっくりして言葉に詰まり，正直に「解体・撤去のことは考えていなかった」と返答された。今でこそ，環境問題は若者たちが共有するテーマであるが，当時はバブルがはじけた当初であり，1970年前後の公害問題も話題になることは少なく，科学・技術の無限の進歩に対する神話は依然としてあり，前進あるのみの価値観を持つ社会だったような気がする。縮小文明の発想はまだない。超超高層ビルの研究は，建設技術をどこまで進歩させることができるのかというチャレンジであり，「除去の必然性」という発想がなかったとしても首肯できる。

さて，わが国の当時の会計社会では，環境会計が開花するにはまだ早く，われわれの関心の中心は，金融資本主義全盛となっていくなかでのファイナンス理論に影響を受けたデリバティブや戦略的投資，ますますグローバル化する企業活動と投資資金の流れに直接・間接に関連するテーマであったと思う。私も会計学者として衝撃を受け，「有形固定資産の減価償却の要素である残存価額と耐用年数については，それぞれの資産の使われ方などの状況に従って個々に見積もるのが論理であるが，通常は，見積りの困難性と企業間の比較可能性から，わが国の法人税法の規定に従い，取得原価の10%を残存価額とし，所与の耐用年数にわたり減価償却をする」という説明をもって授業における思考は停止していたことに気がついた。それ以来，財務会計論の担当講座では，除去時に必要となる費用（支出）について，①除去した会計期間に一括費用計上，②除去後に新たに建設されるであろう新規資産の取得原価に加算，③マイナスの残存価額として，現資産の要償却額（帳簿価額）に加算，④負債性引当金の1つとして除去費用引当金を想定し，耐用年数期間にわたり一部ずつ引当金繰入計上，という会計処理について学生と議論することにした。将来の除去費用の測定も，当初は時間価値を考慮していなかったが，退職給付会計基準が導入されて以降は割引現在価値で評価するのが理論的だということになった。なお，指向理論は，資産・負債アプローチではなく収益・費用アプローチに主として依拠するものであった。これが，資産除去費用の会計問題との出会いである。

本章は，黒川行治（2009a）を抜粋・修文（とくに第4節は論旨を変更）したものである。この論文は，『企業会計』の特集「資産除去債務の会計」の先頭論文で，これに続く4つの論文で，より専門的なテーマが論じられている。

2) FASB, SFAS No. 143, "Accounting for Assets Retirement Obligations", June 2001（日本公認会計士協会訳「資産除去債務に関する会計処理」，2001年）。

IAS第16号「有形固定資産」16項（C）では，「有形固定資産項目の解体及び撤去費用，並びに敷地の原状回復費用，取得時に，又は特定の期間に棚卸資産を生産する以外の目的で当該有形固定資産項目を使用した結果生ずる債務の当初見積り額」は，有形固定資産の取得原価の構成要素の1つとされている（IASB, IAS No. 16, "Property, Plant and Equipment", ASBJ訳『国際財務報告基準書2007』レクネクシス・ジャパン，2007年）。

ともあり，2006年7月にワーキンググループを設け，11月に資産除去債務専門委員会（以下「当専門委員会」と呼ぶ）を設置した。資産除去債務に関する資産・負債の両建て処理の会計慣行がまったく存在しなかったこと，また，最も影響があると思われる電力業界での原子力発電所の撤去費用が法令に基づく引当金処理を要請されているように，これまで存在してきたわが国の会計基準に依拠する限り，『企業会計原則』注解18「引当金について」を参照して処理されるであろうことから，慎重に審議を重ね，2007年5月に「資産除去債務の会計処理に関する論点の整理」（以下「当論点整理」と呼ぶ）を公表してパブリックコメントを募った。その後も，当専門委員会は審議を重ね，企業会計基準委員会（ASBJ）は2007年12月に「資産除去債務に関する会計基準」（以下「当会計基準」と呼ぶ）および「資産除去債務に関する会計基準の適用指針」（以下「当適用指針」と呼ぶ）の公開草案を公表，パブリックコメントに対する検討を経て，2008年3月31日に基準と適用指針の成案を公表した。

　私は，ASBJ「資産除去債務専門委員会」専門委員として，この基準の設定の経緯を間近で見ることができた。そこで，本章では，企業会計基準委員会の資産除去債務専門委員会での広範囲かつ徹底した議論を振り返り，とくに興味深いと思われる論点として，第1に，資産除去債務の認識の範囲について，第2に，非金融負債の1つとしての資産除去債務の測定について，第3に，時間経過に伴う利子費用の意義について，第4に，資産・負債の両建て計上と引当金処理との関係について，の4つを取り上げ，私見を交えて検討するものである。

2.　資産除去債務の認識の範囲

(2-1)　資産除去債務の定義の留意点

　当会計基準の3項（1）に「資産除去債務」の定義がある。「「資産除去債務」とは，有形固定資産の取得，建設，開発又は通常の使用によって生じ，当該有形固定資産の除去に関して法令又は契約で要求される法律上の義務及

びそれに準ずるものをいう。この場合の法律上の義務及びそれに準ずるものには，有形固定資産を除去する義務のほか，有形固定資産の除去そのものは義務でなくとも，有形固定資産を除去する際に当該有形固定資産に使用されている有害物質等を法律等の要求による特別の方法で除去するという義務も含まれる。」

この定義による留意点は，以下のとおりである。

① 建設仮勘定，リースや投資不動産についても対象となる（23項）。

② 有形固定資産使用期間中の環境修復や修繕は対象ではない（24項）。

③ 不適切な操業などの異常な原因によって発生した場合には，資産除去債務の負債計上ではなく引当金の計上や減損会計の対象となる（25項）。

④ 法律上の義務に準ずるもの，すなわち債務の履行を免れることがほぼ不可能な義務，法令または契約で要求される法律上の義務とほぼ同等の不可避的な義務（具体的には，法律上の解釈により当事者間での清算が要請される債務に加え，過去の判例や行政当局の通達などのうち，法律上の義務とほぼ同等の不可避的な支出が義務付けられるもの）が該当する。有形固定資産の除去が企業の自発的な計画のみによって行われる場合は，法律上の義務に準ずるものには該当しない（28項）。

⑤ 企業が所有する有形固定資産に特定の有害物質が使用されており，有形固定資産を除去する際に当該有害物質を一定の方法により除去することが，法律などで義務付けられている場合，有形固定資産の除去時点で有害物質の除去作業は不可避であることから，現時点で当該有害物質を除去する義務が存在しているものと考えられる。この有害物質の除去に直接関わる費用について資産除去債務の対象とする（29項）。これは，アスベスト（石綿）を主として念頭においたもので，「石綿障害予防規則等大気汚染予防法」では，アスベストを使用している施設そのものの撤去を求めてはいないが，施設の耐用年数を迎えた際には，当法律の作業基準によってアスベストの撤去を必ずしなければならないので，その撤去費用を施設の除去債務の対象にするものである。

上記の留意点のうち，資産除去債務の認識範囲として，とくに2つの論点について検討しよう。

(2-2) 特別修繕引当金との関係

当初測定において，資産除去債務に相当する金額を資産に計上する論拠が，後述（引当金との関係）するように，ライフサイクル・コストの計上による投資意思決定の改善という効果を念頭に，投下資本金額の網羅的計上にあるとすれば，菊谷（2007），政岡（2008），田中（2008）などの論文で指摘されたように，有形固定資産の使用期間中における修繕，とくに高炉や船舶の定期大修繕について，これまでの特別修繕引当金の計上ではなく除去債務の会計で対処したらどうかという提案はもっともなことである[3]。

実は，ASBJ は，2006 年の当委員会設置当初より，この論点について詳細にかつ何度も検討していた。例えば，高炉の定期修繕時の内張り部分の取替コストについて考えてみよう[4]。

① 特別修繕引当金の計上によると，高炉稼働当初より修繕コストが一部ずつ費用計上されるが，最後の修繕が終了し除去されるまでの期間については，除去時に修繕されることはないので費用計上されない。また，建設当初の取得原価に内張り部分のコストが含まれ，1 回目の修繕前までに，その部分の減価償却費が計上されているので，1 回目の修繕コストの引当金繰入処理は，費用の二重計上かもしれない。

② そこで，1 回目の修繕前までは，1 回目の修繕コストに関する特別修繕引当金を計上せず，1 回目の修繕時に修繕ではなく取替えとして有形固定資産簿価に加算する（2 回目以降の修繕コストも同じ）。しかし，定期の特別修繕が当初予定の耐用年数の増加をもたらすとは想定できないので，取替えと修繕との峻別基準の見直しが必要かもしれない。

③ 特別修繕を資産除去債務の認識範囲とし，計画している耐用年数期間に予想される特別修繕コストをすべて，当初測定時に資産・負債に両建て計上する。

---

3) 菊谷正人（2007），政岡孝宏（2008），田中建二（2008）を参照している。なお，私のゼミの大学院学生であった森田フォーシュレ旦君が 2005 年度の修士論文「固定資産の評価・配分の意義—原子力発電設備を手掛かりとして—」で，特別修繕を含め資産除去債務の資産・負債両建て処理について詳細に検討している。

4) 企業会計基準委員会「資産除去債務の会計処理に関する論点の整理」［設例 1］では，より具体的な処理方法が示されている。

626 第4部 環境と会計

この③の会計処理が前記の論文の提案であろう。しかし，当会計基準25項で，特別修繕は，「操業停止や対象設備の廃棄をした場合には不要となるという点で資産除去債務とは異なる」という論拠をもって，認識対象範囲外とし，この処理は否定された。要するに，経営計画上，特別修繕が耐用年数期間に何度か発生すると想定されるのであろうが，それが経営者の自主的な経営計画である限り，定期の特別修繕の義務に関して，法的な債務としては資産取得時当初に存在していないと考えるのである（わが国実務での特別修繕引当金は，債務でない負債性引当金との解釈である）。

④　内張り部分などの取替資産について，有形固定資産本体とは耐用年数を異にする別の有形固定資産として別個に会計処理することとし，1回目の定期特別修繕までの期間に減価償却する。1回目の特別修繕のコストをその別個の資産として再度計上し，2回目の特別修繕までの期間に減価償却する。以下，これを有形固定資産本体の除去まで繰り返す。

この会計処理は，IAS第16号「有形固定資産」によるものである。また，有形固定資産を継続して操業するための条件として定期的に大規模な検査を実施するような場合，部品の取替えにかかわらず，当該大規模な検査を実施する時に生ずる費用も，同様に有形固定資産の取得原価とし減価償却する[5]。

④の会計処理を採用することで，特別修繕にかかる費用は，引当金処理や資産除去債務の会計の対象外となるのである。次に，「法律上の義務に準ずる債務」の解釈の問題を検討しよう。

(2-3) 法律上の義務に準ずる債務の解釈

当専門委員会では，まず「法律上の債務」という用語の日米の解釈の違いについて検討した。当論点整理の7項（2）では，「米国会計基準における「法的債務」とは，法令若しくは契約の結果又は禁反言原則に基づく契約の

5）　IAS第16号「有形固定資産」13項および14項，そして，13項で「参照のこと」とされる67項から72項（減価償却による認識の中止）。

法律上の解釈により，当事者間で決済することが要請される債務をいう」。禁反言原則については，当論点整理の注2で「SFAS第143号では，禁反言原則を，いったんなされた約束に基づくことが〔第三者に〕合理的に期待されるべき場合で，かつ，損害がその約束に実際に依存する場合には，たとえ無償でなされた約束であっても，不正な結果を回避するために，その約束は強制され得るという原則であるとしている」（〔　〕内は黒川加筆）。このように，米国の「法的債務」という用語の意味は，わが国のそれの意味よりも広い概念（逆に言えば，わが国の法的債務は米国のそれよりも狭い概念）であることから，禁反言原則に基づく契約に起因するもの，例えば，書面や口頭の契約を，仮にわが国でも含めるとすれば，わが国の用語では，「法律上の義務に準ずる債務」に該当することになる。

　また，「自主規制機関による規制，業界団体の慣例や自主規制ルールなどに違反した場合には何らかの制裁が課され，社会通念上，実質的な拘束力があると考えられるもの」も当委員会では検討課題とされた。さらに，「企業の自発的な計画のみから生ずるものであっても，一定の条件のもとに認識範囲に含まれるべきである」とする意見もあった。この一定の条件について，私の念頭にあったのは，郊外に立地する工場の閉鎖（例えば，米国GMの工場閉鎖のようなもの）については，風化しても近隣住民に危害が及ぶ虞れが少ないので，おそらく建物は解体されず門を封鎖することくらいで，野に曝され風化していく光景が目に浮かぶ（「一定の条件」に該当しない）。しかし，目抜き通りのオフィスビルが古くなり，入居者がいないので閉鎖した場合，そのまま放置しておくと，ある日突然にビルの倒壊が起こり，通行人などに危害が及ぶ可能性があるような事例や，川や海上にある鉄橋が古くなったので，隣に新しい鉄橋を建設した場合，古い鉄橋をそのまま放置しておいて倒壊すると，航行する船などに危害が及ぶかもしれない事例は，「一定の条件」に該当するのではないか。

　どこまでの範囲を企業が負う有形固定資産の除去義務とするのかについての1つの考え方は，企業観あるいは企業と社会との関係をどのように把握するのかということに基づくであろう。国際会計基準や米国基準の想定する企業は，投資対象としての企業であって，極端に言えば，キャッシュ・フロー

628 第4部 環境と会計

の発現源泉でしかない。仮に組織的実態を念頭におくとしても，投資額以上にキャッシュを生み出すプロジェクトの束を保有する組織としての企業であろう。とすれば，投資家にとって最も関心があるのは，投資対象である企業の投資期間を通じたキャッシュ・フローであって，例えば，企業の持続可能性に関するリスクについても，企業の事業内容や社会的貢献（存在意義）を評価するということではなく，キャッシュ・フローへの影響要因として捉えているのではないか。したがって，資産除去債務の会計に関して，会計に最も期待されるのは，将来の資産除去時に，いったいどのくらいの支出（資産の減少）が生ずるのかを，プロジェクト開始時である有形固定資産の当初認識時点で財務諸表に適切に反映することであって，企業の社会的責任，人間社会の豊かさの構成要素の1つとしての労働の場，社会システムの一部である企業の活動を会計写像しようという発想はないのではないか。使用しなくなった固定資産の除去や原状への回復活動が企業の自主的取組みとしての経営計画上のものにすぎないのであれば，資産取得の当初認識段階で，資産除去を義務と認識しないと解釈するのは当然であろう。これに対して，いわゆる社会関連会計が想定するような企業観や，それが想定する会計目的であれば，経営者の自主的計画であっても資産除去の認識範囲に含まれるのではないかと思う[6]。

　ASBJ の当会計基準では，具体例が列挙されていないので明らかではないが，国際会計基準とのコンバージェンスの一環であれば，前者の会計観に則して，債務の発生と認識する資産除去の義務は限定的であり，①原子力発電施設の解体撤去義務（核原料物質，核燃料物質および原子炉の規制に関する法律），②PCB 廃棄物の無害化処理義務（ポリ塩化ビフェニル廃棄物の適正な処理の推進に関する特別措置法），③アスベストの除去義務（前述），④借地上に建物を建設している場合の原状回復義務（借地借家法など），⑤石油や天然ガスの採掘施設の解体・原状復帰義務，⑥鉱山の採掘跡の埋め戻しおよび植栽，坑井の密閉その他の鉱害の防止義務（採掘跡地に関する法律）などの法律ま

6）　前述した超超高層ビルの撤去は，当会計基準では，認識対象に含まれない可能性の方が高いであろう。1000年後，東京湾上に風化の進んだ巨大なセメントのモニュメントが放置され，観光名所となっているかもしれない。

たは契約で解体・撤去，原状回復義務が求められているものが，対象範囲として例示できよう。

　なお，米国の禁反言原則に基づく契約に起因するものを，わが国でも対象範囲とするのか否かに関する私の解釈・意図は，（上記が示唆するように）法律上の義務に準ずる債務に該当させ得ることを前提に，対象範囲を広く想定することであった。環境会計や社会関連会計の志向に近い会計観を持つ公認会計士・会計担当者であれば，会計のフロントラインで，そのような会計実務（慣習）を生み出していこうとするであろう。

3. 資産除去債務の測定

(3-1) 資産除去債務専門委員会と引当金専門委員会の共通検討課題

　当時，非金融負債の測定について，金融負債の測定と同一の全面公正価値評価を導入するか否かをめぐり，IAS 第 37 号「引当金，偶発負債及び偶発資産」修正案の公開草案とその後の議論が続いていた[7]。資産除去債務も非金融負債の 1 つであり，IAS 第 37 号の修正基準がどのように決定するのかにより影響を受ける。ASBJ は「引当金専門委員会」を設置して，非金融負債の測定について検討していたが，引当金専門委員会での議論の内容は，多くの点で資産除去債務専門委員会の議論と重なっており，それを引き継いだものとも言える。2 つの専門委員会にまたがり，検討が続く主要な論点には以下のようなものがあった。

① IAS 第 37 号やわが国の企業会計原則注解 18 にある，負債の認識要件の 1 つである「蓋然性要件（発生の可能性が高いか否か）」を除くのか否か。

② 非貨幣負債の測定目的を「債務の決済または移転のために第三者に支払う合理的な金額」とし公正価値（出口価値）で測定する。しかし，市

---

7) IASB, IAS No. 37, "Provisions, Contingent Liabilities and Contingent Assets", September, 1998（ASBJ 訳，IAS 第 37 号，「引当金，偶発負債及び偶発資産」，前掲書，2007 年）. ASBJ 訳，IAS 第 37 号修正案　公開草案「引当金，偶発負債及び偶発資産」。

場が存在しない場合を前提に，具体的見積方法として，市場参加者が公正価値を評価する上で考慮するであろう蓋然性を反映させ得る期待値法のみを採用し，期待値法と併存してきた最頻値法は，蓋然性が反映されないとして禁止するのか否か。

③　期待値計算の算定要素の1つである将来キャッシュ・フローの見積りに，市場での取引相手の考慮事項を想定し，取引相手のマージンを含めるのか否か。

④　同様に，キャッシュ・フローの分散リスクに相当するリスク・プレミアムを相手が上乗せして契約金額を提示してくることを仮定し，キャッシュ・フローの期待値に分散リスク・プレミアムを加減するのか否か（分散リスク・プレミアムを期待キャッシュ・フローに加減しない場合には，割引率を修正する）。

⑤　同様に，自己の信用リスクに相当するリスク・プレミアムを相手が上乗せして契約金額を提示してくることを仮定し，キャッシュ・フローの期待値に信用リスク・プレミアムを加算するのか否か。

⑥　割引現在価値の算定要素の1つである割引率を，リスク・フリー・レートとするか，あるいは信用リスクを勘案した割引率とするか。

　本節では，このうち④，⑤および⑥の論点について資産除去債務との関係で検討することにする[8]。

(3-2)　分散リスクの測定について

　金融商品を購入しようと考えている取引参加者を想定してみよう。取引参加者の効用関数がリスク回避型であるとすると，将来キャッシュ・フロー分布の分散が大きい金融商品は，分散が小さいものと比較して期待キャッシュ・フローが同一であれば，その金融商品の公正価値は小さくなる。ファイナンス理論で馴染み深いが，分散リスク・プレミアム分だけ，当該金融商品の期待効用価値が減少するからである。では，債務の場合はどうであろう

---

8)　当時，私はASBJ「引当金専門委員会」の専門委員も兼ねていたので，この委員会での検討内容についても若干紹介する。

か。債務を負うとは，負のキャッシュ・フローが将来発生する状態となることである。負のキャッシュ・フローの分散が大きい場合，分散リスク・プレミアムは，期待効用価値を増大させるのか減少させるのかが問題である。

　資産保有とのミラー・イメージを念頭におこう。分散リスクの大きい金融商品の保有者は，当該金融商品を，より小さい公正価値で評価し資産として計上している。そこで，当該金融商品を発行し，あるいは決済する義務を負う者の負債計上額は，相手方の資産がより小さい金額で計上されているのであるから，負債もより小さい金額で計上されるはずと考える。負債の分散リスクも，資産と同様に，計上金額を減少させるように働くと考えるのである。このような推論が妥当か否か，実は，当専門委員会で多いに議論にしたところであり，以下が私の見解である。

　上述のミラー・イメージは，金融商品の発行や売買であれば，市場での取引金額が取引当事者双方で一致しているので，金融負債と金融資産の取引当事者双方の負債および資産の当初測定金額は，取引手数料などを無視すれば一致しているはずである。したがって，分散リスク・プレミアムは負債測定の場合，負債計上額を期待値よりも減少させるというのは真であろう。債務（将来のキャッシュの流出）を負うという行為の対価として得られるキャッシュの流入金額が，分散リスクの大きい金融商品は，分散リスクの小さい金融商品よりも小さくなっているからである。

　一方，資産除去債務を負う当事者には，除去債務を負う時点で負債計上相当の対価としてのキャッシュの流入はない。将来，キャッシュや資産の流出のみが生ずる。ところで，この資産除去債務を仮に金融商品化するとすれば，対価を現時点で取引相手に支払って，将来のキャッシュや資産の流出義務から解放されるという取引となる。このように金融商品化しないのであれば，非金融負債の発生は，金融負債の発生と異なる取引を想定しなければならない。

　資産除去債務は，有形固定資産本体の投資および投資の回収と一体となったプロジェクトから発生する。有形固定資産の投資はキャッシュの当初の流出であり，当初認識時点での不確実性は存在しない。不確実な将来のキャッシュ・フローの分布に寄与するものは，資産稼働に伴う稼得キャッシュ・イ

ンフロー（操業に伴うその他の要素は考慮外と仮定する）と，資産除去債務の
キャッシュの流出（キャッシュ以外の資産の流出も究極的にはキャッシュの流出
と仮定する）である。いま，稼得キャッシュ・インフローが固定されていて，
そこからは分散リスクが発生せず，分散リスクは資産除去債務のキャッ
シュ・アウトフローの分散のみと仮定しよう。両取引から生じるネット・
キャッシュ・インフローの分散リスクによるリスク・プレミアムは，当事者
の効用関数がリスク回避型であると仮定する限り，公正価値を算定する上で
当該ネット・キャッシュ・インフローの見積値を減少させるように働く。ア
ウトフローに関する分散リスク・プレミアムがネット・キャッシュ・インフ
ローの減少要因となることから，アウトフロー自体の公正価値を反映した債
務額はより大きくなる。資産除去債務は，このアウトフロー部分だけを取り
出して負債に計上するものなので，分散リスク・プレミアムは，資産除去債
務の負債計上金額を大きくする効果があるのである。

　分散リスクをキャッシュ・フローの見積りに反映させず，割引率に反映さ
せることで同じ効果を得ようとするならば，分散リスクがより大きい債務の
現在価値を求める割引率は，分散リスクがより大きい資産の場合（より大き
い割引率）とは異なり，より小さな割引率となる。

　当会計基準の39項では，「割引前の将来キャッシュ・フローの見積り金額
には，生起する可能性の最も高い単一の金額（最頻値）又は生起し得る複数
のキャッシュ・フローをそれぞれの発生確率で加重平均した金額（期待値）
を用いるが，いずれにしても，将来キャッシュ・フローが見積値から乖離す
るリスクを勘案する必要がある。将来キャッシュ・フローが見積値から乖離
するリスクは，……リスク選好がリスク回避型である一般の経済主体にとっ
てマイナスの影響を有するものであるため，資産除去債務の見積額を増加さ
せる要素となる」と記述され，上記の議論と同様の結論となっている。なお，
乖離するリスクとは，分散リスクのことである。

(3-3) 信用リスク・プレミアムを加算するのか否か

　分散リスクと同様に，債務発生時点で取引当事者がいかなる取引契約を結
ぶのかという問題から考察を進めよう。信用リスクとは，債務者の倒産その

他の事由により，契約金額が，後日の支払日に支払われないリスクである。金融商品としての社債の発行であれば，信用リスクが高く，社債の格付けが低い社債の公正価値は額面よりも割り引かれる。一方，商品を信用取引（掛け取引）で購入すると，現金取引で購入する場合と比較して，理論的には代金支払期日までの利子分相当が上乗せされた金額で取引が成立する。商品購入側の信用リスクが大きい場合には，利子率が高く設定され，取引金額へのリスク・プレミアム分の加算金額もより大きくなるであろうから，購入側での［商品／買掛金］の計上金額が［商品／現金］の計上金額よりも大きいことが観察できよう。

　資産除去債務の場合，債務の発生時点での取引とは，除去を業とする請負業者と将来発生する資産除去の契約を現時点で結ぶことである。契約金額を現時点で支払ってしまうのであれば，契約金額は，請負業者が負う分散リスク相当の加算要素や実際の資産除去時点までの金利相当の減算要素が反映されるが，信用リスクは存在しない。しかし，支払時点が将来の除去作業時点であるとすると，信用リスク分だけ契約金額は加算されていると推論できる。

　この推論の是非について，多くの議論がある。まず，①将来の除去作業について，現時点で請負業者と契約をするであろうかという疑問である。除去までの期間が長ければ長いほど，その間の除去技術や必要な機材，廃棄のための環境コストも変化していよう。多くの不確実性を伴う契約を現時点で行うとする仮定は，非現実ではないのか。実際の契約は，除去時点が近い将来になった時点であろう。とすると，信用リスク・プレミアムは，将来時点で実際に除去作業について契約を結ぶ時の当社の信用状況と支払い時点までの期間によって決まるであろう。現時点の信用リスクは直接関係ないのではないか。

　②もし，仮に除去作業について請負業者との契約を現時点で結ぶならば，現時点から支払時点までの信用リスク・プレミアムは，時間の長さと倒産確率（支払不能確率）の要素によって求まるであろう。これは，時間経過に伴う利子額に反映される。したがって，信用リスクが大きいと利子率が大きくなるということであり，除去債務算定のための割引現在価値計算要素の割引率に信用リスク相当を加算する必要があろう。割引現在価値を算定するため

634　第4部　環境と会計

の分子である見積キャッシュ・フローに信用リスク・プレミアム分を加算し，同様に，分母の割引率に信用リスク・プレミアム分の加算をすることで，結果として得られた現在価値は，分子と分母双方に信用リスク・プレミアムを反映させないで算定した金額と近似してくるのではないか。とすれば，信用リスクを考慮して負債の現在価値を算定することに，信用リスク・プレミアムを見積るためのコストを上回るメリットが果たしてあるのかという疑問がある（この問題については，信用リスクは分子または分母のいずれか一方のみに反映させるべきとする反論も存在する）。

　③次に，会計システムの構造や，会計情報の意義という観点から考察してみよう。信用リスクや分散リスクは時の経過とともに変化する。実際の除去時点までの間に，除去すべき資産の状況の変化，除去作業の技術進歩や廃棄環境の変化，また，企業の信用状況の変化があるので，毎期の貸借対照表日に，除去債務を再評価することが要求されることになる。つまり，負債の事後測定における公正価値評価の必要性である。分散リスクが反映する見積りの変更は，将来志向である会計の本質からしてこれまでも会計慣行として存在していた。しかし，信用リスクの影響を負債の事後測定に反映させることが，果たして会計に求められていることなのか。信用リスクが増加すると，債務を決済しない（踏み倒す）可能性が大きくなり，負債の計上金額の減少と何らかの評価益の計上が事後測定として行われる。

　金融負債，例えば自社が発行した社債の場合であっても，信用リスクが大きくなれば，流通している社債の市場価格が下がるので，公正価値評価原則からすると，負債計上額の減少と評価益の計上となる。しかし，社債のような市場価格が明確な金融負債の場合であっても，自社の信用リスクは企業全体の価値評価に相当するものであり，会計上，企業価値をオンバランスしようとすれば，「のれん」（あるいは負ののれん）の計上となるであろう。しかし，のれんあるいは負ののれんの計上は，これまで，合併や買収取引で市場の評価を経たものに限定されてきた。もし，負債の公正価値評価を取り入れるのであれば，自己創出のれんを計上するために企業価値の測定を行う必要がある。自己創出のれんを計上しないで，金融負債の測定に自己の信用リスクを反映するのは矛盾である[9]。

仮に，自己創出のれんの測定を毎期の貸借対照表日に行えば，信用リスクの増大に伴う社債金額の減少と評価益の計上は，自己創出のれん金額の減少と評価損の計上で完全にとは言えないまでも相殺されることになる。

　金融負債の公正価値測定—信用リスクの勘案には大きな問題があるのに加え，さらに非金融負債である資産除去債務の測定に信用リスクを反映させるべきなのかという問題である。資産除去債務算定に信用リスクを反映させるということは，「資産除去という義務を放棄する」，あるいは，「除去作業は行うが請負業者に対する代金を踏み倒す」可能性を会計上反映させることである。

　この問題についても，前節で議論したことと同様の企業観あるいは企業と社会との関係をどのように考えるのかという問題に帰着するのではないかと思うのである。国際会計基準や米国基準の想定する企業は，投資対象としての企業であり，投資家にとって最も関心があるのは，投資対象である企業の投資期間を通じたキャッシュ・フローであって，企業の持続可能性に関するリスクについても，企業の社会的責任や活動の内容を評価するということではなく，企業自体のキャッシュ・フローへの影響要因として捉えている。とすると，信用リスクは，企業のキャッシュ・フローの見積りに影響する限りにおいて，会計測定に反映すべきとなる。「負債計上が企業の持つ資産除去の履行という社会に対する義務を，会計上で表明している」と会計情報を解釈する（それが会計の役割）のではなく，「負債の計上は，将来のキャッシュ流出の見積り数値を示しているにすぎない」と会計情報を解釈し，そのような情報を生産するのが会計の役割と考えるのである。後者の会計観であれば，資産除去債務は，信用リスクを反映させた発行社債の公正価値評価と同様のものとなるであろう。

---

9)　Joint Working Group of Standards-Setters（JWG）"Financial Instrument and Similar Items–An Invitation to Comment on the JWG's Draft Standard", 2000, JICPA.（日本公認会計士協会訳「金融商品及び類似項目—JWGドラフト基準に関するコメントのお願い」2001年）では，負債の公正価値測定に対して反対する意見も掲載されている。この論点は，フランスおよびドイツ代表団が反対理由の1つに挙げた論拠である。さらに，「支払不能の可能性を反映する企業自身の信用リスクを考慮に入れることは，企業は継続企業として存続するであろうという一般的な前提と矛盾する可能性がある」ことにも言及している（A6項およびA17項）。

636　第4部　環境と会計

　当会計基準の結論は,「(1) 割引前の将来キャッシュ・フローは, 合理的で説明可能な仮定及び予測に基づく自己の支出見積りによる。その見積金額は, 生起する可能性の最も高い単一の金額又は生起し得る複数の将来のキャッシュ・フローをそれぞれの発生確率で加重平均した金額とする。……(2) 割引率は, 貨幣の時間価値を反映した無リスクの税引前の利率とする」(6項) とされ, 将来キャッシュ・フローの見積りと割引率に信用リスクを反映させないことである。そして, 36項から40項には, 将来キャッシュ・フローの見積りと割引率に信用リスクを反映させるべきか否かの問題を詳細に検討した結果が記述されている。本節で触れていない論点もあるので, 是非とも参照していただきたい。

4. 時間経過に伴う利子費用の意義

　有形固定資産の取得原価には, 将来の資産除去費用の見積金額そのものではなく, それの割引現在価値評価額を加算し, 毎期減価償却を行う (減価償却費の計上)。また, 当該割引現在価値評価額を資産除去債務として負債計上し, 除去時には当初の見積金額相当の負債額が帳簿に計上されるようにするため, 毎期末, 負債の帳簿価額に割引率を掛けて利子費用を計上し, 除去債務の負債計上額を増加させていく ([利子費用／除去債務])。この会計処理の意義は何であろうか。

　考察のため, 除去費用以外についてはまったく無視した設例を考える。

〔設例1〕

　3年間の耐用年数を持つ有形固定資産があり, その除去費用が300であったとする。リスクを考慮した割引率を10％とする。当初測定時の資産原価および除去債務に関する負債は, 割引現在価値計算の結果225である。

　①　Ⅰ期, Ⅱ期, Ⅲ期ともに資産 (除去費用相当分) の減価償却費は75となる。

　②　利子費用は, Ⅰ期が23, Ⅱ期が25, Ⅲ期が27となり, Ⅲ期末の資産除去時の負債計上額は300まで増加している。

減価償却計算の意義は，周知のように，①事業投資の場合の「投下資本の回収余剰としての期間利益」を算定するためと，②減価償却費相当の資金の社外流出を防ぎ，社内に留保して更なる運用に充当できるようにすることである。例えば，固定資産を全額借入資金で取得した場合（事業投資と借入期間が一致していると仮定），減価償却費を差し引いた営業利益は，この事業投資から得られた当期間の利益を示し，また，借入金に対して実際に支払われる利子額（キャッシュの流出あり）が費用として計上されるので，利子差引後純利益は，資本コスト控除後の事業投資の成果を示すとともに，この利益を配当限度額の指標とする限り，減価償却費相当の資金が社内に留保され，満期時に元本相当の資金が社内に蓄積していることになる。なお，毎期の減価償却費相当の追加留保資金の投資から得られた成果は，利益として計上され，社外流出している可能性がある。

　資産除去債務の場合は，負債といっても実際の借入取引はなく，利子費用相当のキャッシュの流出はない。しかし，資産・負債の両建て処理をするのであるから，除去費用の割引現在価値額である225も当初に事業に投下された資本額と想定されている。そこで，いま，借入れを仮定した取引を仮想してみよう。225の借入れをして事業投資を行い，支払利息が毎期発生するが，その支払いを行わないので借入元本に加算され，時間経過とともに元本が増加するので利子費用も増加し，除去時（借入金返済時）の仮想借入金の元利合計が，除去費用である300になるというものである。減価償却費75を差し引いた営業利益と，23，25，27と増加していく利子費用を控除した利子差引後利益で事業投資の成果が測定され，借入金の元利合計300の資金も留保される。なお，各期で留保された資金の追加投資の成果は，利益計上されている可能性がある。

　ここで，信用リスクなどの要素が異なり，割引率を変更した設例を考えよう。他の条件は変わらないとして，割引率だけが5％であったとする。
〔設例2〕
　3年間の耐用年数を持つ有形固定資産があり，その除去費用が300であったとする。リスクを考慮した割引率を5％とする。当初測定時の資産原価お

638 第 4 部 環境と会計

よび除去債務に関する負債は，割引現在価値計算の結果 259 である。

① Ⅰ期，Ⅱ期，Ⅲ期ともに資産（除去費用相当分）の減価償却費は 86.3
となる。

② 利子費用は，Ⅰ期が 13，Ⅱ期が 13.5，Ⅲ期が 14.5 となり，Ⅲ期末の
資産除去時の負債計上額は 300 まで増加している。

設例 1 と設例 2 を比較してみよう。①毎期の減価償却費と利子費用との合
計額を見ると，割引率の影響は大きくなく，ほぼ，同一の資金留保効果があ
る。②割引率が大きいほど，利子費用部分の減価償却費部分に対する相対的
な割合が大きくなり，また，時間経過とともに増加する資本コストの増分が
大きくなる。

したがって，会計情報として割引率の違いの効果を小さくするのであれば，
利子費用部分と減価償却費部分とを区分せずに合算表示することが考えられ
る。資産除去債務の割引現在価値に基づく負債計上および資産計上処理は，
「借入れをしていたのならば」という仮定をおいた会計処理を意味しており，
計算上のものにすぎず，減価償却費と合算することで，この償却額総額と除
去費用が一致するからである。

当会計基準は，14 項で「時の経過による資産除去債務の調整額は，損益
計算書上，当該資産除去債務に関連する有形固定資産の減価償却費と同じ区
分に含めて計上する」としており，ともに営業利益に反映される（「時の経
過による資産除去債務の調整額」とはここでいう利子費用のことである）。

この会計処理に反対し，計算上といっても利子費用の性質を持つのである
から，減価償却費と同じ区分ではなく，利子費用として別個に計上し，営業
利益に反映させない会計処理も考えられる。とくに，現行のわが国の損益計
算書には「営業利益」項目があり，事業投資の成果を評価する上で，重要な
指標とされてきた。

利子費用を減価償却費と別個に扱う会計処理について，割引率の違いが信
用リスクによるものと考えて営業利益情報の性質を検討してみよう。前節で
検討したように，非金融負債の割引率は信用リスクが大きい場合に小さくな
るとすれば，設例 2 のような会社は，設例 1 のような会社と比較して，信用

リスクが大きい会社である。ここでは，営業利益と支払利子および資本コスト差引後の利益の３つの情報から解釈してみよう。**設例２**会社は，**設例１**会社と比較して，当社に課されるであろう資本コストが小さいことを示している（実際に資本コスト分の利子支出があるわけではないことに再度留意しよう。資産除去債務の会計は仮想計算である）。しかし，その分，減価償却の対象となる資産の取得原価部分が大きくなるので，営業利益は小さく計上されることになる。

このような会計情報が生産される結果，**設例２**会社は，**設例１**会社と比較して，信用リスクが大きいにもかかわらず，「市場から課される資本コストが小さいので，事業投資の稼得利回率が小さくとも，資本コスト差引後の利益はほぼ同一の水準を確保している」と情報の利用者に誤解を与えるであろう。

資産除去債務の利子費用を減価償却費と同一区分とする処理は，利子費用といっても仮想上の計算であることを強調する（「時の経過による資産除去債務の調整額」という呼び名もこれを示している）だけでなく，情報の利用者にこのような誤解を与えない[10]。

資産除去債務の利子費用を減価償却費と同一区分とする処理について検討している時，私は，Ｒ・Ｎ・アンソニー教授の「利子は原価の一要素として認められるべきである。財貨やサービスの取得または生産に使用する資金のコストは，それらの原価の一要素となるべきである」[11]という主張を想起していた。資産除去債務の利子費用を減価償却費と同じ区分とする処理は，有形固定資産が製品の製造に使用されるのであれば，資本コストが棚卸資産の原価に加算されることを意味している（なお，アンソニー教授の言う資金のコ

---

10) 「信用リスクが資産除去費用の契約金額に影響する」という論理を取ると，**設例２**は，信用リスクなどの割引率が５％であったので，除去費用の見積金額が同じであっても契約金額が259となり，**設例１**の225よりも大きくなったのである。もし，標準利子率が５％であり，割引率が２つの設例とも５％に固定されているならば，信用リスクの小さい**設例１**会社の除去費用の見積金額は，そもそも300ではなく260になるという議論も可能である。この場合，資産除去債務の利子費用を減価償却費と同一区分とする処理および別個の独立項目とする処理のいずれにおいても，**設例１**会社の営業利益は**設例２**会社のそれよりも大きく，収益性が高いと評価されることになる。

11) アンソニー，Ｒ・Ｎ著—佐藤倫正訳（1989），108頁の「概念4.04」。

640 第4部 環境と会計

ストは，とくに株主持分相当については，配当政策の影響を除去するためにある種の機会コスト概念を用いて測定している）。資産除去債務の利子費用を減価償却費と同一区分とする処理は，資本コストを他の生産要素のコスト（原材料費や労務費）と同様のものとする考え方を先取りしているのかもしれない[12]。

5. 資産・負債両建て計上と引当金処理の意義

資産除去債務を引当金処理ではなく，資産・負債の両建て計上する会計は，減価償却計算による費用配分を収益・費用アプローチの発現とするならば，資産・負債アプローチと収益・費用アプローチの折衷，混合アプローチとする佐藤（2007）や田中（2008）の解釈はもっともなことである[13]。

2つの会計処理（引当金処理と資産・負債の両建て計上）による差異は，期間損益計算への影響という点では大きくはない。有形固定資産の当初測定時に，除去債務の全額（割引現在価値額であるが）を貸借対照表に計上するか否かという点で，貸借対照表に大きな影響がある。資産・負債の両建て計上を正当化する論拠は，除去債務を資産取得にかかる未払いの付随費用と解釈し，投資活動とくに生産活動に不可避なライフサイクル・コストを資産計上することで，投資規模（投資に必要な資本規模）を明示すること[14]，および資産除

---

12) 退職給付債務に関する利子費用も退職給付費用と同一区分とされている。

13) 佐藤信彦（2007），田中建二（2008）を参照。

14) 資産の本質をサービス・ポテンシャルズとみるならば，サービス・ポテンシャルズの実現である将来稼ぐキャッシュ・フローの割引現在価値である有効原価で資産を測定するのが相応しい（効益価値＝出口価値）。にもかかわらず，資産の当初測定は，取得対価で測定されている（犠牲価値＝入口価値）。この一見矛盾とも思われる会計測定は，「当該資産の購入決定は，少なくとも取得対価以上のキャッシュ・インフローが期待されているときに行われる」という論理を介して，「取得対価は，最低限の効益価値を示している」と解釈することで正当化されてきたと思う。有形固定資産を購入・建設するか否かを決定しようとする経営者は，効益価値が犠牲価値を上回っているか否かを予想しなければならない。資産投資（事業投資）によって将来稼ぐキャッシュ・フローとともに，この事業に必要な投下資本を網羅的に予想しようとしている。資産除去費用は，事業投資に必要な資本流出項目の1つであり，それを資産の取得原価に含めることで，経営者の持つ当該資産の最低限の有効原価の情報を，企業の外部者に対して，より正確に示すことに役立つのである。

去時に必要な除去費用を，事業活動当初より負債に計上することで経営者の社会的義務を明示することとなり，当該会社への投資意思決定に役立つ情報が提供されるとするものである（もっとも，本章でこれまでに議論したように，国際的な会計基準を見ると，投資対象である会社をキャッシュの流入・流出の固まりと見る企業観に基づく会計情報が産出されているように思われるのであるが）。

　仮に，資産除去債務を引当金処理するとすれば，「退職給付の会計基準」で示されている会計処理が相当しよう。資産除去費用の見積額を期間按分し，それぞれの期間按分額を現在価値に引き直して費用処理するとともに，引当金残高の時間経過に伴う利子費用を計上するものである。退職給付の会計は，退職金に相当する従業員のサービス提供が在職期間を通じて行われ，対価としての退職金支払義務が一部ずつ発生すると仮定されるので，退職金の見積額をまずもって期間按分するのである。そこで，資産除去債務についても，同じ会計処理を適用するとすれば，資産除去という義務が，資産の操業期間にわたって一部ずつ発生すると仮定しなければならない。資産除去という義務が，有形固定資産を建設し操業を開始した時に，その除去義務のすべてが発生するとすれば，引当金処理は経済的実態を忠実に測定していないことになる[15]。

　引当金処理とするか資産・負債の両建て計上とするかは，同様の経済実態に関する許容できる会計の代替案ではなく，経済事象の本質が何であるかの解釈によって，いずれかの会計処理しか存在しない。資産除去債務の負債計上は，有形固定資産の取得時に，すでに資産除去債務が存在するという解釈である。したがって，本章第2節で検討した「資産除去に関する義務」認識の範囲が，再度，重要であることに思いが至るのである。

---

15)　本書第14章では，退職給付を含む従業員の将来給料の予想をもとに，［人的資産／将来給料］の会計処理を行う論拠を検討している。資産除去債務と同様の未支出・未費用（双務未履行取引）の資産・負債両建てによるオンバランス処理を可能とする論理の考察である。

642　第4部　環境と会計

【引用・参考文献】

アンソニー，R・N 著―佐藤倫正訳（1989）『アンソニー財務会計論――将来の方向』白桃
　　　書（Robert N. Anthony, *Future Directions For Financial Accounting*, Dow Jones-
　　　Irwin, 1984）。

菊谷正人（2007）「有形固定資産の取得原価と資産除去債務」『税経通信』2007 年 9 月号，
　　　33-40 頁。

黒川行治（2009a）「資産除去債務を巡る会計上の論点」『企業会計』第 61 巻第 10 号
　　　（2009 年 10 月），18-30 頁。

―――（2009b）「非金融負債の公正価値測定の含意」『会計』」（論攻）第 176 巻第 5 号
　　　（2009 年 11 月），1-16 頁。

佐藤信彦（2007）「資産除去債務の会計を巡る諸問題」『企業会計』第 59 巻第 9 号（2007
　　　年 9 月），25-35 頁。

田中建二（2008）「資産除去債務の会計」『産業経理』第 68 巻第 1 号（2008 年 4 月），30-
　　　37 頁。

政岡孝宏（2008）「資産除去債務の会計にみられる取得原価概念の変容」『企業会計』第
　　　60 巻第 1 号（2008 年 1 月），140-149 頁。

FASB, SFAS No. 143, "Accounting for Assets Retirement Obligations", June 2001（日本
　　　公認会計士協会訳「資産除去債務に関する会計処理」2001 年）.

IASB, IAS No. 16, "Property, Plant and Equipment"（ASBJ 訳，IAS 第 16 号「有形固定
　　　資産」『国際財務報告基準書 2007』レクネクシス・ジャパン，2007 年）.

IASB, IAS No. 37, "Provisions, Contingent Liabilities and Contingent Assets", September,
　　　1998（ASBJ 訳，IAS 第 37 号，「引当金，偶発負債及び偶発資産」，『国際財務報
　　　告基準書 2007』レクネクシス・ジャパン，2007 年）.

Joint Working Group of Standards-Setters（JWG）"Financial Instrument and Similar
　　　Items – An Invitation to Comment on the JWG's Draft Standard", 2000, JICPA
　　　（日本公認会計士協会訳「金融商品及び類似項目―JWG ドラフト基準に関するコ
　　　メントのお願い」2001 年）.

第5部

公共・政府と会計

第 24 章

企業の海外戦略と国民の経済的繁栄

1. サントリー社のビーム社買収

　経済社会の発展を裏付けるものは，資本市場における生産性の向上とともに，労働市場における雇用の維持・創出と賃金の上昇であると思う。M&A は，このような意味で経済の成長に無条件に寄与するものであろうか。2014年1月，連結売上高2兆円程度のサントリー HD 社が米国ビーム社株式を総額138億ドル（簡単に1ドル＝100円換算では約1兆4,000億円）で取得し，負債を含め総額160億ドルで買収すると報道された[1]。5月1日の『日本経済新聞』では，サントリー HD 社は，サントリー酒類社をビール部門と蒸留酒部門に分割し，蒸留酒事業会社をビームサントリー社傘下におくという事業部門の大規模な改編をする計画とされていた。違和感を覚える読者もおられるかもしれないが，この M&A は，わが国の国民全体という観点で見たとき，国民一人当り1万円以上を年間売上高が約25億ドル（約2,500億円）の米国ビーム社株主に支払うことでもある。

　M&A 成功の鍵は，結合後のシナジー効果にあるが，シナジーを楽観的に予想して買収価格が過度に高く設定されると，予定した投資回収が不可能になる。M&A が活発になされる経済社会で利益を享受するのは，M&A を斡旋・仲介する証券会社やコンサルティング会社，投資資金を貸し付ける金融機関ではないのかという疑念も生じ得る。企業の経営者は当該企業自身の更なる利益の追求，株式価値を高める目的で経営上の重要な決定を行うのであ

---

1)　http://www.huffingtonpost.jp2014/01/13

646　第5部　公共・政府と会計

るが，本章では海外戦略を念頭におき，経営者の意思決定の意義を国民の経済的繁栄という観点から考察しようと思う[2]。

2. 経済社会の繁栄度の指標——国民経済計算とわが国の現状

一国の経済の繁栄・発展とは何か。経済的豊かさのみが幸福の最大化をもたらす要因ではないということを確認した上で，とりあえず国民の経済的豊かさを問題にしよう。一国の経済の繁栄・発展度の典型的測定方法が「国民経済計算」である。国民経済計算は，ケインズ恒等式を基礎に複式簿記の体系をマクロ経済の測定に援用したものと解することができよう。国家の経済循環について，次のように捉える[3]。

(2-1) GDP の意味——財貨・サービスの産出と需要，要素所得

生産活動の主体は，一定の技術の下で労働，資本ストック，土地を組み合わせて使用し，原材料（中間財）を投入して財貨・サービスを産出する。生産活動の過程で生み出された粗付加価値（財貨・サービスの産出額－（マイナス）中間財投入額）を一国全体について合計したものが国内総生産（GDP: Gross Domestic Product）で，名目値とそれをデフレーターで除した実質値があり，経済状況の指標としてしばしば使用される。

国内の経済活動によって供給された財貨・サービスと輸入によって供給された財貨・サービスの合計は，中間財，各種の国内最終財として需要され，あるいは輸出される。したがって，中間財の需要を控除したGDPについては次式が成立する。

---

2)　本章は，黒川行治（2014）を修正・加筆したものである。
3)　国民経済計算の構造の記述については，河野正男・大森明著（2012）と，内閣府経済社会総合研究所国民経済計算部編（2014）の国民経済計算の体系の解説，見方・使い方，用語解説などを参照している。「財貨・サービス」という用語は，この国民経済計算年報で使用される用語である。

GDP＝最終消費支出＋総資本形成＋輸出－輸入　　　　　　　　　　（1）

　　最終消費支出：政府最終消費と民間最終消費の合計

　　総資本形成：在庫品増加と総固定資本形成の合計

　またGDPは，固定資本減耗（減価償却費に相当）と生産・輸入品に課される税（純）を控除した後，各生産要素の間で報酬として配分される。換言すると，粗付加価値は，生産要素である雇用者報酬と営業余剰・混合所得，固定資本減耗，生産・輸入品に課される税（純）から構成される。

GDP＝雇用者報酬＋営業余剰・混合所得＋固定資本減耗

　　　＋生産・輸入品に課される税（純）　　　　　　　　　　　　（2）

　　雇用者報酬：賃金・給料（社会保険料と所得税込み）に雇主が負担する
　　　　年金保険料や医療保険料，退職一時金，労災補助金を加えたもの

　　営業余剰・混合所得：企業および個人商店などの営業利益に相当するもの

　　生産・輸入品に課される税（純）：消費税，酒税，たばこ税，不動産取
　　　　得税，金融取引税，固定資産税，事業税，自動車税などの内国税と
　　　　関税の合計－（マイナス）補助金

　なお，粗付加価値から固定資本減耗を差し引くと純付加価値となり，一国全体の純付加価値が国内純生産（NDP: Net Domestic Product）である。表24-1（（1）式と対応）と表24-2（（2）式と対応）は，リーマンショック前後10年のわが国GDPとそれの構成要素の推移を5年ごとに示している[4]。

　わが国のGDPは，2007年の513兆円をピークに，リーマン・ショック後の景気後退で2012年には2007年比約8％減の473.8兆円になった。このGDP減少過程において，総固定資本形成と民間最終消費は減少しているが政府最終消費は増加している。毎年30兆円を上回る特例公債（赤字国債）の発行による財政出動が行われてもなお，GDPは減少したのである。輸入は横ばいであるが輸出は大きく減少した。国内における付加価値生産が減少

4）　表24-1から表24-6については，内閣府経済社会総合研究所国民経済計算部編（2014）をもとに黒川が作成している。表の集計期間は歴年，金額は名目値である。2012年の確報値は，翌年の年報では確々報値として再計算される。

648 第5部 公共・政府と会計

表 24-1 GDP の需要（消費）

(兆円)

項目	2002 年	2007 年	2012 年
民間最終消費支出	289.0	294.1	287.7
政府最終消費支出	91.3	92.8	96.9
総固定資本形成	114.2	115.8	100.1
在庫品増加	− 2.1	1.6	− 1.5
財貨・サービスの輸出	56.2	91.0	69.8
財貨・サービスの輸入	49.5	82.4	79.2
GDP	499.1	513.0	473.8

出典：黒川行治（2014），16頁。

表 24-2 GDP の生産要素への分配

(兆円)

項目	2002 年	2007 年	2012 年
雇用者報酬	259.5	254.7	245.8
営業余剰・混合所得	97.2	110.2	90.7
固定資本減耗	101.8	106.4	100.6
生産・輸入品に課される税	41.5	43.3	40.3
補助金	− 3.6	− 2.8	− 2.9
統計上の不突合	2.7	1.2	− 0.6
GDP	499.1	513.0	473.8

出典：黒川行治（2014），16頁。

しているのであるから当然に雇用者報酬も減少している。

(2-2) 国民所得と GDP（国内生産）との概念の違い

投資所得（金融資産の所有から受け取る受取利子や配当金所得）とレント（土地などの自然資産を提供することにより得た所得）の合計を財産所得と呼ぶ。雇用者報酬に海外からの報酬を加算，海外への報酬を減算，海外からの財産所得を加算，海外への財産所得を減算するなどして求めた雇用者報酬，営業余剰・混合所得，生産・輸入品に課される税（純）に財産所得を加えた合計が国民総所得（GNI: Gross National Income）であり，その国民総所得から固定資本減耗を差し引いたものが国民純所得（NNI: Net National Income）である。

国内という概念は，国内領土に居住する経済主体を対象とするという概念
で，主として生産活動に関連した概念である。在日非日系子会社は，わが国
の居住者たる生産者として国内領土で活動しているので国内に含まれ，逆に，
日系企業の海外支店は含まれない。GDP は，居住者による国内生産活動の
結果生み出された付加価値の総額である。

　一方，国民という概念は，当該国の居住者主体を対象とする概念であり，
「外国為替及び外国貿易管理法」の通達「外国為替管理法令の解釈及び運用
について」の居住者の要件を満たす企業，一般政府，対家計民間非営利団体
および個人のことである。国民総所得は当該国の居住者主体によって受け取
られた所得の総額を示すもので，GDP に海外からの所得（雇用者報酬，投資
収益などの財産所得，企業所得）の純受取りを加えたものであり，分配面から
の接近によって把握されるものである[5]。

　わが国に本社がある会社が国内で生産活動をした結果産出された付加価値
は一国全体の GDP を増加させ，企業に対する営業余剰とともに国民に対し
ても雇用者報酬として分配される。一方，わが国の会社が海外にある会社を
子会社にした場合（または海外に子会社を設立した場合）には，それら海外か
らの財産所得として企業に対する営業余剰を増加させ一国全体の国民所得を
増加させ得るが，国内雇用者への分配は間接的なものに限定される。

(2-3) 社会負担と所得の再分配

　国民所得は，第 2 次分配計算すなわち，所得・富に課される経常税（所得
税，法人税，住民税など），社会負担（雇用者報酬に算入された雇用主負担分と
雇用者自らが拠出するもの），現物社会移転以外の社会給付（老齢年金，失業給
付，児童手当て，年金基金による社会給付，無基金年金者社会給付，生活保護費
などの社会扶助），その他の経常移転（損害保険サービスと保険金，地方交付税
交付金，国民年金特別会計への一般会計からの繰入，国際機関分担金など）のそ
れぞれの支払いと受取りが政府を含む異なる経済主体間であるので，同額を
加算・減算すると可処分所得となる。なお，その他の経常移転のうちの寄付

---

5)　内閣府経済社会総合研究所国民経済計算部編（2014）の用語解説「国内概念と国民概念」参照。

650　第5部　公共・政府と会計

表24-3　国民純所得と可処分所得

（兆円）

項目	2002年	2007年	2012年
財産所得（支払）	80.9	94.6	75.8
財産所得（受取）	88.9	111.8	90.8
国民純所得（第1次バランス（純））	402.6	422.7	388.9
所得・富に課される経常税	39.5	48.9	39.4
社会負担　雇用主負担分	28.1	28.2	30.3
社会負担　雇用者自らの拠出分	28.6	30.2	32.3
現物社会移転以外の社会給付	71.6	72.5	82.2
その他の経常移転（支払）	87.7	84.5	95.8
その他の経常移転（受取）	87.1	83.5	95.0
可処分所得（純）	402.0	421.7	388.0

出典：黒川行治（2014），17頁。

金・罰金・科料，国際機関分担金などについては支払いと受取りに少額の差額があるので，国民純所得と可処分所得（純）には金額差が生じている。

　雇用の維持・創出および賃金の上昇を産む国内生産活動では，社会給付に見合う社会負担（雇用者報酬に算入された雇用主負担分と雇用者自らが拠出するもの）の維持を容易にさせる。一方，雇用を創出せず，財産所得のみが国民所得の増加に寄与する企業活動では，公共政策上必要な社会給付が増加し，これを生産・輸入品に課される税や所得・富に課される経常税で埋めることが必然となる。社会負担と所得の再分配の規模を示したのが表24-3である。

　国民純所得（NNI）は，2007年の422.7兆円をピークに，2012年には2007年比約8％減の388.9兆円である。しかし，社会負担と現物社会移転以外の社会給付，その他の経常移転は増加している。社会保障関係諸費が着実に増加していることが読み取れる。

（2-4）海外取引と経常対外収支

　わが国が海外と行った取引については，経常取引，資本取引および金融取引に区分して集計される。経常取引では，財貨・サービスの輸出，海外からの雇用者報酬，海外からの財産所得，海外からのその他の経常移転の合計か

第 24 章　企業の海外戦略と国民の経済的繁栄　*651*

表 24-4　海外取引と経常対外収支

(兆円)

項目	2002 年	2007 年	2012 年
財貨・サービスの輸出	56.1	91.0	69.8
海外からの雇用者報酬	0.2	0.2	0.2
海外からの財産所得	12.6	26.3	21.1
海外からのその他の経常移転	1.9	2.0	2.1
財貨・サービスの輸入	49.5	82.4	79.2
海外への雇用者報酬	0.0	0.0	0.0
海外への財産所得	4.7	9.1	6.1
海外へのその他の経常移転	2.5	3.1	3.0
経常対外収支	14.1	24.9	4.8

出典：黒川行治 (2014)，18 頁。

ら，財貨・サービスの輸入，海外への雇用者報酬，海外への財産所得，海外へのその他の経常移転の合計を差し引くことで，経常対外収支が算出される。なお，経常対外収支に海外からの資本移転等 (純) と対外資産・負債の変動 (純) を加算・減算すると，海外に対する債権の変動と一致する。

　財貨・サービスの輸出と輸入との差額である貿易収支は，2011 年から赤字になり，表 24-4 から計算すると，2012 年は 9.4 兆円の大幅な赤字となった。財産所得が順調に大きくなれば経常対外収支の悪化を軽減することができる。2007 年の財産所得の収支差は 17.2 兆円，2012 年の財産所得の収支差は 15.0 兆円と若干の減少で，貿易収支の赤字化による 2012 年の経常対外収支の悪化を軽減することはできなかった[6]。

　海外からの財産所得の内訳が表 24-5 である。海外直接投資に関する再投資収益とは，海外直接投資企業の留保利益を示している。連結会計や持分法を念頭におくと容易に理解できる。表 24-6 が対外資産残高とその内訳である。財産所得を対外資産合計で割ると，海外金融・投資取引の収益率の概算値が把握でき，約 3-4% であることが分かる。

---

6)　2014 年 8 月 8 日の財務省発表の国際収支速報値では，2014 年上半期の経常収支は 5,075 億円の赤字となった。

652　第5部　公共・政府と会計

表24-5　海外からの財産所得とその内訳

(兆円)

項目	2002年	2007年	2012年
利子	8.2	15.0	8.5
法人企業の分配所得	2.0	6.2	7.9
海外直接投資に関する再投資収益	1.0	2.3	2.1
賃貸料	1.3	2.7	2.5
海外からの財産所得	12.6	26.3	21.1

出典：黒川行治 (2014), 18頁。

表24-6　対外資産残高とその内訳

(兆円)

項目	2002年末	2007年末	2012年末
外貨準備高	2.2	2.8	6.4
現金・預金	6.0	17.3	5.2
貸出	81.4	101.7	89.5
金融派生商品	11.9	14.3	36.5
貿易信用	4.3	6.5	4.8
未収金	0.4	1.4	7.7
直接投資	36.5	61.9	89.8
うち株式資本	30.2	44.3	65.8
うち再投資収益	4.0	14.9	19.9
うちその他の資本	2.3	2.7	4.1
対外証券投資	213.2	380.9	406.8
その他対外債権	27.0	55.4	71.6
対外資産合計	383.0	642.1	718.5

出典：黒川行治 (2014), 18頁。

3.「わが国の企業（日系企業）」とは何か

　前節では，経済社会の繁栄度の指標の典型であるGDPや国民純所得について，国民経済計算の仕組みの概要を見ながらその意味をおさらいし，企業の海外戦略決定がそれらの指標に与える影響を確認した。また，わが国の経済繁栄度と海外取引の近年10年の変化を見てきた。われわれが消費する商

品が国内で生産されたものであれば，付加価値が国内で生産され，雇用を通じて雇用者報酬の増加につながるが，わが国の現状は，2007年をピークに国内の付加価値生産が減少している。アベノミクスの第3の矢・成長戦略への期待が高まるのはもっともなことなのだ。消費者・一般市民としても協力したいが，商品購入上の価格要因は非常に重要なので，公共社会に思いを馳せてもなかなか国内製品を優先して購入することにはならない。そこで，価格要因に勝るかもしれない大義名分を揃えて，それを購入決定の重要な要因にしたいと考える。

例えば，原子力発電が止まり，化石燃料系発電の増加に起因する化石燃料の輸入増が貿易収支の悪化の大きな要因になっていることから，少しでも電力消費を抑えるために家庭の電球をLED電球に替えようかと思い家電量販店に行った。周知のようにLED電球は，60Wで2,000円超，100Wで5,000円超と高価格（付加価値）商品なので，日系企業の製品であれば当然に国内生産かと思っていたら，最大手のP社とT社の製品にはMade in Chinaと印字されていた。唯一，H社の製品が日本製で10〜20％高価格であった。LED電球の部品は日本製なのかもしれないが，電力消費量抑制の先端技術商品でさえ，大手家電企業は生産コスト低減のために海外で生産し輸入していることに驚く。

次に，本田技研工業（株）の2013年度（2014年3月31日決算日）の所在地別セグメント情報（表24-7）を見てみよう。日本の売上高その他の営業収入計を消去前の計のそれで割ると約28％である。日本の長期性資産を連結のそれで割ると約25％である。本田技研が日本国内の付加価値生産に寄与している割合はこの程度なのであろう。本田技研の連結利益が増加し，またファンダメンタル要因によって株価も高くなると，株主には配当（income gain）と株式売却益（capital gain）獲得の機会が増す。2013年度末の発行株式の所有者分布（表24-8）を見ると，約41％が外国人所有であり，その分は日本国民の富の増加には直接貢献しない[7]。

市場経済のグローバリゼーションは，国という単位での付加価値生産・経

---

7) 表24-7と表24-8は，本田技研工業株式会社『第90期（2013年度）事業ご報告』（定時株主総会招集ご通知添付資料）から黒川が作成している。

654 第 5 部　公共・政府と会計

表 24-7　本田技研 2013 年度所在地別セグメント情報

(億円)

項目	日本	北米	欧州	アジア	その他の地域	計	消去または全社	連結
売上高その他の営業収入								
外部顧客	22,167	55,960	6,765	23,401	10,131	118,425		118,425
セグメント間	19,755	3,740	988	4,868	124	29,475	− 29,475	
計	41,923	59,700	7,753	28,269	10,255	147,900	− 29,475	118,425
営業費用	39,782	56,791	7,924	26,090	9,806	140,393	− 29,471	110,922
営業利益	2,141	2,909	− 171	2,179	449	7,507	− 4	7,503
資産	34,427	88,253	7,095	19,969	7,672	157,416	− 1,196	156,220
長期資産	12,801	30,251	1,331	5,884	1,714	51,981		51,981

出典：黒川行治（2014），19 頁。

表 24-8　本田技研 2013 年度末所有者分布状況

区分	株数（千株）	人数（名）
個人	170,653	212,550
政府・地方公共団体	0	0
金融機関	705,390	281
証券会社	31,902	79
その他国内法人	152,678	1,541
外国人	741,667	1,103
自己名義	9,137	1
合計	1,811,428	215,555

出典：黒川行治（2014），19 頁。

済的繁栄，国内居住者という意味での国民の豊かさに対して影響を与え，その領域的概念を無意味にするとまでは言わないが，国という単位における人間社会の富の生産と政府による富の再分配を通じての社会システムの形成メカニズムを大きく変容させている。経営者の海外戦略は，自由な市場経済における利潤追求のための当然の決定と看做されてはいるが，この主張に対して微塵の疑問を抱かずして良いのであろうか。次節以降，この問題について公共哲学の観点から考えてみよう[8]。

4. 自由の尊重と市場経済重視

　われわれの社会では「自由の尊重」を最上位の価値と考えることが伝統的である。そこでは，言論の自由，出版・報道の自由，集会の自由，信教の自由，動産を保有する権利などが挙げられる[9]。レッセ・フェール（自由放任主義）の立場では，自発的選択が尊重され支持される社会こそ正義を実現する社会であると考えている。リバタリアン（自由至上主義者）は，経済効率を理由とするのではなく，人間の持つ自由への基本的権利（他人が同じことをする権利を尊重する限り，自らが所有するものを使って，自ら望むいかなることも行うことが許される権利）を理由として，制約のない市場を支持するものである[10]。

　この規準に従えば，個人としては他者の承認があることを前提とする自由を最重視する。とくに，経済問題について見ると，国は規制緩和を求めて国際交渉に臨む一方，自国についてはフェアな競争を心がけるはずである。ハイエクやフリードマンなどの新自由主義は，1980年代から1990年代にかけて，主要先進国の政権運営の基本的方針となり，規制緩和，経済の自由化，小さな政府を目的とする民営化が推進された。そして，社会の有り方として，自然淘汰を市場に委ねる市場至上主義が喧伝されていった。

---

8)　本章の4-5節は，黒川行治（2013）の一部を抜粋・修正したものである。

9)　平等主義的傾向にあるロールズでも「善く秩序づけられた社会＝公共世界」創出のために人々が最終的に合意するであろう正義の第1原理は，「各個人が最大限に平等な自由（政治的自由，言論の自由，良心と思想の自由，心理的圧迫と肉体的暴行や殺傷からの自由，恣意的逮捕や押収からの自由，個人的財産＝動産を保有する権利など）をもつことの保障」である。山脇直司（2004），142-143頁。ロールズ，J著—川本隆史・福間聡・神島裕子訳（2010），84-86，114，402-403頁。John Rawls（1999），pp. 52-54, 72.

10)　サンデル，マイケル—鬼澤忍訳（2010），第3章，とくに80頁参照。Sandel, Michael J. (2009), ch. 3, pp. 59-60.

5. カール・ポラニーの「自己調整的市場」に関する洞察

(5-1) 19世紀の自己調整的市場の進展と20世紀初頭の反動の原因

　市場の機能を信奉する思想の根底には，市場には自己調整的機能が備わっているとする大前提があり，しかもその大前提は実証的にも肯定されていると考えていることにある。市場で取引される製品・サービスは需要と供給との関係によって適正な価格と適正な量に調整される。政府の役割がもしあるとすれば，このような自己調整的機能を十二分に発揮できるような高質な市場環境を作り上げることである。例えば，当事者の平等な競争を阻害するような一部の利害関係者の便宜を図る規制を撤廃するとか，当事者の公正な取引を阻害する情報の非対称性を極力解消するために情報のディスクロージャーを徹底するという政策である。

　自己調整的市場の大前提は果たして実在するのか。ここで，この大前提に疑問を投じたカール・ポラニー（Karl Polanyi）の名著『大転換』を想起する。ポラニーは，19世紀から20世紀初頭にかけての市場自由主義社会の進展とその後に起こった第1次世界大戦，世界大恐慌，ファシズムの台頭，そして米国ルーズベルト大統領のニューディール政策などを分析対象に，自己調整的市場の大前提はユートピアにすぎないと主張する『大転換』初版を1944年に上梓した。自己調整的な市場経済システムを構築するためには，取引（交換）するために生産される商品だけでなく労働，土地，貨幣すらも商品化する必要があり，それはわれわれの社会の在り様を破壊するように機能する。したがって，このような市場至上主義の影響が深刻になるつれ人々は抵抗し，人間社会と自然環境の破壊を防止しようとする動機が生まれ，われわれの社会を存続させようと行動すると論じた。振り子の幅が大きくなるように自由放任の弊害（とくに経済的弱者の苦痛）が大きいほど，その反動も大きくなる。人間社会を防御しようとする反動は過度な保守主義を招き，グローバルな国際間取引の減少と経済圏（市場の囲い込み）競争は第1次世界大戦へと発展し，自由放任の拒否は民主主義の思想をも捨て去るように作用してファシズムの政権奪取を許した[11]。

第24章　企業の海外戦略と国民の経済的繁栄　*657*

(5-2) 現在も妥当する自己調整的市場のユートピア性

　このようなポラニーの論理・主張は初版上梓後70年を経過した現在でも
いささかも陳腐化していない。1990年代以降とくに顕著となった金融資本
主義の進展とその猛威をわれわれは現在体験している。情報の非対称を原因
として市場が高質でない時にはいつでも，市場機能を介した社会の最適資源
配分が達成されないことは自明である。また，市場取引に参加する人間の
ヒューリスティックな行動は，ファンダメンタルな経済の諸条件を理性的に
分析して意思決定するという仮定に反している。理性的な決定と感情的な決
定の複合，取引参加者の予測の極端な変動は，市場価格などの過度な不安定
性を招く。その不安定な市場を狙った投機的な取引によって莫大な利益を稼
ぐヘッジファンドなどの存在・活動を，短期的資本移動の自由化は許した。
東アジアの通貨危機，リーマン・ショックによる金融危機を経て，ギリシャ
などのヨーロッパの経済危機・財政危機を目撃している。

　わが国に照らしてみれば，バブル崩壊後20年を超えるデフレ基調に対処
してきたことによって国家財政は悪化の一途を辿った。そして公的負債の対
GDP比が210％を超えるような国家財政の瀬戸際での金融緩和・円高是正
政策，さらなる財政出動と経済活性化対策の行方を，固唾を飲んで見守る状
況にある。このような高リスクの政策が近い将来どのような帰結に至ったと
しても，過度の保守主義，そして民主主義を捨て去る全体主義的社会の再現
だけは回避しなければならないであろう。それが歴史を振り返り，原因を分
析し，過去の誤りに学ぶというものである。

(5-3) 自己調整的市場の特徴

　ポラニーの主張をもう少し辿ってみよう。われわれの社会は経済的動機や
価値観，規準のみによって成立してはいなかった。ポラニーによると，経済

---

11)　ポラニー，カール著―野口建彦・栖原学訳 (2009)。本文は21章から構成される大著である。
　　本書から得られるさまざまな示唆はもちろん本文を熟読しなければ得られない。しかし，ポラ
　　ニーの主張・真意をより明確に理解するためには，長文のジョセフ・スティグリッツ（ノーベル
　　経済学賞受賞）の本書への「序文」（翻訳書で15頁もある），フレッド・ブロックの「紹介」（翻
　　訳書で31頁分），および「訳者あとがき」（16頁分）と各章に設けられた訳者梗概を読むことが
　　重要である。本章の論述も，これらの序文，紹介，訳者あとがきと梗概を大いに参考にしている。

原理は「互酬」，「再分配」，「家政」，「市場交換」の4要素によって体系化できるが，産業革命以前の伝統的社会は，そのうちの互酬，再分配，家政の原理により経済活動システムを説明でき，そのような経済システムでは政治や文化的諸活動と経済活動が一体化していた。

ここでいう互酬とは，「共同体内あるいは共同体相互において，個人あるいは集団はそれぞれ自己の「片割れ」をもち，相互の贈り物のやりとりとも考えられるような関係を結ぶ」ことである。また再分配は，「共同体の成員による生産物は，いったん首長すなわち中心に位置する人物に集められ貯蔵され，さまざまな機会に再び成員に分配される」ことである。いずれの場合にも利潤という観念は締め出され，取引性向は姿を現わさない。家政は，「自ら使用するための生産の謂いであり，閉ざされた集団という制度的パターンで機能する」[12]。

一方，19世紀の資本主義経済においては市場が支配的な役割を果たすことになる。「取引，交易，交換は，市場パターンが存在して初めて有効に機能する。市場パターンは，それ自身に特有の動機，すなわち取引・交換動機と結びつき，特定の制度を作り出すことができる。市場による経済システムの支配が社会組織全体に対して圧倒的な影響を与え，市場がその付属物ともいうべき社会を動かすことになる。経済が社会的諸関係の中に埋め込まれているのではなく，反対に社会的諸関係が経済システムの中に埋め込まれている。」[13]

このような「「交換」が主たる行動原理となった自己調整的市場社会は，……理念的にいえば，私的な物質的利益を自由な交換によって獲得しようとする個人の集合体である。諸個人は，生活に必要なすべての物質とサービスを出入り自由な諸価格決定市場で調達することになっている。つまり，自己調整的市場社会では，人間の固定的・相互依存的な関係を支えてきた伝統的な組織や制度は融解〔する〕。……ここでは経済活動が，独立した個人を単位にして，政治的・社会的諸活動から切り離され，それらの干渉や介入を受けない自律的な自己調整的市場組織において営まれると考えられているので

---

12)　ポラニー著─野口・栖原訳（2009），第4章および訳者による梗概。

13)　ポラニー著─野口・栖原訳（2009），第5章，とくに99-100頁。

ある」[14]。

　産業革命以降に生じた人間社会の大転換，「伝統的諸社会から自己調整的
市場社会へ短期間に移行すること，すなわち有史以来人間の相互依存関係を
支えてきた行動原理や価値観や組織を短期間に否定し破壊することがどれほ
どの困難と苦痛をともなうもの〔であろうか〕」[15]。保守的な対抗運動が生じ
る理由はここにあるのである。

(5-4) 労働，土地（自然資産），貨幣の擬制商品性

　ポラニーは，労働，土地（自然資産），貨幣を「擬制商品」と呼び，これ
らを自己調整的市場原理に無制限に委ねることはできない，すなわち政府・
国家による市場の管理が必要であると論じていた。この主張は，政府・国家
を市場の外部に存在するものと主張する市場自由主義とは対局に位置付けら
れるものである。フレッド・ブロックは，『大転換』の「紹介」で次のよう
に論じた。

　「たとえ経済が自己調整的であるとしても，国家はインフレーションとデ
フレーションという双子の危険を避けるために，貨幣の供給と信用の供与を
調整する役割を継続的に果たさねばならない。同様に，国家は失業中の労働
者に対する救済資金の提供，将来の労働者の教育・訓練，また国内外の移住
の奨励などによって，労働者に対する需要をうまく調整しなければならない。
土地の場合，政府は収穫量の変動や価格の不安定などの圧力から農民を守る
ためのさまざまな方策によって，食料生産の維持に努めてきた。都市部にお
いては，政府は環境規制や土地利用規制を通じて，既存の土地利用を統御し
ている。要するに，擬制商品を統御する役割は，国家を3つのもっとも重要
な市場の内部に位置づけるのである。つまり，国家は経済の「外部」に存在
するものだとする市場自由主義者の見解を支持することは全く不可能となる。

　擬制商品は，経済を社会から切り離すことが不可能であることを示してい
る。現実の市場社会においては，市場を統御するために国家が積極的な役割
を演じることが必要であり，そのような国家の役割には政治的な意思決定が

---

14) ポラニー著―野口・栖原訳（2009）訳者あとがき，538-539頁。〔 〕内は黒川加筆。
15) ポラニー著―野口・栖原訳（2009）訳者あとがき，539頁。〔 〕内は黒川加筆。

必要となる。つまり，国家を何らかの技術的もしくは行政的な機能に限定することはできないのである」[16]。

今や常識となった国家の金融政策，各国政府がそれぞれ行う為替水準誘導政策，各種の社会保障政策，そして食料危機への対処のための農業保護対策や自然環境規制は，19世紀以来の歴史に学んだ結果である。

6. 経営者の使命は何か

市場経済のグローバリゼーションは，利潤を追求する個々の経済主体の功利主義的な意味における合理的決定の結果である。金融資本主義の過度な進展は，投機的な金融取引によって毎日莫大な資金を移動させ，超過利潤を稼ぐヘッジ・ファンドなどの存在を現出させた。実物市場においても，自由の尊重を何らかの公権力によって制限するという自由民主主義に対する挑戦をあえて行わなければ，もはや国際的な付加価値生産の場の移転を止めることはできない。グローバルな市場経済システムが社会全体のシステムを決定付けていき，国という空間の概念は過去のものになりつつある。

そもそも理想的な経済社会であれば，功利主義的な利潤動機によっても豊かであった地域から発展途上にある地域への富の移転が生じ，それによって豊かさの地域間格差が解消されていくものなのである。先進国における付加価値生産が発展途上国に移っていくのは経済法則に合致している。したがって，経営者などが自社および自己の利潤を追求するために海外直接投資や海外企業のM&Aを行ったとしても，特別な理由もなくそれらを非難することは自由な資本主義を否定することにも繋がる。

そこで投機目的の意思決定はもはや論外として，本章で私が主張したいことは，企業の経営戦略に携わる経営者やそれにアドバイスするコンサルタントなどの関係者の一人ひとりに，わが国に居住する国民の一人でもあるという自覚を持ってほしいということなのである。日本以外の国々を見渡してみ

---

16) ポラニー著―野口・栖原訳（2009）フレッド・ブロックの「紹介」xxxi 頁。

れば，世界最高の長寿国，上下水道や電力供給などのインフラ資産の充実，緑豊かな自然環境などなど，日本を超える豊かな国はそんなに多くは存在しない。その日本もいよいよ国家の繁栄のピークが過ぎ，やがて発展途上にある国々の波に飲み込まれていく運命にある。問題は，わが国の将来世代のことを思って，どのように軟着陸していくのかということなのである。国内での付加価値生産と雇用者報酬がますます減少し，さらに中央政府の財政が破綻して公共財の供給と格差是正のための再分配政策が実行できなくなった場合の経済社会の混乱を心配するのである。人間社会を防御しようとする反動は過度な保守主義を招き，自由放任の拒否は民主主義の思想をも捨て去るように作用する危険がある。戦略的決定に関与する経営者などの使命・役割は，自社および自己の利潤追求だけではなく，国民全体の豊かさに対しても責任があるという倫理観に基づく意思決定なのではないか[17]。

　最後に，ポラニーが想定する「社会的自由」の概念について，いささか長文であるがそれを引用させていただき，本章の結語としよう。

　「社会的自由の真の概念は，人間と人間との実在的関係に基づいている。社会的自由の概念はわれわれに，次のような二重の認識によって，この責任の要求を押しつける。すなわち，一方では，社会的な結果をまったくともなわないような人間の行動など存在しない，ということであり，他方では，社会のなかでは，どういうかたちであろうと個々の人間の行動に基づかない存在，権力，構築物，法則は存在しないし存在しえない，ということである。社会主義者にとって「自由に行為する」というのは，われわれが人間の相互的関連——その外に社会的現実は存在しない——に関与することに対して責任があるという事実，まさにこのことに対して責任を担わなければならないという事実を意識して行為する，ということである。自由であるというのは，したがってここではもはや典型的な市民のイデオロギーにおけるような義務や責任から自由だということではなく，義務と責任を担うことによって自由だということである。それは選択を免れた者の自由ではなく，選択する者の自由であり，免責の自由ではなく，自己負担の自由であり，したがってそも

17）　過度な節税対策は倫理性欠如の産物である。

そも社会からの解放の形態ではなく，社会的に結びついていることの基本形態であり，他者との連帯が停止する地点ではなく，社会的存在の逃れられない責任をわが身に引き受ける地点なのである。」[18]

【引用・参考文献】

黒川行治（2013）「開題―政府・国家の自然資産市場管理の必要性と道徳的慣習―」地球産業文化研究所・平成24年度排出クレジットに関する会計・税務論点調査報告研究委員会『平成24年度　排出クレジットに関する会計・税務論点調査報告研究委員会報告書』平成25年3月，1-7頁。

――――（2014）「企業の海外戦略と国民の経済的繁栄」（論壇）『企業会計』第66巻第11号（2014年11月），14-24頁。

河野正男・大森明著（2012）『マクロ会計入門』中央経済社。

サンデル，マイケル著―鬼澤忍訳（2010）『これからの「正義」のはなしをしよう―いまを生き延びるための哲学』早川書房。

内閣府経済社会総合研究所国民経済計算部編（2014）『平成24年度国民経済計算年報』メディアランド社。

ポラニー，カール著―野口建彦・栖原学訳（2009）『［新訳］大転換――市場社会の形成と崩壊』東洋経済新報社。

ポランニー，カール著―若松みどり・植村邦彦・若松章孝編訳（2012）『市場社会と人間の自由』大月書店。

山脇直司著（2004）『公共哲学とは何か』東京大学出版会。

ロールズ，J. 著―川本隆史・福間聡・神島裕子訳（2010）『正義論（改訂版）』紀伊國屋書店。

Sandel, Michael J. (2009) *Justice: What's the Right Thing to Do?*, first paperback edition, Farrar, Straus and Giroux.

Rawls, John (1999) *A Theory of Justice*, reviced edition, The Belknap Press of Harvard University Press.

---

18)　ポランニー，カール著―若松みどり・植村邦彦・若松章孝編訳（2012），33-34頁。この書では，ポランニーと訳されている。

第 25 章

納税行為の意義

1. わが国財務状況の確認と増税の必要性

　新聞やテレビの報道によって，わが国の財務状況が先進国のなかで突出して悪い状況にあり，例えば，金融危機のあったギリシャ，イタリアなどよりも負債の対 GDP 比が高く，日本国債暴落の危機さえ想定され得ることを知っておられる読者は多いであろう。消費税率の改定は，増加の一途を辿る社会保障費をもはや支えることが困難になったわが国の財務状況を，少しでも改善することになる。とはいえ，税負担の増加は国民（市民）にとって愉快なものではない。本章の目的は，将来に向かって避けられない税負担の増加に対して，どのような姿勢，心持ちで望むのかを公共哲学の観点から検討することにある。そこでまず議論の必要性を確認するため，わが国の財務状況を，客観数値をもって概観することから始めよう[1]。

　財務省主計局は，現在，1 月末をめどに『「国の財務書類」のポイント』を公表している。これは，最近 10 余年，国の財務状況を発生主義によって測定する政府会計基準の整備が進み，「貸借対照表」，「業務費用計算書」，「資産・負債差額増減計算書」，「区分別収支計算書」の財務書類 4 表によって，わが国の財務状況（国全体の資産や負債のストックの状況，費用や財源などのフローの状況）が把握できるようになったので，この結果を国民に理解しやすく伝えるために，財務状況の概要数値と重要ポイントの簡単な解説をしたものである。上場企業でいうところの株主向けの報告書のようなものである[2]。

---

1) 本章は，黒川行治（2014）をもとに，国の財務状況に関する記述を本書執筆時点（2017 年 3 月）の最新データに書き換え，また，一部加筆したものである。

664 第 5 部 公共・政府と会計

国は上場企業よりも格段に規模が大きく，部門が多分野かつ地方出先機関にまで及んでいることと，複式簿記システムの統合的 IT 化が遅れていることから，財務状況はほぼ 1 年遅れで（例えば，平成 27 年度（平成 28 年 3 月期）の財務状況が平成 29 (2017) 年 1 月に，特殊法人などを連結した財務状況は 3 月に）公表される。一般会計と特別会計（外国為替資金特別会計，財政投融資特別会計，年金特別会計，国有林野事業債務管理特別会計，貿易再保険特別会計，エネルギー対策特別会計など平成 27 年度末時点で合計 14）を合算した「国の財務書類」（平成 27 年度版）によると，資産総額 672 兆円（以下，金額の大きい項目は 1 兆円未満を四捨五入），負債総額 1,193 兆円，資産・負債差額は 521 兆円の負債超過である。ちなみにわが国の年間名目 GDP は約 537 兆円（2016 年 1〜12 月）であり，負債総額の巨大さが分かるというものである。貸借対照表の資産の主な内訳は，現金・預金が 52 兆円（日本銀行のマイナス金利政策の影響で，日銀現先取引（日本銀行の保有する国債を売戻条件付きで一時的に買い入れる取引）の運用を取り止めたことなどにより対前年比 24.5 兆円増加），有価証券（為替介入により取得した外貨証券など）が 125 兆円，貸付金（主として地方公共団体や政策金融機関などへの財政融資資金貸付金）が 116 兆円（日銀現先取引の取止めなどで対前年比 22.0 兆円の減少），運用寄託金（国民年金および厚生年金積立金の運用寄託）が 107 兆円，河川や道路などの公共用財産が 149 兆円である。負債の主な内訳は，政府短期証券（為替介入時の円貨を調達するために発行した外国為替資金証券など）が 86 兆円，公債が 918 兆円（建設国債が 270 兆円，財投債が 96 兆円，特例国債が 508 兆円など），公的年金預り金が 116 兆円，借入金が 30 兆円である。資産の勘定と負債の勘定との間には対応関係にあるものがあり，外貨証券と外国為替資金証券，財政融資資金貸付金と財投債・預託金，運用寄託金と公的年金預り金がその例である。特例国債が，いわゆる赤字国債と呼ばれるものであり，平成 27 年度だけで 29 兆円が積み増しされた。

　一方，フローを見ると，財源合計が 122 兆円。内訳は，租税等収入が 60

---

2) http//www.mof.go.jp/budget/report/public finance fact sheet/index.htm
　なお，GDP 値は，内閣府経済社会総合研究所国民経済計算部が 2017 年 6 月に公表した「四半期別 GDP 速報」を参照した。

兆円（所得税 17.8 兆円，法人税 10.8 兆円，消費税 17.4 兆円，揮発油税 2.5 兆円，相続税 2.0 兆円，酒税 1.3 兆円，印紙収入 1.0 兆円，復興税 0.4 兆円，その他 5.7 兆円），社会保険料が 52 兆円，その他の収入が 10 兆円である。他方，費用合計は 143 兆円。内訳を見ると，人件費 5.2 兆円，社会保障給付費 47.7 兆円（厚生年金給付費 23.3 兆円，基礎年金給付費 21.1 兆円，国民年金給付費 0.7 兆円，失業等給付費 1.5 兆円，その他 1.0 兆円），補助金・交付金が 48.4 兆円，地方交付税交付金等が 20.2 兆円，支払利息が 9.1 兆円，その他費用が 12.8 兆円である。なお，上記の補助金・交付金には，全国健康保険協会に対する保険料等交付金 8.9 兆円，後期高齢者医療給付費等負担金 3.6 兆円，国家公務員共済組合連合会等交付金 2.4 兆円，国民健康保険療養給付費等負担金 1.9 兆円，介護給付費等負担金 1.7 兆円などの社会保障関係費 32.3 兆円が含まれているので，社会保障関係費総額は，単純に合算すると約 80 兆円となる[3]。

　これらの数値からわが国の財務状況の変化を一言で言えば，「社会保障関係費で 28 兆円の赤字，国債などの利払費は（低い利子率のおかげで）9 兆円で済んでおり，財源から費用を差し引いた年間赤字が 28 兆円，それを国債発行で穴埋めしている」状況となろう。費用総額が変わらずに租税による財源で赤字を出さないようにするには，約 22 兆円の追加租税収入が必要となる。社会保障関係費の拡大が年間赤字の主たる原因なので，これをすべて消費税で賄うことを計画しよう。単純に言えば（すなわち，景気などへの影響を

---

3)　日本郵政（株），（株）日本政策投資銀行，（株）日本政策金融公庫などの特殊会社 14 法人，年金積立金管理運用独立行政法人，日本学生支援機構，日本高速道路保有・債務返済機構などの独立行政法人（以下「独」）98 法人，国立大学法人など 90 法人，認可法人の原子力損害賠償・廃炉等支援機構などその他 9 法人の合計 211 法人を合算した「連結財務書類」は，3 月末をめどに公表される。連結貸借対照表では，日本国債を日本郵政（株）などの連結法人が保有していれば相殺消去され，「公債」残高は減少するが，その原資である「郵便貯金」，簡保の「責任準備金」などが計上される。また，年金積立金管理運用（独）への「運用寄託金」は「有価証券」に振り替わり，満期保有目的有価証券は償却原価法，満期保有目的以外の有価証券は時価で評価される。連結情報に関する最新版（平成 29 年 3 月版（平成 28 年 3 月末時点））によると，資産総額 959 兆円，負債総額 1,424 兆円，資産・負債差額は 465 兆円の負債超過である。資産の主な内訳は，有価証券が 352 兆円，貸付金が 161 兆円，公共用財産と国有財産を合算した有形固定資産が 269 兆円である。負債の主な内訳は，公債が 780 兆円，郵便貯金が 176 兆円，責任準備金が 101 兆円，公的年金預り金が 120 兆円，独立行政法人等債券が 49 兆円である。また，フロー情報について見ると，財源合計 141 兆円に対して費用合計が 166 兆円で，約 25 兆円の赤字である。なお，年金積立金管理運用（独）では，5.3 兆円の資産運用損（大半は評価損）が計上された。

無視すると），消費税8%分で国には約17兆円の財源が確保できる[4]。したがって，現時点で費用総額を減らすことをせず，財源をすべて消費税で確保しようとすると，13%分の消費税の増加が必要となり，最終的に消費税の水準は21%程度になると推測できる。この消費税の水準は，現時点のヨーロッパ諸国とほぼ同程度になるものである。しかし，これだけで驚いてはいられない。国債の信用力が落ちることで，新規発行債の利率が上昇すると利払費の総額が増加する。また，このような水準まで増税しても，既存の国債残高は減少していない。債務を返済（国債の残高を減少）するためには，さらなる歳入の増加が必要である。

　なお，上記の推論は，景気刺激策による法人税と所得税の自然増加，消費税増税による消費水準の減少，国内付加価値生産拠点の拡大のための世界的法人税率引下げ競争，景気上昇時の公定利率および市中利子率の上昇，インフレーションに連動する税収増加と市中利子率の上昇などといった歳入・支出へのプラス要素とマイナス要素の影響を一切考慮していないので，きわめて乱暴であることは論を俟たない。所得税や法人税の税収増加などによって，消費税は20%で足りるかもしれない。しかし，それにしても，わが国が未曾有の悪い財務状況に至ってしまったのであり，会計の知識の有無にかかわらずこの数値を見れば，わが国の財務状況がいかに危機的であり，平成26年4月の5%から8%への消費税改定が，財務状況を健全化する道程上，ようやく半歩進んだ程度であるにすぎないことが理解されよう。

2. 租税による歳入と公的支出に見る国の役割

(2-1) 租税の2つの機能

　租税には大きく分類して2つの機能があると言われてきた。第1は，租税制度を通じて，われわれ市民社会に存在する資源，生産物のうちのどれだけ

---

4) 平成25年度までは国と地方が4対1で分けていたが，平成26年4月1日の8%改定後は，国に6.3%分，地方に1.7%分が消費税収となった。なお，平成27年10月1日の10%改定後は，国に7.8%分，地方に2.2%分が配分される予定であったが，先延ばしされた。

を政府の管理下に集め，他方，どれだけを市民（国民）の管理下におくのかという「公私分割」である。前述のわが国の財務状況をもたらした原因は，公私分割のバランスを欠いたからであり，政府支出を所与としたならば，毎年の税収がそれに対して不足，すなわち過少だったということは，それだけ民の支配下に多くの資源，生産物が分配されてきたということである。第2は，租税制度を通じて，どのように資源，社会的生産物を個々の市民の間に割り当てる（分配および再分配する）のかということである。

第1の公私分割の基準としては，後述する功利主義の経済学的見地からすれば，課税されずに市民の支配下におかれたならばその資源から得られる限界効用（その資源を課税によって失う機会コスト）よりも，公的支出として資源が使われることによる効用の増加が大きくなるような水準に課税水準を決めるということになる。したがって，公的支出による社会的限界効用が大きいのであれば，それだけ課税水準を高くして政府の支配下に多くの資源などを分割し，一方，課税されることで失う市民の限界効用（機会コスト）が大きいのであれば，課税水準を低くすることになる。そこで，課税水準を決めるためには公的支出の内容・使途が問題となる。

第2の租税の分配および再分配機能は，垂直的公平，水平的公平，世代間の公平などの大きな論点を提示する。垂直的公平に関しては所得税の累進性と相続税の問題，水平的公平に関しては異なる納税者間での課税ベースの捕捉の容易さ，消費税（支出課税）を主とするのか所得課税を主とするかの問題，そして世代間公平に関しては公共用財産に対する財源（公債発行と課税水準）の問題などが争点となる。いずれも大問題ではあるが，本章では，第1の公私分割に議論の範囲をひとまず限定し，それとの関連がある場合にのみ第2の論点に言及する。

(2-2) 公的支出の内容

公的支出の内容には，公共財の提供と個人に対する利益提供の2つがある。まず，公共財の提供から検討してみよう。「公共財は，もし全員に提供されないならば，誰にでも提供できない財と定義される」[5]。公共財の提供について，「各個人はこれらの望ましい条件を維持することに直接的な個人的利

害をもっており，他者にも役立つやり方で提供されないならば，その望ましい条件を享受できない。だから，公共財の提供の背後にある動機は，集合的自己利益の最小のもの，つまり，個人の利益が集合の利益に収斂したものである。……道路，交通規制，郵便制度，技術的な状況に左右される電波の規制，普遍的な識字を保証する教育，公衆衛生の維持，市民法の信頼に足る体系，これらすべては，安全，経済性，社会制度のスムーズな働きに対して大きな効果をもち，社会構成員全員にとっての利益となる系統だった条件を維持するために必要となる妥当な選択肢」[6]とされる。

第2の政府の役割は，「一人一人の個人に一定の利便性を提供することで，個人に利益を与えることを目指した巨大な国家活動についてである。……失業補償，障害者手当，退職年金，子育て支援，保健医療，独り立ちしていない子どもへの援助，食料切符，無料学校給食といった社会サーヴィスである。また，ここには，公立大学，学生ローンへの援助，公的財政によって賄われる奨学金，私立研究機関への直接的あるいは間接的（例えば税控除による）財政支援といった，多くの教育支援も含まれる」[7]。

第1の公共財には，「生活の質に違いをつくる他のさまざまな文化的，社会的，環境的な財もおそらく含まれる」が，「すべての人がこれらの公共財のそれぞれを同程度に「消費する」わけではない」にもかかわらず，これらの項目も公的支出の重要な構成要素となっている。これらは，「公共的義務」という概念で理解する方が容易かもしれない。つまり，「私たちは，飢饉，伝染病，環境破壊のような大きな災難の予防または緩和に貢献する何らかの集合的責務を負っており，さらに，おそらくは，芸術（芸術的遺産の保全を含む）のような固有に価値をもつ財を支える責務を負っている。……そのような責務は，存在するとすれば，国境を超え，政府によってその市民たちに強制的に課せられるほど十分に強いものかもしれない。これは，その市民にたいしてこれらのものが提供する利益を基礎にするのではなく，市民が支援

---

5) マーフィ，L＝T・ネーゲル著—伊藤恭彦訳（2006），50頁。Murphy, Liam＝Thomas Nagel (2002), p. 46.

6) マーフィ＝ネーゲル著—伊藤訳（2006），51頁。Murphy＝Nagel (2002), pp. 46-47.

7) マーフィ＝ネーゲル著—伊藤訳（2006），53頁。Murphy＝Nagel (2002), p. 48.

のためにもつ義務を基礎に深刻な貧困に苛まれている国々への対外援助を提供するため，ならびに芸術を政府が支えるために，人々に課税することを正当化する」[8]。

公的支出総額の水準や個々の構成要素は，市民を主権者とする国の有り方に関する社会的正義についての考え方・主義によって決まり，市民が決定した公的支出総額は，課税や料金などを通じて国民が負担することになる。そこで，本書ですでに言及してきた代表的な社会的正義の諸説を，重複するが記憶を新たにするために5つほど紹介しておこう。

3. 社会的正義の諸説再述

（1）功利主義

まず，ベンサムの「功利主義」として知られている「効用最大化原理」に関する言説を取り上げて検討しよう。ロールズによると，古典的な功利主義の学説について最も明確に定式化したのは，シジウィックであるという。「社会に帰属するすべての個人の満足を総計した正味残高が最大となるよう，主要な制度が編成されている場合に，当該の社会は正しく秩序だっており，したがって正義にかなっている」[9]。「最大多数の最大幸福をもたらす行いが最善であり，最大多数の最大不幸を引き起こす行いが最悪である」[10]。この功利主義では，「ある個人が現在および将来の利得と現在および将来の損失とを秤にかけるように，ある社会は異なる諸個人の満足と不満足とを比較考量する……。人間の連合体にとっての選択原理は，ひとりの人間の選択原理の拡張形態のひとつとして解釈される。社会正義は，集団の福祉という集計的な考え方に応用された，合理的な処世知（rational prudence）の原理に等しいもの」[11]である。

しかし，「効用原理が充たされたとしても，全員が便益を得られるという

---

8) マーフィ＝ネーゲル著—伊藤訳（2006），90頁。Murphy＝Nagel（2002），p. 81.

9) ロールズ，ジョン著—川本隆史，福間聡，神島裕子訳（2010），32頁。Rawls, John（1999），p. 20.

10) ロールズ著—川本，福間，神島訳（2010），33頁の原注9。Rawls（1999），p. 20.

670 第5部 公共・政府と会計

保証は全く存在しない。社会システムへの忠実さは，ある人びと（とりわけ，あまり恵まれていない人びと）に対して，（ほんらい享受されるべき）相対的利益を全体の善の増大のために差し控えるよう，強く求めるかもしれない。それゆえ，犠牲を払わなければならない人びとが，当人自身の利害関心を超えた広範な利害関心に自分を強く同定・一致させない限り，この制度図式は安定的にはならないであろう」[12]。

（2）自由至上主義

レッセ・フェール（自由放任主義）の立場では，自発的選択が尊重され支持される社会こそ正義を実現する社会であると考えている。リバタリアン（自由至上主義者）は，経済効率を理由とするのではなく，人間の持つ自由への基本的権利（他人が同じことをする権利を尊重する限り，自らが所有するものを使って，自ら望むいかなることも行うことが許される権利）を理由として，制約のない市場を支持するものである[13]。

（3）平等主義的自由主義──格差原理の応用

公共哲学の議論では，自由を尊重することは同じでも，平等主義的傾向から，「社会的・経済的に不利な状況にある構成員の状況を是正することに効果がある」という条件を満たすことを必要条件として，構成員の自由な決定が尊重されるとする考え方もある。これは，「ロールズの格差原理」を念頭においた考え方である。ロールズは，「善く秩序づけられた社会＝公共世界」創出のために人々が最終的に合意しあうであろう正義の具体的原理を2つ挙げている[14]。

第1原理：各個人が最大限に平等な自由（政治的自由，言論の自由，良心と思想の自由，心理的圧迫と肉体的暴行や殺傷からの自由，恣意的逮捕や押収

11）ロールズ著──川本，福間，神島訳（2010），34頁。Rawls（1999），p. 21.

12）ロールズ著──川本，福間，神島訳（2010），241頁。Rawls（1999），p. 155.

13）サンデル，マイケル著──鬼澤忍訳（2010），第3章，とくに80頁参照。Sandel, Michael J.（2009），Ch. 3, pp. 59-60.

14）山脇直司（2004），142-143頁。および，ロールズ著──川本，福間，神島訳（2010），84-85頁，114頁。Rawls（1999），pp. 52-54.

からの自由，個人的財産＝動産を保有する権利など）を持つことの保障。

第2原理：社会的・経済的な不平等は次の2条件を充たすように編成され
なければならない。

a. そうした不平等が最も不遇な人びとの期待便益を最大に高めること
（「格差原理」），かつ

b. 公正な機会の均等という条件のもとで全員に開かれている職務や地
位に付随するものだけに不平等をとどめるべきこと（「機会均等原理」）

第1原理が第2原理に優先し，第2原理では，機会均等原理が格差原理
に優先する。

（4）行為の意志──定言命法

カントの有名な「定言命法」とは，次のようなものである。

「ある種の行動によって達成されるなにか別の意図を条件として根底に据
えることなく，この行動を〔それだけとして〕直接に命じる命法が「定言命
法」である。定言命法は，行為の実質や行為から結果する事柄にはかかわり
をもたず，〔行為の〕形式と，行為そのものを生む原理とにかかわるのであ
り，行為の本質的＝善は心術のうちにあって，結果はどうであろうと構わな
い。この命法は，「道徳性の命法」と呼んでよい」[15]。定言命法は，「汝の格
率が普遍的法則となることを，その格率を通じて汝が同時に意欲することが
できるような，そうした格率に従ってのみ行為せよ」[16]という命法である。
なお，結論を先取りすると，本章の目的である「納税行為をどのように理解
するか」を示唆するヒントがここにあると思う。

（5）新しいバランスを欠いた相互性

デイヴィッド・ジョンストンは，「関与するすべての人が自分が授けるも
のと等価の利益を受けとる交換のことを，バランスのとれた相互性（balanced
reciprocity）の事例と呼ぶ（交換は2つ以上の集団をともないうるということ，
また交換される「もの」は利益でも害でもありうるということを念頭に置いて）。

---

15) カント，I著─宇都宮芳明訳・注解（2010），58項。若干修文。

16) カント著─宇都宮訳・注解（2010），67項。

672 第5部 公共・政府と会計

この等価という条件を満たさないあらゆる交換については，ﾊﾞﾗﾝｽを欠いた相互性（imbalanced reciprocity）というフレーズを採用[17]」する。「同等の人々にとっての正義が求めるのは，こうした人々が相互におこなう交換が少なくとも長期的にみればバランスのとれた相互性という性格をみせること」[18]である。換言すると，「バランスのとれた相互性の原理が正義の原理とみなされてきたのは，同等とみなされる人々の間でなされる交換に関する場合だけであった。人間の歴史の大半にわたって，ほとんどすべての社会がその成員を権力，身分，富において不平等な諸々のグループに分けてきたし，多くの社会ではこうしたグループがまた実績において不平等なものとみなされてきた」[19]。

　そこで，ジョンストンは，「相互性としての正義の観念を，それが人間能力における不平等という事実をも含みうる形に修正できないかどうか，検討しなければならない」[20]として，「新しいバランスを欠いた相互性」の論理を提案している。すなわち，「古来の正義の思想では自明であった〔対等でない者同士の相互性では，地位の低い人が地位の高い人よりも厳しく罰せられ，少なく受け取り，多くを与えねばならなかった〕という優先順位を逆転させ，……能力において不平等な人間の間で，才能の違いに由来するにせよ，他の資源の違いに由来するにせよ，能力の劣った人々から要求，期待できるものが少なく，能力の優れた人々から要求，期待できるものが多いときに正義がなされたと考えることは，理に適っている。」[21]

---

17)　ジョンストン，デイヴィッド著―押村高・谷澤正嗣・近藤和貴・宮崎文典訳（2015），31頁。Johnston, David（2011）p. 30.
18)　ジョンストン著―押村・谷澤・近藤・宮崎訳（2015），31頁。Johnston（2011）p. 30.
19)　ジョンストン著―押村・谷澤・近藤・宮崎訳（2015），32頁。Johnston（2011）p. 31.
20)　ジョンストン著―押村・谷澤・近藤・宮崎訳（2015），247頁。Johnston（2011）p. 227.
21)　ジョンストン著―押村・谷澤・近藤・宮崎訳（2015），247-248頁。〔　〕内は黒川加筆。Johnston（2011），p. 227.

4. 公私分割と社会的正義の諸説

(4-1) 功利主義による見解について

　公的支出総額の水準や個々の構成要素は，われわれが理想とする市民社会の有り方と対応している。「功利主義」的な観点からすると，個々人の効用が最も大きくなるような課税水準であるとき，個々人の効用の総和である社会的効用が最大となる。個々人の限界税率には「歪曲」，すなわち，租税から生じる望ましくない誘因効果がある。例えば，「余剰労働時間へ適用可能な限界税率が，余剰労働の純利益を余剰余暇時間の利益以下にまで縮小するなら，合理的な労働者は，働くことではなく余暇を選択する」[22]という「代替効果」である。つまり，限界税率が高くなりすぎると勤勉に対する意欲が減退し，社会全体の経済状態は縮小していくことが予想される。過度な社会福祉政策，過度な公的支出を維持するための高率な課税水準はその国の経済を衰退させる。もっとも，市民の効用は，金銭的な活動と稼いだ金銭量のみで測られるものではない。余暇時間の非金銭的効用もあるので，経済の規模が縮小しても社会の総効用が小さくなったとは一概には言えない。

(4-2) 自由至上主義による見解について

　自由至上主義の立場では，「課税によって経済的自由に政府が介入することは，自由と安全が保持され契約と財産権が履行されるように，国防，司法，警察力を支えるためにのみ正当化される」[23]。

　「自由至上主義」的見解には2つの基礎がある。第1は，権利に基礎をおいたものであり，「純粋な自由交換を通して獲得した財産の蓄積にたいして各人は不可侵の道徳的権利をもつ」[24]というもので，「自分にたいするそもそもの主権とは，道徳的に所与のものであって国家によって創出されたものではなく，能力の使用は私たちの自由にゆだねられており，他者の権利を侵す

---

22) マーフィ＝ネーゲル著―伊藤訳（2006），108-109 頁。Murphy＝Nagel（2002），p. 97.

23) マーフィ＝ネーゲル著―伊藤訳（2006），72 頁。Murphy＝Nagel（2002），p. 65.

24) マーフィ＝ネーゲル著―伊藤訳（2006），34 頁。Murphy＝Nagel（2002），p. 31.

674 第5部　公共・政府と会計

ように使わない場合には，他者は自由へ介入する権利をもたないことを意味
している」[25]。第2は，正当な功績という考えに基礎をおいたもので，「市場
は生産上の貢献と他者にとっての価値にたいして，人々に正当な功績がある
ものを報酬として与える」のである[26]。

　こうして，「人々が絶対的な意味で自らの純所得にたいして道徳的な権原
をもっていると直感的に感じているならば，……課税は自分たちに帰属して
いるものを取り上げることだという考えにまですぐに至る……」。「人々は節
約と勤勉を報いられるに値するという自然な考えは，すべての課税前所得が
そうした美徳にたいする報いと見なしうるというはるかに広い概念に横すべ
りする」のである[27]。

　第1の見解に対して鋭い反論がある。「政府なしでは市場は存在しないし，
租税なしでは政府は存在しない。そして，どんなタイプの市場が存在するか
は，政府が作らなければならない法と政策決定とに依存している。租税に
よって支えられる法体系がなければ，貨幣，銀行，企業，証券取引所，特許，
あるいは現代の市場経済——所得と富のほとんどすべての現代的形態の存在
を可能にする制度——は存在しえない。……人々が課税前所得にたいして何
らかの種類の権原をもつべきだと主張することは不可能なのである。彼らが
権原をもちうるものすべては，正当な課税によって支えられたシステムのも
とで，課税後に残るものである。

　このことが示しているのは，課税前所得に関連づけることで租税の正当性
を評価することはできないということである。その代わりに，私たちは課税
後所得を生み出す政治システムと経済的システム，そしてそこにはそのシス
テムの本質的な部分である租税が含まれるが，そういったシステムの正当性
に関係づけることで，課税後所得の正当性を評価しなければならない。租税
と所有権との論理的な優先順位は自由至上主義が想定しているものでは逆転
してしまっている」[28]。

---

25)　マーフィ＝ネーゲル著—伊藤訳（2006），73頁。Murphy＝Nagel（2002），p. 66.
26)　マーフィ＝ネーゲル著—伊藤訳（2006），34頁。Murphy＝Nagel（2002），p. 32.
27)　マーフィ＝ネーゲル著—伊藤訳（2006），38-39頁。Murphy＝Nagel（2002），pp. 35-36.
28)　マーフィ＝ネーゲル著—伊藤訳（2006），35-36頁。Murphy＝Nagel（2002），pp. 32-33.

また，第2の見解に対する反論は，「市場の結果が遺伝的（相続を含む），医学的，社会的（相続を含む）運によって決定されるならば，……道徳的に正当な功績ではない」というものである[29]。

(4-3) 平等主義的自由主義による見解について

「平等主義的自由主義」の立場では，失業補償，障害者手当，退職年金，子育て支援，保健医療，独り立ちしていない子どもへの援助，食料切符，無料学校給食といった社会保障給付に対する公的支出が大規模に行われるであろう。「ロールズの格差原理」の思考を詳述すると，以下のようになる。

「異なった社会集団の間にある富と生活水準の格差は，この不平等を生み出したシステムが，別のどんなシステムと少なくとも同じくらい最悪の人々の利益になるように作用している限りで正当化される。……より悪い状況にある少数者の不利益よりも，より良い状況にある人々の多くの利益の集計がまさっていることを認めない。……道徳的にみて恣意的な不平等は，避けられない場合かあるいは何ら恣意的でない目標やそれに役立つ目的によって正当化されない場合には，正しい社会秩序という点で受け入れがたい。だから，ロールズの見解では，社会経済的な階級上の不平等は，それを生み出したシステムが他のどんなシステムよりも，最低の階級にとってより良いという条件でのみ正当化される」[30]。

ロールズが格差原理に至った理由は，「理想的な公正なシステムは全員に生における同じチャンスを与え，この理想から逸脱する場合には積極的な正当化が必要であるという仮定」に対する問題に対処するためであった。この仮定は「どんな源泉が恣意的でないのか，そして，矯正を必要としないのかという困難な問題を提起する。階層化を生み出した家族的あるいは社会的な偏りは，そのような構造のうちに生まれついた子どもたちの生の見通しにおける恣意的な不平等を産出するとロールズは示唆している。……自然の能力における格差，つまり彼が自然の運と呼ぶものが稼得力の格差を結果的に生んだときには，道徳的に恣意的な効果をもつ。……人々の自由な選択のみを

---

29) マーフィ＝ネーゲル著―伊藤訳（2006），35頁。Murphy＝Nagel（2002），p. 32.

30) マーフィ＝ネーゲル著―伊藤訳（2006），59-60頁。Murphy＝Nagel（2002），p. 54.

676　第5部　公共・政府と会計

不平等の考えうる恣意的でない源泉とすることになるが，ロールズは，人々の幸運が彼らの選択の完全な結果であると言える範囲をはっきりと定めることができる実行可能な制度の存在に懐疑的である。このことによって，ロールズは格差原理を支持するに至り，より高い平等が最悪の人々の犠牲の上でしか達成できない地点まですべての不平等を除去することを求めた」[31]。

(4-4)「自律」と自由至上主義からの反論

　個人の自由を尊重する見解には擁護しうる基礎がもう1つある。それは，「自律」という道徳的価値である。「ジョン・スチュアート・ミルは，『自由論』で，私たちの社会的価値の究極の基準が一般的幸福の増進であるならば，個人の自由を保持することは，この目的にとっての必要不可欠な手段であり，その理由は，自由の保持が人々に彼らを幸福にするものを自分自身で実験しながら発見させるのを許容し，そうして，改善された生の形態と条件とを次々と発展させることを導くからだと論じた」[32]。すなわち，「市場は，……人々の生産的貢献の差異を通して，……投資運用の差異を通して，……親からの金品贈与によって，経済的不平等を生み出す。……市場経済における人々の選択が個々の生に影響を与え，個人の生が有用な選択肢の中から選んだ道筋にたいして，ある点まで個人の責任に帰する仕方である。……人々に自ら自身の生を形づくる責任を与え，さまざまな異なった財の消費，余暇，貯蓄，どれくらい熱心に働くのか，どんな物質的贅沢を享受するのかといったことを，それらを異なった形で結び付けたいろいろな選択肢の中からの選択にゆだねる点にある」[33]。

　ただし，「どんな正義の構想においても，市場経済の最も重要な機能は，目的それ自体ではなく，生産を促進し富を創出する手段としてのもの」[34]と理解することが大切であろう。

---

31)　マーフィ＝ネーゲル著―伊藤訳（2006），60-61頁。Murphy＝Nagel (2002), p. 55.
32)　マーフィ＝ネーゲル著―伊藤訳（2006），70頁。Murphy＝Nagel (2002), pp. 63-64.
33)　マーフィ＝ネーゲル著―伊藤訳（2006），74-75頁。Murphy＝Nagel (2002), pp. 67-68.
34)　マーフィ＝ネーゲル著―伊藤訳（2006），76頁。Murphy＝Nagel (2002), p. 69.

5. 納税行為をどのように理解して財政健全化に 対処するべきか

第1節で記述したように，わが国政府の最悪な財務状態のもとで，消費税率の増加改定をどのように理解し，財政健全化にどのような姿勢で臨むべきなのか。

（1）納税後の可処分所得が所有権の対象

カントの「定言命法」を納税行為の道徳的基礎におく人であれば，公的支出の水準を所与とすれば，それに見合う政府歳入を確保するために，各人に割り当てられる課税額を納税するのがきわめて自然とする姿勢・態度となろう。定言命法によれば，納税額の大きさや自身への影響（行為の結果）を考慮して行為を行うか否かを判断することではなくて，納税行為そのものを生む原理に基づいて行為する。すなわち，「納税義務」という用語を政府から強制されたものと理解せず，自らの心中から発する普遍的法則と一致するものと理解する姿勢・態度である。

この発想は，自由至上主義からは生まれそうにない。課税前の市場から得られた稼ぎ（収入）に対し権利がある，すなわち，課税前の稼得資源・社会的生産物に対する所有権は無条件にその個人に帰属するという前提だからである。しかしながら，個人の支配下にある資源や社会的生産物は，ホッブスの言う「自然状態」であれば，自らの力によって確保しなければならない。法律制度や契約の重視，治安の維持によって自らの所有権が確保される状態にはないからである。納税することで歳入が確保され，それを用いた公的支出が民主的・法治国家と安定した市場を維持しているのである。納税後の可処分所得こそ，市民個々の所有権の対象となる（支配下に入った）資源の増分なのである。

（2）市民が決定する公的支出の水準

課税額の水準は公的支出の水準によって決まる。公共財の提供，個人に対する多様な利益供与，そして公共的義務として理解すべき費用などの公的支

出の水準は,「われわれの社会がどのようなものであってほしいかという問い」に対する主権者たるわれわれ市民の決定によって決めることなのである。しかし,しばしば,公的支出の水準は,われわれとは隔絶した「国」あるいは「政府」が決める,他人事のように思える。それは,公共社会の問題に対する討議と決定にわれわれが直接参加することが少ない「間接民主主義」制度にあっては,投票期間のみ市民が意思決定しているとも言えるので,無理からぬことではあるけれど……。そこで,共和国とは何であったのかということを原点に立ち戻って確認してみよう。

　ルソーの『社会契約論』によれば,「社会のすべての構成員は,みずからと,みずからのすべての権利を,共同体の全体に譲渡する。……誰もがすべてを放棄するのだから,誰にも同じ条件が適用される。……さらに,この譲渡は留保なしで行われる。……各人がすべての者にみずからを与えるのだから,みずからをいかなる個人に与えることもない。すべての成員は,みずから譲渡したのと同じ権利を,[契約によって]うけとるのだから,各人は自分が失ったものと同じ価値のものを手に入れることになる」[35]。「わたしたちは,約束によって社会全体に結ばれているが,この約束は相互的なものであるからこそ,拘束力をそなえているのである。この社会全体との約束は,人がこの約束にしたがって他人のために働くとき,同時に自分のためにも働くことになるような性格のものである」[36]。

　社会契約で「設立された公的な人格は,……共和国（レピュブリック）とか,政治体という名前で呼ばれ,……受動的な意味では成員から国家（エタ）と呼ばれ,能動的な意味では成員から主権者（スヴラン）と呼ばれる。……構成員は集合的には人民（プープル）と呼ばれるが,主権に参加する者としては市民（シトワヤン）と呼ばれ,国家の法律にしたがう者としては国民（シュジュ）と呼ばれる」[37]。「政府は主権者ではなく,主権者の召使い（執行人）にすぎない。……執行権の合法的な行使を,統治または最高行政と呼ぶ。そして行政を委任された人間または団体を,統治者または行政官と

---

35)　ルソー,J・J著—中山元訳（2008）,40-41頁。
36)　ルソー著—中山訳（2008）,69頁。
37)　ルソー著—中山訳（2008）,42頁。

呼ぶ」[38]。つまり，われわれは，社会契約によって設立された国家において，主権に参加する市民たる成員なのであり，当然ながら政府は主権者ではないのである。

換言すると，市民たるわれわれは，政府の社会的決定に対して，他人事として受け取ることはできないのであり，そして，政府の決定は，われわれの決定として守らねばならないことである。

（3）公的支出の水準と連動する納税額

さて，われわれの共和国─政治体の性格について，課税水準を最小限度に抑える小さな政治体もあり得る。高額所得者は，高額な税額となる所得税や相続税の累進課税制度を忌避し，小さな政治体─国家を指向するかもしれない。しかし，ベンツに乗って銀座の街に出かけた時の状況を想像されたい。小さな政治体のもとでの銀座は，清掃が行き届かずゴミの落ちた歩道に，帰る場所のない人々が座りこみ，引っ手繰りが横行するためにガードマンを連れてベンツから降りる必要があるかもしれない。自分自身の可処分所得は確かに多くなるであろう。しかし，銀座で買物をする喜び，効用の増分は，現在の銀座のそれと比較するまでもない。高額所得者，高額な消費をできる人は，それだけ公的支出の恩恵，効用の増加も大きいのである。不平等な資源を持った人の間で，公的支出のコストを不平等に分けることには，課税の分配・再分配機能と分配的正義の問題を持ち出すまでもなく，実質的な理由がある[39]。

さらに，第3節（5）で紹介した，ジョンストンの「新しいバランスを欠いた相互性」の主張を思い出そう。人間の長い歴史のなかで，存在し続けている「バランスを欠いた相互性＝強い者の弱い者いじめ」，すなわち，権力，身分（地位），富が低く小さい人は，それらが高く大きい人よりも厳しく罰せられ，少なく受け取り，多くを与えねばならなかったという優先順位を逆転させ，それらに劣った人々に要求し，期待できるものが少なく，それらに優れた人々に要求し，期待できるものが多いときに正義がなされたと考える

---

38)　ルソー著―中山訳（2008），120–121頁。

ことが，理に適っているという道徳原理である。

　わが国の社会の有り方として現在の状態を維持したいのであれば，その公的支出に見合う財源確保のために納税しなければならない。一方，現在の納税額に見合う財源で社会を設計しようと望むのであれば，公的支出の規模を半分近くに減らさなければならない。国家の財政危機が万が一起こったときには，これらの意思決定を行う必要性が複合的に一挙に現出するであろう。そして，何よりも避けたいことは，安定的な租税システムを通じてではなく，国債暴落，国際通貨としての円の暴落，歯止めの利かないインフレーションの進展などの経路で，「公私分割」が調整される社会混乱である。

【引用・参考文献】

カント，I 著―宇都宮芳明訳・注解（2010）『道徳形而上学の基礎づけ』以文社。

黒川行治（2012）「公共会計学の展望」大塚宗春・黒川行治編著『体系現代会計学　第9巻　政府と非営利組織の会計』終章，中央経済社。

―――――（2014）「納税行為の意義――わが国の財務状況と消費税改定をどのように理解するべきか」『産業経理』第74巻第1号（2014年1月），4-15頁。

サンデル，マイケル著―鬼澤忍訳（2010）『これからの「正義」のはなしをしよう――いまを生き延びるための哲学』早川書房。

ジョンストン，デイヴィッド著―押村高・谷澤正嗣・近藤和貴・宮崎文典訳（2015）『正義はどう論じられてきたか』みすず書房。

スティグリッツ，J・E 著―藪下史郎訳（2003）『公共経済学［第2版］（上）公共部門・

---

39)　公共財には2つの重要な性質がある。第1は，ある人の消費が他の人の消費を減少させたり，それを妨げたりしない（追加的な利用者の増加による限界費用がゼロである）という「非競合的消費（non-rival consumption）」である。第2は，公共財の便益を享受させないようにある個人を排除することができない（財を利用しようとする人を排除するための費用が非常に高い）という「非排除性（non-exclusion）」である。この2つの性質を同時に満たす財，すなわちまったく競合性がなく，かつ排除が不可能である財が「純粋公共財（pure public goods）」で，典型例が国防である（スティグリッツ，J・E 著―藪下史郎訳（2003），160-170頁参照）。

　さて，治安維持サービス―警察は，公共財の典型例に挙げられることが多い。排除不可能な場合には，財・サービスの享受者間にフリーライダー問題が生じる。高額所得者でありながら納税を免れようとする人は，彼（彼女）が享受する治安という財・サービスには排除性がないので，治安を維持するための公的支出の負担を自分がしなくとも治安維持サービスを享受できると考えているのであろう。しかし，富の格差が非常に大きくなった社会においては，そのような期待は楽観的すぎるように思う。

公共支出』東洋経済新報社。

マーフィ，L＝T・ネーゲル著―伊藤恭彦訳（2006）『税と正義』名古屋大学出版会。

ミル，J・S著―川名雄一郎・山本圭一郎訳（2010）「功利主義（1861年）」『功利主義論集』京都大学学術出版会。

ルソー，J・J著―中山元訳（2008）『社会契約論／ジュネーブ草稿』光文社。

ロールズ，ジョン著―川本隆史・福間聡・神島裕子訳（2010）『正議論（改訂版）』紀伊國屋書店。

山脇直司（2004）『公共哲学とは何か』ちくま新書。

Johnston, David (2011), *A Brief History of Justice*, Wiley-Blackwell.

Murphy, Liam＝Thomas Nagel (2002), *The Myth of Ownership: Taxes and Justice*, Oxford University Press.

Sandel, Michael J. (2009), *Justice: What's the right thing to do?*, first paperback edition, Farrar, Straus and Giroux.

Rawls, John (1999), *A Theory of Justice*, reviced edition, The Belknap Press of Harvard University Press.

第 26 章

公共社会とディスクロージャー

1. ディスクロージャーに関する研究の役割

私は,「日本ディスクロージャー研究学会」の会長であった時,ディスクロージャー問題を研究対象とする当学会の目的および期待される役割について,次のように考えていた。すなわち,当学会の目的は,「人間社会の其処此処に存在する情報の流通の実態とそれの影響・効果というディスクロージャーに関連する諸課題の解決に少しでも貢献すること」であり,そのために,「それらの諸課題における利害関係の解明と,ディスクロージャー(制度・基準・内容)の実態,ディスクロージャーの関連するステイクホルダーの利害関係への影響,そして,ステイクホルダーによるディスクロージャーの改変への働きかけなどを研究することが求められている」というものである。

このような人間社会に散在するディスクロージャーに関連する解明すべき諸課題に対して,どのような研究アプローチが想定できるのであろうか。本章では,「日本ディスクロージャー研究学会第 10 回大会会長講演」で報告した,社会学的な観点で検討・考察を行った試論を示すことにしようと思う。なお,社会学的アプローチを試みるにあたり,コールマンの社会学(James S. Coleman (1990),ジェームズ・コールマン著—久慈利武監訳 (2004))を随所に参考にして,論を進めている[1]。

---

1) 本章は,黒川行治 (2014a) をもとに,黒川行治 (2014c) の一部を加えて,修正・加筆したものである。

2. ディスクロージャー課題の例示

「人間社会の其処此処に存在するディスクロージャーに関連する諸課題」の検討という目的の遂行のため，いささか突飛に思われるかもしれないが，以下の5つの課題を設定する。

（1）絶望的な巨大隕石の衝突

近い将来，巨大な隕石が地球に衝突することが隕石の軌道計算の結果判明し，その地球環境への影響は，恐竜などの絶滅の一原因とも言われる規模以上で生じると予測された。この情報を持つ政府および関係者は，この絶望的な情報を地球市民に対して公表するべきであろうか？

（2）ゴジラの出現

東宝の「ゴジラ映画」（第1作）のなかで，日本領土内の島（伊豆大島か？）で初めてゴジラの存在が科学者の調査で明らかにされた時，この情報を政府として公表するべきか否かをめぐって，国会で論争となった場面。すなわち，「重大なので公表できないとする政府首脳と，重大だから公表すべきとした野党と思われる女性議員たちの意見対立」を，どのように解釈するのか？

（3）国債および円通貨の暴落

わが国中央政府および地方政府の長期債務残高はGDP比200％を超え，ギリシャの財政状況よりも悪い状態での消費税改定の先延ばしの決定，国債の格付け低下などの事態を受け，「日本国への不信認がもたらす国債価格の暴落・利子率の急上昇と円通貨価値暴落の危機に関する詳細な情報」を財務省などの中央政府と日銀（中央銀行）はどのような方法で公表していくべきか？

（4）地震の発生と地盤情報

直下型地震が起きた場合に「予想される震度と流動化・液状化現象などが起きる可能性があるのか否か，その可能性の程度などを示唆するハザードマップ」を地方自治体が公表することに対して反対する者はいないのか？

（5）医療サービスの実績・不満（訴訟）と医師のモデル賃金

病院の医療サービスの実績・訴訟の有無などと医師の階層別モデル賃金を

公表した場合，病院経営にどのような影響があるのか？

3. 分析の手順——利害に関する構成要素の特定

　「利害」（interest）という用語は，①利害関係者（ステークホルダー），②利害関心の内容，③利害関係者間の関係，という異なる３つの概念（construct）から構成されると考えるのが試論のアイデアである。そこで，分析の手順としては，まずこれら構成要素の特定から始めることになる。5つの設例について３つの要素のそれぞれを検討した結果が，表26-1である。

4. 情報（ディスクロージャー）の利害への影響の検討

　利害の各構成要素への情報の影響は何か。その情報を保有している利害関係者は，それらの情報を公表するのか否か，公表するとしたらどのような手段で公表するのであろうか，それらの公表に関する判断の背景には，如何なる倫理（哲学）・思想（主義）があるのであろうかということを考察してみよう。

（4-1）絶望的な巨大隕石の衝突
（1）利害関係者（ステークホルダー）

　この災難から逃れられる人はいない。すべての人々が利害関係者である。この情報を得た人々は，すべてにおいて同じ運命，帰結となることを知る。しかし，この情報をいち早く保有するに至った為政者および政府関係者と一般国民との間で，情報の非対称性が存在する。

（2）利害関心の内容と予想し得る事態

　①　この情報を得たすべての人々の利害関心は，「個の消滅だけでなく，種の消滅を迎えるまでの残された時間をどのように過ごすのか」のみで

686 第5部 公共・政府と会計

表 26-1 利害に関する構成要素

利害の3つの構成要素
①利害関係者（ステークホルダー）
②利害関心の内容
③利害関係者間の関係

	設例に関する構成要素の特定
絶望的な巨大隕石の衝突	① 人類すべて。 ② 死を迎えるまでの残された時間をどのように過ごすのか。為政者にとっては治安の維持。 ③ 為政者対すべての国民。
ゴジラの出現	① 為政者，治安・防災などに携わる公務員，企業（組織）の管理者および従業員としての市民，住民としての市民。 ② 住民は来襲に備えどのように脱出すれば良いか。為政者は住民のパニックをどのようにして防ぐか（治安維持の方策）。企業や住民にとって人的および物的損失を最小にする方法は何か。 ③ 為政者対住民，為政者対公務員，企業（組織）の管理者対従業員。
国債および円通貨の暴落	① 中央政府，富裕層，中流・中間層，低所得層，年金生活者，債務者（個人の住宅ローン，企業の銀行からの借入れ），国債保有者（個人と金融機関など），輸出型企業，輸入型企業，多国籍企業，農業従事者・賃金労働者などの異なる職業。 ② 経済社会（実物市場，金融市場，労働市場など）と国政に起きる混乱の内容。 ③ 金融資産保有者対債務者，賦課方式の年金制度上の現役負担者対受給者，富裕層対中流・中間層対低所得層，輸出型企業対輸入型企業対多国籍企業，中央政府対国民。
地震の発生と地盤情報	① 治安・防災などに携わる公的組織，現在の住民，潜在的な住民。 ② 公的組織および住民にとっての地震への防災対策，住民にとって自己の所有土地の時価の変動。 ③ 地方政府（自治体）対現在の住民，現在の住民対潜在的な住民（土地売買の当事者）。
医療サービスへの実績・不満（訴訟）と医師のモデル賃金	① 医師，患者。 ② 患者にとって不満足な医療結果の実績（医師への訴訟の可能性），医師に対する信頼の源泉。 ③ 患者対医師。

出典：黒川行治（2014a），2-3頁。

ある。われわれの文明社会を形作るあらゆる造形物の何が残り得るのか。この地球環境を構成する自然がどれだけ変化し，多様な生物のなかで，どれだけの種が生存できるのであろうか。

② 残された時間で人々は日常の仕事をもはや行うとは考えにくい。したがって，電力，水道，エネルギー資源，食糧の供給，公共交通その他，社会インフラと市場を介して形成されている公共社会のメカニズムは機能しなくなる。治安や防火に携わる人々，患者を抱えた医師たちは，彼らの職務をこれまでと同じように遂行するのであろうか。

③ 略奪行為が起こっても放置される。恨みを持たれていた家族は焼き討ちに遭うかもしれない。人間の尊厳を守り，神の存在に思いを馳せ，残された時間を平静に過ごせるかどうかは，彼らの生活する国，地域，コミュニティに存する社会規範の程度によって異なるであろう。

（3）利害関係者間の関係とディスクロージャーの判断

① （為政者が誠実であれば）情報を保有する為政者（政府の科学部門の関係者を含む）と，情報の需要者である一般の市民・国民との間に利害の対立は存在しない。為政者の願いは，人間の尊厳が崩れないような公共社会を維持して，文明社会の最後を迎えたいということであろう。

② 為政者は，この情報を一般市民に公表するべきか否か，もし，公表するとしたらいつの時点で公表するべきなのか，どのような方法で公表するべきか，公表するまでの間，どのように情報の漏洩を防ぐシステムを構築するのかなどについて，真剣に悩むであろう。

③ 意思決定の自由を最大限尊重する「レッセ・フェール（laissez-faire）」の思想に依拠し，個々人には情報を知る基本的権利があるとして，この情報をいち早く知らせる義務があるのか。あるいは，絶滅の危機に関する嘆き，苦しみの時間はできるだけ短いほうが国民にとって幸せであるとする「父権主義・温情主義（paternalism）」の立場に立つべきか。暴動などに対する防御手段の喪失が予想されるので，国，地域社会，コミュニティのなかに存在する社会規範を，どの程度信頼するべきなのか。

④ 為政者らは，情報公表方法（順序）に関して，まずもって宗教関係者

に情報を伝えていくべきなのか，水，食糧，エネルギー源などの供給を，いつまで続けるかという約束を取り付けるため，あるいは，出張や旅行先にいる人々が家族の許に帰れるまでは，交通関係者には職務を果たすという約束を取り付けるため，これらの生活インフラに関連する業界関係者から情報を伝えていくべきなのかなどを検討するであろう。それらが困難な社会では，いっそ，この絶望的情報を直前まで秘匿するという決定に至るかもしれない[2]。

（4-2）ゴジラの出現

（1）利害関係者（ステークホルダー）

ゴジラは原子放射能をエネルギーとしているので，原子力発電所が標的となるはずであるが，どういうわけか東京湾から上陸し，首都の中心部である品川，銀座，霞ヶ関，新宿周辺を破壊する。したがって，直接の利害関係者は，首都中心部の住民，企業，そして，脱出，防衛，治安，防災を指揮する為政者とそれぞれの職務を担う公務員たちである。

2）　慶應義塾大学商学部の 2016 年度春学期「会計情報論」の講座で，私は本章の内容について取り上げ，解説後に「5つの設例の中から1つを選び，諸君が為政者であれば，どのように国民にディスクロージャーするのかを考察せよ」というクイズを出した。その答案のなかで，「絶望的な巨大隕石の衝突」の設例に関して2つの印象深いアイデアがあった。そこで，これら2つのアイデアについて，論点を明確にするために多少脚色して紹介しよう。

1つは，「為政者は国民に夢を与えるのが使命。だから，地球市民に希望を持たせることを目的にして，巨大隕石の衝突回避が可能という偽りの情報を流す」。他の1つは，「衝突回避確率が○○%，衝突確率が○○%という予測情報を流す。この予測確率は偽りで，衝突回避確率を楽観的に設定する。目的は，衝突回避に賭けて自己の仕事・職業に期待される役割を果すか，衝突を覚悟して仕事を放棄し，自己あるいは家庭で残された時間を過ごすのかを，国民各自の判断に任せるというもの。もし，衝突を回避できれば，社会的役割を果たした人には賞賛と豊かな将来が期待されるので，仕事を続行する人も出てくるし，犯罪行為をした人は厳罰に処せられるので，暴動の抑止にもなるという理由である。」

これら2つのアイデアは，①為政者の国民・市民に対する役割は何か，②正確で客観的な情報を流すことと，国民・市民の幸福との関係が直結しているとは簡単には結論できないのではないか，③自己の期待効用最大化原理による各自の行為の集合によって，社会的課題の解決の方策になり得るという功利主義的発想の再確認，④本文でも検討している父権主義・温情主義やレッセ・フェールと偽りの情報との関係，などの諸課題の存在を想起させるのである。

（2）利害関心の内容と予想し得る事態

① 「脱出パニックの理論」[3]が大いに参考となる。各住民が自らを制御している日常の状態から，他者（政府および脱出職務にあたる公務員）に制御権を委譲し，秩序だった脱出を行うことができるのか否かが最大の利害関心であろう。個々の住民の利害関心は，個々の脱出行為（何を持参し，いつから，どの方面に向かうかなど）の方法である。

② ゴジラの来襲がかなりの高確率で予測される状況であるが確実（確率が1）ではないので，脱出行為を行った方が得策なのか否かに迷う状況である。そこで，他者の感情（意思決定）を探り合うという期間が生まれる（これを「ミリング（milling）」と呼ぶ）[4]。ただし，脱出行為の決定が遅くなるほど，スムーズに脱出できる可能性は低くなるので，時間経過に伴うリスクの増大がある。したがって，他者が脱出行為を始めると，われ先に行為を起こすことが得策であることから，集団としての整然とした脱出行動は乱れ，パニックが発生して大混乱となり，為政者およびその関係者の指揮・制御権は効力を失う。脱出時の混乱に乗じての略奪，窃盗行為などの発生も予想される。

（3）利害関係者間の関係とディスクロージャーの判断

① 危険地域に存する企業（組織）の**管理者対従業員の関係**は，民主主義国家であれば，大よそ対立的ではなく，まずもって管理者と従業員は人命尊重の規範に従うであろう。

② **為政者対公務員の関係**は，各職務の地位を担っている個々人が自己の役割にどこまで忠実なのか，職務に対する使命感の問題である。政府の統治機構が「接合型の支配関係（conjoint authority relation）」すなわち，下位者の利害・目標が上位者の利害・目標と一致しているものとみなさ

---

3) 脱出パニック時の個人の行為を分析する2つのモデルがある。1つは，住民の集団を1つの実在（群衆）とみなし，群衆の行動に個人の行為が影響されると想定する。もう1つは，他者一人ひとりを実在とみなし，他の個人の行為が自分の行為に条件付けられると同時に，自分の行為も他者の行為に条件付けられる（これを「随伴性」と呼ぶ）と想定する。Coleman, James S. (1990), pp. 208-209. コールマン，ジェームズ著―久慈利武監訳（2004）（上），321-322頁。

4) Coleman (1990), pp. 223-224. コールマン著―久慈監訳（2004）（上），344-345頁。

れる関係であるのか，そうではなく対立する「非接合型の支配関係（disjoint authority relation）」にあるのか，それらの程度次第で，脱出住民の指揮，防災，防衛などにあたる公務員が，為政者に対する自己の制御権の委譲をどこまで徹底して行うのかが決定される[5]（東日本大震災の津波の来襲下で，職務に誠実に向き合い最後まで防災放送で避難を呼びかけた若者を悼む）。

③ **為政者対住民の関係**に，本設例の主たる関心がある。もし，ゴジラが来襲すれば，品川，銀座，霞ヶ関，新宿などの首都の中心地域は壊滅する。住民の脱出は必須であるが，為政者は，パニックをいかに小さくして，住民の郊外への整然とした脱出を指揮できるのか。多くの総合病院では，抱える患者をどのように移送するのか。民間人でありながら，職務上，自己よりも他者への貢献が求められる人々が，自己の生命の危険よりも社会的責任を重視する行為を行う社会的規範を，国民は果たして持っているのか。

④ 国民からの信頼が厚い政府，国民の間に社会的責任を果たすという規範が浸透している国の政府であれば，脱出パニックの発生の可能性を低く見積もり，ゴジラの存在と来襲の危険性があるという情報を為政者は公表するに違いない。「ゴジラ映画」では，政府首脳は公表を躊躇うのであるが，これは，政府首脳は脱出パニックの抑止に自信がないからではないか。つまり，為政者に対する信頼が不十分であり，国民，公務員などから為政者への制御権の委譲が行われず，一方，国民がそれぞれの社会的責任を果たすという規範の存在について，十分な自信が持てないと政府首脳は感じているからなのではないか。また，もし，脱出パニックを発生させながらゴジラが来襲しなかったとき，国民やマス・メディアから起こるかもしれない政府首脳に対する非難を恐れたのかもしれない。要するに，政府首脳と国民との間に相互信頼の関係が存在していない状況である。

---

5) 「接合型の支配関係（conjoint authority relation）」と「非接合型の支配関係（disjoint authority relation）」については以下を参照。Coleman（1990），pp. 72–81. コールマン著—久慈監訳（2004）（上），119–132 頁。

第26章　公共社会とディスクロージャー　*691*

⑤　一方，野党と思われる女性議員団が，「重大だから情報を公表するように」主張した背景には，たとえ，脱出パニックが生じる危険性があっても，民主主義の基本である「自由な意思決定，情報を知る権利」を思想として持っていたからであろう。

　もっとも，野党なので，脱出パニックを発生させながらゴジラが来襲しなくとも，国民やマス・メディアから起こるかもしれない非難は政府首脳に向かうという気楽さは否定できない。

（4-3）国債価格および円通貨の暴落
（1）利害関係者

　中央政府，富裕層，中流・中間層，低所得層，年金生活者，債務者（住宅ローンを抱える市民，銀行から借入れをしている企業），国債保有者（個人と金融機関など），輸出型企業，輸入型企業，多国籍企業，農業従事者，賃金労働者など，利害関係者はすべての国民（個人と企業）であるが，異質で多様な利害を持つと想定できる。

（2）利害関心の内容と予想し得る事態

①　最近では，ギリシャやスペインなどに見られるように，この状況が発生すると，経済社会を構成する実物市場，金融市場，労働市場などと国の政治体制に，非常に大きな混乱が生じ，パニックの発生が予想できる。発生の可能性は，わが国現政権（2017年2月現在）の金融・財政政策が続くほど次第に高くなっており，回避できる機会と時間的余裕が減少していると考えられる。

②　発生し得るパニックとは何か。中央政府の歳出に対する歳入の不足が，毎年約30兆円に達し，それを国債（政府の債務）の発行によって賄ってきた。その結果，中央政府および地方政府の長期債務残高は，2016年度末には約1,073兆円（対国内総生産（GDP）比199％）に達する（見込み）とされ，ギリシャ以上に悪化している[6]。

---

6)　財務省「日本の財政関係資料」（平成29年4月版）6頁。なお，国（中央政府）の財務状況の詳細については，本書第25章第1節を参照されたい。

692 第5部 公共・政府と会計

　金融市場が効率的であれば，国債の信用悪化に伴い，国債の利子率は上昇し，国債の発行が次第に困難になってくるはずのところ，日本銀行（中央銀行）が巨大な購入者として現れた結果，マイナス金利（保有していると損をする）でも国債の売買が成立するという常識では理解しがたい事態も発生している。理性的に考えれば，国債市場は効率的ではなく，市場の価格調整機能は停止している[7]。

　さらに，消費税改定の1年半の先送り決定を受けて，ムーディーズは，日本国債の格付けを「Aa3」から「A1」に下げ，中国，韓国の格付けより低くした[8]。

　日本銀行による歳入不足の補填を「財政ファイナンス」と呼ばずにおくことはできない。

③　財政ファイナンスの最悪の結果は，第1次世界大戦後のドイツの歴史を見れば明らかである。戦費調達による中央政府の負債の急激な増加，戦後の復興および死傷者とその家族に対する補償，そして，戦勝国に対する賠償金支払いのために，中央政府は破産状態となり，ライヒスバンク（中央銀行）による紙幣の印刷に頼った。

　第1次世界大戦前の「1914年には〔為替レートは〕，1ドル4.2マルクだった。……1923年8月には1ドルが62万マルク，11月初めには6千3百億マルク〔となり〕，……生活必需品の値段は十億単位となった。バター1キロが2千5百億マルク……。物価上昇のスピードは……2日ごとに倍になった」[9]。

④　国債に対する信認が崩れ，国債価格の暴落と金利の上昇が生じると最終的にどうなるのか。財政ファイナンスを継続することができなくなった状態（資金繰りに行き詰った状態），すなわち，中央政府と中央銀行の破綻の最終結果は，ドイツの例ほどではないにせよ，通貨の購買力の暴落・インフレーションの急速な進展を結果する。例えば，名目物価上昇率がオイルショック時に経験したような年率30%に達し，それが3年

───────────────────────

7)　『日本経済新聞』2014年11月28日夕刊。
8)　『日本経済新聞』2014年12月2日朝刊。
9)　アハメド，ライアカット著―吉田利子訳（2013），147-150頁。〔　〕内は黒川加筆。

続けば貨幣価値は２分の１になり，商品などの実物資産の価格は名目値で２倍になる。非常に楽観的に考えて，名目売上高が２倍になり，賃金も名目２倍になり，税収も名目２倍になるとどうなるのか。この影響は国民すべてに同じような影響を与えない。

（３）利害関係者間の関係とディスクロージャーの判断

多様な利害関係者を個々に検討することが必要であるが，ここでは，顕著に利害が相反する利害関係者を対比しながら推論しよう。

① **金融資産**（とくに国債と預金）**保有者対債務者**（固定金利の住宅ローンを持つ個人や銀行からの借入れ企業，社債発行企業）**の関係**である。国債の暴落の恐れがあると国債保有者は市場で売却しようとするので，国債価格の暴落の引き金になる。また，銀行が国債を保有している場合，当該銀行には国債の評価損が多額に発生するので，預けた預金の安全性が心配になる。このような国債の売却パニック（売りが売りを呼んで価格が暴落していく）や銀行の取付けパニックが発生する可能性は高い。

保有する国債の売却や銀行からの預金引出しは，個人にとって，元本回収が不可能になるリスクと受取利息のリターンとを天秤にかける決定である。「リグレット最小戦略」を取るとすれば，国債を信認したがために保有し続けて評価損を被ったり，預金の凍結によって即座に物的資産を購入することができなくなることに起因する貨幣の購買力損失という「タイプⅠエラー」（国債が危険なのに安全であると考える）と，いち早く国債を売却し，預金を引き出したが，国債の暴落も預金の凍結も生ぜず，利息受取りの機会を逸したという「タイプⅡエラー」（国債が安全なのに危険であると考える）との比較である。タイプⅠエラーの損失がタイプⅡエラーの損失よりも巨大なので，国債暴落の発生に関する主観確率がよほど小さくないと，国債や預金を保有し続ける行為は危険である。また，行動が遅くなると，国債の売却損や預金凍結のリスクが増大するので，パニックの発生は，いったん始まると，中央政府，中央銀行の力では制御できない。機関投資家の間では，現在，前述した「ミリング」の状態になりつつあるのではないか。機関投資家の保有する国債の

増減の動向を注視する必要がある。

　一方，**固定金利で借入れをしている利害関係者**にとっては，名目貨幣の取得および保有量が増加して，ローンの返済が容易になり，また，固定金利の約束期間中では金利上昇リスクを回避できるのである。つまり，「債務者利潤」を得る機会が発生することになる。

② **賦課方式の年金制度上の現役負担者対受給者との関係**を推論してみよう。賦課方式の年金制度では積立方式と異なり，現役の負担のもとに引退した者に対し年金を給付する。給付額は，インフレ率と連動して上昇しないと年金受給者の実質所得が減少し，生活が苦しくなるので，インフレ率と連動させる制度設計がなされる。しかし，現在のわが国には，「マクロ経済スライド制度」と呼ばれる，インフレ率との連動を抑制する仕組みがあるので，名目年金額の上昇は抑制される。つまり，年金受給者の実質年金受取額は抑制され，現役の賃金がインフレ率と同率で上昇すれば，年金資金負担者の実質負担率は減少するのである。もっとも，年金資金負担者もやがては年金受給者になることを忘れてはならない。

③ **富裕層**は，自己の保有資産のポートフォリオの管理に注意している。自国の通貨建て金融資産（例えば，預貯金）の価値が下落する危険を回避する手立てとして，外貨建ての金融資産や金，インフレ率よりも同率以上に価格上昇しそうな実物資産などに保有資金を移していく。一方，目ぼしい金融資産を保有しない**低所得層**にとっては，評価損の発生に関して，そもそも悩む必要がない。

　最も損失の発生が予想できるのは，勤勉で投機的な取引をしないある程度の円預金を持つ**中流・中間層**である。つまり，堅実で勤勉な中間層が損失を被るという社会の有り方にとって皮肉な結果を招く恐れがあるのである。中間層の没落は，中間層の消滅，すなわち一部の富裕層と低所得者層から構成される社会を招き，社会的不平等・格差の増大は治安の混乱を結果する。

④ **輸出型企業と輸入型企業および多国籍企業**に対する影響は異なることが予想される。円通貨の為替レートが安くなるので，非難を恐れず単純に結論すれば，輸出型企業にとっては順風，輸入型企業にとっては逆風

となる。多国籍企業は海外子会社の業績にもよるが，為替換算会計の恩恵を受けて連結会計上の名目利益は上昇する。もっとも，これは，歯止めの利かないインフレーション後に発生するであろう「大不況のリスク」（後述）を考慮に入れていない。

⑤　**農業従事者のような必需品を扱う職業と賃金労働者との間でも**，社会的混乱の影響は異なるであろう。賃金労働者は農業従事者よりも負の影響が大きいのではないか。

⑥　**中央政府対国民**という視点で推論してみよう。過去の戦争時に発生した巨額の財政赤字は，大体において戦後のインフレーションによってかなりの部分，解消されてきたと言ってもよい。中央政府が最大の債務者であり，債務者利潤を得るのは中央政府である。名目歳入が増加することによって名目値で固定された国債元本の返済は容易になる。もちろん，利子率の急激な上昇が生じるが，償還期限が長期の国債があればあるほど，借換えのための新規発行額は少なくて済み，平均支払金利（利子率）の上昇は緩やかになる。ただし，政府の財政状態の改善は，インフレーションによる名目税収額の増加が既発行国債の支払利子額の増加よりも大きいという条件が必須である[10]。

⑦　これらの国債暴落に関するリスク情報をどのような方法で，為政者，財務省，日本銀行（中央銀行）は，公表していくべきなのか。財務数値（国の財務諸表や日本銀行の国債購入額），兆候となり得る国債の格付け動向，各国通貨との為替レート変動率の動向，国際ヘッジ・ファンドの国債先物に対する投機状況などの国債の信認状況に関係する客観的情報は，

---

10)　『日本経済新聞』2014年12月18日朝刊によると，財務省は30年債などの超長期の国債の発行額を，2015年度の24兆円から2016年度26兆円に増加させる方向で調整に入ったと報道されていた。しかし，この方針の主たる目的が高率なインフレーションの結果生じる債務者利潤獲得の効果を有効にすることであるようには思えない。財務省主計局『平成27年度「国の財務書類」のポイント』（平成29年3月），23頁によれば，2020年までに償還期限が来る国債金額が毎年60兆円を超え，2021年から2025年に償還予定の国債金額にしても，毎年40兆円程度が見込まれている。つまり，既発行の国債の償還は10年以内に来るものが大半であることから，長期国債の発行残高を増加させることが喫緊の課題であるとする理由には合理性があると思われる。なお，この国債償還スケジュールの短期への偏りは，毎年多額の借換え債発行が必要であることを示しており，借換え債発行コストの上昇リスクが中・短期に存在することを意味している。

696 第 5 部 公共・政府と会計

主観的な解説なしで継続して公表していくことができる。

⑧ ここで私が述べている国債と政府への不信認の結果発生するかもしれない深刻な事態，各利害関係者に対するそれぞれ異なる影響についての記述は推論である。これを「解釈情報」と呼ぶことにしよう。このような詳細な解釈情報が国民に提供されないと，国民には中央政府の財政状態の深刻さが理解できない。国民は，各自のおかれている境遇によって影響が異なるのであり，実現可能性のある損失（あるいは利益）の詳細を知ることによって，初めて実感が湧くのである。そこで，このような解釈情報や推測情報を中央政府・中央銀行自らが，公的手段によって詳細に示していくことができるのであろうか。情報発信が公的機関であるがために，それがパニックのトリガーになるかもしれない。よもや，当事者である中央政府・中央銀行は，国全体に波及するパニックの発生を望むことはないはずである。

⑨ 解釈情報としての推論を続けると，これまでの常識では，インフレパニックの後にはインフレーションを抑えるための金融引締政策が採られる。金融の引締めによって，実物市場での大幅な景気後退と労働市場での高率の失業が待っている。最近起きたギリシャの状況を参考にすると，中央政府の財政状態が脆弱なままでは大不況になっても社会保障を優先する予算が組めないことから，国民の不満がますます高まる。経済社会の大混乱は，最悪の場合，カリスマ的な指導者への市民個々の持つ制御権の委譲が起こり，全体主義的な独裁者に政権奪取の機会を与えるリスクを，私は恐れるのである[11]。

⑩ 情報の仲介者（解釈者）としての学者や新聞などのマス・メディアの役割が重要となる。国民が情報の仲介者を信頼すれば，国民の行為に対する情報の仲介者の影響力は増加する。したがって，仲介者の中立性が問題となる。マス・メディアは，しばしば中立的な情報の伝達者としての役割を果たしているように見られるが，果たしてそうであろうか。新

---

11) ファシズムの台頭に対する私の心配の理由については，本書第 24 章を参照されたい。そこでは，カール・ポラニーが『大転換』で主張した内容の要旨が記述され，この主張に共感していることがよく分かる。

聞などで記載される記事の書きぶりに，背後にある思想が反映されていることはないのか。マス・メディアを，情報の解釈者として理解する必要があると思われる[12]。

（4-4）地震の発生と地盤情報
（1）利害関係者
　この設例の利害関係者の範囲は設例1から3と比較して狭い。治安・防災などに携わる公的組織，現在の住民，潜在的な住民などであろう。

（2）利害関心の内容と予想し得る事態
①　自治体および住民の「地震への防災対策」にとって，地盤情報は重要である。地盤が弱そうであれば，新規に建築する者は，地盤の科学的調査に費用をかけ，比較的安定した地層まで基礎の杭を打ち込むであろう。地震発生時の建物の揺れに関係するからである。

②　明確に認識されることは稀であったと思われるが，保有する土地の時価の変動への影響を気に掛ける住民の存在を指摘したい。事情はさまざまであろうが，住所の移転を必要とし，あるいは移転を希望する住民にとっては，売却価格の変動は気になる。地盤が予想以上に軟弱であることが公表されると，周辺一帯の時価は下落する。想定していた金額で売却ができず，その後の計画に支障を来たすことにもなりかねない。一方，潜在的な購入者にとっては，そこに住むリスクをあらかじめ知り，建築上の配慮ができるし，何よりも，購入価格がリスクに見合って下落している。このように，住民は，「地盤情報の土地価格への影響」にも利害関心があるのである。

（3）利害関係者間の関係とディスクロージャーの判断
①　**公的組織対現在の住民**との間には，防災という点では利害対立は存在しない。詳細な地盤情報の公表は，共通の目標である防災・減災対策を

12）　2013年1月以降，黒川は財務省「財政制度等審議会」委員兼法制・公会計部会長の任にあるが，ここでの推論は，当学会の会員としての個人的見解であることは論を俟たない。

698 第 5 部　公共・政府と会計

共通関心事として推進できる。
② **現在の住民対潜在的な住民との間には**，土地の売買の観点で，この情報の与える影響は対立的である。売却を希望する住民には，自治体などに対して詳細で直截的な地盤情報の公表を阻もうとするインセンティブが存在するのである。したがって，公的組織は，地盤の種類（田んぼの転換，旧河川の流域による沖積層，低い丘の取崩しなど）を記載したマップや古地図など，それらを類推させる情報を公表することになるかもしれない。

（4-5）医療サービスへの不満（訴訟）と医師の階層別モデル賃金
（1）利害関係者

設例のなかでは，最も利害関係者の範囲が狭く，ターゲットとなっている病院・医師と過去および現在の患者，潜在的に患者となる可能性のある病院所在地周辺の地域住民である。

（2）利害関心の内容と予想し得る事態
① 患者および潜在的な患者にとっての当該病院の「医療実績情報」は，最も関心が高い情報である。これまでの当該病院に患者となった人たちの医療結果に対する口コミ情報も，地域住民にとってはゴシップ情報として興味が湧く。潜在的な患者にとっては，病院の選択という重大関心事の最重要情報となろう。
② 当該病院の「医師の階層別モデル賃金」は，現在当該病院で医療サービスを受けている患者にとって，担当医師への報酬が社会的に見て妥当なものなのか否かの判断材料になる。

（3）利害関係者間の関係とディスクロージャーの判断
① **患者対医師の関係は**，患者になることが自己の制御権を担当医師に委ねることになることから，エージェンシー関係としても把握可能である。したがって，医療関係者のガバナンスの一環として，外部からの強制や要求の結果としての医療実績の公表，場合によっては業務監査などの導

入による情報の信頼性担保も課題になる。また，医療実績の公表は，「ボンディング理論」を想起すれば，自己規律のための自発的情報提供として解釈することができ，ホームページなどで当該情報を公開し，地域住民からの信頼を得て，患者数の増加に寄与することもあろう。

② 不適切な医療実績の流布や患者の不満の口コミ情報は，「ゴシップ」による社会的サンクションとして理解できる。ターゲット行為者である医師や病院が彼らが持つべき規範を内面化しているのであれば，彼らにとっては，自分のゴシップが広まっていることを知らされること自体が強い制裁となり得る。ゴシップは，規範の受益者（ゴシップを流す人とそれに耳を傾ける人の双方）がほとんど費用をかけずにサンクションを下せることへと導く。

　ゴシップが流布するためには，ある行為者の行為から同じような影響を受ける（したがって，ゴシップを広めるように動機付けられる）人々の間に，比較的頻繁な接触が存在しなければならない。別の行為者の行為から同じ方向の外部性を受けている2人の行為者の間に存在するコミュニケーションの頻度を意味する「閉鎖性」の存在である[13]。現代では，このコミュニケーションの場として，インターネットがその役割を果たしているであろう。

③ 当該病院の「医師の階層別モデル賃金情報」の影響を検討してみよう。患者と医師との間には「相互信頼」の関係があると思う。患者は医師への信頼なくして自身の制御権を担当医師に委ねることはできない。一方，医師は，患者に行う医療サービスが万が一，患者が期待した結果〔期待は楽観的すぎる可能性がある〕にはならなくても，患者が不満を訴えないことへの信頼がなくては，当該医療行為を行うことに躊躇するであろう。近年，産婦人科を専門とする医師になろうとする医師の卵が激減しているが，訴訟リスクが大きすぎると彼らが判断しているからである。この問題については，相互信頼という「社会的資本（social capital）」の存在の有無で理解できる。

---

13) Coleman (1990), pp. 282-289. コールマン著—久慈監訳（2004）（上），441-449 頁。

700　第5部　公共・政府と会計

　「従来医師は，文字どおり患者の生死に関わることを制御し，患者は
医師がもたらす膨大な恩恵には十分に報いることはできないと感じるこ
とがよくあった。医師への給付の一部は，感謝，尊敬，高い職業威信の
形をとった。これらは，医師に対して感じるべき義務を形作り，治療の
結果に不満な患者が医師を告訴しないようにする社会的資本の一形態で
あった。それが，次のような要因で変化した。
・医師による医療知識の独占が教育の普及によって弱められた。
・医師と患者の個人的関係が生じる公算が減った。患者が家族のかかり
　つけの医師や一般開業医を利用する傾向が弱まり，また〔当初から〕
　診療項目の専門医に診てもらう傾向が強まった。
・多くの医師が受け取る高所得である。これはサービスと報酬が非対称
　であるという一般大衆の認識を減じた。
・訴訟の財務コストを医師から保険会社に移す医療訴訟保険を利用する
　医師が増加した。
　こうして，患者が望まなかった治療結果を受けたときに医師を標的と
する告訴を防ぐような〔相互信頼という〕社会的資本は減少したのであ
る」[14]。
　もっとも，わが国の大学病院の医師は，世間が予想するほどには給料
が高くなく，住民は医師がもたらす膨大な恩恵には十分に報いることは
できないと感じて，医師への感謝と尊敬を払うことになるかもしれない。
そうであれば，医師の階層別モデル賃金の公表は，医師にとって好まし
い効果が期待できることになる。

5.　キーとなる概念，観点，論理

　人間社会の其処此処に存在するディスクロージャーに関連する諸課題のう
ちの多くは，ここで検討した5つの設例のどれかに類似するものがあるであ

---

14)　Coleman（1990），pp. 308-309. コールマン著─久慈監訳（2004）（上），483-484頁。〔　〕内
　は黒川加筆，若干修文している。

ろう。その場合に，本章で提案する研究アプローチおよび言及したキーとなる概念，観点，論理が，その課題を検討する上で何かしら参考になるようであれば，本章の目的は達成される。表26-2は，各設例の属性の違いを明確

表26-2　キーとなる概念，観点，論理

	設例1 絶望的な巨大隕石の衝突	設例2 ゴジラの出現と来襲予報	設例3 国債および円通貨の暴落	設例4 地震の発生と地盤情報	設例5 医療サービスの実績と意思のモデル賃金
（1）事象・イベントの重大性	絶望的	重大	重大	大	大
発生の確率	確実	高い	比較的高い	低い	比較的低い
（2）回避手段の有無と時間的余裕	なし	なし	あり	あり	あり
（3）利害関係者の広がりと多様性	すべての生物	比較的広い	広い	比較的狭い	狭い
（4）利害関心の類似性と異質性	類似性高い	類似性高い	異質性高い	類似性高い	異質性高い
（5）利害関係者間の対立関係の有無	なし	なし	あり	？	？
閉鎖性 （コミュニケーションの頻度）	低い	低い	低い	高い	高い
社会的資本 （とくに相互信頼性）の有無	？	？	低い	高い	高い
（6）情報の供給者と情報内容（事象・イベント）との関係——事象・イベントは情報供給者に関連するものか	なし	なし	あり	なし	あり
（7）情報の仲介者（解釈者）が存在するのか	なし	なし	あり	なし	なし
（8）公共社会における規範とサンクションの存在（ゴシップを含む）	なし	あり	なし	なし	あり
（9）事象・イベントと情報の発信は繰り返されるのか——フィードバック・ループの存在の有無	なし	なし	あり	なし	あり

出典：黒川行治（2014a），11頁。

702 第5部 公共・政府と会計

にするために，それらを一覧表にまとめたものである。

6. 企業行動に関連した研究課題設定の例示

　最後に，公益を重視する価値観に基づく研究課題にはどのようなものがあるのか，「社会企業」の行動を例にしながら，具体例を列挙することにしよう[15]。わが国でもきわめて盛んになった「実証会計学」における研究テーマは，資本（株式）市場と財務データとのなんらかの関連性に焦点を当てることが多いので，それ以外の社会的関心が薄くなる傾向がある。そこで，とくに若手会計研究者の興味を広げ，課題設定を広範囲なものにしたいという意図をもっての例示である。なお，社会企業とは，倫理的態度で取引活動を行うように努め，すべてのステークホルダーの要求にバランスをとるように注意を払い，他方において，環境を保護するよう努力するような行動指針を持った企業をいう。したがって，社会企業の経営行動の構成要素を分解してみれば，社会的研究課題が浮かび上がってくる。

（1）経営者のガバナンスについての研究課題
・高邁な経営目的と行動基準を有し，それをどのような手段（例えば社是・社訓など）を通じて，経営者および従業員に対し周知徹底しているのか。
・公正で誠実な経営慣行を行うことを，外部のステークホルダーに対し宣言しているのか。
・不祥事が生じた場合に備え，どのような即応原則を確立しているのか。
・経営者と取締役レベルでの倫理的監視を行う制度は何か。

（2）ステークホルダーやコミュニティの重視
・すべてのステークホルダーとの誠実な対話に努めているのか。

15）　ポスト，J・E＝A・ローレンス＝J・ウェーバー著―松野弘・小阪隆秀・谷本寛治監訳
（2012）の88-90頁を参考に推量している。

・コミュニティ活動に参加し，企業が立地するコミュニティへ投資することはあるのか。
・コミュニティ（地方政府や地域の他の企業や金融機関を含む）も出資者となっているか（いわゆる「顔の見える株主」が存在するか）。

（3）消費者に対する責任

・品質のよい製品とサービスを提供するために，研究活動に注力しているか。
・不良品が発生した場合，迅速にその情報を社会に公表しているか。
・真実で役立つ情報を提供し，効能（品質）に対する過大な期待を惹起するような広告宣伝をしていないか。

（4）従業員に対する「人間的尊厳」の重視

・家族的で友好的な職場環境を提供しているのか（パワー・ハラスメントの実態はないのか）。
・責任のある人的資源管理に努めているか（従業員規則の設定と長時間労働などを強制していないか）。
・従業員は公正な報酬を受け取っているのか（サービス残業や同質の仕事を非正規労働者化することによって人件費を不当に抑えていないか）。
・従業員の人間的成長を促進し，能力開発に投資しているか（人間的尊厳を無視し，従業員を使い捨てにしていないか）。

（5）投資家に対する責任

・投資に対するリターンを提供するために，競争的収益を獲得する努力をしているのか。
・資金提供者としての投資家を利用して，不当な資金を得ていないか（例えば，IPO と MBO を通じて経営者一族が株式市場から個人的な利益を得ていないか）。

704　第5部　公共・政府と会計

（6）供給業者（取引先）との公正な取引

・供給業者と不公正な取引を行っていないか（下請企業に対して不当な取引
　条件を提示していないか）。
・銀行業の場合，与信判断において経済性と社会性のバランスをとってい
　るか（不当な貸し渋りや貸し剥がし行為をしていないか）。

（7）環境への配慮

・環境への配慮と持続的な開発に向けたコミットメントを明示しているか。
・地球に対する環境負荷物質の排出低減の技術を重視し，着実に具体的成
　果を得ているのか。

　これらの課題について，とくに本書第1部第1章，第2章，第3章，第4
章，第5章，第2部第6章，第7章，第3部第10章，第11章，第12章，
第13章，第17章，第4部第20章，第21章，第23章，第5部第24章，第
25章などの各章で，直接的または間接的に言及し，検討・考察してきた。
本章でのアプローチの適用によって，これらの課題に関してどの程度の説
明・仮説が提示できるのか，今後の楽しみの1つである。

【引用・参考文献】

アハメド，ライアカット著─吉田利子訳（2013）『世界恐慌（上）』筑摩書房。
黒川行治（2014a）「ディスクロージャー研究アプローチの一試論」（会長講演）『年報　経
　　　営ディスクロージャー研究』第13号（2014年3月），1-12頁。
─────（2014b）「納税行為の意義──わが国の財務状況と消費税改定をどのように理解
　　　するべきか」『産業経理』Vol. 74, No. 1（2014年4月），4-15頁。
─────（2014c）「専門知の復権と学者の職業倫理」『現代ディスクロージャー研究』No.
　　　14（2014年10月），1-6頁。
─────（2014d）「企業の海外戦略と国民の経済的繁栄」（論壇）『企業会計』，Vol. 66,
　　　No. 11（2014年11月），14-24頁。
コールマン，ジェームズ著─久慈利武監訳（2004）『社会理論の基礎（上）（下）』青木書
　　　店。
財務省主計局（2017）「平成27年度「国の財務書類」のポイント（一般会計・特別会計合

算)」平成 29 年 3 月。

財務省（2017）「日本の財政関係資料」（平成 29 年 4 月版）。

ポスト，J・E＝A・ローレンス＝J・ウェーバー著―松野弘・小阪隆秀・谷本寛治監訳（2012）『企業と社会――企業戦略・公共政策・倫理』（上），ミネルヴァ書房。

ポラニー，カール著―野口建彦・栖原学訳（2009）『［新訳］大転換――市場社会の形成と崩壊』東洋経済新報社。

Coleman, James S.（1990）*Foundations of Social Theory*, The Belknap Press of Harvard University Press.

初出文献一覧

（一部抜粋を含む。本書収録に際し，すべて修正・加筆を行っている）

序文
・「専門知の復権と学者の職業倫理」『現代ディスクロージャー研究』No.14（2014 年 10 月），1-6 頁。

第 1 章　資本主義精神の終焉
・「開題」『平成 23 年度 排出クレジットに関する会計・税務論点調査報告研究委員会報告書』（2012 年 3 月）（一財）地球産業文化研究所，1-4 頁。
・「資本主義精神の終焉──公共会計学の勧めの背景」『企業会計』（論壇）第 64 巻第 7 号（2012 年 7 月），17-28 頁。

第 2 章　会計・監査社会の変容のインプリケーション
・「会計・監査社会の変容のインプリケーション」『企業会計』（論壇）第 57 巻第 12 号（2005 年 12 月），4-13 頁。
・「会計・監査社会の変容のインプリケーション」黒川行治編著『日本の会計社会』序章，中央経済社，2009 年。

第 3 章　利益情報の変容をもたらした要因は何か
・「非金融負債の公正価値測定の含意」『會計』（論攻）第 176 巻第 5 号（2009 年 11 月），1-16 頁。
・「はじめに」黒川行治編著『日本の会計社会──市場の質と利益の質』中央経済社，2009 年。
・「利益の質と非効率な市場」黒川行治編著『日本の会計社会──市場の質と利益の質』第 2 章，中央経済社，2009 年。
・「機関投資家，資本市場の実態と会計情報」黒川行治編著『日本の会計社会──市場の質と利益の質』第 1 章，中央経済社，2009 年。
・「利益情報の変容をもたらした要因は何か」黒川行治・柴健次・内藤文雄・林隆敏・浅野敬志『利益情報の変容と監査』第 1 章，中央経済社，2011 年。
・「グローバリゼーションが経済環境・事業戦略・会計の役割に与えた影響は何か」（浅野敬志との共同執筆）黒川行治・柴健次・内藤文雄・林隆敏・浅野敬志『利益情報の変容と監査』第 3 章，中央経済社，2011 年。

第4章　非金融負債の公正価値測定の含意
・「非金融負債の公正価値測定の含意」『會計』（論攻）第176巻第5号（2009年11月），1-16頁。

補論1　会計基準統一化の転機の記憶
・「利益情報の変容をもたらした要因は何か」黒川行治・柴健次・内藤文雄・林隆敏・浅野敬志『利益情報の変容と監査』第1章，中央経済社，2011年。

補論2　会計と社会との相互干渉
・「会計と社会との相互干渉」『季刊 会計基準』第8号（2005年2月），6-10頁。
・「物理的耐用年数と機能的減価——インフラ資産の場合」『産業経理』（会計余話）第74巻第3号（2014年10月），98-99頁。

第5章　社会企業モデルと会計主体論
書き下ろし

第6章　市場の質と会計社会の対応
・「市場の質と会計社会の対応」『會計』（論攻）第167巻第5号（2005年5月），1-17頁。

補論3　会計情報の市場の規制論
書き下ろし

第7章　機関投資家と市場を非効率にする要因
・「機関投資家，市場の質に関する諸仮説と企業会計の変容——行動ファイナンスの理論の諸仮説と非効率的市場を前提に」『三田商学研究』第51巻第5号（2008年12月），51-73頁。
・「機関投資家，資本市場の実態と会計情報」黒川行治編著『日本の会計社会——市場の質と利益の質』第1章，中央経済社，2009年。
・「行動ファイナンス理論と資本市場」日本経営分析学会編『新版　経営分析事典』税務経理協会，2015年，250-255頁。

第8章　「利益の質」の概念をめぐる諸議論と監査の意義
・「「利益の質」の概念をめぐる諸議論と監査の意義」『會計』第173巻第3号（2008年3月），24-40頁。
・「利益の質と非効率な市場」黒川行治編著『日本の会計社会——市場の質と利益の質』第2章，中央経済社，2009年。

補論 4　わが国の資本市場の実態および会計の役割に関する検証例

・「機関投資家，資本市場の実態と会計情報」黒川行治編著『日本の会計社会』第 1 章，
　　中央経済社，2009 年。
・「利益情報の変容をもたらした要因は何か」黒川行治・柴健次・内藤文雄・林隆敏・浅
　　野敬志『利益情報の変容と監査』第 1 章，中央経済社，2011 年。
・「アナリストはグローバリゼーションが資本市場・事業戦略・会計の役割に与えた影響
　　をどう見るのか」（浅野敬志との共同執筆）黒川行治・柴健次・内藤文雄・林隆
　　敏・浅野敬志『利益情報の変容と監査』第 4 章，中央経済社，2011 年。

第 9 章　予測要素がもたらす確率的利益測定の概念

・「予測要素の増大がもたらす会計測定・理論への影響」『會計』第 161 巻第 2 号（2002
　　年 2 月），27–38 頁。

第 10 章　取引における公正性の源泉

・「取引における公正性の源泉」『會計』（論攻）第 192 巻第 2 号（2017 年 8 月），1–15 頁。

第 11 章　個人の判断規準と組織の内部道徳

書き下ろし

第 12 章　企業統治と経営者報酬・従業員給料の公正な分配

・「公共会計学の展望」大塚宗春・黒川行治編著『政府と非営利組織の会計』終章，中央
　　経済社，2012 年。
・「企業統治と経営者報酬・従業員給料の公正な分配」『三田商学研究』第 59 巻第 4 号
　　（2016 年 10 月），27–44 頁。

第 13 章　企業の決算行動を決定する要因

・「企業の決算行動を決定する要因」『會計』第 147 巻第 6 号（1995 年 6 月），49–61 頁。

第 14 章　人的資産の認識と測定

・黒川行治「人的資産の認識・測定——オフバランス取引の会計問題に関する研究（1）」
　　『三田商学研究』第 37 巻第 3 号（1994 年 8 月），1–18 頁。

第 15 章　創造会社法私案と人的資産・労務出資の会計

・「創造会社法私案と人的資産・労務出資の会計」『會計』第 155 巻第 3 号（1999 年 3 月），
　　14–30 頁。

第16章　企業結合会計方法の論点と解決策

・「企業結合会計方法の論点と解決策」『三田商学研究』第 47 巻第 1 号（2004 年 4 月），
　175-190 頁。
・「株式交換・移転制度と企業結合会計」『COFRI ジャーナル』第 37 号（1999 年 12 月），
　45-60 頁。

第17章　京セラとヤシカの合併

・「京セラとヤシカの合併」村松司叙編著『日本の M&A──経営多角化戦略と企業リス
　トラクチャリング』第 1 章，中央経済社，1995 年。

第18章　企業結合に関するのれんの会計の論点

・「企業結合に関するのれんの会計の論点」『會計』第 165 巻第 5 号（2004 年 5 月），44-
　56 頁。

第19章　退職給付会計基準の論点

・「退職金債務の会計──退職給与引当金と退職年金の代替的測定方法の検討」『三田商学
　研究』第 40 巻第 2 号（1997 年 6 月），65-99 頁。
・「年金基金資産・負債のオンバランス」『JICPA ジャーナル』Vol.9，No.10（1997 年 10
　月）38-45 頁。
・「退職給付会計基準の論点」『企業会計』第 50 巻第 11 号（1998 年 11 月），64-74 頁。

第20章　パリ協定前文の願意と会計責任の拡張

・「環境問題をめぐる 3 つの対立軸」（財）地球産業文化研究所「ニュースレター」，2009
　年 4 号。
・「委員長開題」（一財）地球産業文化研究所『平成 26 年度　排出クレジットに関する会
　計・税務論点等調査研究委員会報告書』2015 年 3 月，1-6 頁。
・「委員長開題」（一財）地球産業文化研究所『平成 27 年度　排出クレジットに関する会
　計・税務論点等調査研究委員会報告書』2016 年 3 月，1-8 頁。
・「パリ協定前文の願意と会計責任の拡張」『會計』（論攻）第 190 巻第 2 号（2016 年 8
　月），1-15 頁。

第21章　持続可能な発展と会計の転換

・「コストとベネフィットについて企業会計が測定するもの」『三田商学研究』第 44 巻 第
　3 号（2001 年 8 月），59-73 頁。

初出文献一覧　*711*

第 22 章　温室効果ガス排出量取引をめぐる会計上の論点
・「温室効果ガス排出枠に関する会計の論理」『三田商学研究』第 44 巻第 5 号（2001 年 12
　　月），97-115 頁。
・「バッズの認識と温室効果ガス排出枠の会計の論理」『三田商学研究』第 46 巻第 1 号
　　（2003 年 4 月），165-181 頁。
・「温室効果ガス排出枠会計の新展開」『三田商学研究』第 46 巻第 3 号（2003 年 8 月），
　　71-92 頁。
・「温室効果ガス排出権会計の二つの論理」『會計』（論攻）第 164 巻第 4 号（2003 年 10
　　月），1-19 頁。
・「排出量取引をめぐる会計上の論点」『企業会計』第 60 巻第 12 号（2008 年 12 月），18-
　　29 頁

補論 5　国際財務報告解釈委員会解釈指針第 3 号「排出権」の検討
・「国際財務報告解釈委員会「解釈指針第 3 号『排出権』の確定について――公開草案と
　　の対比」（財）地球産業文化研究所『平成 16 年度　京都メカニズム促進のための会
　　計論点に係る調査研究　報告書』2005 年 3 月，第 2 章，17-38 頁。

補論 6　試行排出量取引スキームにおける会計上の取扱いの検討
・「試行排出量取引スキームにおける会計上の取扱いについて」（財）地球産業研究所『平
　　成 20 年排出クレジットに関する会計・税務論点調査研究委員会報告書』2009 年 3
　　月，10-19 頁。

補論 7　京都議定書第 1 約束期間後の空白問題の危惧
・「排出クレジットの会計・税務・法務取扱いをめぐる論点」（財）地球産業文化研究所
　　『平成 21 年度 排出クレジットに関する会計・税務論点調査研究委員会研究報告書』
　　2010 年 3 月，第 1 章。
・「「平成 22 年度 排出クレジットに関する会計・税務論点調査研究委員会」開題」（財）
　　地球産業文化研究所『平成 21 年度 排出クレジットに関する会計・税務論点調査研
　　究委員会研究報告書』2011 年 3 月，2-4 頁。

補論 8　京都メカニズム脱退後の JCM の意義
・「開題」（一財）地球産業文化研究所『平成 25 年度　排出クレジットに関する会計・税
　　務論点調査研究委員会報告書』2014 年 3 月，1-5 頁，

第 23 章　資産除去債務をめぐる会計上の論点
・「資産除去債務を巡る会計上の論点」『企業会計』第 61 巻第 10 号（2009 年 10 月），18-
　　30 頁。

第24章　企業の海外戦略と国民の経済的繁栄

・「開題—政府・国家の自然資産市場管理の必要性と道徳的慣習—」（一財）地球産業文化
　　研究所『平成24年度 排出クレジットに関する会計・税務論点調査報告研究委員会
　　報告書』2013年3月，1-7頁。

・「企業の海外戦略と国民の経済的繁栄」『企業会計』（論壇）第66巻第11号（2014年
　　11月），14-24頁。

第25章　納税行為の意義

・「納税行為の意義——わが国の財務状況と消費税改定をどのように理解するべきか」『産
　　業経理』第74巻第1号（2014年1月），4-15頁。

第26章　公共社会とディスクロージャー

・「ディスクロージャー研究アプローチの一試論」『年報　経営ディスクロージャー研究』
　　（会長講演）第13号（2014年3月），1-12頁。

・「専門知の復権と学者の職業倫理」『現代ディスクロージャー研究』No.14（2014年10
　　月），1-6頁。

人名索引

アーレント（H. Arendt）　*ii, iii*
アキナス（T. Aquinas）　*257*
アグリエッタ（M. Aglietta）　*38, 45, 47, 69, 70, 471*
浅野敬志　*50*
アラヤ（A. Arya）　*194*
アリストテレス（Aristotélēs）　*17, 254, 258, 285*
アンソニー（R. N. Anthony）　*639*
伊藤仁斎　*611, 612*
稲盛和夫　*414, 415, 425, 427, 431, 438*
井上壽枝　*485, 538*
井上良二　*320, 321*
井原哲夫　*23, 133*
ウェーバー（J. Weber）　*103, 104, 119, 120, 122, 123, 249, 257, 265, 295, 297, 309, 310, 510, 512*
ヴェーバー（M. Weber）　*14, 15, 17, 18*
牛山善政　*422, 423*
エイヒホーン（P. Eichhorn）　*522*
エステス（R. Estes）　*27, 523–525*
遠藤良三　*423, 425, 431*
岡部孝好　*318, 320*
表實　*viii*
カーネマン（D. Kahneman）　*169*
カント（I. Kant）　*vi, 263, 272, 274, 275, 283, 507, 671, 677*
キャメロン（J. F. Cameron）　*605*
キャリコット（J. B. Callicott）　*507*
キューブリック（S. Kubrick）　*117*
クラーク（A. C. Clarke）　*117*
グレイ（R. H. Gray）　*27*
グローバー（J. C. Glover）　*194*
ケインズ（J. M. Keynes）　*162, 241, 282, 646*
孔子　*611*
コールマン（J. S. Coleman）　*115, 236, 279, 293, 683*

國部克彦　*29*
小林繁明　*538*
小林傳司　*4, 5*
ザックス（W. Sachs）　*13*
サンダー（S. Sunder）　*194*
サンデル（M. J. Sandel）　*609, 610*
シジウィック（H. Sidgwick）　*268, 669*
柴健次　*vi, 50*
シャラフ（H. A. Sharaf）　*284*
シュワルツ（A. Schwarts）　*338–341*
ジョンストン（D. Johnston）　*246, 298, 299, 308, 671, 672, 679*
シラー（R. J. Shiller）　*168*
杉原千畝　*281–283, 285, 286*
スティグリッツ（J. E. Stiglitz）　*510, 512, 657*
ストリート（D. Street）　*76*
スミス（A. Smith）　*243–245, 247, 304, 305*
セドラチェク（T. Sedláček）　*240, 264*
ソロモン（R. Solomon）　*257*
武田隆二　*217, 231, 345*
趙家林　*159*
ツバルテンディク（Y. Zwertendijkas）　*283*
ディドロ（D. Diderot）　*12*
デイビス（S. Davis）　*158*
デカルト（R. Descartes）　*12*
ドイッチュ（D. Deutsch）　*491*
トベルスキー（A. Tversky）　*169*
トルーマン（H. S. Truman）　*13*
内藤文雄　*50*
西川郁生　*83*
沼田恵範　*113, 114*
ネイルバフ（B. Nalebuff）　*245, 246*
ネス（A. Ness）　*7*
ハイエク（F. A. von Hayek）　*655*
浜本道正　*319*

林隆敏　*50*

パワー（M. Power）　*29, 32, 135*

ハワード（R. W. Howard）　*8*

ハンクス（T. J. Hanks）　*8*

ヒットラー（A. Hitler）　*278, 283*

ヒューム（D. Hume）　*241*

広井良典　*609*

フィヒテ（J. G. Fichte）　*303*

福田康夫　*587*

ブクチン（M. Bookchin）　*11–13*

藤田友敬　*137, 138, 140*

藤田裕子　*ii*

プラトン（Plátōn）　*257, 264, 265, 285*

ブラン（L. Blanc）　*303*

フランクリン（B. Franklin）　*257*

フリードマン（M. Friedman）　*655*

ブロック（F. Block）　*659, 660*

ヘーゲル（G. W. F. Hegel）　*11*

ベンサム（J. Bentham）　*268, 302, 507, 669*

ベンシトリット（N. Ben Shitrit）　*282*

ポスト（J. E. Post）　*103, 104, 119, 120, 122, 123, 265, 295, 510, 512*

ホッブズ（T. Hobbes）　*301, 302, 677*

ポラニー（K. Polanyi）　*656, 657, 658, 659, 661, 696*

マウツ（R. K. Mautz）　*284*

松村敏弘　*138*

マルキール（B. Malkiel）　*161*

マルクス（K. H. Marx）　*33*

マンデヴィル（B. de Mandeville）　*243, 244*

ミル（J. S. Mill）　*241, 269, 270, 275, 676*

ムヒカ（J. A. Mujica Cordano）　*122, 501–503*

柳川範之　*138, 139, 140*

山﨑敏邦　*83*

山桝忠恕　*224, 562*

山脇直司　*269, 609*

吉野昌年　*x*

ライプニッツ（G. W. Leibniz）　*11*

ラヴェッツ（J. Ravetz）　*5*

ラトゥーシュ（S. Latouche）　*13–15*

ラブロック（J. Lovelock）　*9*

リノウズ（D. F. Linowes）　*27, 522, 523*

ルソー（J.-J. Rousseau）　*298, 678*

ルッター（M. Luther）　*15, 17*

レオポルド（A. Leopold）　*507*

レブ（B. Lev）　*338–341*

ロールズ（J. B. Rawls）　*105, 251–255, 258, 259, 261, 263–265, 268, 271, 305, 411, 414, 488–491, 655, 669, 670, 675, 676,*

ローレンス（A. T. Lawrence）　*103, 104, 119, 120, 122, 123, 249, 257, 265, 295, 297, 309, 310, 510, 512*

ロスレンダー（R. Roslender）　*26, 32–34*

ワイアット（A. R. Wyatt）　*387, 388, 391*

ワインバーグ（A. M. Weinberg）　*4*

若杉明　*331–333, 335, 337*

事項索引

【Alphabet】

ASBJ → 企業会計基準委員会
CAPM → 資本資産価格モデル
CO2 排出費用認識法　559, 562, 592
FASB → 財務会計基準審議会
GAAP → 一般に公正妥当と認められた会計基準
IAS → 国際会計基準・国際財務報告基準
IASB → 国際会計基準審議会
IASC → 国際会計基準委員会
IFRSs → 国際会計基準・国際財務報告基準
SEC → 米国証券取引委員会
SEC 基準 → 米国会計基準
SFAS → 財務会計基準書

【あ】

アービトラージ → 裁定取引

【い】

一般に公正妥当と認められた会計基準
　（GAAP）　38-40, 91-95, 98, 179, 180,
　183-185, 190, 191, 194-196
インフラ資産　95, 96, 101, 112, 661

【う】

売上高利益率　419, 420, 433

【え】

営業キャッシュ・フロー　181, 182, 185,
　187, 196, 210
営業費用　457, 654
営業利益　93, 204, 207, 637-639, 647, 654
エージェンシー関係　32, 48, 70, 144, 189,
　204, 319, 320, 698
エコロジズム　6, 7, 508, 606

【か】

買入れのれん説　442, 445, 447-449, 452
会計 →環境会計，減損会計，公共会計，
　公正価値会計，連結会計も見よ
――基準　viii, 21, 31, 35, 37, 50, 51, 53, 56,
　71, 82, 83, 88, 98, 148, 150, 152, 153, 155,
　184, 196, 198, 204, 206, 208, 210-212,
　409-411, 453, 477, 481, 535, 537, 565,
　577, 583, 590, 591, 604 → 一般に公正
　妥当と認められた会計基準，企業会計
　基準，国際会計基準，財務会計基準，
　米国会計基準も見よ
――基準統一化　21, 48, 73-76, 322
――基準等の骨子　95, 97, 99
――社会　v, vii, x, 21, 37, 38, 41, 44, 47, 51,
　53, 54, 73, 85, 127-129, 133, 134, 138,
　140, 141, 145, 181, 206, 213, 377, 381,
　621, 622
――情報　18, 21-24, 26, 38-42, 48, 50,
　55, 62-64, 68, 71, 75, 80, 85, 91, 94, 127,
　128, 132, 134, 135, 140, 143, 145, 146,
　149, 150, 153, 155, 179-181, 183-185,
　188, 192, 195-197, 205, 210, 221, 224,
　270, 289, 313, 317, 326, 381, 396, 410,
　445, 450, 453, 464, 634, 635, 638, 639,
　641, 688
――ビッグバン　73, 80, 455
――プロフェッション　32-34, 64, 88,
　284
――ベースの契約　317
概念フレームワーク　28, 37, 39, 74, 78,
　86, 180, 184, 391, 410, 442
格差原理　271, 272, 305, 306, 308, 411,
　414, 488, 490, 670, 671, 675, 676
貸倒引当金　62, 218, 421
株価収益率　162, 164, 166, 191
株主資本価値　192
株主資本利益率　46, 69

株主利益　108, 138, 139, 319, 493

環境　4, 9, 11, 23, 28, 103–105, 110, 122, 123, 291, 311, 485, 491, 496, 502, 507, 514
──会計　28, 201, 207, 485, 515, 516, 538, 622, 629
──会計ガイドライン　515, 529
──会計報告書　201, 207
──思想　6, 7, 508
──修復引当金　66–68
──主義　6, 10, 489, 506, 508, 606, 607, 619
──税　493, 516
──と開発に関する世界委員会　505
──破壊　524, 528–530, 617, 668
──負荷　12, 496, 511, 516–520, 529, 532, 605–607, 704
──負債　28
──保護　153, 505, 508, 536, 572
──保全　3, 6, 485, 506, 508, 516–521, 528, 529, 621
──保存　6, 506, 508
──マネジメント　29, 512, 515, 517
──倫理　7, 507, 508

監査　22, 28, 29
──委員会　22, 88, 280, 295
──基準　22, 76, 88, 89, 146
──社会　21, 28, 29, 135, 136
──の質　29, 30, 31, 136, 182, 186
──の独立性　226, 280, 360, 389
──役　280, 297, 311, 538

【き】

機関投資家　46, 48, 54–56, 69, 70, 119, 130, 132, 138, 141, 155, 156, 158, 163, 165, 172, 189, 201, 202, 204–209, 289, 319, 693

期間利益　49, 70, 321, 351, 384, 637

企業会計基準委員会（ASBJ）　vii, 59, 60, 66, 80–83, 86, 87, 95, 536, 537, 541, 543, 556, 589–591, 593, 595, 603, 621–623, 625, 628–630

企業会計審議会　vii, 22, 73, 79, 80, 82, 84–89, 377, 378, 386, 396, 410, 442, 456, 467, 472, 481, 663

企業結合会計　80, 377, 378, 380, 382, 383, 386, 388, 391, 396–399, 408, 409, 441, 442, 449
──基準　377, 378, 380, 391, 399, 408, 441

企業倫理　250, 261

期待キャッシュ・フロー　61, 65, 572, 630

期待利益　183, 192, 237

キャッシュ・フロー　23, 50, 61, 65, 68, 71, 93, 181, 183, 186, 196, 215, 221, 446, 627, 628, 630, 632, 634, 635　→　期待キャッシュ・フロー，将来キャッシュ・フロー，負のキャッシュ・フローも見よ
──計算書　92, 93

キャップ・アンド・トレード　28, 536, 537, 544, 550, 551, 555, 557, 559, 572, 574, 578, 582–584, 591, 593–595, 609

競争的収益　110, 703

京都議定書　3, 28, 487, 492, 545, 587, 605, 609

京都メカニズム　487, 512, 535–538, 541, 543–545, 549, 565, 589, 599, 601, 602, 608–610, 612, 615

業務費用計算書　663

勤務費用　458, 462, 474, 476, 477

金融資産　45, 69, 86, 161, 226, 350, 407, 540, 550, 575, 631, 648, 686, 693, 694
──類似無形資産　576

金融資本主義　18, 54, 351, 416, 471, 605, 622, 657, 660

金融負債　46, 67, 562, 629, 631, 634, 635

【く】

偶発資産　59, 549, 572, 579, 629

偶発負債　59, 579, 629

区別収支計算書　663

繰延収益　549, 567, 568, 571, 582, 583

繰延利益　349

グローバリゼーション　viii, 13, 18, 19, 37, 38, 44, 45, 47, 49, 51, 53–55, 59, 69, 70,

80, 104, 119–121, 123, 206, 208, 330, 351, 501, 653, 660

【け】

経常利益　202, 207, 318, 401, 403, 416, 417, 421

限界収益生産性　336, 337

限界費用　146, 508, 510, 511, 618, 619, 680

検証可能利益　181, 184, 185, 196, 197

減損会計　23, 43, 67, 71, 99, 101, 128, 203, 377, 451, 452, 541, 542, 624

【こ】

公益　ii, 106, 146, 151, 153, 244, 265, 269, 702

公共会計学　iv, 3, 17, 18, 274

公共倫理　268, 285

恒常的利益　182, 194, 196, 197, 452

公正価値会計　42, 48, 204

公正価値プーリング法　385, 399, 401–403, 407, 408

公認会計士　22, 30, 32–34, 40, 75, 81, 88, 89, 201, 206, 209–211, 421–423, 456, 485, 538, 543, 556, 629

──協会　ii, x, 77, 81, 88

効率的市場仮説　160, 164–166, 170, 174, 175

コーポレートガバナンス　22, 29, 34, 39, 49, 54, 71, 88, 180, 182, 186, 204, 209, 249, 280, 291, 292, 295, 318, 451, 497, 499, 698, 702

──・コード　22, 290, 310–312

国際会計基準（国際財務報告基準：IFRSs, IAS）　21, 37, 38, 40, 42, 44, 47, 53, 56, 59, 68, 73–77, 79–88, 183, 191, 201, 204, 206, 207, 211, 212, 270, 275, 377, 381, 382, 386, 390, 391, 396, 399, 400, 405, 441, 442, 456, 460, 461, 472, 539, 548, 549, 553, 565, 566, 569, 571, 572, 575–582, 584–586, 590, 621, 622, 626, 627, 629, 635

──委員会（IASC）　76–78, 80, 86,

386

──公開草案　472, 539

──審議会（IASB）　42–44, 59, 64, 66, 75–79, 80, 81, 83, 86, 441, 442, 565, 590, 591, 622, 629

固定資産　43, 44, 93, 96, 127, 182, 187, 215, 226, 407, 427, 522, 524, 542, 547, 628, 637, 647 → 無形固定資産，有形固定資産も見よ

固定資本　647, 648

コンバージェンス　37, 40, 47, 59, 73, 74, 77, 80–87, 127, 183, 377, 442, 456, 591, 621, 628

【さ】

サーベインズ・オクスリー法　88, 152, 164

裁定取引　166, 169, 185, 189, 197, 202, 207

財務会計基準　91, 101, 378

──機構　81

──書（SFAS）　60, 377, 391, 396, 441, 443–446, 472, 621, 622, 627

──審議会（FASB）　76–78, 80, 82, 83, 86, 183, 345, 389, 472, 590

財務資本　498, 499

債務者利潤　694, 695

財務情報　48, 74, 100, 136, 138, 201, 203, 205–207, 209, 211, 212, 368, 379, 433

裁量的費用　182, 187, 188, 193

砂上の楼閣　162

【し】

自己資本　356, 369, 460

──比率　401, 403, 427, 461

自己創出のれん　25, 99, 100, 360–362, 371, 374, 445, 446, 449, 452, 634, 635

自己利益　104, 106, 108, 112, 113, 151, 252, 264, 266, 269, 302, 507, 668

資産 → インフラ資産，金融資産，偶発資産，（無形，有形）固定資産，使用権資産，人的資産，棚卸資産，道路資産，人間資産，年金資産，非貨幣性資産，非金融資産，物的資産，リース資産も

見よ
──・負債アプローチ　21, 22, 28, 42,
85, 346, 546, 603, 622, 640
──・負債差額増減計算書　663
──・負債の差額計上　456, 459-461,
464
──・負債の両建て計上　456, 457,
460-462, 464, 478, 621, 623, 625, 640,
641
──・負債観　351, 541
──形成型成長体制　46, 47, 70, 471
──除去債務　67, 94, 95, 621-626,
628-633, 635-641
──除去債務専門委員会　81, 95, 623,
629
──除去債務に関する会計基準　623
──除去債務の会計処理　621, 622
──除去費用　621, 622, 636, 639, 641
──の移転　169, 382, 589
持続可能な発展　6, 7, 10, 122, 491, 501,
502, 505
実質的費用　182, 187, 196
資本　→　株主資本，金融資本，固定資本，
財務資本，自己資本，社会的資本も見
よ
──金　92, 360, 361, 363, 366, 369, 374,
401, 403, 414, 416, 427, 429, 430, 447,
458, 459
──コスト　111, 128, 130, 414, 439,
497, 637-640
──資産価格モデル（CAPM）　164
──市場　24, 25, 28, 35, 38-40, 43, 46,
48, 50, 51, 54, 55, 59, 70, 71, 75, 80, 82, 83,
129, 130, 132, 134, 136, 140, 141, 144,
146-149, 153, 155, 156, 164, 179, 180,
188, 190, 201, 202, 206-209, 316, 344,
442, 450, 451, 470, 495, 645
──市場の質　188
──修正　338, 349
──主義　3, 10-18, 27, 45-47, 50,
69-71, 75, 115, 146, 293, 493, 497, 605,
658, 660
──主義の精神　14-16

──生産性　47, 49, 71
社会的な資本　113, 498, 699-701
社会的利益　26, 104
収益　46, 55, 56, 182, 208, 210, 345, 380,
520, 522, 526, 567, 569, 583
──・費用アプローチ　42, 452, 538,
540, 556, 557, 603, 622, 640
──・費用観　351, 541
──・費用の差額計上　456, 459, 461
──・費用の両建て計上　456, 457,
461, 462, 478
──と費用のミスマッチ　553, 569
自由至上主義　270, 271, 655, 670, 673,
674, 676, 677
主観のれん　408, 538, 539
取得原価会計　42, 335, 393
使用権資産　98, 343
勝者の呪い　175
少数株主　141, 311
──持分　381-383, 442, 447-449, 452
情報　→　会計情報，財務情報，ディスク
ロージャー，利益情報も見よ
──の質　24, 128, 134, 136, 137, 183,
185, 195, 197, 206, 210, 451
──の非対称性　29, 55, 130-132, 141,
232, 233, 246, 292, 313, 316, 450, 656,
657, 685
──の有用性　42, 181, 183, 184, 195,
393, 394, 444-446
将来キャッシュ・フロー　21, 23, 43, 44,
65, 85, 86, 128, 203, 226, 338, 339, 350,
393, 429, 445, 446, 462, 466, 499, 585,
630-632, 636, 640
将来利益　181, 183-185, 190, 192, 194,
196, 210, 212, 333
職業倫理　ii, iii
新資本家　158
人的資産（資源）　25, 34, 110, 121, 133,
188, 329-331, 333-336, 338-351, 353,
357, 358, 439, 360-367, 527, 528, 641,
703　→　人間資産も見よ
──価値損失　342, 344
──償却　342, 362-366

索 引　*719*

【せ】

全体利益一致の原則　*192, 193*
全部のれん説　*442, 447–450, 452*
専門知　*i, ii, 507*

【そ】

損益計算書　*86, 92, 93, 192, 334, 335, 364, 457, 459, 553, 567, 569–571, 575–577, 638*

【た】

待機状態にある債務　*61*
貸借対照表　*42, 61, 92, 93, 97, 99, 112, 192, 218, 329, 334, 335, 343, 345–347, 363–365, 375, 379, 399, 402, 421, 427, 452, 455, 457, 459, 460, 462–464, 542, 549, 552, 567, 569, 570, 572, 580–582, 591, 596, 598, 634, 635, 640, 663–665*
退職　*280, 282, 332, 339, 343, 344, 349, 411, 434, 617, 647, 668*
　──金　*329, 340–342, 422, 428, 455, 457, 464, 465, 470–476, 479, 641*
　──給付会計　*43, 44, 207, 455, 456, 460, 463, 464, 466, 468, 470–472, 480, 622*
　──給付引当金　*457, 458, 459, 463*
　──給付費用　*455–459, 462, 467, 640*
　──給与引当金　*335, 427, 428, 455, 457, 461, 463, 464, 468, 471*
棚卸資産的無形資産　*538, 540, 558*

【ち】

地球温暖化　*3, 5, 7, 28, 485–488, 491, 500–502, 506, 508, 509, 535, 546, 559, 589, 590, 610, 612, 619, 620*
超過収益　*171, 357, 366, 443, 444, 452, 453, 528*
超過利潤　*116, 175, 191, 348–350, 361, 366, 367, 660*

【て】

定言命法　*vi, 263, 272, 274, 283, 671, 677*
ディスクロージャー　*ii, 91, 138, 140, 296,*
310, 311, 496, 618, 619, 656, 683–685, 687–689, 693, 697, 698, 700
テクニカル分析　*173*
デュー・プロセス　*38, 80, 81, 86, 151, 481*

【と】

当期純利益　*87, 93, 207, 401, 403*
道路資産　*92–101*
　──評価・会計基準　*91, 92, 98, 101*
特別修繕引当金　*625, 626*
独立性　*iii, 104, 151, 263, 280*
トリプル・ボトムライン　*492–495, 500*

【な】

ナイアガラ・フォールズ電力会社事件　*385*

【に】

二国間オフセット・クレジット制度　*611, 612, 616*
人間資産　*331–335, 337, 343* → 人的資産も見よ

【ね】

年金資産　*191, 455, 457–463, 467, 471*

【の】

のれん（暖簾）　*43, 44, 67, 87, 99, 184, 203, 211, 331, 332, 349, 350, 357, 358, 360, 370, 377, 380, 384–386, 392, 394, 396, 397, 399, 400, 407, 429, 430, 439, 441, 443–445, 451, 538, 634* → 買入れのれん，自己創出のれん，主観のれん，全部のれん，負ののれんも見よ
　──の認識法　*360, 370–373*

【は】

パーチェス法　*377, 378, 383–394, 396, 398, 400–402, 404–409, 411, 429, 430, 441, 442, 447, 449, 450*
排出　→ CO_2 排出費用認識法も見よ
　──クレジット　*488, 512, 535,*

537–543, 545, 546, 550, 556–561, 570,
580, 585, 587–589, 591, 592, 595,
597–603, 606, 608–611, 619
――費用　　553–557, 559, 562, 567–570,
596, 599, 602, 603
――枠　　513, 538, 539, 540, 546–555,
558, 560–562, 566–585, 587–604
――枠引当金　　551
配当可能利益　　40, 290, 312
パリ協定　　485, 487, 488, 492, 493, 501,
506, 535

【ひ】

非貨幣性資産　　539, 548, 576, 581
引当金　　59–63, 217, 218, 394, 546, 547,
549, 552, 553, 556, 562, 572, 579, 580,
595–597, 600, 603, 623, 629, 640, 641
――金専門委員会　　59, 81, 603, 629,
630
非金融資産　　71
非金融負債　　59–62, 64, 65, 67, 68, 71, 561,
623, 629, 631, 635, 638
ピグー税　　496, 511, 618
非正規雇用　　49, 71, 306, 329, 330, 416,
470, 703
ヒックス流の利益　　181, 184, 185, 190,
191, 196, 197, 210, 213
美徳倫理　　251, 255, 257
費用　　49, 71, 97, 138, 140, 145, 163, 218,
290, 312, 335, 345, 371, 513, 525, 567,
569, 621, 665
――・収益の対応　　39–41, 180, 184,
325, 335
――対効果　　393, 395, 444–446, 513

【ふ】

ファンダメンタル価値　　48, 159, 160–
162, 166, 167, 176, 189, 499
ファンダメンタル分析　　159, 161, 162,
164, 201–203, 207, 289
プーリング法　　377, 378, 383, 385–398,
408, 409, 441, 442
フォーディズム　　45–47, 49, 50, 69–71

負債　　28, 60, 218, 428, 429, 460, 465, 478,
480, 549, 567, 569, 578–580, 637, 645,
663, 692
――性引当金　　622, 626
――の前払金　　547, 550
――比率仮説　　316, 318, 320
物的資産　　330, 331, 338, 339, 343, 350,
363, 366, 367, 693
負のキャッシュ・フロー　　631
負ののれん　　191, 634
フリー・ライダー　　138, 146, 149, 150,
153
フレーム独立性　　166
フレッシュスタート法　　377, 378,
383–385, 388, 389, 391–400, 404–411,
442, 447, 449
プロテスタンティズムの倫理　　16, 17
プロフェッション → 会計プロフェッショ
ン
分配可能利益　　49, 359, 365, 367

【へ】

米国会計基準（SEC 基準）　　21, 37, 71,
78, 82, 88, 270, 377, 382, 401, 405, 429,
430, 441, 442, 456, 460, 461, 626
米国公認会計士協会　　ii, 22
米国証券取引委員会（SEC）　　22, 78, 84,
86–88, 150, 381
ベースライン・アンド・クレジット
536, 537, 541, 544, 591, 594, 608, 609

【ほ】

包括利益　　42, 56, 87, 185, 204, 207, 210,
364
ボーナス法　　365, 367, 370–373

【む】

無形固定資産　　542, 577
無形資産　　25, 347, 351, 380, 384, 394, 396,
443, 445, 446, 453, 498, 539–541, 548,
551–554, 558, 562, 566, 568–571, 576,
577, 592
無知のヴェール　　263, 305, 306

【も】

持分プーリング法　　383, 384, 386, 388,
　402, 404, 429

【ゆ】

有形固定資産　　67, 621–628, 631, 636,
　638–641, 665
郵政公社の財務会計基準　　91, 101

【り】

リース資産　　345
利益 → 営業利益, 株主利益, 期間利益,
　期待利益, 繰延利益, 経常利益, 検証
　可能利益, 恒常的利益, 自己利益, 社
　会的利益, 将来利益, 全体利益, 留保
　利益も見よ
　──計算　　iv, 338, 364, 462
　──情報　　37–39, 41, 44, 53, 56,
　179–181, 183, 184, 190, 196, 205–207,
　209, 210, 224, 225, 452, 638
　──剰余金　　358, 359, 365–367, 383,
　384, 390, 392, 399, 400, 422, 441
　──操作　　177, 178, 193, 194, 197
　──相反　　22, 88, 156, 158, 163, 177,
　250
　──測定　　18, 74, 181–183, 185, 190,
　195–197, 209, 210, 213, 215, 290
　──追求　　iv, 14, 17, 18, 95, 106, 112,
　113, 115, 269, 270, 318, 509, 645
　──の質　　47, 179, 181, 183–188, 191,
　192, 194–197, 203, 210, 212, 213, 215,
　216
　──発生ドライバー　　50, 71
　──平準化　　39, 40, 41, 180, 184, 193,
　194, 196, 209, 321, 479
　──マネジメント　　182, 185–187, 196,
　197
　──予測　　162, 177, 190, 193
　──流列　　193, 194, 339, 348
利害関係者　　i, iii, vi, vii, 74, 111, 144,
　150–153, 201, 240, 275, 316, 319, 321,
　344, 351, 367, 386, 389, 481, 495, 516,
　523, 524, 531, 532, 615, 656, 685–689,

　691, 693, 694, 697, 696, 698, 701
利子費用　　623, 636–641
利潤　　11, 15, 16, 46, 69, 140, 539, 658
　──追求　　48, 654, 660, 661
リスク・プレミアム　　64, 65, 161, 165,
　184, 467, 630, 631–634
リストラ引当金　　394
留保利益　　367, 369, 374, 385, 386, 388,
　421, 458, 459, 551, 552, 554, 555, 569,
　571, 651
倫理　　32, 242, 249, 267, 269, 685 → 企業
　倫理, 公共倫理, 職業倫理, 美徳倫理,
　プロテスタンティズムの倫理も見よ
　──推論　　266, 268
　──的監視　　110, 702
　──的経営　　110

【れ】

レッセ・フェール　　270, 307, 655, 670,
　687, 688
連結会計　　380–383, 399, 401, 402, 429,
　651, 695
　──基準　　270, 455
　──原則　　80

【ろ】

労働　　ii, 14, 49, 70, 194, 232, 240, 241, 242,
　439, 510, 646, 656, 659
　──安全衛生法　　153
　──組合　　105, 153, 291, 318, 422
　──市場　　38, 39, 40, 49, 54, 71, 180,
　281, 330, 348, 416, 470, 528, 645, 686,
　691, 696
　──者利益参加制度　　46, 70
　──生産性　　46, 49, 70
　──疎外　　33
　──分配率　　209, 211, 416

【わ】

割引現在価値　　162, 333, 338, 341–343,
　348, 465, 455, 476, 477, 622, 630, 633,
　636–638, 640
割引超過利益評価モデル　　192, 197

黒川　行治（くろかわ　ゆきはる）

慶應義塾大学商学部教授
1975 年慶應義塾大学工学部管理工学科卒業，77 年同大学大学院工学研究科修士
課程修了，79 年同大学大学院工学研究科博士課程中途退学（商学部助手任用の
ため），1982 年同大学院商学研究科博士課程単位取得退学，1999 年慶應義塾大学
博士（商学）。1979 年慶應義塾大学商学部助手，助教授を経て 1992 年より現職。
この間，1986 ～ 1988 年，米国イリノイ大学訪問研究員。
日本ディスクロージャー研究学会会長，日本経営分析学会副会長，日本会計研究
学会評議員などを歴任。さらに，金融庁「企業会計審議会」委員，国土交通省
「道路資産評価・会計基準委員会」委員長，財務省「財政制度等審議会財政制度
分科会」委員兼「法制・公会計部会」部会長，（一財）地球産業文化研究所「京
都メカニズム促進のための会計・税務論点調査委員会」委員長，企業会計基準委
員会「排出権取引専門委員会」委員，「公認会計士第 2 次試験」試験委員などを
歴任。
著書に，『政府と非営利組織の会計（体系現代会計学 9)』（編著，中央経済社，
2012 年），『利益情報の変容と監査』（共著，中央経済社，2011 年），『実態分析
日本の会計社会――市場の質と利益の質』（編著，中央経済社，2009 年），『合併
会計選択論』（中央経済社，1999 年），『連結会計』（新世社，1998 年），『企業の
決算行動の科学』（共著，中央経済社，1994 年）など多数。

慶應義塾大学商学会　商学研究叢書 21
会計と社会
――公共会計学論考

2017 年 10 月 23 日　初版第 1 刷発行
2018 年 3 月 30 日　初版第 2 刷発行

著　者―――――黒川行治
発行者―――――慶應義塾大学商学会
　　　　　　　　〒 108-8345　東京都港区三田 2-15-45
　　　　　　　　TEL　03-5427-1742
制作・発売所――慶應義塾大学出版会株式会社
　　　　　　　　〒 108-8346　東京都港区三田 2-19-30
　　　　　　　　TEL　〔編集部〕03-3451-0931
　　　　　　　　　　　〔営業部〕03-3451-3584〈ご注文〉
　　　　　　　　　　　〔　〃　〕03-3451-6926
　　　　　　　　FAX　〔営業部〕03-3451-3122
　　　　　　　　振替 00190-8-155497
　　　　　　　　http://www.keio-up.co.jp/
装　丁―――――友成修
印刷・製本―――萩原印刷株式会社
カバー印刷―――株式会社太平印刷社

©2017 Yukiharu Kurokawa
Printed in Japan　ISBN978-4-7664-2468-3